SERVICE MARKETING

People Technology Strategy

Nineth Edition

服 务 营 销

人·技术·战略

（第9版）

［德］约亨·沃茨（Jochen Wirtz） 林 宸 ———————— 著

中国出版集团 东方出版中心

图书在版编目（CIP）数据

服务营销：人·技术·战略: 第 9 版 / (德) 约亨
·沃茨著; 林宸著. —上海: 东方出版中心, 2023.5
ISBN 978 - 7 - 5473 - 2184 - 3

Ⅰ. ①服… Ⅱ. ①约… ②林… Ⅲ. ①服务营销—教
材 Ⅳ. ①F719.0

中国国家版本馆 CIP 数据核字(2023)第 061250 号

上海市版权局著作权合同登记: 图字 09 - 2023 - 0640 号

服务营销：人·技术·战略（第 9 版）

著　　者　[德] 约亨·沃茨　林　宸
筹　　划　刘佩英
特约策划　梁晓雅　吕颜冰
责任编辑　徐建梅　周心怡
特约编辑　甄光皓　李思瑶　李　玥
封面设计　壹原视觉
版式设计　青研工作室

出版发行　东方出版中心有限公司
地　　址　上海市仙霞路 345 号
邮政编码　200336
电　　话　021 - 62417400
印 刷 者　上海盛通时代印刷有限公司

开　　本　787mm×1092mm　1/16
印　　张　42.75
字　　数　747 千字
版　　次　2023 年 7 月第 1 版
印　　次　2023 年 7 月第 1 次印刷
定　　价　168.00 元

推荐序

PREFACE

我很荣幸为约亨·沃茨教授、林宸教授领衔创作的《服务营销：人·技术·战略》（第9版）做推荐序。这本书是在已仙逝的洛夫洛克教授的《服务营销》（第1版）不断升级的基础上再创作、编写的。洛夫洛克教授是沃茨教授和我的朋友，是美国服务营销领域的先锋人物，他创作的《服务营销》有鲜明的、自有的框架体系和逻辑，因此成为美国最流行的《服务营销》教材之一。

在20世纪末，我主译了洛夫洛克教授的《服务营销》（第4版），把服务营销作为一门独立学科介绍到了中国。我由此结识了洛夫洛克教授并请他到复旦大学管理学院做演讲。随后他把我介绍给了沃茨教授，当时沃茨教授受邀同洛夫洛克教授共同创作了第5版。随后我们也一起撰写了《服务营销》亚洲版的第2版。令我非常感动的是沃茨教授一直坚持不懈地吸纳全球服务营销研究的最新成果和最佳实践，在原来版本的基础上不断创作、迭代、再版这本教材，直到今天的第9版。

近些年，在新冠肺炎疫情、地缘政治等多重因素影响之下，我们的宏观环境已经充斥着越来越多的不确定性，世界政治经济格局也在迅速分化，全球产业链不得不面临解构与重组，科技创新、产业创新扑面而来。在这样一个更加直面科创、直面移动互联网的时代中，伴随着经济分工和产业结构的巨大变化，我国现代服务业及其管理的研究与实践发展，正在从宏观到微观、从理论到技术、从分散到科学进行着广泛、快速地成长。从经济的角度看，2022 年我国服务业对 GDP 贡献率达到52.8%，高于第二产业 12.9 个百分点，服务业对国民经济增长的贡献率为 41.8%，拉动国内生产总值增长 1.3 个百分点，成为我国经济稳定持续恢复的重要支撑和未来经济发展的主要动力。

在科创时代、在移动互联网时代，消费者对于寻找新的产品、新的品牌、新的价值、新的体验的成本降低，进而信息出现了透明化、高流转的特征，产品和服务迭代速度也进一步提升。尽管科技带动社会的变化，但我一直对学生强调企业唯有不断为顾客创造全新价值才能应对维护顾客关系的激烈竞争与挑战。从另一个角度来讲，当科技创新、行业创新在颠覆传统服务业经济体系的同时，服务营销的知识体系也迎来了学术创新的良机。第四次科技革命带来的产业变革、重组、迭代与创新，为新一轮的商业理论和管理思想的创新提供了丰沃的土壤和积极的生长条件。

新的科创时代到来，移动互联网、人工智能成为所有技术赛道的底层技术和基础设施，每家服务型企业乃至整个服务行业都能感受到颠覆式的革新正在发生。在人、技术、战略的联动过程中，许多服务型企业在面对产业结构重组、地区差异分化、竞争愈益激烈、技术手段层出不穷的形势下，不得不直面更多的挑战。科创时代的这场产品与服务革命更加需要全新的管理理论知识和技术手段，需要在博采众长、兼容并蓄国内外领先的服务实践经验和理论研究基础上，结合中国特色的行业环境和技术手段，创建现代的服务管理理论和实践方法。

由约享·沃茨教授、林宸教授领衔创作的这本教材，不仅在前几版的基础上迭代和更新了案例，更对整个知识系统进行了重新梳理与充盈，内容涵盖了服务营销的先进基础理论、多样化的研究路径、系统而前沿的研究成果和多方面的应用指南。这本书引进了很多新的概念、新的科学技术方案和新的理论体系的阐释，特别添加了服务数字化、在线网络服务平台、服务智能数字化、互联网＋服务、流媒体运营、AI 辅助教育、服务机器人等实践案例与讨论，直面自助服务技术、人工智能推动下的服务业革命潮流，更加适应今天互联网与科创时代的机会和挑战。因此，这本书是指导企业以顾客满意度为出发、成长为世界一流服务公司的宝典。它兼顾学术理论和实践应用，具备了理论性、系统性、严谨性、规范性和实效性。这本教材的引入将有助于中国服务企业营销实践和服务学科在我国的进一步发展。

这本服务营销教材不仅涵盖了世界各国主流企业的案例，也为了适应中国读者而着意增加了大量国内本土的商业案例，既能帮助中国读者拓宽视野，又能够促进学以致用，对于中国的服务营销实践探索和理论研究有重要的借鉴意义。这本书传承了过往的风格，并没有拘泥于一般理论的描述和战略过程分析，而是注重理论与实践的结合，通过案例分析让读者掌握有关的理论和工具，培养读者战略分析的技能，让书本知识转化成落地执行的指引。

我强力推荐本书给所有营销行业的同仁，也期待能有机会与本书的读者共同探讨如何与时俱进地推介全球营销学术研究的最新成果和营销实践，并引进到中国来，与中国本土市场特征相结合，创新中国的营销实践，增强中国企业的全球竞争力，指导中国服务营销理论和实践的未来发展。

陆雄文

复旦大学管理学院院长、教授

致珍妮特（Jeannette），我的生命之光，感谢你的爱与支持，还有所有的欢声笑语。

前言

FOREWORD

服务业前所未有地在世界经济扩张中占据主导地位，科技的发展日新月异。在这场变革中，一些传统行业和曾经的老牌公司风光不再，甚至消失不见，同时新行业和新商业模式不断涌现，竞争是如此残酷！本书的写作正是在全球经济向服务业转型的大背景下，营销和管理服务的能力从来没有像今天这么重要！

在服务与知识密集型经济蓬勃发展的当下，如何成功地创造价值并营销价值是商业成功的关键，这对我们提出了更高的要求：需要具备对无形产品强大的设计和包装能力；需要高品质的服务运营和通晓使之实现的科技工具；需要能力适任并充满干劲的一线员工；需要既忠诚又有消费能力的客户群；还需要有一个贯彻始终的服务策略。本书旨在传授这些知识，更具体一点，我们的目的是：

(1) 让你领会、理解当前在营销、管理，以及"服务中赢利"的过程中固有而独特的挑战，读者将了解并有机会运用不同工具和策略来应对挑战。

(2) 深入了解最高水准的服务营销和管理思维。

(3) 建立以客户服务为导向的意识。

伴随服务营销领域的发展，本书也和变化保持同步，每个新版本都是对之前版本的重要修订，这次的第 9 版也不例外。你会发现本书符合当今世界的现况，引入了最新的学术和管理思想，阐释了前沿的服务理念。

新版本的准备是一个令人激动的挑战。服务营销曾只是一个很小众的学术领域，一小部分教授倡导的前沿理念。现在它已经变成研究和教学活动中的一个炙手可热的话题。越来越多学生愿意学习这门课，从职业的角度来看，这很有意义，因为大多数商学院毕业生会在服务行业工作。

新版本有何变化

本书第 9 版代表着一次重要的更新，其内容反映了服务经济领域正在发生的变化、科技方面的迅猛发展，以及新的研究发现。

新话题，新研究

- 本书 15 章都经过了修改，引入了最新的案例和学术研究。
- 新科技应用被整合进本书内容，包括服务机器人、人工智能、智能自动化、点对点共享平台和数字商业模式。
- 第 3 章 "竞争市场中的服务定位" 增加了一个新的部分，关于数字服务和平台的市场定位。
- 第 4 章 "开发服务产品和品牌" 会更聚焦于产品化的服务，而服务品牌的部分则更加展开，此外还增加了一个关于服务设计思维的新主题。
- 第 8 章 "设计服务流程" 增加了一个关于服务机器人和人工智能自助服务科技（SSTs）的深入报告。
- 第 14 章 "提高服务质量和生产力"，对客户反馈系统与收集工具的部分做了大幅修改，以反映自动化评级系统的快速发展，包括在评论网站和第三方社交媒体平台的用户生产内容，以及自然语言处理对客户反馈的分析、图像处理等科技。

• 第 15 章 "打造世界一流的服务公司" 增加了新的章节，"顾客满意度和钱包分配规则"

本书可以用于哪些课程

本书为工商管理、市场营销等专业的高年级本科生以及 MBA 和 EMBA 的学生设计。"服务营销"将营销学置于一个更广泛的管理学大背景下。本书既适用于那些有志于未来从事管理类职业的全日制学生，也适用于 EMBA 等项目的在职学员学习，因为他们可以把本书理论应用于他们的管理工作中。

不管管理者的具体职务如何，不管你来自人力资源、运营或者信息科技等部门，我们希望你认识到不同职务在营销过程中的功能与紧密联系。我们在本书写作过程中充分考虑到这一点，因此，讲座者可以根据自身工作内容选择性地使用本书章节或案例进行服务营销或者服务管理的教学，在教学中可以采用不同的形式或时长。

本书有何与众不同之处

本书的特点包括：

• 站在管理从业者的角度，同时根植于扎实的学术研究，配有便于理解记忆的框架图。本书着力于弥合理论与现实世界的差距。

• 结构清晰，每一章都配有内容框架图，可以概览章节内容和论点。

• 文字表意清晰，阅读通畅，而且目的明确。

• 全球视角，从世界各地精选案例。

• 系统化的学习方法，每个章节有明确的学习目标、条理清晰的结构和列表式的知识点总结、浓缩的核心概念和关键信息。

• 开场语设计和巧妙插入的图片以吸引学生兴趣，便于进行课上讨论。

我们编写本书旨在为传统的营销管理学著作进行补充。我们知道，服务这一领域的最大特点就是它的多样性，没有任何一个单一的概念模型能够解决所有的营销问题，也无法覆盖所有类型的商业体，大到跨国公司（如航空、银行、电信、职业服务等领域），或小到餐馆、洗衣房、眼科诊所等个体经营者。因此，本书为服务从业者提供了一个精心设计的"工具箱"，读者可以了解如何使用各种不同的概念、理论、知识框架来分析和解决在服务领域里遇到的各种问题和挑战。

Content / 目录

第 II 篇　服务营销的 4P 理论应用

第 IV 篇　发展客户关系

第 12 章　顾客关系管理与忠诚度的建立　395

第 V 篇　追求卓越服务

第二部分　全球商业案例　593

第Ⅰ篇

理解服务产品、市场和消费者

第 1 章　在服务经济中创造价值

第 2 章　理解服务消费者

第 3 章　竞争市场中的服务定位

第Ⅱ篇

服务营销的 4P 理论应用

第 4 章　开发服务产品和品牌

第 5 章　服务在实体渠道和电子渠道的分销

第 6 章　服务定价与营收管理

第 7 章　服务营销传播

第Ⅲ篇

用户互动管理

第 8 章　设计服务流程

第 9 章　平衡需求与服务产能

第 10 章　营造服务环境

第 11 章　通过人员管理获得服务优势

第Ⅳ篇

发展客户关系

第 12 章　顾客关系管理与忠诚度的建立

第 13 章　客诉处理与服务补救

第Ⅴ篇

追求卓越服务

第 14 章　提高服务质量和生产力

第 15 章　打造世界一流的服务公司

图 1　服务营销知识结构

第 I 篇

理解服务产品、市场和消费者

第 I 篇
理解服务产品、市场和消费者

第 1 章　在服务经济中创造价值
第 2 章　理解服务消费者
第 3 章　竞争市场中的服务定位

第 II 篇
服务营销的 4P 理论应用

第 4 章　开发服务产品和品牌
第 5 章　服务在实体渠道和电子渠道的
　　　　分销
第 6 章　服务定价与营收管理
第 7 章　服务营销传播

第 III 篇
用户互动管理

第 8 章　设计服务流程
第 9 章　平衡需求与服务产能
第 10 章　营造服务环境
第 11 章　通过人员管理获得服务优势

第 IV 篇
发展客户关系

第 12 章　顾客关系管理与忠诚度的
　　　　　建立
第 13 章　客诉处理与服务补救

第 V 篇
追求卓越服务

第 14 章　提高服务质量和生产力
第 15 章　打造世界一流的服务公司

第1章

在服务经济中创造价值

我们早已进入服务经济时代。

——卡尔·阿尔布雷希特和罗恩·泽姆克（Karl Albrecht and Ron Zemke）

商业与服务领域思想领袖

今天的市场，消费者在选择商品时拥有前所未有的自由。

——摘自"Crowned At Last"发表于《经济学人》，2005.3.31

让人们听到一些新事物是不够的……与其灌输知识，还不如帮他们打磨一副新眼镜，以便他们用新的方式看待世界，看待那些曾经塑造了人们思维方式的事物。

——约翰·斯里·布朗（John Seely Brown）创新领域思想领袖

学习目标

通过本章的学习，你将可以：

1. 理解服务业对一个国家经济的贡献。

2. 了解服务业涵盖的主要行业。

3. 认识促使服务市场转型的力量。

4. 理解 B2B 服务是如何帮助客户提高生产力并促进经济发展的。

5. 理解服务外包和离岸服务的不同。

6. 运用非所有权理论框架定义服务。

7. 了解基于服务对象区别和服务的四个大类。

8. 熟悉服务业的特征和它们带来的营销挑战。

9. 了解传统营销策略在服务业的应用。

10. 了解 7P 营销策略以及客户互动管理。

11. 认识到在服务业，营销、运营、人力资源、信息科技等部门的紧密整合。

12. 理解服务利润链对于服务管理的意义。

13. 了解有效开展服务营销策略的理论框架。

引文：走进服务营销的世界

和每位读者一样，你一定有过为服务买单的经历。服务在我们的生活中无处不在，如打电话、刷信用卡、乘公交车、在线听歌、上网或者在银行的自动提款机取钱，我们对此习以为常，甚至忽略了它们的存在，但也有一些服务支出会让我们花点心思，如邮轮旅行、咨询理财建议、体检。上大学可能是我们最大的一笔服务支出，大学本身就是一个综合服务体，它不仅提供教育服务，还有图书馆、学生宿舍、健康医疗、体育设施、博物馆、保安、咨询和就业服务等。

在校园里，可能你还会去书店、银行、邮局、影印店、咖啡馆、便利店以及娱乐场所。其实这些服务是一种个体的消费，或者叫从商家到消费者（business to customer，B2C）的服务。

相对而言，公司等团体组织对服务的需求会广泛得多，购买规模也要大得多，这种服务模式是从商家到商家（business to business，B2B）。现在，公司为了更好地聚焦核心业务，越来越多地把任务外包给外部的服务提供商。如果无法买到自己所需要的服务，公司的发展也会受到阻碍。

但是，消费者并不总是对服务满意。相信你也一定有过不愉快的服务体验，有时甚至会非常失望。

不管是公司还是个人，可能遇到的麻烦是一样的——服务提供商不兑现承诺、服务质量低、不称职的服务人员、服务时间不合适、拖沓复杂的办事流程、浪费时间、自助服务机器故障、复杂的网站、对客户诉求缺乏理解等。

反过来，这些服务的提供商也有一本难念的经。困难不仅来自激烈的同行竞争，企业主和经理们还抱怨招不到能力强且态度积极的员工；成本高赚不到钱，顾客可能会提出很多无理的要求，难以伺候。

让我们欣慰的是，有一些企业做到了。他们知道如何既让顾客满意，又保持公司运营高效且盈利，让员工们愉快地完成任务，还搭建了便于使用自助服务的网站和APP。

一定有几家公司的服务让你青睐有加。你有没有想过他们是怎么满足你的需求，甚至提供了超乎预期的服务？

本书将告诉你既让客户满意又保持服务盈利的方法。除了介绍核心概念、理论框架和服务营销工具，我们还收集了世界各地，特别是中国企业的服务营销案例。这些经验将帮助你在服务营销的激烈竞争中脱颖而出。

图 1.1 是第 1 章的概览。在这一章，我们将对不断变化的服务经济进行概述，对服务的本质做出定义，并重点介绍服务营销中的特殊挑战。我们用一个知识框架图来引出本章内容，让你了解如何开展和实施服务营销战略。这个框架图也是全书结构的体现。

为什么研究服务

- 服务业主宰着全球经济
- 服务业创造了大部分工作机会
- 理解服务让你更具竞争优势

服务的定义

- 服务提供不涉及所有权的利益
- 服务是一方给另一方提供利益的经济活动，往往基于时间，服务给人、物或其他资产带来预期的结果。顾客以金钱、时间、精力作为交换，获得期望的劳动力、技能、专业知识、商品、设施、网络和系统的价值

服务行业

按对美国 GDP 贡献大小排序：

- 房地产
- 商业与专业服务
- 政府服务
- 批发与零售
- 交通、公共事业和通信
- 医疗与教育服务
- 金融与保险
- 酒店与餐饮服务
- 艺术、娱乐和休闲服务
- 其他私营服务

基于对象的服务分类

- 对人体的服务（如客运、美发）
- 对所有物的服务（如货运、维修服务）
- 对精神的服务（如教育）
- 对信息的服务（如会计）

关键趋势

总体趋势

- 政府政策
- 社会变化
- 商业趋势
- 信息技术进步
- 全球化

B2B 服务增长

- 外包
- 离岸外包
- 企业更重视核心竞争力
- 经济分工更细
- 通过研发提高生产力

服务提出的差异化营销挑战

服务被普遍认为有 4 个特征，包括无形性（intangibility）、差异性（heterogeneity，因其品质的可变性）、不可分割性（inseparability，服务产品与消费不可分割）和时效性（perishability），简称为 IHIP，这些特征的关键意义包括：

- 服务是无法储存的（如服务一旦输出就不再存在）
- 无形要素决定服务价值（服务是无形的，不可触摸的）
- 服务常常难以被人理解（服务在精神层面上也是无形的）
- 消费者常常参与服务的共同生产（如果是针对人身的服务，服务生产和消费不可分割）
- 人（提供服务的员工）是服务产品或体验的一部分
- 运营投入与产出差异可能很大（差异性）
- 时间因素非常重要（在服务能力管理方面）
- 服务交付可以在非实体渠道进行（信息处理服务）

职能

需要把影响顾客体验的各个职能紧密整合，特别是：

- 营销
- 运营
- 人力资源
- 信息技术

服务利润链

各要素之间紧密关联：

- 领导力
- 内部质量和信息技术
- 员工关系
- 客户价值、满意度和忠诚度
- 盈利和增长

将服务战略付诸行动

本书的知识结构覆盖了服务营销和管理的全流程，包括：

- 理解服务产品、市场和消费者
- 将 4P 营销理论应用于服务
- 应用服务营销的 3P 理论，即过程、人员和实体环境来设计和管理用户互动
- 发展客户关系
- 追求卓越服务

图 1.1　服务营销导论

为什么研究服务？

学习目标：理解服务业对一个国家经济的贡献

从一个矛盾说起：虽然说我们已经生活在服务经济主导的时代，但大多数商学院仍然在使用制造业经济的理论来进行营销专业的教学。如果你上过营销学的专业课，你很可能学的是如何对制造业产品做营销，特别是针对消费品，而不是针对服务。值得庆幸的是，越来越多的学者、咨询业者和教师，包括本书作者，开始关注到过去40年里服务营销领域的大量研究，并选择将其作为研究重点。本书将力图为你提供在未来商业世界中所必需的关于服务营销的知识和技能。

服务业主宰着全球经济

服务业的规模正在全球各国经历快速增长。随着经济的发展，农业、工业（包含制造业和采矿业）与服务业的相对份额发生了巨大变化，即使在新兴经济体，服务业产出也在快速增长并往往占到GDP的一半以上。通过图1.2我们看到，随着时间的推移和人均收入的提高，经济是如何从农业、制造业为主演变到以服务业为主导的经济的。在发达经济体，拥有大量高科技用户和相对熟练的技术工作者的知识型服务业已经成为其最活跃的经济元素。图1.3显示，服务业创造的价值几乎占到全球GDP的2/3。

图1.4显示了在不同规模的经济体中服务业所占的份额。在大多数的高度发达国家，服务业已经占到GDP的65%～80%。但韩国是个例外，作为一个制造业主导的国家，其服务业占GDP的比重只有58%。哪些地区的服务业占据主导地位呢？答案是泽西、百慕大和巴哈马，这些小岛的经济结构相似，几乎没有其他产业。在欧盟，服务业占比最高的国家是卢森堡，达到87%。巴拿马的服务业占比达到82%，这不仅仅因为巴拿马运河发达的客运和货运业务，还包括相关的集装箱港口、船只注册、贸易自由港，以及金融、保险和旅游业等服务业经济。

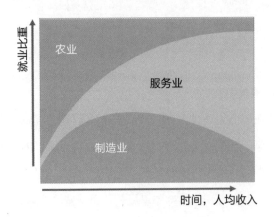

图 1.2 经济发展与就业结构变化

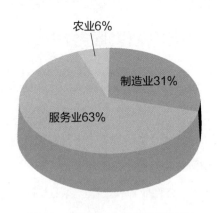

图 1.3 服务业对全球 GDP 的贡献

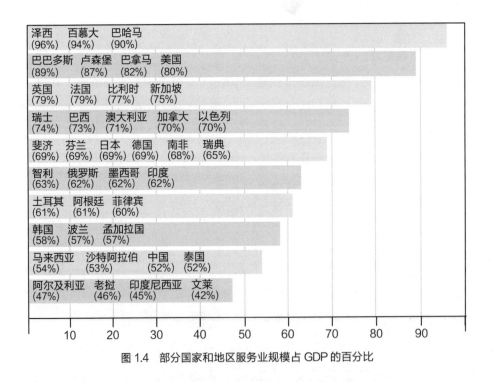

图 1.4 部分国家和地区服务业规模占 GDP 的百分比

　　中国是一个比较特殊的例子，服务业占比仅为 52%。作为一个新兴的经济体，中国的经济仍然由农业、制造业和建筑业主导。然而，中国的商业和消费者服务需求日益增长，逐渐成为中国经济成长的动力，政府也在加大力度投资服务业基础设施，如增设航运码头和机场等。还有些比较富裕的国家服务业比重偏低是由于资源的约束，如文莱，作为一个石油行业主导的国家，其服务业占 GDP 的比重仅为 42%。

服务业创造了大部分工作机会

由于服务业在全球快速发展，大量的新就业机会被创造出来。就业人口向服务业的转移是一种稳定和长久的经济趋势。其实，服务业工作不仅指那些收入水平较低的工作，如餐馆服务员或呼叫中心接线员等，还包括商务服务、教育与医疗这种基于知识和技能的高度专业化的工作。后者需要良好的教育背景，收入高，且有很好的职业前景。

很多制造业公司突破了将服务视为实物产品附属物的传统观念，开始把一些服务功能独立出来。请阅读扩展资料 1.1，你可以了解上汽大众是怎样实现这种转型的。

扩展资料 1.1

上汽大众推进服务营销体系变革

许多制造业公司依靠为顾客提供无微不至的售后服务来获得竞争优势，上汽大众就是这样的一家公司。上汽大众是目前国内产销规模最大的汽车集团，除了你耳熟能详的汽车研发和制造，上汽其实还有移动出行和服务、金融、国际经营三个重要的业务板块，很大一部分业务就隶属于服务业的范畴。面对疫情冲击、芯片短缺、车市调整等严峻挑战，上汽在继续焕新现有制造业业务发展动能的同时，也在着力培育壮大由服务带来的发展新动能。

上汽近些年来积极推进营销体系变革，通过视频直播、虚拟展厅等手段，加快提升线上服务能力；同时，推出终身质保、终身免费保养、二手车回购等增值服务，以及制定"以旧换新""致敬抗疫英雄"等专案，打造"城市异想空间"网红地标和城市体验店，来积极探索汽车服务营销新模式。

除了传统的汽车功能以外，上汽还通过自主开发中央计算和多区域融合的全新一代电子架构，以及开放面向服务软件架构的 SOA 软件平台，以期实现"数据决定体验、软件定义汽车"，让车辆成为移动的智能终端，并通过硬件预装、软件迭代的订阅式服务能力，为用户提供全生命周期可定制化的软件服务。这些服务都是上汽作为汽车制造业龙头，对于更好提供客户服务而进行的有益探索。

同时，上汽还在移动出行和服务上进行布局，以服务业持续拓展业务区域，上汽旗下的"享道专车、享道租车、环球车享、申程出行"四大产品线，到2020年注册用户数已达2 600万，日订单量超15万。上汽安吉物流也在不断巩固汽车物流优势，大力发展快运、物流科技、供应链金融、货运后市场等新业务，加快向社会化服务的科技平台转型。

上汽作为传统企业的代表，正在努力地实现制造与服务并举发展：以自主品牌核心能力建设为主要抓手，以重大创新成果持续快速落地为驱动，以数字化转型为支撑，着力打造一个品牌更有影响力、体系更具竞争力、体制机制更灵活的新上汽，努力抢占未来全球汽车行业发展制高点，争创世界一流汽车企业，加快成为具有产业全球竞争力和品牌国际影响力的万亿级汽车产业集团。

和上汽类似，IBM此前一直被认为是一家制造型企业，但现在它已经成功转型成为世界最大的商务与科技服务提供商，业务包括管理咨询、系统整合、管理服务应用等，共同构成IBM的全球服务战略。IBM不仅是服务的提供者，还针对服务型经济专门进行员工培训，将人力资源的元素纳入整个服务经济的价值创造。IBM整合了设计、改善和扩展服务系统相关的重点学科，并创造了一个新的研究领域——服务科学、管理和工程（Service Science，Management and Engineering，SSME），简称服务科学。为了在今天的服务驱动型经济中更有效率，IBM认为未来的毕业生应该是"T"型人才，也就是说，不仅要深入理解自己的学习领域，如商科、工程或计算机科学（字母T中的竖线），还要具备对服务相关专业知识的基本理解（字母T中的横线）。

理解服务让你更具竞争优势

这本书写作于全球经济向服务转型的大背景下。通过学习服务的显著特征、服务如何影响客户行为和营销策略，你将更深入洞察和理解这场变革，以获得未来职业发展的竞争优势。除非在家庭手工作坊或者农场工作，否则，在你职业生涯中的大部分时间都免不了和服务业打交道。不管你在公益组织做志愿者，还是跃跃欲试创立自己的公司，在本书所学的知识都会对你有所帮助。

服务业主要包括哪些行业？

学习目标：了解服务业的主要行业有哪些

服务业包括哪些行业？最大的是什么行业？你可能一时没有头绪，不过没有关系，因为服务业很多元，特别是一些行业针对的是企业用户，而非个人消费者。如果不是在这些行业工作的话，很难了解到它们到底是做什么的。想了解服务业包括哪些行业，可以看看政府统计部门的经济数据，它给所有行业进行分门别类。在 20 世纪 30 年代，美国制作了标准行业分类（Standard Industrial Classification，SIC）。那时的经济以制造业为导向，随着经济转型，旧的分类已经被新的北美行业分类系统（North American Industry Classification System，NAICS）取代，为加拿大、墨西哥和美国的政府和企业所使用（见扩展资料 1.2）。在我国，《国民经济行业分类》国家标准于 1984 年首次发布，截至目前已进行了四次修订，最新一版于 2017 年修订，是国家统计局在参考联合国 ISCI（International Standard Industrial Classification）和世界其他国家的行业分类标准基础上，根据中国国情制定的。该标准是为了方便在统计、计划、财政、税收、工商等国家宏观管理中，对经济活动的分类，并用于信息处理和信息交换。

扩展资料 1.2

带你了解北美行业分类系统

北美自由贸易区三国——美国、加拿大和墨西哥统一使用的北美行业分类系统（NAICS）代表着一种新的行业分类方法。它取代了旧的标准行业分类（SIC），新增了 358 个新行业，重新界定了 390 个行业，只有 422 个行业被保留下来。它重组和重新定义了所有的经济领域，将各领域细分为行业、子行业、行业集群等不同层级。在服务行业方面，它不光纳入了近几十年的新兴服务行业，还把制造类企业内部的会计、餐饮、运输等服务于企业自身的项目纳入进来，并归类在了"附属服务业"一栏。

服务业中新增加的行业包括：信息产业——信息经济时代特有的新兴行业；医疗健康和社会救助服务；科学和商务服务；教育服务；餐饮和住宿服务；艺术、娱乐和休闲服务——满足消费者文化、休闲和娱乐等兴趣需求的大部分服务。

NAICS 的行业分类标准保持一致，只把工序相似的业务归为同类行业。这么做是为了让统计数据更实用并反映社会行业的发展，例如，高科技应用（如移动通信），从未有过的行业（如环境咨询）以及经营方式发生改变的行业（如仓储会员超市）。

NAICS 给每个行业匹配了代码，可以用来查找行业分类信息，研究者可以从行业大类一直深挖到小的行业门类。例如，代码 71 是艺术、娱乐和休闲行业，7112 是观赏性体育，711211 是运动队和体育俱乐部。通过查看不同时期的"真实"市场规模（剔除通货膨胀影响），就能判断哪些行业在扩张或者缩小。NAICS 代码还可以被用来研究就业数据和一个行业的企业数量，若是和产品有关，则可以查看北美产品分类系统（NAPCS），它包含了几千种服务产品。如果想研究服务行业和服务产品，从 NAICS 数据入手是一个很好的办法。

扩展资料 1.3

服务业统计与时俱进

服务业统计涉及的行业广泛，且新兴产业层出不穷；被调查单位个数众多且变动频繁，这就要求服务业统计在内容上必须与时俱进，在方法上必须有所创新。

针对服务业统计中行业主管部门统计缺乏财务指标的问题，国家统计局建立了由国务院部委、直属机构和大型国有企业等相关单位报送资料的部门服务业财务统计制度；针对以往服务业统计的漏统现象，国家统计局不断扩大服务业抽样调查范围，目前已经开展了包括租赁和商务服务业等 11 个国民经济行业大类的常规抽样调查；针对各地区、各部门服务业统计报表口径、指标、范围等不一致的情况，国家统计局研究制定了《服务业统计基本规范和实施意见》，在此基础上抓紧建立全国统一的服务业统计报表制度，规范服务业统计范围，理顺统计调查组织模式，建立较为规范的数据采集渠道。

针对服务业统计对象规模偏小、单位众多、变动频繁的问题，国家统计局在常规服务业统计主要依靠的行政记录、统计报表等传统统计手段以外，大力开展抽样调查、重点调查、典型调查等技术方法，有效提高了统计信息的时效性和准确性。

在政府综合统计和政府部门统计的共同努力下，一个统一、协调、资源互补的服务业行业统计制度正在逐步完善，中国的服务业统计可望既能与国际通行规则接轨，又能完全满足国民经济核算和政府宏观决策管理的需要。

扩展资料 1.4

服务业的 GDP 贡献

根据 2022 年 1 月 17 日国家统计局报告，2021 年服务业增加值占国内生产总值比重为 53.3％，对经济增长贡献率达到了 54.9％，比第二产业高 16.5 个百分点，同时 2021 年全年第三产业，即服务业增速达到 8.2％，总体来看增长较快。我国的服务业新产业新业态亮点纷呈，新动能苗壮成长，已成长为国民经济第一大产业（事实上早在 2012 年，服务业增加值占 GDP 的比重就超过了第二产业，上升至 45.5％）。服务业在就业、外贸等方面发挥着"稳定器"的作用，成为中国经济稳定增长的重要基础。

但是当前我国经济下行压力仍然较大，特别是疫情对服务行业有较大影响，尤其是聚集性、接触性的服务业，但对货运服务、物流服务、产业链服务的相关行业影响相对较小。在保持常态化疫情防控、精准防控，保证经济社会发展有良好的环境的前提下，我国也在力图巩固保证让生产生活正常运转的服务业健康有序发展。

分产业来看，以金融业为代表的现代服务业对经济的支撑作用逐渐增强。党的十八大以来，我国进一步放宽金融业等行业市场准入和限制，创造更有吸引力的投资环境，使得服务业的市场化水平不断提升。2018 年，金融占服务业增加值比重达到了 14.7％。在 2019 年世界 500 强企业中，11 家来自中国的银行位列其中，其总利润占全部中国公司利润的 47.5％。金融企业强劲的盈利能力，也折射出我国现代服务业增长势头迅猛。金融业的蓬勃发展，为经济发展提供资金赋能，为人们生活养老提供财富保障，为科技突破提供支撑力量。

要做到学有所教、病有所医、老有所养，要不断满足人民群众对美好生活的需要，就必须重视健康、养老等幸福产业的发展。2016—2018 年，规模以上服务业企业中，健康服务业、养老服务业企业营业收入年均增速分别达到 13.3％和 28.1％。2018 年，我国已有学校 51.9 万所，医疗卫生机构 99.7 万个。但是随着经济社会的发展，人民群众必将对服务业提出越来越多、越来越高、越来越细的需求。这都为服务业带来更多的空间和想象力。有需求就有市场，伴随机构和服务人员的增加，伴随人均医生、人均教师的数量进一步提升，伴随产业整体效率提高，也将形成正向循环，促使相关行业进一步向现代化、规范化、均等化迈进。另外，在 2021 年创新驱动发展收获新成果，信息传输、软件和信息技术服务业增加值增长了 17.2％。

尽管我国服务业规模日益壮大，质量效益大幅提升，但我们也要看到，目前发达国家服务业的 GDP 占比普遍都在 70％以上。与之相比，我国服务业的发展还有很长的路要走。

来看看美国的情况，通过图 1.5，可以看到美国各类服务行业对其 GDP 的贡献。美国最大的营利性服务行业是房地产和租赁业。2018 年的占比为 13.3％，相当于美国 GDP 的 1/8。这个行业都包含哪些业务呢？其中 90％是来自诸如住房和商业地产的租赁、物业管理、中介服务、房产评估。租赁业的范围广泛，除了房地产，还包括重型建筑机械、办公家具、帐篷、宴会用品的租赁等。另一个快速增长的行业是商务与专业服务，GDP 占比 12.5％。

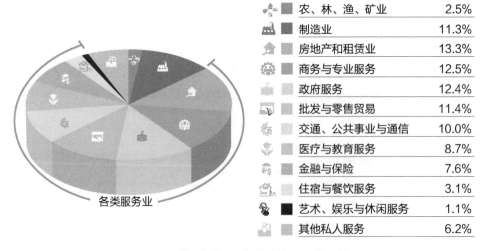

农、林、渔、矿业	2.5％
制造业	11.3％
房地产和租赁业	13.3％
商务与专业服务	12.5％
政府服务	12.4％
批发与零售贸易	11.4％
交通、公共事业与通信	10.0％
医疗与教育服务	8.7％
金融与保险	7.6％
住宿与餐饮服务	3.1％
艺术、娱乐与休闲服务	1.1％
其他私人服务	6.2％

各类服务业

图 1.5 美国各类服务行业对其 GDP 的贡献

美国其他服务行业的 GDP 占比情况是：批发和零售贸易 11.4%，交通、公共事业与通信 10.0%，医疗和教育服务 8.7%，金融与保险 7.6%，住宿与餐饮服务 3.1%。

艺术、娱乐与休闲服务行业，特别是针对高端消费者的，诸如观赏性体育、健身房、滑雪场、博物馆、动物园、演艺活动、赌场、高尔夫球场、游艇业，还有主题公园等，加在一起也只占美国 GDP 的 1.1%。占比虽小，但对于一块总价值 20.6 万亿美元的服务业大市场，这个行业 2019 年创造的 2 270 亿美元价值也足以让人印象深刻。

促使服务业转型的强大力量

学习目标：认识促使服务市场转型的强大力量

服务业为什么能得到快速发展？其实在众多因素中，政府政策、社会变化、商业趋势、全球化、信息科技和通信业的进步是很关键的因素，这些力量促进了服务业的蓬勃发展（见图 1.6）。这些因素重塑了供需以及市场竞争格局，甚至改变了消费者购买和享受服务的方式。

在上述的几个因素中最重要的一个是信息科技和通信技术的发展，不仅催生了大数据、云计算、用户创造内容、移动通信、互联网技术、人工智能，还有基于应用程序的自助服务（Self-Service Terminal System，SSTS）等科技创新，促成了服务业的自我革命。

新科技让企业更好地加强和用户的关系，建立多渠道的信息流，为客户提供个性化服务，让企业更好地运用数据分析，提高生产力和盈利能力。更重要的是，新科技带来了许多新商业模式，包括点对点服务（如房屋短租平台）、整合平台（如网约车服务），以及服务众包（如阿里众包，致力于在为业务需求方提供个性化解决方案的同时，将社会大众的闲置时间和技能转化为经济价值）。

B2B 服务，经济发展的核心推动力

学习目标：理解 B2B 服务是如何帮助客户提高生产力并促进经济发展的

成功的经济体需要建立在生态系统之上，一个好的生态系统需要提供先进的、有竞争力的和创新的商业服务。

政府政策	社会变化	商业趋势	科技进步	全球化
• 政策变化 • 私有化 • 推出保护消费者、员工或环境的新法规 • 加入服务贸易新协定	• 消费者期待不断提高 • 无所不在的社交网络 • 富裕人口变多 • 人们越来越缺少时间 • 人们越来越愿意为体验买单而不是购买实物商品 • 更多人拥有智能手机、穿戴式设备和高科技装备 • 信息获取更容易 • 人口迁移 • 老龄化	• 着力提高股东价值 • 强调生产力和降低成本 • 通过服务提高制造业增加值 • 商家更注重构建"平台"商业模式 • 商业结盟和工作外包越来越多 • 越来越关注产品质量和顾客满意度 • 特许经营与加盟连锁 • 更注重非营利性的营销方式	• 发达的移动互联网 • 机器人 • 人工智能 • 大数据分析 • 用户生产内容 • 物联网 • 移动通信技术 • 云技术 • 地理定位服务 • 文本处理 • 语音处理 • 图像处理 • 虚拟现实	• 更多公司开展全球业务 • 更多的国际旅行 • 更多企业跨国合并和联盟 • 离岸客服海外竞争者进入国内市场

新市场、新产品在原有市场创造了更多服务需求，市场竞争更加激烈

新科技的应用刺激了服务产品和交付系统的创新

成功取决于：理解消费者和竞争者；可行的商业模式；为顾客和企业创造价值；面对新科技的敏捷性和业务能力；重视服务营销和管理

图 1.6　促使服务业转型的因素

你可能会问：为什么商业服务不仅可以提高一家制造型企业的生产力，还能同时改善整个经济？来看下面的例子。

一家大型工厂有个内部餐厅，有 100 名服务人员。因为雇主是一家工厂，在国家统计数据上，这部分员工会被归类于从事工业生产的工人。可是一家工厂能做好一家餐厅吗？工厂了解餐厅是怎么买食材、烹饪，管理厨师和厨房的吗？答案一般来说是否定的，因为通常餐厅相比于这家工厂的主营业务来说，并没有那么重要，工厂也不愿意花大力气在餐厅上，更不用说加大流程改善和（菜品）研发的投资。

许多制造业企业已经意识到了这个问题并选择把餐厅外包出去，交给专门从事餐饮业的公司。因为餐饮公司更加专业，餐厅的服务品质和饭菜质量都会比过去好得多，成本效率也会提高。由于是连锁餐饮，服务的标准和服务的流程就可以由旗下多家连锁餐厅联合制定，规模经济也逐渐形成，同时有了业内人士的指导和标准，对新开餐厅来说，学习曲线就没有那么陡峭。企业的流程管理得到了改善，才可以腾出时间把精力投入在研发上，让更多部门从中受益。公司里曾被人忽略的边缘部门，外包后变成了独立服务商的主营业务。照此逻辑，公司可以剥离几乎所有的非核心业务、资产、商品和服务，来节约企业成本（见图 1.7）。据国际咨询公司麦肯锡估计，企业内部服务的产值可以占到制造业总产值的 20%～25%，这意味着服务外包有巨大的发展空间。服务外包让我们的经济分工越来越专业化，也带动整个社会的生产力和生活水平的提高。

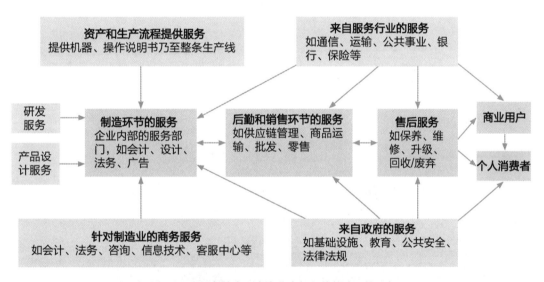

图 1.7　产品制造全程中企业内部和外部涉及的服务

外包和离岸服务

学习目标：理解服务外包和离岸服务的不同

你也许会思考，随着外包的逐步发展，服务业的工作机会是否会流向低工资的国家？特别是新通信技术还可以让某些服务的提供者远程工作，而不必和顾客在同一个地方。离岸服务更是让服务的跨国交易成为可能，离岸服务指的是服务的提供者在一个国家，但享受服务的人是在另外一国。21世纪之前，离岸服务还只是局限在制造业行业；但在过去20年，在新通信技术、服务贸易的国际化，以及全球商业服务模式变革的共同驱动下，离岸服务已经成为一个蓬勃发展的全球行业。

图1.8展示了外包和离岸服务的几种模式。场景一（箭头1）是指公司将服务外包给国内供应商。场景二（箭头2）是公司把服务改为外包给国外供应商。场景三（箭头3）是公司决定服务外包的同时，选择外包给国外供应商。场景四（箭头4）是通过建立海外子公司来为总公司提供离岸的服务，这种模式称为"控制型离岸"。场景五（箭头5）指当外包与离岸服务相结合，就意味着服务提供方从海外的子公司变为海外独立的服务提供商。

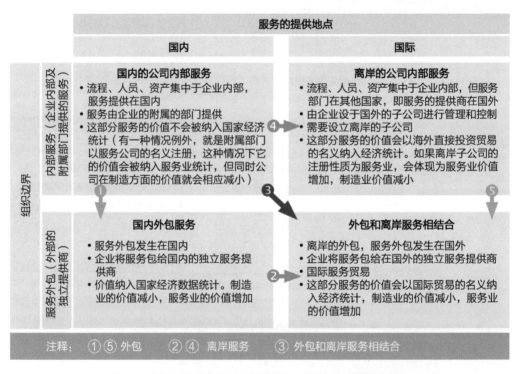

图1.8　外包与离岸是两个独立的概念，但两者也可以相互结合

据麦肯锡的一项研究估计，全球服务业11%的工作可以远程完成。然而，真正会被离岸服务替代的工作岗位的数量将被证明是非常有限的——仅占发达国家服务业整体就业人数的1%。不过话说回来，1%也已经意味着一个巨大的数字，一大批人会受到影响，包括一些收入不错的专业人员。他们的工作可能会被性价比更高的来自印度、菲律宾或者白俄

罗斯的高级工程师所取代。

服务是什么？

在之前的学习中，我们了解了服务业的不同类型和发展。现在，请思考一个问题：到底什么是服务？

历史观点

在两个多世纪以前，学者就开始尝试描述和定义服务。在 18 世纪晚期和 19 世纪早期，古典经济学家关注的焦点是财富的创造和拥有，他们主张：货物（或商品）是一种有价值的实物，它的所有权可以被建立和交换。所有权意味着对物品实际的持有，且所有权可以从法律上认定一件物品的物主。一件物品的所有权可以通过购买、交换、赠予的方式获得，赠予方可以是物品的制造者，也可以是拥有者。

1776 年，亚当·斯密（Adam Smith）在其名著《国富论》中，提出了"生产性劳动者"和"非生产性劳动者"这组名词，并对两者的劳动成果进行对比。他认为：生产性劳动者的劳动成果可以在生产后进行储存和交易，不管是换成货币或是物物交换。而非生产性劳动者，尽管是"可敬、有价值而且必要的"，但它并不创造有形财富，特别是非生产性劳动者服务的提供和消失是在同一时间。在这一论述的基础上，法国经济学家让·巴蒂斯特·萨伊（Jean Baptiste Say）主张，服务的生产和消费是不可分割的，他创造了一个术语"非物质产品"（immaterial products）来描述服务。

今天，我们知道许多服务的提供和消费是可以分离的（如干洗、草坪修剪、天气预报），也并不是所有的服务在提供过后就会消失（如演唱会或体育赛事的视频录像），甚至许多服务是为了给人们提供长久的价值（如教育）。我们将在下一节讨论的关于所有权与非所有权的差异，被服务营销领域的一些知名学者反复强调。

没有所有权的受益

学习目标：运用非所有权理论框架定义服务

服务包含了种类繁多且复杂的活动，因此很难定义。"服务"最早的含义与"仆人"向主人提供的工作相关。随着社会发展，服务开始有了越来越广泛的含义。它在字典中的定义是"提供服务、帮助或使别人受益，为他人谋取福利或利益的行为"。在营销领域，早期的学者们考虑到服务与实物商品的根本差异，将服务定义为"活动、作为、表演或者努力"，而不同于"货物、设施、材料、物品或东西"。但是我们认为，服务应该有自己单独的定义，而无须和商品的定义关联。用一些人常说的一句取巧的话来描述，服务就是一种"可以买卖，但就是看不见摸不着的东西"。这句话的确简单好记，但作为定义来引导人们学习营销策略就不尽如人意了。今天，我们对服务定义的思考比之前有所发展，我们关注的点是，当购买服务时，没有发生所有权的转移。

设想一下：你曾经住过一晚酒店，你并没有获得那个酒店房间的所有权；你为受伤的膝盖去做理疗，也并不需要拥有一位理疗师；你听了一场音乐会，你也并不是音乐会的所有者。所有的这些付费购买，你都没获得实际的所有权。那你究竟买到什么了呢？

克里斯托弗·洛夫洛克（Christopher Lovelock）和伊弗特·古默桑（Evert Gummesson）主张，服务是用一种"租用"的形式让消费者受益。消费者看重的并且愿意为之付费的是希望获得的体验和解决方案。我们用"租用"这个字眼来大致描述消费者付费使用某件东西，或者为了获得某些技能或专业知识，再或者为了进入某些设施或网络（通常有时间限制），而不是将其买断，事实上很多服务也不可能被买断。在服务不涉及所有权转移的这个概念之下，我们可以把服务大致分为5种类型：

1."租用"劳力、技能和专业知识

消费者雇用其他人来做自己不愿意做或者自己不能做的工作。如汽车维修、医学检查、管理咨询等。

2."租用"商品服务

消费者选择不拥有一件物品，而是获得该物品一定时间内的专属使用权。如船只、演出服装、建筑和挖掘设备等。

3."租用"特定的场地和设施

消费者获得大型建筑、交通工具或某个区域中特定的部分的使用权，往往需要和其他消费者共用。如飞机上的座位、办公楼里的套间、仓库里的一个储柜等。

4.获得共享设施的使用权

消费者和其他人共享一个设施，可以是室内的、室外的或者虚拟的。如主题公园、高

尔夫球场、收费路段（见图 1.9）。

图 1.9 消费者付费使用收费公路

5. 连接并使用网络和系统

消费者加入一个特定的网络，按照自己的所需选择使用条款。如电信网络、公共事业、银行系统、在线社交网络、网络游戏（如英雄联盟）。

是否拥有所有权，会影响营销策略和任务的本质。消费者面临需求时是选择租还是买，选择标准是完全不同的。比如租车，消费者考虑的是车型、是否方便预订、租用地点和时间、服务人员的态度和表现、车的整洁和车况等。而买车，消费者考虑的是价格、品牌形象、是否方便保养、油耗、设计、颜色、内饰等。

从服务的非所有权转移角度出发，我们来定义服务。

服务的定义

服务是一方对另一方进行的经济活动。在特定时间内，这个过程给接受者（人、物品、或资产）带来期待的结果。顾客用金钱、时间、精力作为交换，获得期待的价值，包括劳力、技能、专业知识，以及来自物品、设施、网络和系统的价值。然而，顾客通常并不获得其中的实体要素的所有权。

请注意，我们把服务定义为双方之间的**经济活动**，意味着市场上买家和卖家发生了价值交换。我们用**特定时间**内的一个**过程**来形容服务。我们强调买家购买服务是为了实现期待的结果。事实上，很多公司明确地把服务说成是潜在用户需要的"解决方案"。最后，我们的定义强调，当顾客期待通过购买服务来获得价值并用金钱、时间、精力作为交换，这个价值是来自各种能够创造价值的要素，而不是通过所有权的转移。（有些例外情况，如汽车修理服务中可能涉及的零部件的更换；在餐厅用餐服务时涉及的饭菜饮料，虽然发生了所有权的转移，但这些附加的实物价值一般比服务本身的价值要小得多。）

服务产品与顾客服务和售后服务

随着服务经济的壮大，以及人们更重视给制造业产品增加更有价值的服务，服务业和制造业的边界正变得日益模糊。许多制造型企业，如汽车制造商丰田、飞机引擎制造商通用电气和劳斯莱斯，以及高科技家电制造商三星和西门子，正在积极转型成为服务型企业。相当多的公司已经从简单地为实体产品提供配套服务，转变为重新组合并设计某些"卖点"，以便打造独立的服务产品进行营销，比如汉莎航空的保养服务。另一个成功故事的主角是上汽大众，我们在扩展资料1.1中有过介绍。

服务营销的一些原则和工具（如怎样给一项服务定价，呼叫中心的生产力管理，提升服务质量和服务人员管理）同样可以应用于制造型企业并给他们的产品增加更多服务的成分。西奥多·莱维特（Theodore Levitt）很早以前就发现："把服务业单独分成一类并不科学，每个行业都或多或少地存在服务的元素，所有人都身处服务业之中。"最近，罗兰德·鲁斯特（Roland Rust）和黄明辉（Ming-Hui Huang）指出："'商品与服务'这种简单的二分法已经过时了，服务无处不在，而不仅仅存在于服务行业。"斯蒂芬·瓦格（Stephen Vargo）和罗伯特·路希（Robert Lusch）在其获奖文章提出了更超前的新理念，"服务主导逻辑"（service-dominant logic或S-D logic），认为所有的商品都是因为能提供服务而具有价值，而价值是实物产品衍生出来的，就是说，并不是商品本身具有价值，而是商品在被消费的过程中提供了服务，给消费者带来了价值。他们将这个过程称为"使用中的价值"。

基于服务对象差异的 4 种服务类型

学习目标：了解基于服务对象的区别，服务可以分成的四大类

在服务的定义中，我们不仅强调了服务的价值是通过"租用"产生的，还强调了服务

要给接受者带来期待的结果，而服务接受者，即服务针对的对象既可以是人，也可以是物品或资产，这也是我们给服务进行类型划分的标准。

服务所针对的对象可以是人、物品或者数据（无形资产）。而服务的过程可能是看得见的有形服务，也可能是看不见的无形服务。有形服务，如对人的身体或者物品的服务；无形服务，如对信息或对人的精神的服务。我们按照这个标准将服务大致分为以下四大类：对人体的服务（people processing）、对所有物的服务（possession processing）、对精神的服务（mental stimulus processing）、对信息的服务（information processing）（见图 1.10）。在同一分类下有各种不同的行业，尽管这些行业可能看起来完全无关，但通过分析，你会发现它们在服务对象方面的确是一致的。因此，管理者们通过研究同一分类下的其他行业，也能获得一些创新的启发。下面我们来一起看看，为什么服务针对的对象不同会给营销、运营和人力资源管理方面造成不同的影响。

服务性质	服务针对的对象	
	👥 人	🪙 所有物
有形服务	**对人体的服务** （服务对象为人的身体） • 美发 • 客运 • 医疗保健	**对所有物的服务** （服务对象是有形物品） • 货运 • 洗衣 • 维修与保养
无形服务	**对精神的服务** （服务对象为人的精神和思维） • 教育 • 广告与公关 • 心理治疗	**对信息的服务** （服务对象为无形资产） • 会计 • 银行 • 法律服务

图 1.10　服务的四大类

对人体的服务

以人类自己的身体为对象的服务从远古时期开始就存在了。旅行、吃饭、住宿、医疗、美容……这些服务有个共同点，就是为了享受它们，顾客必须身在这些场所，否则这些服务根本没法提供。我们可以把这些场所比喻为一家服务工厂，在那里顾客可以享受服务提供者（可以是人或机器）生产和交付的服务。当然，服务提供者有时也可以带着工具上门，到顾客的地点服务。关于这类服务，我们可以得到以下结论：

- 服务的生产和服务的消费是同时进行的，这意味着顾客必须出现在服务场所。这就要求商家在开展服务前要做好选址、场地装潢、服务流程设计、服务环境管理，以及需求和供应能力的管理。

- 在服务过程中需要顾客的积极配合。如美甲服务，你需要配合美甲师的工作，告诉她你想要的样子、坐好不乱动、按照美甲师的要求伸出手指。

- 商家需要仔细考虑服务场所的位置、服务流程和服务环境的设计，需求量和供应能力的管理，站在顾客的角度来考虑这些问题。另外，除了金钱成本，还要顾及顾客的时间和精力等非金钱的成本。

对所有物的服务

顾客常常为他们所拥有的物品请求服务。比如，给自己的房子除虫、修剪过高的树篱、电梯维修、修碎了屏的手机、快递包裹、治疗生病的宠物等。关于这类服务，我们可以得到以下结论：

- 对所有物服务的生产和消费过程并不一定是同时的。这让商家可以更灵活地设计服务流程以降低成本。

- 顾客很少参与所有物服务的过程。唯有的顾客和商家的接触无非是放下物品和取走物品这两个环节。在这种情况下，服务的提供和服务的消费是可以分离的。不过，也有一些情况下，顾客希望能够留在服务提供的现场。例如，顾客希望监督一下修剪树篱的工作，或者是在自己的宠物接受治疗的时候留在宠物身边，以便安稳它的情绪。

对精神的服务

这种类型的服务会触及人的精神，塑造人的态度并影响人的行为。针对精神的服务包括教育、新闻信息、专业建议，以及一些与宗教相关的活动。顾客需要一定程度的参与，需要投入时间和精力，才能从精神服务中获得好处。然而，顾客并不一定身处精神服务生产的现场，只要存在脑力上的信息交流即可。怎么理解这一点呢？我们可以把对精神的服务与对人体的服务进行对比，会有一个很有意思的发现：假如一个乘客在飞行途中睡着了，这并不会影响乘客最终到达目的地；但如果一个学生在上网课的时候睡着了，他会什么都学不到！

针对精神的服务这种类型的核心是内容和信息（不论形式如何，可以是文本、演说、音乐、视觉图像、视频等），而内容和信息是可以被数字化、下载或在线观看的。如波士顿交响乐团的音乐会，你可以亲身前往现场，可以录下电视转播再稍后观看，也可以购买光碟或在线观看。因此，对精神的服务这种类型是可以被"储存"起来以备日后消费的。而且，这种消费是可以重复多次的。对一些同学来说，能够重复观看网课来理解某个知识点的学习效果可能比亲自去上课的效果还好。最后，我们总结一下这种服务类型的两个关键点：

- 顾客并不一定需要亲身在服务现场。他们可以在需要的时候选择用远程的方式来获取内容。
- 对精神的服务是可以"储存"起来并留到以后消费的，也可以重复消费。

对信息的服务

信息既可以由信息通信技术（information and communication technology，ICT）处理，也可以由人脑处理。信息是完全无形的，但是它可以通过载体转化为持久和有形的形式，如信件、报告、图书或者各种形式的文件。一些服务对信息进行有效的处理和搜集的要求非常高，如金融、法律、市场调查、管理咨询、医学诊断等。

我们解释了信息服务和精神服务，但有时很难说清这两者之间的差异。比如说，当一个股票经纪人分析客户的经纪费用的时候，它看起来是一种信息的处理。但是当分析的结果被用于给客户做未来投资策略方案的推荐时，看起来又像是一种精神的服务了。为了简单，在某些情况下，我们将合并精神服务和信息服务这两种服务类型，并将其统称为基于信息的服务。

服务业为营销提出新的挑战

学习目标：熟悉服务业的特征和它们带来的营销挑战

过去的营销理论与实践是建立在制造业的基础上的。对于并不涉及所有权转移的服务业，旧的理论和实践还有效吗？答案一般是否定的。服务与有形产品的差异明显，如我们常说的服务的四大特点——无形性（intangibility）、差异性（heterogeneity，因其品质的可变性）、不可分割性（inseparability，产品与消费不可分割）和时效性（perishability），简称为 IHIP。表 1.1 阐释了服务的特点以及和有形产品之间的差异。这些差异导致了服务营销与有形产品营销的巨大差异。

表 1.1　服务和有形产品之间的特点差异及导致的影响

服务与有形产品的差异	造 成 的 影 响	营 销 对 策
服务无法储存，提供服务的同时服务就结束了	• 顾客可能不得不等待，或者放弃服务	• 通过促销、动态调整价格、预订等方式保持需求平稳 • 紧密联系运营以调整服务提供能力
服务的价值创造来自无形要素（服务是无形的）	• 服务中的要素尝不到、闻不到、摸不到，甚至看不到、听不到 • 服务效果难以估计，也很难和竞争者做区分	• 通过强调有形因素将服务有形化 • 用切实的语言比喻和生动的图片来做广告和品牌推广
服务通常很难被视觉化和理解（服务是无形的）	• 顾客感知更大的风险和不确定性	• 教育顾客做出正确选择；精确描述顾客需求；记录服务表现、让服务的表现有据可查；做出服务保证 • 通过强调商家的经验和专业性并使用相关资质来建立顾客的信心
顾客可能参与服务的提供过程（如针对人的身体的服务，顾客必须在场）	• 顾客会接触到服务设施和系统 • 如果服务过程中客户不配合，可能会影响服务提供、破坏服务体验、影响顾客利益	• 建立方便顾客使用的设施和系统 • 对客户进行培训，提供顾客支持
人可能是服务体验的一部分	• 服务人员和其他顾客的外表、态度、行为可能会影响顾客的体验和满意度	• 招募、培训、奖励员工，加强员工对服务理念的认知 • 在对的时间找到对的顾客群体。塑造顾客的行为
运营投入和产出效果不稳定（服务具有差异性）	• 难以保持服务标准一致性、可靠性和质量的稳定 • 通过提高生产率降低成本 • 服务失误难以避免	• 根据顾客的期望设置服务品质标准，重新设计、简化服务产品，在服务过程中自动纠偏（failure-proofing）的机制 • 顾客和服务提供者之间互动的自动化（顾客应对的流程化和标准化）；没有顾客时做好服务演习 • 建立服务补救流程

服务与有形产品的差异	造 成 的 影 响	营 销 对 策
时间因素至关重要	• 顾客的时间非常宝贵，顾客不愿意浪费时间等待，同时希望服务被安排在方便的时间	• 加快服务交付的速度，减少等待时间，延长服务时间
服务的交付可能通过无形渠道	• 信息服务可以通过电子渠道交付，如互联网或电话等，但主营业务中包括实体活动或者实物产品的则不能 • 渠道整合是一个挑战；当服务通过分店、呼叫中心、网站、移动客户端等多渠道提供时，确保服务的一致性是一个挑战	• 建立适合用户的网站、移动应用，以及免费的电话服务 • 确保信息服务的各个要素可以通过所有关键渠道顺利交付

我们应当认识到这些差异，避免在服务营销中套用制造业营销的理论。之前的一些总结已经不能应用于所有的服务行业了。如无形性，现在并不是服务和有形产品泾渭分明的时代，而是有的无形程度高一点，有的无形程度低一点（见图 1.11，一个提供了大量例子的示意图）。

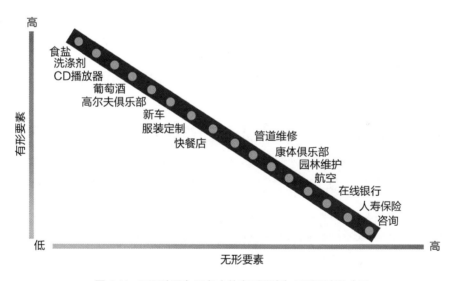

图 1.11　不同产品与服务中的有形要素与无形要素的含量

更大的差别还存在于服务针对的对象的部分。例如，旧的营销理论认为，顾客和服务人员必须在一起，顾客才会成为服务体验过程中的一部分。这种理论适用于对人体的服务，但对于信息服务中的许多情况，如在线银行，这个理论已经不适用了。通过阅读本书，你将认识到新旧两种营销理论的差异，并学习将两者结合起来。

服务营销的基本要素 7P

当我们制定有形产品的营销策略时，营销人员常常提及 4 个基本因素——产品（product）、价格（price）、渠道（place）和促销（promotion），它们被统称为营销策略的 4P。由于服务与有形产品之间的差异（见表 1.1）给传统的营销理论带来了新的挑战，之前的 4P 已经不足以应对今天服务营销中的问题，我们必须从服务业的角度重新审视 4P 营销策略。

而且，传统的营销策略中，顾客互动的领域是一块空白。因此，我们需要把与服务交付相关的 3 个因素，过程（process）、有形环境（physical environment）和人（people）加入进来。和之前的 4P 一起，形成新的 7P。市场人员可以利用服务营销的 7P 建立营销策略，让服务既满足顾客需要又能盈利。现在让我们分别来学习 7P 中的各个因素。

传统营销策略在服务业中的应用

学习目标：描述传统营销策略和在服务业的应用

产品

"服务产品"是营销策略中的核心。如果一个产品本身很糟糕，即便 7P 中的另外 6 个都做到很好，也无法为消费者提供任何有意义的价值。在建立营销策略之前，要先创造一个能够给目标客户提供价值并且满足其所需的服务产品，而且要比市场同类服务产品更好。服务产品由一个核心的产品以及多种附加的服务元素构成，核心的产品用来满足消费者的基本需求，附加的服务元素则带来更多的附加价值，更好地支撑核心产品，让消费者更有效地享受核心产品。附加的服务元素一般包括：信息提供、咨询服务、订单处理、接待、异常情况处理等。

渠道和时间

服务的交付渠道既可以是实体的，也可以是电子的，依服务的具体性质而定。比如，现在的银行有非常多的渠道让顾客享受服务，包括实体的银行网点、自动提款机、电话银行、网上银行。还有现在的信息服务业，只要你连接到网络，它就可以把服务即时交付到全世界任何一个地方。此外，对商家来说，除了把服务直接交付给终端消费者，还可以发展代理商模式，通过支付佣金的方式让代理商做销售、服务以及顾客联络。为了有效地把服务交付给消费者，商家需要决定何时、在哪儿、用什么方法和渠道交付服务。

核心服务产品和附加服务的交付渠道

互联网重塑着众多行业的销售渠道战略。但我们必须区分，人们利用互联网的潜在优势是用来交付信息服务的核心产品（满足消费者的基本需求），还是用来交付附加服务（促进销售和帮助消费者更好使用实体产品的服务）。

如果你在线购买户外装备，或者在线预订航班，其核心产品的交付仍然必须通过实体渠道。比如，你买的帐篷或睡袋必须运送到你的家里，你预订的航班也需要你亲自到机场登机。与电子商务相关的附加服务主要是满足信息传输、预订和支付的需要，而其核心的有形产品，你是不可能在互联网上"下载"的。

时间因素的重要性

对于服务产品来说，交付渠道的便利性，交付速度和时间已经成为服务交付的最重要因素（见表1.1）。很多服务都可以实时交付，让在场的顾客即买即享受。现在的消费者时间意识非常强，常常急匆匆的，把浪费时间看作一种损失，很可能你也是如此。人们甚至愿意多付钱来节省时间，如宁愿多花钱选择出租车而不是公交。而且，繁忙的消费者们越来越希望服务可以适应他们的时间，而不是反过来让他们适应服务提供者的时间。如果有一家公司延长了他们的服务时长，它的竞争者们很可能也要被迫跟进。越来越多的公司提供7×24小时不间断服务，而且建立了更多的服务交付渠道。

价格与其他花费

和产品的价值一样，支付是非常重要的，因为支付意味着价值交换的完成。对于商家来说，定价策略直接影响他们的收入。定价策略常常是动态的，它会根据目标顾客的特征、服务交付的时间和渠道、需求量以及服务生产能力等因素而调整。

对于消费者来说，价格是他们购买时考虑的关键因素之一，但要看服务"值不值"，消费者还会考虑价格以外的花费，如时间和精力。因此，服务营销人员一定不能仅考虑设定一个目标消费者付得起的价格，同时还要把消费者可能的其他花费降到最低。如额外的金钱成本（如交通），时间成本，不必要的脑力或体力付出，乃至不佳的观感体验。

大多数服务产品无法储存

与有形产品不同，服务产品是一种"行动"或"操作"，其存在是暂时的，在服务完结时就不存在了。因此，服务是不能像物品一样被储存的（见表1.1）。尽管提供服务的设施设备或人员可以为服务做好准备，但那只是代表服务的供应能力，而非服务本身。在没有需求的时候，这些供应能力就被浪费掉了，商家也没法用这些资产创造任何价值。当需求大于服务供应能力时，有些顾客可能会不得不等待，或者因为等不及而离开。因此，对营销人员来说，通过动态的定价策略来保持需求和供应能力的平衡非常重要。

促销和用户教育

怎么向顾客和潜在顾客介绍我们的服务？基本上没有一项营销活动能在缺乏有效沟通的情况下取得成功。这个环节起到3个重要作用：提供顾客所需的信息和建议；说服目标顾客购买服务；鼓励他们在特定的时间内做出购买决定。在服务营销中，沟通的本质其实是一种教育，特别是对新顾客来说。商家需要告诉顾客它的服务有哪些好处，在哪里可以获得它，何时可以获得它，以及怎样享受服务能得到最佳体验。

服务通常很难被看到和理解，因为服务的价值创造来自无形要素

这里所说的无形，既是精神层面的，也是物理层面的。精神层面的无形是指，顾客无法在购买之前，或者在了解到一项服务能给他带来的价值之前看到服务的体验。物理层面的无形是指，服务不像有形产品可以被触摸到，或者用其他感官体验到。只有那些无形的因素，如服务的过程、线上交易，以及服务人员的态度和专业性参与了服务价值的创造。因为服务中的要素尝不到、闻不到、摸不到，甚至看不到、听不到，所以顾客就很难在购买前衡量服务效果（见表1.1）。

因此，商家的一项重要的工作，是通过沟通建立顾客对其经验、资质以及人员的专业性的信心。例如，商家可以用切实的语言比喻和生动的图片来介绍服务，展示公司的竞争力（见图 1.12）。

图 1.12 快递公司用图片向顾客传达它的服务优势，诸如速度和费用

在和顾客接触时，一个专业的雇员也可以让顾客减少顾虑，帮助顾客做出正确决策。专业雇员可以让顾客知道在享受服务时和服务结束后具体会得到什么，雇员会如何帮助他们顺利完成服务，向顾客展示服务过程的记录，让顾客知道服务人员做了什么，为什么要这么做，进而做出服务保证。这些都是让顾客放心购买的手段。而商家会在帮助顾客了解和欣赏其服务的过程中变得更有竞争力，生产力也更高。总之，一个顾客如果知道怎样用好服务，将不仅获得一个更好的服务体验和结果，还能让这家公司提高生产力、降低成本，甚至能因此享受更低的价格。

顾客间的互动会影响服务体验

你在服务场所遇到的其他顾客也会影响你对服务的满意度。他们的穿着、他们是谁、他们的行为举止，都会让商家在你眼中的形象加分或减分。其结论是显而易见的：我们需要通过营销塑造适当的品牌形象，吸引具有某些共同特征的顾客群体。同时，一旦他们变成了你的顾客，仍然要引导他们恰当的行为。

新增的 3P 营销策略以及客户互动管理

学习目标：描述新增的 3P 营销策略以及客户互动管理

过程

聪明的营销人员知道服务过程会涉及哪些因素，知道要提供什么样的服务，更知道该怎样达到服务效果。服务产品的创造和交付需要有一个清晰和高效的流程保障。流程设计不当会导致服务交付缓慢、手续烦琐和低效、浪费时间、让客户失望；也会导致一线员工做不好工作，效率低下，情绪不满。以下 3 个部分展示了服务流程与制造业流程的不同之处。

服务运营投入不一定带来相应的产出

和制造业相比，服务运营投入和产出的差异更大，这给服务的流程管理带来极大挑战。

首先，制造业产品的生产和消费分离，在产品交付给顾客之前，企业有充足的时间干预生产流程，控制产品质量。但服务产品的生产和消费是同时的。首先，当一项服务面对面交付给顾客，它就已经被消费了，服务提供者干预服务质量的时间和机会要少得多。其次，制造业产品的生产过程集中于工厂一地，影响产品质量的因素被限制在很小的空间里。而服务运营为了配合顾客需要往往分布在很多场所或分店，影响服务质量的不可控因素变得更多，商家很难控制所有分店达到相同的服务质量或提高服务能力。这里我们引用一位从快消行业换到酒店业的营销人员的感受：

（因为行业不同）我们不可能像宝洁公司那样把质量控制到那么好……如果你买了一袋"汰渍"，你相信它肯定能把衣服洗干净。但你预订了假日酒店的房间，你不敢保证一定能睡个好觉，你不知道隔壁的房客会不会敲打墙壁，或者碰上其他影响休息的事。

最好的服务业商家们已经采取了很多措施，让服务过程中的不可控因素大大减少。如仔细设计客服流程、采取标准的作业流程、使用统一的设备、进行严格的服务质量管理、做好员工培训以及用自动化代替人工等。

顾客常常参与服务产品生产

一些服务产品的生产需要顾客的积极参与（见表1.1）。如理财服务，为了获得合理的理财建议，你需要把你的需求告诉理财经理，包括你的理财金额、风险承受能力、收入预期等。一些服务领域的学者认为顾客其实承担了员工的部分功能。随着互联网、智能设备和移动应用的发展，顾客参与服务产品生产的形式越来越多地体现为自助式服务了。但不管形式是面对面还是自助，服务的顺利交付都需要一个设计合理的顾客服务流程。

需求与供应能力的平衡

制造业可以用库存来调节供需矛盾。但对服务来说，供应能力不足意味着顾客要等待。因此，供需平衡也是服务流程管理中需要非常重视的一点。在供需不平衡的情况下，需要设计排队和等待系统，或者想办法缓解排队顾客的焦虑。

有形环境

如果你提供的服务需要顾客到现场，你需要好好设计一下实体环境和服务场景。建筑的外观、风景、车辆、室内陈设、设备、员工制服、公司标志、印刷品等这些可见的形象将反映公司的服务质量。一个好的服务场景可以引导顾客更好地享受服务。商家需要小心地管理服务场景，它对客户满意度和服务生产力有深刻的影响。

人

尽管科技进步飞速，许多服务仍然需要服务人员和顾客的直接互动（见表1.1），而服务人员的态度和技能是人们区别一个公司好坏的重要标准。商家必须和人力资源部门紧密配合，重视服务人员的招聘、培训和激励。除了掌握工作所需的技能，服务人员还需要具备良好的沟通技能和积极的态度。人力资源经理必须认识到，一支忠诚、技术熟练、充满干劲、既能独当一面又有团队精神的员工队伍，是一家公司的核心竞争力。

营销活动必须和其他管理职能紧密整合

学习目标： 认识到在服务业，营销、运营、人力资源、信息科技等部门需要紧密整合

在前文，我们学习了服务营销的基本要素7P。你会发现，如果缺少其他职能部门的配合，营销人员的工作是不可能成功的。营销、运营、人力资源和信息技术（information technology，IT）这4个管理职能在满足客户需求方面发挥着核心作用又相互依赖。图1.13描绘了这种相互依赖性，高层管理者的职责之一就是确保每个职能部门的经理和员工不在

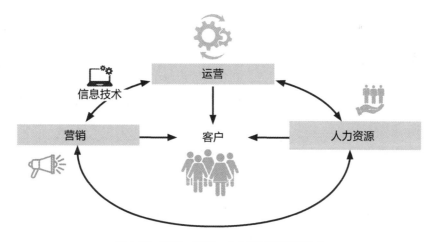

图 1.13　营销、运营、人力资源和信息技术

部门孤岛中工作。

运营是服务型企业的主要职能，与制造业的生产部门类似，它负责通过设备、设施、系统以及一线员工来完成服务交付。在大多数服务型企业中，你可以看到运营经理积极参与产品和流程设计，有形环境以及服务供应和质量改进计划的实施。

人力资源（human resource，HR）通常指员工管理职能。它负责岗位职责描述、招聘、培训和发展、奖励制度和企业文化。"人"在这些职能中是核心要素。但在一个管理良好的服务型企业，人力资源经理会用战略的眼光看待这些活动，他们知道一支强大的员工队伍是企业竞争优势的主要来源。对企业来说，一个懂客户的人力资源专家是必不可少的。当员工们了解并支持企业的目标，掌握了必需的技能并经过了恰当的培训，而且理解客户满意的重要性，企业的营销和运营活动就更容易管理，企业也更容易走向成功。

在企业里 IT 是一个关键职能。每次和客户的接触都会产生信息，这对企业来说意味着海量信息需要处理。而运营、人力资源和营销部门严重依赖实时的信息（客户数据、价格、供应能力等）来为用户服务。

出于上面所说的原因，这本书的话题不会仅限于营销。在许多章节中，你还会发现关于服务运营、人力资源和 IT 的话题。一些公司会让他们的员工在不同岗位，特别是在营销和运营岗位之间轮岗，以便他们从不同职能的角度看待问题。你在服务行业的生涯可能也会遵循类似的路径。

假设你是一家小旅馆的经理，或者你把自己想象成一家大银行的首席执行官。不管是哪一个，你每天都得想着满足客户的需求，让运营系统平稳高效地运行，还要确保员工工作高效并提供优质服务。简而言之，你的工作就是要让各个职能部门紧密地整合在一起。任何一个职能的问题都会对其他职能产生负面影响，并可能导致客户不满。

在一家服务型企业里，只有少部分人在营销的岗位上。但是，不管你是在直接接触客户的岗位，还是在诸如流程设计、信息系统或是服务政策等岗位上，都会不同程度地对客户产生影响。因此，所有员工都需要把自己视为营销人员的一分子。

服务利润链

学习目标：理解服务利润链对于服务管理的意义

服务利润链是一个概念框架，它显示了在一个高效的服务型企业里，营销、运营、人力资源和信息技术是如何整合到一起的。詹姆斯·赫斯克特（James Heskett）和他在哈佛的同事主张，当一家服务型企业把员工和客户放在首位，他们衡量成功的方式就会发生重大变化。他们认为，一家企业是否盈利、客户是否忠诚和满意，取决于员工是否忠诚和满意、是否能够高效工作并创造价值，以及运营和技术部门是否坚持以客户和员工为中心。

一流企业的高层管理者很少花时间设定利润目标或关注市场份额，相反，他们明白，在新服务经济中，一线员工和客户应该成为管理关注的中心。他们会关注增强盈利能力的因素；投资于那些能帮助一线员工的人和技术；改进招聘、培训以及薪酬激励方式。服务利润链理论基于对优秀服务型企业的分析，旨在用"软"手段实现"硬"目标。它引导管理者将投入用于提高服务质量和满意度，将竞争优势最大化，拉开和竞争对手的差距。

服务利润链（见图 1.14）显示了管理流程中能够引领企业走向成功的环节。

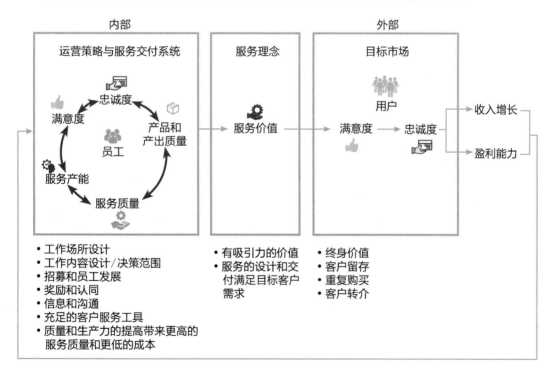

图 1.14　服务利润链

表1.2突出了服务型企业领导者实现有效管理的手段。它从收入增长和盈利能力的预期结果出发，一步一步从后向前推导出行动步骤，一共包含8个环节。环节1和环节2关注客户。强调识别和理解客户需求，投资于客户以确保客户留存，并致力于用新的绩效衡量标准跟踪客户和员工的满意度和忠诚度等变量。环节3强调通过服务理念为客户创造价值，以及为了不断提高服务质量和生产力而投资的必要性。

环节4到环节7是与员工有关的领导行为。例如，对一线员工的关注，让员工有更大的自由决定工作内容，培养有潜力的经理。这个环节还提出，支付更高的工资实际上可以降低劳动力成本，因为同时降低了人员流失率，而生产力和服务质量提高了。最后的环节8指出，服务利润链理论成功的基础是高层管理者的领导力。服务利润链是本书重要的指导思想，本书有专门的章节进一步解释如何成功实施服务利润链理论。

表1.2　服务利润链中的各环节

环　节	描　　　述
1	客户忠诚度带来盈利能力提高和盈利增长
2	客户满意度带来客户忠诚度
3	服务价值带来客户满意度
4	服务品质和服务产能带来价值
5	员工忠诚度带来服务品质和服务产能的提升
6	员工满意度带来员工忠诚度
7	内部管理品质，以员工为中心的运营和IT支持带来员工满意度
8	高层管理者的领导力是服务利润链理论成功的基础

有效开展服务营销策略的理论框架

学习目标：了解有效开展服务营销策略的理论框架

服务营销策略7P和服务供应链被整合到了本书的知识框架之中，这显示了本书各章的主题是相互关联的。本书的知识框架包含 5 个部分：第 I 篇，理解服务产品、市场和消费者；第 II 篇，服务营销的 4P 理论应用；第 III 篇，用户互动管理；第 IV 篇，发展客户关系；第 V 篇，追求卓越服务。一个部分的结论必须在其他领域也得到印证，因此，不同策略要素之间是相互印证和强化的。

结　论

我们为什么要研究服务？因为现代经济发展的最大驱动力来自服务业，而服务业又不同程度地存在于众多行业之中；服务业创造了全球绝大多数的新工作岗位，不管是技术性的还是非技术性的。由于科技的快速发展，全球化、政府政策的变化、消费者需求和生活方式的演变，全球众多行业正在经历巨大的变革。在这样的环境中，营销能力的强弱将决定一个企业或组织的繁荣或衰落、生存或消亡。

通过本章的学习，我们已经知道，现在的社会背景以及营销任务已经与制造业时代完全不同，因此，服务业需要一种不同于传统的营销方法。想成为一个服务行业的成功营销人，不仅需要了解关键的营销概念和工具，还需要知道如何有效地使用它们。我们学到的 7P 策略中的任何一个都可以对你有所帮助。然而真正成功的服务营销需要你把所有的因素结合到一起。当你学习这本书时，除了听课和项目实践，请记住，要在当今竞争激烈的服务市场中成为赢家，要不断思考成功者的经营方式，寻找创新的方式并善用科技的发展为客户服务。同时，有组织有步骤地制定和实施服务营销策略，从而取得成功。

第2章

理解服务消费者

我得不到满足。

——来自歌曲"（I Can't Get No）Satisfaction"米克·贾格尔（Mick Jagger）滚石乐队主唱

一个消息灵通又懂得理智取舍的人会比滚石乐队主唱米克·贾格尔更容易得到满足。

——费耐尔（Claes Fornell）密歇根大学荣誉教授，美国顾客满意度指数（ACSI）创始人

学习目标

通过本章的学习，你将可以：

1. 理解服务消费的 3 个阶段模型。

2. 通过多要素模型，理解消费者怎样在同类产品间做出评价和选择。

3. 知道为什么服务效果难以被消费者评估，理解服务因具有"体验属性"或"信任属性"而难以评估。

4. 了解顾客在购买服务时感知的风险，以及商家用什么策略来化解。

5. 了解顾客的服务预期是如何形成的，服务预期包含哪几种。

6. 理解"关键时刻"这一比喻的含义。

7. 对比顾客如何体验与评价高度接触和低度接触这两种服务。

8. 熟悉服务生产模型，了解顾客体验过程中和商家的所有互动。

9. 把服务交付想象成一个"剧场"并理解服务交付的构成。

10. 知道为什么角色脚本理论和感知控制理论可以帮助我们更好地理解服务接触。

11. 描述顾客如何评价服务以及什么决定顾客的满意度。

12. 理解服务质量，它的维度和衡量方式，以及服务质量和顾客忠诚度的关系。

13. 知道为什么顾客忠诚度很重要。

引文：苏珊·芒罗，一个服务消费者

来看看苏珊·芒罗的一天。苏珊是一个正在读商科的大四学生，住在校外的一个公寓里。吃过早餐后，她临出门时看了一眼自己手机里的天气预报，预报有雨，于是她带上了雨伞。苏珊乘校车去教室，在去车站的路上，她顺便投寄了快递。校车准时到达了，还是那位熟悉的司机，苏珊上车刷了校园交通卡，并和司机互致问候。

下车后，苏珊和其他同学一起成群结队地走到商学院，在阶梯教室里找了个位子坐下。今天上的是市场营销课，苏珊和同学们一起做小组讨论，她分享了一些她的见解，也从其他同学的分析和观点中学到很多。

下课后，苏珊和朋友们一起去吃午餐。这个学生餐厅刚刚装修过，光线充足，装饰多彩，里面从当地的小吃到品牌连锁快餐店一应俱全。有三明治、薄饼、健康食品以及各种亚洲美食和甜点。苏珊本来想吃三明治，但赛百味（Subway）人太多了，她就和朋友们一起去了汉堡王（Burger King）点了个汉堡，然后又到饮料摊点了一杯拿铁咖啡。也许是因为大雨，美食广场异常拥挤，苏珊和朋友好不容易才找到一张空桌子，但上面还有之前同学剩下的脏餐盘。"无语！"她的朋友马克无奈说道。

午饭后，苏珊去自动取款机取了点钱。她突然想起周末有面试，需要做个发型。于是她打电话给理发店，由于一名顾客的预约临时取消，苏珊幸运地约到了当天的号。这时，雨已经过去，天也放晴了。

苏珊对这家理发馆印象不错。这家店采光很好，装修很时尚，理发师们也彬彬有礼。但偏偏这天不太走运。她的理发师迟到了，苏珊在等待的时间看了一会儿人力资源的书。等了20分钟，理发师终于来了。他这次建议苏珊稍微做一些改变，苏珊同意改发型但拒绝了染发的建议，她从来没染过头发，不确定是不是好看，她不想在面试之前冒这个险。理发的时候，她静静地坐在镜子前，配合着理发师转头。这次剪发很成功，苏珊很满意，她结账之后，还在点评栏给理发师写了好评。

回家路上，她去洗衣店取洗好的西服。那家洗衣店灯光昏暗、空气里弥漫着洗涤剂的气味，墙也该重刷了。苏珊拿到衣服，却恼火地发现虽然她的丝绸衬衫已经洗好了，但面试要用的套装还没好。接待她的那个员工留着脏指甲，毫无诚意地嘟囔着向她道歉。这家店离苏珊的公寓很近，洗衣质量也可以，但苏珊觉得他们的员工态度不好又没服务意识。只是没有选择，因为周围只有这一家洗衣店。

回到公寓，她打开了大堂的邮箱，发现一张保险公司的账单。她也不用做什么，信用卡会自动扣款。她正要扔掉垃圾邮件，发现有一张新开在附近的干洗店的宣传单，还有张优惠券。她留下了优惠券，决定去试试。

在本章，我们会一直跟随苏珊，看她作为服务消费者的故事，学习服务消费者行为的概念和理论。

服务消费的 3 个阶段模型

学习目标：理解服务消费的 3 个阶段模型

引文中的苏珊是一个普通消费者，有着各种各样的需求和选择。在营销领域，很重要的一点就是要了解顾客的行为：他们购买某一种服务的决定是如何做出的？使用后是否满意又是由什么来决定的？如果商家弄不清楚这些，就提供不了令人满意的服务，更不用说让人重复购买了。

服务消费主要分为 3 个阶段，即购前阶段（pre-purchase）、服务接触阶段（service encounter）和接触后阶段（post-encounter）。图 2.1 显示了每个阶段由几个步骤组成。购前阶段包括从需求唤醒、信息搜索、同类产品评估到做出购买决定。在购买接触阶段，从顾客发起接触，到体验和消费服务。接触后阶段包括对服务表现的评价，顾客的下一步动作将取决于他是否满意，如再次购买并推荐给朋友。接下来，本章将围绕服务消费的 3 个阶段以及相关的重要概念展开论述。

购前阶段

购前阶段的第一步是唤醒顾客的需求，接着顾客会搜索相关信息并评估同类服务，最后做出是否购买服务的决定。

购前阶段	
服务消费的阶段	**重要概念**
• 需求唤醒 　➤ 明确需求 • 信息搜索 　➤ 寻找解决方案 　➤ 了解同类服务和供应商 • 评价备选方案（服务和供应商） 　➤ 查看供应商信息（网站、宣传册、广告） 　➤ 浏览第三方信息（评论、评分、获奖情况、竞品比较） 　➤ 与服务人员沟通 　➤ 征求第三方意见，如朋友、家人、其他消费者 • 做出购买决定但常常留有备选方案	• 需求唤醒 • 参考组 • 意向组 • 多要素模型 • 搜索属性、体验属性、信任属性 • 感知风险 • 服务预期的形成 　➤ 理想的服务 　➤ 适当的服务 　➤ 预期的服务 　➤ 容忍区间
服务接触阶段	
服务消费的阶段	**重要概念**
• 向选中的商家请求提供服务，或开始自助的服务（预付费或者后付费） • 服务由商家员工提供或者通过自助服务提供	• 关键时刻 • 服务接触 • 低接触度与高接触度 • 服务生产系统 • 服务交付的"剧场"理论 • 角色与脚本理论 • 感知控制理论
接触后阶段	
服务消费的阶段	**重要概念**
• 评价服务表现 • 顾客将来的意图	• 服务与预期一致/不一致 • 不满意，满意和喜悦 • 服务质量 • 口碑 • 重复购买 • 忠诚度与客户参与

图 2.1 服务消费的 3 个阶段模型

需求唤醒

不管是个人还是组织，在他们决定购买或使用一项服务之前，首先要有一个潜在的需求来唤起购买的欲望。而购买欲促使人们进行信息搜集和同类评估，直至最终的购买。需求可能由以下因素唤起：

- 人的潜意识（如个人身份和期望）；
- 身体状况（如饥饿感促使苏珊去汉堡王用餐）；
- 外部因素（如社交媒体或商家的营销活动）。

人一旦意识到自己的需求，就会产生动力用行动满足需求。在苏珊的案例中，因为她要在周末的面试中给别人留下一个好印象，理发的需求就被触发了。我们的"需要"（needs）和"想要"（wants）是随着时代不断发展的，今天的人们更追求新颖和有创意的服务体验，如登山、滑翔伞、漂流、山地自行车、蹦极等刺激的极限运动。

信息搜索

刚才讲到，人一旦意识到自己的需求，就会产生动力用行动满足需求。而同一个需求可以有多种方案来解决，我们把这些方案叫作"参考组"（evoked set）。参考组里的方案既可以来自自己过去的经验，也可以来自外部，如社交媒体、线上的评价、在线搜索结果、广告、零售展示、新闻报道，还有来自服务人员、朋友和家人的推荐等。然而，消费者很难把参考组中的所有方案都纳入决策范围，而是把范围缩小到几个并认真比较。我们可以把这些缩小了范围的方案叫作"意向组"（consideration set）。例如，苏珊想快速解决自己的午餐，就把赛百味和汉堡王纳入了自己的意向组。在信息搜索过程中，消费者还会了解到不同服务的优点和缺点，形成心理预期。

备选方案评估

当消费者建立了解决方案的意向组，又了解了不同方案的优缺点后，下一步就即将做出购买决定。在营销领域，我们常常用"多要素模型"（multi-attribute model）来模拟消费者的购买决策过程。

多要素模型

学习目标： 通过多要素模型理解消费者如何在竞品间做出评价和选择

在选择一项服务之前，消费者会把他们看重的一些要素纳入考虑范围，来评估和比较不同的服务产品。这些因素的组合叫作**多要素模型**。每个要素都占有一定的权重，权重越高意味着对消费者越重要。比如，在苏珊的意向组里，有3家不同的干洗店可以选择。

表2.1中列出了3家干洗店，以及她把哪些要素纳入了考虑范围。我们看到干洗质量对她来说最重要，其次是地点的便利性，接着是价格。这里有两种比较常见的决策方式：一种叫"线性补偿规则"（linear compensatory rule），这种最简单；另一种叫"连结式规则"（conjunctive rule），这种相对复杂，但更加务实。同样的信息，用不同的决策方式，最终得到的结果也是不同的。对商家来说，了解目标客户更倾向于哪种规则很重要，需要为此做深入的市场调查。

表2.1　苏珊选择干洗店的多要素模型

要　　素	现有干洗店	学校的干洗店	新干洗店	权重/%
干洗质量	9	10	10	30
地点便利性	10	8	9	25
价格	8	10	8	20
营业时间	6	10	9	10
能否按时交付	2	9	9	5
服务态度	2	8	8	5
店面装潢	2	7	8	5
总分	7.7	9.2	9.0	100

按照线性补偿规则，苏珊首先给每个干洗店的每个要素进行打分，得分范围从1到10。然后用每个要素的得分乘以该属性所对应的权重，再将一家干洗店的所有得分相加，即得出这家干洗店的总分。举例来说，现有干洗店的干洗质量分9分，该要素对应权重30%，两者相乘即可得出该项得分；地点便利分10分，该要素对应权重25%，两者相乘即得出该项得分。用同样的方法算出每个要素的分数，再将所有要素得分相加，就可以得出现有干

洗店的总分 7.7 分，校园干洗店的总分 9.2 分，新干洗店的总分 9.0 分。因此，苏珊的选择将是分数最高的校园干洗店。

按照连接式规则，消费者除了考虑总分，还会更重视某一个或多个要素的分数，并做出综合决定。例如，地点便利对苏珊最重要，她不想从太远的地方取衣服，因此，她只考虑地点便利方面得分 9 分以上的干洗店。在这种情况下，就只有现有干洗店和新干洗店两个选择了，而这两家店相比，新干洗店的总分更高，所以她会选择新干洗店。若是在最重要的要素上没有任何一家店能满足消费者需要，消费者很可能会推迟决定，更改决策规则或者修改他们能接受的最低分数。

一旦了解了目标客户的决策过程，商家就可以尝试以多种方式影响这个过程，以便客户选择他们的服务。

- 公司需要进入目标客户的意向组。进不了意向组，连被选择的机会都没有。这一步可以通过营销传播来完成（见第 7 章）。

- 消费者的认知是可以改变的。例如，一家诊所在个性化和特殊护理方面做得很好，但如果大家都不知道，那么诊所就有必要重点宣传这一点。

- 商家还可以强调那些对自己更有利的要素。宣传公司的优势，淡化公司的劣势。

- 商家甚至可以建立新要素。例如，上汽通用五菱以它的环保车型为卖点，进而影响那些具有环保意识的潜在客户的购买决策。

总之，商家的目的就是要影响目标客户的决策，让自己在竞争者中脱颖而出。

与服务效果评估相关的 3 种服务属性

学习目标：知道为什么服务效果难以被消费者评估，理解服务因具有"体验属性"或"信任属性"而难以评估的特点

建立多要素模型的前提，是消费者在购买前已经充分了解一项服务的各方面优劣。然而，实际情况往往并非如此，服务具有的一些属性导致它很难被消费者提前了解或评估。服务具有以下 3 种属性。

- 搜索属性（search attributes）

搜索属性是通过搜索信息或参观等方式，顾客可以在购买前了解到的服务的有形属性。例如，餐厅具有搜索属性，你在付费前可以查到菜式、地点、价格、餐厅类型（高档型、

大众型、家庭友好型）等信息；或者是高尔夫球场、健身房这种服务场所，你在付费前可以去参观。这些能看到的东西可以帮助顾客理解和评估服务，增强确定感和安全感。

- 体验属性（experience attributes）

体验属性是不购买就无法评估，顾客必须经历过服务之后才能了解到的属性。如是否可信、是否方便、客服质量如何等。仍以餐厅为例，你在用餐前不可能知道饭菜质量、服务员态度或者餐厅氛围会怎么样。

旅游、现场表演、医疗等服务具有很高的体验属性。例如，去旅游之前，你可以浏览旅游网站、观看旅游影片、阅读旅行达人和亲历者的评论，或者听亲友讲述旅行体验。但只有亲身体验之后，你才会领略大自然的壮阔之美和体会旅行途中的乐趣。

此外，别人的评价和推荐并不意味着你也一定会有相同的体验。例如，别人推荐的厨师可能刚好在你去的那天休假；而你为生日等纪念日安排的浪漫烛光晚餐，也可能被邻桌喧闹的生日聚会打扰。

- 信任属性（credence attributes）

顾客在服务完成后依然无法评估服务，这样的特性被称为信任属性。顾客只能选择相信服务已经圆满完成，并达到了商家承诺的标准。例如，餐厅服务包含信任属性，你信任餐厅后厨是卫生的吗？你相信食材的新鲜与营养品质吗？他们真的是用高级橄榄油烹饪的吗？

此外，由于缺乏必要的专业知识，顾客需要付费给专业人员以寻求帮助，但顾客怎么确定这些专业人员的服务质量呢？如你到修理厂维修和保养车辆，你很难确定车辆保养的好坏；或者当你去治疗牙齿的时候，也很难评价牙医的表现。这样的情况常常发生在金融、法律、咨询等专业服务领域。实际上，这取决于顾客是否充分信任商家的技能和专业性。

所有的产品都可以放在一个从"容易评估效果"到"难以评估效果"的区间里，具体位于区间的哪个位置取决于产品的搜索属性、体验属性或信任属性的高低。如图 2.2 所示，大多数有形产品会位于区间的左侧，因为它们有更强的搜索属性；而大多数服务产品会位于区间的右侧，因为它们有高度的体验属性或信任属性。

一项服务的效果越难评价，消费者在购买时的感知风险就越高，我们将在下面讨论感知风险。

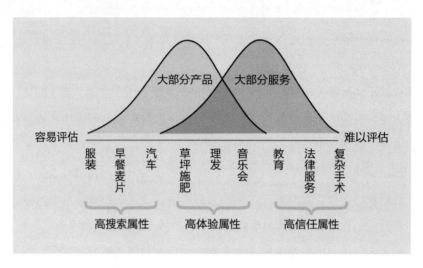

图 2.2 产品特性怎样影响评估的难易度

感知风险

学习目标：了解顾客在购买服务时感知的风险，以及商家用什么策略来化解

如果你买了不满意的实物商品，通常可以退换。但服务是不可能退换的。苏珊之前没有染过头发，她不确定好不好看，这种不确定性让她的感知风险大大提升。因此苏珊拒绝了理发师的提议。通常，高体验属性的服务和高信任属性的服务有着更大的感知风险，而初次使用的顾客面对的不确定性更大。回想一下你第一次购买一项你并不熟悉却又非常重要的服务时的感受，如报大学志愿，或者购买健康保险。

共享经济会给用户带来一些新的感知风险，例如，用户担心共享汽车是否能恰好在自己需要的时候找到，会不会很脏。

人往往不确定自己是否做出了正确的选择，更难说是否做出了最佳的选择。而且后果越糟糕，选择错误的可能性就越大。

表 2.2 总结了感知风险的 7 种类型。

消费者通常厌恶感知风险，他们会通过一些手段来降低风险，这些手段包括：

• 通过你信任和尊重的人来获取信息（如家人、朋友和同辈）。

• 用互联网和各商家平台来比较服务，找第三方的评论和评分，查看社交媒体上的讨论。

• 信赖信誉良好的商家。

表 2.2　顾客在购买和使用服务时的感知风险

风 险 类 型	顾客可能担心的问题举例
功能风险（不满意使用结果）	• 这张信用卡不管何时何地都能使用吗 • 这个干洗机能洗掉夹克上的污渍吗 • 当我需要共享汽车服务的时候，随时能找到吗
财务风险（金钱损失、预期外的成本）	• 智能投资顾问的投资建议会不会让我亏损 • 注册这家网站会不会让我的信用卡资料外泄 • 修车费用会不会超过我的预期
时间风险（浪费时间、延迟）	• 看这个展览会不会要排队等很久 • 在线申请好操作吗，会不会总要我重复输入 • 朋友过来住之前我的浴室装修能完工吗
物理风险（身体受伤或物品损坏）	• 美容手术会不会带来并发症，或者留下疤痕 • 包裹里的东西在寄送过程中会损坏吗 • 共享汽车里会不会不太干净
心理风险（恐惧及负面情绪）	• 游乐场里的设施安全吗 • 这个顾问会不会让我尴尬，或者让我觉得自己很蠢 • 我会不会因为医生的诊断而烦恼
社交风险（其他人的想法及反应）	• 我用这个约会软件，朋友会怎么看我 • 我为家庭团聚会挑的这家餐厅，亲戚们会喜欢吗 • 我选的这家律所没啥名气，同事们会不会不赞成
感官风险（令人不快的感觉）	• 餐厅这个位置，是不是只能看见停车场而不是海滩 • 隔壁房客的噪声会不会让我彻夜难眠 • 房间里会不会有污浊的烟味

- 向商家寻求质量承诺和退换保证。
- 实地了解服务设施或在购买前先试用，查看商家外在可见的环境，查看商家所获的奖项。
- 向懂行的员工了解备选方案，知道购买时要注意什么。

客户厌恶风险。在条件相同的情况下，顾客会选择感知风险较低的服务。因此，商家需要主动降低顾客的感知风险，根据服务的不同性质，采取相应的营销策略。包括：

- 鼓励潜在顾客通过公司网站和视频提前了解服务。
- 鼓励潜在顾客在购买前参观服务设施。

- 对于具有高体验属性的服务，向顾客提供免费试用机会。例如，为了承办婚宴，许多餐厅为即将结婚的顾客提供免费试吃。

- 对于具有高信任属性和高顾客参与度的服务，广告有助于顾客了解服务的好处、怎样使用服务，以及怎样获得最佳效果。

- 展示证书和荣誉。医生、建筑师和律师等专业人士经常展示他们的学位和各种证书，让客户看到他们提供专业服务的资质。许多公司通过网站介绍服务时，会强调他们的专业性，并展示成功案例与合作伙伴。

- 证据管理（evidence management），是指通过各种证据有组织地向客户展示公司一贯的形象和定位。证据包括：家具、设备、设施的外观、员工的着装和行为举止等。如苏珊选择的那家理发店，尽管发型师迟到了 20 分钟，但理发店采光好、装修时尚，给了苏珊很好的印象，所以她第一次去就决定购买服务了。

- 用可见的安全程序来建立顾客的信心和信任。

- 让顾客可以在线实时跟踪订单状态和服务进程。快递公司一般都会这样做。

- 提供服务承诺，如退款保证和质量保证。

当一家公司很好地管理了顾客的感知风险，减少了不确定性，就有更大的可能被顾客选中。接下来我们要学习的是影响顾客选择和顾客满意度的另一个重要因素：服务预期。

服务预期

学习目标：了解顾客的服务预期是如何形成的，服务预期包含哪几种

在搜索和决策过程中，顾客通过不断地了解信息、评估备选方案，逐渐形成了对服务的预期。在对一项服务一无所知的时候，顾客的服务预期建立在他搜索到的信息、口碑评论、媒体报道，以及商家的营销活动之上。顾客的服务预期有时会调整，如在高峰时段和低谷时段，顾客对服务交付时间的预期是不同的。

我们在讲多要素模型的时候介绍过，顾客预期是变化的并且是可以被管理的。商家可以通过与顾客沟通，或使用一些新的服务方式和科技手段来调整顾客的预期。顾客上网了解的信息也会影响其预期。例如，今天的人们在求医时会搜索大量信息，并希望更多地参与到医疗决策中。在扩展资料 2.1，我们会看到重疾患儿的家长在医疗过程中的高度参与。

父母希望参与孩子治疗的医疗决策

许多父母希望参与和孩子治疗有关的决定。这一方面归功于媒体和互联网对医学发展的深入报道，另一方面是因为对消费者群体进行医学知识的教育和普及。与前几代人相比，现在的父母更了解医疗，也更自信，他们不愿意简单地接受医生的建议。有些孩子患有先天性缺陷甚至危及生命的疾病，他们的父母往往投入大量时间和精力来了解孩子的病情。这样的家庭甚至会联合起来，成立为特定疾病治疗的非营利组织，筹集资金用于研究和治疗。

现在，人们也更容易通过互联网获得医学知识和前沿的研究结果。美国耶鲁纽黑文儿童医院儿科的前主任诺曼·J. 西格尔（Norman J. Siege）这样评论：

现在跟过去不一样了。那种"相信我，我会处理好这件事"的日子已经一去不复返了。好多患者过来时带着一个文件夹，里面是他们打印的网上找来的资料。他们想知道为什么某某医生这么写，他们找相关的群聊，对于一些慢性病，他们想了解疾病的进程。一些父母知道的东西几乎和年轻的医科学生或者实习医生一样多。

西格尔医生表示他乐见这种趋势并愿意和家长讨论，但同时他也承认，一些医生还不是很接受这种情况。

顾客对服务水平有哪些预期呢？包含以下几种：理想的服务、适当的服务、预期的服务，以及一个介于理想服务与基本服务之间的容忍区间。图 2.3 显示了影响顾客预期的因素。

理想的服务（desired service），是顾客"渴望"达到的最理想的服务水平，是顾客认为商家的服务能够也应该满足顾客的需求。对理想的服务的预期跟顾客曾经的体验、口碑以及商家如何承诺也有关系。不过，大多数顾客都能现实地认识到，商家不可能一直提供顾客"渴望"的服务。因此，他们会降低一些对服务水平的期望，希望商家至少达到恰当的服务水平，或者符合预期的服务水平。

适当的服务（adequate service），是顾客可以接受的最低限度的服务水平。

预期的服务（predicted service），是顾客现实地估计商家最真实的服务水平，它的高低

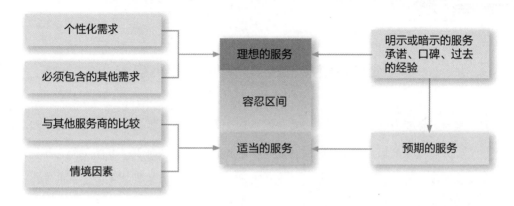

图 2.3　影响顾客服务预期的因素

直接决定了顾客心目中"适当的服务"的定义。如果顾客高估了商家的服务水平，那顾客可以容忍的"适当的服务"的水准也会比较高；如果顾客低估了商家的服务水平，"适当的服务"水平也会比较低。

顾客对服务水平的预期往往基于特定条件。例如，根据经验判断，如果天气差，很可能参观博物馆人会更多，而天气好的时候去博物馆的人就会少一些。因此，一个人雨天去博物馆，哪怕花了 10 分钟排队买票，他也觉得是正常的。

影响顾客对服务水平的预期的另一个因素是其他商家的服务水平。

容忍区间（zone of tolerance），介于理想的服务与适当的服务之间。对于商家来说，因为可能有多个渠道、分店、数千名员工，让商家永远保持一致的服务水平是非常难的。即使是同一位服务人员，在不同的日子，甚至在一天内不同的时间，他的服务水平也不会完全一样。顾客能够接受的服务水平波动的范围叫作"容忍区间"。服务水平低于这个区间会导致顾客沮丧和不满，而高于这个区间会让客户感到惊喜。你也可以从另一个角度来理解这个区间，服务水平在顾客的容忍区间内，他们便不会明显注意到服务水平的高低，而当服务水平在容忍区间以外，顾客就会做出积极或消极的反应。

不同顾客的容忍区间大小也是不同的，这取决于很多因素，如竞争性、价格，或者顾客更看重服务的哪个方面等，每个因素都会影响顾客对基本服务水平的预期。例如，一个企业家需要会计的一些建议，最理想的状况是他能在第二天就收到会计提供的全面而成熟的建议。但是，如果他提出需求时，会计师正忙于准备公司和个人纳税申报，正值一年中最忙的时候，企业家根据经验，自然知道不要期待快速的回复。在这个例子里，企业家的理想的服务水平可能并没有改变，但他对时间的容忍区间变得更大了。而相比之下，顾客对最理想服务水平的期待会随着他们经验的积累而慢慢地提高。

在上述几种服务水平中，预期的服务水平是最重要的，我们将在下一节讨论。理想的服务水平、适当的服务水平，以及容忍区间则决定着顾客的满意度，我们将在"服务接触后阶段"这一节讨论。

决定购买

消费者已经比较了不同商家的服务表现，评估了所有的方案，评估了可感知的风险，明确了自己对于服务水平的各种预期。现在，消费者已经准备好购买他们心中的最佳选择了。

对于经常购买的服务，顾客往往无须过多考虑就购买了。因为顾客对服务很了解，感知风险很低，对替代品也很清楚。如果顾客已经有一家喜欢的服务商，没有什么特别的理由的话，他还是会继续购买相同的服务。然而，在许多情况下，顾客在购买服务时会权衡取舍，价格是其中一个非常关键的因素。如顾客会考虑，为更快的服务多花钱值不值？要不要视野更好的大房间或剧院里更好的座位？

根据之前学的"多要素模型"的理论，对于复杂的决策，消费者需要权衡多种因素。例如，在选择航空公司时，顾客要考虑日程方便，可靠性、座椅舒适度、乘务人员的服务、是否含餐以及餐食质量等，即使机票价格相同，不同航空公司的服务也是有差异的。

一旦做出决定，消费者就要进入服务接触阶段了。服务接触可能会在决定的当下发生，如去一家餐厅用餐。或者，消费者需要先预订服务，如乘飞机出行或者在剧院观看表演。

服务接触阶段

购买的决定一经做出，顾客即进入了服务体验的核心阶段。服务接触是顾客直接与服务提供者发生互动的阶段。我们将通过多个模型来更好地理解服务接触阶段的消费者行为和体验。首先，通过"关键时刻"（moments of truth）这个概念来理解有效管理服务接触点的重要性。其次，引入"高接触度与低接触度"（high-low contact）模型，以便更好地了解服务接触点的本质。再次，"服务生产"（servuction：service 与 production 的结合）模型，关注的是为顾客营造服务体验的各种互动形式。最后，"剧场、角色与脚本"理论以及感知控制理论，阐释如何从不同角度来创造客户需要的体验。

服务接触"关键时刻"
学习目标：理解"关键时刻"这一比喻的含义

理查德·诺曼（Richard Normann）借用了斗牛比赛中的一个词"关键时刻"来比喻顾客和商家之间发生交互关系的重要瞬间。

我们可以说，原本在顾客脑子里感知的服务质量，在那个时刻，变成了真实的感受。商家和顾客就好像斗牛场上的人牛对峙。在那一刻，商家使出浑身解数，配合着顾客对服务的预期和行为，共同完成了服务的交付过程。

在斗牛场上，公牛与斗牛士的生命都处于危险之中。而在服务场景下，我们可以理解为，在顾客和商家之间发生交互关系的关键时刻，两者的关系也处于危险之中。

简·卡尔森（Jan Carlzon）是斯堪的纳维亚航空公司（SAS）的前首席执行官。在谈及公司从运营驱动到客户驱动的转型时，他引用了"关键时刻"理论，他说：

去年我们有1 000万个乘客，每个乘客平均会接触5名我们公司的员工，平均每次接触的时间是15秒，总共接触了5 000万次。而这5 000万次的"关键时刻"决定了公司将来的成败。我们必须在这些关键时刻向我们的客户证明，SAS是他们最好的选择。

在定义和管理与顾客接触的"关键时刻"方面，商家们都面临着类似的挑战。

服务接触——从高接触度到低接触度
学习目标：对比顾客如何体验与评价高接触度和低接触度这两种服务

服务业运营中会涉及不同程度的顾客接触。在图2.4中，我们把所有的服务分成了3组，包括顾客与服务人员的互动、顾客与有形服务要素的互动，或者两者兼有。看这张图，你会发现，尽管都是银行服务，但我们把传统的银行网点、个人对个人的电话银行，以及

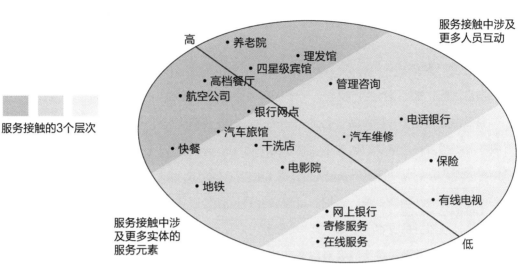

图2.4　不同服务商的顾客接触层次

网上银行分到了不同的组。这样做的目的是要对比高接触度服务和低接触度服务的不同。

高接触度服务

高接触度服务是指在整个服务过程中顾客与商家之间直接接触。例如，你可能会花上一整天时间在主题公园玩，在这个环境下，你会和主题公园有许多的物理接触。如看到建筑物的内部和外部、公园设备和陈设，你还会接触到主题公园的服务人员和其他顾客，包括他们的外表和行为。本章开始时我们读到苏珊的故事，干洗店阴暗的室内环境给她带来很糟糕的服务体验。在高接触度服务过程中对营销人员的挑战是，商家一定要在"关键时刻"吸引到顾客，不论是在物理环境还是人员互动方面让顾客感到满意。

低接触度服务

在图2.4的右下方是低接触度服务，这类服务中的顾客和商家之间几乎没有物理接触，而是通过电子媒介或通过其他的物理渠道接触。例如，顾客通过网上银行转账，或者把书下载到他们的Kindle，而不是从实体店购买。现在，越来越多的高度和中度接触的服务正在转为低接触度服务，它们使用自动回复系统、人工智能、机器人服务等更加节省成本的方式，同时让顾客和商家的接触变得更加便利。对低接触度服务来说，除了服务本身的质量要高，商家需要把互动过程做到尽可能直观、简单和方便。

服务生产系统

学习目标：熟悉服务生产模型，了解顾客体验过程中和商家的所有互动

如果把服务比作一件商品，它是怎样被生产、组装和交付给顾客的呢？为了让大家理解服务的提供过程，学者们创造了"服务生产"（servuction）这个概念。从这个术语的英文单词可以看出，它是"服务"（service）和"生产"（production）两个词的结合。学者们把服务过程比作一个生产系统。营销、运营和客户就像是服务生产线上的要素。这个系统展示了顾客体验服务的过程。图2.5是一个服务生产模型，它展示了在一个高接触度服务中顾客和商家的全部互动。包括顾客对服务环境的体验，与服务员工的交谈，甚至和服务接触过程中其他的在场顾客的互动等。不管互动是何种类型，都会对顾客体验产生影响，它可能为顾客体验加分（如舒适的环境、友好并称职的员工，或其他有趣的顾客），也可能破坏顾客体验（如在电影院前排观众挡住你的视线）。商家需要精心安排所有的互动，以确保顾客获得他们期望的服务体验。

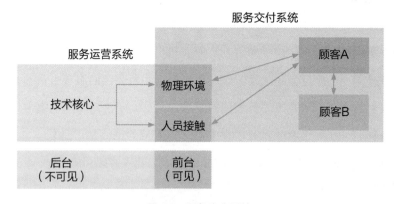

图2.5　服务生产系统

服务生产系统由服务运营系统和服务交付系统这两部分组成，服务运营系统又被称为技术核心。

技术核心（technical core）

技术核心可以理解为服务的"生产车间"，这里处理构成服务的"原料"，制造出服务产品的"零件"。技术核心一般会放在顾客看不见的地方，我们可以拿剧场来比喻——观众看不到的是服装、道具、化妆等"后台"环节，可以看到的部分是"前台"。观众通常对后台发生的事情不感兴趣，除非后台的事情影响了前台的表演，才会引起观众的注意。这就好比餐厅的后厨，食客一般并不关心后厨发生什么事，但是如果厨房看错了菜单，做的菜和顾客点的不一样，就会引起顾客的不满。

服务交付系统（service delivery system）

服务交付系统即顾客体验服务的环节。服务产品在这里进行最终的"组装"并"交付"给顾客。这个过程就是服务运营系统中顾客可以看见或参与的部分，如建筑物、设备、服务人员，可能还有其他顾客。我们仍用剧场做例子，观众可以看到的"前台"所展示的是舞台和演员们的表演，就是顾客体验服务的地方。

在服务运营过程中，顾客能看见的部分有多少，取决于该项服务对顾客接触的要求。例如，理发馆这种需要顾客亲身参与的高接触度服务，顾客可见的实体环境和人员的互动就更多，有更多的"关键时刻"需要商家设计好、管理好。而像电子银行这种低接触度服务，通常大部分的运营都在后台，和顾客的互动都是通过机器自动回复、电话以及电子邮件等在线方式完成。顾客既看不到服务生产过程，也不需要常常接触服务人员。又如，信用卡用户现在很少需要去银行网点，交易都可以在线完成，即使有问题，用户只要给服务人员打电话就可以了，这让银行的管理变得容易多了。

服务交付的"剧场"理论

学习目标：把服务交付想象成一个"剧场"并理解服务交付的构成

服务的交付，就是把服务传递给顾客，也就是顾客体验服务的整个旅程。这里我们可以用"剧场"来形容这个过程，想象一下剧场里有什么，发生着什么，你就能更好地理解服务交付。我们曾用剧场的后台来比喻服务的生产过程，即观众看不到的部分。那观众看到的演出和享受的视听服务就好比剧场的前台。用剧场来类比服务交付特别适合那些高接触度的服务业，如医疗和酒店业，还有那些同时给大量顾客提供服务的场所，如大型医院、体育场、娱乐场所等。服务的交付是由一系列事物构成的，但总结起来就是服务设施和服务人员两类。服务设施好比剧场的舞台，服务人员好比剧场的演员和服务人员。接下来我们来分别了解一下。

服务设施

服务设施就好比观众们看到舞台上布置的场景。每一幕戏不同，场景也需要随之改变（例如，我们去机场乘机时，就有入口、航站楼、值机、登机口、机舱这些不同的场景）。舞台上还会有道具，有些戏需要的道具很简单，舞台上可能只有一辆出租车；有的戏需要复杂的道具，可能是楼群、豪华的房间，或者园林。

服务人员

前台人员就像一部戏的演员。他们的表演需要幕后人员的支持。服务人员就好比这些演员，他们有时也需要穿特殊的服装（如酒店门卫常穿的考究的制服、UPS快递司机穿的棕色工装）。

"剧场"理论还包括演员的角色和脚本，我们将在下面讨论。

角色和脚本理论

学习目标：知道为什么角色脚本理论和感知控制理论可以帮助我们更好地理解服务接触

在剧场里，演员们需要通过阅读剧本熟悉并演好他们的角色。与此类似，在服务接触中也可以应用角色和脚本理论，这将帮助商家更好地理解、设计和管理员工和顾客的行为。

角色理论

如果从角色理论的角度来看，在服务交付的过程中，员工和顾客都在按照他们既定的角色各尽其职。"角色"的定义是："为了尽可能实现目标，一个人在社交互动中表现出来的一套行为模式，这套模式可以通过经历或沟通学到。"它还被定义为"一个人身体动作或语言方式的集合"或者"让人做出符合特定环境或背景的行为的社会预期"。员工和顾客的满意度和生产力取决于双方角色是否匹配，或者说，取决于服务接触时他们的行为在多大程度上符合各自角色的设定。例如，员工必须扮演好他们的角色，尽力满足客户的预期，规避让顾客不满的风险。顾客一方也必须遵守规则，否则可能会给商家、员工，甚至给其他顾客带来麻烦。如果双方中的任何一个对自己的角色感到不舒服，或者不按规矩行事，对双方的满意度和生产力都会产生影响。

脚本理论

服务脚本和电影剧本很像，它规定了服务交付过程中员工和顾客要遵循的行动步骤。员工可以通过正式的培训学习服务脚本。顾客则通过自身的经历、和他人的交流，以及商家提供的沟通与教育等方式熟悉服务脚本。当顾客与一个商家互动的经验越丰富，就会对它的服务脚本越熟悉。如果一个顾客不愿意更换服务商，有可能是因为他不想学新的服务脚本。在服务接触中，如果实际情况和已知的脚本有偏差，员工和顾客就会感到疑惑和不满。如果商家要修改服务脚本（如通过新技术把高接触度服务转变为低接触度服务），就一定要做好服务人员的培训以及对顾客的教育，让他们充分了解新脚本以及它的好处。

很多服务的背后都有一份细致的脚本做指引（如空乘人员针对经济舱的服务脚本），这会加强服务的标准化和质量的稳定性。但是，并非所有服务都完全按照严格的脚本执行。例如，一些主要提供定制化服务的行业，类似设计师、教育工作者、咨询顾问，他们的服务脚本就灵活得多，而且可能会根据具体情况和顾客不同需求而改变。

表 2.3 是一个洗牙和口腔检查的服务脚本，涉及 3 个角色，即患者、接待员和洁牙师。这 3 个角色在服务接触中的作用各自不同。例如，患者与另外两个服务提供者的角色不同（患者很可能并不期待这场服务），接待员和洁牙师因为工种不同扮演的角色也不一样。这家牙科诊所制定服务脚本一方面是为了提高运营效率，但更重要的是为了安全且熟练地完成这项技术工作（注意服务脚本里对口罩和手套的要求）。因为核心服务即口腔检查和洗牙需要患者的配合，否则无法完成令人满意的服务。

表 2.3　洗牙和简单口腔检查的服务脚本

顺　序	患　者	接　待　员	洁　牙　师
1	电话预约		
2		确认需求，安排日期	
3	到达诊所		
4		问候患者，确认目的，引导患者候诊；通知洁牙师患者已到达	

顺　序	患　者	接　待　员	洁　牙　师
5			查看患者记录
6	候诊		
7			问候患者，引导患者进入诊室
8	进入诊室，坐上牙科椅		
9			核实医疗/牙科病史，上一次诊疗至今的情况
10	回答洁牙师的问题		
11			帮患者穿上防护衣
12			调低牙科椅；自己穿上防护衣；穿戴口罩、手套和眼镜
13			检查患者牙齿（可以同时提问题）
14			将抽吸器放入患者口中
15			用高速洗牙机器和手动工具依次清洁牙齿
16			取出抽吸器，完成洗牙
17			抬升牙科椅至坐姿，让患者漱口
18	漱口		
19			丢弃口罩和手套，摘下眼镜
20			完成治疗记录，将患者文件给接待员
21			脱掉患者的防护衣
22			给患者免费牙刷、提供后续个人口腔护理建议
23	从椅子上坐起		
24			感谢患者并道别

顺 序	患 者	接 待 员	洁 牙 师
25	离开诊室		
26		问候患者；确认治疗完毕；出示账单	
27	付款		
28		开收据、确定复查时间、记录预约日期	
29	拿预约卡		
30		向患者致谢并道别	
31	离开诊所		

角色和脚本理论相互补充

想一想课堂上的教授和学生。教授的角色是什么？一般来说，教授需要为学生讲授精心设计的课程，聚焦于授课当日的关键主题，让话题生动有趣，引导学生参与讨论。学生的角色是什么？学生要为上课做好准备，准时到达，认真听讲、参与讨论，并且不扰乱课堂秩序。说完了教授和学生的角色，再想一想脚本，我们上课开始前双方的具体行为应该是怎样的？课堂脚本中有很细致的描述。例如，学生应该在上课前到达报告厅，选好座位并坐下，打开他们的笔记本电脑。教授进入报告厅，把讲义放在桌子上，打开笔记本电脑和液晶投影仪，问候学生，做一些必要的初步说明，然后准时开始上课。如你所见，角色与脚本这两个理论的框架是相互补充的，两种理论从不同角度描述服务接触过程中的行为。优质的服务营销人员能理解这两种不同的角度并制定规则，通过对员工和顾客的沟通、教育，让他们清楚自己的角色和服务脚本，从而提高服务满意度和服务生产力。

在本书后面的章节，我们将探讨服务交付系统的核心元素，以及详细的角色和脚本设计。具体而言，第 7 章 "服务营销沟通" 侧重于告诉顾客如何在服务交付过程中扮演好自己的角色，第 8 章 "设计服务流程" 将介绍如何设计角色和脚本，第 10 章 "打造服务环境" 讨论如何设计服务环境，第 11 章 "通过有效员工管理获得服务优势" 将讨论和一线员工相关的主题。

感知控制理论

在每次服务接触过程中还有另一个影响顾客体验的潜藏因素，就是顾客的感知控制（perceived control）。这个理论认为，在服务接触阶段顾客需要一种对服务的控制感，而这种控制感会在很大程度上影响他们的行为和满意度。在服务接触过程中，顾客感知到的对服务的控制感越强，他们的满意度就越高。顾客可能通过以下几种方式来增强他们的控制感：行为控制、决策控制和认知控制。下面我们来解释一下。

行为控制是指顾客希望"控制"商家的行为，顾客可能要求改变服务内容，提出超出商家服务标准的个性化需求，要求定制化的服务（如顾客要求餐厅专门为他安排一场浪漫的烛光晚餐）。**决策控制**是指顾客希望有决策权，希望有权在两个或多个标准化的服务中选择，但无须改变服务内容（如在餐厅的两张桌子中挑一个）。**认知控制**是指顾客希望在服务中充分知情，如某些事发生的原因以及接下来会发生什么（如当航班延误时，顾客希望知道原因以及它会延误多久）。顾客希望知道服务的动态这一点也被称为"预测控制"，如果商家能让顾客保持知情，顾客的情绪就会得到安抚。

你可以设身处地想象一下，处于未知的状况时你会是什么感觉。例如，当你不知道为什么火车晚点，以及它会延迟多久时，你就会明白拥有对事物的掌控感是多么令人愉快了。这一点同样适用于在线服务。用户想知道自己在网上的服务到了第几步，交易是否正在处理，或者网站是不是卡住了（所以网站上一般会用一个移动的图标或进度信息提示来表明它仍在处理中）。甚至像 ATM 这样的自助服务机器，也有特别的设计让客户感觉安心。你是否注意到机器发出的声音表明它正在处理而不是吞掉卡片。这些声音通常是芯片产生的，因为机器本身大部分时间都不会有任何声音。

总之，在服务接触中做好顾客感知控制的管理是非常重要的。然而，如果服务流程、脚本和角色的规定十分严格的话（主要发生在自助服务机器和高度脚本化的服务，如快餐业和银行个人业务），顾客能够控制的可能性就很小。也就是说，商家限制了顾客的行为控制。如果允许顾客任意改变服务，原本精心设计好的流程可能会垮掉，生产力和服务质量都会受到影响。不过，这并不是说商家不能给顾客更多的控制感，因为感知控制中的 3 种类型是可以互相弥补的。商家可以给予顾客更高的决策控制和认知控制，来补偿行为控制的不足（如当顾客没有太多行为控制的自由度时，商家可以提供两个或更多的固定选项，让顾客拥有决策权）；还可以增强顾客的认知控制（如医院会让患者充分了解正在进行的治疗以及为什么这样做），以及加强预测控制（如永远别让顾客等待且不知道要等多久）。

接触后阶段

服务消费的最后一个阶段是"接触后阶段"，这个阶段顾客会对服务体验给予态度上或者行为上的反馈，重要的反馈包括顾客对服务的满意度、对服务质量的感知、重复购买和顾客忠诚度。接下来我们将讨论这些概念。

顾客满意度

学习目标： 描述顾客如何评价服务以及什么决定顾客的满意度

在后接触阶段，顾客会对服务的表现做出评价并且衡量服务是否达到了预期。接下来我们要一起探讨服务预期与顾客满意度、顾客喜悦之间的关系。

满意度"期望失验模型"（expectancy-confirmatory model）

满意度是一种判断，在消费者经过了一系列服务接触后产生。大多数的顾客满意度研究是基于"期望失验模型"（见图2.6）。在这个模型中，满意度取决于顾客的实际服务体验是否和之前的期望相符。

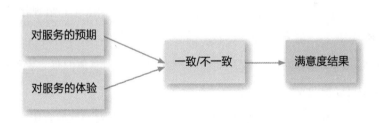

图2.6　满意度期望失验模型

还记得服务预期是怎么产生的吗？我们之前学过消费者的购买决策，消费者会把他们看重的一些要素以及风险纳入考虑，在这个过程中，消费者会形成服务预期（包括理想的服务、适当的服务、预期的服务）。消费者有一个容忍区间介于适当的服务和理想的服务之间，如果消费者对服务的某些要素非常看重，也就是说当他对服务的预期有很明确的期望时，他的容忍区间就会比较小而且固定。举个例子，乘客为了节省时间，没有选择中间要停留 4 小时的中转航班，而是多花了 350 美元购买了直航航班。如果这个航班发生了 6 小时的延误，对于这位乘客来说是很难接受的。对于这种对服务有高期望值的顾客，一旦服务出了问题，也会导致很大的失望。聪明的商家会设计好服务接触的每个环节，以便顾客的期望能够和公司的服务能力相符。

在服务进行中和结束后，顾客会用自己的预期去衡量商家的服务表现，满意度就是在这个衡量过程中形成的。公司对客户的满意度事先有一个期待值，经过实际调查后会得到客户的实际评价，如果实际的服务表现和预期完全相符，则无失验产生，我们称为"预期确认"（confirmation of expectations）。如果顾客觉得服务低于预期，在营销学中我们称为"负面的失验"（negative disconfirmation）。"失验"，指事前与事后认知的差距。例如，当干洗店没有按时洗完苏珊的衬衫，苏珊就觉得不满意而且产生了换一家干洗店的想法，这时苏珊的期望就是一种"负面的失验"。如果服务的表现高于预期，我们在营销学中称为"正面的失验"（positive confirmation）。

如果顾客所感知的服务表现处于他的"容忍区间"内，即高于适当的服务水平，顾客就会感到基本满意。若是服务表现接近甚至超出了顾客"理想的预期"，顾客就会感到非常满意。对服务满意的顾客有更大的可能再次购买，有更强的忠诚度，而且会把自己的体验告诉其他人，起到口碑营销的作用。然而，一旦服务低于顾客的预期，顾客可能把不满憋在心里，或者投诉糟糕的服务质量，而且将来会选择其他商家的服务。

你会发现，在购前评价备选方案阶段出现的服务要素又回来了，出现在顾客对服务结果的评估中。顾客把自己看重的每个要素的满意度加到一起，来综合评价整体服务表现。各个要素的满意度来自顾客对每个要素实际的体验结果，并对整体的服务表现有强烈影响。

多要素模型可以帮助我们更好地理解顾客满意度的形成过程。它可以帮助商家找到那些顾客更看重的，对整体满意度影响最大的要素，特别是当顾客对一些要素满意而对另外一些不满意时。这样做可以让商家巩固自己的服务优势要素，而对一些表现不好的要素加以改善。

服务预期一定是顾客满意度最合适的衡量标准吗

用服务表现是否符合预期的方式可以很好地适用于一个充分竞争的市场，顾客有足够的备选，而且有足够的信息来选择自己需要和想要的服务。只要服务符合预期，顾客就会满意。然而，在一个竞争不充分的市场，或者当顾客不能自由选择服务时（如时间和地点的限制；或者当消费者选择其他服务的成本高到无法承担，如学生已经被大学录取，退学或者转换其他专业的成本会非常高），用这个方法来衡量顾客满意度就不合适了。再说一种情况，当顾客对服务的预期本来就很低，而服务表现确实以最低的标准符合顾客的预期，这时顾客无论怎样也难言满意。针对这类情况，我们用顾客的"需要"和"想要"作为标准来衡量顾客满意度会更好，如果服务能满足或超额满足顾客的"需要"或"想要"，顾客一定是满意的。

另外，刚刚学过的"期望失验模型"非常适合具有"搜索属性"和"体验属性"的服务类型，即顾客比较容易获知商家服务的优劣（如顾客知道商家能做到按时交付）。但这个模型对于具有"信任属性"的服务类型，就不是很合适了。例如，复杂的法律服务或医疗服务，顾客因为缺少专业知识，会发现在服务结束后也很难评估服务表现。顾客有可能在接受服务前都不确定自己的预期是什么，也无法判断这些专业人员的表现到底怎么样。在这种情况下，顾客只能通过其他的方面来增强对这些专业人员的信任和评价服务的品质，如通过一些看得见的线索和顾客的经历，诸如其他顾客对专业人员个人风格的感受（是否友好、是否有目光接触、对患者是否有同情心和兴趣、是否能通俗易懂地解释医学治疗），以及其他顾客对自己能够评价的部分的满意度（如患者虽然无法评价医生的专业技能，但可以评价服务环境、候诊时间、医院餐食质量等）。所以，顾客对这类服务表现的感知会被其结果以外的部分影响，如过程因素和环境因素。

最后，顾客在评价满意度时是希望满足他们的预期的。例如，有的顾客不计代价想得到最好的手术服务。但是，如何证明一家医院提供的是最好的手术服务呢？如果顾客没发现什么与预期相悖的明显证据，顾客就倾向于评估商家的专业性，即通过"信任属性"来评估是否自己的预期和需求得到了满足。对于商家来说，必须了解顾客是怎样对服务进行评估的，从而主动管理运营中存在的对顾客满意度存在影响的方面，即便这些方面跟商家的核心服务（如手术质量）没什么关系——这种现象也被称为"光环效应"（halo effect）。

顾客喜悦和顾客满意有什么不同

顾客喜悦是超越顾客满意的一种状态，它是以下 3 种因素带来的：① 意料之外的高水平服务表现；② 激发顾客的惊喜、激动；③ 正面的情感（愉快、欢乐、幸福）。而高满意度仅是因为服务表现高于预期，即"正面的失验"，以及正面的情感所带来的。因此，这里的关键在于"意料之外"，商家若想取悦客户，让顾客达到喜悦，需要把注意力放在什么因素是在顾客的预期之外的。一旦达到喜悦，顾客的忠诚度将极大地增强。有一点需要注意，当顾客被取悦，顾客对服务的预期也会相应提高。因此如果商家不能一直保持让顾客喜悦，可能会导致顾客的不满。商家以后可能不得不花更多精力放在取悦顾客上面。

通过分析美国顾客满意度指数（American Customer Satisfaction Index，ACSI）10 年的数据，克拉斯·福奈尔（Claes Fornell）和他的同事告诫商家不要持续尝试提供超越顾客预期的服务，过于追求遥不可及的服务表现可能会导致适得其反的结果，商家的收益常常因此大大减少。更重要的是，大多数商家必须首先做到稳定地提供满足顾客的需要和预期的服务，而不是尝试去取悦顾客。一篇以呼叫中心的服务为研究对象的文章这样强调：顾客真正需要却很难如愿的其实只是一个能解决问题的满意方案。但不管怎样，少数一些以顾客为中心又能创新的公司似乎做到了成功地取悦顾客，即便是保险业这种平时很低调的行业（见扩展资料 2.2）。

扩展资料 2.2

前进保险公司是如何取悦顾客的

最让美国前进保险公司（Progressive Insurance Corp）引以为豪的是其卓越的客户服务，这方面尤以理赔处理为特色。为了实现降低成本的同时提升顾客满意度和留存率，这家公司实施了"即时响应服务"，7×24 小时接受顾客的索赔申请。为了快速到达现场，理赔员在专用车里移动办公，而不是坐在办公室里。公司要求理赔员在 9 小时内完成车辆定损。但在多数情况下，理赔员到达事故现场的时候，事故还保持着刚刚发生时的样子。

看一下这个场景：事故现场在佛罗里达州坦帕市，一场车祸造成了混乱，两车损毁。没有人员受伤但显然他们都吓坏了。前进公司的高级保险理赔员兰斯·艾吉在事发几分钟内就达到了现场。他首先安抚受害者的情绪，然后为他们提供医疗、维修、报警和法律程序的建议。艾吉把他的车险客户威廉·李斯特请到他的工作车，车内装有空调、舒适的座椅、桌子以及两部手机。在拖车清扫完事故残骸之前，艾吉已经完成定损，计算出客户报废奥迪车的市场价值，他的客户李斯特看起来不是事故的责任人。事后客户惊喜地说："这实在是太棒了——没想到理赔员能这么快到达现场和展开工作，我完全想不到。"

缩短的理赔处理时间对前进保险公司也很有好处。成本减少，由于定损快速，律师介入的可能性降低，而且防止了骗保发生。前进保险公司一直在寻求新办法取悦客户。它重视公司网站和 APP 的教育、购买和服务功能，它用创新和卓越服务给客户惊喜的案例被人反复援引。

服务质量

学习目标：理解服务质量，它的维度和衡量方式，以及服务质量和顾客忠诚度的关系

我们在谈服务质量时谈些什么？服务是无形的，我们很难像评价一件商品的质量一样去评价服务。另外，顾客对服务的体验和实际的服务输出（或者结果）也不完全是一回事。我们认为卓越的服务质量是一种高标准的服务表现，这种服务总是能满足或者超出顾客的预期。服务质量很难管理，但提升服务质量并保持高水平服务又是至关重要的，因为这直接关系到顾客在服务接触后的重要行为，包括口碑推荐、重复购买以及忠诚度。

顾客满意度与服务质量

顾客满意度和服务质量都是将顾客期望与顾客感知的服务表现做对比。然而，满意度和服务质量的含义是完全不同的。具体而言，满意度是对一次消费体验的评价，其判断是一瞬间发生的、对体验直接和立即的反应。相比之下，服务质量是指对商家比较稳定的态度和信任，这与满意度有很大不同。例如，星巴克是你最喜欢的咖啡店，可能有一次体验你不满意，但你仍然认为这家咖啡店的服务很优秀。当然，满意度和服务质量是相互联系的。虽然顾客对商家的整体服务质量的印象相对稳定，但随着时间的推移，整体服务质量会受到多次满意度评价的影响。

有时，人们也会将这种一次消费体验的评价称为交易质量（transaction quality）（如食物的质量、服务员是否友好、餐厅的氛围），这看上去又和某个服务要素的满意度有关（如对餐厅食物和服务的满意度）。可以看出两者都是基于某一次的服务体验，两者又都决定了顾客的整体满意度。从长时间来看，两者也都会加强顾客对服务质量的态度（无论是某个属性或是整体服务质量），但正是这些术语的交叉混用让人们感到困惑。如果你能区分顾客对某一次服务体验的判断和顾客相对长久稳定的态度和信念时，你就可以清楚地看到两者的差异——某一种要素的交易质量和满意度是先于整体满意度产生的。但反过来又会影响顾客对这一特定要素的服务质量的态度及其整体服务质量的态度的形成。

请注意，当消费者要做出购买决定时，是否选择再次在同一个商家消费，取决于消费者当时对商家的服务质量的整体看法，而根据某一次消费体验形成的个人满意度则对重复购买的影响要小。也就是说，消费者会预测下一次的体验会是好还是坏。正如我们在多要素模型中介绍的：如果消费者认为一个发型师很棒，就算有一次的体验不太好，消费者很可能还是会选择这个发型师，因为消费者可能会将那次不太好的体验看作例外。然而，如果发生第二次甚至第三次，单次的满意度评价将明显影响到消费者对商家整体服务质量的看法，可能导致顾客不再重复购买（见图 2.7）。

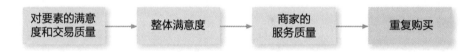

图 2.7　从对服务要素的满意到重复购买

服务质量的维度

瓦拉瑞尔·A. 泽丝曼尔、莱昂纳德·贝瑞和 A. 帕拉苏拉曼对服务质量进行了深入研究，并确定了消费者在评估服务质量时使用的 5 个维度，如表 2.4 所示。

- 有形环境（实体元素的外观）；
- 可靠性（可靠和准确的服务表现）；
- 响应能力（是否反应迅速而且有帮助）；
- 服务保证（信誉、安全性、胜任和礼仪）；
- 同理心（方便顾客、良好的沟通、理解顾客）。

表 2.4　顾客用于评价服务的维度

服务质量维度	定　义	问　题　举　例
有形环境	有形设施、设备，服务人员和沟通材料的外观	酒店的设施吸引人吗？ 我的会计师是否着装得当？ 银行结账单容易看懂吗？
可靠性	能够可靠并准确地执行所承诺的服务	律师会遵守承诺给我回电吗？ 电话账单是正确的吗？ 电视机在第一次修好了吗？
响应能力	愿意帮助顾客并提供及时的服务	当出现问题时，商家迅速解决了吗？ 我的股票经纪人愿意回答我的问题吗？ 有线电视公司能给我上门安装的准确时间吗？
服务保证：信誉	值得信任、可靠、诚实	这家医院名声怎么样？ 我的股票经纪人会克制住自己，不强迫我交易吗？ 维修有保障吗？
服务保证：安全性	无危险、无风险、无怀疑	晚上使用 ATM 是否安全？ 我的信用卡能防欺诈吗？ 我的保险合同能覆盖全部风险？
服务保证：胜任	拥有服务所需的技能和知识	这个银行柜员能不能顺畅地处理我的转账？ 我联系保险公司时，他们能查到我需要的信息吗？ 这个牙医看起来能胜任吗？
服务保证：礼仪	礼貌、尊重、周到、友好的服务人员	这个航班的空乘的举止是否让人愉快？ 接我电话时这个接线员能一直保持礼貌吗？ 这个园丁踩地毯前能脱掉泥泞的鞋子吗？
同理心：方便顾客	方便接触、方便联系	遇到问题时，与服务主管沟通是否容易？ 这家航空公司有 24 小时的服务热线吗？ 这家酒店地理位置是否便利？
同理心：良好的沟通	倾听顾客，用通俗易懂的语言让顾客知情	这个经理愿意听我的抱怨吗？ 医生能否避免使用医疗术语？ 这个电工如果不能如约前来，会打电话通知吗？
同理心：理解顾客	努力了解顾客和顾客所需	酒店里有没有人能认出我是常客？ 我的股票经纪人会试图决定我的财务目标吗？ 这家搬家公司能按照我的时间安排吗？

如何衡量服务质量

SERVQUAL 是一个衡量服务质量的调查工具。使用它的前提是顾客将感受到的服务表现与自己的预期来对比，从而对服务质量进行评价。SERVQUAL 被视为一种通用的衡量工具并可应用于广泛的服务行业。它的基本形式是这样的，受访者要回答 21 个问题，这些问题针对某一行业特定的服务特征，来衡量顾客对这个行业中商家的预期（见表 2.5）。随后，问卷会问顾客一组匹配的问题：关于顾客对这家公司的服务质量的看法。当感知的服务表现评级低于预期时，表明服务质量差，反之，则表明服务质量好。

表 2.5 SERVQUAL 模型

SERVQUAL 量表包括 5 个维度——有形环境、可靠性、响应能力、服务保证和同理心，在每个维度内都会测量几个项目。这个模型有许多不同的格式。我们在下面展示了银行业的最基本的 21 项预期的理想的服务。这些陈述附有一个 7 分制的评分，范围从"非常不同意 = 1 分"到"非常同意 = 7 分"。

服务质量维度	服 务 质 量 项 目	评　分						
		1	2	3	4	5	6	7
有形环境	优秀的银行将拥有现代化的设备 物理设施优秀的银行将看起来很吸引人 优秀银行的员工会穿着整齐 优秀的银行中的印刷材料（如小册子或声明）会看起来很精美							
可靠性	当优秀的银行承诺在一定时间内做某事时，他们会说到做到 优秀的银行会在第一时间把服务做好 优秀的银行会在承诺的时间内提供服务 优秀的银行会坚持无差错记录							
响应能力	优秀银行的员工会告诉客户准确的提供服务的时间 优秀银行的员工会为客户提供及时的服务 优秀银行的员工永远乐于帮助客户 优秀银行的员工永远不会因为忙而忽略客户的要求							
服务保证	优秀银行员工的行为会让客户有信心 优秀银行的客户会在交易中感到安全 优秀银行的员工会一直对客户彬彬有礼 优秀银行的员工具备丰富的知识，应对客户的问题							

服务质量维度	服务质量项目	评　分						
		1	2	3	4	5	6	7
同理心	优秀的银行会给客户个性化的关注 优秀的银行会有方便所有客户的营业时间 优秀银行的员工给予客户个人关注 优秀银行的员工会了解客户的具体需求 优秀的银行将顾客的最大利益放在心上							

定制化 SERVQUAL

SERVQUAL 的常规形式已经被广泛使用（见表 2.5）。然而，许多管理人员发现，如果这个模型可以修改并用于他们的特定行业和背景，则可以提供更多洞察力。所以有不少研究人员会去掉或添加一些语句，或者改变其内容以衡量服务质量。也有研究表明 SERVQUAL 主要衡量两个因素：内在服务质量〔intrinsic service quality，类似于格罗鲁斯（Gronroos）所说的功能质量〕和外在的服务质量（extrinsic service quality，指的是服务交付的有形方面，类似于格罗鲁斯所说的技术质量）。

这些研究表明，衡量服务质量是非常难的。需要调整维度和衡量标准以适应特定的研究环境。但不管怎样，对于商家而言，了解服务质量的维度如何应用于其业务环境非常重要（参见与在线服务相关的服务洞察 2.3），因为只有这样商家才能衡量服务质量，发现短板，并采取行动来改善服务质量（在第 14 章"提升服务质量和生产力"会探讨这个话题）。

服务洞察 2.3

定义和衡量网络服务质量

SERVQUAL 模型主要是为了衡量面对面类型的服务质量而设计的。为了在线服务商的服务质量，帕拉苏拉曼、泽丝曼尔和玛尔赫特拉共同创造了一个名为 E‑S‑QUAL 的模型，该模型有 22 个选项，反映了服务的 4 个关键维度：

- 效率。例如，它的导航是否简单？交易是否可以快速完成？网站加载速度是否够快？
- 系统可靠性。例如，网站的地址会变动吗？系统是否可以立即启动？系统是否稳定且不会崩溃？

- 功能运行。例如，订单是否按承诺交付？产品描述是否如实？

- 隐私性。例如，其隐私信息受保护吗？是否不与其他网站共享个人信息？

在随后的研究中，虚拟和实体渠道的服务质量衡量被整合到了一起。乔尔·科利尔和卡罗尔·比恩斯托克认为，对于有线上网站或平台的公司，了解客户如何看待服务质量非常重要，这将帮助他们了解顾客在在线交易中最看重的是什么。线上服务质量不仅仅和网站交互有关，即交互过程的质量，它还涉及结果质量和补救质量，每个都要测量。在线上服务中，客户与商家的分离凸显了服务评价的重要性，包括商家怎样处理客户的疑问和担忧，以及问题产生时顾客的受挫感。

流程质量。顾客首先根据5个流程质量维度评价他们使用电子零售网站的体验，包括：隐私、设计、信息、便利性和功能。"功能"是指快速的页面加载、无死链、可选择的付款方式、准确执行顾客命令，以及方便更多人无障碍地使用（包括残疾人和说其他语言的人）。

结果质量。客户对流程质量的评价会极大地影响对他们的结果质量的评估，包括订单及时性、订单准确性和订单条件。

补救质量。如果出现问题，客户会评估补救过程。标准包括：互动公平（能够找到网站技术支持并联系，包括电话协助）、程序公平（投诉过程中的政策、程序和响应能力）和结果公平。商家的反应方式对客户的满意度和未来购买意向有重大影响。

两种测量模型都强调了根据具体情况调整服务质量衡量标准的重要性。

顾客忠诚度

学习目标：知道为什么顾客忠诚度很重要

顾客忠诚是指长期选择一个商家的服务的意愿，如果还有排他性，忠诚度就更高。顾客忠诚度不仅限于行为层面，还涉及顾客的偏好、喜爱和未来的意向。"客户参与"一词越来越多地表示除了重复购买以外的忠诚行为，如向朋友和同事推荐、为其他客户提供反馈和评论。

顾客忠诚的反面是顾客流失，即顾客不再考虑一家公司的服务，而选择另一家公司的服务。上升的顾客流失率不仅表明服务质量存在问题（或者其他的竞争对手为顾客提供更有价值的服务），同时也是利润下降的先兆。忠诚顾客不一定会在一夜之间消失，他们通常可能会逐渐减少购买并选择其他商家来满足其需求，用这种方式表达他们日益增长的不满情绪。

忠诚来自那些对商家服务满意的顾客，他们相信商家提供了优质的服务。客户并非天生就忠诚于任何商家。因此，商家需要给顾客一个理由来巩固他们的忠诚度，实现重复购买和留存。对商家来说，提供让顾客满意的优质服务，以及建立正面的服务质量认知是建立忠诚客户群的第一步，也是最重要的一步。在本书的后面部分，我们将深入讨论一些对提高忠诚度至关重要的策略和工具。如第 12 章的忠诚之轮，以及第 13 章的投诉管理和服务补救。

结 论

服务消费的 3 个阶段（购前阶段、服务接触阶段和接触后阶段）模型，帮助我们了解一个人是如何被唤起需求，寻找备选方案，解决感知到的风险，以及选择、使用和体验某项服务的。最后，顾客评估他们的服务体验，从而得出顾客满意度的结果。在每个阶段我们都学到了一些模型，这些模型是互补的，让我们对服务消费者行为有了更丰富而深刻的理解。在所有类型的服务中，有效管理服务消费的 3 个阶段的客户行为至关重要，因为这将带来更多愿意与商家建立长期关系的满意客户。更好地了解客户行为应是所有服务营销策略的核心，我们将在本书的其余部分讨论。

第 3 章
竞争市场中的服务定位

在当下这个充斥着海量信息的时代，商家若想成功，必须在目标客户心中建立一个定位，这个定位不仅仅包括商家自己的优势或劣势，而且包括与竞争者的比较。

——阿尔·里斯和杰克·特劳特（Al Reis and Jack Trout）

思想领袖，"市场定位"一词的提出者

战略的本质是如何把自己和对手们区分开来。

——迈克尔·波特（Michael Porter）哈佛商学院教授、竞争战略权威

学习目标

通过本章的学习，你将可以：

1. 理解顾客、竞争者和公司的 3C 分析法，以及它怎样帮助企业开展客户驱动型的服务营销战略。

2. 理解市场定位的关键因素（市场细分、目标客户、定位，STP），以及为什么这些因素对于服务型企业非常重要。

3. 在认识和分析细分市场时，首先按照顾客需求来细分，而不是按照顾客身上的其他共同特点来细分。

4. 区分市场细分的重要因素和决定性因素。

5. 用不同的服务水平来细分市场。

6. 通过 4 种聚焦策略来选择目标顾客群并获得竞争优势。

7. 通过服务定位实现与竞争对手的差异化。

8. 了解如何通过定位图来分析和制定竞争战略。

9. 了解如何定位数字服务和平台业务模式。

10. 制定有效的定位策略。

引文：连锁托儿所通过合理定位远离竞争

罗杰·布朗和琳达·梅森在商学院认识，两个人都有管理咨询的从业经验。毕业后，他们一起去了柬埔寨和东非做儿童救助项目。当他们回到美国时，发现市场上缺少一家既能为幼儿提供照顾和教育环境，同时又能让家长对孩子的成长安心的托儿服务机构。他们意识到这将是一个很大的机会。

通过调查，他们发现这块市场存在很多缺陷：进入门槛低、利润空间小、劳动力密集、经济规模小、市场上没有辨识度很高的品牌，而且缺少行业规范。布朗和梅森一起开创了一个托儿所服务品牌"光明地平线"，并寄望于把这些市场缺陷转变为自己的竞争优势。因为一次营销一个人效率太低，所以他们没有直接把父母作为推广对象，而是选择和企业建立伙伴关系，进而为那些为人父母的员工提供工作所在地的日托服务。这样做的好处有：

- 相比个人，企业是一个有力而低成本的营销渠道。
- 企业提供资金支持和场地建设，并因此更愿意帮助托儿所达到高水准服务的目标。
- 因为托儿所离工作场所很近，所以这个服务对那些家长员工很有吸引力。家长们省去了接送的时间，而且感觉很安心。而这个托儿所也避开了同行竞争。
- "光明地平线"的服务策略是"高价位，高质量"，以吸引那些优质的员工客户。它提供的服务也是很多托儿所没有的。因为传统托儿所大多没有适合幼儿的教学方案，有的话也是那种死板又俗套的。"光明地平线"针对幼儿设计了一套灵活的教学方案，名为"世界在他们指尖"。这套方案有一定的要点要遵循，但又给了老师很大的自由度来安排平日的教学。

"光明地平线"还获得了"国家幼儿教育协会"（National Association for the Education of Young Children，NAEYC）的认证，它们在宣传中反复提及这一点。获得这家协会的背书意味着托儿所的品质达到或超过了州政府要求的水准。因此，业内普遍缺乏行业规范这一点反而变成了这家托儿所的竞争优势。

在客户们，特别是一些高科技企业的支持和帮助下，"光明地平线"加入了更多创新科技元素，比如，家长可以通过智能手机看到托儿所活动的直播；托儿所还在网上展示孩子们的艺术作品、菜单、活动日程和学生评价；而且可以为孩子进行线上的评估。托儿所的APP让家长可以随时随地安排预约、沟通日程等，大大方便了家校沟通。所有的这些努力让"光明地平线"和其他同行相比与众不同，而且在竞争中保持领先。

"光明地平线"将员工视作其竞争力的来源，十分注重优秀人才的招募和留存。在2020年，它第19次入选《财富》杂志评出的"全美百家最佳雇主"。同时它也是《财富》世界500强中唯一一家幼儿保育类公司。"光明地平线"在全球拥有超过3万名员工，人数是其主要竞争者的10倍之多。它的客户超过千家，遍及美国、加拿大和欧洲，其中不乏业内领先的公司、医院、大学和政府部门。这些客户选择"光明地平线"是因为觉得它们的员工值得信任。

顾客驱动型服务的营销策略

在服务行业竞争日益加剧的情况下，对于商家特别是那些成熟行业的商家来说（如银行、保险、酒店和教育），如何以一种能让客户感知的方式做到服务的差异化变得越来越重要。一家公司要发展，要么开拓新市场，要么就必须从竞争对手那里夺取市场份额。然而，当问到一些不同服务行业的管理者如何和对手竞争时，大多数管理者只能粗略地回答"靠服务"。如果再进一步问他们，他们会说"要物有所值""要靠服务质量""靠我们的员工"，或者"方便顾客"之类。但是作为一个营销人，如果你正在对你的服务进行价值定位，正在探索可行的商业模式，希望自己的服务能够竞争力强又能盈利，那上面的这些回答对你并没有什么帮助。

为什么一个个体消费者或者企业用户会选择你的服务，并且愿意跟随你？简单一句"靠服务"是说明不了什么问题的。"服务"包含了方方面面，它可能是指服务交付的速度，或者顾客和服务人员的沟通，或者是指服务失误的避免，抑或是提供了顾客想要的核心服务之外的附加服务。如果不知道顾客到底是对服务产品的哪些方面特别感兴趣，管理者就很难制定适当的策略。在一个竞争激烈的市场，顾客可能会认为竞品之间的实际差异很小，因而根据谁的价格最低来做出选择。

因此，管理者需要系统地考虑服务的各个方面，并从自己的竞争优势中找出目标客户最看重的那些因素。这个过程往往从对顾客、竞争对手和公司的分析开始，统称为"3C"。这个分析的过程有助于公司确定服务定位策略，知道哪些因素对它最重要。这个过程包含 3 步，即市场细分（segmentation）、目标客户（targeting）和市场定位（positioning），这个过程被营销专家称为"STP"，如图 3.1 所示。一个合理的市场定位对公司的服务营销战略有深远影响，这涉及服务营销的 7P（将在本书第Ⅱ篇和第Ⅲ篇探讨），客户关系战略（将在本书第Ⅳ篇探讨），以及服务质量与生产力战略（将在本书第Ⅴ篇探讨）。

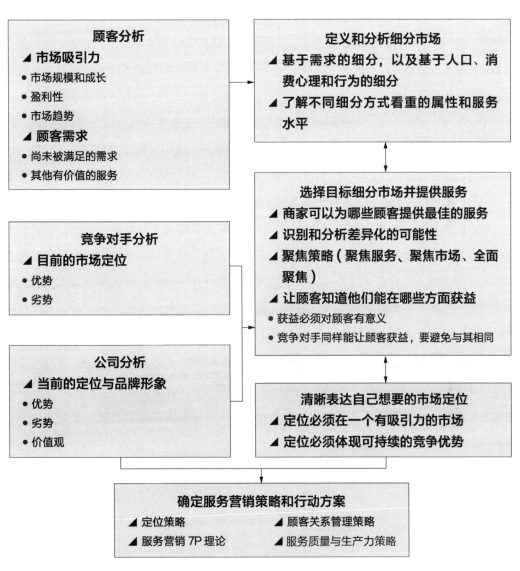

图 3.1　制定服务营销定位策略

分析顾客、竞争对手和公司——3C

学习目标：理解顾客（customer）、竞争者（competitor）和公司（company）的 3C 分析法，以及它怎样帮助企业开展客户驱动型的服务营销战略

顾客分析

顾客分析通常是服务定位的第一步。其中包括分析整体市场特点，深入探索客户需求以及相关的客户特点和客户行为。

市场分析就是要确定整体市场的吸引力和其潜在细分市场的吸引力。它着眼于市场的整体规模、增长空间、利润率和盈利潜力、需求大小，以及市场的发展趋势。例如，我们要看对某一种服务的需求是在增长还是在减少，某一块细分市场的增长是否比其他部分增长得更快。我们以旅游业为例。近一段时间以来，我们看到爱彼迎（Airbnb）这类共享短租平台的市场增长迅速。然而，另一块细分市场的需求也在增长，就是那些有钱银发族的旅行需求，而他们对共享短租平台这种旅行方式没什么兴趣。退休的老人们更愿意选择带私人导游的定制化旅行，而且不喜欢日程安排太紧凑的跟团游。因此，我们应该知道市场的需求是多种多样的，我们要用更灵活的方式进行市场细分，我们还要评估这些不同细分市场的潜力。

客户需求分析涉及对一些问题的回答。例如，顾客是哪些人（年龄、性别、职业，或者性格、消费心理）？顾客有什么需求或问题？从顾客角度什么是必须解决的？这些顾客是否还可以继续细分为有着不同需求的群体？他们需要的是不同类型的服务还是不同水准的服务？每一个细分顾客群最看重的是服务的哪些价值？我们仍以刚才的旅游业为例，有钱的银发族可能最看重旅途的舒适和安全，而对价格的敏感度，就不像年轻家庭那么高。

有时我们会看到市场调查说某些细分市场"服务不足"，这意味着现有的商家没能很好地满足顾客的需求，但这样的市场可能有惊人的规模。如在许多新兴市场经济体中，商家往往关注那些富裕群体的需求，而人口众多的低收入群体的需求却被忽视。实际上，这部分群体集合起来代表着一个庞大的市场。

竞争对手分析

在制定营销策略时，认识和分析竞争对手可以让你了解他们的优势和劣势，同时又直接关系到是否能在下一步的公司自我分析中找到与对手的差异和竞争优势，从而帮助管理者在不同的目标细分市场找到对应的卖点。

因为担心给现有的运营模式造成冲击，传统的商家往往不敢做出改变。基于旧有的优

势，传统商家通常很难突破自我，这也给了一些敢于尝鲜的新兴小品牌得以挑战传统大品牌的机会。例如，一些商家会犹豫，是否采用基于APP的低成本人工智能化的服务来代替传统的人工服务。现在的金融科技已经发展出了一些应用单一但简单低成本的服务，如机器人顾问（可以替代人工财务顾问）、多币种电子钱包（以其高外币价差取代信用卡）、外币转账APP（取代昂贵的银行转账），这给传统的银行业务造成了冲击。然而，一些银行选择从自身改变，它们积极采用新的金融科技解决方案或者亲自进入这个领域（见图3.2），以其成熟的信息技术、基础设施和网络给那些小型的新竞争对手构成严重威胁。

图 3.2　金融科技（fintech）服务发展迅速并融入人们的日常生活

公司分析或企业内部分析

公司分析的目的是认清自己当前的品牌定位和形象方面的优势，以及公司拥有的资源（例如，科技、平台、数据和分析、人力资源和专有技术、金融和实物资产）。同时，通过公司分析还可以检视公司发展上面临的限制或约束，以及公司的价值观是如何影响公司的长久发展的。通过公司分析，管理者应该能够选择有数的几个目标细分市场提供现有服务或发展新服务。公司分析的核心问题是：我们的公司和我们的服务怎样很好地解决每个细分客户群面临的需求和问题？

市场细分、目标客户和市场定位（STP）

学习目标：理解市场定位的关键因素——市场细分（segmentation）、目标客户（targeting）、定位（positioning），以及为什么这些因素对于服务型企业非常重要

把顾客分析、竞争者分析与企业内部分析联系起来，商家就可以制定有效的市场定位策略。进行合理的市场定位以及制定策略的过程分为以下几个基本步骤：

市场细分

市场细分其实就是对顾客进行分类。细分市场由一群具有共同特点的买家组成，这些共同特点包括：需求、购买行为、消费模式等。正确的细分方式是尽可能把特点相同或相似的买家分到一组。这样，同一个细分市场里的顾客的需求也是相似的，而不同细分市场里的顾客的需求是不同的。一旦这个分组完成，我们就可以用各种变量来给顾客"画像"，如人口变量、地理变量、心理变量和行为变量。

目标客户

一旦给顾客完成了细分，商家就可以评估每个细分市场的吸引力并决定哪些细分市场的顾客可能对其服务感兴趣，从而专注于为这部分顾客提供良好的服务。

市场定位

市场定位指的是商家或服务在顾客心目中的位置。在商家为服务塑造独特的地位之前，它必须先把自己的服务与竞争对手的服务区分开来。因此，差异化是为服务塑造独特的地位的第一步。表 3.1 给出了服务定位策略的关键要素和相关概念。我们将在本章的其余部分讨论这些概念。

表 3.1　服务定位策略的要素和关键概念

服务定位策略的要素	关　键　概　念
市场细分	• **细分服务市场** • **与细分相关的服务属性和服务级别** 重要因素与决定性因素 为服务设定不同水平标准
目标客户	• **通过四种聚焦策略瞄准服务市场** 完全聚焦 聚焦于市场 聚焦于服务 无聚焦
市场定位	• **竞争市场中的服务定位** 使用定位图来绘制竞争策略 数字服务和平台的定位 制定有效的定位策略

服务市场细分

学习目标：在认识和分析细分市场时，首先按照顾客需求来细分，而不是按照顾客身上的其他共同特点来细分

市场细分是最重要的营销概念之一。在为不同类型的顾客提供服务时，商家的服务能力有很大的差异。正因为如此，商家才应该制定市场细分策略，找到那些自己最擅长的服务领域，而不是和对手们全面竞争，特别是和那些实力最强的对手竞争。

细分市场的方法有很多。营销专家通常会同时使用多种方法或把不同方法整合到一起。传统上比较常见的是按照**人口变量（demographic）**来细分市场（如年龄、性别、收入水平等），但这种方式往往得不到有意义的结果。因为，即使是人口变量完全相同的两个人，购买行为也非常不同（如并非所有 30 岁的中产阶层男性都有相同的感受和行为方式）。因此，更多人会使用**心理变量（psychographic）**来细分市场，因为这种方式反映着人们的生活方式、态度和追求。用心理变量细分市场对于加强品牌认知度、建立品牌的情感联系非常有用。但消费心理并不一定引起相应的消费行为，而**行为变量（behavioral）**方式解决了这个缺点，因为它侧重于那些可观察到的行为，如非用户、轻度用户、重度用户。最后，按照**顾客需求（needs-based）**来细分的方式，关注的是顾客真正想要的服务，这与我们在第 2 章学习的多要素决策模型密切相关（如对时间敏感、对质量敏感和对价格敏感）。此外，我们需要认识到，不仅是顾客的需求不同，他们的决策标准也常常变化。对顾客决策产生影响的因素包括：

- 服务消费的目的和背景。
- 服务消费的时间（天/周/季节）。
- 是单独使用还是团体一起使用。如果是团体，由哪些人构成。

以下 3 种情况下你会选择什么样的餐厅吃午饭。① 你正和朋友或家人一起度假；② 你要和潜在的商业客户会面；③ 和同事一起去吃快餐。如果根据情况合理选择，你不太可能在各个不同情况下都选择相同类型的餐厅，更不可能永远选择同一家餐厅。如果你把选餐厅的事交给别人决定，每个人的选择可能也是不同的。因此，了解服务的具体场合和背景，了解顾客为什么购买、在哪儿购买非常重要。在细分市场过程中要对这部分详尽地分析。

对于商家来说，要想有效地细分市场，最好从深入了解客户的需求开始。大数据和营

销分析工具使营销人员能够准确而详尽地收集信息，这种信息分析甚至可以精确到具体某个人。之后，营销人员可以通过人口、心理、行为和消费场景这些变量来进一步分析和描述关键的细分市场。

旅游公司 Contiki Tours 是一个很好的细分市场的案例。该公司以顾客需求为基础，再通过其他的细分方式进行微调，发现了一块特殊的市场。例如，该公司发现单身人士往往不愿意和以家庭为单位出游的人在一块。他们更愿意在旅行中见到"同类"（基于顾客需求的细分）。该公司进而发现这个群体集中于 18～35 岁的人群（按照人口变量细分），于是专注于为这个特殊的群体服务，并成为这个年龄段度假服务的全球领导者。Contiki Tours 的度假服务针对爱好娱乐的年轻人，为了迎合生活方式不同和预算不同的群体，公司进一步设计了不同的服务套餐（根据心理变量细分）。例如，去欧洲旅行的人有这么几种选择："火力全开"套餐，专门针对那些性格外向、精力充沛、希望白天和晚上的行程都安排得满满当当的年轻人；"户外野营"套餐，则是针对那些精打细算，希望以穷游的方式探索欧洲的人；或者"探索无限"套餐，这一种在旅途中提供了更多风景观光、额外的短途旅行，以及目的地和住宿的更多选择。

重要因素与决定性因素

学习目标：区分细分市场的重要因素和决定性因素

在做市场细分时，正确地选择顾客需求以及提供相应的服务非常重要。顾客在不同的商家之间选择时往往根据自己的感觉判断，而那些顾客觉得**"重要因素"**（important attributes）并不一定是能让商家在竞争中脱颖而出的因素。例如，许多旅客在选择航空公司时会将安全列为非常重要的因素，并避免乘坐这方面声誉不佳的航班。然而在排除了这些航班后，旅客仍然可以在很多被认为同样安全的航班中选择一个。因此，安全性并不是旅客选择航班时的决定性因素。

决定性因素（determinant attributes）是指那些能决定消费者的服务选择的因素。决定性因素未必是消费者觉得最重要的因素之一，它往往排在很多重要因素的后面。然而，决定性因素是消费者能够看到的一个商家最与众不同的因素，使其明显与其他商家区分开来。仍以航空公司为例，包括更适宜的出发和到达时间、旅客可享受的常客飞行里程和会员特权、机舱内的服务水平、预订机票的便捷等。以上这些因素，更有可能成为商务旅客选择航班时的决定性因素。而对于精打细算的度假旅行者，机票价格可能是最重要的因素。

在第 2 章，我们看到消费者可能有不同的服务购买决策方式。即使两个商家服务的重要因素都相同，消费者也可能做出不同的决策。例如，干洗店顾客认为的最重要的因素是干洗质量。然而，如果顾客在做购买决策时是用联结式规则，即有一些因素对于消费者来说至关重要，比如价格，尽管价格在顾客认为的重要性上原本只是第三位，但它成为了顾客购买的决定性因素。因此，对于商家来说，确定服务的决定性因素对于正确的市场定位非常关键，它能让商家在它的目标顾客心目中脱颖而出。

基于服务水平的市场细分

学习目标：用不同的服务水平来细分市场

除了可以按照不同的服务因素来细分市场，还有一点必须考虑的就是服务的水平。一些服务的水平很容易量化，另一些则不能。比如说，价格是一个可以量化的因素，时间也可以量化，如火车、公交、航班到达时间的准时率，这很容易理解。然而，员工的服务质量或是酒店的豪华程度等就没法量化，它取决于顾客的个体感受。想提高这类因素的服务水平，商家需要加强服务设计和服务水平评估，建立运营流程和交付标准。例如，对于酒店业和航空业，当顾客说他们看重舒适度时，意味着什么？他们是在说房间或者座椅的大小？是说酒店的环境氛围，如是否有噪声？还是说那些可以看见的元素，如舒适的床（如威斯汀酒店在宣传舒适度时打造的"天梦之床"概念）？在运营实践中，酒店需要把环境氛围和有形元素这两方面都做好。

在细分顾客群体时，还可以根据顾客对价格敏感度来细分。有些对价格敏感的顾客希望少花钱而主动降低服务水平，也有的对价格不那么敏感的顾客为了获得更高水平的服务而多花钱（见扩展资料 3.1）。

扩展资料 3.1

胶 囊 旅 馆

胶囊旅馆由一些像橱柜那么大的小房间组成，这样的房间每晚只需 30 美元，主要优势在于它的方便和价格（见图 3.3）。胶囊旅馆最早出现在 19 世纪 80 年代空间受限的日本，

但最近又在世界其他地区流行起来，出现了"The Pod Hotels""Sleepbox""Yotel"和
"Citizen M"等连锁胶囊旅馆品牌。

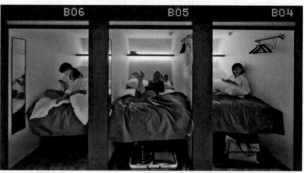

图 3.3　胶囊旅馆

　　和日本早期的胶囊旅馆不同，新兴的这些连锁旅馆升级了他们的服务。如 Yotel 集团设计了不
同等级的房间，他们称之为"客舱"。这个概念来自日本的胶囊旅馆和英航飞机的头等舱。Yotel 旅
馆的高级客舱包含一张双人床，只需按一下按钮，床就可以变成沙发；还有一张可容纳手提行李的
桌子；一个笔记本电脑大小的保险箱用于存放贵重物品；一个豪华卫生间；一个可以展开的学习桌
和可调节光线的灯具。Yotel 旅馆还提供免费的超高速互联网和可以连接到客人设备的智能电视，
以及优质咖啡和 24 小时服务。伦敦希思罗机场的 Yotel 旅馆高级客舱的价格为 4 小时 40 英镑，以
后的每小时 5 英镑。一个标准间每天的费用大约是 100 英镑，比伦敦的传统酒店要便宜得多。

　　胶囊连锁旅馆还有很乐观的增长前景，我们可以期待它在未来成为那些价格敏感的旅
行者的主流选择。

　　一些潜在因素和服务水平的高低对关键的客户群有不同程度的影响，市场细分可以帮
助我们发现它们。一旦你充分了解了一块市场的各个细分顾客群，就可以决定把哪部分顾
客作为你的目标。

专注于目标顾客群并提供服务

学习目标：通过 4 种聚焦策略来选择目标顾客群并获得竞争优势

对商家来说，试图吸引市场上的所有潜在买家通常是不现实的。因为顾客的需求、购买

行为和消费模式差异非常大。此外，一家公司对不同类型顾客的服务能力也很不同。因此，商家往往需要更加专注才能获得竞争优势。商家应该把精力集中在自己的优势服务和顾客群，即"目标细分"（target segment），几乎所有成功的服务业公司都会应用这个概念。

通过聚焦获得竞争优势

在营销的语境中，"聚焦"意味着专注于特定的顾客群并提供特定的服务。大多数成功的公司都遵循这一理念。他们确定其服务运营中具有战略重要性的因素，并将资源集中在这些要素上。商家聚焦的范围可以从两个维度来衡量，即"市场聚焦"和"服务聚焦"。市场聚焦是指一个商家为或少或多的市场提供服务；服务聚焦指的是一个商家提供或窄或宽范围的服务。通过这两个维度我们可以得到四种基本的聚焦策略（见图3.4）。

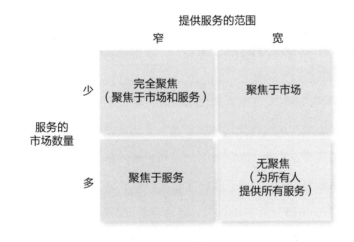

图 3.4　服务的基本聚焦策略

• 完全聚焦

一个完全聚焦的商家所提供服务的范围非常窄，甚至只有一个核心服务（如一些金融科技类商家），而其服务对应的市场也是特定和单一的。例如，私人包机服务仅专注于高净值的个人或公司。当商家在一个界限清晰的细分市场建立起公认的权威，其他竞争者就不那么容易对它产生威胁，而且因为拥有较高的竞争壁垒，商家也能收取更高的溢价。Shouldice医院是一个采用完全聚焦策略的典型案例。这是一家疝气专科医院，它只做疝气手术，特别是针对40~60岁的男性患者。医院所有的设计都是围绕着疝气患者的需求设计的。因此，疝气患者可以得到最专业的手术治疗以及完美的服务体验。修代斯医院是所有疝气患者的最佳选择，然而该医院也失去了治疗其他患者的机会。这就是完全聚焦型商家的风险，专注的市场规模太小，难以扩大自己的收入来源。此外，由于过于专注单一市场，一旦竞争对手有更好的技术或服务，这类商家的竞争力就很难维持了。

- **聚焦于市场**

聚焦于市场的策略是指商家专注于一个细分的市场并提供广泛的服务（见扩展资料3.2）。这方面的一个最好的例子是能多洁（Rentokil Initial），该公司抓住了越来越多的公司将设施维护的工作外包的这个机会，由此为客户开发了更广泛的B2B服务。

扩展资料 3.2

开展广泛服务的能多洁，一个市场聚焦的典型案例

能多洁（Rentolil Initial）公司总部位于英国，最初是一家生产鼠药和杀虫剂的制造商。随着业务的发展，公司意识到提供鼠害防控服务要比生产鼠药的市场大得多，公司从那时开始转型成为一家服务型企业。2020年，该公司的收入超过28亿英镑，成为世界最大的提供商务支持服务的公司之一。目前，该公司在全世界80多个国家和地区拥有约36 000名员工，公司的品牌"Rentolil"和"Initial"已经成为创新、专业和服务质量稳定的代名词。

随着公司的扩大和一系列收购，能多洁公司开展了广泛的业务范围，涉及安全测试、安保防护、快递、室内植物景观（热带植物出售或出租）、专业清洁、虫害防治、制服出租和清洁、医疗废物处理、人事服务，以及一个完整的卫生间解决方案，包括设施设备和消耗品的供应和维护。该公司将其核心竞争力定位于"拥有严格招聘、训练有素且积极进取的员工，具备在客户的营业场所提供高质量服务的能力"。

能多洁公司营销工作的一个重要策略是向现有客户推广更多的服务，而这里说的"更多的服务"并非把多个单独的服务"捆绑"起来销售这么简单，而是把各项服务有机整合为一个综合性服务。比如说，在面对来自客户公司不同部门的不同需求时，为了避免多头联系，能多洁提供的是一个整体打包的服务方案。不管需求多么复杂，客户公司对接的永远是"一

张报价单、一个客户经理、一个技术支持、一张合同，以及一个积极的服务团队"。

能多洁公司前首席执行官克里夫·汤普森（Clive Thompson）这样说道：

一直以来，我们的目标是建立一个良性循环。我们使用唯一的品牌名称为客户提供优质服务。当一个客户对我们的一种服务感到满意时，他就可能成为我们另一种服务的客户……听起来可能有点怪，我们当时决定进入室内热带绿植的提供和维护这个领域的原因之一，是希望客户公司的领导们能够看见我们的品牌。因为在维护门口的绿植时有很好的曝光度。因为我们之前做虫害防治，做这行时除非我们出差错，否则没人会注意到我们……

我们的品牌代表着诚实、可靠、稳定、完整和科技领导力。

在研发上的投入确保了能多洁公司众多服务线的不断改进。例如，公司制造了雷达智能灭鼠器，该装置通过雷达将老鼠吸引到一个密封箱，并通过注入二氧化碳人道地杀死它们。能多洁公司研发的"Pest Connect"技术是一个独特的数字害虫管理系统，当捕捉到啮齿动物时，陷阱会自动给客户和客服发送电子邮件，能多洁的技术人员可以确切知道有害生物在何时何地触发了警报，可以到达该处迅速处理有害生物并解决问题发生的根本原因。

能多洁公司正在研发一种新的害虫防治解决方案。该方案在蟑螂的体壁培养真菌孢子，这些孢子会发芽并钻入蟑螂体内，在那里它们繁殖并最终杀死蟑螂。这种新方法具有很多优点，它灭虫效率高，不含化学物质，对环境的影响较小，对人类和其他哺乳动物也完全无害。

能多洁公司的成功，在于它能利用其核心品牌价值来找到每一项服务业务发展的定位，如一些服务主打的是卓越的客户服务标准；另一些服务则以最先进的技术服务和产品为卖点。此外，它还通过统一的视觉识别设计来加强品牌形象，如独特的制服、车辆配色方案和公司标志。

聚焦于市场的策略通常看起来很有吸引力，因为商家可以向单个买家提供多种服务。这种策略在B2B市场，特别是在那些销售可以充分施展拳脚且获得不错回报的市场中具有潜在的吸引力。然而，在选择这个策略之前，管理者需要确保他们能够出色地提供各种不同的服务。

- **聚焦于服务**

采取聚焦于服务策略的商家面向一个广大的市场但提供范围单一的服务。这方面的例子有Lasik眼科诊所和星巴克咖啡店。他们为广泛的客户群提供高度标准化的服务。与聚焦于市场的策略相比，这种策略更需要针对大众的销售和在营销传播上更大的投入，特别是对B2B市场。

- **无聚焦**

还有一些服务提供者属于无聚焦这个类型。他们试图为所有的市场提供所有的服务。无聚焦的商家的风险往往在于"多而不精"。一般来说，这不是一个好主意。这方面的例子主要是一些公共事业部门和政府机构。有一些百货公司采取了无聚焦的策略，但结果是他们同时面临来自线上和线下两方面的强力竞争。线上的零售商具有市场大、低成本的优势（聚焦于服务），而线下的实体店和专卖店在细分市场方面更加专注（聚焦于市场）。

无论是聚焦于市场还是聚焦于服务，商家需要选择其中某一方面。那上述的3种聚焦策略，商家该怎么选呢？这时我们又要用到之前学过的"3C理论"、市场细分，以及目标客户分析的方法。例如，如果目标是一个特定的细分市场，顾客群具有非常具体的需求，并且需要为此设计专门的服务环境、独特的服务流程和互动方式，这种情况下完全聚焦是一个很好的策略。由于充分的聚焦，商家可以更快积累经验，用更低成本提供高质量服务。我们在前文提到的修代斯医院的案例对此有过讨论。

如果客户更重视一站式服务的便利性，而且商家有能力提供比竞争对手更好的多种服务，而且针对同一客户的多种服务之间又是相互关联的，满足这3点的话，聚焦于市场的策略就是最合适的（这种情况在B2B服务中最常见），商家能够通过这种策略降低价格或提供更好的服务。

如果商家拥有独特的能力和资源，可以非常出色或非常低成本地提供某一类型的服务，那么聚焦于服务的策略效果最好。商家可以充分利用其优势将这种服务提供给广阔的市场（同时为许多客户群体提供服务）。

对于商家来说，聚焦策略非常重要，因为服务业的运营不是集中于一处的（如每家星巴克咖啡厅就像一个迷你咖啡工厂）。任何附加服务都会明显增加流程的复杂性和运营成本。同样，即使是单独的商家为不同的细分市场提供相同的服务，他们也会发现，每个额外的细分市场可能需要对服务设施和服务流程进行一些调整，以满足不同顾客群的需求，适应不同顾客群的购买习惯和偏好。而在B2B的情况下，当商家尝试向同一客户提供其他服务时，他们也会失望地发现，购买新服务的决定是由客户公司内完全不同的团队做出的。

聚焦策略其实是一种利弊权衡。根据弗朗西斯·弗雷（Frances Frei）和安妮·莫里斯（Anne Morriss）的说法，在一家公司，会有很多雄心勃勃的人，他们觉得必须把每件事都做到最好。然而，这样做的结果却是几乎不可避免地走向平庸。作者认为，成就卓越需要做出牺牲（这是另一种看待聚焦策略的方式），商家只要做到在重要的方面表现出色就可以了。例如，Mayo 诊所希望减少患者的候诊时间，并在 24 小时内给出诊断结果。这对于那些焦虑中的希望尽快了解自己身体情况的患者很重要。然而，这么做的话患者就不能自由选择医生了。所以，商家可以在他们的客户不太关心的某些方面表现不那么完美，而集中资源于顾客们最在意的方面，为他们提供超出预期的服务。

服务定位的原则

学习目标：通过服务定位实现与竞争对手的差异化

在完成了市场的细分，找到了自己的目标顾客群之后，我们就进入了市场定位的环节。在制定市场定位策略时，商家首先要做的就是要建立、传播和保持差异性，而且很关键的是，这种差异性必须是目标顾客群能够感知和重视的。因此，管理者既要了解目标顾客的偏好、价值观念，也要了解竞争对手服务产品的特点。我们在第一章学过营销策略的 7P 理论，其中的价格和产品是人们最常用的定位策略，即通过价格和产品来建立差异性，然而，对于服务业，定位策略与 7P 中的其他几个也有关系。如服务过程（诸如便利性、易用性）、服务渠道（时间、地点）、服务环境和服务人员。一个有竞争力的定位策略可以从许多不同的路线出发。乔治·戴（George Day）观察到：

一个商家可以通过许多方式建立竞争优势，轻而易举地击败那些做事粗略或轻率的对手。然而最首要的，是商家必须把自己和其他竞争者区分开来。若想成功，你必须让目标顾客知道，你是能满足他们需求的最好的服务提供者。

杰克·特劳特（Jack Trout）从市场定位原则中筛选了 4 条作为精髓：

（1）商家必须在其目标客户的心目中占有一定地位。

（2）定位应该是单一的，传达一个简单而稳定的信息。

（3）定位必须把你与竞争对手区分开来。

（4）商家不可能为所有人提供所有服务，必须集中精力。

不管是什么类型的商家，只要正在竞争客户，上面这几条原则就都适用。商家必须了解定位的原则，才能建立有竞争力的定位。为了更深刻地认识自己公司的定位，管理者可以分析自己公司现有的服务并尝试回答下面 6 个问题：

（1）在当前客户和潜在客户的心目中，我们的公司代表着什么？

（2）我们现在为哪些客户服务，未来我们希望为哪些客户服务？

（3）我们目前每项服务的价值主张是什么，每项服务针对的目标细分市场是什么？

（4）我们的每项服务产品与竞争对手的服务产品有何不同？

（5）我们目标细分市场中的客户多大程度上认为我们的服务满足了他们的需求？

（6）我们需要对服务产品做出哪些改变，以加强我们在目标细分市场中的竞争力？

制定可行的定位策略需要注意的一点是，不要在容易被对手复制的差异点进行过多投入。市场研究人员凯文·凯勒（Kevin Keller）、布莱恩·斯滕索尔（Brian Sternthal）和阿丽斯·特里波特（Alice Tybout）强调：市场定位的目的是让竞争对手远离而不是吸引他们靠近。

通过定位图来制定竞争策略

学习目标：了解如何通过定位图来分析和制定竞争战略

在制定服务营销策略时，定位图是一个可以直观显示公司在市场上的竞争力地位的好工具。它可以按时间推导市场发展动态，并且根据潜在对手的动向来预测未来市场。制定定位图也被称为"感知定位"，因为它可以用图形的方式很好地反映顾客对市场上各种竞品的看法。

定位图一般会衡量公司在两个要素上的竞争力。当然，如果情况需要，也可以制作包含 3 个要素的三维定位图，但如果需要衡量更多的要素来定位商家的服务表现的时候，最好还是分别制作单独的图表。定位图上需要列出相关的竞争者（或者某一个商家在一个要素上的相对位置），这些信息可以通过市场调查或者顾客评级获得。

将定位图应用于酒店业的一个例子

酒店业是个竞争非常激烈的行业，尤其是在客房供应大于需求的时节。如果是在一个大城市，不管是哪个档次的酒店，顾客都有非常多的选择。在选择酒店时，其设施的豪华和舒适度是最重要的一个标准。其他方面还包括地理位置、安全性，是否配有会议室和商务中心、餐厅，是否有游泳池和健身房等，对于常住酒店的客人，是否有相应的优惠或者福利也是他们要考虑的一个因素（见图 3.5）。

基于一个真实案例，我们来看看定位图是如何使用的。案例的背景是在一座名为贝尔维尔的大城市，皇朝酒店经营良好，但今天，为了更好地了解酒店的竞争力和市场定位，以及应对来自潜在对手的竞争威胁，该酒店的管理者正在制作一张定位图。

皇朝酒店是一家环境优雅的老酒店，位于繁华

图 3.5 位于迪拜的帆船酒店（Burj Al Arab）有众多优势要素，如个人服务、豪华程度、地理位置等

的金融区边缘，几年前经过了大幅度重新装修和现代化改造。它的竞争对手是另外 9 家酒店，其中包括 8 个四星级酒店，还有 1 个是五星级的盛大酒店，也是城市中历史最悠久的酒店之一。皇朝酒店近年来经营很不错，入住率高于平均水平。有好几个月，它的房间在工作日都被订满了。这说明皇朝酒店对于商务旅客有更强的吸引力，和那些来度假或开会的旅客相比，商务旅客更愿意支付较高的客房费用。然而，皇朝酒店的经理和员工们预感到新的问题即将出现。4 家新的大型酒店的建设方案刚刚通过了市政审批，而盛大酒店刚刚开始了一项大规模的重装和扩建，包括一座新的侧楼。顾客可能会觉得皇朝酒店落伍了。

为了更好地了解竞争的实际情况，皇朝酒店的管理团队正在和一名顾问一起制作定位图，以显示新的竞争来临前后酒店在商务旅客市场中的定位。他们选了 4 个关键要素进行评估：房间价格、人员服务水平、豪华程度和地理位置。

数据源

在本案例中，酒店管理者没做新的消费者调查，而是从其他几个来源来获得反映客户看法的数据。

- 公开信息。

- 皇朝酒店过去的调查数据。

- 一线资深员工和业内旅行机构的报告。

竞争对手的信息并不难获得，他们的地点是已知的，其他信息可以通过以下来源获得。

- 现场访问和评估。

- 让销售人员随时了解对手的定价政策和折扣。

- 对服务水平的评估。这方面数据可以通过"客房/员工的比率"测算出来。客房数量信息是公开的，员工人数可以通过市政的就业数据中获得。

- 线上平台的评分，如猫途鹰（国外的携程网）、谷歌地图等，可以获得顾客的预期与满意度的评价。

- 皇朝酒店通过旅行机构做的调查，反映顾客对竞争者的个人服务水平的看法，作为信息补充。

刻度和酒店评级

在定位图上，参与评估的两个要素分别为横轴和纵轴。我们在上面画上刻度，并给每家酒店在该要素的表现进行评分，从而完成定位图的绘制。这些要素包括：

- 价格。这个很简单，因为可以量化。商家使用单人标间的平均价格。

- 服务水平。通过客房/员工的比率获得。比率越低意味着每个房间的服务员工越多，因此服务水平越高。再根据实际情况进行微调。

- 豪华程度很难测量，因为这个取决于顾客的主观感觉。皇朝酒店管理团队的做法是，选择一家普遍认为最豪华的酒店（盛大酒店）和一家最不豪华的酒店（机场广场酒店）。然后以此为参照，将其他的酒店放到两个参照物的区间的不同位置上。

- 地理位置。因为皇朝酒店的商务旅客大多以金融区中心的证券交易所大楼为目的地，因此选择此处作为参照物，不同酒店到此参照物的距离作为他们的评分依据。以证券交易所为原点，一条半径穿过该市主商业区和会议中心延伸至城市近郊，另一条半径延伸至附近的机场，在这块半径 6.44 千米（4 英里）的扇形区域里，包含了所有参与评级的 10 家酒店。

皇朝酒店的管理者绘制了两张定位图来显示现有的竞争情况。第一张图选取的要素是价格和服务水平（见图 3.6），第二张图选取的要素是地理位置和豪华程度（见图 3.7）。

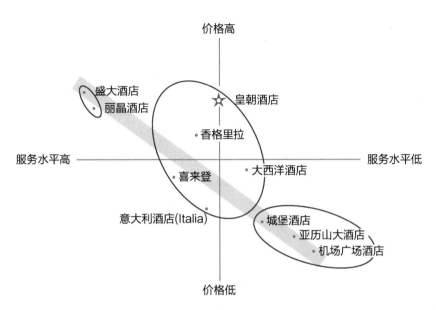

图 3.6　贝尔维尔市商务酒店定位图，价格和服务水平

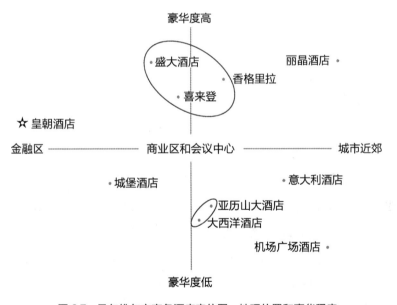

图 3.7　贝尔维尔市商务酒店定位图，地理位置和豪华程度

发现

根据定位图，可以直观得到一些结论，也有一些不那么直观，却更有价值的发现。

• 通过图 3.6，我们可以清楚地看到价格和服务水平之间的关联性。服务水平越高，价格相对越贵。从左上角到右下角的阴影线突出了这种关联。这并不奇怪（对于三星级和评级较低的酒店，预计将落在继续沿对角线向下延伸的区域）。

- 通过进一步观察定位图我们可以发现，在这个本属高档的 10 家酒店中，又被分成了 3 组。第一组是左上角的两家酒店，四星级的丽晶酒店和五星级的盛大酒店；在中间，皇朝酒店与其他 4 家酒店聚集在一起；在右下角，是另一组 3 家酒店。根据这张定位图，一个令人惊讶的发现是，皇朝酒店的价格与其服务水平相比，似乎有点偏高。然而，由于它目前的入住率非常高，所以可以猜测顾客们能接受目前的价格。

- 图 3.7 显示了皇朝酒店在地理位置和豪华程度方面的竞争力定位。这两点要素之间没什么关联，从图上也可以看出这一点。但通过这张图，我们可以发现，皇朝酒店位于定位图中相对空旷的一片区域，因为它是金融区唯一的酒店。这个事实可能是对刚才疑问的一个解释，为什么顾客在皇朝酒店的服务水平（或豪华程度）低于竞争者的情况下仍然愿意接受它的高价格。

- 从图 3.7 我们还看到在商业区和会议中心附近有两组酒店。第一组是豪华程度高的 3 家酒店，由盛大酒店领衔。第二组是相对不那么豪华的 2 家酒店。

根据潜在对手的动向来预测未来市场定位

皇朝酒店的未来会怎样？管理团队接下来试图确定贝尔维尔市即将建造的 4 家新酒店，包括文华酒店、传承酒店、万豪酒店和洲际酒店的市场定位，以及盛大酒店可能的新市场定位（见图 3.8 和图 3.9）。对于该领域的专家来说，预测这 4 家新酒店的定位并不难。新酒店的初步细节已经向城市规划部门和商界公布，其建设区域早已为人所知，两个在金融区，两个在会议中心附近。而盛大酒店发布的新闻稿已经宣布了管理层的意图：新盛大酒店不仅会更大，更加豪华，而且会增加新的服务功能。4 家新酒店中的 3 家是国际连锁酒店，所以通过观察这 3 家酒店在其他城市的扩张情况可以猜测到它们的市场策略。其中的 2 家已经宣布将新酒店定位为五星级。

根据新酒店的建设成本，酒店未来的定价也比较容易估算。皇朝酒店的管理人员得出的结论是，这 4 家新酒店的价格将远远高于盛大酒店和丽晶酒店，形成酒店业市场的价格新高。届时其他的酒店也将面临是否跟着提高价格的选择。而这些新酒店为了证明它们的

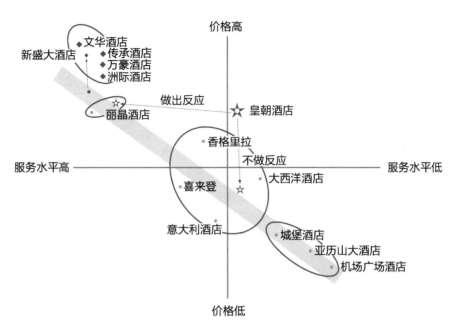

图 3.8　未来的贝尔维尔市商务酒店定位图，价格和服务水平

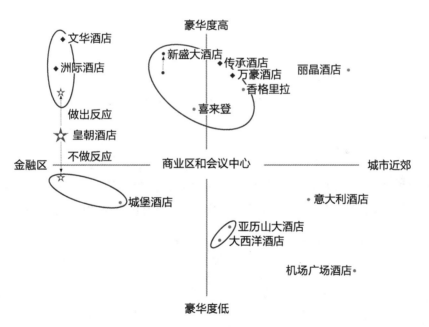

图 3.9　未来的贝尔维尔市商务酒店定位图，地理位置和豪华程度

高价格是物有所值，就必然提高酒店的豪华程度，并为客户提供非常高水平的服务。另一方面，盛大酒店也将面临涨价的需求，以收回其扩建工程和增加新服务功能的成本。

假如皇朝酒店和其他酒店对此不做出任何反应，它们显然将面临新竞争对手的重大威胁：由于有另外两家新酒店入住金融区，皇朝酒店将失去其独特的地理优势。

皇朝酒店的销售人员相信，许多现有的商务旅客会被文华酒店和洲际酒店吸引，而且愿意以更高的价格获得更优越的服务。

另外两个新竞争者，传承酒店、万豪酒店将被视为对商业区和会议中心区域的香格里拉、喜来登和新盛大酒店的威胁。同时，新盛大酒店和 4 家新酒店将在高端市场创造一个高价格、高服务、高豪华度的酒店群。而丽晶酒店会因此拥有一个与众不同的市场定位（可以采取防守策略）。

定位图可以帮助管理者看清公司战略

一个战略制定者面临的挑战之一，是确保所有高层管理在讨论战略变化之前清楚地了解公司的现状。而皇朝酒店的案例告诉我们，通过用定位图的方式将市场竞争状况可视化，可以帮助我们做到这一点。钱·金（Chan Kim）和勒妮·莫博涅（Renée Mauborgne）认为，公司战略和产品定位的图示比数据表或文字叙述更容易让人一目了然，图表有一种"视觉唤醒"的效果。公司的高层管理往往对自己和对手的业务，以及竞争中的威胁和机会有自己的一套认知，而一个可视化的展示可以凸显顾客认知和管理层认知之间的差异，从而帮助管理者增强或消除他们对占据一块细分市场的信念。

如果商家预期竞争环境会发生变化，当前的定位图也必然会被改写。例如，当皇朝酒店的管理团队意识到一旦失去了地理位置的优势，酒店就无法保持目前的市场地位。他们就会主动做出改变，如提高服务水平，提高豪华度，而且需要提高价格来为这些改进提供资金。否则，皇朝酒店可能会发现自己被竞争者推到了低端市场，甚至无法维持当前的服务水平和豪华度。

数字服务和平台的市场定位

学习目标：了解如何定位数字服务和平台业务模式

你可能会问，到目前为止我们在这章所学的定位策略，是否可以应用在数字服务和平台业务呢？在这个全新的服务类别里，包含了大量数字化的和人工智能驱动的服务。这些服务是基于移动应用、数字平台、共享经济、服务生态系统等新场景，或者是基于上面几种场景的组合。这里诞生了包括机器人顾问、众筹、点对点共享等新服务。从概念上讲，你在本章中学到的内容对于定位数字服务同样可行，但尽管如此，我们仍要注意一些重要的区别，包括在做数字服务的市场定位时的要素数量、要素的重要性、平台生态系统的协调和管理，以及网络效应。

可以用于市场定位的数字服务要素

与许多传统的服务业不同，大多数的数字服务的目标是实现大规模扩张，如获得海量用户。这就决定了数字服务必须尽可能依赖人工智能、用户自助服务，以及网民在线上社区的相互支持。因此，数字服务商通常只保持非常少的客服人员。此外，数字服务往往不借助任何的实体环境或者服务设施设备，用户只需要用智能手机或笔记本电脑就可以享受服务了。这意味着用于评估数字服务的要素少了很多，而这些评估的要素显得更重要了。例如，易用性、流畅的注册过程、直观的用户体验旅程等至关重要的要素。对于数字服务来说，功能的增加常常要让步于易用性。因为当提供的服务功能越多越复杂，就导致服务越难使用，而且更容易导致用户出错。价格这个要素在数字服务中很有趣，因为很多用户正是冲着省钱这个目的才选择数字服务的（如用电子国际货币钱包取代信用卡）。还有很多服务都是完全免费的或者是基础功能免费，高级服务付费。

对数字服务提供商的挑战在于，由于可以用来定位的要素很少，会导致数字服务提供商们在服务和功能上过分趋同，差异化变得很难。一项服务做得好，可能并不是因为它的表现超过竞争对手，而往往只是因为有更多人知道或者好评更多。但不管怎样，在一个服务不足的细分市场（往往是一个利基市场），如果提供商能够用精准的服务满足独特的需求，做到差异化还是可能的。

平台生态系统的协调和管理

许多数字服务是基于平台的，这个平台是一个多方共建的生态系统，包括平台运营方、服务的提供方、服务的用户等很多角色。平台的正常运转需要各方的共生共融，如图 3.10 所示。例如，一些平台通过对新用户的筛选、用户信用评级、用户荣誉（如爱彼迎中的超级房东），以及无条件保障（如退款或服务重启）等方式充分保障平台上用户的利益。平台对不同参与者的

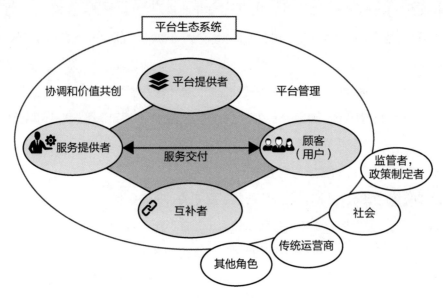

图 3.10　协调各方进行价值共同创造的能力和优秀的平台管理能力可以成为竞争优势

协调和管理方式是一个重要的差异化因素，这方面做得好可以提高平台价值并降低风险。

直接和间接网络效应

许多数字服务及其生态系统具有网络效应。网络效应是指一个平台或服务的用户越多，其服务产品的价值就越大，而服务提供商就越有可能实现最佳的服务以及和对手的差异化。实际上，人们已经发现许多平台因为网络效应实现了"赢家通吃"，即基本占领了整个市场。但这种效应也并不一定在所有类型的平台都适用，因为区分两种类型的网络效应很重要。

直接网络效应（direct network effects），也称为"同边网络效应"，它意味着一个产品的用户越多，则此产品对用户的价值越大。例如，脸书（原 Facebook，现已改名 Meta）、Tiktok 和照片墙（Instagram）这种社交媒体，当与你有关的人，如家人和朋友加入了网络，这个社交媒体对你价值也就越大。这也意味着，一个新的社交媒体和沟通平台只有在一个顾客有足够多的朋友加入之后才会变得有吸引力。这种直接的网络效应在社交媒体和通信平台上表现尤为明显，如图 3.11 所示。大型平台的网络规模和由此产生的直接网络效应会对小型平台形成有效的竞争壁垒。

间接网络效应（indirect network effects），也称为"跨边网络效应"，这种平台包含两个

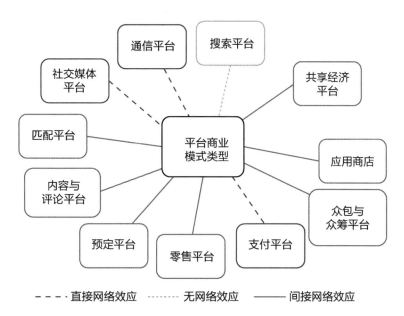

- - - - 直接网络效应　········ 无网络效应　——— 间接网络效应

图 3.11　不是所有类型的平台都能通过直接网络效应获得竞争优势

或多个不同性质的用户群，当不同用户群的新用户加入时，用户的价值会增加。例如，优步（Uber，海外网约车平台）上的新增加的司机用户会给乘客用户带来额外的价值，因为乘客更容易叫到车。同时，每个新加入的乘客都会增加司机的价值，因为司机的收入机会增加了。这样的平台需要建立一个规模临界点，也称为"鸡和蛋"的问题——为了获得足够数量的买家，你需要有足够数量的卖家；然而要吸引足够数量的卖家，你需要有足够数量的买家。

因为平台里的双方相互依存，其规模增长必须同步。一方的新增用户会为另外一方的用户创造价值。平台产生的整体价值呈螺旋式上升，从而吸引更多用户加入，又进一步为已有用户创造附加价值。然而需要注意的是，和具有直接网络效应的社交媒体平台不同，间接网络效应会有一个饱和点。当一个平台有了足量的选择和匹配，平台的价值就不太会随着新用户的增加而增加了。例如，一旦乘客可以轻而易举地约到司机，新增的司机就不怎么为该乘客增加价值了；反之亦然。

还有一些平台不存在明显的网络效应。如搜索引擎，用户关心的是搜索的结果和质量（可能还关心是不是经常被广告烦扰），而不是关心搜索平台上有多少用户。因此，对于搜索引擎来说，其价值主张和定位必须基于服务表现等要素。例如，通常来说公司会花钱投放广告给搜索引擎，当顾客使用搜索功能时该广告会展示给用户，但是一家初创公司正在考虑与该用户分享这些因该用户搜索和浏览而产生的广告收入。如果这样的结果质量好的话，这可能是一个有趣的提议，至少对某些细分市场而言。

总结本小节的内容。营销人员在制定数字服务的定位策略时，基本方法和传统服务业的定位策略是一样的。同样是要进行 3C 分析和 STP 的过程。只是数字服务的可以用来进行市场定位的要素比较少。对于数字服务和平台来说，生态系统的协调和管理能力以及对网络效应的利用能力可能是服务提供商实现差异化的关键。

制定有效的定位策略

学习目标：制定有效的定位策略

我们明白了聚焦的重要性，市场定位的原则，并学会使用定位图来可视化市场定位，接下来将讨论如何制定有效的定位策略。如本章一开始时的图 3.1 所示，STP 策略将 3C 分析和服务市场战略以及行动方案相联系。通过以上所学，我们可以清晰地表达我们的市场定位。这个定位也是对以下几个问题的回答：我们的服务产品是什么？谁是我们的客户？我们希望它成为什么样子？我们需要怎样做才能实现它？

例如，领英（LinkedIn）一直专注于职业发展人脉网络，它给自己的定位和脸书等其他社交网络截然不同。领英为用户建立的是工作经历的档案，而不是假期和聚会快照的存档。它从来不碰游戏，也避免让用户发那种给用户造成困扰的毫无价值的内容。与此相反，领英的界面简洁，看起来类似在线简历，它把职场人士作为用户群是由它的商业模式决定的。它向招聘官收费开放用户的数据，它向广告主收费以实现其行业广告的精准投递，而这是其他渠道很难做到的。这个策略显然奏效了。截至 2020 年，领英在大约 150 个国家拥有超过 6.9 亿用户，大大领先于其竞争对手法国的 Viadeo（7 000 万用户）和德国的 Xing（2 000万用户）。

一个成功的定位陈述要包含 4 个基本元素。我们以领英为例来说明。

- 目标受众。品牌想要销售和服务的特定人群（例如，把职场人士作为主要目标客户，雇主和广告商作为次要目标受众）。
- 所属的领域。品牌所在的市场领域（例如，在社交网络空间）。

- 不同点。品牌最与众不同之处和它带来的最引人注目的好处（例如，最大的职场人士和招聘人员网络，帮助你提升职业生涯。培养你的商业头脑，培训行业知识，助力个人发展）。

- 让别人相信的理由。证明品牌可以带来所承诺的好处（例如，我们的用户数比最大竞争对手大很多倍）。

制定定位策略可以在几个不同的层面上进行，这取决于商家业务的情况。如果商家是多场所、多产品的经营方式，既可以为整个公司制定定位策略，也可以为一个单独的服务点，或者单独的一项服务制定定位策略。由于品牌形象可能会外溢到相关的服务，在同一地点提供的不同服务的定位必须保持一致。例如，一家医院的产科以其热情和称职的医疗团队而享有盛誉。这种良好的印象可能会外溢到这家医院的妇科和儿科。然而，如果定位是相互冲突的，这将对 3 个医疗科室都有害。

定位陈述是整合了 3C 和 STP 分析的结果，它定义了商家在市场中期望的位置。有了这个认识，营销人员就可以制定具体的行动计划，其中包括服务营销 7P 定位策略、客户关系管理和忠诚度策略，以及服务质量和生产力策略。本书将在后面的章节向你展示如何做到这一点。

结　论

大多数商家都面临着激烈的竞争。营销人员需要想办法为其服务创造有意义的价值主张，从而在竞争中保持差异化和防御性。服务业的自身的特点为商家实现差异化带来了许多独特的可能性。除了价格和产品功能这两个要素，可以评估的要素还包括应用程序的便利性和易用性、AI 聊天、在线渠道、地理位置、日程安排等，以及服务交付速度、服务人员的素质等。

几乎所有成功的商家都追求聚焦策略。在确定了服务运营中具有战略意义的重要要素后，商家将资源集中在这些要素上。他们找到自己最具竞争力的细分市场，找出目标客户最看重的那些要素，提供服务并提高服务水平。

第 II 篇

服务营销的 4P 理论应用

第4章

开发服务产品和品牌

你们每个人都会奉行或违背我们作为品牌对客户做出的承诺。

——美国运通公司的一位经理对员工的讲话

你的品牌就是当你不在场的时候别人对你的评价。

——杰夫·贝佐斯（Jeff Bezos）亚马逊公司首席执行官

我们要清晰地看到我们想创造、营销和交付的服务产品具体是什么样子，而不是模糊不清、难以理解和难以传达的东西。

——约亨·沃茨（Jochen Wirtz）本书作者与服务学专家

学习目标

通过本章的学习，你将可以：

1. 理解什么是服务产品。

2. 了解拥有定义明确的服务产品给商家带来的优势。

3. 了解服务产品的 3 个组成部分。

4. 熟悉"服务之花"模型。

5. 理解支撑型辅助服务和核心产品的关联。

6. 理解增值型辅助服务和核心产品的关联。

7. 理解服务品牌。

8. 了解企业层面的 4 种品牌架构。

9. 了解如何为单独的服务或体验打造品牌。

10. 了解如何使用品牌来对服务标准进行分级。

11. 讨论服务业企业如何建立品牌价值。

12. 了解传递品牌化的服务体验需要什么。

13. 知道新服务开发方式有哪些类别，从简单的风格变化到重大创新。

14. 知道如何将设计思维应用于新服务设计。

15. 了解公司如何在新服务开发中取得成功。

引文：肯德基的数字化转型

作为第一个进入中国市场的洋快餐，肯德基（KFC）自 1987 年在北京开设第一家店后就一直发展迅速，支撑中国区成为百胜（Yum! Brands）的重要市场。截至 2019 年 12 月 31 日，肯德基是中国最大的西式快餐连锁品牌，在中国 1 300 多个城市拥有 6 500 余家店面，店面数量两倍于排名第二的竞争对手。

说起肯德基，人们首先想到的肯定是：这是一家快餐店，可以吃到炸鸡汉堡和薯条饮料。然而，你可能并不知道，肯德基一直在尝试许多与咖啡完全无关的销售和服务创新。除炸鸡产品之外，肯德基中国结合本地市场创新了菜品，如猪肉、海鲜食品、饭类、新鲜蔬菜、汤类、粥类等，还陆续推出了早餐、外送和 24 小时营业等措施。此后，肯德基中国围绕"好吃、好玩、有里、有面"，在品牌年轻化方面做出诸多尝试。其中，数字化战略的成功实施作用尤为重要，被网友戏称为"一家被炸鸡耽误的科技公司"。

2016 年，肯德基中国将原先分别实现单个功能的多个 APP 改造成为一款超级 APP，集纳了消费者可能与肯德基连接的所有接触点，如外送、手机自助点餐、会员服务、优惠券等。超级 APP 是百胜中国数字化生态的核心，也是肯德基 1.6 亿（截至 2018 年底）会员的服务平台，K 金①兑好食、K 金享生活、周二会员日、会员特权等会员服务也在此提供一站式服务。肯德基还应用了许多黑科技，如无人甜品站、超级 APP 中的 KFC Intelligence——KI 上校、刷脸支付，可以无线充电并可以定制歌单的音乐充电桌等。

肯德基是一家在服务创新方面取得巨大成功的公司。竞争从未停息，肯德基仍在坚持创新以保持优势。

理解服务产品

服务往往是无形而且难以界定的。这往往给顾客理解服务造成困难，而商家也常常因此不能很容易地对服务进行定位、区分、宣传和销售。为了应对这些挑战，把服务作为一款功能强大的产品来开发并打造品牌是一个很好的办法（这个过程也可称为服务的产品化）。照这

---

① 消费者可以加入肯德基 WOW 会员，会员在肯德基消费即可积累积分，积分称为 K 金。

个思路，我们可以把服务想象成一款实物产品，我们可以对它进行开发、设定、组装、宣传、定价、销售，并最终交付给顾客。这样我们想创造、营销和交付的服务就变得具体和清晰了，不再像之前那种模糊不清、难以理解和难以传达的东西。这一章我们将探讨服务产品和它的组成部分、服务品牌打造和新服务的开发。本章知识点的结构概览可以参考图4.1。

服务产品的组成部分		
核心产品	**辅助服务** ▲支撑型辅助服务 • 信息服务　• 订单处理 • 账单处理　• 付款支持 ▲增值型辅助服务 • 咨询服务　• 接待服务 • 保管服务　• 额外服务	**交付过程**

服务业商家、产品和体验的品牌打造			
企业的品牌架构 ▲家族品牌 ▲主副品牌 ▲背书品牌 ▲品牌家族	**品牌策略** ▲为服务产品打造品牌，界定服务所包含的不同项目 • 用品牌来界定不同的服务标准(服务分级)	**建立品牌资产** ▲商家展示的品牌 ▲品牌外部传播 ▲客户真实体验 ▲品牌知名度 ▲品牌内涵	**传递品牌化的服务体验** ▲除了设计产品并确定品牌名，还要看服务交付过程、环境、员工 ▲和顾客建立情感联系

新服务的开发		
新服务开发方式分类 ▲风格变化 ▲服务改善 ▲辅助服务创新 ▲交付渠道扩展 ▲产品线扩展 ▲重大模式创新 ▲重大服务创新	**设计思维** ▲5个原则： • 以客户为中心 • 共同创作 • 顺序化 • 有形化 • 整体性	**在新服务开发中取得成功关键成功因素：** ▲市场协同 ▲组织因素(共同参与和获取支持) ▲市场研究因素 ▲让客户在早期参与新服务设计，特别是创意阶段

图 4.1　服务产品、品牌打造和新服务的开发

什么是服务产品?

学习目标: 理解什么是服务产品

当我们说服务"产品"时,我们是在说什么? 服务本身是一种体验而不是一件可以拥有的物品。就算有的服务包含一点顾客可以拥有的实物元素——比如,一顿饭(很快就被消费掉了)、一个手术植入的起搏器、汽车的替换零件——但是说到底,顾客并不是为了购买这些实物,他们很大程度上是在为享受的服务,即实物之上的附加价值而付费。包括专业人员的技术、专门设备的使用。因此,服务过程中所有的有形元素和无形元素,一起为顾客创造着价值,这些元素共同组成了服务产品。

"产品"曾经仅在制造业使用,但近些年来,越来越多的服务业公司也开始使用"产品"这个词。产品在今天商业环境中的意涵和过去相比发生了什么变化? 首先我们一起来看,产品是什么? 一件产品会有清晰的定义,由多部分组合而成,可以持续地产出,而且每种产品都区别于其他的产品。这个概念在制造业的背景下是可见的,很容易理解,例如,制造商常常用不同的"型号"来区分产品。而服务业商家也可以用类似的方式区分他们的"服务产品",例如,餐厅用菜单来展示他们的各种菜品,就好像不同型号的产品。如果你是汉堡爱好者,你可以轻松区分汉堡王的原味皇堡和奶酪皇堡,或者麦当劳的巨无霸汉堡。当然,上面这个服务产品的例子有非常多的有形元素,更多的商家提供的是各种"型号"的无形服务产品,即围绕核心产品构建的一系列精心设计好的增值补充服务。例如,银行设计不同的信用卡,每种卡都有着不同的附带福利和费率;保险公司卖的是不同保险责任的保单;大学开设不同专业的学位项目,每个专业都由必修课和选修课组成。开发服务产品的目标就是将不同的服务元素组合起来并产出,并且让它可以很容易地和其他的产品区分开来。

一个完善的服务产品会具备哪些优势?

学习目标: 了解拥有定义明确的服务产品给商家带来的优势

服务的产品化,就是将无形的服务转化为具体的可以交换的对象。例如,当客户购买了一项他们所不了解的领域的专业服务时,客户往往并不清楚他们需要的是什么,也不清楚商家可以为他们提供什么。不管开发何种服务产品,其目标都是创建一种更简单、具体且容易理解的产品。

一个理想的服务产品设计很完善。它功能具体,描述清晰,价值主张明确,它拥有自己的品牌、明确的价格体系和购买方式。这些是商家要传达给外界的必要信息。商家可以通过营销资料、网站、社交媒体和销售人员等不同渠道触达客户。通过这些信息，客户可以更好地了解一项服务的内容，它的独特功能，从而更好地享受服务。一位数字营销推广机构的销售经理这样评价一个设计完善的服务产品可以带来的好处："我们为服务设计了品牌名称，对服务内容、价格以及交付时间做了清晰的描述。为了传达我们的服务优势，我们制作了一些宣传材料，通过插画和标语等更直观的方式去推广。而这确实给我们的销售带来了立竿见影的效果！"总之，一个经过精心设计的服务产品可以让消费者更好地了解服务的内容（如这项服务包含哪些关键优势）；服务过程是怎样的（如服务过程分为几个主要阶段，会是怎样的经历，哪些事情会发生）；顾客将通过服务获得哪些价值，何时可以获得这些好处（如服务交付的是什么，体验会怎样，有什么成果，这项服务为什么行得通以及有什么特别之处）。

此外，一项经过精心设计的服务产品对于员工也有很大帮助。员工对一项服务产品的了解越深入，就越能有效地将其优势传达给他人（如几乎每位星巴克员工都能满怀热情和自信地向顾客介绍他们的关键产品），也越能保证从全局的角度持续高质量地提供服务。

打造服务产品

学习目标：了解服务产品的 3 个组成部分

应该怎样设计一款服务产品呢？为了更好地了解服务产品的性质，首先，我们要区分服务产品中的核心产品和辅助服务，辅助服务可以加强核心产品的作用并增强对顾客的价值。其次，服务表现是一个整体，核心产品和辅助服务是作为一个整体被用户消费的。一个经验丰富的营销人员会全面了解服务产品，将核心产品和辅助服务有机结合、合理排序并交付，创造满足目标客户群需要的价值。总之，打造一项服务产品需要设计和整合以下 3 个部分：① 核心产品；② 辅助服务；③ 交付流程。

核心产品。核心产品是顾客所购买的服务中满足其根本需求的部分。例如，当顾客预订了一家酒店的房间时，其核心服务是住宿和安全。当你叫了一个快递员来接收包裹时，其核心服务是将你的包裹准时、完好无损地送达正确的地址。简而言之，核心产品是客户所需的解决方案和服务内容的核心组件。它可能是顾客最需要的一种体验，如一次恢复活力的水疗护理，或一次刺激的过山车之旅，或者客户正在寻找的问题的解决方案；如一个顾问为你的公司发展战略提供的建议，或者让你的设备恢复正常工作的一次维修服务。

一些服务的核心产品基本上是完全无形的。如信用卡和旅游险产品，想想它们的功能、给我们带来的价值以及它们的定价（特别是信用卡，许多信用卡的费用是隐藏的交易费用，尤其是在海外使用时）。另一个类似的案例是交易型开放式指数基金即 ETF（Exchange-Traded Funds），ETF 彻底改变了证券投资基金行业。它本质上是一种跟踪某种股票指数变化的投资基金（如道琼斯指数或日经 225 指数），投资者可以在证券交易所买卖交易，也可以随时申购和赎回。ETF 基金税费低廉，并且允许散户投资者购买多元化的投资组合。ETF 基金的发展包含了一系列重要的产品创新，令人印象深刻。

辅助服务。 一项服务的核心产品的交付通常伴随着各种与服务相关的活动，我们将其统称为辅助服务。这些辅助服务既促进了核心产品的体验，又加强了核心产品的价值。随着行业的成熟和竞争的加剧，服务的核心产品变得更加易于复制和难以差异化。因此，今天的商家往往更强调其辅助服务以寻求竞争优势。这一点可以帮助商家更好地进行市场定位，实现竞争优势的差异化。

交付流程。 交付流程是指核心产品和每一项辅助服务的交付过程。服务产品的设计必须解决以下问题：

- 如何将服务所包含的各个不同部分交付给客户。
- 客户在服务交付流程中起什么作用。
- 规定的服务水平和风格。

从客户的角度来看，我们讨论的服务流程就是客户享受服务、体验服务的过程。这将在第 8 章详细展开。本章内容中，我们将专注于核心产品和辅助服务，品牌推广，以及新产品开发。

"服务之花"模型

学习目标：熟悉"服务之花"模型

为了更好地了解服务产品的构成，我们将引入"服务之花"模型。我们可以把服务产品看作一朵花，位于花朵中心的就是核心服务，围绕在核心服务周围的是一系列的辅助服务。一个服务产品可能会包含几项到几十项辅助服务，然而不管是哪项，都可以归类于 8 个分组之中（见图 4.2）。而按照这些辅助服务起到的作用不同，我们又可以分为两大类型，即"支撑型辅助服务"（facilitating supplementary services）和"增值型辅助服务"

(enhancing supplementary services)。支撑型辅助服务要么是服务交付时所需要（如允许顾客提前预订），要么直接对核心服务起到支持作用（如为顾客提供必要信息）。增值型辅助服务为顾客增加了额外的价值和吸引力，例如，一家医院为顾客提供的咨询和接待是非常重要的辅助服务。

支撑型辅助服务	增值型辅助服务
• 信息服务 • 订单处理 • 账单处理 • 付款支持	• 咨询服务 • 接待服务 • 保管服务 • 额外服务

图 4.2　支撑型辅助服务和增值型辅助服务为核心产品提供价值

从图 4.3 中我们可以看到 8 个花瓣围绕着花朵中心。按顺时针次序，第一个花瓣"信息服务"是顾客接触服务产品的第一步，接下来，顾客可能会需要订单处理的服务了。各项

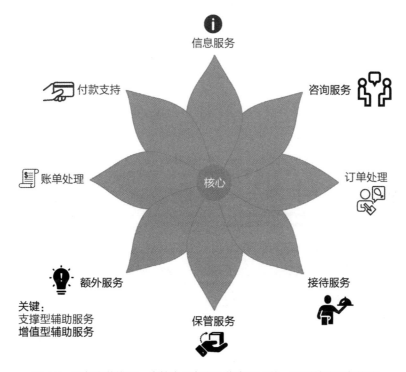

图 4.3　服务之花模型，由核心服务和围绕在周围的一系列辅助服务构成

辅助服务依次排列。如果一个服务产品经过了精心设计而且管理良好，你看到的会是一朵盛开的服务之花，花朵鲜艳且花瓣完整。但若是产品设计不佳，或者服务交付出了问题，这朵花就会有花瓣缺失、枯萎或变色。即使这朵花的核心是完好的，整体看起来也不会有吸引力。你可以回忆一下自己作为客户的经历，当你对一次付费的服务不满意时，是服务之花的核心出了问题，还是一个或多个花瓣出了问题？

支撑型辅助服务

学习目标：理解支撑型辅助服务和核心产品的关联

信息服务

任何商品或服务，若想获得其全部价值，顾客必须了解相关信息。信息服务包括以下内容：

- 服务站点的地址信息；

- 服务日程，时间安排；

- 价格；

- 销售/服务条款和条件；

- 服务效果最大化的建议；

- 警告和注意事项；

- 对预订的确认；

- 收据和票据；

- 变更通知；

- 账户活动明细。

顾客接触到新的产品或服务时对信息的需求最强烈。商家应确保信息及时、准确，否则会给客户带来不便，顾客可能会因不能充分知情而感到烦躁。

商家提供信息的传统渠道包括使用公司网站、聊天机器人、移动 APP、一线员工、标志，以及宣传册等印刷品。信息也可以通过录像、软件驱动的教程、平板电脑上的触摸屏、视频以及自助服务机器等。

订单处理

当客户准备下单购买，就来到"订单处理"这个关键环节了。订单处理包括：

- 接受订单
  - ——现场接受订单；
  - ——在线接受订单/移动 APP/电话/电子邮件/邮购。
- 接受预订
  - ——座位/桌子/房间；
  - ——车辆或设备租赁；
  - ——专业服务预约。
- 接受申请
  - ——俱乐部或项目的会员；
  - ——订购服务（如电力、燃气等公共服务）；
  - ——需录取或准入的服务（如学校招生、金融信用）。

商家可以通过多种方式接受顾客的订单。如通过销售人员、电话、电子邮件或者在线渠道（见图 4.4）。商家在接受订单时要快速、准确，还要有礼，从而节省顾客的时间和精力。

图 4.4　订餐平台"美味不用等"让顾客可以在线轻松预订座位，无须打电话

预订是一种特殊类型的订单。让顾客可以有权提前锁定特定时间或特定场所的服务。例如，飞机上的座位、饭店里的餐桌、酒店的房间，也可以是和专业人士约定时间的一对一咨询，或去剧院看戏剧，或使用运动场里的设施。

运用科技可以让顾客和商家都更轻松地处理订单和预订。例如，一些航空公司已经不再使用纸质机票，而是允许乘客通过移动 APP 和电子邮件预订机票。乘客预订成功后会在手机上收到一个确认号码，他们只需出示身份证明，或者出示手机上的电子机票就可以登机。

银行、保险、公用事业公司在接受订单前会要求客户先申请。它们会让客户填写相关信息并进行客户筛选，那些不符合标准的人会被排除在外。如保险公司可能拒绝有严重健康问题的人，银行可能拒绝有不良信用记录的人，大学也会按照申请要求来录取学生。

账单处理

只要不是免费服务，所有的服务都需要处理账单。不管顾客对之前的服务过程多么满意，遇到不准确、字迹模糊或者不完整的账单都会令他们失望，更不用说那些本来就对服务不满意的顾客，错误的账单甚至可能惹怒他们。商家应该及时出示账单，促使顾客早点结账。账单可以有以下形式：

- 定期的账户明细表。
- 每次交易的报价单。
- 到期应付金额的口头通知。
- 线上或自助机器的交易应付金额。

账单应该清晰、完整，逐项列出收费项目和计费规则。不要出现顾客看不懂的特殊符号（想想你的通信费用账单或医院账单）。可以使用电子文档编辑一下字体、字号和格式，让账单更清晰易懂。营销人员可以向顾客了解他们需要哪些账单信息，以及他们希望的信息呈现方式。

赶时间的顾客不喜欢等待账单。因此，很多酒店、餐厅或租车公司提供快速结账，这样一来顾客无需现场结账就可以离开，稍后再通过电子邮件获得账单并支付。然而，虽然顾客希望节省时间，但更不愿意因为账单错误而带来更大的麻烦，因此，账单的准确性永远是第一位的。有些酒店会在顾客退房前在电视上显示消费账单，一些租车公司还有另一种快速结账的方式，客户在使用完车辆后无须回到租车公司还车，而是由租车公司派出员工去顾客的地点见面。员工在检查完里程和燃油后，会用便携式无线终端当场打印账单（见图4.5）。

图4.5 便携式无线终端可以当场打印账单

付款支持

大多数情况下，顾客需要主动为账单付款（有时候这个过程会拖很长时间），也有一些账单是通过银行的自动扣款完成的。

现在的付款渠道很多样，但不变的是客户对便捷性的要求。自助付款机支持硬币、纸币、代币、银行卡等方式，而移动支付则更方便，只要有互联网就可以。对于自助设备来说，良好的维护和快速排除故障至关重要。现在主流的支付方式包括信用卡、现金，以及智能手机上的数字钱包。其他的支付方式还包括代金券、优惠券、预付卡之类。随着线上购物越来越流行，免费且安全的电子支付也成了人们的选择。

增值型辅助服务

学习目标：理解增值型辅助服务和核心产品的关联

咨询服务

咨询服务作为增值型辅助服务的第一项，相对于信息服务而言，指的是对客户问题的回答。咨询是商家与客户之间的对话，商家在这个过程中理解客户需求并为客户提供定制化的解决方案，简单地说就是用资深的服务人员针对顾客的请求提供建议。例如，向发型师咨询不同发型和产品的建议。为了提供有价值的建议，商家需要在提出建议之前了解每个客户的当前情况。咨询服务的形式包括：

- 量身订制的建议；

- 个人辅导；

- 为顾客享受服务提供辅导/培训；

- 管理或技术咨询。

顾问是一种更精细的咨询服务。它帮助客户更好地了解自身的情况，专门为客户量身打造解决方案，这是一种非常有价值的辅助服务，特别是在医疗健康领域，因为它可以改变客户的生活方式并让他们过上健康的生活。例如，一些健康中心的减肥顾问可以帮助客户改变生活习惯，科学地定制节食计划，帮助他们持续减轻体重。

一些商家会提供免费的咨询服务，销售人员会主动研究客户情况，然后根据客户情况提供建议，如为企业客户提供的管理或技术方面的解决方案。这部分咨询服务虽然免费，但其解决方案是一种一揽子服务的打包形式，里面往往包含昂贵的设备和服务。因此销售人员会卖力营销并寄望于企业客户购买。在另一种情况下，咨询服务和解决方案是分开的，客户需要为咨询单独付费。例如，医生诊断和化验是单独收费的，而后续的手术同样需要单独收费。

接待服务

不管是面对新客户还是老客户，理想的接待服务就是让他们在和商家互动过程中感受愉悦。一个管理良好的公司会在很多细节上要求员工懂得待客之道。例如，全球服装零售商阿贝克隆比＆费奇（Abercrombie ＆ Fitch）要求员工不管顾客有没有购物，都要在顾客进入和离开商店时分别说"你好"和"谢谢"。接待服务包括的方面有：

- 问候。
- 食品和饮料。
- 洗手间。
- 迎宾或客人休息区等便利设施

　　—— 休息室、等候区、座位；

　　—— 无线网络、杂志、报纸、娱乐区；

　　—— 在天气恶劣时为顾客提供方便。

- 交通服务。

接待服务的最佳场景是在与顾客面对面的互动中。它可能包括为顾客到店和离店提供的免费班车；当顾客不得不在户外等待服务，一个周到的商家就要考虑如何应对恶劣的天气；而顾客在室内等候时，休息区以及一些方便顾客打发时间的娱乐设施都是必要的（无线网络、电视、杂志、报纸等）。

商家接待服务的质量直接影响着顾客满意度，这对需要与人互动的服务来说尤其重要，因为这类服务的核心是需要顾客时刻在场。

保管服务

顾客在到店后还需要个人财物的保管服务。这项服务其实很重要，因为如果少了这一项，很多顾客就不会选择到店，如是否方便停车，直接影响顾客的到店意愿。保管服务包括：

- 孩童照看、宠物照看；
- 停车位和代客泊车；
- 衣帽间；
- 行李寄存；

- 储存空间；

- 保险箱；

- 安保人员；

- 网络安全（如安全的无线网络）；

- 个人信息与隐私。

一家负责任的商家会非常重视顾客和顾客财务的安全。例如，富国银行（Wells Fargo Bank）在给客户寄送对账单的时候会附送一个安全手册，内容包括怎样安全使用 ATM 机，怎样安全使用银行卡，防止盗用和人身伤害。它把 ATM 机安在最显眼的地方，保持灯光通明，并安装监控。对在线银行的用户，富国银行同样采取严密的措施来保护客户隐私和信息安全。浏览网页 https：//www.wellsfargo.com 并搜索"online security"你可以了解更多。

额外服务

额外服务是超出了正常服务范围的辅助服务。精明的商家会为此做一些预案，特别是针对一些应急的状况做出明确的对应流程。只有这样，当顾客需要特别的帮助时，员工才不会显得手足无措，才能更迅速有效地做出反应。额外服务包括以下几种类型。

- 特殊要求。顾客可能提出服务范围之外的特殊请求，这些请求往往是私人的。如照看孩童、饮食禁忌、应急医疗、宗教习惯和个人残疾等，这些请求在旅游和酒店业中尤为常见。

- 问题解决。当服务出现问题导致服务失败或者无法按时交付的时候，如出现事故、延迟、设备故障，或客户在使用产品时遇到困难等时候，顾客需要应急方案来解决问题。

- 处理投诉、建议与好评。客户可能对服务表达不满，或者提出改进意见，也可能给予好评。商家需要为这些情况做好应对方案，并能够快速做出适当的响应（关于投诉处理和服务补救，我们会在第 13 章探讨）。

- 补偿客户。当服务出现严重的失误时，客户们会希望得到补偿。例如，保修期内的免费维修、法律调解、退款、免费服务或实物抵偿等，都是可能的补偿形式。

管理者需要关注顾客对额外服务的请求。如果这类请求有很多，说明标准程序很可能需要修改。例如，如果餐厅经常遇到顾客要求素食，这时候就该考虑修改菜单并增加素食菜品了。能够灵活处理顾客的额外要求代表了商家的响应能力。另一方面，太多的额外请求会让服务的安全性受损，对其他顾客产生不良影响，而且会导致员工负担过重。

"服务之花模型" 的管理应用

服务之花包含的8种辅助服务可以起到加强核心产品的作用。它们代表着对客户的不同需求的满足。如我们在前面看到的，有些是对核心服务起支撑作用，如信息服务和预订，它能让客户更有效地享受核心服务。另外一些则是增值型的，目的是增加价值或者降低非财务成本（如我们在接待服务中提到的食品、无线网络、杂志、娱乐设施等帮助顾客打发时间的服务）。"信息服务"和"咨询服务"既强调了对顾客的教育需要，同时也是和顾客沟通的需要（详见第7章关于沟通和消费者教育）。

一些辅助服务可能顾客并没有很在意，特别是账单处理和付款支持这两项。但其实它们是由商家出于对自身的要求而主动提供的。因为它们对整体服务体验影响巨大，任何的处理不当都可能导致客户对整体服务质量的不满。

并不是每朵服务之花都包含所有的8片花瓣所代表的8种辅助服务。我们曾在第一章根据服务对象的差异把服务分为对人体的服务、对所有物的服务、对精神的服务、对信息的服务。这4种服务类型的运营过程不同，商家和顾客的互动程度不同，因此对辅助服务的要求也不同。可能你已经认识到，对人体的服务是对辅助服务要求最高的，因为这类服务所包含的客户互动密切而广泛，如酒店业。相对而言，那些不怎么需要与人互动的服务涉及的辅助服务也更少。当顾客不需要到服务现场，他们对接待服务的要求就没那么多，商家只做到礼貌沟通就够了。对所有物的服务涉及客户的财物，因此需要提供很好的保管服务，而对信息服务就没那么看重，因为商家不能对客户的财物过问太多。一些涉及敏感信息处理的服务（如医疗保健和金融服务），商家则必须仔细保护客户的无形金融资产和隐私。

市场定位策略也可以帮助商家确定需要开展哪些辅助服务。如果商家希望给予顾客更多的价值，以便提升顾客对服务质量的认知，就可以开展更多的辅助服务，以及为每种服务设计更高的水平标准。如果商家采取的是低价策略，则不需要开展那么多辅助服务。此外，围绕核心产品分阶段地提高辅助服务的水平也可以实现产品线的差异化，这就好比航空公司提供的不同级别的旅行服务。

很多做 B2B 的商家只会不断地在核心服务基础上添加一个又一个新的服务，但他们并不知道客户真正看重的是什么，也不知道哪些辅助服务可以作为和核心服务一起打包的必选项，哪些可以成为可选项而额外收费。这直接影响到了商家的定价策略。没有什么简单的办法可以直接帮你计算你的服务定价，但商家应该不断审视自己和竞争对手的定价，以确保定价既符合市场水平又能被大多数客户接受。我们将在第 6 章更详细地讨论定价问题。

总之，我们本章讨论的服务之花模型可以作为发展各项辅助服务的一个清单。无论商家决定提供哪些辅助服务，都应该关注各项服务中涉及的要素并保证服务表现达到标准水平。做到这些，商家的服务之花才能开得美、开得久。

服务品牌

学习目标：理解服务品牌

品牌在服务中扮演着重要的角色，利奥纳多·贝瑞（Leonard Berry）曾对服务品牌做如下解释：

强大的品牌可以让无形产品在客户心目中变得更形象具体。它让产品更值得信任，让客户更安心，不担心受到金钱损失。如果没有品牌，顾客在购买前很难评估风险。当顾客不能摸到衣服的面料、不能试穿裤子、不知道西瓜或是苹果是不是好吃，不能试驾车辆时，强大的品牌可以仍然让你相信它们。

品牌可以用于公司，也可以用于产品、服务，或者一种体验。公司拥有品牌不仅让公司更容易被人识别，而且对于顾客来说，品牌还代表着一家公司的与众不同之处。每种产品拥有不同品牌，则可以将不同产品蕴含的价值和独特体验传达给目标顾客群。简而言之，商家可以利用品牌在顾客心中建立一个具有明确价值定位的形象。

企业层面的服务品牌架构

学习目标：了解企业层面的 4 种品牌架构

许多大型的服务企业开展着多种业务。因此企业会面临如何为不同的业务打造品牌的问题。在品牌架构方面企业有 4 种方案可以选择，图 4.6 的光谱显示了一家企业从单品牌架构到多品牌架构的选择。最左端是家族品牌（所有业务使用单一品牌）；最右端是品牌家族（每种业务使用独立的品牌而构成多品牌）；介于中间的是主副品牌和背书品牌，这两种是单一品牌和多品牌的混合。

 公司品牌 ⟷ 产品独立品牌

家族品牌
如维珍集团，同一品牌覆盖旗下所有业务，甚至毫无关联的业务

品牌家族
如百胜集团旗下众多单一品牌，如塔可钟、肯德基、必胜客

主副品牌
如联邦快递（FedEx），这个主品牌下的各业务线使用副品牌，如FedEx Express、FedEx Delivery、FedEx Office等

背书品牌
如洲际酒店集团为旗下其他的独立酒店品牌进行背书

图 4.6　图谱显示了一家企业从单品牌架构到多品牌架构的选择

家族品牌

家族品牌指的是企业的所有产品和业务都使用单一品牌（往往是公司品牌）的架构。在这个架构下，同一品牌下的业务甚至完全不在一个领域。以维珍集团（Virgin Group）为例，维珍集团的核心业务领域是旅游、娱乐和生活，但它也提供金融服务、医疗保健、媒体和电信服务，这些毫无关系的业务都使用同一品牌。使用家族品牌的好处是可以提高品牌的整体知名度，减少营销和传播成本。当客户对其中一种产品感到满意时，这种好印象可以传递到同品牌的其他业务。但反过来，由于涉及的业务线太广，家族品牌的个性会被削弱。而且当一个业务出现了问题时，也会影响到其他的业务。因此，家族品牌面临更高的声誉风险。

主副品牌

接下来是主副品牌，这种架构以企业的品牌（主品牌）用于旗下所有业务。在主要凸显主品牌时，每个业务虽然拥有自己的副品牌，但仍然被视作主品牌的一部分。主品牌会赋予副品牌更多意义和价值，带动副品牌的发展。

这种架构的例子是物流公司 FedEx，它已经将主副品牌的策略成功用于各个不同业务。

FedEx 在空运业一向以可靠、准时著称，所以当它在开展陆运业务时，也希望把它原有的优良品牌印象传递过去。于是它把陆运服务取名为"FedEx Ground"，保留了主品牌名"FedEx"，同时，为了和原有业务做区分，它们修改了品牌的标准配色，使用紫色和绿色而不是紫色和橙色。现在，在 FedEx 这个主品牌下，它已经发展出了多个副品牌，它们被称为"联邦快递公司家族"。例如，它原有的空运业务被更名为"FedEx Express"；还包括美国国内快递上门服务业务"FedEx Home Delivery"，区域性的非卡车货运业务"FedEx Freight"，无转运的点对点速达业务"FedEx Custom Critical"，海关报关、国际货运代理和国际贸易物流业务"FedEx Trade Networks"，货物供应链综合解决方案业务"FedEx Supply Chain"，以及办公、印刷、技术、办公用品运输、物品打包业务"FedEx Office"。

中国自营式电商企业"京东"，旗下也有京东商城（美股 JD）、京东物流（02618.HK）、京东健康（6618.HK）、京东金融、京东智能和京东便利店等子品牌。

背书品牌

背书品牌架构下强调的是单个产品或单条业务线的品牌，但公司品牌会被加以标识，以获得公司品牌的"背书"支持。这种品牌架构在酒店业应用最广。如洲际酒店集团这个集团品牌为人熟知，其实该公司旗下还有洲际酒店度假村、皇冠广场、智选假日酒店、假日度假俱乐部、Staybridge Suites、Candlewood Suites、逸衡酒店，以及会员俱乐部优悦会等。使用背书品牌战略的优势在于，公司品牌的积极溢出效应可以增加顾客对子品牌的信任度，而同时每个子品牌又有更大的灵活性。单个子品牌的负面形象不会影响公司品牌。

背书品牌战略若想取得成功，每个子品牌必须凸显其独特的市场定位和品牌个性，以贴近特定的客户群。需要注意的是，在某些情况下，一个细分客户群的需求和支付意愿也是会跟随不同的情况而变化的。例如，同一个人在家庭出游和商务旅行时对酒店的需求就不相同。也正因为如此，商家常用背书品牌战略促使客户继续选择其公司旗下的其他品牌，还会推出会员制、积分计划等激励措施。

一个很好的不同品牌间互认积分的例子是顶新集团。顶新集团是发源于中国台湾、成就于大陆的食品业巨无霸，自 1988 年到大陆投资，已走过了 30 余年的历程，其经营领域横跨食品制造、餐饮、零售、供应链、新零售等多个体系，并涉及地产、通信和社会公益等板块。其食品体系主要业务包含康师傅、味全品牌，以及百事可乐和星巴克灌装系列产品；餐饮体系包含德克士、康师傅牛肉面、那不勒斯比萨、布列德面包等品牌；零售体系以全家便利店为主，兼有线上商城"甄会选"；供应链体系则具备多温层储存以及全国多区域配送的能力。2014年集享联盟成立，依托于集团旗下的德克士、全家（Family Mart）等在内的商户，推出"集享卡"，开启了"积分制"时代。消费者在网上申请注册会员后即可通过消费换取积分，而积分则可以在旗下的不同品牌的业态抵扣消费额或直接兑换产品。集享卡的推行，使得部分普通消费者完成向会员的转化，并有利于集团培养忠诚客户群体更加长期、高频的消费习惯，打造更加全面的消费场景。

"积分当钱花，比钱更好用，比钱更好玩"是顶新集团会员制积分系统设计的初衷。相比于"促销折扣"，"积分"容易让消费者觉得在全家还有未消费的"钱"，提高了顾客到店频次。会员积分制成果显著，会员制度上线半年内，全家便利店积分总数就达到了9.1亿分，平均单店送出日积分约为3 710分。会员制推行的第一年，会员的消费占比达到23.5%，会员客单价13.5元，高于非会员的11.4元。

品牌家族

在图4.6的最右端是品牌家族架构。这一策略是为每个独立的业务设计和发展独立的品牌，尤其是在每条业务线针对的都是完全不同的细分市场时。百胜集团是一个很好的例子。这家公司在125个国家拥有43 000家餐厅，年销售额达56亿美元。许多人可能没听说过百胜集团，但人们对它的餐厅品牌会非常熟悉。它的旗下品牌包括肯德基、必胜客、塔可钟、哈比特汉堡等。在中国，百胜集团还有小肥羊、东方既白、黄记煌、COFFii&JOY连锁餐厅品牌。

为服务产品和体验打造品牌

学习目标：了解如何为单独的服务或体验打造品牌

即使在一个单独的服务品牌下，很多商家也不是仅提供一种服务产品，而是提供一整条服务线（如一个银行品牌下的多种信用卡，每个卡种都具有特色功能并针对某一细分市场），或服务套餐（如专门为学生群体提供的金融服务，包括开户、信用卡、透支条款），又或者某种特别的体验也是单独的服务品牌中的一部分（如我们将在下面讲的天堂电影院的例子）。用子品牌的方式为这些特定的服务或体验打造品牌，可以很好地实现服务的差异化。

丽世度假村及酒店（LUX* Resorts & Hotels）是一家知名的连锁酒店品牌，作为酒店整体品牌的"丽世"传递着清晰的品牌主张——帮助客人欢庆生命缤纷时刻。丽世酒店为旗下的酒店、服务套餐和特色体验也打造了一系列子品牌。例如，位于毛里求斯的美岸丽世度假村，为满足婚礼和蜜月旅行的特殊需要而打造了服务套餐品牌"梦幻婚礼"；此外，丽世旗下还有特色体验品牌"天堂电影院"和"丽世咖啡馆"。

丽世酒店这种为每个产品和服务打造品牌的策略旨在让顾客体验到旗下每种服务的与众不同，实现自己内部的服务产品差异化。在丽世酒店内部，它们将这种策略称为"选择丽世酒店的理由"（Reasons to go to LUX*，简称 RTG）。如"天堂电影院"（Cinema Paradiso）是酒店专门打造的沙滩观影体验品牌（见图4.7）；而"丽世咖啡馆"（Café LUX*）品牌则主打它们严选产地的咖啡豆和现场新鲜烤制、冲泡的咖啡（见图4.8）。这两个品牌都是顾客"选择丽世酒店的理由"并出现在全世界所有的丽世酒店中。那么，"天堂电影院"与其他五星级酒店的众多电影放映服务相比有什么不同呢？

图 4.7　丽世酒店的特色体验品牌"天堂电影院"　　　图 4.8　丽世酒店的特色体验品牌"丽世咖啡馆"

　　"天堂电影院"这个品牌化的服务体验的与众不同之处体现在它的服务创新、交付和销售的过程。丽世酒店在每家酒店都有负责"选择丽世酒店的理由"的团队。它的员工通过观察、和客人交谈以及调查对手的动向来产生创意。其中的一个创意是,为什么不开发一个产品化的海滩电影放映服务呢?这个点子后来发展成了"天堂电影院"品牌。这个服务包括一个傍晚的儿童电影以及稍后面向成人的电影放映。电影的标准配置还包括给儿童的爆米花和冰激凌、给大人准备的葡萄酒、舒服的坐垫和靠枕、在户外仍可享受高品质音频而又不会打扰其他人的无线耳机等。与其他酒店的户外电影相比,"天堂电影院"的不同之处还在于它是团队作业,团队一起创意、决定、测试和微调服务体验。一个服务首先在一个试点或多个试点推出,产生了良好效果后再推广到所有酒店。因此,丽世酒店的每家酒店都拥有同样高品质且创意新颖的"天堂电影院"。

将服务体验品牌化的另一个好处是,商家可以更容易进行营销和销售,员工也能更好地了解这些服务体验并传达给别人(如丽世酒店的每位员工都能热情又自信地介绍"选择丽世酒店的理由"),并且在全公司范围稳定地提供高水平的服务。商家可以通过营销宣传品、网站、社交媒体等渠道将服务品牌的价值和特色传播给客户,而客户也能更好地享受这些服务并通过社交媒体和口碑传播把这种体验分享给他人。商家往往通过各种方式激励客户分享体验。

不同服务标准的品牌化——服务分级

学习目标:了解如何使用品牌来对服务标准进行分级

在众多服务行业中,品牌不仅可以用于区分不同的服务产品,还可以用于区分服务水平,我们把它称为服务分级(service tiering)。这种策略在酒店、航空公司、汽车租赁、电脑软硬件支持等行业很常见。表4.1展示了一些行业的服务分级的例子。在另一些行业,商家会通过服务分级来设计套餐,就是将不同的服务捆绑在一起形成一个服务包,再按套餐价格来销售,而不是简单罗列所有的服务和每项服务的定价。

表 4.1　服务分级的例子

行　业	级　　别	服务分级中的关键服务要素和有形元素
酒店	星级或钻石评级(1—5)	建筑、景观、房间大小、家具和装饰、餐厅设施和菜品、客房服务时间、服务设施、员工素质和态度

行　业	级　别	服务分级中的关键服务要素和有形元素
航空	舱位：头等舱、商务舱、高级经济舱、经济舱	座位间距、前后排距离、座椅宽度、靠背倾斜度、餐饮服务、员工与乘客人数配比、登机手续办理速度、出发和到达休息室、行李提取速度
租车	车辆级别	车内空间(从紧凑型到大空间)、豪华程度、特殊车型(小货车、越野车、敞篷车)
电脑软硬件支持	支持级别	服务时间和天数、响应速度、配件更换速度、人工支持或自助服务、是否有附加服务

在航空业，每个航空公司都会提供不同级别的服务，舱位不同，对应的服务水平和标准也不同。一个追求创新的航空公司会尝试将服务级别不断细化，这方面的案例要数英国航空公司（British Airways）。英航发展了强大的服务子品牌，对应着不同舱位级别的服务，这些服务级别包括：豪华头等舱、世界俱乐部（国际长途商务舱）、世界俱乐部伦敦城（伦敦-纽约往返的专属商务舱）、欧洲俱乐部（欧洲境内商务舱）、升级版世界旅行者（高级经济舱）、世界旅行者（国际长途经济舱）、欧洲旅行者（欧洲境内经济舱）、国内航班（英国境内经济舱）。

英航的每个子品牌都代表了一个特定的服务概念和一套设计明确的服务项目，覆盖了从飞行前、飞行中和到达后的全过程。为了做好服务产品、定价和营销传播。英航每一个服务品牌都是由单独的团队管理的。通过内部培训和外部宣传，工作人员和乘客对每个子品牌包含的服务都耳熟能详。在英航，除了国内航班外，其他所有的航班都包含了若干项不同级别的服务。比如波音 777 - 300s，作为一款更舒适的宽体机型，就仅供头等舱和几条国际航线的乘客使用。

在一架国际航班的飞机上，所有的乘客，不管是在头等舱还是经济舱，他们享受的核心服务其实没有区别，无非都是数小时的空中旅程。但是他们享受的大部分辅助服务，从地面到空中，从性质到范围，则完全不同。如一个英航"世界俱乐部"的乘客，不仅享受更好的有形服务元素，还能获得更多人性化的服务，如更快的登机手续、专属的护照通关、优先的行李提取，头等舱的乘客享受的服务标准甚至更高。

许多开展 B2B 业务的商家把服务支持划分为不同等级。例如，一家提供全方位软硬件支持的公司把自己的业务分成 4 个不同的支持级别，分别对应铂金、黄金、白银、青铜 4 个子服务品牌。服务分级是为了让客户能更灵活地选择与其需求最相符的支持级别并付费。如铂金服务计划提供的是企业级的关键任务支持，价格也最高；而青铜服务计划对应的则是客户自助的维护支持，价格也相对比较低。

- 铂金服务计划：紧急任务支持，提供 7×24 小时现场服务，响应时间 2 小时内。
- 黄金服务计划：关键业务支持，周一至周五早 8 点至晚 8 点提供现场服务，7×24 小时电话服务，响应时间 2 小时内。
- 白银服务计划：基础支持，周一至周五早 8 点至晚 5 点提供现场服务，早 8 点至晚 8 点提供电话服务，响应时间 4 小时内。
- 青铜服务计划：自助服务，早 8 点至晚 5 点提供电话服务。

建立品牌资产

学习目标：讨论服务业企业如何建立品牌资产

理解了服务品牌之后，我们更要知道如何打造一个强大的品牌，并了解哪些元素可以增强品牌资产。品牌资产是品牌为服务产品带来的价值溢价。同样的服务，一个有品牌，一个没有品牌，客户愿意花更多钱购买有品牌的服务，多支出的这部分费用，就是品牌的资产。图 4.9 显示了与品牌资产相关的 6 个关键组成部分。

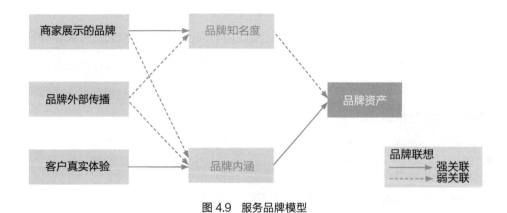

图 4.9　服务品牌模型

- 商家展示的品牌——主要通过广告、服务场所设施和员工。
- 品牌外部传播——口碑传播、媒体和公众的关注，这些都超出了商家的控制范围。

- 客户真实体验——客户在享受服务时的经历。

- 品牌知名度——客户是否认识品牌或者根据线索回想起品牌。

- 品牌内涵——当提到一个品牌时，客户会想到什么。

- 品牌资产——相对于竞争对手，品牌所拥有的市场优势。

从图 4.9 可以看出，尽管商家通过市场营销和外部传播可以帮助建立品牌知名度，然而，对建立品牌资产最重要的还是客户对品牌的真实体验，也就是我们之前学过的"关键时刻"。客户体验是商家最需要关注的部分，我们接下来讨论如何做到这一点。

传递品牌化的服务体验

学习目标：了解传递品牌化的服务体验需要什么

服务营销人员作为品牌的推广者，很重要的一点是要熟悉客户体验的方方面面，更要对改善用户体验负责。我们可以联系之前学过的"服务之花"模型来更好地理解这一点。在学习"服务之花"时，我们强调每个花瓣，即每项辅助服务的提供要做到持续、稳定和高质量。然而在现实中，我们看到太多服务被不合理地拼凑和随意地交付，导致服务体验不佳。

传递品牌化的服务体验需要什么？仅把服务产品设计好并确定一个品牌名是远远不够的。服务产品好不好，品牌主张是否和宣传一致，关键还要看服务交付过程、环境、员工和价格，一句话，要重视用户的真实体验。首先，一个设计良好的流程是必需的（见第 8 章，设计服务流程）。其次，在服务环境中有效地调动顾客的情感（见第 10 章，打造服务环境）。调动顾客情感最难的部分是建立人际关系，在消费者和员工之间建立信任。想做到这一点，我们必须投资于员工，因为只有员工能够传递品牌体验并培养客户忠诚度（见第 11 章，通过员工管理获得服务优势）。最后，我们会在第 7 章探讨营销传播策略时再度涉及品牌的讨论。

图 4.10 显示，为了传递品牌化的服务体验，商家需要把服务产品和其价值主张置于中心。其他的 6 个要素，即服务营销的 6P 环绕着核心的服务产品。设计和传递品牌化的服务体验必须坚持以产品为中心，因为产品满足顾客的核心需求，所有的其他要素对满足用户体验起着支持作用。

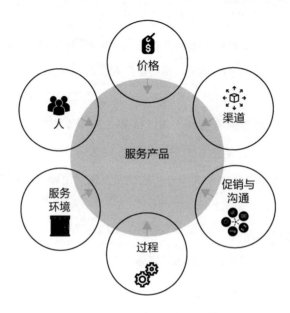

图 4.10　服务营销的 6 个要素（6P）都要支持服务产品并
提供用户想要的服务体验

开发新服务

服务业竞争日趋激烈，消费者对服务的期望值也越来越高。一家有抱负的公司不能满足于仅提供永远不变的服务，还要通过创造新的服务来实现公司的不断成长。

新服务开发方式分类

学习目标：知道新服务开发方式有哪些类别，从简单的风格变化到重大创新

商家有多种开发新服务的方式。以下列举 7 种，新服务可以从简单的风格变化入手，或进行重大创新。

1. 风格变化

这是最简单的创新，通常不涉及服务流程或服务标准的任何更改，但它们通常很容易被注意到，令人兴奋，也可以调动员工积极性。例如，分店的新装修、网站的改版，或者新工作服。

2. 服务改善

这是最常见的一种创新。它是对已有服务的细微改善，既可以是核心产品，也可以是辅助服务。它是虽然微小但客户仍可以体会到的变化。例如，斯德哥尔摩的利德玛（Lydmar）酒店在电梯里安了一串按钮，然而它们并不是指各个楼层，而是写着车库、放克、节奏蓝调等，供你选择电梯里的音乐。这只是一个简单的改进，但仍可以提升客户的体验，因为它的独特性和趣味性可以给人留下深刻印象。

3. 辅助服务创新

辅助服务创新是为核心服务增加新的支撑型或增值型的辅助服务，或者显著提升现有辅助服务的水平。这种创新不需要太多科技含量，因此很简单，如在店面增加停车位，或者引入在线支付等。

4. 交付渠道扩展

交付渠道扩展通常指的是在服务不变的情况下使用新的交付方式，从而为顾客提供更多便利和不同的体验，也可以吸引那些不喜欢传统交付方式的客户。通常是增加低接触度的交付方式，例如，增加自助服务选项，让顾客可以通过 APP 享受在线服务。

5. 产品线扩展

产品线扩展是增加新服务产品。第一家在市场上提供某种服务产品的商家会被视为创新者，其他商家只能被动跟随。新服务产品可能满足的是已有客户的更广泛的需求，也可能是为了吸引具有不同需求的新客户，或两者兼而有之。例如，有的餐厅扩展产品线，为爱狗人士提供菜单，这样主人就可以和他们的狗在同一家餐厅用餐。

6. 重大模式创新

用新流程、新模式交付现有的核心服务产品，并带来额外的优势。例如，金融科技、机器人顾问、在线课程等正在通过尖端科技、互联网和智能设备颠覆原有的行业。以教育为例，斯坦福大学的终身教授塞巴斯蒂安·特伦（Sebastian Thrun）在 2012 年创办了营利性的在线教育平台 Udacity；同样来自斯坦福大学的吴恩达（Andrew Ng）和达芙妮·科勒（Daphne Koller）创办了非营利性的大规模开放在线课程平台 Coursera，这些平台完全改变了教育。在中国，火花思维是在线教育，特别是分层小班教学、因材施教的案例。

在线教育曾经发展并不顺畅，效果也很差，它需要重大的改变。直到今天，在线课程已经充分利用新的互联网技术，如在线视频互动、任务评估、模拟仿真和论坛等。学生可以根据需要随时观看和完成课程的任何部分，直到他们真正学会。对于世界各地的大学来说，在线教育显然意味着剧变来临。而对于学生来说，教育的形态也发生了转变。

7. 重大服务创新

重大服务创新是在一个尚未形成的市场上出现的新的核心产品，通常是一种全新的服务概念和服务过程。这要归功于先进的数字科技、整个服务生态系统和平台的发展，还有人工智能和机器人技术。服务产品化的过程中，技术和系统起到了非常重要的作用。例如，火花思维的在线课堂，AI 系统可以控制小朋友的发言，当某位小朋友声音超过一定分贝，系统会自动为其静音，以免影响其他学员上课。又如，通过 AI 智能识别拍照上传的作业题、帮助老师进行一定的比较和分析，进而提高整体效率、降低成本。

共享经济的代表爱彼迎，或者太空旅行也是一个好的例子。太空旅行是前所未有的服务产品，有望创造新的市场需求。早在 2001 年，太空旅行的领先公司"太空冒险"（Space Adventures）就用俄罗斯联盟号飞船把第一位太空游客送到了国际空间站。现在，这家公司的太空旅行服务已经变得更加多样，包括月球探险、轨道太空飞行、亚轨道太空飞行、太空行走计划。想体验这些服务不便宜，亚轨道太空飞行的价格从 10 万美元起，而月球探险的一个座位的价格更是达到 1 亿美元。

重大服务创新还是比较少见的。更多的还是通过新技术以新的方式提供现有服务，或者通过重新设计流程来增加、增强新的辅助服务，并提高现有服务的水平。然而，由于科技进步如此之快，这将带给我们更多的重大服务创新。我们将在扩展资料 4.1 中了解更多。

扩展资料 4.1

科技带动重大服务创新

想想这些年重大服务创新的成功案例。如优步的共享出行，把私家车用在拼车服务中。或者爱彼迎，让人们把自己的房子租出去做度假客栈或短租民宿。像这样的数字创业公司正在不断涌现，创造各种各样的服务，渗透到我们经济的每个角落，重塑着各行各业。根据硅谷风险投资家马克·安德森（Marc Andreessen）的说法，"软件正在吞噬世界"。这场数字狂飙已经成为一场全球运动。从伦敦到柏林，从新加坡到上海，世界上的大城市中形成了规模庞大的数字创业生态系统，我们看到数以百计的创业孵化器、加速器，数以千计的共享办公室，还有那些二三十岁的年轻人弯腰驼背地在电脑前劳作。在这个生态系统里，创业者之间高度互联，他们穿梭往来于全球各个城市间。例如，"Unreasonable at Sea"是一个创业加速器，但与众不同的是它是在一艘环游世界的邮轮上，而乘客们都是创业者，他们的工作就是用代码来实现他们的商业模式。来自伦敦的风险投资家西蒙·莱文（Simon Levene）这样说道："不管在什么地方，只要会编写代码，任何人都可以成为创业家。"

今天的数字服务创业热潮还将延续下去，因为它是建立在坚实的基础上的。这个基础就是科技，用哈佛商学院的乔什·勒纳的话来说，这些"用于启动创业的科技"已经变得如此先进、便宜，而且触手可及。你可以免费从互联网上复制你需要的代码，然后像搭积木一样，随心所欲地使用它们。有易学的编程语言，比如 Ruby，可以在 Upwork 平台上找到开发人员，在 GitHub 上共享代码，通过 User Testing 进行测试，应用程序接口 API 来连接其他程序，机器人流程自动化 RPA 工具。此外，互联网上的线上工具可以用于提高生产力。最重要的工具还包括可以托管创业者数字服务的平台，如亚马逊的云计算，可以供人下载软件的应用商店，还有网络营销社交媒体平台，如脸书、推特和领英。

在互联网上，你甚至可以轻易获得关于如何启动创业公司的信息。从投资条款清单到商业计划，与创业相关的所有事物的全球标准正在形成。

创新不止存在于虚拟世界。处理器、相机、传感器……各种硬件也正在变得更小、更好用、更便宜。新科技包括机器人、无人机、可穿戴设备、传感器、自动驾驶汽车、虚拟现实、语音识别、生物识别、人工智能、物联网，将带来广泛的服务创新机会，显著提升客户体验，提高服务质量和生产力。

例如，日本长崎的海茵娜（Henn-na）酒店是一家由机器人运行的酒店。它的目标是把90％的酒店服务都交给机器人提供，包括搬运、房间清洁、前台等，这样做可以降低成本并确保舒适。其他的一些流程也进行了重新设计，例如，顾客使用人脸识别来进出酒店和房间，从而告别了烦琐的房卡系统。

科技从未像今天这样发展迅速并深入到各处，这里蕴藏着无数机会。而商家需要经验丰富的、对服务消费者和服务营销有深入了解的经理人员，从而把这些机会转化为精心设计的服务产品。

新服务开发中的设计思维

学习目标：知道如何将设计思维应用于新服务设计

设计思维是新服务开发的关键方法。由于新服务开发往往涉及多部门和多利益相关者，导致过程复杂，但如果能很好地应用设计思维，可以让新服务开发变得简单。服务设计思维被描述为："打造整体服务体验的过程涉及各种内部和外部利益相关者，通过协调所有利益相关者，将服务策略和创新服务理念变为现实。"以下 5 个原则被视为服务设计思维的核心。

- 以客户为中心。应从客户的角度和体验来看待服务，不同客户群的需求都应该考虑到。

- 共同创作。所有的重要利益相关者都应参与设计过程，包括客户、一线员工及其领导、信息技术人员、财务和法律部门，以及可能的外部参与者。

- 顺序化。服务可以被视为按照一定顺序发生的相互关联的步骤、活动和互动接触点。（如客户的旅程。）

- 有形化。服务的无形方面应通过实物元素变得有形，变成客户可以看到和触摸的东西。

- 整体性。顾客整个服务体验是通过五感来感知的。即顾客见到的、听到的、闻到的、尝到的、感受到的，都需要考虑在内。

服务设计思维中使用的关键工具包括服务蓝图、客户旅程图、讲故事、角色和情节板的使用、体验原型设计。近期的研究引入了小步快跑，快速试错，不断学习和改进其内核的方法。

在新服务开发中取得成功

学习目标：了解公司如何在新服务开发中取得成功

消费品的失败概率很高。每年推出的 3 万种新产品中，超过 90％都以失败告终。服务也不例外，如达美航空公司（Delta Airlines）为了与捷蓝航空公司（JetBlue）和西南航空公司（Southwest）等廉价航班竞争，曾试图推出单独的低成本航班。然而，这些尝试都失败了。在银行业，许多银行试图给现有客户销售保险产品，希望增强和他们的利益关系。但其中许多产品的扩张都失败了。

失败有各种各样的原因：如未满足客户的需求、收入不抵成本、执行力差等。餐饮业的一项研究发现，餐厅在第一年的失败率约为 26％，3 年内就上升到近 60％。那么，我们如何才能成功地开发新服务？多项研究发现，以下 3 个因素对新服务开发的成功贡献最大。

（1）市场协同——新服务与公司现有的形象、公司的专业优势还有资源方面都非常符合。在满足客户要求方面，它优于竞争服务，因为公司对客户的购买行为有很好的了解并且在推出新服务的过程中得到了公司和分支机构的大力支持。

（2）组织因素——需要各职能部门强有力的合作与协调。开发人员需要充分了解其他员工参与新服务开发的原因以及新服务对公司的重要性。推出新服务之前，员工必须了解新服务，它的实际交付过程，以及有竞争力的价格。

（3）市场研究因素。在开发过程的早期进行详细和科学设计的市场研究，清楚地了解要获得哪方面信息。在进行实地调查之前，要对服务概念进行精确的定义。

这项研究支持的观点是，对于一项复杂的服务创新，设计严谨的开发过程可以增加其成功率。然而需要说明的是，其并非要达到无限度的严谨。瑞典的几位研究人员，波·爱德华森（Bo Edwardsson）、拉尔斯·哈格伦德（Lars Haglund）和简·马特森（Jan Mattson）在审视了电信、运输和金融服务领域的新服务开发后得出如下结论：

开发新服务这样的复杂过程是不能完全被规划的。创造和创新不能只依赖计划和控制，必须有一些即兴创作的元素、一些无秩序的状态和公司的内部竞争。我们相信，允许一定的偶然性和随机应变的态度可以在创造力与计划性之间找到平衡，并达到成功开发新服务的结果。

在瑞典学者后续研究中得到了一个重要的结论，这个结论与客户在服务创新中扮演的角色有关。研究发现，在创意产生的阶段，专业的服务开发人员和客户的想法差别巨大。客户的想法更有原创性，并且更容易被客户群体感知到。然而，这些想法一般会比较难以实现商业化。把客户群体作为创新合作伙伴这个概念非常新，让公司有更多的机会进行更有效的创新并在新服务开发上取得突破。我们将在第 8 章流程设计，以及在第 14 章探讨关于提高服务质量和生产力时，再详细讨论客户反馈在改进和开发新服务中的作用。

结　论

　　服务产品是由所有的为客户创造价值的服务要素组成的。它包含一个核心产品，各种辅助服务以及交付流程。在核心服务趋于同质化的成熟行业，商家更多的是通过发展新的辅助服务或提高现有服务的水平来获得竞争优势。区分商家的另一个重要方面是产品如何交付，即服务的交付流程。商家之间的区别往往不在于服务交付的结果，而是服务交付的方式。

　　设计服务产品是一项复杂的任务，需要了解核心服务和辅助服务应该如何组合、排序、交付和品牌化，以创造一种价值主张，满足目标细分市场的需求。为了做到这些，我们引入了服务之花模型，通过公司的品牌战略，为单独的产品和体验打造品牌，以及开发新服务等，这些都是我们在设计服务产品时可以用到的重要工具。

第5章

服务在实体渠道和电子渠道的分销

全球思维，本土行动。

——约翰·奈斯比特（John Naisbitt）美国畅销书《大趋势》作者

我们试图避免的一件事是让客户安装越来越多的 APP，客户不喜欢这样。我们希望创造的是一个能适应各种设备的整合平台。

——西蒙·波莫洛伊（Simon Pomeroy）新西兰西太平洋银行的前首席数字官

学习目标

通过本章的学习，你将可以：

1. 了解构成服务分销策略的 4 个最根本问题：是什么、怎样做、在哪儿做、何时做。

2. 描述在分销中传递着的 3 样相互关联的内容。

3. 了解商家与顾客互动的 3 种选项，以及每个选项中如何对服务进行分销。知道为什么要区分核心服务和辅助服务的分销。

4. 了解通过电子渠道提供的服务，并讨论哪些因素促进了网络服务的发展。

5. 了解哪些因素影响着顾客对服务渠道的选择。

6. 理解渠道整合的重要性。

7. 描述该在哪儿建立服务的实体渠道，了解服务业选址策略。

8. 描述实体渠道的服务是什么时候提供的，以及哪些因素会导致服务时间的延长。

9. 了解服务分销中中间商的作用、使用中介的益处和成本。

10. 知道为什么商家常常通过特许经营的方式为终端顾客提供服务。

11. 了解在大型国内市场的服务分销会面临哪些挑战。

12. 了解哪些因素促使服务业公司走向国际。

13. 了解服务的国际化分销面临哪些特殊挑战。

14. 了解国际服务贸易的主要壁垒。

15. 解释哪些因素影响着国际市场战略的制定。

引文：把服务推向全球需要多久？瞬间还是很久？

有些服务的扩散像野火燎原一样快。短视频应用 Tik Tok，从它诞生到拥有 1 亿用户只用了不到 12 个月。相似地，Netflix、Airbnb 和 Coursera 等各种新商业模式走向全球也只花了几年。

也有些服务，可能要花上数十年才能达到全球的规模。可以想想星巴克，还有供应链方案提供商联邦快递或者 DHL，它们花了多久才把业务做到全球。这些对比鲜明的例子既显示了服务业的多样性，也让我们看到信息服务业和那些以人或物品为对象的服务业是多么的不同。区分服务类型非常重要。信息服务业可以迅速扩大。而针对人或所有物的服务则受制于每个目标市场上的设施建设进度，创立时间较短的公司更是需要处理当地劳动力、建设、食品卫生法规等问题。这需要大量的时间来处理财务和管理。你可以想象一下星巴克在把服务推向全世界时经历了怎样的过程，做了哪些重要的决定。

服务的分销

学习目标：了解构成服务分销策略的 4 个最根本问题：是什么、怎样做、在哪儿做、何时做

是什么（what）、怎样做（how）、在哪儿做（where）、何时做（when），任何服务业的分销策略，都需要完成对这 4 个最根本问题的回答。这 4 个问题直接决定了客户的服务体验。这四个问题还将帮助我们理解在上一章中学过的"服务之花"中的各种服务元素是如何通过实体渠道和电子渠道交付的。我们把服务分销的这 4 个问题用一张流程图来总结（见图 5.1）。其中，"是什么"的问题首先要了解在服务分销渠道中传递了什么（如信息、营销沟通、核心服务和辅助服务）。此外，服务分销策略还包含剩下的 3 个要点，即服务分销是怎样进行的，以及在哪里、在什么时间发生的。这张流程图是本章的知识框架。我们将在下面分别讲述流程图中的每个部分。

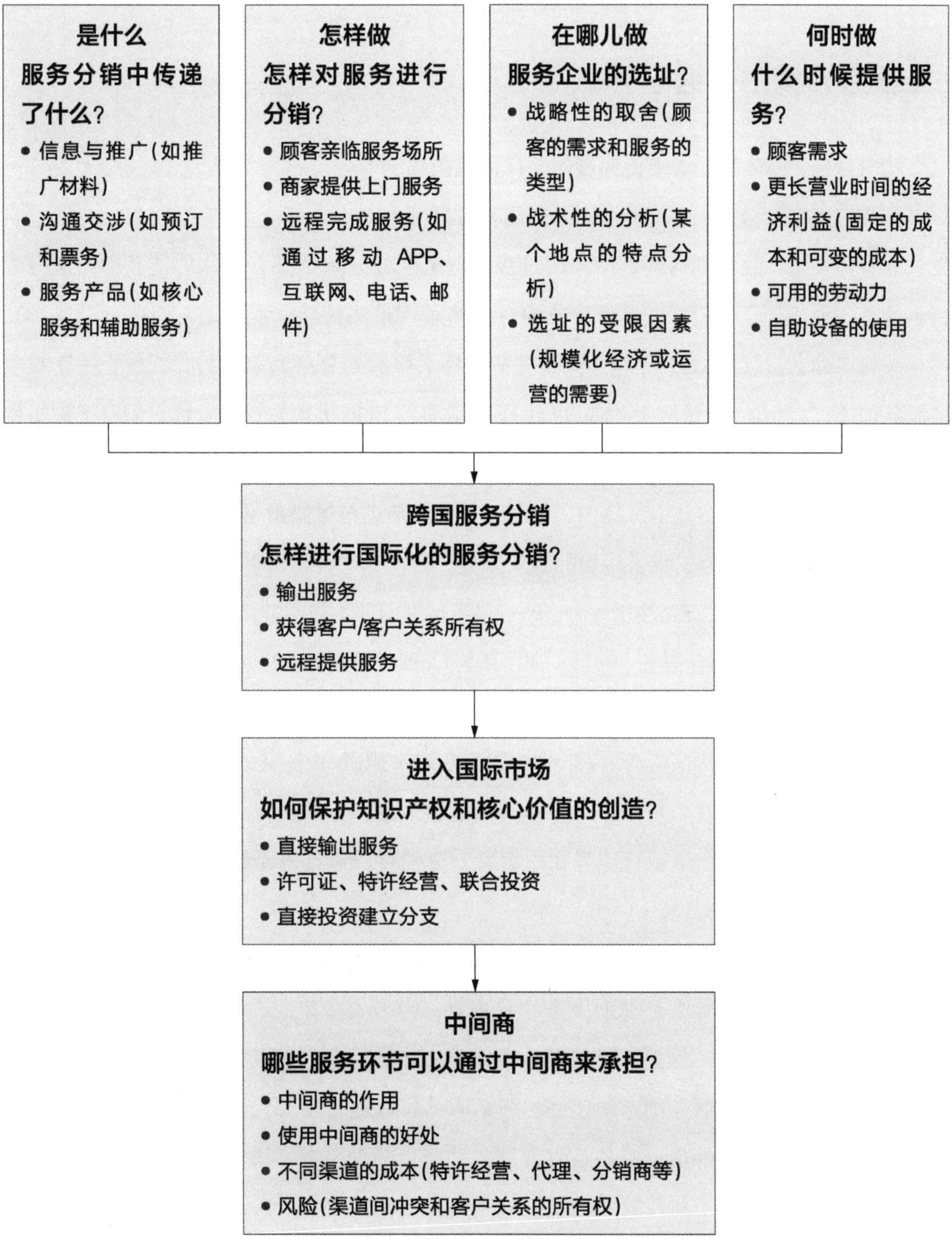

是什么	怎样做	在哪儿做	何时做
服务分销中传递了什么?	**怎样对服务进行分销?**	**服务企业的选址?**	**什么时候提供服务?**
• 信息与推广(如推广材料)	• 顾客亲临服务场所	• 战略性的取舍(顾客的需求和服务的类型)	• 顾客需求
• 沟通交涉(如预订和票务)	• 商家提供上门服务	• 战术性的分析(某个地点的特点分析)	• 更长营业时间的经济利益(固定的成本和可变的成本)
• 服务产品(如核心服务和辅助服务)	• 远程完成服务(如通过移动 APP、互联网、电话、邮件)	• 选址的受限因素(规模化经济或运营的需要)	• 可用的劳动力
			• 自助设备的使用

跨国服务分销

怎样进行国际化的服务分销?

• 输出服务

• 获得客户/客户关系所有权

• 远程提供服务

进入国际市场

如何保护知识产权和核心价值的创造?

• 直接输出服务

• 许可证、特许经营、联合投资

• 直接投资建立分支

中间商

哪些服务环节可以通过中间商来承担?

• 中间商的作用

• 使用中间商的好处

• 不同渠道的成本(特许经营、代理、分销商等)

• 风险(渠道间冲突和客户关系的所有权)

图 5.1 服务分销的知识框架

* 请注意,第一节涉及的"信息与推广""沟通交涉"属于辅助服务的类型,但在本图中单独将其列出来,是为了强调它们在服务分销策略中的重要性。

服务分销中传递了什么

学习目标：描述在分销中传递着的 3 样相互关联的内容

当我们提到"分销"，你想到的很可能是那些流水线上一盒盒包装好的商品，通过批发、零售等渠道，最终到达终端用户的过程。但服务的分销是没有实体的商品的，服务业销售的是一种经历、体验，或是解决方案，这些东西没法被储存或运送，而信息的交易正在越来越多地通过移动 APP 等电子渠道完成。那么服务的分销到底是指什么？在一个典型的服务销售过程中，"分销"会传递 3 样内容，这 3 样内容相互关联，了解它们就解决了服务中分销的是什么的问题。

- 信息与推广——在分销过程中，与服务相关的信息与推广材料会通过服务的渠道传递出去，其目的是为了吸引用户的购买兴趣。
- 沟通交涉——有的商家在销售时，通过渠道传递的并不是服务产品本身，而是服务的使用权（如需要预订的服务、车票、演出票等）。商家为了和客户达成一致，需要和客户共同约定服务的功能、设定、供应条款等，服务分销过程中传递的是与客户的沟通与交涉。
- 服务产品——包括核心产品和辅助服务。如果服务中需要处理的是人体或者所有物，分销策略中就必须考虑到实体的设施和渠道，否则服务无法交付。如果是针对信息的服务，如网络银行或者在线教育，分销可以通过电子渠道，或者利用一个或多个服务点完成交付。

服务分销中传递的是什么这个问题，与服务之花模型中的核心服务与辅助服务相关。区分什么是核心服务，什么是辅助服务非常重要。因为大多数核心服务需要实体地点，服务分销会受到严重制约。例如，度假服务必须到店才能消费，或者你必须到剧场才能看到现场演出。但是，辅助服务则不同，许多辅助服务可以通过不同渠道更广泛、更便宜地传递。例如，服务之花中的信息服务与咨询服务这两项辅助服务，属于信息的分销。服务之花中的订单处理、账单与付款这 3 项辅助服务则涉及沟通交涉。一个想去度假的客户，他们既可以通过旅行社、以面对面的方式获得信息与咨询，也可以通过网络、电话或电子邮件的渠道获得信息和咨询。接着，客户可以从这些渠道中选择一种来预订服务。同样，一个要去观看演出的顾客可以通过移动 APP 购买剧场门票，而无需提前到剧院售票处购买。

怎样对服务进行分销

学习目标：了解商家与顾客互动的3种选项，以及每个选项中如何对服务进行分销。知道为什么要区分核心服务和辅助服务的分销

服务是怎样分销的呢？这里的关键问题是，一项服务，或者商家的市场定位，是否需要顾客接触到其服务人员、设备和场所（我们在第1章了解到，这种接触在以人体为对象的服务中是不可避免的）。如果存在接触，商家是否要求顾客亲临服务场所，还是提供上门服务。再或者，商家和顾客之间的交易可以通过电信或物理分销渠道完成，而无须见面（见表5.1列出了上述这3种可能的选项）。对上面3个选项中的任何一项来说，是应该只提供一个服务网点，还是提供不同地点的多网点服务。

表5.1　商家与顾客互动的3种选项

商家和顾客互动的3种选项	服 务 网 点	
	单一网点	多网点
顾客亲临服务场所	剧场 汽车维修车间	咖啡厅连锁店 租车连锁店
商家提供上门服务	房屋粉刷 上门洗车	快递服务 汽车俱乐部道路救援
顾客与商家之间的交易通过远程方式进行(电子方式或邮件)	信用卡公司 地方电视台	广播网络 电信服务商

顾客亲临服务场所

当一项服务要求顾客必须亲临服务场所时，商家需要考虑的关键因素包括成本（如店面租金）、客源所在区域和店面地址是否交通便捷等。在选址时，商家会使用零售重力模型等工具来做详细的分析。例如，大型商场超市往往会开在人群密集的住宅区或工作场所附近。

商家提供上门服务

有一些服务类型的商家提供的是上门服务，即商家走向顾客。这方面的代表之一是康

帕斯集团（Compass Group），它是世界最大的团体用餐服务提供商。它在 45 个国家和地区提供团体餐饮和支持服务，拥有超过 60 万名员工。它们的服务必须上门才能提供，因为客户单位的食堂在哪儿，它们就得到哪儿去服务。我们接下来就一起探讨，什么情况下商家需要提供上门服务呢？

- 当服务的对象是一些不可移动的实物时，商家就必须提供上门服务。如客户院子里需要修剪的树篱，一些安装在固定位置的需要维修的机器，或者需要做虫害防治的房子等。

- 有的时候，客户愿意为了享受更方便的上门服务而支付更多费用。星巴克中国在 2018 年第三季度交出了最差财报，为 9 年来的首次下滑，中国区首席营销官（Chief Marketing Officer，CMO）离职。随后，一向"高冷"的星巴克，不得不选择向外卖业务"低头"。2018 年 9 月，星巴克宣布与阿里旗下饿了么正式合作外送服务，并在盒马门店设立"外送星厨"，杭州和上海成为第一批享受星巴克外卖服务的城市。

- 还有一个年轻兽医的例子，提供的是治疗宠物的上门服务。有养宠物猫经验的读者会知道，猫咪天生胆小，换新环境或受到刺激很容易导致"应激反应"，引发一系列身体不适，轻则呕吐腹泻，重则患上猫瘟、失去生命。作为兽医，她发现客户很乐意为此支付额外的费用：这样客户就不用经历舟车劳顿去宠物诊所和那些焦虑的主人还有它们的宠物挤在一起。这不仅节省了客户的时间，也减轻了宠物发生应激反应的概率和宠物之间交叉感染的概率。类似的例子还包括上门洗车、团体餐饮，以及一些为商务人士量身定制服装的上门服务。

- 在阿拉斯加或加拿大西北地区等偏远地区，由于客户的交通不便，商家经常飞过去提供上门服务。这方面有名的例子还有澳大利亚的皇家飞行医生，这些医生可以飞到偏远内陆的农场提供上门治疗服务。

- 此外，相比于家庭和个人，商家有更强的倾向对企业客户提供上门服务，因为 B2B 的服务有更大的交易量。

一些客户会遇到应急的需求，如遇到突发的自然灾害，或者由于业务量的猛增而临时需要加强服务保障等。为了满足此类客户这些需求，上门提供的设备租赁与人力服务在近年来增长迅速。扩展资料 5.1 向我们介绍了亚力克公司（Aggreko）以及它们在世界范围内提供的发电与冷却设备租赁和支持服务。

可以出租的电力与温控设备

我们都知道，电力来自远离市区的发电厂，空调或暖气的设备也是安装在固定的位置的。那我们看看下面的这些问题该怎么解决。

- 世界杯足球赛将在某国举办，一共 64 场比赛在全国 12 个城市的体育场进行。为了让全球超过 30 亿观众观看比赛，主办方需要为直播设施提供临时的电力供应。

- 一场热带飓风重创了澳大利亚西部的矿业小镇潘纳沃尼卡，飓风经过之处一片废墟，电力供应被切断。必须尽快恢复供电，才能开始重建城镇及其基础设施。

- 阿姆斯特丹将要举办室内风帆冲浪世界锦标赛，主办方要在一个巨大的室内游泳池的边上安装 27 台风力涡轮机，以产生 32—48 千米/小时的风力。主办方正在为这些涡轮机寻找电力供应。

- 一艘美国海军潜艇在遥远的挪威港口停靠时，需要来自岸上的电力供应。

- 为了更换前一天在龙卷风中被摧毁的冷却塔，俄克拉荷马州的一家大型发电厂紧急寻求临时电力增容。

- 由于一场火灾，加勒比海博内尔岛的主要发电站遭到损坏并导致了大面积停电，岛上急需一个临时发电站来稳定电力供应。

成功解决上面这些问题的是一家名为亚力克公司，该公司的自我定义是：应急工业设备租赁及方案的全球领导者。亚力克公司在全球范围提供设备上门服务，创造了超过 20 亿美元的收入。提供租赁的设备包括移动发电机、无油空气压缩机、冷水机、工业冷气机、大型加热机、除湿机等。

亚力克公司的客户主要是一些大公司和政府机构。大部分的业务是可以提前准备的，如为工厂的维护计划提供后备保障，或者为电影拍摄提供电力等设备支持。但是公司也有准备随时上门响应因紧急情况或自然灾害带来的意外问题。

为了提供上门服务，亚力克公司把大部分租赁设备装在隔音柜中，以便运送到世界任何需要的地方，为客户输出特定类型和级别的电力，或者提供温度控制服务。在核心服务之外，公司还提供配套的咨询、安装和技术支持等增值附加服务。公司把重点放在如何解决客户的问题上，而不仅仅是提供设备租用。有的客户在联系公司之前就对自己的需求有清晰的认识，有的客户在为特殊的问题寻求更有创意和更经济的解决方案，还有的客户需求非常迫切，如需要恢复因意外灾难而中断的电力。这样的客户对速度要求极高，因为电力中断不仅可能带来巨大的经济损失，甚至可能危及生命。因此，亚力克公司的快速反应至关重要。

为了交付服务，亚力克公司要将设备运送到客户所在的现场。下面一些数字记录了该公司在澳大利亚潘纳沃尼卡遭遇风灾后的紧急行动。公司的西澳大利亚团队快速准备了大约 30 台 60—750 千伏安发电机，以及电缆、加油罐车等设备。这些发电机装在 4 辆超长大货车上。这些大货车被形象地称为"公路列车"，它由一个巨型车头牵引着 3 个 13 米长的拖车。公司技术人员和其他设备则是由两架大力神飞机空运。这些技术人员在现场停留了六周，在城镇重建期间提供全天候的服务。

通过远程方式完成服务交易

学习目标：了解通过电子渠道提供的服务，并讨论哪些因素促进了网络服务的发展

网络与电信技术的发展和发达的物流带来了许多新的服务渠道和交付方法。当顾客通过远程方式与商家联络时，顾客虽然可能看不到任何的服务设施，但也无需和服务人员面对面，所有的联络都是通过客服呼叫中心、聊天窗口、电子邮件、社交媒体或信件来进行。若是涉及实体商品、文件或其他东西（如信用卡或会员卡）需要送达客户手中时，现在的物流供应商可以提供整体、可靠和经济的解决方案。通过远程方式完成服务交易的情况包括以下几种情形：

- 一些小物件的维修有时需要客户将产品发到商家的维修点，商家修好后再发回给客户。现在商家越来越多地借助快递公司，如 FedEx、DHL 或 UPS 来处理这类问题。递送的东西从飞机备件的入库和速递（B2B），到将客户的故障手机送至维修点和返还，也称为逆向物流（B2C）。

- 所有的信息服务都可以通过互联网即刻交付。不管你身在何处，只要你手中有能连接上网的手机、平板电脑等设备，就能接受服务。

当你看到服务之花的 8 片花瓣时，可以发现其中至少 5 个辅助服务是涉及信息的（见图 5.2），包括信息服务、咨询服务、订单处理、账单处理和付款支持（如信用卡付款），这5 项都可以通过在线渠道进行交付。现在，涉及零售和维修等以实体服务为核心的商家也

越来越多地选择退出实体店面，通过互联网来提供许多辅助服务，以及依靠发达的物流系统来实现实体商品的远程交易。

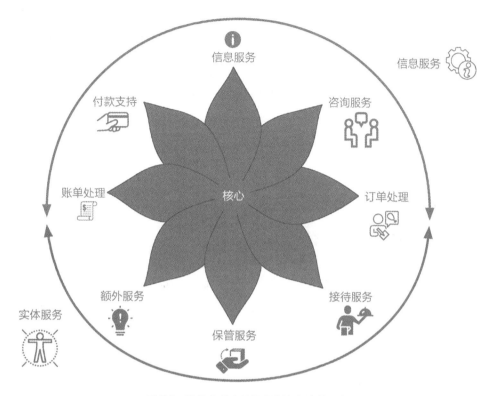

图 5.2　服务之花中的信息服务和实体服务

网站和 APP 提供的服务正变得越来越发达，也越来越方便用户。有的网站就像一个无所不知的销售助理，为用户精准推荐他们可能感兴趣的商品。有的网站可以让你用电子邮件或在线聊天和客服实时互动，尽管客服有时也是机器人。很多网站提供的搜索功能也是一项非常有用的功能。用户可以通过搜索找到某个作者写的全部著作，还可以查到某一天两个城市之间的航班时刻表。在线服务的吸引力在于以下几点：

- 方便。
- 易于搜索（获取信息并搜索所需的商品或服务）。
- 更广泛的选择。
- 有可能获得更低的价格。
- 全天候的服务和迅速的服务交付。这一点对忙碌的人尤其重要。

现在，商家的信息、咨询和订单处理（服务预订和售票）服务的渠道已经变得越来越复杂和多元化（如酒店、航空公司和汽车租赁行业）。这要求商家对所有的渠道进行精心的整合，从而通过不同渠道服务不同的细分客户群。例如，雅高（Accor）或万豪等大型连锁酒店旗下拥有众多子品牌和数千家酒店。这些分布在世界各地的酒店统一通过"全球销售办公室"（Global Sales Office）来管理全球重点客户的关系，为企业、旅行社、会议组织者等大客户提供一站式服务。它们的客服中心覆盖了全球所有时区和主要语言，对顾客提供酒店预订、登记、兑换积分等一站式客户服务。不管身处何处，顾客只需拨打一个免费电话，或者通过网站或 APP，即可预订任何地方的酒店。

不同的顾客有不同的渠道偏好

学习目标：了解哪些因素影响着顾客对服务渠道的选择

同一种服务可以通过不同的渠道提供。渠道不同不仅意味着成本上可能的巨大差异，而且会深刻影响到顾客的体验。尽管目前看来电子化的自助服务渠道是最经济的，但这种渠道也不是一定适合所有的顾客。作为商家，即使希望顾客更多地通过电子渠道来接受服务，也需要对不同特点的顾客群采取不同的策略。我们知道有一些顾客其实更青睐那种和商家有更多接触的服务环境，顾客需要和人有更多的接触和互动。关于顾客在什么情况下更愿意选择高接触度的渠道，什么时候会选择非人工的渠道，又是什么时候会选择完全自助的渠道，近期的一些研究得到了以下一些发现：

- 对于一些过程复杂，而且顾客感知可能有潜在风险的服务，顾客会更倾向于通过和商家的直接接触来让自己更放心。例如，顾客能够接受以远程的方式来申请信用卡，但是却不能接受以同样的方式来办理房屋抵押贷款。

- 有的顾客对于服务内容、服务渠道已经相当了解，而且非常自信自己不接触商家也能完成，那么这样的顾客会更愿意选择非人工的方式，或者完全自助的方式。

- 当顾客选择一项服务的目的只是为了解决一些功能上的需要，为了更快见到效果，顾客往往会选择更方便的渠道，即通过非人工或者自助的方式。而当顾客更多考量到一些社交和沟通的需求时，他们往往会选择人工服务。

- 对于大多数顾客来说，选择服务渠道时最首要的是考虑是否方便。方便意味着顾客可以节省时间和精力。顾客对便利性的追求不止局限在核心服务，对辅助服务的便利性同样有要求，特别是信息服务、预订服务，还有问题的处理这些环节。顾客对便利性的追求贯穿从最初的信息搜索到交易完成的全过程。

渠道整合是关键

学习目标：理解渠道整合的重要性

对信息类服务来说，电子渠道已经成为很多商家必备甚至唯一的渠道。由于其便利性，电子渠道是对之前实体渠道的一个非常有益的补充。然而，商家若是采取多渠道的策略，各个渠道间的整合是非常关键的。因为顾客在使用新的电子渠道的同时，也还在使用着传统的服务渠道（如自动取款机、服务网点或者电话客服）。对于商家来说，在各个不同的渠道间保持服务的稳定和各环节无缝衔接是非常重要的，因为有时候电子渠道给顾客的体验是不稳定和分散的。

最后，商家还需要警惕在不同的渠道使用不同的价格。现在的顾客消息越来越灵通，常常会调查哪个渠道购买服务最便宜，并通过不同渠道的价格差进行套利。例如，顾客可以去找定价最贵的中间商来获取信息和咨询（甚至为此付点信息费），再去找定价最低的渠道来购买。因此，商家需要采取科学的定价策略，通过合理的渠道提供服务。

服务企业的选址

学习目标：描述该在哪儿建立服务的实体渠道，了解服务业选址策略

只要服务不是通过远程提供的，商家都会面临一个服务场所的选址问题。拥有一家实体店面往往意味着不菲的花费和长期的投入，商家不能轻易变更地址或转变成另一种服务形式。就算商家完全不考虑迁址的沉没成本，迁址也必然导致一部分忠诚客户和员工的流失，其新旧地点之间的距离越远，损失越大。

那么商家应该如何选址呢？他们通常采用"两步法"。第一步，战略性的取舍，知道什么样的场所符合自己的整体营销策略。第二步，战术性地分析，根据条件在所有的备选场所中找出与整体策略最相符的。

战略性的取舍

选址是商家经营计划中不可或缺的一部分，必须符合整体的营销策略，而且要有稳定性，要保证一个服务网点能长时间地为目标客户群提供服务。制定选址策略，首先要了解目标客户的需求和期望，是否有竞争性的活动，以及自身的服务运营特点。正如我们前面提到的，固定的经营场所并不意味着所有的服务都通过这个场所提供，辅助服务的分销策略可以不同于核心服务的分销策略。例如，作为顾客，你能接受在某个时间前往某处参加体育或娱乐活动，但在提前预订座位时，你可能需要更大的灵活性和便利性。你可能希望预订窗口有更长的服务时间，可能希望商家提供电话或互联网预订、接受信用卡付款，并通过电子渠道送票。

同样，如果有些服务类型是顾客频繁消费的，而且竞争激烈，如快餐店和加油站，这类商家要想获得客源，就需要为顾客提供更近更方便的服务场所。总体来说是这样，但也有例外，有些情况下顾客可能愿意到离家或工作场所更远的地方享受专业服务。

一般来说这是个取舍问题，商家需要在更多便利性和为此付出的成本之间权衡。也可以按照顾客对便利性的不同偏好和对价格的敏感程度来细分顾客群，总会有一些人愿意多花点钱享受更方便的服务（或者总有一些场景，人们更愿意多花点钱享受更方便的服务。例如，人们为了留在家里看电视，更愿意叫个外卖）。当然也有另外一些人，更愿意省钱而牺牲便利性，如一些"穷游族"为了购买便宜的机票，并不介意更长的飞行时间。

战术性地分析

选址的第二步，是在一些备选方案中选择一个最佳的地址，在这个步骤需要考虑的关键因素包括：

- 人口规模和特点（评估一个场所能够服务的目标客户的密度和数量）。
- 人流量、车流量和它们的特点（评估有多少目标顾客会途经服务场所并消费）。
- 顾客访问服务场所的便利性（公共交通和是否方便停车）。
- 该区域的竞争对手。
- 周边的商业和行业类型。
- 招工的便利性。
- 服务场所的条件、租金成本、合同条款（如租赁期限、相关法律）、规定（如商业规划、营业时间限制）。

现在的商家有越来越多的工具来帮助选址。例如，详尽的统计分析和模型可以帮助大型超市或商场根据客户住所和工作地点来确定位置；地理信息系统（Geographic Information System，GIS）工具让人口统计数据、消费数据、当前与潜在的竞争者情况等关键数据在地图上呈现；Autodesk 等绘图软件可以以一百美元到数千美元的价格访问或使用。这些工具可以帮助商家找到最理想的营业地点并挖掘它的销售潜力。例如，星巴克使用 GIS 软件工具来帮助它选址，星巴克的全球市场规划经理表示：

> 我的团队为负责选址的伙伴们提供分析、决策支持、商业智慧和地理空间情报……我们需要使用工具来提供决策支持并回答一些关键问题。例如，这个商圈正在发生什么；这个区域的零售业有什么趋势；我们的竞争对手在哪里，他们是谁；我们的生意从何而来；哪儿的人流量最大；人们住在哪儿、在哪儿工作、他们怎么去上班。

选址的受限因素

尽管为顾客提供便利很重要，但出于规模化经济或运营的需要，商家在选址时可能会受到一些限制。

- 大型医院的选址无法满足所有人对便利性的要求。由于大型医院需要在一个地点提供全科的治疗，所以规模往往非常庞大，其选址时就受很多制约。需要复杂治疗或住院治疗的患者必须亲自到医院，而不能在家接受治疗。不过，医院可以通过救护车甚至直升机来满足部分患者对便利性的需求。一些专科医生在选址时则有更大的灵活性，为了方便患者就诊，他们往往把自己的诊所开在医院旁边。
- 机场是另一个例子。机场的位置通常很不方便，它距离大多数乘客的住所或工作地点都很远。由于噪声和环境因素，为新建机场或者扩建机场寻找合适的地点是一项艰难的任务。当美国马萨诸塞州的州长被问到关于波士顿的第二个机场可以建在哪里的问题时，他想了想，然后说，内布拉斯加州（该州距离波士顿非常遥远，意指选址艰难）。机场提高便利性的方式是建设连通机场到市区的高速铁路，如上海的磁悬浮列车（见图 5.3），其最高时速可达 431 千米/小时，全程 30 千米的路程，仅需 8 分钟（当然，其起点离中心城区较远），而地铁则需 45 分钟。旧金山的 BART 铁路，伦敦希思罗机场快线，也大大缩短了前往机场的时间。

图 5.3　第一条国产高速磁悬浮列车让上海的乘客更方便地往返城区和机场

创新的渠道分销策略

在当今快速发展的各种新型服务模式中，也出现了一些新的分销策略，这种创新的分销策略甚至可以成为新服务的核心优势。我们下面将重点介绍两种：微型站点和多功能服务设施。这两种新分销策略主打的都是便利性。

微型站点及其分销策略

在发展多网点服务网络的商家中，出现了一种很有趣的创新形式。商家通过建立大量的微型站点以迅速扩大地理覆盖范围，下面来看几个例子。

- 自动柜员机。例如，银行 ATM 机可以提供多种银行服务，可以安装在商店、医院、学校、机场和办公楼里。类似的例子还有快递自提柜（见图 5.4）。

图 5.4　微型站点的一种形式是快递自提柜

- 将服务前台和后台分离。百胜集团旗下的快餐子品牌塔可贝尔（Taco Bell）施行了一个名为 "K-minus" 的方案，该方案把餐厅中的厨房取消了。没有厨房，所有的食物被集中起来在一个地点制作，然后再运输到每家餐厅。

这样做以后，餐厅腾出了更多的宝贵的空间留给顾客。除了餐厅，集中制作的食物还可以通过移动餐车销售，顾客可以通过餐车重新加热食物。

- 渠道互补。当一个商家提供的服务类型很单一时，它们可能会找一些和自身业务有互补性的商家合作，在这些商家的服务场所购买一小块营业空间，从而可以借助这些商家已有的渠道。这样的现象正在越来越常见。例如，你会注意到一些超市中有银行的微型站点；或者快餐品牌唐恩都乐（Dunkin' Donuts）、赛百味和汉堡王共享一处营业场所。

多功能服务设施

对商家来说，最佳的选址是靠近顾客居住或工作的场所。因此，在人群聚集的区域，建筑往往会设计成多用途的商业综合体。建筑内不仅有办公室，还提供自动取款机、餐厅、美发沙龙、购物店、健身房等服务场所。有的商家甚至把托儿所开在这些商业综合体中，方便那些工作忙碌的父母照看孩子。

新商业模式所依托的策略是服务渠道共享。这方面的一个代表性的例子是美国的连锁药店品牌沃尔格林（Walgreens）。这家公司把大量的诊所开在购物中心，为顾客提供方便和低成本的健康服务。它的诊所看起来像个普通的医生办公室，但服务内容却大有乾坤。例如，患者在访问诊所之前可以在线查看可能的等待时间；到店后会在一个单间接受护士的问诊；在店内售货亭使用触摸屏获取处方并购买药品；药剂师会负责患者的咨询；相关的手续则是在一处集中完成。有些医生觉得这样的诊所提供的医疗服务不合标准，但没有太多证据可以证明——兰德公司的一项研究发现，这种小型诊所在治疗常见健康问题上和大医院没有什么明显的不同，但成本要低得多。

一段时间以来，商家对在交通路线上开展零售和其他服务的兴趣日益浓厚，如公交车站、火车站和机场这些地点。很多石油公司在加油站网点开设了连锁便利店，为司机们提供除了加油以外的一站式服务。例如，司机在这里可以购买车辆用品、食品以及精选的家居用品等。高速公路上的服务站也通常包含了洗衣中心、休息室、自动取款机、互联网、餐馆、廉价住宿，以及各种车辆保养和维修服务。机场航站楼本是航空服务基础设施的一部分，现在也多被改造成了热闹的购物中心。

什么时候提供服务

学习目标：描述实体渠道的服务是什么时候提供的以及哪些因素会导致服务时间的延长

历史上，大多数工业化国家的工作者每周工作 40～50 小时的时间。在很大程度上，这个传统的工作制反映了一种不成文的社会规范（尽管有时工作时长会以法律，或者工会协定的形式规定下来），这就是大家普遍接受的工作时间和营业时间。而在大多数基督教文化为主的国家里，人们强烈反对在星期日工作或者商业场所在星期日开放，甚至把这一条写入法律。这种工作制反映的是长期的宗教影响，然而这对上班族来说则非常不方便，因为他们休息的时候，所有的商店也不开门了。今天的情况发生了变化，一些商家的营业时间，特别是需要对顾客的需求做出快速回应的服务业，标准已经变成了 7×24 小时全天候、全球响应。

决定商家营业时间的关键因素首先是要看顾客是否有需求，其次要看开放更长的营业时间是否有更大的经济利益。其中，营业场所的成本是不变的，而营业时间的成本会随着时间的延长而增多（如要付员工更多的薪水、更多的水电费用）。这时就要看延长时间的成本是否能带来的更多的收益，以及是否可以改善运营状况（让顾客不再集中在某一个时间到店，而是转到延长的营业时间到店）。有关延长工作时间背后因素的更详细讨论，请参阅扩展资料 5.2。

扩展资料 5.2

哪些因素会促使商家延长营业时间

延长工作时间，一周营业 7 天。这种工时制最早从美国和加拿大开始，现在已演变为一股趋势，蔓延到世界上许多其他的国家。我们现在来谈谈推动工时延长的 5 个因素。

（1）**消费者对延长营业时间的需求。** 双职工家庭，或者独居的上班族，只能在休息时间才能去购物或者享受服务。这促使商家延长营业时间。很多顾客也希望能在自己想要的时候随时享受购物和服务。在一个区域内，一旦有一个商家延长营业时间以满足这些细分顾客群的需求，其他同行就不得不跟进。连锁商店常常带头这么做。

（2）**营业时间的法规变迁。** 随着时代演变，那种从宗教传统角度出发要求所有人必须统一在每周的某一天休息的观点日渐式微。特别是在一个多宗教文化的社会，确定哪天休息本身就是有争议的。基督教文化中星期天要放假；犹太教和基督复临派认为星期六是安息日；对于穆斯林来说星期五是圣日；不可知论者或无神论者大概是无所谓的态度。近年来，西方国家的此类法规正在逐渐消失。

（3）**资本利用最大化的经济收益。** 一般来说，商家的大量资金都投入在了服务场所和设施方面。延长营业时间所带来的成本相对来说不那么高。如果还能借此增加收入并起到分散客流的作用，这个做法就会在经济上非常有吸引力。此外，即使不延长营业时间，商家每天的开业和关门本身也有成本。例如超市，关门后它的温度控制和照明系统仍然要保持整晚开着，安保人员也是任何时间都要守在岗位上。因此，即使在延长的时间里前来消费的顾客数量很少，商家也会觉得值得这样做，因为它不仅带来额外收入，而且也可以用来做宣传。

（4）**满足"灵活用工"的需求。** 生活方式的改变催生了一批愿意在夜晚工作的劳动者。其中包括在课外寻找兼职工作的大学生，做多份工作的打工者，白天在家带孩子、晚上出来工作的父母，还包括一些宁愿晚上工作而白天休息睡觉的人。

（5）**自动化自助服务设施。** 自助服务设备变得越来越方便和可靠，许多机器都可以支持现金、银行卡或手机支付的任何一种。因此，在那些无法安排人工服务的场所安装自助服务机器是一种经济可行的替代方案。只要机器质量过硬不需要频繁维修，延长它的工作时间根本不会增加什么成本。实际上，比起每天启动和关闭它们，让机器持续运行会更简单。

值得注意的是，也有一些公司在抵制这种7天连续的工作制。总部位于亚特兰大的连锁餐厅Chick-fil-A就主张星期日必须休息。他们认为通过给员工放一天假，有效防止了员工流失。

中间商的作用

学习目标：了解服务分销中中间商的作用、使用中介的益处和成本

我们已经学习了服务分销中传递了**什么**以及**怎样**对服务进行分销。现在我们要讨论谁会参与服务分销的过程，以及他们参与的是哪些环节（如信息、咨询、核心服务和辅助服务）。我们要问，一个商家是否有必要提供服务过程的全部环节，还是可以通过中间商来承担服务交付中的某些部分。在实践中我们发现，许多商家会把服务的某些环节外包出去，交给中间商，因为这样做成本更低、效益更高，特别是一些辅助服务的环节。如邮轮公司，尽管邮轮公司正越来越多地使用互联网和自己的客服中心，但大部分的客户接触，特别是其高端旅行服务的客户接触，邮轮公司仍然会交给第三方的旅行社来处理。旅行社会负责为客户提供信息和建议、接受预订、付款处理和票务。

不同分销渠道的好处和代价

对于商家来说，如何通过一家或多家中间商并共同把服务提供给客户？我们使用"服务之花"模型来展示一个案例。在图 5.5 中，商家负责把核心服务以及其中的一些辅助服务，包括信息、咨询和额外服务提供给顾客，其他的一些辅助服务则委托给中间商提供，两者共同完成全部服务的交付。这种合作也可以是不同的情况，例如，一些专业的中间商可能仅负责其中一项或几项特定服务的提供，而源头商家则扮演整个流程的监督者的角色，确保中间商的服务符合其整体理念，以创造无差别的品牌体验。作为中间商，除了被动接受源头商家的外包任务，还可以主动参与业务的开拓。这里我们以旅游业为例，旅游业有很多不同的销售渠道和预订渠道（见图 5.6）。这些渠道各有特色，成本也大不相同。

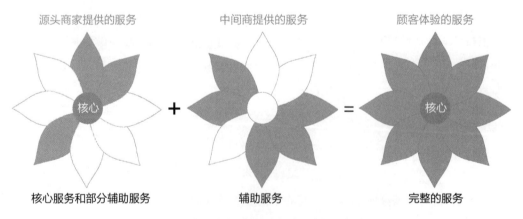

图 5.5　服务分销中源头商家与中间商的任务分工

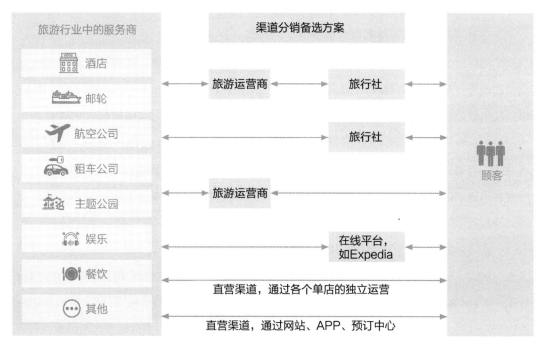

图 5.6　旅游业中的销售渠道

　　例如，成本最低的分销渠道是网站或 APP，通常每次成功交易的获客成本低于 1 美元。其次是商家自己的中央预订系统即呼叫中心，每次成功交易的获客成本大约 25 美元，通常，一次成功交易要经过多轮电话。接下来是通过中间商的渠道，做旅游产品零售的旅行社通常收取 10%～20% 的佣金。旅游运营商的佣金费率更高，达到 20%～30%。最贵的要属在线分销商，比如 Expedia 和 Priceline，最多可以收取 30% 的佣金。由于佣金过高，许多已经打出品牌知名度的商家会希望绕过或消除中间商，把客户和销售挪到成本更低的渠道，这个过程也被称为"去中介化"。试想一下，如果改用自己的渠道直接向终端客户销售，就能节省高达 30% 的成本，哪个商家不愿意这么做呢？

　　除了分销渠道的成本，商家还需要非常重视客户资源所有权的问题，因为当中间商负责和客户所有的接触并拥有客户资源，就可以很轻松地更换源头商家。例如，一些餐厅通过订餐平台美团外卖、饿了么，或者 Uber Eats、Foodpanda 提供餐饮服务，由于这些订餐平台太过流行，几乎所有的顾客资源都被掌握在订餐平台而不是在源头商家手里。因此，当餐饮业市场出现了价格更低、效率更高的中央厨房时，之前的那些餐厅会发现订单少了很多，因为顾客都通过平台去选择了新服务商。

出于对节省成本和掌握客户资源这两点的考虑，许多大型的连锁酒店正努力发展自己的直营渠道。特别是吸引那些重要的商务旅客直接在线预订。为此，这些酒店需要做一些重要的改进，如简化预订流程，让旅客仅需几步点击就成功订房；设计更清晰的页面导航；多做线上促销；建立顾客激励制度；以及提供最优价格保证等。但这时酒店可能又会面临中间商的反弹，特别是那种用户影响力大的平台，如 Booking.com 或者 Expedia，它们会要求酒店不得提供低于平台的价格。这时，酒店只能想其他的办法来吸引用户。例如，给那些直接通过酒店预订的顾客提供延迟退房、忠诚度积分或免费早餐，这些好处是顾客在中间商那里得不到的。

一些知名的廉价航空公司通常从一开始就把重点放在直销渠道，以最大限度地降低分销成本。例如，廉航公司 EasyJet 宣称几乎所有的客户都是通过它们的官网预订机票，并专门设计了广告语"在 EasyJet 的官网预订廉航机票，享受 140 个目的地的最低票价"。美国的西南航空公司（Southwest Airlines）则宣传其官网是"唯一可以在线查看西南航空机票的地方"。

这一节的学习告诉我们，在设计分销策略时要仔细考虑下面这些问题：中间商会起到什么作用并带来哪些附加价值或好处、中间商掌握客户资源时的风险，以及不同中间商的成本。

特许经营

学习目标：知道为什么商家常常通过特许经营的方式为终端顾客提供服务

前面我们探讨了源头商家将附加服务外包给中间商的情况。实际上，核心服务也是可以外包给中间商的，这就进入到我们这一节要学习的概念"特许经营"，商家常常通过这种方式扩大市场和品牌影响，特许经营模式将一个商家的 7P（见第 1 章）复制到多个服务网点，而需要的金钱成本，比一个商家自己去开同样数量新店的成本要小得多。在特许经营的模式下，特许人吸引那些愿意投入时间和精力，并认同品牌和服务理念的创业者加盟。作为回报，特许人会为加盟商提供有关经营和营销的业务培训、销售支持，以及在特许区域的推广支持。特许区域内的营销活动通常由加盟商支付，但他们的活动必须符合特许人的规定。

国际特许经营协会（International Franchise Association）是世界上历史最久、规模最大的特许经营者代表组织。它为特许经营做的定义如下：

特许经营是一种对产品或服务进行分销的方式，它包括特许人，即一个商家的商标、商号和经营模式的建立者。还包括加盟商，加盟商向特许人支付加盟费，从而获得特许人的授权在同一品牌和经营模式下开展业务。

对于服务业公司来说，特许经营是一种特别有吸引力的策略。特别是在以下几种情况下。

- 当一家公司资源有限，却必须实现快速扩张以抢占竞争优势时，可以采用特许经营模式。服务业公司在早期往往除了自己的品牌之外没有什么资源，而做任何事都可能被对手复制。这种情况下，哪家公司能最早占领用户心智，就极有可能成为一个细分用户群里的龙头老大。而加盟者往往会为特许经营投入大笔资金，从而促进整个品牌的快速发展。
- 加盟商的长期承诺至关重要。这样加盟商才能以很高积极性来确保客户的高满意度，建立客户忠诚度并开展优质服务运营。
- 熟悉本地很重要。加盟商往往来自当地社区，因此可以非常有效地与地方当局打交道（如在服务设施的建设时），也更熟悉当地的劳动力市场、媒体和顾客。

美国的特许经营规模在全球领先。自 19 世纪 30 年代首次将这种方法用于快餐店、旅馆和汽车旅馆以来到今天，美国一直保持着领先地位。美国的特许经营行业收入约为 7 600 亿美元。尽管快餐店仍然是特许经营模式应用最多的行业。但这个概念已经广泛应用于 B2C 和 B2B 的服务业中。在全世界，通过特许经营而出现创业概念一直被孵化并实现商业化，特别是在大健康、教育、安全等 B2C 的服务业领域。作为消费者，你曾经光顾过的特许经营的商家可能比你自己认为的要多（见表 5.2）。

表 5.2　美国排名前 10 的特许经营企业及其启动成本

排　名	特许经营企业名称	行　业	启动成本（千美元）
1	唐恩都乐（Dunkin' Donuts）	食品饮料	396～1 600
2	塔可贝尔（Taco Bell）	快餐	526～3 000
3	麦当劳（McDonald's）	快餐	1 300～2 200

排　名	特许经营企业名称	行　业	启动成本(千美元)
4	索尼克快餐(Sonic Drive-In)	快餐	1 200～3 500
5	UPS 连锁店	零售与加盟	138～470
6	ACE 五金	五金器具	286～2 100
7	星球健身(Planet Fitness)	健身	1 100～4 200
8	泽西麦克三明治 (Jersey Mike's Subs)	餐厅	237～767
9	卡尔弗(Culver's)	快餐	2 000～4 700
10	必胜客(Pizza Hut LLC)	快餐	357～2 200

1997 年，中国国内贸易部发布了《商业特许经营管理办法（试行）》，为特许经营模式在我国的发展提供了初步的制度保障。经过 20 多年的发展，我国的特许经营企业数量已经跃居全球首位，特许经营的商业模式在我国得到广泛的应用。智研咨询公司发布的《2021—2027 年中国特许经营行业市场运行格局及战略咨询研究报告》显示，2019 年中国特许连锁百强企业销售规模达 5 046.16 亿元，其中多业态餐饮集团行业销售规模为 614.2 亿元，占总销售规模的 12.17%，占比最大；服装服饰专卖行业销售规模为 591.524 6 亿元，占总销售规模的 11.72%；珠宝首饰专卖行业销售规模为 508.005 6 亿元，占总销售规模的 10.07%。

一项针对餐饮业加盟商的长期跟踪研究表明：一般来说，通过特许加盟一家餐厅品牌要比自己开餐厅更赚钱。然而，研究也表明，在一个新品牌发展特许经营的最初几年，特许人无法坚持的情况非常多。1/3 的特许人在特许经营的前 4 年失败，高于 3/4 的特许人在 12 年后不复存在。这里总结了特许经营成功的因素，包括以下几点：

- 具有通过更易识别的品牌名称扩大加盟规模的能力。
- 特许人为加盟商提供长期的合同，但较少的支持服务。
- 比较低的加盟商经营费用。
- 在描述加盟商的运营要求和为其提供的支持方面，提供更准确和务实的信息。
- 建立合作而不是控制关系。

为了实现有效规模，业务增长是非常重要的。因此，一些特许人采用一种称为"区域主授权体系"（master franchising），这种模式下，特许人会把一个区域内的加盟招募、培训和支持授权给一个加盟商。得到授权的往往是已经成功运营了一家或几家店面的加盟商。虽然特许经营模式有很多成功案例，但也有一些缺点。

- 首先，特许人对服务交付流程的控制多多少少有所丧失，如何保证顾客在加盟商那里体验到的服务和加盟商手册中的规定完全一致成了一个问题。而服务质量的把控又是至关重要的。因此，特许人往往会在合同上严格定义服务标准并要求加盟商严格遵守，以此来控制服务交付的方方面面，包括服务标准、服务程序、脚本等。

- 还有一个持续存在的问题是，加盟商在获得经验之后，可能开始对支付给特许人的各种费用感到不满，而且认为自己可以在不受协议约束的情况下把业务做得更好。这常常导致双方的法律纠纷。

其他的中间商形式

根据中间商的角色、合作模式、法律地位以及和源头公司关系等方面的差异，中间商在服务分销方面还可以表现为多种形式。特许经营是最常用的分销策略之一，但还有一系列替代方案可供选择。如许可证方式（licensing），是指一家公司将专利、版权等授权给另一家公司，并允许该公司代表源头公司提供核心产品或服务。此外，货运公司常常使用独立代理的模式，而不是在每个城市开设自己的分公司。货运公司也可以选择与自驾的卡车运营业者签订合同。

还有一些其他的服务分销模式，具体的细节依合同而定。例如，一些金融公司和保险公司缺少一个广大的销售网络，它们常常借助银行的网点销售理财产品和保险产品。银行会从中收取销售佣金，但不参与索赔的处理。

大型国内市场的服务分销面临的挑战

学习目标：了解在大型国内市场的服务分销会面临哪些挑战

地理范围对服务营销的影响巨大。在一个面积狭小的区域里的营销活动和在一个幅员辽阔的国家里的营销活动完全不同。首先，在美国、加拿大、澳大利亚等国家，内部距离遥远而且横跨多个时区，物流首先就成了一个挑战；其次，由于移民比例的增加和原住民族的存在，如何应对多元文化也是一个问题；最后，在这些国家的内部，各地区自己的法律和税率可能与中央政府的法律和税率存在差异，这些都是在大国的市场里可能遇到的问题。当然，澳大利亚和加拿大尽管土地辽阔，但比起美国、中国、印度这种超大型经济体，在营销上面临的挑战要小很多。

以中国为例，来中国旅游的海外游客常常感叹中国广大的国土、多元的民族，以及气候、地形和景观的多样性，同时，也对中国各种商业经营的市场规模印象深刻。如果想把生意做到全中国，你可以先了解一下这块市场。目前中国有拥有 14 亿人口，34 个省级行政区，包括 23 个省、5 个自治区、4 个直辖市、2 个特别行政区。幅员辽阔，从黑龙江佳木斯到西藏阿里地区距离超过 5 000 千米。地形多样，也使气候更具复杂多样性。从温度带划分看，有热带、亚热带、暖温带、中温带、寒温带和青藏高原区。仅考虑物流的问题，为中国的 34 个省级行政区的客户提供服务就和你为整个欧洲、整个北非或整个中东提供服务一样复杂。要不是因为中国拥有发达的通信、运输和配送基础设施，物流的难度就更难以想象了。

随着经济发展先后而导致的不均衡，使得市场细分问题对营销人员来说变得更加复杂。新中国成立后长期实行优先发展重工业、农业支持工业、农村支持城市的政策，导致农村发展明显落后于城市。近年来，国家加大了向农村和中西部的投资，但在一段时期内，因发展的基点不同、条件不同，城乡差距、东西部差距及其居民收入差距仍会较大。

面对这样一个庞大而多样化的国内市场，中国大多数公司会通过聚焦细分市场来简化营销和管理负担（见第 3 章）。有的公司按地域划分不同的市场，有的公司则根据人口学统计，如按照不同的生活方式与需求来细分客户群。若面对的是企业客户，则可以按照行业类型和公司规模来细分客户群。小型公司希望把业务做到全国时，可以定位小众群体的商机，这一点在互联网普及的今天变得比以前更容易。然而，对于大型公司来说，全国范围的服务运营面临着巨大的挑战。因为它们要为广大地理区域的多个细分市场提供服务。它们必须在服务标准化与适应不同的细分市场之间取得平衡。特别是对那些高接触度的、需要顾客亲临服务场所的服务类型，服务运营决策尤其具有挑战性。

跨国服务分销

许多公司在不同国家提供服务，如 CNN、路透社、谷歌、华为、中国银行、星巴克、赫兹租车、花旗银行、麦肯锡等。是什么促使这些公司走向跨国业务甚至把业务做到全球？当一个服务业公司想做跨国业务时，该怎么进入一块新市场？

哪些因素促使公司采取跨国战略

学习目标：了解哪些因素促使服务业公司走向国际

有若干因素驱动着全球化和跨国整合战略的趋势。在服务业领域，促使企业走向国际化的因素包括：市场因素、竞争因素、技术因素、成本因素和政府因素。因服务类型的不同，这些因素的重要性可能也相对不同。

市场因素

促使服务业公司走向国际的市场因素包括以下几个：来自不同国家的客户的相同需求；客户希望在国际范围内得到稳定和一致的服务；国际化的服务渠道日趋成熟高效，包括实体供应链和电子渠道。

当企业变成全球化公司时，它们通常会对全球各地的供应商进行简化并统一标准，用较少的供应商提供更广泛的服务。例如，它们会尽量减少审计公司的数量，把公司在世界各地的审计需求统一交给"四大"会计师事务所之一（普华永道、德勤、安永和毕马威），这可以让公司应用一致的审计方法。进一步的例子还包括使用提供全球服务的企业银行、保险和管理咨询公司。同样，发达的全球物流和供应链也促使许多制造业企业将物流工作外包给成熟的国际化物流公司，如 DHL、FedEx 或 UPS 等公司。这样做的好处是显而易见的，质量稳定的服务、连接供应商的便利性、统一和清晰的信息，以及明确的责任制。国际旅客在享受旅行相关的服务时，如航空公司、酒店或汽车租赁，旅客也往往希望服务标准是可预测的和稳定的。

竞争因素

来自不同国家的竞争者的存在、国家间的相互依赖、竞争者的国际化政策，这些都可以成为影响服务业公司决策的关键因素。例如，当一家公司进入一个新的国外市场，其他的竞争者可能也不得不跟随，以保持在市场中的地位。

科技因素

科技因素主要是指先进的信息科技为企业开辟国际市场带来的便利。例如，电信、计算机和软件的性能越来越强大；设备的小型化；以及语音、视频和文本的数字化，所有的内容都能够存储、编辑和传输。特别是对信息处理的服务，宽带网络和海量数据的高速传输为企业开辟新市场奠定了技术基础。

成本因素

从成本的角度来看，规模的增大有时会带来成本的降低。企业国际化后可以带来更高的采购效率，如使用一些国家更经济的物流，从而降低运营成本，这让国际化的企业更容易形成规模经济。成本因素的效果有多大要看企业在进入他国新市场时所需的固定成本和能够多大程度上节约成本。这方面可以通过一些办法来缓解，例如，进入新市场时的固定设施设备投资可以通过租赁的方式减轻成本，可以使用当地投资者的设施，或者通过特许经营方式获得当地企业的帮助。需要注意的是，成本因素的驱动方式可能不太适合处理人体的服务，因为公司需要把几乎所有的服务元素都照搬到新市场，效率并未提高，因而享受不到规模经济带来的好处。

政府因素

政府政策可能促进企业的跨国发展，也可能成为其阻碍。对跨国经营有利的政府因素包括：优惠的贸易政策、兼容的技术标准，以及制定通用的市场法规。例如，欧盟委员会为了建立统一的欧洲市场而采取的一系列鼓励政策，促使众多行业开展业务时以整个欧洲市场为出发点。

此外，世界贸易组织（World Trade Organization，WTO）为了推动服务业的国际化，也促使各国政府创造了更有利于跨国服务企业的政策环境。关于促进服务企业国际化的这些因素，可以通过扩展资料 5.3 香港机场的例子来加强理解。

中国香港机场： 全球化的一个缩影

半空中是澳洲航空的一架红白相间的波音777-300ER飞机，机身上喷涂着跳跃的袋鼠，飞机下方就是热闹的香港港口和一艘艘繁忙的商船。经过10个小时的飞行，这架从澳洲出发的航班即将到达香港机场。在机场滑行中，乘客看到飞机上各种图案的尾翼，代表着来自几大洲十几个不同国家的航空公司，似乎在对乘客们说，欢迎来到这个非凡的国际化都市。

乘客中既有商务旅客，也有游客以及回到香港的居民。通过海关后，大多数旅客将前往酒店，其中包括全球连锁的酒店品牌和香港本地品牌。一些旅客提前通过赫兹租车等平台租好了车子，在机场内就可以办理取车手续，还有一部分旅客通过港铁去往市区。游客们期待着品尝著名的粤菜，父母们拗不过孩子的请求，去吃孩子们爱吃的知名的连锁快餐。还有的旅客目标是购物，购物场所不仅有中国珠宝和古董店，也有那些在国际都市才能找到的知名国际奢侈品牌店。

那些商务旅客则带着满满的日程来到这里。有的人前来就制造业成品的供应合同进行谈判，范围从服装、玩具，到计算机配件；有的人来这里推销自己的商品和服务，行业遍及航运、建筑、电信、娱乐到法律服务；有来自澳洲的旅游公司老板前来商谈昆士兰著名的黄金海岸的度假方案；有来自布鲁塞尔的加拿大籍某四大会计师事务所合伙人来到香港，希望揽下一家跨国公司的审计业务；有来自一家欧美电信公司的美国高管和英国同事来这里，希望拿下一家跨国公司的全球电信的管理合同；还有很多来自国际银行和金融公司的人来到香港这个世界上最具活力的金融中心之一寻求商业融资。

在澳航飞机的货舱里，除了旅客的行李，还有运到香港和中国其他城市的货物，包括邮件、澳洲葡萄酒、游艇部件、推销澳洲旅游的各种展会宣传册，以及各种贵重商品。工作人员已经在机场就位，包括澳航员工、行李搬运工、清洁工、机械师等技术人员、海关和移民官员。接机的人也已经在出口处等待，包括少数几个澳大利亚人和大多数的本地人。他们中的很多人从未出过远门，但在他们的日常生活中所接触到的银行、快餐店、零售店和保险等服务业品牌，和他们的国外亲朋所接触的没有区别。这就是全球化的服务营销的世界！

不同性质服务的国际化分销策略

学习目标：了解服务的国际化分销面临哪些特殊挑战

是否某些服务类型比其他类型更容易做国际化分销？服务业公司可以通过哪些方式来挖掘国际市场的潜力？这个问题一定程度上取决于服务的性质（例如，是以人体为服务对象，还是以所有物为服务对象，还是针对信息的处理）。服务性质不同，对国际分销策略的要求也不同。

对人体的服务

对人体的服务需要商家和顾客的亲身接触。这就决定了商家必须具有实际的经营场所，并配备必要的员工、设施、设备、车辆等，还要为目标客户到店访问提供便利性。对人体的服务分为下面两种情况。

把服务输出到其他国家

不管是单独开店还是与当地供应商合作，商家必须在另一个国家有实际的经营场所。商家将服务输出国外的目标可能是拓展新顾客，也可能是为现有的顾客多提供一个服务地点，或者两者兼有。这种情况通常应用于连锁餐厅、酒店、汽车租赁公司和减肥中心。

如果商家服务的是海外的企业客户，商家所属的行业往往是银行业、专业服务，以及商业物流。若是客户所在的场所不固定，如一些商务旅客和游客，他们可能会在不同的国家体验同一商家的服务，并进行比较。

吸引外国顾客前来

如果你的服务有独特的吸引力或者竞争力，还可以把世界上其他地方的客户吸引到你的店里来。例如，热爱滑雪的人们会专程从国外飞到北美一流的滑雪胜地，包括不列颠哥伦比亚的惠斯勒，或者科罗拉多州的韦尔。人们也可能会去知名的医院寻医问药，如马萨诸塞州综合医院或者明尼苏达州罗切斯特的梅奥诊所。现在，医疗保健领域出现了越来越多的双向流动的趋势。很多来自北美、欧洲和大洋洲的患者前往亚洲一些国家，进入定制化的现代医院接受从髋关节置换到整容手术等一系列医疗服务。即使算上旅费和住宿费用，总费用通常也远低于患者在本国需要支付的费用。而且，在充满异国情调的国外调养身体，感觉就像度假一样，因此这样的服务格外有吸引力。

对所有物的服务

在许多情况下，对所有物的服务也会受到地理限制。这种类型的服务涉及对顾客的实物财产的服务，包括维修保养、运输、清洁、仓储等。不管是顾客带着物品到店，还是商家上门服务，这都需要一个实际的服务场所，有时，专业服务人员甚至需要飞到另一个国家去提供服务。尽管如此，对所有物的服务有时可以突破地理的限制，例如，一些小件物品可以通过邮寄的方式送到国外处理，一些服务还可以通过远程的方式诊断问题和修复。

信息服务

信息服务有两种。一种是精神服务（mental-processing services），这种是针对客户的精神，如新闻和娱乐。另一种是信息服务（information-processing services），此类处理的是客户的无形资产，如银行和保险。从服务业的全球发展角度来看，信息服务也许是最有趣的服务类别，因为信息的价值是在信息的处理、改变和传输中创造出来的。信息服务可以通过以下3种方式进行国际化分销。

- 将信息服务输出到其他国家。例如，好莱坞电影可以在世界各地的电影院放映；或者在一个国家设计的一门大学课程，可以授权另一个国家的老师作为教学材料使用。
- 吸引国外的顾客前来。这种情况下，信息服务具有对人体的服务的特点。例如，有大量的留学生到美国或加拿大学习，但学习这项活动本身是一种信息服务。
- 用电子方式输出信息，并在国外转换为服务。例如，客户自己从国外的网站上下载的数据，这个输出过程其实是一种电子流，而不是信息本身，下载完成后，在客户所在国再转化成服务。这与第一点有所不同，第一点输出的是信息的内容本身，如电影可以通过光盘等载体传输给客户。

理论上，这些信息服务都不需要与客户面对面地接触，因为所有这些服务都可以通过电信或邮件远程提供。银行和保险是服务国际化的很好例子。当客户身在国外需要现金时，他只需要在当地找到一台连接全球银行网络的 ATM 就可以取现。不过，营销活动有时仍然需要在当地进行，如与客户建立个人关系、现场调查（如咨询或审计），或者仅仅是为了满足当地的政策要求。

除了金融、保险、媒体和娱乐业以外，教育服务业正越来越多地通过多渠道进行全球化分销。例如，许多大学在国外建立了校区，由本地的老师和原大学外派的老师教授课程，学生还可以通过远程方式学习。上海交通大学和英国开放大学都开发了先进的在线课程体系。此刻，一个真正的全球化服务指日可待。

国际服务贸易的壁垒

学习目标：了解国际服务贸易的主要壁垒

很长一段时间以来，服务的国际化营销是国际贸易中增长最快的部分。许多公司希望将业务做到国际化，但跨国战略的制定与实施并不容易，需要综合考虑公司开展业务的所有国家的情况。例如，贸易壁垒在历史上曾经是一个严重的问题，但在各国的努力下，壁垒正在慢慢减少。在这方面，各国主要通过自由贸易立法来推动跨国贸易的发展。这方面的例子包括将加拿大、墨西哥和美国连接到一起的北美自由贸易协定（North American Free Trade Agreement，NAFTA）、拉丁美洲经济集团南方共同市场（Mercosur）、包含了亚洲和美洲 11 个国家（美国不在其内）的跨太平洋伙伴关系全面和进步协议（Comprehensive and Progressive Trans-Pacific Partnership，CPTPP），以及纳入了欧洲 27 国的欧盟（European Union，EU）（请参阅扩展资料 5.4）。

扩展资料 5.4

欧盟：步入无国界贸易

服务营销人员在欧洲市场面临的许多战略决策挑战和在美国遇到的类似。欧盟 27 国的面积比美国的更小、更紧凑，但人口有 4.5 亿人，多于美国的 3.3 亿人，而且，欧洲的文化和政治更加多样化，口味和生活方式不同，且欧盟区的语言更加复杂，存在着 24 种官方语言和各种地区语言，如加泰罗尼亚语和威尔士语。随着新国家的加入，欧盟这块"单一市场"将变得更大。罗马尼亚和保加利亚等几个东欧国家加入后，进一步增加了文化多样性，若是横跨欧洲和亚洲的土耳其未来再加入欧盟，将使欧盟市场更靠近俄罗斯和中亚国家。

在欧盟内部，为了平衡竞争环境并阻止某些成员国的市场保护，欧盟委员会在努力协调各国标准和法规，并取得了巨大的进展。现在，有许多服务业公司在欧洲和海外开展业务。

使欧盟国家的跨国市场更加紧密的另一个重要因素是统一的货币。1999 年 1 月开始，11 个欧洲国家的货币开始同新货币建立了兑换机制，到了 2002 年，这些国家开始正式启用新的货币"欧元"。现在，从北欧的芬兰到南欧的葡萄牙，欧元已经成为欧盟区 19 个国家的官方货币。

尽管欧盟内部服务自由贸易的潜力继续增加，但是还未覆盖整个欧洲大陆。大欧洲的地理概念可以从冰岛一直向东延伸到乌拉尔山脉，即俄罗斯的欧洲部分。其中还有很多国家没有加入欧盟，如被欧盟拒绝加入的瑞士和挪威。不过，这些国家和欧盟有更密切的贸易关系。未来是否会有一个完整的整治联盟？还是一个"欧洲合众国"的概念？这仍然是一个有争议的话题。不过，站在服务营销的角度，欧盟的市场规模和人们流动的自由程度，都越来越往美国的模式发展（更多信息，可以参考欧盟官方网站 http：//europa.edu）。

然而对于某些服务类型而言，在国际市场上成功运营仍然很困难。尽管世界贸易组织和它的前身——关税和贸易总协定（General Agreement on Tariffs and Trade，GATT）做了许多努力，但仍有许多障碍需要克服。例如，航线准入是一个痛点。按照许多国家的规定，建立新航线需要两国达成双边协议。也就是说，如果两国之间一个国家允许新航班入境，而另一个国家不允许，那这条航线就不能建立。政府限制航线的原因主要是一些机场的容量限制，这导致国外新航班无法在该机场降落，客运和货运也因此都受到此类限制的影响。此外，金融和医疗保健市场也是政府高度监管的对象，外国公司很难进入这些市场。

即使在一些更普通的市场，如进入出租车行业的优步，还有住宿领域的爱彼迎，这家公司尝试把全球的预订服务与各地住宿资源/民宿创业者连接起来。这些公司面临着监管的阻碍。这些行业的传统利益集团习惯于利用监管保护，并通过游说监管者抵制新入市场的玩家。具有讽刺意味的是，他们常用来反对市场新玩家的理由是客户保护和服务标准（如乘客安全，以及出租车的保险）。直到最后客户用脚投票选择新企业，并向监管机构施压，传统从业者才开始改善服务，或者降低价格，而政府会通过制定一个新的监管框架来适应创新商业模式。

如何进入国际市场

学习目标： 解释哪些因素影响着国际市场战略的制定

如何制定一个最合理的进入国际新市场的战略？这取决于：① 公司对其知识产权的保护程度，是否掌握其价值创造的核心；② 公司与客户之间互动水平的高低（见图 5.7）。

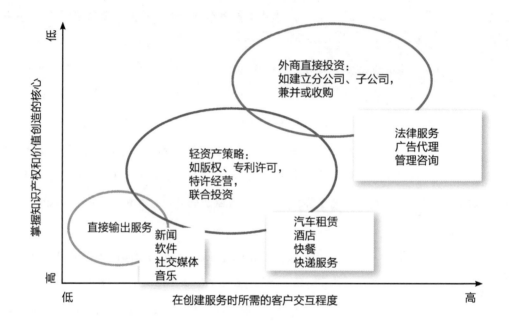

图 5.7　如何进入国际市场

在国际市场上，当一家公司可以运用版权工具或法律手段，很好地保护自己的知识产权和核心价值，而且服务过程不需要和客户有很多接触（如通过互联网或电话远程提供的服务），公司就可以选择直接输出服务。因为在这种情况下，公司的业务不太可能被当地的竞争者抢去，或被中间商或合作伙伴窃取。这方面的服务种类包括：数据库服务（如汤森路透的社科引用文献导引服务）、在线新闻（CNN 或金融时报）、在线广告，以及音乐、电影、电子书和软件的下载。有时我们也会看到上述的一些公司在其他国家建立了分公司。但分公司的职能只是推广和销售（如脸书和领英等在许多国家建立了广告销售和服务团队），而不是提供服务本身。

快餐、全球连锁酒店、快递，对于这些行业，公司可以比较容易控制它的知识产权以及价值创造的核心。因为这是公司的业务能力、客户群、客户关系、商业网络、全球资源及品牌推广等方面共同作用所决定的，其他公司不太容易复制。当然，若没有这些能力和资源，公司也很难提供满足客户期望的服务。在这些行业，公司和客户之间有中等程度的接触，因此需要建立一定的实体存在。这类公司可以通过专利许可，或者特许经营，或者在掌握控制权的前提下进行联合投资这些方式来进行全球范围的扩张。例如，星巴克和硬石咖啡（Hard Rock）的知识产权和价值核心是其强有力的品牌，其连锁店对顾客产生强大的吸引力。雅高、万豪等大型全球连锁酒店通过其忠诚度计划和全球销售办公室掌握着数百万客户的资源。当这些酒店通过特许经营或联合投资等方式在另一个国家开展业务，本地的加盟商或合作伙伴可以共享酒店在全球的客户资源。

再以快递行业举例，一个全球快递服务商拥有的，是其全球资源、网络和业务能力。这个是只服务于本地的快递公司所不具备的。本地快递公司既无法把物品从国外运输到国内，也无法把物品从国内运至国外。因此，全球快递公司进入一个新的市场时，可以安全地发展当地代理，而不必担心这个代理会在什么时候变成竞争对手。

最后要说的一种服务类型，其价值创造是来源于服务提供者自身的技能和知识，这类服务也需要非常紧密的客户接触。其行业包括广告的创意设计、管理咨询等。这类行业的核心在于公司员工的知识技能，以及与客户之间的关系。这种价值创造能力在短期内是不可能复制的，但需要注意长期的变化。例如，当一家公司在发展国际业务时与中间商或合作伙伴是通过授权或联合投资的模式工作，公司面临一个风险，就是经过几年的运营后，原公司的技能和知识转移给了合作伙伴，合作伙伴将有能力在没有公司支持的情况下提供服务。当有这种苗头时，公司会感觉到中间商越来越不愿意支付许可费或分享利润，接着他们可能就合作的条款进行谈判，甚至威胁要脱离公司单干。因此，在这类行业，公司有必要对来自当地的客户和资源加以控制。办法包括让中间商自负盈亏，并通过精心编写的合同来保护公司的知识产权和客户资源。针对这类服务业，进入外国新市场最有效的方式通常是直接投资设立分公司、子公司或者通过并购来获得新公司的掌控权。

结　论

是什么、怎样做、在哪儿做、何时做，任何服务业的分销策略，都需要完成对这 4 个最根本问题的回答。客户的服务体验取决于"服务之花"的各个元素通过实体或电子渠道传递出去的过程。除了"是什么"和"怎样做",服务营销策略还必须解决"在哪儿做"和"何时做"的问题。这里要关注服务的便利性和时间,同时像关注实体店面的分销一样,关注电子渠道的分销。在这里,我们领略了互联网和宽带移动通信的快速发展,许多服务可以通过数字化和信息化的方式提供,这给服务业公司开辟了许多新的可能。最后,我们谈到了服务的全球化,这里我们了解了特许经营模式,以及国际化服务的分销战略。

第6章

服务定价与营收管理

那些自以为是的人觉得自己知道所有东西的价格，但实际上不了解任何东西的价值。

> ——奥斯卡·王尔德（Oscar Wilde）爱尔兰作家和诗人

在所有的市场上都有两种傻瓜：一种是要价太低，另一种要价过高。

> ——俄罗斯民谚

优秀的公司竞争的是价值，而不是竞争价格。

> ——莱昂纳德·L.贝里（Leonard L. Berry）教授和思想领袖

学习目标

通过本章的学习，你将可以：

1. 认识到有效的定价是服务公司取得盈利的关键。

2. 理解定价策略的 3 个落脚点。

3. 定义不同类型的财务成本，并解释基于成本定价的局限性。

4. 理解"净价值"的概念，并理解基于价值的定价方式，还有货币与非货币成本的减少和总价值之间的关系。

5. 描述基于竞争的定价，描述一个价格竞争不激烈的市场的特点。

6. 定义营收管理，并且描述它是如何起作用的。

7. 讨论在有效的营收管理中价格藩篱所起的作用。

8. 熟悉消费者关心的与定价相关的道德和公平问题。

9. 了解如何将对公平性的考虑纳入营收管理。

10. 讨论营销人员在制定服务定价策略时需要回答的 6 个问题。

引文：一直处在动态中的价格

服务业公司经常面对的一个问题是如何兼顾最大化的收入和最大化的运营能力。在这方面，运用动态定价是解决问题的一种方式。那么什么是动态定价？想想看，你是否在乘飞机的时候曾和你的邻座交谈，然后发现你们付的飞机票价并不一样？这就是动态定价的结果。

动态定价是一种定价策略。它根据需求的状况来调整不同顾客在不同时间看到的价格。动态定价最早出现于航空业，但是现在已经在非常多的行业中采用。我们拿美国老鹰乐队的演唱会做个例子，老鹰乐队是美国历史上唱片销量最多的摇滚乐队。2010年，他们在加州萨克拉门托的一场演唱会上第一次采用了动态票价的策略。他们提高了那些最佳观看座位的票价，调低了那些更靠后的位置不佳的票价。票价最高达到250美元/张，最低仅为32美元/张，而最高与最低之间一共分了10档，尽可能地为不同接受能力的乐迷提供最适合的价格。这样做以后，不仅演唱会的上座率更高了，收入也比以前更多。

同样的例子，我们也可以在共享经济平台中见到。例如，网约车平台滴滴出行在运用动态定价的策略上已经非常成熟。例如，滴滴出行会提高乘客在交通高峰期乘车的价格，从而吸引更多的司机来保障高峰期间的运力。而在非高峰期的时候，它会调低价格，从而为更多乘客的出行提供了多一种选择。这样，乘客和司机都能各得其所。尽管网约车高峰涨价这件事曾经让很多人不满，但是对公司来说，这么做的确很好地平衡了公司的运营能力和顾客需求。我们可以这样说，在定价策略上唯一不变的，就是一直在变化中的价格。

有效的定价是公司盈利的关键

学习目标：认识到有效的定价是服务公司取得盈利的关键

在一家公司，营销的重要性是因为它是唯一可以带来收入的部门，其他所有的职能部门都只是产生成本。所谓商业模型，就是一种通过有效的定价策略和收入管理，将销售转化为收入，同时覆盖成本，并为公司所有者带来价值的一种机制。一个好的商业模型可以解决公司经理面对的根本问题：那就是如何让公司盈利。

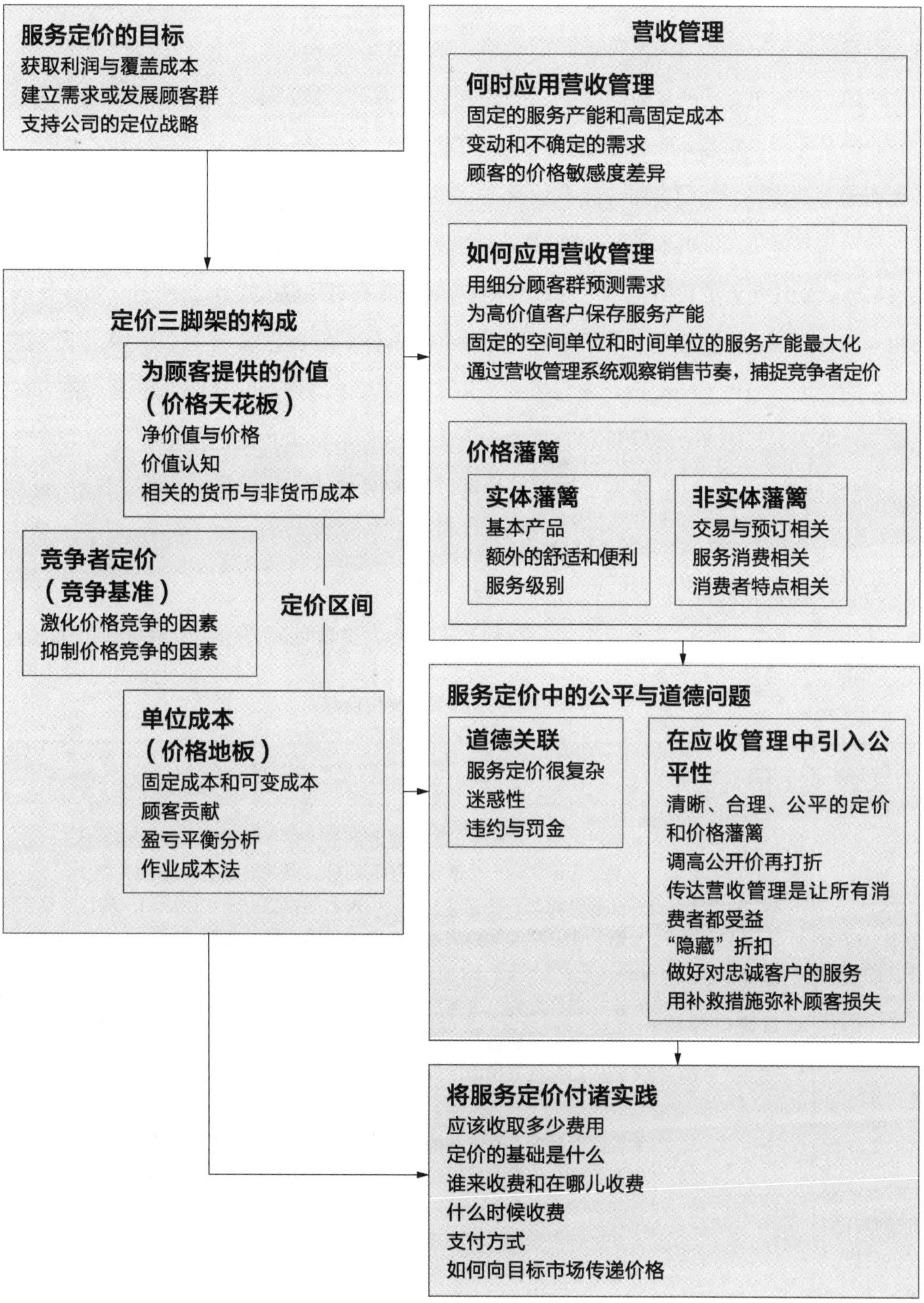

服务定价的目标
获取利润与覆盖成本
建立需求或发展顾客群
支持公司的定位战略

营收管理

何时应用营收管理
固定的服务产能和高固定成本
变动和不确定的需求
顾客的价格敏感度差异

如何应用营收管理
用细分顾客群预测需求
为高价值客户保存服务产能
固定的空间单位和时间单位的服务产能最大化
通过营收管理系统观察销售节奏，捕捉竞争者定价

价格藩篱

实体藩篱	非实体藩篱
基本产品	交易与预订相关
额外的舒适和便利	服务消费相关
服务级别	消费者特点相关

定价三脚架的构成

为顾客提供的价值（价格天花板）
净价值与价格
价值认知
相关的货币与非货币成本

竞争者定价（竞争基准）
激化价格竞争的因素
抑制价格竞争的因素

定价区间

单位成本（价格地板）
固定成本和可变成本
顾客贡献
盈亏平衡分析
作业成本法

服务定价中的公平与道德问题

道德关联
服务定价很复杂
迷惑性
违约与罚金

在应收管理中引入公平性
清晰、合理、公平的定价和价格藩篱
调高公开价再打折
传达营收管理是让所有消费者都受益
"隐藏"折扣
做好对忠诚客户的服务
用补救措施弥补顾客损失

将服务定价付诸实践
应该收取多少费用
定价的基础是什么
谁来收费和在哪儿收费
什么时候收费
支付方式
如何向目标市场传递价格

图 6.1　服务定价知识结构

然而，服务业的定价是非常复杂的。可以想想银行和电信公司那些令人困惑的收费项目，或者想想航空公司时高时低的机票价格。服务业公司甚至会使用不同的名称来表示费用，例如，学校里收的叫学费、专业服务公司收的是服务费、银行收的叫利息和手续费、中介收的是佣金、高速路收的是通行费、公用事业单位收取管理费、保险公司收的叫保费，种种例子不胜枚举。当顾客面对这些收费时，他们有时觉得这些服务定价难以理解（如一款保险产品或者是医院的账单），有时感觉会有购买风险（如当你查询国际航班某三天的机票价格时，发现每天的价格都不一样），甚至有时候觉得有些收费是不合理的（如银行或者信用卡的客户就经常抱怨那些名目不明的和看起来不公平的收费）。你可以回顾一下自己付费购买的情景，如你上一次预订旅行服务、租车，或者申请银行开户时的感觉如何。在这一章，你将学习怎样有效地定价和管理收入，以兑现你对价值主张的承诺并完成价值交换（即让顾客付费购买服务）。本章的知识结构可以参考图 6.1。

为了实现目标而定价

任何定价策略都需要基于对公司目标的清晰理解。最常见的公司定价目标请看表 6.1。

表 6.1　服务业公司的定价目标

目标类别	定价目标	目 标 描 述
营收与利润相关的目标	通过定价获取利润	• 通过定价实现长期的盈利或利润最大化 • 通过定价实现一个既定的盈利目标，但并不寻求利润的最大化 • 在服务能力不变的情况下，根据时间调整价格和目标用户群，实现营收最大化。常用的办法是通过营收管理系统来实现
	通过定价覆盖成本	• 定价目标是完全覆盖已分摊成本，包括公司的日常管理费用 • 定价目标是覆盖某一项服务的成本，不包括公司日常管理费用 • 定价目标是覆盖边际成本，即每增加一单位"服务"所增加的成本
与获客或发展顾客群相关的目标	通过定价创造需求	• 在服务能力不受限制的情况下，通过定价创造最大的需求量，不关注营收目标，把营收目标设定在最低的层级（例如，许多非营利组织希望获得更多的业务量，而不是收入。尽管他们也存在运营成本需要覆盖） • 通过定价实现最大的服务能力和使用率，特别是当服务能力最大化可以为所有客户带来新的价值的时候（如剧院或篮球赛观众爆满的时候，会让所有的观众感到格外的兴奋）

目标类别	定价目标	目　标　描　述
与获客或发展顾客群相关的目标	通过定价发展客户群	• 通过定价鼓励用户试用或选用一项服务。有两种类型的服务常常以此为目标：一种是当公司为服务设施的建设付出了高昂的成本的时候；另一种是会员制的服务，一旦顾客加入会员，公司可以通过会员续费来持续获得大量的收入（如电信公司的电话套餐或者人寿保险） • 通过定价占领市场份额或者发展大规模用户群。特别是一些有规模经济效应的公司在竞争中可以占据成本优势（开发成本或固定成本高昂）；或者存在网络效应的领域，新增的用户越多，服务对老用户的价值也越大（如微信或者领英）
和策略相关的目标	通过定价加强公司的市场定位	• 用定价来帮助公司实现整体定位和差异化策略（成为行业价格的主导者，或高价高品质的代表） • 可以通过定价塑造一种"好货不便宜"的定位，告诉顾客他们花钱所购买的服务是物有所值的，同样质量的服务不可能以更低的价格在任何地方买到
	通过定价支持公司的竞争策略	• 用定价阻止现有的竞争者扩大服务能力 • 用定价建立市场壁垒，阻止新竞争者进入

定价策略的 3 个落脚点

学习目标：理解定价策略的 3 个落脚点

当确定了定价的目标，我们就将聚焦于定价策略的制定。我们可以用"三脚架"来形容定价策略的基础，三脚架的 3 条腿分别是成本、竞争者的定价、为顾客提供的价值（见图 6.2）。过去，人们从财务和会计的角度去理解定价，因此，往往采用基于成本的定价策略。但到了今天，服务业商家的定价策略会越来越多地基于为顾客提供的价值，以及竞争者的定价带来的影响。在定价的三脚架模型中，商家可以制定一个能够覆盖成本的最低价格，或者叫价格地板。基于为顾客提供的价值而设置的最高的价格，或者叫价格天花板。

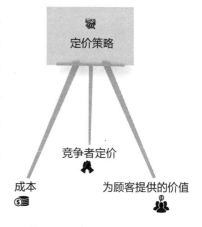

图 6.2　服务定价策略"三脚架"

而竞争者的定价可以帮助我们判断价格设置在介于价格地板和价格天花板之间的哪个区间。最终，我们要考虑商家自己的定价目标，并据此设置实际的价格。现在让我们来分别看一下三脚架模型中的 3 个落脚点。

基于成本的定价

学习目标：定义不同类型的财务成本，并解释基于成本定价的局限性

服务业中的定价一般比制造业中的定价要复杂得多。因为服务业的成本更难计算，这主要体现在两点。首先，服务没有所有权，服务是一个过程，是一种实时的、无形的顾客体验。它不像实物商品一样在制造和分销环节中有可计算的劳动力、原材料、机器运行、仓储和运输等各项成本。其次，为了提供服务，服务业商家也需要投入劳动力和建造服务设施，但许多服务业商家的固定成本与可变成本的比率比制造业的要大得多，也更难计算。含有高额固定成本的服务业类型包括那些投资大的服务场所，如医院和学校；运输行业，如航空公司和货运公司；或者需要建立服务实体网络的公司，如铁路、电信网络、煤气公司。

如何确定服务的成本

如果你学过传统的营销学课程，可以回顾一下服务业的成本是怎样估算的。如固定成本、半可变成本和可变成本的概念，以及"贡献"的经济学概念和盈亏平衡分析都可以帮助你进行定价决策（请看扩展资料 6.1）。这些传统的成本核算方法可以很好地适用于那些有显著的变动成本和半变动成本的服务行业（如许多提供专业服务的公司）。

扩展资料 6.1

成本、顾客贡献和盈亏平衡分析

固定成本。 固定成本是指即使没有提供服务，商家仍然在不断产生的经济成本（至少在短期是这样）。一般包括房租、折旧和贬值、水电费用、税金、保险、员工工资、安保费用、利息等。

可变成本。 可变成本指的是为一个新增顾客提供服务带来的经济成本。如一笔新增的银行交易，或者在一个航班中多卖出一张飞机票。对这种服务类型来讲，这种新增一名顾客所带来的成本是很低的。对航班来说，增加一名顾客所耗费的人力和燃料可以忽略不计；在剧院，多一名观众带来的成本接近于零。但在另一些服务行业，可变成本会更加明显，如餐饮行业和机械维修。餐饮行业要提供食品饮料，维修行业要替换零部件，除了人力，这些服务还提供了昂贵的实物产品。商家若想盈利，仅把价格设置在覆盖可变成本基础上是不够的，还必须覆盖固定成本和半可变成本。

半可变成本。 半可变成本介于固定成本和可变成本之间，指的是那些伴随着业务量增减而增加或减少的成本。例如，由于乘客的增加而增加多一架次航班，或者餐馆在周末客人多的时候增加一名兼职服务员。

顾客贡献。 顾客贡献是指增加一名新顾客所带来的收入和为此付出的可变成本之间的差额。这个差额还必须覆盖固定成本和半可变成本，才能有利润的空间。

成本的计算和分摊。 在一些服务行业，经济成本的计算和分摊可能是很有挑战的工作，特别是同一场所提供多种服务的情况下，如何分摊固定成本到不同的部门变得困难。例如，在医院的全部固定成本里，有一部分是急救部门带来的，这部分成本有多少呢？医院管理者会通过不同的角度来计算，比如：

（1）急救部门占整个医院地理空间的百分比。

（2）急救部门医生的工作时间或为这些医生支出的工资额占全院的百分比。

（3）急救部门医生与患者的总接触时间占全院的百分比。

不同的角度会得出不同的固定成本分摊结果，有些结果可能显示急救部门是盈利的，也有结果可能显示急救部门是亏损的。

盈亏平衡分析。 商家可以通过盈亏平衡分析计算出实现盈利所需的销售额，即盈亏平衡点。我们需要先将固定成本和半变动成本加在一起得出成本总和，再用成本总和除以单位服务的顾客贡献，就可以得出我们需要实现多少销售额才能满足盈亏平衡。以酒店为例，一家酒店有 100 间客房，一年有 365 天，也就是说，酒店全年的最大服务能力为 36 500 个单位服务（一间一晚）。假设这家酒店每年的成本总和 200 万美元。其平均的顾客贡献为 100 美元。我们用成本总和除以顾客贡献，即得出酒店需要一年至少售出 20 000 个单位服务才可以达到盈亏平衡。如果酒店降价 20 美元（或者可变成本提高了 20 美元），顾客贡献就会从 100 美元减少到 80 美元，而酒店的盈亏平衡点就会相应上升，商家至少要实现销售 25 000 个单位服务。

作业成本法

有些服务行业有高昂的固定成本和复杂的服务产品线，或在同一个场所提供多种服务，如银行网点和医院。对这种类型的服务业，我们可以考虑采用一种更复杂的方法来核算成本。作业成本法，即基于活动核算成本，用这种方法，可以更精确地把间接成本（如公司日常管理费用）分摊到不同的服务产品线或各项服务里。作业成本法把服务过程中的活动和它所必需的资源联系起来，把资源分配给活动，再根据服务过程中的活动数量或活动类型分摊间接成本。

作业成本法运用得好，公司将更清楚地了解它在各项服务、各个活动和服务过程中的成本，包括提供特定服务的成本、不同地点交付服务的成本，或服务某些特定用户群的成本等。整个成本分析结果可以作为一种管理工具，让公司明白不同服务、渠道、客户群，甚至单个客户给公司带来盈利的可能性。

成本分析对定价策略的启示

若想获取利润，商家必须设定足够高的定价，不光要完全覆盖服务生产成本和营销成本，还要在此基础上有足够的利润空间，来实现预期的收入。

在那些有高昂的固定成本和边际可变成本的服务行业，经理们常常觉得他们有很大的定价灵活性，有时会希望通过低价来扩大销售额。有的商家甚至通过宣传自己亏本销售来获取顾客，寄望于这些顾客在未来购买其他的高价服务，然而往往事与愿违。如果无法覆盖所有成本，商家就没法获取利润，许多商家甚至因为忽略了这一点而走向破产。因此，那些用低价策略来竞争的商家必须清楚地知道他们的成本结构，以及他们要实现多大的销售额才能达到盈亏平衡。

基于价值的定价

学习目标：理解"净价值"的概念，并理解基于价值的定价方式，还有货币与非货币成本的减少和总价值之间的关系

定价的三脚架模型中的另一条腿是为顾客提供的价值。没有顾客愿意花高价购买他们觉得不值得的商品。因此，商家在设定价格之前，首先要了解顾客是如何判断一项服务的价值高低的。

理解净价值

顾客在购买服务之前，会在成本和收益间权衡。我们可以用净价值（net value）这个名词，即顾客购买一项服务所获得的总价值（gross value）减去他为这项服务支付的成本后剩余的价值。总价值和成本之间差距越大，顾客享受的最终价值就越大。经济学家用"消费者盈余"（consumer surplus）这个词来形容消费者愿意支付的价格和实际支付的价格之间的差异。如果购买一件服务的成本要大于它所带来的好处，我们可以说这项服务的净价值为负，消费者不会为此付费。

这就好比是一架天平，一个托盘放的是这项服务带来的收益，另一个托盘是购买这项服务所付出的成本（见图 6.3）。当顾客在比较不同商家的服务时，他们就是在比较净价值（可以参考我们在第 2 章学过的多要素模型，我们曾用一个评分系统来量化净价值）。如我们在第 4 章讨论过的，营销人员可以通过增加核心服务的收益和优化辅助服务来提高服务价值。简单地说就是给顾客更多好处，更少负担。

图 6.3　净价值等于服务收益减去成本

管理顾客对价值的认知。价值认知是主观的，不是所有的顾客都有足够的知识和技能来判断一项服务的价值和品质，特别是对于那些具有信任属性的服务类型（参考第 2 章），顾客在服务完成之后仍然无法评估服务的效果。如一个咨询行业的人员，需要想办法把他们花费的时间、所做的调查、他们所具有的专业技能传达给客户，包括顾客看不到的许多背后的工作细节，否则客户可能会有疑问自己的钱花在哪里。因此，管理顾客对价值的认知非常重要。

设想下面的情景：一个人家里发生了电路故障，于是找了一位电工来修理。电工带着一个小工具包到达现场，然后就钻进了壁橱去检查里面的电路板，找到问题，替换故障零部件，仅花了 20 分钟故障就解除了。几天后，这个人收到了一张 150 美元的昂贵的维修费账单，而且里面主要是人工费用。顾客不了解为什么收费这么贵，而且往往觉得自己被占了便宜。我们可以看一下图 6.4 中一位女士对水管工收费的反应。

图 6.4　女士对水管工收费的反应

为了让顾客认知到服务的价值，有效的沟通，甚至面对面的解释可能都是需要的。对于顾客来说，难以理解的部分往往是商家的固定成本。拿上文的电工的例子来说，他的固定成本还包括办公室、电话、保险、车辆、工具、燃料，以及后勤等。上门服务这项可变成本也比顾客想象的要高得多。电工的维修时间虽然只有 20 分钟，但若加上来回路程的 30 分钟，以及装卸工具花费的 10 分钟，这项服务实际所花费的时间是 60 分钟，是维修时间的 3 倍。而且考虑到商家不仅要覆盖成本，还要增加一部分利润来获利。

减少相关货币成本和非货币成本

为了给顾客提供最大的净价值，我们需要理解顾客感知到的成本。对顾客来说，服务本身的花费仅仅是成本的一部分，顾客还会有其他的成本，包括货币成本和非货币成本。

相关的货币成本。顾客在寻找、购买和享受服务时，除了服务本身的花费，可能还会产生其他的金钱成本。例如，年轻的父母去剧院看一场戏的花费不只有两张票，他们可能还需要雇佣临时保姆来照看家里的孩子。此外，还有交通、停车和餐饮等的花销。

非货币成本。非货币成本是指顾客在寻找、购买和享受服务时可能付出的时间和精力。对顾客来说，这都是一种麻烦。特别是服务过程需要顾客的参与（如对人身体的服务和需要顾客自助的服务），或者要求顾客必须前往服务场所时，顾客感知到的非货币成本会更高。那些具有体验属性和信任属性的服务，可能会给顾客带来焦虑等心理成本。非货币成本主要有四种：时间成本、体力成本、心理成本、感觉成本。

时间成本。时间成本是服务交付的一部分。现代生活中的人们时间非常宝贵，人们不愿把时间浪费在没有价值的事情上，如去政府机构办事，或者排队等待。时间就是金钱，人们甚至把预算、花费、投入、浪费、成本等金融领域的名词用于时间。把时间投入于一项活动会被视作一种机会成本，因为同样的时间也可以花在更愉快或更可能获利的事情上。很多人常常为在网上花太长时间搜索信息，或者花太长时间下载和配置一款应用而感到沮丧。很多人不愿去政府办公室办理签证、驾照或申请许可的原因并不是因为收费，而是因为担心浪费时间。

体力成本。有些服务会让人耗费精力，感到疲劳或者不适。特别是当顾客必须亲自前往服务场所，或者不得不排长队等待，或者是一些令人不适的医疗处理（如穿孔或者除毛），又或者顾客只能通过自助完成服务的时候。

心理成本。心理成本包括顾客可能感到心理疲劳，如线上开户时要填写一堆细节信息；或者感知到风险或焦虑，如顾客会怀疑，这是最佳的治疗方案吗？这是最合适的医生吗？这是最佳房贷方案吗？顾客自我认知失调，如这份人寿保险有用吗？这个健身房的年卡会员值得办吗？顾客信心不足或恐惧，如我能顺利完成 MBA 的学习吗？

感觉成本指的是五种感官上的不愉快的感觉。这可能包括服务环境中的拥挤、噪声、难闻的气味、过冷或过热、不舒服的座椅，以及引起视觉上不适的东西。

如图 6.5 所示，在我们第二章介绍过的服务消费模型的 3 个阶段中，顾客的成本可能产生于任何一个阶段。因此，商家需要考虑到的是：① 搜索成本；② 购买和服务接触的成本；③ 购买后成本。想想看，你花了多少钱、时间和精力才决定了要报考哪所大学？你又会花多少时间和精力来选择一个电信服务商、银行或者旅行社？

商家可以通过减轻顾客的非货币成本和相关的货币成本来建立竞争优势，从而提高服务价值。下面是一些方法：

- 通过科学的运营缩短服务购买、交付和消费的时长。简化服务流程。

- 消除服务各个阶段中不愉快或者不方便的环节，重新设计流程；做好顾客教育，让他们有合理的预期；通过不断培训，让员工更友善和尽职；用这些方法来尽量降低心理成本。

- 加强对顾客的引导，改进标识系统，设计地图帮助顾客快速定位他们需要的服务。在服务的整个过程，特别是服务搜索和交付环节，消除或减轻顾客的体力成本，防止他

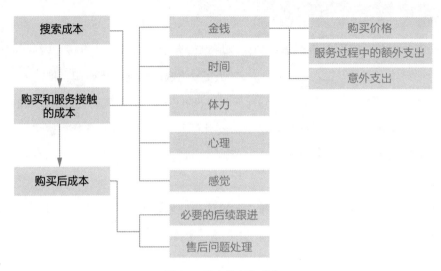

图 6.5　顾客的所有成本

们感到迷惑或沮丧。

- 打造更让人愉悦的视觉环境，减少噪声，安装更舒适的设施，消除异味，以此来减少令人不快的感觉成本。

- 帮助顾客减少货币成本，如通过商家合作给予顾客停车优惠，或者用在线服务代替之前在服务场所提供的服务，省去顾客的奔波。

顾客对净价值的认知因人而异，即使是同一个人，也可能根据情况的不同而变化。但对大多数服务而言。一般可以分为两种不同的顾客群。一种花时间省钱，我们可以将其称为价格敏感型顾客；另一种花钱省时间，我们称为时间敏感型顾客。表 6.2 显示一个顾客正在从 3 家诊所中选择一家去做体检。各家诊所除了价格不同，还会带来不同的时间和精力成本。根据顾客对不同成本的优先级排序，非货币成本和价格可能对顾客来说同等重要，甚至比价格更重要。

表 6.2　货币和非货币成本的比较和取舍：如果以下 3 家诊所的服务质量相同，你会选择哪个诊所去体检？

比较项	诊所 A	诊所 B	诊所 C
价格	95 美元	165 美元	255 美元
路程	需要 1 小时车程	需要 15 分钟车程	在你办公室或学校附近

预约期	排在 3 个星期后	排在 1 个星期后	排在 1 天后
工作时间	周一至周六 9:00—17:00	周一至周五 8:00—22:00	周一至周六 8:00—22:00
候诊时间	2 小时	30~45 分钟	0~15 分钟

基于竞争的定价

学习目标： 描述基于竞争的定价，描述一个价格竞争不激烈的市场的特点

接下来我们将讨论定价三脚架的最后一个落脚点——竞争。提供相同服务的商家，要注意竞争者的价格并调整自己的定价。如果顾客看不到不同商家提供的服务之间的差别，就会选择价格最低的。因此，所有商家中把单位服务成本做到最低的一家在定价上更具话语权，这样的商家被称为价格主导者，而其他的商家只能是价格跟随者。例如，在同一区域内的几家加油站之间就存在这种现象，当一家加油站涨价或者降价的时候，其他的加油站也会跟随。

激化价格竞争的因素包括：

- 提供相同服务的竞争者数量的增加。
- 出现不同的但是可替代的服务，并且数量增加。
- 竞争者或可替代服务的分销网络扩大。
- 市场过度饱和，行业产能过剩。

抑制价格竞争的因素。 并非所有的行业竞争都一样激烈，以下是一些抑制价格竞争的因素。

- **竞品的非货币成本很高。** 当节省时间和精力对顾客同样重要，甚至高过对价格的考虑，价格竞争就会减弱。每个商家会自己权衡给顾客带来的货币和非货币成本，有不同的市场定位。在这种情况下，价格的差异和竞争就不是最重要了。
- **人际关系的影响。** 对于那些个人化、定制化的服务，如美发或家庭医生，服务者与客户之间的关系也很重要。好的关系能留住客户，如很多全球化的银行会注重和高净值客户培养长期的个人关系。

- **转换成本过高。**当更换商家对客户意味着花费很多时间、金钱和精力时，客户会倾向于维持现状。例如，电信公司经常和客户签一到两年的合约，客户中途取消或转网要付一笔不菲的违约金。人寿保险公司也是如此，如果客户想退出保单，也会被收取一定的费用。

- 当顾客选择服务是在固定的时间或地点时，由于顾客的选择少了很多，价格的比较也就不再那么重要了。

过度跟随竞争者的价格变化可能会让商家掉入定价过低的陷阱。商家不要斤斤计较竞争者的定价，而要关注每个竞争者给顾客带来的整个成本，包括货币成本和非货币成本，以及转换成本。商家还要评估服务的销售渠道、时间、地点等因素的影响，以及竞争者的服务产能，在综合考虑之后再做出合适的反应。

什么是营收管理以及它是如何起作用的

学习目标：定义营收管理，并且描述它是如何起作用的

如何在不同的时间点、不同服务产能的状况下，实现营收的最大化？这是很多服务业公司考虑的问题。营收管理的重要性在于，它能保证公司的服务产能被充分利用，以及不同细分市场所需产能的合理分配。营收管理很复杂，如能成功运用，可以在不同的限制条件下调节供给与需求。

在营收管理的运用上，一些服务行业，如航空、酒店和租车已经非常擅长。他们可以根据顾客对价格的敏感度和不同细分市场在不同时间的需求来调整价格。其他一些服务行业，如医院、餐馆、高尔夫球场、IT服务、数据处理、演出经纪，甚至非营利组织也越来越多地运用营收管理。最适合运用营收管理的公司有以下共同点：

- 有高昂的固定成本和相对固定的产能，有较高的可能性造成服务产能的闲置或浪费。
- 需求的变化和不确定性强。
- 顾客对价格的敏感程度不同。

为高价值客户保留服务产能

营收管理（也叫产量管理）中包含着定价的策略。在实践中，商家会通过定价来调整服务产能的分配，满足不同细分客户群的需求。商家会优先满足那些对价格最不敏感的客户的需求，因为这部分顾客愿意支付最高的价格。针对其他客户的定价则根据价格敏感度的提高而逐级降低。高价值客户在消费时有一个特点，就是他们往往决策时间很短，需要服务时马上就购买，因此，商家需要对这类客户保留一定的服务产能，而不是完全按照先到先得的方式提供服务。例如，商务型旅客常常仓促地预订航班和酒店，但度假型旅客在出发前几个月就把这些事安排好了，大型会议的组织者甚至要提前几年来锁定一处活动场地。

图 6.6 描绘了一家酒店的服务产能的分配情况。我们可以看到，不同类型顾客的需求不仅会随着一周内日子的不同而变化，而且会随着季节变化。这家酒店在全世界的员工通过访问系统都可以获得旅客预订的数据，并且知道何时停止在某个特定价位接受新的预订订单，即使还有很多空房间。不同的细分顾客群，如尊贵会员，主要是商务型旅客，愿意支付更高的价格，无疑是酒店非常重要的客户群；接着是临时的住客和周末度假者；来自航班合约的住客可以享受最低的价格，因为他们往往预订大量的房间，并且提前很长时间，他们也因此有更强的议价能力。

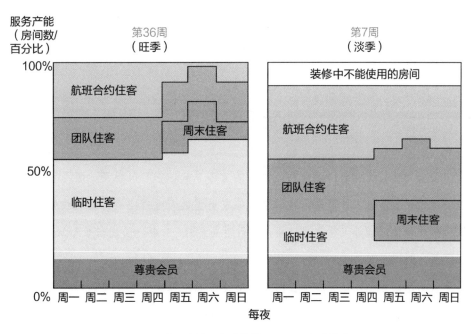

图 6.6　一家酒店的服务产能按照不同顾客群的分配

对于那些服务产能极度受限的行业，这样的图表也同样适用。衡量标准可以是座位数、座位里程、每房间每晚；还有一些产业在衡量服务产能时，会用到机器的运转时间、工作时间、专业人士的付费服务时间、车辆里程、存储空间等，这些都可能成为稀缺资源。

一个设计良好的收益管理系统可以准确预测在特定时间、特定价格的用户数量，并且知道何时应该停止提供服务，把服务产能预留出来（这个系统被称为价格水桶，price bucket）。一些公司会使用更复杂的数学模型，或者雇用专职的营收管理经理来分配服务产能。收益管理系统还可以用于预测服务产能达到最大极限的时间，以便商家提前通过促销或激励活动来促进产能的利用率。不管如何应用，收益管理的目标就是达到每天的收入最大化。

在航空业，收益管理系统收集了过去旅客的海量历史数据，通过分析，已经能够预测一年后的每架航班的乘客数量。针对乘客数量较多的航线，营收管理经理会在特定的时间监控机票预订的情况，并与预测的结果比较。如果高价值乘客的预订超过了预测的数量，经理就会预留更多的座位给高价值乘客。这么做的目的就是让每架航班的收益最大化。在扩展资料 6.2 中，我们可以看到美国的航空公司是如何进行营收管理的。

扩展资料 6.2

航班座位的定价

航空公司的营收管理部门拥有一套复杂的管理系统，它可以预测、跟踪和管理任何日子的航班座位销售情况。接下来，我们要看一家美国的大型航空公司的营收管理是怎么做的。这个航班将从芝加哥飞往菲尼克斯，飞行距离 2 317 千米，该航班每天 16:50 起飞，通常乘客很多。

按照价格水桶模型，这架航班上的 124 个经济舱座位被分成了不同的价格档位，各档价格之间差距很大。往返票价最低只要 95 美元（特价旅游票，有许多附加条款，如退票收费），而最高票价为 565 美元（没有任何限制）。飞机还有一小块头等舱区域，这里票价更高，达 1 530 美元。

经济舱的全部座位被分成了 7 组，对应 7 种不同的价格。在该航班每次出发前的几个星期，航空公司通过营收管理系统不断调整着每组座椅的数量，调整过程会结合已售出座位的数量，对历史客流量规律的分析，以及哪些乘客可能将此航班用作中转。

如果提前预订量不高，航空公司就会将一些座位分配给低票价的组；如果商务型旅客比以往更早预订了高票价的座位，航空公司就会从低票价的组里拿出一些座位，预留给商务型旅客，以防止那些习惯在最后一分钟订票的商务型旅客买不到票。

这架 4 星期后出发的航班全部 124 个经济舱座位中，已经有 69 个被售出了。此时，航空公司通过营收管理系统不再增加低票价座位的数量。又过了一个星期，航空公司关闭了票价低于 200 美元的、该航班票价最低的 3 档座位的销售。此时的低价票会显示"已售罄"。

航班出发一天前，共有 130 名乘客预订了所有的 124 个座位，但航空公司仍有 4 张全价票在卖，因为根据应收管理系统的显示，有 10 名乘客可能会取消航班，或者转乘其他航班。这架航班很幸运，到了起飞时，这架航班全部坐满了，没有座位被浪费。

针对这架航班的销售工作似乎已经结束了，但该航班所有的预订数据都会在营收管理系统中自动保存，这些数据将被用来作未来航班销售的预测。

在共享经济领域，特别是横跨供需双方市场的公司（如爱彼迎连接了房主与住客，滴滴出行连接了司机和乘客），滴滴出行运用动态定价来增加供给，如提高运价，以鼓励更多的司机提供服务，或在非高峰期用低运价来增加需求。这么做让司机和乘客各得其所——司机赚得更多，乘客也用更低的价格叫到车。

怎么判断一家公司的营收管理是否有效

许多服务产能有限的公司会用销售百分比来衡量销售是否成功，如航空业会用"满载率"，酒店讲"入住率"，医院统计"接诊量"，专业服务公司记录工作中有多少是"计费时间"。但是这些数据无法告诉我们一家公司的盈利能力如何，因为业务量的增加可以通过降价实现。

因此，营收管理的成功要看在一个固定的空间单位或时间单位条件下，单位服务产能是否实现了最大的收入（RevPAST）。如航空公司要衡量的是"单座位每千米"的收入（RevPASK）；酒店要衡量的是"单房间每晚"的收入（RevPAR）；餐厅要衡量的是"单座位每小时"的收入（RevPASH）。这些指标显示了"产能的利用"与"实际的平均价格"之间相互作用的关系，这一指标可以按时间追踪，或被确定为运营单位的能力计算基准。营收管理的成功意味着单位服务产能的收入增加。

竞争者的定价如何影响营收管理

通过营收管理系统，我们可以观察到销售的过程和节奏。间接地，我们也能捕捉到竞争者定价对销售的影响。例如，当一架航班座位定价过低，你会看到座位很快就被销售一空。而这意味着高价值乘客即使有能力支付更贵的票价，也无法买到座位，这部分乘客就会流向竞争者的航班。若是航班在前期定价过高，则会导致大量的座位卖不出去，而不得不在最后时刻进行降价促销，成为制造业中说的"滞销库存"。

传统行业正在面临共享经济平台的竞争，如共享民宿爱彼迎的兴起，让酒店业不敢像从前一样在旺季定价过高。因为爱彼迎的房主们也想在旺季获得更高收入，他们把房源挂在平台上，这加大了整个市场上的客房供给。

价格弹性

想让营收管理起作用，商家需要有两个或更多细分顾客群，因为只有这样，商家才能针对不同的顾客群设置不同的价格。这种价格差异叫作价格弹性（price elasticity），价格弹性这个概念用来描述需求根据价格的变动而敏感地变化。它可以用下面这个公式计算：

$$价格弹性＝需求变化百分比 / 价格变化百分比$$

当价格弹性等于1，销售额上升的百分比和价格下降的百分比是一样的（反之亦然）；如果小的价格变动带来销售额的巨大变动，我们可以形容这个需求富于价格弹性；如果价格的改变没有带来什么销售额的改变，我们可以形容这个需求缺乏价格弹性。我们可以通过图6.7来理解这个概念，它显示了在两种不同需求情况下的价格弹性。为了有效地分配服务产能和给服务定价，商家需要弄清楚哪些需求富于价格弹性，以及对不同的顾客群，不同的定价会给顾客带来多少净价值。

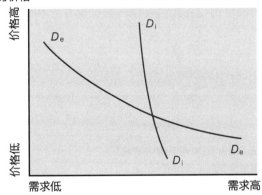

图 6.7　价格弹性

D_e：需求富于价格弹性，小的价格变动带来销售额的巨大变动

D_i：需求缺乏价格弹性，价格改变没有带来销售额的改变

设计价格藩篱

学习目标：讨论在有效的营收管理中价格藩篱所起的作用

收益管理中的一个内在概念是价格的定制化，就是把同一项服务用不同的价格销售给不同的顾客。正如赫尔曼·西蒙（Hermann Simon）和罗伯特·多兰（Robert Dolan）所说：

价格定制的意思很简单，就是让顾客按照服务的价值付费。但商家不可能挂一个牌子上面写"你觉得值多少钱就付多少钱"，或者"觉得值钱就给 80 元，觉得不值钱就给 40 元"。不同顾客对同一项服务的价值认知是不一样的。因此，商家需要用一种方法把顾客区分开。就如同在高价值客户和低价值客户之间建一道篱笆，让高价值客户主动避开低价购买。

如何让那些愿意支付高价格的客户主动避开低价购买？这时"价格藩篱"（price fences）就要派上用场了。根据服务特点和顾客支付意愿的不同，一个精心设计的价格藩篱能将顾客自动归类到不同的顾客群，支付不同的价格但体验相似的服务。

价格藩篱既可以是实体的，也可以是非实体的。实体藩篱是指不同的价格对应的有形服务产品的差异，如剧场里不同位置的座椅，酒店里不同大小、不同装潢的房间，或者飞机上的头等舱和经济舱。非实体藩篱是指在消费、交易或者购买群体方面的差异，但服务产品本身是没什么区别的。例如，不管是打折机票还是全价机票，只要乘客是在经济舱，服务是没什么区别的。但区别在于，买到折扣票的乘客可能需要提前很长时间预订，或者机票无法取消或改签，或者必须支付取消的费用，或者需要在机场过夜等待中转。常见的价格藩篱可以参考表 6.3。

表 6.3 常见的价格藩篱和分类

分 类	价 格 藩 篱		例 子
实体藩篱（和有形服务产品相关）	基本产品		航班座位级别(商务舱/经济舱) 租车公司的不同车型 酒店的不同房间大小和装潢 剧场或体育场里的座位位置
	额外的舒适和便利		酒店的免费早餐，机场免费接机等 在高尔夫球场的免费球车 代客泊车
	服务级别		优先服务、无需排队等待的特殊通道 高级的餐饮 服务专线 私人管家服务 专属的账户管理团队
	其他		桌椅位置(有更好的景观视野的餐桌，或机舱内靠窗或靠过道的座位) 机舱中能伸开腿的座位
非实体藩篱	与交易和预订相关	预订发生的时间	提前预约可以享受折扣、早鸟价
		预订发生的地点	在线订票的价格比电话订票的价格更低
		预订的条款限制	退票或变更的手续费或罚金(从部分补偿到退票无任何补偿) 预订费不可退
	与服务的消费相关	服务时间或时长	酒吧的特价饮料供应时间；餐厅用餐高峰期之前的优惠；高峰期的最低消费 在预订酒店时，不可以周六退房 在预订酒店时，至少预订 5 晚
		消费的地点	不同的地点，享受的价格不同(城市间、市中心或是郊区)

分　类	价　格　藩　篱		例　　　子
非实体藩篱	消费者特点相关	消费频率或消费额	不同积分的会员(铂金、黄金会员等)可享受不同的价格、折扣或其他优惠 季票(如球队的整个赛季的观看票)
		不同人群	儿童票、学生票、老年人优惠等 依附于团体的优惠(本校学生优惠) 会员制(加入公司会员即可享受优惠) 内部价(公司内部价格)
		顾客团购人数	依据顾客集体购买的人数享受不同价格
		地理位置	本地居民享受的价格比外地游客更低 来自某些国家的顾客要支付更高的费用

　　总之，在充分了解了客户的需求、偏好和付费意愿之后，商家在做服务设计时就可以把实体藩篱和非实体藩篱加入进来。同时，还要理解需求曲线，从而把服务产能分配给享受不同价格的顾客群体。图 6.8 向我们展示了航空业的一个例子。此外，在扩展资料 6.3，

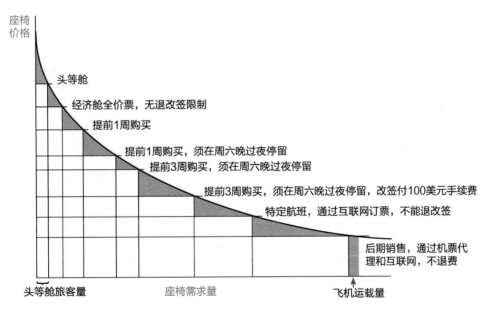

图 6.8　航空公司不同座位票价的需求曲线

注：阴影部分代表乘客剩余(细分定价的目标是为了减少乘客剩余)。

一位企业高管将和我们分享她的营收管理经验。

专访：业内人士谈营收管理

问：一个营收经理在公司里扮演着怎样的角色？

答：在我刚开始做营收管理的工作时，主要的工作内容是销量预测、库存控制、定价、市场细分、顾客地理分析和配额管理。9·11事件以后，整个旅游市场的订单锐减，这时互联网开始兴起并出现了几家全球巨头，包括 Expedia 和 Travelocity，旅游业从此大大改变了。一方面，行业明白互联网的威力，知道这些中介平台能够促进销售，但另一方面，为了降低成本，航空公司和酒店业越来越希望摆脱对中介平台的依赖，自己控制库存和定价。所以，业内公司越来越重视自己的渠道建设（如品牌官网），包括打造在线品牌、维护客户关系、实施会员积分制度，以建立客户忠诚度并促进重复购买。另外，现在酒店营收管理的职责已经不仅限于酒店客房这个主要收入来源，而是扩展到次要收入来源的营收管理，如酒店的其他设施和服务、餐厅、高尔夫球场和水疗中心等。

问：你觉得航空公司和酒店的营收管理有什么不同？

答：从根本上说，销量预测、定价调整和库存控制的原理是一样的，但是也存在一些关键差异。航空公司有更大的能力通过降价来扩大整个市场的旅行需求。相比之下，酒店只可以通过定价调整改变它自己所占的市场份额，但不会影响整体市场规模。此外，在航空业，消费者已经对航空公司的价格调整现象习以为常，包括预订时的限制条款或折扣。但在酒店业，消费者还无法接受同样的调整。

此外，两个行业的组织结构也趋向于不同。航空公司更多通过预订中心来集中控制所有航班的营收管理。因此，负责营收管理的经理会专注于精准的统计和计算来调整定价和库存控制，而无需和销售团队有什么沟通。但在酒店业，营收管理常常是分散到每家酒店的，越是高档、豪华的酒店，越倾向于自己管理营收。因此，营收经理需要与预订和销售部门经常沟通。其实，酒店经营成功的关键不是数字，而是人。要建立管理文化把预订、销售、餐饮，甚至前台等酒店的各个部门凝集在一起，才能获得酒店业绩的最大化。

问：作为营收经理，需要具备哪些技能才能取得成功？

答：优秀的统计和分析技能自然是必不可少的，但要想成为一个真正成功的营收经理，同样优秀的人际交往和影响力更加重要。因为具备了这个能力，才能让其他部门更好地接受你的分析和决策。传统的市场细分方式是通过顾客发生购买时的特点来区分，如提前多长时间预订、预订的渠道、促销类型等，这些是不够的。营收经理还必须把顾客的行为特点和情感特点纳入考虑。行为特点，如顾客旅行的动机、在寻找什么产品、在哪些方面花钱、自主程度如何。情感特点，如顾客的自我形象设定，是炫耀型的旅行者还是不情愿的旅行者，旅行是一时冲动还是计划好的。需要综合考虑顾客的特点来制作不同的体验产品，并设置不同的定价。

问：客户是如何看待营收管理这种做法的？

答：营收管理的艺术是不让客户觉得你的定价和销售方式不公平，不让他们觉得你这么做只是为了多赚钱。营收经理需要设置明智且合理的价格藩篱以及产品卖点，让客户自我细分，让他们知道是自己在选择。现在，大数据应用正变得越来越重要。人们可以利用大数据来预测顾客的需要和想要，创造个性化的定价和产品。这不仅是为了在某一段时间实现最大化的收入，更是为了在忠诚客户生命周期内的消费中占有最大份额。

问：营收经理每天的工作内容是什么？

答：市场需求一直在变化，你需要监控竞争对手在不同分销渠道的不同价格。价格是持续上下波动的，客户需求和付费意愿也随着时间变化。此外，新的在线预订平台和第三方评价平台（如 Trip Advisor）越来越流行，也要了解这些平台并把它们纳入考虑。这些工作是你能进行快速分析和决策的前提，也能让你了解市场的动态。作为一个营收经理，不能害怕承担经过计算的风险，要在众多营收管理和定价工具中从容选择，找出最佳方案。

* 被访问人 Jeannette Ho，采访时担任费尔蒙莱佛士（Fairmont Raffles）酒店的营收管理和分销副总裁，负责集团营收管理计划的牵头和实施，以及推动公司的全球分销战略。此前，Jeannette 曾在新加坡航空公司、喜达屋酒店等多家国际公司从事营收管理、分销和客户关系管理工作。

服务定价中的公平和道德问题

学习目标：熟悉消费者关心的与定价相关的道德和公平问题

你是否有时弄不清楚一项服务到底要花多少钱？是否有时觉得许多定价不公平？如果

是的话,你并不孤单。事实上,消费者并不能总是在消费之前知道一项服务总共要花多少钱(如住院或汽车维修),甚至有时不能确定花了钱之后他们能得到什么。例如,许多消费者有一个隐含的假设,即价格高的服务应该比价格低的服务提供更多的好处和更高的质量,好比一个收费很高的律师应该比收费便宜的律师更专业,但其实并不一定。因此,尽管价格可以作为衡量质量的指标之一,但有时真的很难判断花更多钱是否真的能换来更高的价值。

服务定价很复杂

服务定价往往很复杂且难以理解,比较两个不同商家的价格可能需要用复杂的表格和计算。一些人甚至认为商家故意把价格弄得这么复杂,其目的是不让顾客弄清楚谁家的服务最物有所值,从而减少价格竞争。对于商家来说,定价的复杂性的确可能会诱使他们做出价格欺诈的行为,但他们并非有意把价格复杂化。因为如果一个商家想要欺诈顾客,其实无需复杂的价格公示,商家只需列出所有项目中的一项,让顾客在比价的时候也不知道还有其他的收费项目。

在定价的复杂性方面,通信公司是个典型的例子。通信公司有各种令人迷惑的收费套餐。定价可以被分为全国或者地区范围的,固定月租根据通话时长和数据流量有不同的计价。通话时长的计费标准有的以秒为单位,有的以6秒为单位,有的以分钟为单位,这导致很大的费用差别;流量方面,有的允许用户把没用完的流量结存到下个月;购买新手机的用户可以享受通信费补贴;还有漫游费、家庭套餐;以及和手机、座机、宽带、有线电视等多设备共享的组合套餐。由于每家通信公司都有不同的价格,因此很难比较。

难怪幽默作家、卡通人物呆伯特(Dilbert)的创作者斯科特·亚当斯将定价描述为一种"专门让人迷惑的科学",因为在他眼里,不同的电信公司、银行、保险公司的服务几乎没什么两样,但价格却令人眼花缭乱。亚当斯评论道:

你以为商家之间会进行价格战,然后价格会因此下跌到越来越接近成本——这是我在经济学课上打瞌睡时学到的东西——但事情并非如此。商家们的定价正变得越来越复杂,让顾客没法分辨谁的价格最低。商家们把生活的复杂性带到了经济学里。

定价之外的收费

并不是所有的商业模式都把销售作为自己的收入来源，今天的一个增长的趋势是，有些商家会增加和服务的使用无关的费用。在美国，一些消费者对汽车租赁行业心怀怨气。有些商家用便宜的租车价格吸引消费者，等顾客来了才告诉他们还有其他的费用，如强制征收事故保险和人身保险费用。有些商家不把租车合同的细节给客户解释清楚，如一旦汽车超过非常低的免费里程限制就会增加昂贵的额外里程费用。在佛罗里达州一些度假小镇上的汽车租赁公司由于隐藏的额外收费而恶名远扬。以至于人们开玩笑说，车是免费的，钥匙是额外收费的。

另一个趋势是增加的罚金。罚款的目的本来应该是教育客户和让客户遵守规定，但在这方面，一些商家特别是银行业把罚款作为重要的创收工具而广受批评。克里斯·基利，一个纽约大学的学生，用借记卡总共刷了230美元购买一些圣诞礼物，但之后银行的一条透支短信毁了他的好心情。按照银行的说法，他一共刷了7次卡，但是由于卡已透支，银行要收取每次31美元作为透支的罚息，总共217美元。也就是说，基利为了购买230美元的东西，额外却要支付217美元。基利坚称他从未要求银行对他的账户进行所谓的透支保护，认为银行完全可以拒绝这些透支的交易，因为他完全可以使用信用卡支付。基利生气地表示："我觉得银行就是希望我透支消费，因为这样他们就可以收这些费用。"与此类似，许多信用卡似乎对逾期还款的客户征收高昂的罚息，因为那样才更有利可图。

其实，设计顾客更容易接受的额外费用或罚款条款是完全可以做到的。在下面的扩展资料6.4中，你将了解哪些因素影响着客户对费用和罚款的看法。

扩展资料 6.4

顾客如何看待违约和罚金

在定价计划中，顾客因违约所缴纳的罚款也是其中一个重要的部分。制定违约金或罚款是为了防止消费者的不良行为，如取消之前预订的酒店房间，或者信用卡逾期还款等。

顾客对罚金的反应可能会非常消极，会给商家负面评价甚至以后再也不使用这项服务。杨·金（Yound Kim）和艾米·史密斯（Amy Smith）进行了一项在线调查，要求受访者回忆最近缴纳违约金的经历，描述当时的状况，然后根据他们当时的感受和反应回答一组问题。调查共有201名受访者参与。研究结果表明，如果商家遵循以下这3个原则处理违约行为，可以显著减少消费者的负面反应。

1. 罚款金额与违约责任要相符并让客户有准备

调查显示，当顾客认为罚款金额要超出他的违约责任时，对罚款的消极反应会迅速上升。如果顾客是在完全不知道的情况下突然被通知违约或者直接被罚款，他们的负面情绪会进一步加剧。该调查建议，如果商家把罚款金额控制在顾客可以接受的范围内，或者让他们理解这个金额是公平的，并且在收费之前，给顾客有效传达了关于罚款的条款，就可以有效减少顾客的负面情绪。以银行业为例，银行要给顾客提供详细、清晰的价格表，员工要把各项费用和额外费用解释清楚，告诉顾客可能的违规行为和罚款，如超额透支、空头支票、逾期还款等。

2. 考虑到顾客违约的偶然性和信用记录

研究表明，当导致顾客违约的原因不是顾客自身的原因时，他们会觉得罚款不公平，有较高的负面反应（如顾客按时寄出了支票，但由于邮政系统的延误导致银行没有收到）。为此，商家可以收集一些顾客控制范围以外的违约案例，减少此类案例造成的罚款或直接免除顾客罚款。

此外，调查还发现，平时很注意遵守规则并且从未被罚款的顾客，因为偶尔的一次失误被罚款，他们的反应会尤其消极。一位受访者表示："我总是及时付款，从来没有逾期过。商家应该考虑这一事实，并给我免除这笔费用。"商家在处理违约时，可以考虑顾客过去的违约历史和信用记录，让顾客感觉到公平。

3. 关注公平并照顾顾客情绪

消费者对罚款的反应很大程度上取决于他们的公平观念。如果顾客认为罚款金额超过了违约事件对商家造成的损害，他们就可能会觉得处罚过度，反应就会很负面。一位顾客抱怨银行时表示："我觉得这个信用卡逾期罚款太高了，我已经支付了很高的利息，罚款的金额现在比我支付的利息还要高！"

商家还可以适当地解释罚款理由，以使罚款看起来更公平。理想情况下，罚款的理由应该是为了保障其他顾客或者整个社会的利益（例如，我们为你保留了房间，我们本可以将它提供给等候名单上的另一位客人；或者，你还书逾期了，已经有人在等待你这本书的归还），罚款不能作为商家获取利润的手段。

一线员工应该怎样处理客户对罚款的抱怨，该怎样照顾顾客情绪？有关如何处理此类情况的建议，我们将在第13章讨论。

在营收管理中引入对公平性的考虑

学习目标：了解如何将对公平性的考虑纳入营收管理

除了定价和各种费用，顾客可能会觉得营收管理这种区分顾客和价格的做法也很不公平。因此，商家需要小心管理顾客的看法。营收管理的目的不是为了盲目追求短期收益的最大化，而是在取得收益的同时，兼顾公平性、顾客满意度，并收获顾客的信任和善意。以下是将公平性纳入营收管理的一些办法。

- 设计清晰、合理且公平的价格和价格藩篱。在顾客购买之前，商家需要主动向顾客说明服务费用构成，包括潜在费用和罚款（如当客户爽约或者临时取消服务时），避免顾客感到意外。最好是能做一个一目了然的费用构成，让客户理解购买一项服务对自己的财务状况有何影响。要想让顾客觉得你的价格藩篱是公平的，就必须让顾客轻松地理解它并能看清其内部逻辑（价格藩篱必须是透明且诚实的）。

- 用调高公开价再打折的方式让顾客更接受。顾客付同样的钱，商家用不同的收费方式描述，会让顾客反应截然不同。例如，一家理发店的定价为50元，但周末由于人多，理发店要额外收取5元的高峰期附加费，周末来理发的顾客肯定会觉得不公平。然而，如果商家把公开价格调整为周末高峰价格，即55元，并为平日来理发的顾客提供5元的优惠，不仅周末的顾客不会有负面的感觉，甚至平日来理发的顾客还会觉得自己得到了优惠。

- 传达营收管理是让所有消费者都受益的观点。在营销传播中，应该将营收管理描述为一种让所有顾客都受益的做法。因为商家提供不同的价格和价值可以让不同喜好、不同接受能力的顾客都找到适合自己的服务。例如，剧院中位置最佳的座位价格更高，表明有些人愿意并且能够为更好的位置支付更高费用，但这同时也让商家可以用更低的价格卖出其他的座位。此外，顾客对价格公正的看法也取决于他们是否认为不同价格是正常的。因此，随着营销传播的加强，顾客会对营收管理更加熟悉，觉得价格不公平的看法可能会随着时间的推移而减少。

- 通过捆绑销售、产品设计和宣传定位来"隐藏"折扣。用服务套餐的形式，把多项服务捆绑到一个套餐中，就看不出折扣的价格。例如，游轮套餐中包含机票和地面交通的价格时，客户只能看到总价，看不到每个服务项目的单个成本。这样做之后，套餐或单项服务之间的比价就变得很难，也就减少了顾客觉得服务价格不公平的可能。

在餐饮行业，降价往往被认为是不可取的，因为菜品一旦降价就很难再恢复原价。但商家可以改变菜品的设计而不是用折扣来区分不同的顾客。例如，餐厅可以推出分量较小价格也较低的午餐套餐，这样既满足了菜品的丰富性，价格也并没有提高，食客会感觉很划算。另一种做法是设置用餐高峰期的最低消费，这样既增加了非高峰期的顾客量，也增加了高峰期的单桌收入。上述的这两种做法，都没有改变菜单上的价格，因此，顾客们并不会觉得餐厅涨价。这两种策略使餐厅可以根据需求水平灵活地调整单桌收入。

最后，与其大面积地宣传低价，不如只把优惠提供给商家已有的忠诚客户。这样既不需要改变标准价格，也不会让大部分人产生对服务质量下降的怀疑。提供给少数客户的优惠可以描述为一种特殊福利，这部分客户也会感激商家，这也是一种在不降低标准价格的情况下产生增量需求的做法。

- 做好对忠诚客户的服务。商家应该努力留住有价值的客户，甚至在交易中可以为此牺牲一些收益。商家毕竟不能取悦所有的客户，有些客户对商家价格欺诈的印象难以改变，商家也无法与这样的顾客建立信任。因此，商家可以在客户管理系统中结合客户忠诚度给客户分级，对于忠诚度高的客户，即使他们不能支付高价时，也可以给予他们一些特殊待遇。

- 用补救措施弥补顾客损失。在一些需要预订的服务中，特别是航空公司或酒店业，常常出现这样的情况：为了防止有人临时取消或爽约给商家造成损失，商家往往允许一定程度的超额预订。这样做的后果是，商家的收益做到了最大化，但预订无法兑现的发生率也增加了。当客户在机场却无法登机，到了酒店却无法入住，这样的经历不仅会损失客户，而且会影响商家的信誉。因此，通过服务恢复程序弥补客户损失非常重要。例如：

（1）让客户在保留预订或获得补偿之间做出选择（例如，许多航空公司在办理登机手续时采用现金补偿，并提供晚一点的航班）。

（2）提前通知客户，让客户有准备并做出替代安排（例如，在出发前一天将客户重新安排到另一个航班，通常与现金补偿相结合）。

（3）尽可能提供让客户满意的替代服务（例如，在下一趟航班将乘客升级为商务舱或头等舱，通常与上述选项1和选项2结合使用）。

为了腾出更多房间，一家威斯汀海滩度假酒店曾做过这样的尝试：酒店给在第二天退房的客人提供免费在城市里的豪华酒店度过最后一晚的选择。由于免费的客房升级，以及几天的海滩度假后换到城市的新鲜感，客人们的反馈非常积极。从酒店的角度来看，尽管这么做需要付出客人们在另一家酒店住一晚的成本，但由于成功腾出了房间，酒店有机会给预订多晚住宿的新客人提供服务。

将服务定价付诸实践

学习目标：讨论营销人员在制定服务定价策略时需要回答的6个问题

营销人员必须意识到的第一件事是：服务定价包含了许多方面，它不只是"我收多少钱"这么简单的问题，还包括其他一些重要的决定。这些决定会对客户的行为和价值观念产生重大影响。表6.4总结了服务营销人员在制定定价策略时需要提出的问题，让我们依次看一下。

表6.4　服务营销人员在制定定价策略时需要提出的问题

类　　别	问　　题
一项服务应该怎么收费	• 公司需要收回哪些成本，公司是否需要实现一个特定的利润目标或者投资回报 • 顾客对于不同价格的敏感程度如何 • 竞争者是怎么定价的 • 在标准价格的基础上，我们应该提供多少折扣 • 顾客是否习惯更接受带小数点的价格（如4.95美元对比5.00美元） • 是否需要使用动态定价

类　别	问　题
定价的基础是什么	• 执行一个特定的任务 • 获准进入服务设施 • 单位时间(小时、周、月、年) • 基于交易金额的佣金百分比 • 消费的实体资源 • 经过的地理距离，物品的重量或体积 • 实现顾客想要的结果，或者帮客户节约的成本 • 是否应该对服务的每个组成部分单独计费 • 是否应制定一个捆绑服务的套餐价 • 是否对所选的细分市场提供折扣 • 是否适合采用免费策略
谁来收费，在哪儿收费	• 由提供服务的商家收费(现场收费或远程收费，如在线、电话、邮件) • 由专门的、拥有便利的服务网点或在线付费平台的中间商收费(旅行社、票务中介、银行、零售商) • 中间商在交易过程中怎样获得报酬(单一费用或佣金百分比)
什么时候收费	• 服务交付之前或之后 • 一次性付款或分期付款
支付方式有哪些	• 银行卡(信用卡或借记卡) • 移动支付 • 现金支付(考虑是否需要找零) • 充值卡 • 代币(考虑在哪儿可以买到) • 优惠券 • 支票(考虑怎么确认) • 电子转账 • 服务商家的信用账户 • 第三方支付(如通过保险公司或政府机构)
应该如何向目标市场传达价格信息	• 通过哪些传播媒介(如广告、网站、APP、招牌、电子显示、客服人员、销售人员) • 传播什么内容(如应该强调价格还是淡化价格) • 传播过程中是否可以应用定价展示心理学和传播心理学

应该收取多少费用

合理的定价对商家的财务状况影响巨大。我们之前讨论的定价三脚架模型，是制定定价策略的一个有用的出发点。首先，所有相关的经济成本需要通过实现数目不同的销售额来覆盖，也就是价格地板。其次，站在商家与顾客的视角来评估这项服务需求的价格弹性，将帮助我们设定价格天花板。最后，在最终决定一项服务的价格之前，商家需要分析这项服务在不同提供商之间的价格竞争激烈程度。

价格必须是一个具体的数字，因此有几点需要考虑，例如，要把价格设置成整数还是带有小数点的数字？还有定价伦理的问题，如价格是否含税？价格之外是否还有服务费或者其他支出？还有一点需要考虑，在某些行业，顾客可能会尝试讨价还价。

定价的基础是什么

为了确定定价的基础，我们需要定义一个最小的服务单位，但这有时并不容易。定价基础可以有很多种形式，例如，可以把定价基于完成一项承诺的服务，如修好一件设备，清洗了一件夹克衫，或者把定价基于获得一项体验的资格，如一个教育项目、一场音乐会，或者一场赛事。定价可以基于时间，如一个小时的律师费。定价还可以基于服务带来的货币价值，如保险公司的保费是根据保额计算的；房产中介收取的佣金百分比，是根据房屋的总价算出来的。

一些服务业的定价与顾客消费的实体资源有关，如食物、饮料、水、天然气。交通运输行业传统上按照距离定价。货运公司的定价则在距离的基础上，结合了货物的重量或体积。对一些服务行业来说，价格可能包含了不同的服务，既包括进入服务场所，也包括服务的使用。研究表明，进入服务场所的费用或会员费是吸引和留住顾客的重要手段，而使用费用则直接决定了顾客实际的服务用量。一些娱乐性的服务，如游乐园最好使用一次性的套餐票，而不是让顾客在进入游乐园之后还为每个项目单独付费，以免顾客在享受乐趣的时候还被常常提醒自己要付费。这个也叫作出租车计价器效应，因为乘客不想听见计价器在不断计费的声音。

在B2B市场，一些创新性的商家可以做到按照服务的效果收费，而不是按照服务收费而不管结果。如飞机引擎制造商劳斯莱斯"按小时计费的服务"，该公司并不按照维修和材料的费用收费，而是基于结果，即飞机的飞行时间。一些供应链企业，如DHL会只收取一个基础费用，后面的收费则要看这家公司为客户节约了多少成本，其实相当于DHL在它帮客户节约的成本中获得了一定分成。

价格捆绑

服务营销人员要考虑的一个重要的问题是，收费时是把所有的服务捆绑在一起，收取一个总价，还是将服务拆分，每项服务单独收费？捆绑定价可以为商家提供更好的收入保证，服务产能也被最大化地利用，它也让顾客清晰地了解每一项服务的总费用。如果顾客希望避免多次小额支付，那么捆绑定价就比较好。从商家的角度，如果觉得每一项服务的完整享受离不开其中几个单独的项目，用价格捆绑的方式就更合适（例如，一家度假酒店的蜜月服务套餐里面包含了水疗、沙滩晚餐，还有浪漫的海上小船项目）。

然而，若是商家希望为顾客提供的是一些不同的附加价值，或者服务中有一些项目顾客根本用不到，顾客就会选择按单项服务收费。这种方式给了顾客很大的自由来选择他们愿意为哪项服务付费。例如，许多美国的航空公司对经济舱的乘客单独收取餐食、饮料、行李托运、座位选择等费用。

从公司的角度来看，按单项服务收费还有另外一个优势，就是价格没有经过包装，更加实在和透明。例如，当顾客看到一项报价并不高的单项服务，但之后，他从广告上发现另一个商家推出的服务套餐中也有这项服务，而且价格甚至比之前商家的价格还要低，只不过为了享受这项服务，顾客需要同时购买套餐中捆绑销售的其他项目。顾客仔细计算后发现，在加上了各种额外项目的费用之后，那个单项服务的实际价格其实要远远高于最初吸引他们的广告上的低价，这时顾客就难免感觉捆绑销售是在戏弄他。

折扣

针对某个顾客群体使用折扣不仅可以为商家带来新的顾客，还能帮助商家实现服务产能的充分利用。需要注意的是，使用折扣时要有设计好的价格藩篱，可以将折扣准确定位在特定的人群。商家需要谨慎使用折扣，这不仅降低了价格，导致商家收入减少，还可能导致一些顾客仅在有折扣价的时候才消费。对大公司客户，商家有时会采用总额折扣，用以巩固大公司客户的忠诚度。如果不提供折扣，这些公司可能将通过不同的供应商来购买服务。

免费策略

在过去十年，免费策略已经成为一种非常流行的定价策略，特别是在移动互联网领域。用户可以免费使用基本服务，如果需要使用更多功能，用户就要购买升级服务。如果你使用过网络硬盘，或者在线听歌，你就已经体验过这样的服务了。由于科技和宽带的边际成本正变得越来越低，免费策略可能会变得更加流行。

免费策略尤其适用于新产品的推出，并鼓励人们去注册账户和试用服务。当基础服务是完全免费时，用户就完全没有压力。然而，从长期来看，免费策略的持续需要公司有其他收入来源的支撑，如广告收入，或者高级用户收入（如"领英"把服务销售给公司招聘方）。此外，免费策略若想行得通，还需要强大的网络效应，需要付费的高级服务，也需要和免费服务有明显的功能区分。否则，商家会因为过低的付费用户数而感觉失望。也许商家会把针对普通用户的免费策略调整为低价策略，以获得一些收入。

让顾客定价

这种策略是把定价权交给顾客，让顾客决定一项服务的价值以及他们愿意支付的价格。例如，纽约大都会艺术博物馆允许当地居民决定他们想支付的门票价格（即使支付一分钱也可以进入）。著名的摇滚乐队 Radiohead 在销售新专辑时也采用了这种"让顾客定价"的策略，允许乐迷以任何价格下载专辑。在维也纳有一家很受欢迎的巴基斯坦餐厅，名为 Der Wiener Deewan，这家餐厅的美味自助餐可以让顾客"随便吃到饱，随便多少钱"。"让顾客定价"是一种很有趣的策略，它可以帮助公司实现最大的市场渗透率（因为价格已经不再是购买障碍），还可以提高产能利用率，从而降低单位成本，并实现完全无歧视的价格（价格完全由顾客自主决定）。这种策略下定价没有了，也自然没有价格竞争。

"让顾客定价"这种策略必须谨慎实施。商家需要清楚了解消费者的支付意愿，顾客是否具有公平的观念，是否考虑商家的利益而且慷慨大度。那么，有哪些消费场景适合使用"让顾客定价"的策略呢？例如，当一名顾客已经是你的客户，而且想要重复消费，而顾客和商家的个人关系很融洽；或者当商家是小型商户而不是大企业；又或者商家一直提供着优质的服务，而不是只找这个噱头来招徕顾客。上述这些场景也许可以考虑"让顾客定价"。提高顾客的支付意愿还有一些办法，商家可以把商业交易和社会公益联系起来（如商家将收入的 50% 捐赠给慈善机构）；或者允许顾客先享受服务，在服务完成后再付费。这些办法都可以让顾客觉得更公平。北爱尔兰贝尔法斯特的 The Dock 咖啡厅也是一家不设定价的咖啡厅。他们只声明咖啡馆的经营取决于顾客的慷慨（We buy tomorrow's nosh with today's dosh），通过"诚实箱"，顾客可依自己的意愿付费。"让顾客定价"的策略在商家的服务增量成本很低时，即增加客户消费并不带来明显的成本增长时的效果最好。

谁来收费和在哪儿收费

我们在第4章讨论过，辅助服务包括信息服务、订单处理、账单处理和付款支持。然而，商家的服务场所并不一定总是位于交通便利的位置，如飞机场、剧院、体育场等，可能距离客户居住或工作的地方比较远。当消费者需要服务又必须在服务之前购买，并且没有方便的在线支付渠道时，商家会委托位置更方便的中介代收费用。例如，旅行社可以代售机票、火车票或酒店预订并向客户收款。票务代理可以代售剧院、音乐厅和体育场馆的座位。

对于商家来说，虽然要给中介支付一定的佣金，但中介能够在付款方面为客户提供更大的便利，而且节省了商家的管理成本。然而，今天的服务业公司都在推广自己的网站和应用程序，将其作为客户自助服务的直接渠道，并提供最优惠的价格保证。这样做就绕过了传统中介，避免支付佣金，顾客可以通过电子邮件或智能手机轻松获得电子票。

什么时候收费

顾客付款有两种基本方式。第一种是服务之前付款（如入场费、飞机票或者邮票），第二种是在服务完成之后付款（如餐厅的账单、维修费用）。有些时候，商家也会要求先付部分预付款，在服务完成之后，再把剩余的部分补齐。这种方式常见于昂贵的维修和维护工作，特别是对于资金有限的小商户，他们必须先拿到一笔钱用来购买材料。尽管让顾客提前付款意味着他们还没有享受到服务的好处，但这种付款方式同样有利于顾客和商家。一些服务是顾客频繁使用的，如邮政服务或公共交通，顾客会觉得每次在服务结束后付费很不方便，顾客更愿意购买一版邮票或者一张公交月票，来节省时间和精力。一些表演艺术团体往往在前期面临比较大的资金需求，也会要求顾客提前付费，并给顾客提供折扣，以便在表演季开始前筹集资金。

另外，顾客支付的时间也影响着顾客接受服务的规律。通过分析科罗拉多州一家健身俱乐部的付款和出勤记录，商家发现会员们前来俱乐部的时间规律与他们的付款时间密切相关。在会员付款后的几个月里，他们前来俱乐部的频次最高，然后频次逐渐放缓，直到下一次付款。那些按月付款的会员前来俱乐部的时间则更加稳定，可能是因为按月付费的方式会鼓励用户消费他们购买的服务。

这个现象对我们的启示是，我们可以利用顾客的付款时间来策略性地管理服务产能和消费。例如，一家高尔夫俱乐部在每年的旺季会涌入大量顾客，由于供给能力有限，俱乐部希望降低旺季的顾客需求。俱乐部可以在旺季开始之前很长时间就启动报名和收费（如从1月开始收费，而不是在5月或6月）。等旺季到来的时候，这些顾客付费之初对使用服务的热切心情经过了几个月已经慢慢平复，已经不会频繁地前来俱乐部，旺季的需求也因此得以降低，而全年的需求也会变得更加平均。

与上面的例子相反，商家还可以利用付费时间来促进消费。现在火热的直播带货，就是一种短时间内促进消费的例子，当主播将商品上架之后，限额限量的商品会引起一阵疯抢，便于商家利用短暂的时间窗口来刺激消费完成。另外的例子是非常著名的美国职业棒球队波士顿红袜队，球队往往会在赛季开始前5个月开始销售赛季的套票。为了能在整个赛季获得最佳的上座率，球队允许球迷分四期付款，每次付款的时间都与球队重要的比赛节点吻合。因此，球队在比赛时可以获得最多球迷的支持，球迷也因为分期减少了付款的压力。中国"双十一"的预订款和尾款也有异曲同工之妙。

支付方式

有许多不同的支付方式，现金似乎是一种很简单的方法，但使用现金有时会感觉不太安全，而且在需要找零的时候也不太方便。信用卡和借记卡已经几乎可以在世界各地使用。其他支付方式包括代币或代金券，来代替现金的使用。社会服务机构有时会给老年人或低收入人群发放代金券，这样做相当于给他们提供了价格优惠。因为没有使用现金，服务机构无需做任何公开的价格区分，也无须在收银时检查客户是否可以享受折扣。

服务营销人员应该记住，支付的方便程度和速度可能会影响客户对整体服务质量的看法。现在，基于储值卡的预付系统是应用最广泛的支付方式，金额被储存在卡片的磁条或嵌入卡内的微芯片中。基于信用卡和借记卡、射频识别技术和移动应用程序的非接触式支付系统被越来越多地使用。星巴克推出了一款基于手机APP的支付系统，并把这个系统和它的用户奖励方案整合到一起，用户可以通过这个APP获得特别折扣和免费赠品。这些移动支付应用的开发者表示，移动支付的交易速度比传统的现金或信用卡快两倍。

有趣的是，人们发现支付方式会影响顾客的消费习惯，特别是像一杯咖啡这种顾客在消费时无须过多考虑的项目上，支付方式越无形、越方便，顾客越容易进行消费。例如，现金是最有形的，顾客在消费时也会更加谨慎，花费更少。其次是信用卡、预付卡，直到电子支付这种完全无形的支付方式，顾客的消费也倾向于越来越随意。

如何向目标市场传达价格

最后的任务是如何把商家的定价政策很好地传达给目标客户群。消费者在购买前需要知道价格，同时，他们也需要知道什么时候、在什么地方、以何种方式支付费用。这些信息必须清楚无误地传达给顾客，以防止顾客被误导或者怀疑公司价格的公平性。营销人员还必须决定是不是要把价格信息放在广告中向顾客传达，自己价格和竞争者价格的比较可能也是需要的。对于顾客关于定价、支付、信誉等相关的问题，销售人员和客服代表要给出迅速和准确的回答。在服务场所放置醒目的价格标识，顾客就不会再问价格数字这种简单的问题，这样做可以节省销售人员的时间。

传达价格信息的方式是重要的，它会影响顾客的购买行为。例如，有一门学问叫菜单心理学，关注的就是顾客在面对菜单上的价格时的心理和反应（见扩展资料6.5）。

扩展资料 6.5

餐厅里的菜单心理学

你是否想过，在餐厅吃饭时，为什么你在菜单上选择了这道菜，而不是其他的？是不是与一道菜在菜单上的样子有关？菜单心理学是一个正在发展的研究领域。菜单设计者和研究者希望找到最佳方式来设计菜单，包括它的布局和价格信息呈现方式，并希望通过这种手段促使顾客在餐厅消费更多。该怎么做才能让顾客消费更多？或者选择哪些利润更高的项目呢？

- 在菜单上显示价格时，避免使用货币符号，如美元的 $ 。因为有货币符号的菜单会让顾客消费更少。
- 以 9 结尾的价格，如 9.99 元，会让顾客觉得他花的每一分钱的价值都被利用了。这一点适用于那些有更高的价值定位，但价格并不高的餐厅；对高端餐厅不适合。
- 价格的位置应该放在每一个菜品的描述文字之后，而且千万不要把价格做得醒目。

- 关于菜品的放置顺序，要把最贵的菜品放在菜单的最上边。比较起来，其他的菜品的价格就会看起来比较低。
- 关于布局，利润最大的菜品要放在每页的最上角，因为那是人最先看到的区域。如果菜品是横着显示的，要把利润最大的菜品放在中间而不是边缘，因为边缘的内容可能被顾客忽略。
- 对一道菜的描述越多，顾客点这道菜的可能性越大。因此，可以用更多的细节，更能调动食欲的描述来说明那些利润更大的菜品，利润较小的菜品可以用较少的文字来描述。
- 应该给每道菜起什么名字呢？据调查，在名字上加入母亲、祖母，或者亲戚的名字（如梅姨炖牛肉），会让顾客更容易购买。

下次去餐厅时，当你点好一道菜，你可能会有兴趣看看这道菜在菜单上是怎样呈现的，还可以继续看看这份菜单，看它是否会把你引向餐厅最想让你点的那道菜。

最后，如果价格是按照不同项目分别计价的方式在账单上呈现，营销人员应该确保账单准确而且易于理解。医院的账单可能会多达好几页，包含几十个甚至数百个收费项目。一些研究发现，医疗账单的错误率高达 80%，这也是人们常常抱怨医院的一方面。

结　论

为了确定有效的定价策略，公司必须对其成本、为客户创造的价值，以及竞争对手定价有充分的了解。接着，营收管理是一个强大的工具，有助于管理需求和价格，能够通过定价来调整服务产能的分配，满足不同细分客户群的价值认知。定价策略必须解决的中心问题是：在什么时间点，以什么样的服务单位为定价基础，收取多少费用。因为服务经常包含了多种元素，定价策略也可以很有创意。

最后，公司需要小心不要把定价做得过于复杂和难以比较，以至于让客户困惑并可能导致他们怀疑公司在定价上有不道德行为，造成客户信任和满意度的丧失。在实践服务定价和营收管理的方式上必须非常小心，以确保不损害客户满意度和公平性。

第7章

服务营销传播

生命只有一代之久，而美名永存于世。

——日本民谚

在做与不做社交媒体这件事上我们没有选择，问题是怎么做好它。

——埃里克·夸尔曼（Erik Qualman）*Socialnomics* 作者

学习目标

通过本章的学习，你将可以：

1. 了解整合服务传播 5W 模型，由谁（who）、传播什么（what）、如何传播（how）、在哪儿传播（where）和何时传播（when）。

2. 了解所有服务业的传播策略都适用的 3 个最广泛的目标受众群。

3. 了解最常见的服务传播战略目标和战术目标。

4. 了解服务营销传播漏斗和它的关键目标。

5. 了解服务营销传播可以起到的一些重要的特殊作用。

6. 理解服务业的传播面临的挑战以及如何克服这些挑战。

7. 了解服务业的营销传播渠道组合。

8. 了解传统营销传播渠道的传播方式组合。

9. 了解互联网、移动端、APP、二维码等电子媒介在服务营销传播中的作用。

10. 了解可以通过服务交付渠道进行的传播媒介。

11. 了解发生源头在公司以外的传播媒介。

12. 了解应该何时开展营销传播，怎样为营销传播安排预算，以及怎样评估传播效果。

13. 了解服务营销传播中的道德和消费者隐私相关问题。

14. 理解公司标识设计在营销传播中的作用。

15. 了解营销传播整合对于传达一个强有力的品牌形象的重要性。

引文：奥斯卡的幸福生活

故事发生在爱尔兰的基尔罗南城堡酒店。一天，酒店的员工在酒店的一个收纳箱里发现了一个红黄相间的猴子毛绒玩具，不知是哪位客人把它遗落在那里了。不过，酒店员工并没有马上把它送去失物招领处，而是灵机一动，把它做成了一场社交媒体上的营销活动。酒店的员工们要通过社交媒体的传播，帮助奥斯卡（员工们给这只小猴起的名字）找到它的主人。从图7.1的这些照片你可以看出，在这个过程中发生了很多有意思的事儿。

图 7.1　奥斯卡正在享受生活

他们给奥斯卡拍了很多张照片并配上文字放在脸书上。故事是奥斯卡正在寻找它的主人，虽然还没找到，但是主人不用担心，因为它在城堡酒店过着上流和富足的生活。照片上的奥斯卡喝着下午茶、做着美容、吃着顶级大厨专门给他做的自助餐，显然，奥斯卡不介意在被找到之前在城堡里多生活一段时间……

酒店的员工们当然希望通过这场活动让奥斯卡的主人前来认领，但是毫无疑问，通过社交媒体的扩散，这家城堡酒店收获了大量的关注。酒店员工快速的反应、创意，还有这个话题的趣味性是这场营销活动被众人关注和转发的原因。

服务营销整合传播

学习目标：了解整合的服务传播 5W 模型，谁(who)、什么(what)、怎样(how)、在哪儿(where) 和何时(when)

我们在引文中介绍的奥斯卡的故事是一个成功的营销案例。归功于酒店员工的快速反应和创意，基尔罗南城堡酒店的脸书平台收获了大量粉丝。对几乎所有服务业商家来说，社交媒体已成为营销中不可或缺的一部分。

但是这些营销事件不应该是孤立的，而是包含在一个更大的、整合的传播战略中。在这一章，我们将专注于怎样计划和设计一个有效的服务营销传播战略，让营销人员通过传播，准确地传达并推广其服务的价值主张。

在所有的营销活动中，传播的过程最容易被消费者看到或听到，甚至是被打扰到。但传播若不能与其他的营销活动相结合并且善加利用，其效果也将是有限的。如一句很老的市场格言：干掉一个劣质产品的最快方式就是疯狂做广告。但这条格言也从侧面说明了传播的作用，市场研究和营销策略做得再好，缺少了传播，消费者不知道公司的存在，不知道提供的有哪些服务，不知道服务能给他们带来什么价值，不知道怎样利用服务让自己受益最多，这个营销策略就免不了失败。顾客也很可能会受到竞争者的吸引，至于公司形象和辨识度的主动管理更是无从谈起。不管是何种形式，一家公司若想成功，营销传播是绝不能缺少的。

人们对服务营销传播所涵盖的内容有不同的理解。很多人对营销传播的定义过于狭窄，营销传播其实有更大的内涵，它不是仅仅关于媒体广告、公共关系（public relations，PR）、社交媒体和销售人员。服务业商家有很多其他的方式与现有客户及潜在客户沟通。例如，服务场所的地点和环境；企业标识设计，包括色彩和图形元素的固定使用；员工的穿着和行为规范；网站和社交媒体的设计……所有这些信息在顾客脑中形成一个印象。在公司不断传播过程中，一些印象在顾客那里得到强化，也有一些印象会被顾客觉得与宣传不符。

在过去的几年，我们看到了一些令人激动的新的潜在用户触达方式的兴起，这些新方式是通过互联网、移动 APP，还有社交媒体，其用户定位的精准度和信息内容的匹配度是过去难以想象的。所有的这些媒介协同起来工作，一边不断吸引新用户，一边肯定老用户的选择，让用户在服务全过程中的每个环节都能得到指引。因此，我们应该把营销传播归类在服务营销策略 7P 中的推广（promotion）和教育（education）。

我们怎样制定一个有效的服务营销传播策略呢？首先，需要我们对服务产品本身和潜在用户的特点有一个很好的理解。例如，目标客户群是谁和他们被哪些媒介影响；消费者对一项服务产品的认识和态度；在服务购买前、使用中和使用后，客户是否可以容易地评估产品特点等，对这些问题的回答是不可或缺的。其次，我们要决定需要传播的信息内容、信息结构和风格、信息的呈现方式，以及触达潜在用户的最适合的媒体。

为了归纳我们考虑的这些因素，我们绘制了一个整合服务传播模型（见图 7.2），同样可以作为本章的知识框架。这个框架从 5W 开始，代表了我们在做营销传播计划时首先要问的 5 个问题：

- 谁是我们的目标受众？
- 我们需要传播什么内容？达到什么效果？
- 我们应该如何传播？
- 我们应该在哪儿传播？
- 我们应该何时转播？

让我们首先一起来考虑目标受众是谁（who）、确定传播的目标是什么（what），这将是两个战略性的决定。接着我们从实际操作的角度来制定服务传播计划，这将包括一系列可供选择的传播渠道（where）、如何克服那些与服务传播相关的特定挑战（how），以及服务传播应该什么时候进行（when）。除了 5W，我们还有一些需要考虑的问题，这包括传播执行所需的预算、衡量和评估传播效果的办法、传播涉及的道德问题和消费者隐私保护，以及企业标识的统一设计。在最后一部分，我们将讨论不同渠道的所有传播如何整合。

传播战略的制定		传播战略的实施		
目标受众是谁？ （决定目标受众）	**传播要达到 什么效果？** （传播的目标）	**应该如何传播？** （决定内容）	**在哪儿传播？** （决定媒介）	**何时传播？** （决定时机）
服务业传播的关键目标受众群 • 潜在客户 • 已有客户 • 公司员工	**服务传播的战略目标** • 品牌定位和服务产品定位的差异化 **服务传播的战术目标，根据服务消费阶段和服务传播漏斗** • 购买前阶段管理顾客的搜索和选择过程 • 服务接触阶段引导顾客完成服务接触 • 接触后阶段管理顾客满意度并建立忠诚度	**服务传播的挑战** ▲ 服务无形性带来的挑战： • 服务概念抽象 • 服务水平难以比较 • 服务体验不可搜索 • 心理不可感知 ▲ 克服服务的无形性给传播带来的挑战： • 可以使用的广告策略（如展示服务消费片段、记录、证言） • 有形线索 • 比喻	**传播渠道组合，传播发生 3 个关键源头** ▲ 营销传播渠道： • 传统媒体（如电视） • 在线媒体（如搜索引擎广告、社交媒体） ▲ 服务交付渠道： • 服务网点 • 一线员工 • 自助服务交付点 ▲ 发生源头在公司以外： • 口碑传播、社交媒体 • 博客和推特 • 传统媒体报道	**决定时机** • 根据服务传播漏斗中的目标决定时间 • 使用媒体计划流程表

决定传播的预算，传播效果评估	道德问题和消费者隐私	企业标识设计
• 目标任务法 • 其他预算方法（收入的百分比、对标竞争对手的费用） • 根据服务传播漏斗中的整体和特定目标来评估效果	• 不要夸大承诺或欺骗性的推广 • 尊重和保护消费者隐私	• 采取一种统一和独特的视觉呈现，将其用于服务涉及的所有有形元素

营销传播的整合
• 所有的媒体渠道要按照统一的视觉效果和感觉，传达同样的信息

图 7.2　整合服务传播模型

定义目标受众

学习目标：了解所有服务业的传播策略都适用的 3 个最广泛的目标受众群

无论制定何种传播策略，潜在客户、已有客户、公司员工都是商家要考虑的 3 个最广泛的目标受众。

潜在客户。 服务业营销人员并不知道潜在客户是谁，所以他们需要首先分析谁可能是潜在的目标客户，然后采取一些传统的传播方式触达这些人。方式包括媒体广告、在线广告、公关，或者购买潜在用户的联系名单并进行邮件或电话营销。

已有客户。 与对潜在客户的传播相比，性价比更高的方式是向已有客户传播。方式包括交叉销售和追加销售、销售点推广、在服务互动中传播、邮件和短信推广、基于地理定位的移动应用程序等。如果商家建立了会员数据库，掌握了客户资料和联系方式，就可以通过应用程序、电子邮件、短信、直邮或电话等渠道向用户发送精准匹配的信息。这些推广渠道可以作为大众传播渠道的补充，甚至直接取代大众传播渠道。

公司员工。 公司员工是大众媒体传播活动的间接受众。为客户精心设计的传播活动也可以对员工产生积极影响，特别是对一线的销售人员。具体来说，如果广告中含有商家对顾客的承诺，这将直接影响一线员工的行为。广告对员工的影响也可能存在风险，如果员工认为营销活动中宣传的服务水准是不现实的，甚至是不可能实现的，员工就会产生消极心理。

公司也会通过内部渠道对自己员工群体进行直接沟通，这种传播是把客户排除在外的。我们将在第 11 章"通过人员管理获得服务优势"中，讨论公司的内部传播问题。

确定服务传播的目标

学习目标：了解最常见的服务传播战略目标和战术目标

在弄清楚我们的目标受众以后，我们需要明确我们想对这些受众做什么，要达到什么目标？总体来看，营销传播的目标包括告知、教育、劝说和提醒客户，塑造客户行为和培养客户关系。这些目标看起来过于抽象，以至于我们不知该如何操作。那么简而言之，传播的目标就是要回答这个问题：我们要传播什么和实现什么。传播的目标可以是战略层面的，也可以是战术层面的，而且两者往往是结合在一起的。

服务传播的战略目标

服务传播的战略目标包括建立一个服务品牌，以及品牌定位和服务产品定位的差异化。也就是说，商家要通过营销传播让目标客户知道，和其他商家所提供的服务相比，自己的服务是针对客户需求的最佳解决方案。通过传播，不仅能给商家带来新用户，还能维护它和已有用户的关系。营销传播就是要让潜在客户和现有客户相信，该商家的服务水平是最高的。

服务传播的战术目标

学习目标：了解服务营销传播漏斗和它的关键目标

我们曾在第 2 章中讨论过服务消费过程的 3 个阶段（购前阶段、服务接触阶段和接触后阶段）。服务传播的战术目标就是要在这 3 个阶段，通过传播来塑造和管理客户的感知、信念和行为。我们用一张"服务营销传播漏斗表"来说明（见表 7.1）。在这张表中，左列是服务消费的 3 个阶段，中间列就是服务传播漏斗，常见的传播目标对应着左侧的消费 3 个阶段，右列则是 3 个阶段中与消费者行为相关的关键概念和理论。

表 7.1　服务营销传播漏斗中常见的传播目标

服务消费的 3 阶段模型	服务营销传播漏斗中常见的传播目标	消费者行为的关键概念和理论
购买前阶段 **需求唤醒** • 搜索信息 • 明确需求 • 寻找解决方案 • 了解同类服务和供应商 **评价备选方案** • 查看供应商信息(网站、广告) • 浏览第三方信息(评论、评分、博客) • 与服务人员沟通 • 征求第三方意见 • 做出购买决定	**获取客户** • 促使客户沿着销售漏斗的关键阶段转化 • 建立客户对服务或品牌的认知、了解和兴趣 　——鼓励客户浏览商家网站或社交媒体 　——鼓励客户订阅商家资讯或关注在线视频主页 • 培养客户对服务或品牌的喜好和信念 　——与竞争对手的产品进行比较 　——让潜在客户相信公司在关键要素方面的表现更佳 　——促使客户愿意为品牌支付更高价格 • 鼓励客户购买 　——通过提供信息和服务保证来降低感知风险 　——通过促销奖励来鼓励试用 • 创建令人难忘的品牌和服务形象 • 刺激需求或转移需求以匹配产能	**购买前阶段** • 需求唤醒 • 参考组 • 意向组 • 多要素模型 • 搜索属性、体验属性、信任属性 • 形成服务预期 • 感知风险 • 购买决定

服务消费的 3 阶段模型	服务营销传播漏斗中常见的传播目标	消费者行为的关键概念和理论
服务接触阶段 • 向选中的商家请求提供服务，或开始自助服务 • 体验服务	**服务接触管理** • 在服务开始前让客户熟悉服务流程(如需要准备什么和有什么预期) • 引导客户完成服务过程 • 鼓励客户下载、设置、使用公司的服务 APP • 在服务接触时管理客户的行为和认知(如服务角色和脚本、感知控制) • 管理客户对服务品质的认知 • 交叉销售和追加销售	**服务接触阶段** • 关键时刻 • 服务接触 • 服务生产系统 • 服务交付的"剧场"理论 • 角色与脚本理论 • 感知控制理论
接触后阶段 • 评价服务表现 • 顾客将来的意图 • 顾客将来的行为	**客户关系** • 管理客户满意度 • 管理服务质量认知 • 建立忠诚度 • 鼓励客户在线下和线上口碑传播 • 鼓励顾客转介绍 • 打造品牌的用户社区	**接触后阶段** • 服务与预期一致/不一致 • 不满意/满意和喜悦 • 服务质量 • 口碑与转介绍 • 在线评论 • 重复购买 • 客户忠诚度

关于消费者购买前阶段，你可能已经听说过或者学过"销售漏斗模型"(若是从客户的角度出发，则被称为购买漏斗)。它描述了消费者从对一个产品一无所知到最终决定购买所经历的过程。其中最古老的一种可能要属"AIDA"模型，它的发明最早可以追溯到近一个世纪前，其中的 4 个字母分别代表认知(awareness)、兴趣(interest)、欲望(desire)和行动(action)。消费者的购买行为要经历这 4 步：首先认知到一项产品的存在，然后产生兴趣和欲望，最后到行动。这个模型经受住了时间的考验，一直沿用到今天。今天使用最多的一种模型叫作"效果层级模型(Hierarchy of Effects Model)"，这个模型以"AIDA"模型为基础，将消费者购前阶段归纳为"认知""情感""行为"3 个阶段——从认知开始，消费者获得产品相关的信息；然后消费者可能会产生从喜欢、偏好到信任的情感，直到最后的购买行为。在这个过程的每一个阶段，都有营销传播的参与，它在引导消费者做出购买决定的过程中起着不同的作用。

通过表 7.1 我们可以看出，购前阶段的服务营销传播目标，是完全建立在"AIDA"模型或"效果层级模型"的基础上的。我们在这里对传播目标做了一系列扩展，使它们更贴合服务业的背景。此外，由于这两种销售漏斗模型并没有涉及服务接触阶段和接触后阶段，因此我们添加了服务接触阶段的传播目标（包括所有需要客户参与和感知的行为，如排队、服务水平的认知等），以及接触后阶段的传播目标（许多服务是会员制的或者是基于合约的，因此商家在服务结束后仍然可以向顾客传播，并影响客户在接触后阶段的一系列行为）。

服务营销传播漏斗的顶部，是最广泛的目标受众（公司目标细分市场中的所有潜在客户）。接下来漏斗变窄，代表着实际购买了服务并消费的客户。然后直到漏斗的底部，也就是最窄处，代表着一个忠诚并和公司联系密切的客户群。实际上，即使只是对忠诚客户，商家通常也不会以同样的标准对待他们，那些购买量最大、购买金额最高的优质客户优先级也最高（参考第 12 章"客户关系管理和忠诚度建立"）。如表 7.1 所示，营销传播在服务消费过程的所有 3 个阶段都起着特定的作用，而不仅仅是在购前阶段。

通过了解服务营销传播漏斗图，你可以学到的关键的一点是：传播目标可以制定得非常具体，可以针对消费者行为中的任何方面。在这里，我们回到第 2 章"理解服务消费者"，考虑如何在任何阶段通过传播来塑造消费者的行为，使其朝着商家期望的方向发展。例如，在购前阶段，如何通过传播来唤醒客户的需求，让自己的服务进入顾客的"参考组"，再到"意向组"；如何降低顾客的感知风险；如何根据多要素模型来决定传播的内容（例如，转变顾客对于服务质量的认知，改变要素权重，强调那些对商家更有利的要素）；在服务接触阶段，如何通过传播来影响客户对服务表现的认知，协助客户顺利接受服务，塑造客户对服务品质的观念，帮助客户了解服务角色和脚本，并控制客户在服务接触阶段的感知；最后，如何在接触后阶段通过传播来塑造客户满意度和影响客户对服务质量的评价，并鼓励客户进行口碑推荐、重复购买并成为公司的忠诚客户。

利用服务营销传播漏斗我们可以制定许多具体目标，但若讨论所有的目标会超出本章的范围。因此，我们将在下面了解一些重要的传播目标。

通过传播有形线索让客户感知服务质量

学习目标：了解服务营销传播可以起到的一些重要的特殊作用

即使客户明白一项服务的内容，但面对不同商家提供的同一项服务时，他们仍然会觉得很难区分。商家这时可以通过一些客户能够感知的线索来证明自己的服务能力和水平。例如，商家可以强调服务设备和设施的质量，或者向客户介绍其员工的优势（资格、经验、服务精神和专业程度）。有些方面的优势更容易或者更适合传达给客户，有些则不然。如航空公司或医院从来不会拿安全性当作卖点去做广告，因为对航空公司或医院来说，安全性并不是优势，而是最基本的要求。即使告诉顾客它们出现失误的概率非常小，也足以让顾客感到紧张。航空公司或医院可以通过传达其员工、设施、设备和流程的高质量，来间接地疏解顾客的担忧。

(1) 通过内容增加服务价值。 与一项服务相关的信息以及商家针对这项服务为顾客提供的建议，是为一项服务增加价值的重要方式。顾客在购买前会需要服务的信息和建议，如解决他们的需求，需要有哪几种服务的选项？应该在什么时间什么地点提供服务？金额是多少？服务的特点、功能，以及能给他们带来哪些好处？（请参考第 4 章"服务之花"，了解为什么信息可以增加服务价值）

(2) 鼓励顾客参与服务过程。 当一项服务的过程需要顾客的积极参与，像培训员工一样，商家也需要告诉顾客怎样做才能最大限度地享受服务。对商家来说，服务能力的提高往往需要进行更多的创新，如运用新的科技手段、人工智能驱动的服务系统，或者自助设备。这些手段如果得不到顾客的配合，是无法给顾客提供最佳服务体验的。

商家还常常通过优惠活动来鼓励顾客体验新的服务方式，如通过折扣或者抽奖等方式鼓励用户使用自助服务。如果必要的话，也可以让员工为顾客提供一对一的指导，帮助顾客使用新的服务流程。

一些广告专家建议给顾客展示服务提供的过程来使他们更好地理解服务。视频形式的展示是最佳的方式，因为视频可以呈现不间断的服务过程，让观看者融入其中。例如，一些牙医会在手术前向患者展示手术过程的视频，患者就可以知道手术的过程。我们在第 3 章曾介绍过的多伦多的 Shouldice 疝气专科医院可以让顾客观看疝气治疗的在线模拟过程，并且在网站上向他们说明医院的相关经验。通过这个顾客教育的过程，顾客可以更好地做好精神准备，知道自己要怎样配合医生，实现最佳的手术效果并更快恢复健康。

(3) 向顾客传达一线员工和服务后台的贡献。 为了做到和竞争对手的差异化，商家还可以向顾客展示他们在服务质量、一线员工和后台支持方面的与众不同。在高接触度服务中，一线员工是服务交付的核心，他们的存在可以让服务过程更容易被顾客感知，很多时候还让服务更加个性化。在广告中展示员工的工作状态，可以帮助潜在顾客理解服务互动的特点和性质，还可以让顾客相信他们能获得个性化的服务。

商家还可以通过广告、宣传册、网站和视频向顾客展示服务"后台"的工作，即顾客看不到的部分。例如，星巴克通过视频向顾客展示咖啡豆从种植到收获的过程，强调他们选用的是最好、最新鲜的咖啡豆。虽然顾客无法参与这个过程，但看到商家在后台的专业性与服务精神，顾客会对商家的能力和服务质量更加信任。

广告直接决定着顾客的预期，因此，商家在展示服务人员时一定要真实合理。商家也要告知员工最新投放的广告内容，以及在宣传中承诺的服务态度和服务行为，以便员工清楚顾客对他们的期望。

(4) 通过传播来调节服务能力和需求的匹配。像酒店这种固定成本高昂的服务行业，如何在淡季扩大市场需求是个很重要的问题。一个常用的方法就是为顾客提供额外的好处，如提供房型升级或者免费早餐，这样做可以在不降价的情况下刺激需求的增加。而在旺季，顾客需求量大的时候，商家可以减小促销幅度或者取消促销（参考第 6 章"服务定价与营收管理"和第 9 章"需求与供应能力的平衡"）。

商家可以通过广告和促销来调节旺季和淡季的不同服务需求，使之与自身的服务能力相匹配。

精心设计传播内容

学习目标：理解服务业的传播面临的挑战以及如何克服这些挑战

在讨论完服务传播的目标以后，我们一起来看看服务业公司在制定传播的内容时面临的挑战。不管销售的是产品还是服务，商家传播的内容只有被目标顾客群注意到才可能成功，那么要怎样设计内容才能在众多繁杂的信息中脱颖而出呢？在这里，商家需要决定他们想表达的内容，以及他们在表达内容时的技巧。尽管在这方面已经有很多营销传播的书籍，但过去的这些书籍更多还是偏向于制造业有形产品的营销传播，而不是服务业。服务业的一些自身特点要求商家在设计沟通内容和制定创新的传播方案时必须有别于制造业。最主要的一点就是服务的无形性，下面我们将专门讨论。

服务的无形性对传播的影响

服务是一种无形的体验，而不是一件物体。因此，有时很难让顾客理解服务带来的好处，特别是当一项服务没有包含任何的有形成果交付给顾客或顾客的所有物时。服务的无形性给营销人员带来了4项挑战：服务概念抽象、服务水平难以比较、服务体验不可搜索、心理不可感知。

- **服务概念抽象。** 有些服务的概念非常抽象，如金融安全、投资服务、专家服务、安全运输等，在传播这类服务时，你找不到与之对应的实体元素，没有物品可以以可视化的形式向顾客展示，这给营销人员带来了挑战。

- **服务水平难以比较。** 有些服务项目包含了实体的服务设施、人员以及活动，如一架航班上包含了座椅、空乘人员和机舱服务。也就是说，这类服务不存在抽象性的问题。然而，所有的航班都包含着同样的东西，而且看起来大同小异。因此，即便顾客明白服务的概念，但商家在传播时很难把自己的不同之处，与竞争者比较的优势传达给顾客。

- **服务体验不可搜索。** 有一些服务类型，顾客无法通过搜索信息了解服务的属性。只有在购买并亲身经历过服务后，才能了解服务的质量。如在健身房，尽管顾客可以搜索和查看场所和设施，但健身教练的服务则必须购买并亲身经历。如我们在第二章学到的，比起搜索属性，服务业往往具有更多的体验属性和信任属性。体验属性要求顾客必须亲身体验服务才能做出判断，而一些具有高信任属性的服务，如手术专家的治疗，需要顾客对商家充分信任。

- **心理不可感知性。** 有一些服务异常复杂、多维，或者过于前沿，以至于消费者，特别是那些新的潜在消费者很难理解服务可以给他们带来的体验和好处。

如何克服服务的无形性给传播带来的挑战

服务业商家应该怎样把内容传播出去？服务的无形性给商家设计广告带来了挑战。表7.2为我们提供了一些具体的传播策略，为营销人员创作宣传内容时提供借鉴，以克服上述服务无形性给传播带来的4个挑战。

除了表7.2中列举的一些策略，商家还可以使用"有形线索"和"比喻"这两种方式来克服服务无形性带来的挑战，这两种方式能让无形的服务变得更容易被顾客感知。

表 7.2　克服服务无形性的广告策略

问　　题	广　告　对　策	描　　　　述
服务概念抽象	展示服务消费片段	• 记录并展示顾客通过服务受益的典型场景，如对提供帮助的员工报以满意的微笑
服务水平难以比较 • 客观声明 • 主观声明	展示服务系统证明 展示服务水平证明 展示服务表现片段	• 展示服务交付系统的记录和统计，如 UPS 在网站上声明其服务系统的稳定性 • 记录并引用过去的服务表现数据，如准时投递的包裹数量 • 展示真实的服务员工和他们提供服务的场景，视频是最佳方式
服务体验不可搜索	展示顾客证词 展示商家声誉证明	• 让享受过服务的顾客帮助提供证词 • 如果服务具有很高的信任属性，可以展示商家的所获奖项和资格证书
心理不可感知	展示服务过程片段 展示历史案例片段 展示服务消费片段	• 向顾客清晰地展示服务体验过程中的每一步 • 展示商家为顾客提供服务的真实案例，商家如何解决了顾客的困难 • 用顾客接受服务的案例讲一个故事

有形线索。有形线索是商家常常使用的一种广告策略。当服务包含较少有形元素时，这个广告策略可以把服务变得更生动，更易于感知，也可以吸引受众的注意力并给他们留下清晰、强烈的印象。这种方式特别适用于复杂又高度无形的服务，如教育。教育成果是无形的，因此很多商学院会请成功校友做广告，让潜在学生了解商学院的教育可能给学生带来的职业收获，从而让成果变得有形，也更容易感知。

扩展资料 7.1 向我们展示了广告设计者如何用视觉和对比来影响消费者对享乐型服务（给消费者带来快乐和享受）的认知和对功利型服务（帮助消费者解决实际问题）的认知。

运用比喻。商家可以找到有形实物来比喻、象征无形服务，传达服务带来的好处并显示与竞争对手的与众不同之处。保险公司常用这种方式来宣传它们无形的保险产品。例如，中国人寿保险公司用鼎和广告语"中国人寿，一言九鼎"来比喻他们对客户的承诺。京东集团用狗狗来象征忠诚，拥有正直的品行和快捷的奔跑速度。美林美银用美林牛（Merrill Lynch Bull）来象征财富管理者们的商业哲学，向客户们暗示着牛市和投资回报承诺。

除了用比喻来传播服务理念，在可能的情况下，商家还可以用比喻来传达他们如何给顾客带来实际好处。例如，咨询公司科尔尼（AT Kearney）希望让客户知道，他们不仅提供高级别管理咨询，而且为解决客户的实际困难寻找方案。因此，科尔尼公司制作了这样一张平面广告：一间办公室的地板上遍布着钢夹，而员工们正在这样的环境下工作，看起来危机四伏。该广告用钢夹来比喻其他咨询公司仅提供咨询，而给客户公司留下的诸多实际问题，暗示自己的服务有别于其他咨询公司，会为客户解决实际问题。

扩展资料 7.1

服务的视觉化与对比广告

广告专家常常建议用视觉刺激在客户脑中建立一个生动的印象，以及记录下关键的数据和案例，用这些有形证据来克服服务的无形性带来的问题，更好地传播商家的价值主张。为了测验视觉广告和文字证据广告分别对享乐性服务和功利性服务的效果，4位学者进行了一项实验。

在这场实验中，享乐型服务选用的是一个学生春假旅游的广告，功利型服务选用的是一家银行为学生提供的特殊优惠。每个广告包含两种展示形式，一种是视觉化的图片形式，另一种仅包含文字说明。在视觉化广告环节，春游广告展示了酒店，还有一个海边游泳池旁的年轻人。银行广告展示了银行大厦的外观，还有一个ATM自助机。在文字广告环节，两种广告都使用了一种间接比较的广告语言，在顾客最关注的3个方面凸显自己的高水平服务。共有160名学生参与了实验，每个人会观看一个广告。在他们看完广告后，实验者会记录下他们的反馈，随即比较文字型广告和视觉化广告的不同效果。

实验结果显示，对于两种不同类型的服务，被试者都认为视觉化的广告包含的信息比文字广告更丰富。比起观看文字广告的人，观看了视觉广告的人会更容易觉得商家提供的服务质量高，而且会更倾向购买服务。文字型广告对于享乐型服务也比较有效，但对功利型服务没什么效果（原因有待进一步研究）。这项实验对营销管理有两个重要意义。

（1）使用图片可以让商家的服务价值主张更容易被感知。不管是享乐型服务还是功利型服务，商家都应该尽量使用图片和视频来传达其服务的价值。例如，海南省三亚市的亚特兰蒂斯水世界（Atlantis）的海神之跃项目配图并宣传游客可以从近8层楼的高度，纵身而下，体验瞬间达每秒13.8米的速度带来的惊险刺激（见图7.3）。在旋风大喇叭项目中，你将从黑暗隧道中启程，在心跳加速之时，乘坐浮筏以13米/秒的速度突然坠入到45°的滑道中，并冲向近8层楼高的大喇叭中，体验瞬间失重的感觉。

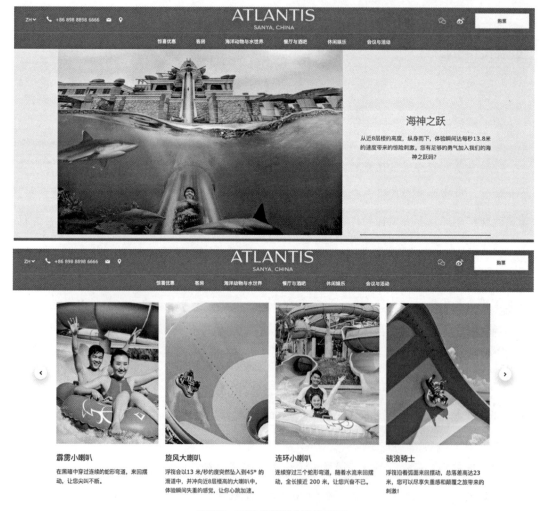

图7.3 亚特兰蒂斯水世界官网

（2）对比性的信息可以帮助阅读者形成对服务的印象，对于享乐型服务尤其有效。实验结果表明，增加对比信息可以增强享乐型服务的广告效果。例如，六旗主题公园（Six Flags Great America）宣传它的过山车有59.7米高，而其他主题公园的过山车最高只有36.5米。其过山车速度可达每小时104.6千米，而其他过山车速度只有每小时80～95千米。这样的信息让读者形成一个印象，即这家主题公园的过山车是世界上最高最快的。如果广告只是简单地列出其过山车的高度和速度，广告就不会有这么强烈的效果——因为读者缺少了可以用来比较的标准。

服务营销传播渠道组合

学习目标：了解服务业的营销传播渠道组合

在之前的几个小节，我们了解了目标受众、具体的传播目标、内容策略，现在我们要探索有哪些高性价比的传播渠道（解决在哪儿传播的问题）。大多数营销经理会采用多种形式的传播方式，这些传播方式集合在一起，被称为服务营销传播渠道组合。

表7.3展示了服务业商家可用的一系列传播渠道。需要注意的是其中一些媒介可以同时分属不同的渠道。例如，员工提供服务这种方式既属于服务交付网点的传播，同时也是人际传播的一种。在表7.3中，我们按照最合适的分类方式列出了每一个传播媒介，这种分类方式方便我们从全局了解服务业传播渠道。

表 7.3　服务营销传播渠道组合

广　告	促　销	人际传播	公关与报道	服务交付网点	企业标识设计
电视或广播广告	样品试用	销售员推销	新闻报道	服务网点	企业标识
印刷品	优惠券、礼品	电话营销	记者发布会	一线员工	店内装潢
户外广告	注册返利，降价促销	培训	特别活动	自助服务网点	车身广告
直销（如电邮、邮件、短信）		展销会	赞助	网站与APP	服务设施

广　告	促　销	人际传播	公关与报道	服务交付网点	企业标识设计
在线营销(如网站、社交媒体、在线广告)		口碑营销*	思想领袖(如白皮书)	宣传册	员工制服
		在线社交网络*	在传统媒体引发的宣传报道*	常见问题答疑	办公用品
			在线媒体上引发的传播(如博客)*		

注: 加 * 的传播方式的发起源头在外部。

除了表 7.3 展示的这种分类方式，还有许多不同的方式将传播媒介归类。例如，我们常常会听到下面一些传播渠道。

- 付费媒体、自有媒体和"赢得的"媒体。付费媒体指的是商家需要付费做的传播，如广告。自有媒体指的是商家自建的媒体，如商家自己的网站或社交媒体主页。"赢得的"媒体指的是当一项服务获得了顾客的青睐和社会的认可，就会赢得顾客和公共媒体的主动传播，如新闻报道，或者一些热心的顾客在社交媒体上分享服务体验。
- 传统媒体和在线媒体。传统媒体包括电视广告、印刷品和户外广告等。在线媒体包括在线广告、社交媒体、移动传播等。
- 非人际传播和人际传播。非人际传播如广告。人际传播是人与人之间的传播，如直销或个人沟通。
- 营销传播还可以按照其发生源头的不同进行分类。包括推广渠道，指的是发生在传统媒体和在线渠道上的传播；服务交付渠道，指的是商家的网点分支或者移动 APP；以及外部传播，即发生源头在公司以外，如口碑传播或媒体报道。

众多分类方式反映了营销传播领域的复杂性。营销专家们会按照实际情况和他们的目的来选择不同的分类方式。本章的学习会按照不同的讨论重点涉及其中几种。

服务传播媒介和它们的效果

每种媒介类型都有自己的优势和弱点，根据特点的不同可以用于不同的传播目的。例如，非人际间的大众媒体传播对于营造品牌认知度和品牌定位更加有效。人际传播对于解释复杂的服务信息、减轻顾客的风险感知，以及促使顾客购买等有更好的效果。在服务场景下的传播（如服务场所的标识、海报）则可以用于更好地管理顾客在与商家接触时的行为，如排队等待、遵循服务指南、尝试新服务项目，以及让顾客感知服务质量。直接营销在服务接触后阶段最为适用，效果好而且成本低，特别是可以鼓励顾客重复购买，或者鼓励顾客把服务介绍给亲友。

我们之前学过服务营销传播漏斗，在不同的服务阶段有不同的传播目标。而为了达到这些目标需要使用不同效果的媒介。图7.4向我们展示了各种传播媒介在实现传播目标时的不同能力。你可能之前没想到，那些相对来说成本较低的商家的自有媒体，却可能带来非常好的传播效果。然而，许多商家在打造官网、搜索引擎优化（search engine optimization，

传播目标	付费媒体			自有媒体			"赢得的"媒体	
	电视广告	印刷品	搜索广告	商家网站	商家社交媒体主页	直接营销	公共关系(传统媒体)	口碑传播
打造知名度	●	●	●	◑	●	◑	●	◑
教育用户，提供细节信息	○	◑	○	●	◑	●	○	○
打造品牌偏好	●	◑	○	●	●	◑	●	●
促进客户购买，付诸行动	○	◑	●	●	●	●	◑	●
在服务接触中指引客户	○	○	○	●	●	●	○	◑
在服务接触中管理用户对服务质量的感知	○	○	○	●	●	◑	○	◑
培养客户忠诚度	◑	◑	○	●	●	●	◑	●
鼓励用户参与（互动，口碑推荐）	○	○	○	◑	●	◑	○	◑

潜在的有效性：　效果好 ●　　效果一般 ◑　　效果差 ○

图7.4　不同传播媒介在实现不同传播目标方面的能力

SEO)，以及社交媒体营销等方面的投入是不足的。

商家在选择传播渠道的时候，要看自己的目标客户被哪些媒介所覆盖，并结合不同媒介的传播能力，基于自己的推广预算，形成不同的传播渠道组合，实现最佳的推广效果。

商家在组织大规模营销活动时，往往要协调和整合不同的媒体，以达到协同的效果，引导潜在用户通过传播漏斗最终转化为付费用户。例如，商家可以先通过电视广告来最大程度扩大品牌知名度，当有潜在用户上网时看到这个商家的搜索引擎广告，由于通过电视广告建立的印象，潜在用户更有可能被吸引并点击进入商家的网站或社交媒体主页，参与商家的促销活动或者注册成为订阅用户。一个潜在客户在做购买决策之前的风险感知越高，或者需要做大量的功课，可能就需要经历更多的步骤才会最终决定购买。

传播发生的不同源头

如我们之前讨论过的，营销传播还可以按照其发生源头的不同进行分类（见表 7.4）。在这一节，我们按照这种分类方式来讨论不同的媒介，因为一般传播发生的源头就是媒介的所有者。例如，营销和传播部门管理着营销渠道、运营部门管理着服务交付渠道、公共关系部门诱发源头在公司以外的传播。现在，我们就一起来看，通过这 3 个传播源头，有哪些可供商家选择的媒介。我们也将借此分别讨论传统媒体和在线媒体，因为这两者在特点和应用上有巨大的差异。

表 7.4 目标受众接收的信息主要来自 3 个传播源头

营销传播渠道	服务交付渠道	源头在公司以外的传播
广告 直接营销 促销推广 员工销售 公共关系	服务网点 一线服务员工 自助服务点 网站、社交媒体主页、APP 企业标识设计	口碑推荐 社交媒体 在线媒体上引发的传播(如 YouTube、博客) 在传统媒体引发的宣传报道

传统营销渠道的信息传播

学习目标：了解传统营销传播渠道的传播方式组合

如表 7.4 所示，服务营销人员可以选择使用多种传播工具，我们将简要介绍其中重要的几个。

广告。有许多媒体可以做付费广告投放。包括广电媒体，如电视和广播；纸媒，包括杂志和报纸；院线广告；以及多种户外媒体，包括海报、广告牌、电子信息屏，还有公交车辆的车身广告等。其中有的媒体仅覆盖特定的地理区域，或者专注于有特定兴趣的受众。通过大众媒体传播的广告通常还需要邮件、电话、电子邮件等直接营销的工具来加强效果。

广告是服务营销中最主要的一种传播形式，顾客往往是通过广告第一次听说某个品牌或服务。广告可以建立品牌知名度，可以对顾客起到告知、劝说和提醒作用。广告在提供服务真实信息、传达产品特点和性能方面扮演着极为重要的角色。一项调查审视了 11 543 条电视广告和 30 940 条报纸广告后发现，比起制造业的商品广告，服务业广告会更多展示价格、质量保障、服务表现记录，以及如何享受服务的真实信息。

营销人员面临的挑战之一是如何让人们注意到广告。当下，大多数人对各种形式的广告已经感到厌倦。电视、广播、网站和在线游戏到处都充斥着广告，报纸和杂志上广告所占的版面有时甚至比新闻内容本身还要多。对于商家来说，如何才能在众多广告中让自己的广告赢得人们的注意？更长时间、更大声或更大版面的广告不是答案，营销人员试图以创新的方式让自己的广告更有效。例如，当一项服务的顾客参与度比较低时，商家应该在广告中融入更多的情感诉求，以及更多展示服务经历过程。商家还可以尝试让广告更幽默、惊喜，或者用更醒目的设计，或别出心裁的格式让自己的广告与众不同。

直接营销。这个类别包含信件、电子邮件和短信等传播工具。这些传播方式允许商家把个性化的信息传达给高度细分的目标顾客群。如果商家拥有客户的详细信息，直接营销的策略就更容易取得成功。

现在已经有商家可以提供大规模的客户群定位服务，他们会结合公司收集的客户信息以及线上线下的第三方数据源。益博睿（Experian）是在这方面全球领先的一家公司。这家公司可以通过几千个参数变量为用户画像，包括生活方式、人口学统计特点、交易和信贷记录、消费者分类数据等，从而精准圈定用户群。如他们在网站上声称的：我们可以帮助你建立用户行为的丰富画像，使你能够预测和影响他们未来的行为。通过我们内部和外部的数据源和有效的客户管理工具，你甚至可以为单个用户量身打造营销策略，并极大地增加你的高质量客户数量。

垃圾邮件过滤和网页弹窗阻止等功能让人们免受广告的侵扰；数字录像机和播客的出

现，让人们不再需要等待节目的播出时间……科技的进步让人们可以按照自己的需要决定愿意接受的内容、信息来源，以及何时何地接受信息。人们不愿意在看节目时还要忍受突然的 30 秒广告插入，也不愿意在用餐时被电话销售打扰。因此，消费者越来越多地使用技术让自己的时间不被侵占，"许可营销"（permission marketing）就在这种背景下应运而生。这种营销方式鼓励顾客在需要时向商家发出请求，并同意商家发出服务和营销信息，而不是在不恰当的时间，被不需要的内容打扰。许可营销允许顾客按照需要自我归类于某一细分客户群。

许可营销的目的，是让消费者自愿地付出他们的注意力。只有那些表达了兴趣的消费者才可能收到相关的信息推送。这种方式可以使商家加强他们与客户的关系，商家甚至可以把邮件、短信、网站和移动 APP 这些传播方式合并，建立跟顾客一对一的沟通渠道，通过这个渠道邀请顾客注册网站、下载 APP，或者关注商家的社交媒体，以及声明他们同意接收的信息。给顾客发送信息之前要做好与顾客互动和多层次沟通的准备。顾客可能会询问他们感兴趣的话题。如果他们对某项新服务或者某些信息特别感兴趣，他们还可以通过点击信息中嵌入的链接进入更详细的信息页面或者观看视频。此外，他们还可以订阅附加服务，与其他顾客进行交流，把服务推荐给朋友，以及在社交媒体上给商家点赞。

商家在许可营销方面投入的关注越来越多。因为许可营销的效果显著，还能带动成本的不断降低，并且提高客户关系管理系统、大数据、社交媒体和传播技术的品质，这些新技术共同支撑着许可营销策略。想了解商家是如何更好地实施许可营销策略，可以查看淘宝或者京东。

促销推广。我们可以把促销推广看作一种带有利益刺激的传播。促销推广经常发生在特定的时间段，依照特定的价格或针对特定的顾客群，或者这三条同时满足。实施促销推广一般是为了达成短期目标，如加快顾客的购买决策、让顾客更早享受服务、增加购买数量，或者是增加购买频次。商家实施促销推广的形式一般有样品试用、优惠券、折扣、礼品或有奖竞赛。促销推广一般会用在销售淡季以扩大需求和销售额，或者当商家想让顾客尽早接受新的服务项目时，但有时也没有特定条件，商家只是单纯为了让顾客更快行动。然而，促销推广也需要谨慎使用。有研究表明，通过促销推广获得的客户复购率会更低，也更容易流失。

几年前，一家连锁酒店策划了一场很有趣的促销活动，目标是老年顾客。只要酒店有房可订，所有 65 岁以上的老年顾客可以享受和他的年龄一致的降价幅度（如一个 75 岁的老人可以比标准价格节约 75％的费用），年龄越大，可以享受的降价幅度越高。这项促销活动一直进展很顺利，直到有一天，一位顾客在办理预订时声称他已经 102 岁了，他要求酒店将客房费用的 2％返还给他。酒店批准了他的请求，随即酒店还安排这位精神矍铄的百岁老人和酒店经理打了一场网球比赛，而且老人赢得了比赛（尽管比赛的分数并没有披露）。类似这样的事件是理想的公关素材，正如这个案例，一场巧妙的促销活动带来了一个有趣的故事，引发了广泛的报道，使这家连锁酒店给人们留下了良好的印象。

个人销售。 个人销售指的是通过人际接触和互动来推广品牌与服务的活动。许多服务业商家，特别是提供 B2B 服务的商家，会拥有一支销售团队，或者让中介与分销商来代表商家进行人员销售活动。对于非经常性购买的服务，如房产、保险和丧葬服务，商家的销售代表会扮演一个顾问的角色，为买家提供建议，帮助他们挑选。对于一些产业化和专业化很复杂的服务产品的销售，公司会雇佣客户经理为客户提供建议、教育和咨询。

不过，对新的潜在顾客进行面对面的销售成本太高。有一个成本较低的选择就是电话营销。销售员可以用电话或视频触达潜在用户。但是从顾客的角度，人们对电话营销这种方式感到日渐厌烦，因为这些电话往往是晚上和周末在人们休息的时候打来。

公共关系。 商家会通过发布新闻稿、召开记者会、组织公关活动，以及赞助由第三方举办的有新闻价值的活动来吸引人们对该商家和服务的兴趣。公关活动的一个基本元素是新闻稿的准备和发布，新闻稿常常带有照片和视频，内容往往是关于公司、服务和他们的员工的故事。

商家常用的公关手段包括：让公司接受某些表彰和奖励、获得公众人物的证言、参与社区活动、募捐，以及通过参加公益活动来获得媒体的报道。商家可以用这些手段来建立声誉和可信度，形成与雇员、顾客和社区的良好关系，以良好的企业形象促进商业上的成功。

商家还可以通过赞助大型活动，如奥运会或世界杯等体育赛事，来获得广泛的媒体曝光。赛事期间的横幅、招贴和各种视觉宣传品会让赞助商的名称和标识被反复展示。此外，一些不寻常的事件还可以为商家提供展示其专业性的机会。在 2000 年，联邦快递公司把两只大熊猫"美香"和"甜甜"，从中国成都安全空运到了美国华盛顿的国家动物园。他们把大熊猫放到特别设计的笼子里，在飞机上专门喷涂了大熊猫的照片，并把飞机重新命名为

"联邦快递熊猫一号"。这一事件让联邦快递公司获得了良好的宣传效应。从那以后，联邦快递公司经常空运大熊猫。2019 年他们把在美国出生的熊猫"贝贝"，之前那对大熊猫的孩子，从华盛顿运回了成都去参加一个哺育计划。除了媒体的报道，联邦快递公司还为这一特别事件制作了专题页面，并展示在自己的网站里（见图 7.5）。

图 7.5　联邦快递把大熊猫从中国成都运往爱丁堡

在线渠道的信息传播

学习目标：了解互联网、移动端、APP、二维码等电子媒介在服务营销传播中的作用

商家可以在互联网、社交媒体和 APP 上投放在线或移动广告，以作为对传统传播渠道的补充，甚至以合理的成本完全替代传统传播渠道。据斯科特·布林克（Scott Brinker）在他的营销技术博客中介绍，在线营销是一个庞大的营销技术生态系统，包含 8 000 多种不同的工具和解决方案。不过，别让这些技术模糊了你的焦点。营销人员还是要关注传播的核心策略、目标和内容。和所有的营销传播方式一样，在线广告和移动广告也需要被整合到一个精心设计的整体传播策略中。

公司网站。营销人员可以通过公司的官方网站进行各种传播。例如：

- 让顾客认识公司并产生兴趣。
- 提供信息与咨询。
- 在公司与顾客之间进行双向沟通。
- 鼓励试用。
- 允许顾客直接下订单。

- 衡量广告或促销活动的效果。

一家不断进取的公司会寻找各种方式提高公司网站的吸引力和实用性，而这里没有一种统一的内容模板可以适应所有不同类型的服务业商家网站。例如，提供 B2B 服务的公司可以让顾客浏览其网站上的技术信息文库〔如甲骨文公司（Oracle）和 SAP 公司在其网站上提供客户关系管理的解决方案〕；一家商学院的网站上的内容是关于教授、学校设施、学生感言、校友信息、学校地点，甚至毕业典礼的情况。

营销人员还必须重视网站影响用户"黏性"的一些要素，如网页打开速度，又如访问者是否愿意花时间浏览网站，以后是否还会再次访问。一个有"黏性"的网站有以下特点：

- **高质量内容。** 内容的相关性高并且实用性强是最重要的。网站的内容应该正是用户要找的。

- **易于使用。** 这是指便于访问者找到信息和使用，意味着网站导航明确，结构清晰，既不复杂也不会过于庞大，客户在浏览时不会迷失。

- **加载速度快。** 访问者不愿等待。如果页面打开太慢，访问者一般就会放弃。好的网站页面打开速度快，差的网站打开速度慢，这意味着网站需要为它的内容"瘦身"。

- **经常更新。** 好的网站内容是频繁更新的。网站上应包含最近发布的信息，让访问者觉得内容时效性强。

一个好记的网址会更容易吸引访问者。网址的域名最好是公司的名称（比如，www.jd.com 京东或者 www.chinalife.com.cn 中国人寿）。为了让人们记住网址，商家要在名片、信纸、邮件模板、宣传册、广告、促销材料，甚至是在交通工具醒目的位置上显示公司网址。

公司的社交媒体主页。 许多公司建立了自己的社交媒体主页。社交媒体平台包括微信公众号、微博、抖音、小红书，国外有脸书、推特、领英、照片墙和博客等。这些主页是公司所有的，它支持多媒体（如图片、视频、社交模拟等），互动性强，而且有可能实现病毒式传播。因此，公司的社交媒体可以在低成本的情况下实现更大的影响力。

在社交媒体上，一条触发人们愉快、温暖、兴奋或启发性的积极情绪的视频广告更受欢迎。如果再包含一些令人惊喜或情节性的戏剧元素，以及引入一些角色，如名人、动物或婴儿等，这样的视频广告就会得到更多的分享。但是注意突出品牌的位置和方式，如可以在视频开头，结尾或者中间持续不断地出现品牌的名字，而有些时候品牌名字出现得太突然、太晚，或者时间太短，则会影响和损害品牌的传播效果。此外，每种社交媒体渠道都有自己的优势，例如，富于情感的广告更适合在"视频号"这种更生活化的社交媒体平台上分享，信息类广告则更适合在微信公众号上分享。

商家还可以通过社交媒体与客户互动，杜蕾斯官方微博一段时间内非常吸粉，因为小编会蹭一些热点，并实时和客户进行评论沟通。一些明星也会利用直播，在生活场景下或特殊节日里与粉丝在社交媒体上互动。在国外，航空公司 SimpliFlying 通过推特为粉丝举办在线问答和竞赛来塑造自己思想领袖的形象。还有一些服务公司精心经营自己的博客，如谷歌，你可以通过它的博客来了解更多。

在线广告。在线广告主要有两种类型，横幅广告（也叫陈列型广告）和搜索引擎广告。

横幅广告。不管是百度这种门户网站，还是微博或者微信这种社交媒体，又或是手机应用程序、网络游戏以及各种以内容为主的网站上，你总会看到大大小小的广告图片。商家会把广告放在这些地方，并为此支付费用。商家还可以在社交媒体平台付费推广他们的帖子，其目的一般是把这些平台上的访问量导流到自己的网站或社交媒体主页。网页上的广告一般与该网页的内容相关，但和平台没有竞争关系。例如，雅虎的股市页面就包含着一系列金融服务商的广告。

在网站上投放的横幅广告或垂直的柱形广告确实会获得大量的曝光，但这不一定带来品牌知名度、品牌偏好度或销量的增加。就算访问者点击广告图片进入商家的页面，也不一定会导致购买。因此，现在的广告主倾向和广告平台签订合约，将广告费和效果挂钩。如统计从广告平台那里导流过来的访问量，或者留下个人信息的用户数量，或者最终付费用户的数量，广告主会以此为标准支付广告费。

搜索引擎广告。搜索引擎是一种逆向的网络传播形式，因为它并不是广告主传达信息给消费者。搜索引擎可以让广告主知道消费者在关键词搜索行为背后的需求，然后按照需求定位潜在目标用户，并把与需求相关的营销内容传播给用户。美国的搜索引擎必应和中国的百度也在试图扩大它们在搜索市场所占的份额。

在线广告的一项关键优势是：跟其他形式的广告相比，在线广告可以清晰地衡量广告投入带来的回报，特别是按效果计价的在线广告，如按点击量付费。这是因为每条链接下的点击都是可以查到来源的。而电视或杂志这种传统媒体上的广告效果难以评价，更无法计算投入回报率。在搜索引擎广告的使用上，广告主有以下选择。

- 购买搜索结果排名。即让自己的广告排在用户需求关键词的搜索结果的顶部位置。因为搜索结果反映了和关键词的匹配程度，排名靠前的结果是满足用户需求的最佳答案。谷歌搜索引擎可以识别那些付费推广的链接，并将其标示为广告。搜索结果排名广告的计费方式既可以基于曝光量，也可以基于点击量。

商家购买搜索排名的目的是希望在顾客决定购买前将广告触达顾客。因此，一些商家会购买和竞争对手相关的关键词的搜索排名结果。这样当顾客搜索竞争者的信息时，商家自己的广告也会出现在列表中。商家用这种方式可以挖走客户，或者在一块竞争者开辟的市场上搭竞争者的便车来获取客户。

- 购买与自己提供的服务相关的关键词的搜索结果广告位。
- 购买顾客所搜索关键词的关联词的推荐结果并显示在搜索结果相邻的区域。
- 按效果付费的在线广告。付费方式是事先约定好的，例如，按照网站注册人数、宣传册下载次数，或者按销量付费。
- 对公司网站进行日常的搜索引擎优化。这可以提高网站在搜索结果中的自然排名（即未经付费推广的排名）。通过 SEO，公司并不需要花费广告费，也能获得潜在客户的关注。需要注意的是，公司网站必须经过精心设计，让内容相关性更强，并与顾客的兴趣一致，这样 SEO 才会有效。

从非人际传播到人际传播。 传播学者们把营销传播分成了非人际传播和人际传播两种。非人际传播指的是单向的，以大众为对象而非单独的个体为对象的传播。人际传播指的是人与人之间互动的传播，如个人销售、在线洽谈、电话营销、口碑营销等。然而，科技的发展却在非人际传播和人际传播中间创造了一个模糊地带。想想你是否收到过那种由系统发出的电子邮件？尽管不是人与人的沟通，但邮件中的个人问候、针对你的现状和过去使用产品的经历而建议的服务，让你感觉你正在和人互动。类似地，你可能也有过和基于人工智能的客服机器人或者网页虚拟助手沟通的经历。它们已经可以模拟双向的沟通，可以活动、说话，甚至变化表情。

随着智能手机的普及和社交网络平台的应用，商家有前所未有的机会与顾客建立沟通，以及让顾客之间就商家服务的话题建立沟通。此外，通过对客户数据的分析以及对目标客户的精准定位，商家甚至可以给每个用户传播不同的信息和提供个性化的服务。这些信息可以补充，甚至在一些情况下替代传统的营销传播。在下面的扩展资料 7.2 中，我们将简要描述一些重要的社交媒体和它们的影响。

社交媒体对营销传播的影响

科技的发展带来了传播渠道的创新，这些新传播渠道可以更好地帮助商家找到目标客户。其中关键的渠道包括移动广告、移动应用、社交媒体、社交网络和播客。

移动广告

在智能手机和其他移动无线设备上投放的广告是增长最快的一种广告形式。预计到2022年其市场规模将达到2 500亿美元。移动广告非常复杂，包罗很多形式，如基于地理位置的服务、视频、文本、游戏、音乐、应用程序等。它可以是文字消息形式，可以出现在手机游戏中，或者以视频形式出现。通过移动广告和全球定位系统，顾客在访问商场里的一家商店时，有可能会收到该商家发送的折扣广告。最常见的移动广告仍然是展示型的广告，我们在移动网页和移动应用中常常看到的消息或横幅广告就是这种类型。移动广告对消费者意味着什么？更容易收到广告，广告更对应需求，或是意味顾客的隐私被侵犯？

在许多广告中，我们都会看到二维码（也叫 QR 码）。有兴趣的人通过扫描二维码就可以了解更多信息，甚至用智能手机直接连接到店内的促销活动、优惠券或线下的寻宝挑战。对于商家来说，二维码可以连接线下和线上的传播渠道，商家可以用更丰富的内容把潜在顾客从线下渠道导流到线上渠道。

移动应用程序

对商家来说，应用程序正在变得越来越重要。应用程序可以帮助商家和顾客进行更多互动，让顾客获得最佳的体验效果，同时，商家可以利用应用程序实现商家的目标，如对顾客进行交叉销售、追加销售、管理需求和管理用户排队。例如，迪士尼、挪威邮轮和皇家加勒比等主要的邮轮服务公司都开发了应用程序。乘客可以用移动应用来探索邮轮的各个部分，了解邮轮上的娱乐设施、水疗服务和停靠港。

社交媒体

社交媒体促使用户创作了大量内容，用户之间还可以进行点对点的沟通。它包含了众多平台，例如：微信、微博、抖音、小红书、哔哩哔哩，国外的脸书、领英、YouTube、推特、照片墙、Snapchat、Pinterest 和 TikTok 等。在社交媒体上，人们不断制造、更新和分享着内容。社交媒体也是广告支出增长最快的媒体类型。

服务业商家将社交媒体用于各种目的，包括市场研究、定位潜在客户、为商家造势、塑造消费者行为等。为了达到这些目的，商家在社交媒体上投放广告，了解舆论趋势，并选择性地参与对话。鉴于社交媒体的重要性，营销人员需要充分了解它，并把它精心整合到传播渠道组合中。

播客

播客是指在互联网平台上发布音频或视频节目，并允许用户订阅。国内的喜马拉雅、蜻蜓 FM、小宇宙等播客的兴起为传统的电台广播和电视台提供了内容分发平台，也为广大创作者提供了音频传播的平台。一旦有用户订阅了某个节目，当有新的剧集上线，用户就会得到通知。

播客有多种形式，有的平台可以发布视频剪辑，并允许将视频下载到手机。有的平台可以将音频或视频文件附加到博客。对商家来说，可以将播客列入其营销传播计划，因为当有用户订阅节目，意味着听众是对商家的特定内容感兴趣。因此，播客可以起到发现和聚拢目标用户的作用，对播客的受众做广告也就更有针对性，让广告花费的投资回报率更高。

在线媒体和传统媒体的整合。我们以廉价航空公司的不同媒体的整合为背景，来看传播渠道的整合的复杂性。以国外的 3 家大型廉价航空公司为例，包括美国西南航空公司、欧洲瑞安航空公司以及亚洲航空公司。尽管这 3 家航空公司有着不同的传播战略，但它们的目标是一致的，就是让乘客更多地直接通过公司网站或者 APP 上订票。西南航空公司在其营销传播组合中引入了电视广告；瑞安航空公司将关注点放在了搜索引擎优化，以及在搜索引擎广告投放中购买战略性的关键词；亚洲航空公司一直在脸书和推特等社交媒体平台上非常活跃，它定期更新内容，推送促销活动，并积极收集顾客反馈。尽管每家航空公司在传播活动中有不同的侧重点，但它们大多会将各种不同的传播渠道组合使用，努力提高他们网站的访问量并促进机票销售。图 7.6 显示了这些廉价航空公司常用的传播渠道。

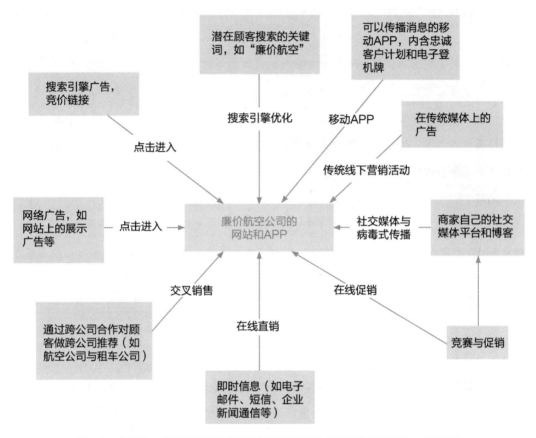

图 7.6　廉价航空公司利用多种营销传播渠道将用户导流到公司网站和 APP 购票

通过服务交付渠道传播信息

学习目标：了解可以通过服务交付渠道进行的传播媒介

与大多数制造业商品的营销人员不同，服务业商家控制着销售点以及服务交付渠道。这就给服务业商家提供了更有效的、性价比更高的传播机会。服务交付渠道的传播媒介包括：服务网点、一线员工、自助式服务交付网点，以及基于地点定位的应用程序。

服务网点。不管是商家有意安排的信息还是无意的信息，都有可能会通过服务交付场所这个媒介传播给顾客。非人际传播的信息会通过店内展示的横幅广告、海报、标识、宣传册、视频以及声音传达给顾客，这部分我们将在第 10 章"精心设计服务环境"中讨论。

我们把服务网点的这些有形设计称为"服务场景"（servicescape），它向顾客传播着重要的信息。商家可以请室内设计师和企业形象顾问帮助设计服务场景，协调内部和外部的视觉元素，使它们传播或加强商家的价值定位，用积极的方式来塑造顾客的服务体验（见图7.7）。

图7.7 阿根廷的 Selentein Winery 酒庄有着很独特的服务场景

一线员工。在服务一线的员工会通过面对面、电话、聊天软件、电子邮件等方式和顾客沟通。一线员工为顾客提供核心服务和一系列辅助服务，包括提供信息、给予建议、接受订单、接受付款和解决顾客问题。新顾客尤其需要一线员工的帮助来更有效地使用服务和解决问题。

一线员工的作用非常重要，如我们在第4章讨论过的，商家的品牌形象很大程度上取决于顾客的个人体验，而不是通过大众媒体传播的信息。大众媒体更适合建立品牌认知和吸引顾客兴趣。此外，很多商家都会鼓励一线销售员工向顾客进行交叉销售，或者追加更高价值的销售服务。电商网站 Zappos 的前首席执行官谢家华（Tony Hsieh）在通过客服中心打造公司品牌方面有非常有趣的观点（参考扩展资料7.3）。

扩展资料 7.3

利用呼叫中心打造品牌资产

你有没有尝试过给 eBay，或者亚马逊打电话？即使你能找到，你很可能会发现它们的电话号码在网页中埋得非常深。鞋类电商网站 Zappos 反其道而行之，该公司把客服中心的热线电话放在其网站每个网页顶部最醒目的位置。

Zappos 是一家非常成功的电商公司，营收可达数十亿美元。该公司的前首席执行官谢家华在参加营销会议时，听到同事们在抱怨顾客每天被成千上万条广告信息轰炸，社交媒体上也充斥着大量营销信息。于是，他有了这样一个想法："尽管听起来没那么时髦，也没什么技术含量，但电话可能是最好的品牌营销工具之一。因为你会获得和顾客 5 到 10 分钟全神贯注的沟通机会。如果你们之间沟通良好，顾客可能还会很长时间记住这个体验。"他进一步解释说："很多人可能觉得一家互联网公司却如此关注电话是件奇怪的事，特别是我们通过电话的销售额只占全部的 5%。但是我们发现，差不多所有的客户都至少有一次给我们打电话的经历。因此，如果我们能把这部分做好，就能在情感上影响顾客，并给他们留下长久的记忆。我们每天会收到几千个电话和电子邮件，每一次我们都把它视作一个塑造品牌形象的好机会……我们的哲学是我们应该把大部分花在广告上的钱用在客户服务上，让顾客通过口碑来帮助我们营销。"

与此相反，很多服务业公司希望把他们的呼叫中心的成本做到最小。他们关注每通电话平均的沟通时间，以及一个客服每天能处理多少通电话。这样管理的结果是，客服代表们只关心怎样让顾客尽早挂掉电话。而这在 Zappos 的眼里不是好服务。迄今为止，Zappos 最长的客服通话记录是将近 6 个小时！客服在这通电话里向顾客介绍了几千双鞋子。Zappos 的客服们也不遵循服务脚本，也不对顾客做追加销售，客服与顾客的电话沟通也被视为是一种营销和品牌投入，而不是成本。谢家华认为：大多数公司可能忽视了呼叫中心蕴藏的机会，并不只是因为呼叫中心会促进顾客的口碑营销，还因为它可以让顾客与商家之间的关系保持得更加长久。

自助式服务交付网点。 网站、移动应用、ATM、自动售货机等都是自助服务交付点的例子。推广自助服务需要给顾客呈现清晰的标识，分步骤的设备操作说明（可以通过流程图或者动画视频来演示），以及设计友好的用户界面。无论对于现有顾客或是潜在顾客，自助服务点都是一个很有效的传播媒介。它还可以用于向顾客交叉销售或者推广新服务项目。与自助服务点类似，基于定位的移动应用可以引导顾客体验复杂的服务场景，如邮轮、机场、医院，或者大型商场。也可以对顾客进行销售和通知。

发生源头在公司以外的传播

学习目标：了解发生源头在公司以外的传播媒介

有时候，一些对公司和服务影响最大的传播是源自公司外部的，而且不受公司的控制。

这样的现象包括口碑传播（既包括人与人之间的，也包括社交媒体上的）、第三方网站上的在线评论、博客、微博、大众点评和媒体报道。

口碑传播。比起商家主动发起的宣传推广，来自顾客的推荐一般会被认为可信度更高，它对其他顾客的购买决策有重大的影响。顾客在购买前感知到的风险越大，他们就往往越有可能去寻找别人的评价，并依赖别人的评价来做决定。当顾客对一项服务了解比较少的时候，对口碑的依赖性越强。口碑传播甚至会发生在服务接触期间顾客与顾客之间的沟通，当顾客们谈论起服务的好坏，这将直接影响顾客们的行为和他们对服务的满意度。人们已经发现，这是影响企业收入增长的一项重要指标。现在已经有一些办法让商家衡量口碑传播的效果或影响，口碑传播可以影响服务销售额或品牌的市场地位，也可以影响商家的一次推广活动，甚至影响公司整体。

研究发现，口碑传播的范围和内容与顾客满意度相关。持强烈看法的顾客比持温和看法的顾客更容易把他的服务体验告诉更多人。对服务强烈不满的顾客要比非常满意的顾客更容易把他的体验告诉更多人。有趣的是，如果顾客起初对服务不满，但商家进行了成功的服务补救并让顾客感到愉快，顾客最终还是会传播商家的正面口碑（请参考第13章"客诉处理和补偿补救"）。

正面的口碑传播对服务业商家尤其重要。因为服务产品一般具有较高的经验属性和信任属性，也因此潜在顾客会有很高的感知风险。事实上，许多成功的服务业公司，如星巴克和梅奥诊所，很大程度上是依靠着满意客户的口碑传播才建立起强大的品牌形象。正如服务文化畅销书作家罗恩·考夫曼所说：只有满意的顾客是所有人都相信的广告。口碑传播有如此强大的作用，给予好评的顾客就像一个让人非常信任的销售代理。因此，营销人员会用以下各种方法鼓励满意的顾客给予好评，并向别人推荐。

- 创造令人兴奋的故事、推广活动或者竞赛。鼓励人们谈论商家和服务并给予好评。维京航空公司的理查德·布兰森就屡次制造轰动性的新闻，并让人们谈论他的航空公司。例如，为了宣传维京航空的新航线，他穿着007电影里主角詹姆斯·邦德式的无尾礼服，从407英尺高的拉斯维加斯酒店绳降下来。现在越来越多的商家在社交媒体上做着别具创意的推广活动，可以在短短几天获得全世界的关注。

- 通过促销来鼓励顾客带来更多人并一起接受服务（例如，"三人同行，一人免单"或者在推广电信家庭套餐时，推出"三人以上购买，每月资费打65折"）。

- 通过推荐奖励计划激励老顾客拉新。激励的方法包括：单次服务免费、代金券，甚至现金奖励等。这样的方法对获取新客户非常有效，以至于几乎所有的商家都在用。如果在网上搜索"推荐拉新计划"，你会获得成千上万条结果。这种方法在线下（如俱乐部、信用卡公司、潜水学校等）、线上（如网上硬盘服务 Dropbox 有效的推荐拉新计划等），以及移动 APP 上都非常有效（如打车软件滴滴曾推出"喊 5 个朋友帮你免费乘车，而朋友也会获得打车券"的活动）。

- 推荐奖励计划用在亲朋好友之间非常奏效。因为他们相信你推荐一项服务是出于对亲朋好友真诚的关心，而不是为了获取商家的奖励。然而，如果顾客推荐的对象换成普通朋友或者是同事，这个办法可能就不那么奏效了，因为顾客会担心他在这些人心中的印象。例如，一个股票经纪人想让金融学教授把他介绍给教授的学生，并给教授提供物质激励。教授肯定不希望学生认为他是因为激励才这么做的，因此，很可能会拒绝这个方案。这个方案如果想奏效，可以用一种更有创意的方式：商家把物质激励提供给新客户，而不是给推荐人。如刚才教授的例子，如果让学生获得激励，而不是教授，这位教授可能会同意这么做。教授会因为推荐了一名很好的股票经纪人而受到学生的感激，而学生也得到了物质激励的实惠。有时候，顾客会把自己的形象看得更重要，接受激励却让结果适得其反。

- 让顾客参考其他购买者的意见。例如，"我们为 ABC 公司提供了很好的服务，如果你愿意，可以向它们的信息系统管理经理卡布拉尔先生了解一下，他当时负责监督我们项目的实施。"

- 制作顾客证言并宣传。商家有时会在广告和网站上显示或播放满意顾客的好评。

- 允许顾客在网上评论，给予支持和经常性的回应。如今，网上评论无处不在，好评自然对商家有利，差评则会影响企业的品牌形象和销售。例如，一项在伦敦都市区开展的调查显示，尽管所有的酒店都会通过网络好评受益，但高档酒店受网络好评的效应尤其明显（网络评论效应指的是，评论数量对酒店的影响并不是很大，但少数几条高度的好评或高度的差评就会对高档酒店产生很大影响。挑剔的潜在顾客似乎会仔细地阅读这些评论），而对低档酒店来说，评论的数量更加重要（在酒店受到好评或差评的影响之前，酒店首先需要大量的评论，尽管好评和差评可能都有。潜在顾客似乎会通过评论数量来判断一家酒店的基本服务能力，而评论数量可以证明这一点）。

不管是哪种情况，商家的传播策略都是鼓励满意的顾客给出好评。对于不满意的顾客，理想的情况是他们能先联系商家进行抱怨或投诉，从而让商家有机会为他们做服务补救（参考第 13 章"客诉处理和补偿补救"），而不是到网上去发泄他们的不满情绪。就像一家小理发店想要避免线上的差评，它们贴出来这样一条标语：如果你喜欢我们的服务，请告诉你的朋友。如果你不喜欢，请告诉我们。

- 发展品牌的官方社群并参与社群活动。如果是在线社群，这个成本会很低，如星巴克或甲骨文公司就建立了很成功的官方在线社群。

除了口碑传播，还有"鼠碑传播"的说法（word of mouse），是指鼠标所代表的互联网传播，甚至"病毒式传播"已经不亚于人际之间的口口相传。互联网促进了人际之间的互相影响，还带来了不容商家忽视的病毒式营销现象。今天，所有的互联网初创公司都不同程度依靠病毒式营销。包括淘宝、大众点评、eBay、爱彼迎和优步，以及各种点对点互联网共享平台都依靠服务提供者和使用者之间的相互评价来建立陌生人之间的信任和促进交易。如果没有这些互评，陌生人之间的交易意愿就会低得多。

万能的社交媒体。社交媒体正在展示出一种对服务传播漏斗全过程的巨大影响力。从品牌认知到购买决策、服务消费、服务品质感知、评论和推荐。许多网站已经把社交媒体功能嵌入了网站界面，所有的电脑或手机操作系统也内置了社交媒体功能（如苹果的 iOS 系统内置了分享功能）。社交媒体已经无处不在，并且渗透进当今消费者生活的方方面面。

营销人员感兴趣的是社交媒体不断发展所带来的在线互动新形式。信息可以被大规模转发，同时，所有的对话又都与主题相连。它可以涉及你所有能想到的话题，如用户的体验，对某个商家的推荐或不推荐。顾客可以把信息分享给别人，并影响别人对一个品牌或一项服务的看法。你可以在谷歌上搜索关键词"Citibank and review"或"Charles Schwab and review"，就可以看到人们对这些公司的评论列表。

社交媒体可以被视作一种口碑传播与在线媒体的结合。说它像口碑传播是因为在社交媒体上大量的用户只有少量或没有关注者，他们发起的话题没有什么影响力，但他们在参与话题与其他人互动时，更像是一种口碑传播的效果。说它像在线媒体是因为有些用户拥有众多关注者，就像一个有很大影响力的媒体。因此，营销人员在使用社交媒体时可以把它当作口碑营销工具，如在线上推出针对所有人的用户推荐拉新项目；也可以把它当作媒体工具，如借助那些拥有大量粉丝的网络明星的力量。这些有影响力的网络明星是行业的参与者，商家需要和他们保持关系。例如，演员和模特凯莉·詹娜（Kylie Jenner）在 Instagram 上拥有 1.8 亿粉丝，据称她的每条发帖定价 120 万美元，而在中国想要在李佳琦直播间做推广，品牌也需要给予大额优惠并且给予李佳琦一定的坑位费。

由于和网络明星的合作非常昂贵，一些小型商家开始更多考虑和小众的意见领袖或网络红人合作。这类用户的粉丝量尽管不像明星的那么多，但他们与自己的粉丝关系更紧密，粉丝也更热情。与明星相比，网络红人一般被认为更值得信任也更接地气，在他们擅长的领域也比较有发言权。商家可以到一些网络红人平台去寻找合适的角色，如小红书、抖音、哔哩哔哩，Upfluence、Captiv8 或 Mavrck，每个平台都有百万个网络红人可供选择。

由于社交媒体上的言论对商家的影响很大，营销与公关部门在社交媒体上与公众的沟通也就变得非常重要。这项工作称为即时营销干预（improvised marketing interventions，IMIs），指的是商家的社交媒体需要对一些趋势、事件或者闲聊做出实时的回应。这些回应最好还能做到迅速、机智、令人惊喜，从而有可能被大规模转发和评论。一项近期的研究表明，社交媒体上的精彩回应为美国的新增市场资本带来的价值达 510 万美元。这也表明，商家和营销人员在社交媒体上应该表现得更活跃。

博客也很流行。与含有大量图片和视频的社交媒体相比，博客是基于网页的，更像在线期刊、日记，或者新闻列表。用户可以在博客上发表任何自己喜欢的东西。博客的作者，也就是博主通常只关注小众话题，不少博主自称是某一领域的专家。博客的主题各种各样，可以是饮食、旅行、棒球、两性、空手道、金融工程……以博客为代表的传统社交媒体正在经历一场复兴，新的社交网络类型也在不断出现，这些渠道共同构成了整个网络生态系统，成为消费者分享经历的场所。

媒体报道。尽管网络世界的重要性在不断增加，但传统媒体上的报道也不容忽视。特别是一些有新闻价值的事件往往是先在网上讨论，然后被传统媒体注意并报道，从而实现更大范围的传播。关于商家的媒体报道一般是由公共关系部门发起，但传统媒体的记者和编辑们也会主动发起报道。

除了报道公司或服务的新闻故事，传统媒体的编辑们还有很多不同的选题。例如，负责消费者事务的记者往往会比较不同商家提供的同类服务，分析它们的优点和弱点，然后提供它们的最佳购买建议。例如，隶属于消费者联盟名下有一家名为《消费者报道》的月刊，它定期评估在全国范围内提供的服务，如金融服务或者电信。它评论不同商家的优势和不足，对于一些经常让消费者对价格感到困惑的服务，这家月刊致力于查明服务的真实成本。

此外，调查记者常常开展对一家公司的深度调查，特别是针对一些不良现象。例如，顾客有购买风险、商家欺骗顾客、虚假广告、对环境的破坏、压榨发展中国家的贫困劳工等。还有的专栏记者会帮助消费者维权。

服务营销传播的时机选择

学习目标：了解应该何时开展营销传播，怎样为营销传播安排预算，以及怎样评估传播效果

香槟、珠宝和圣诞布丁这类商品在圣诞节前的 3 个月内会大肆做促销，这些商品年销售额的一半通常会在这 3 个月发生。然而，对于服务业商家来说，由于受到服务能力的限制，它们不会在业务的高峰期做宣传。服务业商家的推广时间一般要和服务传播漏斗中商家的感知与行为密切匹配。商家会使用各种不同的传播渠道伴随顾客的服务消费全过程，从建立品牌认知，到培养顾客对服务的偏好，并一直到消费后阶段。

商家一般会通过一个传播计划的流程表来管理传播的时间点，这个用 Excel 表格就可以实现。通过这张表格商家可以概览计划的媒体传播的时间和地点，以及媒体渠道的选用。营销人员可以借助软件来完成这项烦琐的工作，填入数据，选择最佳的媒体组合并制定传播计划。关键数据包括需要触达的目标客户人数、触达每千人所需的成本等。一些专门的网站，比如 Telmar 可以帮助商家完成计划制定。

预算决策以及传播计划的评估

只要商家相信通过营销传播可以增加销售额和利润，商家就会为它编列更多的预算。然而，到底设置多少传播费用最合适却没有标准答案。预算设置是最难做的决定之一，在实践中，商家会通过多种方法来确定传播预算。例如，从销售额或利润中拿出一定的百分比，匹配竞争对手的预算，或者在上一年的预算基础上增加或减少，这取决于上一年的营销传播是否成功以及要根据公司的未来计划而定。

最合乎逻辑的方法是目标任务法，也称为预算编制法。该方法包含 3 个步骤：① 确定服务营销传播渠道中的传播目标；② 确定实现这些目标所需完成的任务；③ 估算方案成本，所估成本将作为初步确定的推广预算的基础。当然，预算也要结合公司的财务状况以及预期的投资回报率。如果成本太高或预期回报太低，就需要缩减预算。编制预算的关键挑战仍然是为了达到某个目标所需的传播力度很难提前确定。

确定推广预算还可以使用实证研究法，这种方法既可以单独使用，也可以和目标任务法相结合。这种办法会用少量的预算来做一系列测试或者实地调查，预估传播效果和最合理的推广费用金额。如果传播是在线上，这样的测试会更快更容易。这样的传播测试在专业的竞选管理中也经常使用。

当预算的金额花出去以后，下一步就是评估传播计划的结果。如果传播计划对应着明确的目标，结果就很容易评估。例如，如果商家的传播计划是改变顾客行为（如转移高峰期的顾客接待量、告诉顾客如何保护密码安全并使用两步验证法、把顾客原来的纸质声明转换为电子声明、给顾客追加销售更高级别的服务等），其结果是可以直接衡量的。商家向顾客进行直接营销传播的结果也很容易评估，如发给潜在客户的邮件，可以很清楚地知道多少封是有回应的。在线营销传播的点击量、订阅人数、粉丝量、注册人数、顾客线索人数以及销售额等目标因为可以量化，商家也可以很轻松地了解传播目标的达成情况。

当传播计划对应的目标比较抽象，如品牌认知度、认可度、品牌偏好等目标，其传播效果的评估相对来说会更复杂，但也不是没有办法，这方面可以借助广告专家和研究机构来完成。但需要注意的是，营销传播对销售额和利润的影响很难衡量。其关键原因是，营销传播只是影响销售额的众多因素之一，影响销售额的因素可以包括服务特点、服务质量、价格、竞争对手的活动等。在准备传播计划和预算时，你必须牢记这一点。

营销传播中的道德和消费者隐私问题

学习目标：了解服务营销传播中的道德和消费者隐私相关问题

我们过去讨论的内容都关注在如何通过传播触达客户、和客户沟通，以及管理潜在客户和已有客户的行为。因为客户往往感到评价一项服务很困难，因此他们更依赖于商家传播给他们的信息和建议。然而对于商家来说，除了满足传播的目标，与传播相关的道德和隐私保护问题也不容忽视。特别是因为一些营销手段很容易被错误使用，或者被滥用，如广告、销售和促销推广。

商家传播的内容中常常包括对顾客在服务中受益的承诺以及对服务质量的保证。如果商家承诺了又做不到，顾客就会感到失望。有一些商家违背承诺是内部沟通不畅导致的问题，如服务运营部门和服务营销部门在顾客预期的服务水平上的看法不统一。此外，还有一些不道德的广告主或销售人员为了赚钱故意夸大承诺。有的商家用欺骗性的有奖促销活动吸引顾客，让他们怀着中奖的希望前来，最终却空手而归。幸运的是，有许多消费者保护团体在密切注视着这种不良的营销活动，如消费者协会、行业自律联盟，以及一些专门曝光商家欺诈行为的记者等。

另一个和道德相关的问题是关于激进的营销人员对顾客私人生活的打扰。如今，顾客们会收到越来越多的营销邮件、信息和电话，这些没用的信息让他们感到厌烦。想想看，假如在你的晚餐时间，收到一个陌生人的电话向你推销你完全不感兴趣的服务，你会是什么感觉？即使你感兴趣，你可能也会和很多人一样，觉得自己的隐私被侵犯了（参考扩展资料 7.4），关于这一问题，你可以参考前文"传统营销渠道的信息传播"这一小节我们讨论过的"许可营销"这一概念，对解决顾客的关切会有帮助。

扩展资料 7.4

消费者对在线隐私的关切

伴随着技术的发展，互联网也给消费者隐私带来了威胁。现在，对消费者信息的收集已经不仅局限于那些进行过注册、购物，或是使用电子邮件的用户。那些只是在网上浏览网页、开通社交网络或博客的用户的信息也会被收集。人们对互联网收集用户数据越来越感到恐惧，越来越担心自己的隐私在互联网上被泄露。因此，人们开始通过一些手段来保护自己，例如：

- 提供假的个人信息，伪装身份。
- 通过技术保护个人信息。例如，用网页无痕浏览（InPrivate Browsing）、垃圾信息屏蔽、邮件粉碎器、网页缓存清理等方式，来隐藏计算机在网络中的识别。

- 拒绝提供信息，避免使用需要填写个人信息的网站。对于商家来说，上述消费者行为会给他们管理客户关系带来很大难题。因为用户的信息是不准确的或是不完整的，商家也就无法为顾客提供定制的、个性化的和更方便的服务。商家可以采用一些办法来减轻顾客对个人隐私保护的关切，例如：

- 顾客的公平感知是关键。对于如何使用顾客个人信息，商家一定要非常谨慎。要观察顾客是否觉得留下个人信息对于享受服务是公平的。更重要的是，商家要为顾客不断提供更多价值，如更加定制化、更方便和更完善的服务，让顾客觉得提供个人信息换来更佳的服务体验是值得的。

- 商家向顾客索取的个人信息必须与服务相关，特别是涉及一些敏感个人信息的时候。商家必须清楚地告诉顾客，为什么留下个人信息是必要的，以及他们因此会获得哪些好处。

- 商家需要提前制定一个完善的隐私条款。让顾客可以轻松在网站上找到，易于理解，而且能有效地对应顾客的各种问题。最好是能够让顾客来决定他们的信息被如何使用。

- 商家要把顾客个人信息合法使用的要求贯彻到公司的所有员工，以防止个别员工滥用顾客信息。

- 商家应该为数据保护设定更高的道德标准。可以使用电子信任组织（TRUSTe）或者商誉促进局（Better Business Bureau）等第三方机构的认证，并在网站上清晰地显示可以识别的隐私信用印章。

为了解决顾客被过度营销骚扰的问题，政府部门和行业协会采取了一些行动。2021 年中国的《个人信息保护法》正式施行，互联网产业严禁"大数据杀熟"，APP 不得强制推送个性化广告，不得非法收集、使用、加工、传输他人个人信息。欧盟的"通用数据保护条例"（General Data Protection Regulation，GDPR）也已经生效，条例旨在保护用户的个人信息和隐私，对于直接营销类型的活动有重大影响。在美国，联邦贸易委员会实施了"谢绝来电计划"，允许人们将自己的家用电话和手机号码从电话营销的名单上删除，并将这种状态保持 5 年。在此期间，如果顾客还是继续收到来自营销人员的推广电话，顾客就可以投诉，做电话营销的商家就会受到重罚。此外，直接营销协会也会帮助消费者把他们的名字和联系方式从电子邮件和电话营销的名单上去除，在线用户也可以使用"广告选择"

（Adchoices）功能阻止广告主追踪他们的浏览记录和目标广告。一项有趣的调查发现，在美国，选择不同意追踪广告的人往往对科技更了解、年龄更大，而且更富有。

公司标识设计的作用

学习目标：理解公司标识设计在营销传播中的作用

到目前为止，关于传播的媒体和内容我们已经探讨了很多，但没有谈过设计。公司标识设计非常重要，统一的标识可以帮助商家在所有的传播渠道中保持一致的风格和信息传递。特别是在一个竞争市场中，商家需要一个独特的标识使其和竞争者区分开来，并且在任何地方都能被消费者迅速识别。你是否发现，你在想起一家公司时，脑海中浮现的是代表公司的一些颜色；是显示在各处的公司商标；是公司员工的制服，或是公司服务场所的样子。

商家普遍会采取一种统一和独特的视觉呈现，将其用于服务涉及的所有有形元素，以提升公司的辨识度并加强品牌形象。商家常常请外部的专业公司来帮助制定公司标识设计策略。这里会涉及办公用品、宣传材料、零售标牌、员工制服，以及车辆、设备和建筑内部的配色方案，其目的是创造一个统一的、可识别的主题，在上述所有的这些有形物品上面呈现，并使之关联一种品牌化的服务体验。我们在下面提供了几种设计标识的例子，例子中介绍的方法可以单独使用，也可以结合在一起使用。

- 快递公司常常用公司的名称作为标识设计的核心要素。如顺丰快递 FedEx、DHL 和 UPS。

- 许多公司会使用商标，而不是只用公司名称。壳牌石油公司（Shell）用一只红色背景中的黄色扇贝作为公司商标，让"壳"这个词多了一层含义，也让人们能够迅速识别该公司的车辆和服务站。麦当劳的"金拱门"据说是全世界辨识度最高的商标。麦当劳把它显示在顾客可能看到的所有地方，如餐厅、员工制服、食品包装，以及所有的宣传材料中。

- 一些公司创造了有形的和可识别的标识，并成功地把它和公司品牌名称关联到一起。动物图案常常在标识设计中使用。例如，天猫（Tmall）使用猫的形象；ING 荷兰国际集团使用狮子的形象；国泰港龙航空（Cathay Dragon）、吉祥航空公司（JUNEYAO AIR）使用龙的形象。

- 许多公司在设计企业标识时会使用统一的配色，例如，BP 石油公司加油站使用明亮的绿色和黄色；Texaco 石油公司使用红、黑、白作为统一配色。

营销传播的整合

学习目标：了解营销传播整合对于传达一个强有力的品牌形象的重要性

你是否有过这样的经历？你在一个商家的社交媒体上看到了一条非常诱人的最新促销。但当你到了店里，服务人员对这个促销却一无所知，所以你也无法购买。出了什么问题呢？在一家公司内部，不同的部门负责着营销传播不同的方面。例如，市场部门负责广告；公关部门负责公共关系；IT、销售、客服和人力等不同的职能部门分别负责网站维护、直销、客服和培训等不同的职责范围。上面那条服务失败的例子就是公司内部这些部门未能有效协调的结果。

当一家公司内给已有客户和潜在客户传播信息的渠道变得越来越多，采取整合营销传播的策略也就越来越重要。顾名思义，整合营销传播就是把所有的传播渠道整合到一起，相互配合，强化品牌形象的传播。这意味着一家公司所有的媒体渠道要按照统一的视觉效果和感觉，传达同样的信息。所有的媒介和手段都是为了整个公司的传播策略服务。要做到这一点，公司可以把整合营销传播的全部管理权交给一个部门，如市场部，或者任命一个经理来全权负责公司的所有营销传播。

结　论

与营销传播相关的，是服务营销 7P 中的推广（promotion）和教育（education）这个要素。这让服务业的营销传播区别于制造业商品的传播。营销人员的传播任务包括：给顾客传达服务的有形线索、让他们理解服务的内容和过程、突出员工的贡献，以及教育客户如何有效地参与服务交付。一个关键的要点是，一个优秀的营销人员知道怎样使用各种传播渠道的性价比更高。传播不是只传达和服务本身有关的信息，而且还要让潜在顾客和已有顾客理解怎样享受服务可以得到最大的好处。

第III篇

用户互动管理

第8章
设计服务流程

说得好不如做得好。

——本杰明·富兰克林（Benjamin Franklin）美国开国元勋之一

没人关注你用了什么技术，重要的是你用技术创造的体验。

——西恩·格雷迪（Sean Gerety）用户体验专家

归根到底，在服务接触中只有一件事是真正重要的——顾客的感知。

——理查德·B.查思和斯里拉姆·达苏（Richard B. Chase and Sriram Dasu）

南加州大学教授

学习目标

通过本章的学习，你将可以：

1. 了解服务体验和服务流程的不同。

2. 区分流程图、蓝图和顾客旅程图。

3. 学会为一项服务流程绘制蓝图，妥善安排流程中涉及的各个环节和元素。

4. 知道如何设计防错机制，以清除服务流程中的失误点。

5. 了解如何设计流程中的服务标准，以及服务绩效目标。

6. 了解服务流程设计中顾客认知与情感的重要性。

7. 说明重新设计服务流程的必要性。

8. 知道如何重新设计服务流程，以同时提高服务质量和服务生产力。

9. 理解顾客在服务流程中的参与程度。

10. 理解消费者作为服务的共同创造者这一概念，以及从这种角度看待顾客的含义。

11. 知道哪些因素会使消费者更易接受或拒绝新的自助服务技术、服务机器人以及人工智能。

12. 了解如何应对那些不愿改变、不愿接受新技术的顾客。

13. 了解机器人和人工智能给顾客服务流程带来的巨大影响。

14. 了解服务机器人与传统自助服务技术的区别。

15. 知道"服务机器人""人工服务""人工＋机器人的混合团队"分别适用于什么服务类型。

引文：必胜客的客服流程改造

1958 年，卡尼兄弟在美国堪萨斯州开了一家只有 25 个座位的比萨餐厅。由于餐厅外观看起来就像是小屋（Hut），于是他们为餐厅取名"Pizza Hut"（必胜客），餐厅的红屋顶也成了必胜客的品牌标志并沿用至今。在必胜客进入中国市场的早期，西餐并不如今天普及，那时必胜客西式休闲餐饮行业翘楚的形象非常鲜明。

但现在随着行业的发展，西餐市场逐渐成熟，同质化的品牌越来越多，新型竞品层出不穷。作为"历史悠久""从小吃到大的老品牌"，必胜客面临的问题是自身特色逐渐淡化：在年轻人心中，必胜客已经无法为他们提供新鲜、独特和高档消费水平的氛围，它现在只是一个"安全普通的快餐"、一个"随便吃吃"的去处。消费者调查结果显示，流失的用户会认为必胜客不够创新、陈旧、没变化："装修风格陈旧，餐具破旧"；环境嘈杂、不舒适："没有消费门槛，孩子太多"；品牌没有特色："市场上竞争激烈，替代性强，吸引力弱"。虽然必胜客产品推新速度快，但近年新品的口味变化不大，并未留下太多过硬的口碑，沉淀在消费者脑海中的依然是以前经典的产品，就连现有用户也表示"必胜客品质稳不会错，但没惊喜，依然点的是经典产品"，如超级至尊、芝心比萨。必胜客做了许多尝试，到 2017 年 11 月，蒯俊就任必胜客品牌总经理及 2018 年屈翠容新任百胜中国 CEO 后，"改革"才更加"大刀阔斧"起来。

重新设计的服务流程包括以下各项。

桌边服务。是否有服务是区分快餐与休闲餐饮的重要标志。"在国外，很多比萨店都是快餐，没人帮你端盘子。"在中国，必胜客创建了自己的服务模式，为了让消费者确实享受被"服务"的感觉，必胜客也在不断尝试和突破，带给消费者更多的仪式感，比如，服务员将爆浆蛋糕端到桌边当场展示爆浆的动态效果。

店内数字化改造。2018 年 7 月，必胜客推出店内桌边自助点餐系统，顾客可以通过手机扫描桌边的二维码进行点餐。截至 2018 年 12 月 31 日，全国已有超过 1 500 家店可以通过这种方式自助点单。这种点单方式提高了点餐速度，并减轻了服务员的劳动负荷，在用餐高峰时段效果尤其明显。与肯德基的 1～2 人用餐的单人点单不同，必胜客通常是 3 人以上用餐，因此点单系统的设计要复杂得多。最初的系统，只允许多人点餐、一人下单。重构系统则需要实现多人点餐、多人下单、随时加单，能够允许客人根据优惠或其他条件自主选择共同下单或分开下单。自助点餐系统能够帮助必胜客获得更精准的消费者数据。

改进外卖配送。早在 2001 年，必胜客就在中国推出了比萨外送服务，并成立了子品牌——必胜宅急送。2017 年，必胜客对必胜宅急送和必胜客休闲餐厅进行了整合，必胜宅急送更名为必胜客宅急送。必胜客宅急送在外送领域经验丰富：针对加热的食品，必胜客宅急送采用了有上下层电热丝加热保温系统的"烫手包"，保证现点现做的食品在 45 分钟内尽可能做到热度、鲜香不变；针对冰品，则采用专业设备"冰极包"来延长外送冰品的"冰度"。

2018 年，必胜客推出尊享外送服务，并继续改进外送菜单和外送包装。一部分畅销产品也被加入外卖菜单中。为了更好地控制外送质量，并提高高峰时段的服务能力，必胜客增加了由专属骑手配送的订单比例，优化外送区域和路线系统，以提高效率。基于自有配送团队的优势，必胜客还计划建立专业的百胜骑手团队，建立外送平台。在满足百胜品牌的食品配送需求之外，也可以为其他品牌提供配送服务。2018 年第四季度，外送为必胜客贡献了约 25％的销售额。

什么是服务流程？

学习目标：了解服务体验和服务流程的不同

站在顾客的角度，服务是一种体验。但站在商家的角度，服务是一种流程，它需要经过设计和管理，从而为顾客创造他们想要的体验。假如把服务比作一项工程，流程就像是它的建造过程。流程描述了让服务顺利进行的方法和步骤，以及各个环节如何衔接，从而为顾客提供商家承诺的价值。不好的流程可能会导致服务交付缓慢、质量低，让顾客觉得沮丧或恼怒；不好的流程也会给一线员工的服务工作带来困难，导致生产力低下，服务失败的风险增加。在本章，我们将探讨如何设计和改善服务流程，为顾客提供承诺的服务价值，让顾客感到满意。

设计和记录服务流程

学习目标：区分流程图、蓝图和顾客旅程图

设计或分析任何流程的第一步是记录和描述。在这方面，我们主要使用流程图和蓝图这两大工具。不管是设计新流程，还是改造原有流程，这两种工具都适用。那我们该怎么区分服务流程图和服务蓝图呢？服务流程图是用来呈现已有的服务流程，形式一般比较简单。它显示的是一名顾客在服务过程中从头至尾"流动"的过程，和过程中所包含步骤的本质和次序。这是一种帮助我们快速理解整个顾客服务体验过程的简单方式。图 8.1 和图 8.2是两个简单的流程图，显示了两种服务的步骤和过程。

针对人体的服务——汽车旅馆

图 8.1 汽车旅馆的服务流程

信息处理服务——健康保险

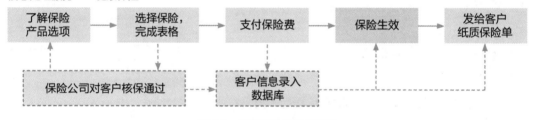

图 8.2 健康保险的服务流程

用流程图描述的顾客与商家在服务接触过程中的步骤也被称为"顾客旅程"（customer journey）。通过它我们可以获得一个很有价值的视角来理解一项服务的本质，这个视角就是顾客的视角。"顾客旅程"这个词是一个很形象的比喻，它帮助整个服务团队从顾客的角度去探索一项服务的过程是怎样的。特别是当我们把顾客旅程用在具有不同特征的人群（比如，学生、为人父母的工作族、退休者），我们对顾客旅程的理解就会更加深入。因为针对同一项服务，不同的人群有着不同的态度、动机、需求和能力（比如，运用互联网的能力）。在服务流程中和商家的每个接触点，不同的人群也会有潜在的认知、情感、感觉和行为上的不同反应。

相比于流程图，蓝图则是一种更复杂的流程图形式。它展示了服务流程的构建细节，既包含了流程中顾客可见的部分，也包含了顾客看不见的"服务后台"的活动。一项服务从生产到交付并不容易，对于那些需要实时交付，并要求顾客在服务场所亲身参与的服务更是如此。服务不仅要让顾客满意，还要满足多部门协作的要求，比如营销人员和运营人员的协同工作。而蓝图就是这样一种工具，它让来自不同部门的员工用共同的视角和语言设计和改善服务流程。

可能你会好奇，蓝图这个词是从何而来？而且为什么会用在这里？蓝图指的是过去的建筑或船舶设计的绘制图，它们被复印在特殊的纸上，上面所有的图形和注释都是蓝色的。蓝图真实呈现着产品的形态，以及产品应该符合的规格细节。与建筑或者设备制造这种有形过程不同，服务过程大部分是无形的，也更难将其可视化。同样的情况也发生在物流、工业管理、决策理论和软件编程等行业。这些行业也会用类似蓝图的方式来呈现流程，以及流程中包含的各个环节间的次序、关系和从属。

服务蓝图会定位顾客、员工，以及服务中的互动出现的场景。更重要的是，它还会呈现完整的顾客旅程，从服务的启动到最后交付，其中会涉及许多步骤以及不同部门的员工的参与。以有线电视服务为例，涉及的员工可能包括销售代理、安装部门、负责日程安排的呼叫中心，以及负责账单处理和收款的后台部门。为了万无一失地提供一项服务，这些部门负有同等重要的责任。蓝图可以显示重要的顾客行为、顾客如何与来自不同部门的员工互动（这被称为互动线，line of interaction）、在服务前台的员工活动，以及服务后台和系统是如何支持前台活动的。在蓝图上，通过显示不同员工角色的相互关系、服务运营过程、物资供应、信息技术，以及顾客互动，可以帮助商家从全局理解营销、运营和人力资源管理这些不同职能部门的工作。而不同部门整合到一起后，又能促进服务流程的更好设计，比如通过定义服务脚本与角色，来指导员工与顾客之间的互动（参见第 2 章）；定位可能导致服务失败的环节，或者因流程不佳导致顾客过度等待的情况；以及制定服务交付的标准和目标。

绘制服务蓝图

学习目标：学会为一项服务流程绘制蓝图，妥善安排流程中涉及的各个环节和元素

绘制一张服务蓝图该从哪儿着手？首先你得把一项服务从生产到交付过程中的所有关键活动列出来，然后看看这些活动是如何相互衔接的。开始的时候，最好把所有的活动聚集起来，以便从全局上看到整个服务过程。可以先站在顾客的角度记录服务全程，并制作一张简单的流程图。随后，再对各项活动一一审视，获得更多细节。比如，航空公司服务中"乘客登机"这项活动可以分解为一系列更小的步骤，包括乘客在座位上等待检票通知、把机票交给检票员、步行穿过登机走廊、进入机舱、请空乘人员检查机票、找到座位、放好随身行李、落座。

接下来，就可以添加更多细节了。一个典型的服务蓝图包含下列需要考虑的要点，可以帮助我们弄清一张服务蓝图是怎样绘制出来的。

- **前台活动。**这关系到整体的顾客体验、合理的服务投入和产出，以及服务各环节的先后顺序。

- **前台活动的有形证据。**顾客可以看见并用来评估服务的证据。

- **服务能见度界线。**这是绘制服务蓝图的一个关键点。能见度界线区分了顾客可见的服务前台和顾客不可见的服务后台，比如后台员工对服务的支持。商家若能清楚地理解能见度界线，就能更好地管理前台服务活动中的有形证据，给予顾客想要的体验并让他们感受到服务质量。有些公司过度关注自身运营，而忽视了最影响顾客体验的前台活动。比如，一家会计公司可能有非常严谨的账目存档流程，或者严格的审计标准，但在如何与客户见面沟通，如何应答顾客电话方面却有欠缺。

- **后台活动。**给予前台活动每个步骤相应的支持。

- **支持过程与供应。**服务过程中需要大量的信息支持。服务蓝图中的每个环节都需要信息，这些信息往往是通过信息系统提供的。比如，银行业、网络券商的从业人员所做的工作就是信息处理，缺少信息他们就无法工作。在大学图书馆，如果缺少信息，你甚至连一本书都借不到，整个服务流程会瘫痪。供应在服务业可以是指物资供应，也可以是服务供应。这对前台活动和后台活动都是必要的。比如，餐厅需要新鲜食材和酒类的供应、需要租车公司的车辆服务、需要全球定位系统来帮助顾客找到餐厅，还需要准备幼儿餐椅。充足的供应对高质量服务的交付是必须的。

- **潜在失误点。**通过绘制服务蓝图，营销人员有机会发现服务过程中潜在的失误点。失误点就是有出错的风险的地方，可能会导致服务质量降低。营销人员发现失误点后，最好能够设计防范措施（比如，使用防差错技术，将在本章后文接触这一概念）；或者，针对一些无法避免的失误，比如因天气原因导致的航班延误，商家要准备好备选方案（比如，服务补救措施，将在第13章探讨）。

- **顾客等待环节。** 通过服务蓝图，营销人员还可以定位那些要求顾客等待的环节，以及潜在的可能导致顾客等待时间过长的环节。营销人员可以改善流程设计，杜绝顾客等待的现象；如果有些等待是无法避免的，营销人员可以采取一些手段，尽量让顾客在等待过程中心情不那么烦躁（参考第9章，需求与服务能力的平衡）。

- **服务标准与目标。** 在绘制服务蓝图时，需要为每一项活动设定标准和目标，而且要符合顾客的预期。这包括完成每项服务任务所需的时长，以及顾客可接受的等待时间等。通过绘制服务蓝图，营销人员和运营人员可以获得更多的服务流程知识，帮助他们更好地制定服务标准。最终设计好的服务蓝图会包含服务前台每一项活动的标准，比如预计的任务完成时间，以及顾客等待的最长时限。有了标准，服务流程就可以运转得更加顺利，以保证服务目标符合顾客的预期。

为餐厅体验设计蓝图：一场三幕表演

为了展示一项针对人体的高接触度服务的蓝图是如何绘制的，我们将以两名顾客在一家高档餐厅的服务体验为例。除了核心的用餐服务以外，这家高档餐厅还提供多种附加服务。对于一个提供全面服务的餐厅来说，顾客吃一顿饭所支付的价格中食材成本仅占20％～30％。剩余的部分可以看作顾客为餐厅整个用餐体验中的其他部分所支付的费用。比如，用餐期间的餐桌和椅子的"租用"费用、厨师的烹饪技能和厨房用具的使用，以及侍者的服务。

大多数的服务过程可以分为3个阶段。

（1）**预流程阶段**（pre-process stage），是服务开始前的准备阶段。以餐厅服务为例，顾客正式用餐前可能需要预订座位、停车、落座，以及阅览菜单等。

（2）**流程中阶段**（in-process stage），是顾客享受核心服务的阶段。顾客与商家发生服务接触的目的在此阶段完成，比如，顾客在餐厅享用了美食。

（3）**后流程阶段**（post-process stage）。为了结束服务，一些必要活动在此阶段发生，比如获取账单和支付。

区分这3个服务过程的阶段是很重要的，因为顾客在这3个阶段有着不同的目的和忍耐性。以餐厅为例，如果顾客在预流程和后流程阶段等待时间过长，会很容易感到烦躁。

而在流程中阶段却相对容易接受等待时间长一点。这是因为顾客在预流程和后流程阶段所接受的并不是核心服务。因此，顾客希望能速度快一点或者效率高一点，以便快速进入核心服务阶段或快速完成整个服务流程（比如，顾客会希望餐厅座位预订过程更加快捷，以及在用餐后，如果顾客希望快速离开，顾客会希望结账过程更加快捷）。而在流程中阶段，由于客户正在享受核心服务，顾客就会更有耐心。

在这张服务蓝图中，我们会把整个服务流程比作一场戏剧。我们会使用一些剧场的术语，比如用"三幕"来代表刚刚提到的服务过程3个阶段。如我们在第2章学过的剧场理论，商家为顾客提供服务的过程，就像是一场戏剧演出的过程。现在，我们将对照着图8.3，来详细解释一下这张服务蓝图。服务蓝图包含一个横轴和一个纵轴。纵轴从上到下，列出了影响服务质量和顾客体验的关键要素，包括：

（1）定义每一项前台活动的标准（图中列出了几个例子）。

（2）主要的顾客行为（以图片显示）。

（3）前台活动中出现的影响顾客对服务质量认知的有形证据（在所有步骤均有提及）。

（4）互动线。

（5）与顾客接触的员工的前台活动。

（6）服务能见度线。

（7）与顾客接触的员工的后台活动。

（8）涉及其他服务人员所提供的支持。

（9）涉及信息与技术的支持（IT）。

这张蓝图的横轴，从左到右会按照时间先后的顺序向我们描绘了服务全过程中发生的人的活动。我们在第2章曾学过服务的剧场理论：服务人员和顾客就像剧场里的演员，有相应的角色要扮演。为了强调在服务流程中"人"的因素的重要性，我们用图片来呈现两名顾客在接受餐厅服务的全过程中的14个主要场景，从打电话预订餐桌开始，到用餐结束后离开餐厅。我们可以把这出"餐厅剧"分成三幕——餐厅这种服务类型和许多高接触度服务类型一样，它的各项服务活动之间往往是分离的，因此可以将活动归类。与此相反，水电燃气等公共事业服务，以及保险这种长期覆盖的服务，其供应是持续不变的，因此无法将其过程继续细分——餐厅服务的这三幕分别是：在核心服务被提供之前的活动、核心服务的提供（在餐厅这个场景下，即用餐），以及核心服务结束后仍然涉及商家的后续活动。

在每个阶段或者每个服务场景都同时包含了餐厅的内部和外部环境。前台活动都是在可见的环境下发生的，因此，商家可以充分使用有形证据创造一个符合商家市场定位的环境（比如，家具、装潢、制服、灯光、餐桌布置、背景音乐等）。

第一幕——开场和导入场景

这场以餐厅为背景的剧即将上演。第一幕从一位顾客打电话预订用餐开始，这个动作可能发生在顾客到达餐厅之前的几个小时甚至几天。如果按戏剧的语言表达，这通电话可以比作一场广播剧。顾客对餐厅的最初印象将通过电话客服的声音、反应速度、沟通风格等方面来决定。当顾客到达餐厅，侍者代他把车停好，顾客把外套留在衣帽间，先在吧台喝一点东西，同时等待餐桌的安排。第一幕在侍者把顾客引领到餐桌落座的场景中结束。

顾客所经历的上述这5步构成了他们对这家餐厅服务的最初体验。每一步都经过了与一名员工的互动——通过电话或者面对面。在他们被引导到餐桌并坐下的那一刻之前，他们其实已经享受了好几项附加服务，也遇到了不少剧中的角色，包括他们接触了至少5名餐厅员工，还有其他一些顾客。

商家可以为每一项服务活动设定标准，但这需要基于对顾客预期的很好的理解（可以参考我们在第2章学过的顾客预期是如何形成的）。在服务能见度线下方，蓝图上列出了一些关键动作，以保证前台服务的每一步表现都能达到或超过顾客的预期。这些动作包括：记录预订信息、放好顾客的外套、准备餐食、设施设备的保养、各环节员工的培训，以及用计算机来获取、输入、存储和转换相关信息数据等。

第二幕——核心服务的提供

现在我们进入第二幕，顾客们终于准备好要体验核心服务，准备用餐了，这也是他们来餐厅的真正目的。为了简化这一幕的过程，我们把顾客用餐过程浓缩为4步。其中，浏览菜单和点餐是两项单独的活动，用餐的过程则是一道菜接一道菜的。我们在这里当然不会详细到以每道菜为单位来制作服务蓝图。但是，如果你是一家餐厅的经理，你可能需要详细地检查上每道菜的步骤细节，这些步骤的操作应该按照严格规定好的剧本或守则，以保证服务质量。在这里，即使真正的用餐环节毫无差错——两名顾客享用了精美的食物、整个用餐气氛也非常愉悦，还有美酒的锦上添花——但是，如果商家在第二幕的一些细节方面没有满足顾客的预期，仍然会给商家带来一些麻烦。其实在这一幕有不少潜在的失误点，比如，菜单上的信息是否准确？菜单上列出来的菜品是否一定能保证当天的供应？当

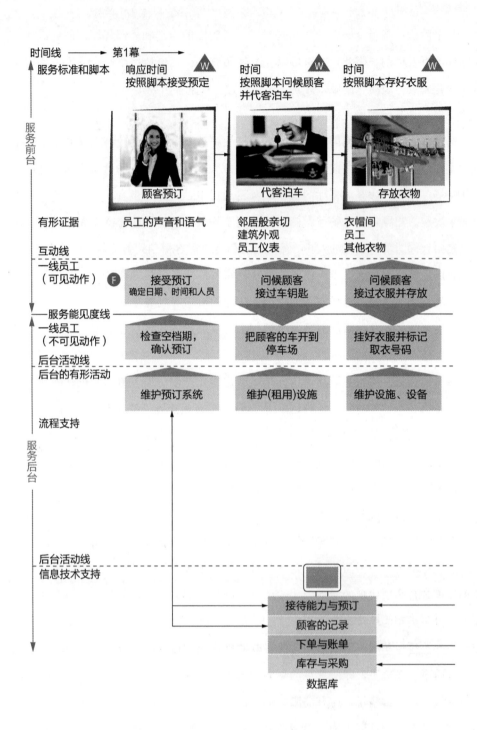

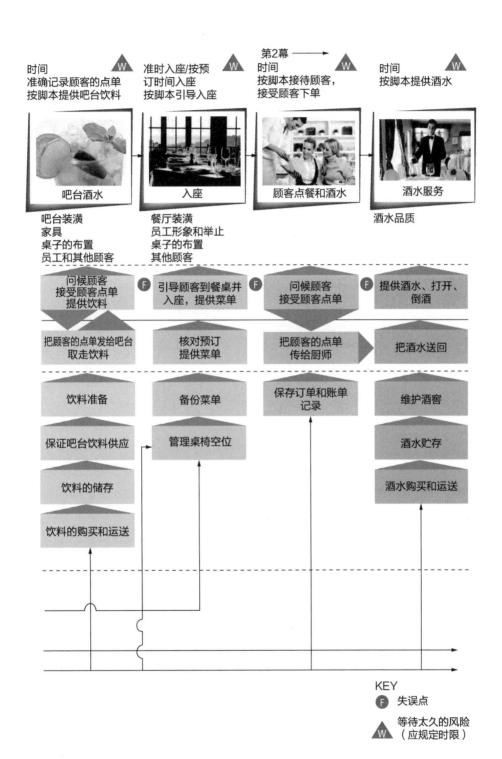

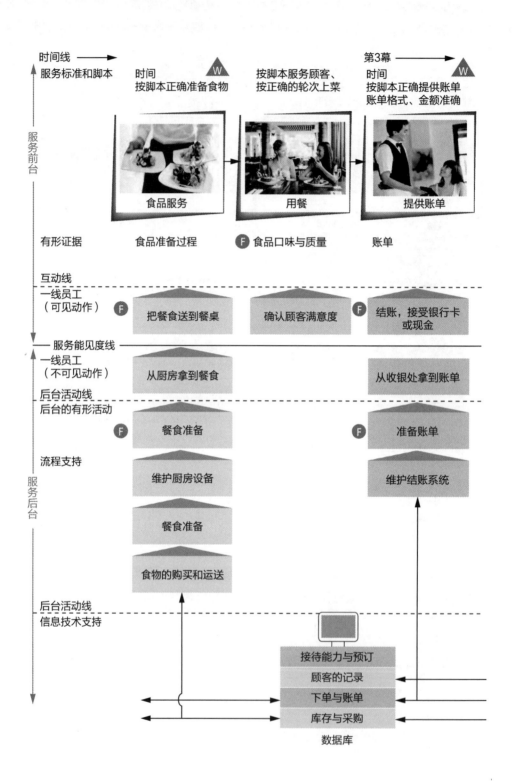

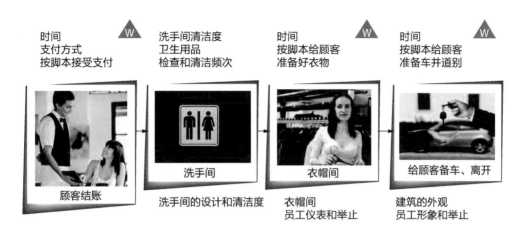

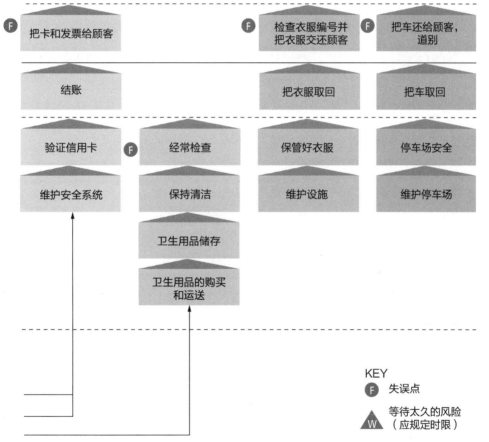

图 8.3 餐厅服务全过程的服务蓝图

顾客对菜单或饮品有疑问时，服务人员是否以一种友好的，而不是居高临下的态度向顾客解释？

在顾客选好菜品以后，服务员应该立即将下单信息发送到厨房、吧台和账目部门。在这个环节，错误的信息传送往往是服务失误的罪魁祸首。比如，潦草的字迹记录、含糊的口头请求，或者是手持式无线设备的错误输入可能导致餐厅上错菜，或者厨师备餐错误。

最后，顾客在第二幕关注的可能不只是餐饮的质量，还有最重要的评估内容——上菜的速度（也不能上得太快，因为顾客不想感觉急匆匆的）以及服务的态度。就算服务员正确地完成了各项工作，如果态度不好，比如对顾客漠不关心、不够友好，或者过于随意，都会让顾客扫兴。

第三幕——剧终

顾客用餐结束了，但是在剧终之前，还有很多前台和后台的活动仍然在发生。我们假设顾客享用了美好的一餐，核心服务的提供很成功，而随后的这些活动需要进行的简短、平顺，而且让顾客感到愉悦。大多数顾客对第三幕的预期往往包括以下几点：

- 当顾客提出结账时，商家可以快速提供账单，账单内容准确，而且易于理解。
- 商家礼貌地接受支付，支付方式也要方便顾客（支持信用卡和电子支付）。
- 感谢顾客的光顾并欢迎顾客再来。
- 顾客前去洗手间，洗手间要干净而且卫生用品供应齐全。
- 服务人员把顾客的衣物及时从衣帽间取出，并还给顾客。
- 服务人员把顾客的车开到餐馆门口，让顾客无须等待。服务人员再次向顾客表示感谢并祝愿顾客晚安（晚餐后）。

找出失误点

运营一家餐厅是一项很复杂的工作，很多地方都可能出错。一张好的服务蓝图应该注意到那些有服务失误风险的点。在图8.3你可以看到，我们标记了一些潜在的、可能导致服务失败的点，用圆圈中的字母F来表示。失误可能发生在预订环节，比如，顾客可以通过电话完成预订吗？顾客可以在想要的日期和时间订到座位吗？刚才的预订信息被记下来了吗？也可能发生在入座环节，比如，之前预订的那个座位可以用吗？此外，由于服务的提供需要时间，可能会有些环节需要顾客等待，或者发生延迟。我们在蓝图上标记出了一些通常需要顾客等待的点，用一个三角形中的字母 W 来表示。过多的等待可能会让顾客感到烦躁。实际上，在服务流程中每个环节的活动，不管是在前台还是后台，都存在导致延误或服务失误的可能。而且，一旦发生服务失误，最直接的后果就是导致延迟（比如，服务人员没有把顾客点菜的信息发送给厨房人员等）。

在英语里，人们用 OTSU 这个缩略词来表示"搞砸的可能"（opportunity to screw up）。服务业人员用这个词表示在服务交付过程中可能失误的点，并强调对这些失误点深思熟虑的重要性。只有在充分识别服务过程中的失误点的基础上，商家才能设计一套流程来有效避免这些风险。

设计防错机制以清除服务流程中的失误点

学习目标：知道如何设计防错机制，以清除服务流程中的失误点

在我们发现了服务流程中的失误点之后，一个对失误原因的详尽分析就非常必要了。通过这个分析，我们有机会设计针对失误点的防错机制，以减少或者完全清除这些风险。

在制造业领域，最常用的质量管理方法之一叫作"poka-yoke"的防失误设计。"poka-yoke"来源于日语，"poka"意思是"无意的疏忽"，"yoke"意思是"防止"。这种机制让操作者无须特别花费精力，而是通过流程的设计来防止失误。现在，这种方法已经被广泛地用于服务业流程管理，它可以保证服务人员按照规定、按照正确的顺序和速度来提供服务。我们拿一个外科医生的例子来更好地理解这种防失误设计。外科医生做手术时，全部工具会放在一个托盘上，这个托盘上会有为每一项手术工具单独匹配的缺口。因此，当医生在完成手术缝合伤口之前，无须特地清点工具，只要看看托盘上的工具是否完整，就可以知道是否还有工具遗留在患者身上。

一些服务业商家会通过"poka-yoke"方法来清除服务流程中频繁出现的失误，来保证员工在服务过程中能够遵守相应的步骤和标准。比如，一家银行会要求他们的柜员在服务开始时记录顾客眼睛的颜色，来保证柜员与客户之间的眼神接触。一些商家会在工作区域的员工出口放一面镜子，以保证员工在出去面对客户之前能够注意他们的衣着形象。在一些餐厅，服务员会给点无咖啡因咖啡的顾客面前放上圆形的杯垫，其他顾客面前则放方形的杯垫，以防止服务员上错咖啡。星巴克要求他们的吧台员工重复顾客所点的咖啡，也是为了避免上错咖啡。

设计"poka-yoke"防失误机制既是科学，也是艺术，因为大多数流程都会非常琐碎，而这恰恰是这种方法的优势。设计"poka-yoke"需要三步，包括系统性地收集错误发生的数据、分析导致错误的根本原因，以及制定防范性的措施。

设定服务标准和目标

学习目标：了解如何设计流程中的服务标准，以及服务绩效目标

通过设计服务蓝图，以及和顾客与一线员工的探讨，商家可以了解在每个接触点哪些服务或流程中的哪些元素对顾客最重要。通过正式的调查和实地的体验，商家可以了解顾客在服务流程中每个环节的预期到底是什么。如我们在第 2 章概括的，顾客的预期有一个光谱范围，即顾客对服务的容忍度区间——从理想的服务到仅仅满足基本需要的服务。

服务流程的这些特点说明了流程管理的重要性（比如，哪些因素对顾客来说最重要，或者哪些方面对商家来讲最难管理），而管理的基础是设定标准。商家需要设定足够高的标准以满足顾客，甚至愉悦顾客。标准可能是包括时间方面的要求；也可能是员工需要遵守的服务脚本，以保证正确的服务表现；或者是关于服务风格与员工举止的规定。可以参考我们的餐厅服务蓝图，它显示了每个服务接触点的关键标准。

正如那句商业格言所说：没有标准就没有管理。标准必须是可以客观衡量的。商家需要根据标准来监控流程表现，也需要设定大家有共识的目标。而且一些软性的无形的，但却是非常重要的因素也需要做到可以衡量，商家可以通过设定服务流程指标来准确地（或者哪怕是大概地）判断这些服务因素是否达标。

接下来，我们将以银行的业务为例。响应速度是银行员工很重要的一条要求。比如，处理客户的贷款申请，银行需要为审批时间设定标准。那标准定在多少合适呢？最理想的情况当然是完全满足顾客的预期，然而，商家在制定标准时还要考虑更佳的成本效益。假如商家遇到了很急的客户，现行标准不能满足顾客的需要，商家就需要管理顾客的预期（比如，员工口头和顾客沟通预计的审批时间）。

最后，我们要探讨一下目标的制定。商家既可以为某个具体环节设定绩效目标，也可以设定团队绩效目标（比如，在 24 小时内完成 80％的申请审批），团队目标的达成由团队的领导负责。图 8.4 显示了指标、标准和目标三者之间的关系。

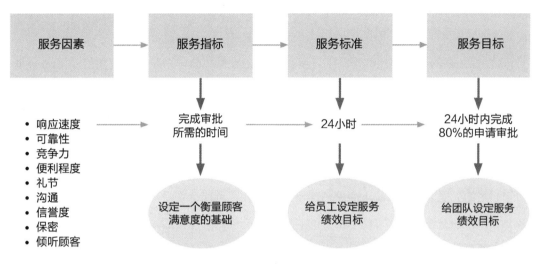

图 8.4　为顾客服务流程设定标准和目标

区分标准和绩效目标之间的差异是很重要的。两者随后都会被用于评估员工、分店乃至整个公司的绩效，因此，设立标准和目标具有一定的敏感性，并对内部人际关系产生影响。如果能区分标准和目标，商家可以在设定标准时更"强硬"，坚持设定贴合顾客预期的标准；但在设定个人或团队目标时可以更现实、更贴近人员的能力水平，促使目标达成。

在实践中，管理团队可以在设定合理的标准方面更加坚定，严格依照顾客的需要和预期；但在和团队商量服务绩效目标时则可以更灵活，更加基于现实情况，因为保持永远达标的服务几乎是不可能的。区分标准和目标的好处可以体现在 3 个方面：首先，一个正确合理的标准被制定后，可以长久地在公司内部固定下来，并向全体员工传播，使他们理解标准；其次，目标是可变的，如果流程设计合理、执行有效，随着时间的推移，服务人员的能力和绩效水平也会不断提高，越来越贴近顾客预期，即达到服务标准；最后，区分标准和目标，让管理者更容易获得员工的认同和支持，"软性"的目标可以给管理层和员工之间更大的容忍度，也帮助"硬性"的服务标准获得更多支持。

服务流程设计中的顾客认知与情感

学习目标：了解服务流程设计中顾客认知与情感的重要性

美国诗人玛雅·安吉洛（Maya Angelou）有一句名言：人们会忘记你说过的话，人们会忘记你做过的事，但人们绝对忘不了你给过他们的感觉。因此，服务流程设计中应当考虑到情商的因素，关键的原则包括：

（1）**良好的开场**。理想的情况下，商家应该在流程中的每个步骤提供始终稳定的高水平服务。然而，在现实中，服务水平难以保持永远一致。不管怎样，对商家来说，一个良好的开场和圆满的结束永远都是重要的。为什么开场如此重要？在这个阶段，顾客会对服务形成第一印象。而第一印象对后续服务环节的评估有很大影响。顾客对服务体验的认知是逐渐积累形成的，如果商家在开始阶段就出错，顾客可能就直接走了。即使顾客没走，由于开场的失误，顾客可能对商家已经不那么信任，可能会在后续的服务中挑毛病。反过来，如果开场良好，顾客对整个服务的容忍度也会提高，即使后续出现一些微小错误，顾客也可能会忽略掉。

（2）**营造服务不断进步的趋势**。人们一般都希望事情变得越来越好，在服务流程中也是如此。即使在开始时提供的服务水平一般，只要后续过程越来越好，一般就不会引起顾客的不满。低开高走的服务给顾客的体验要远胜于虎头蛇尾的服务。

创造一个服务水平峰值。商家若想提升顾客对服务水平的评价，可以在整个服务流程中选择一个环节，为顾客提供超惊喜的服务。这样，即使流程中几乎所有环节都表现平平，只要有一个峰值水平的环节，也能给顾客留下深刻印象。

（3）**把不良体验前置**。在服务流程中，如果有一些顾客难以避免的不良体验，比如，令人不愉快的新闻（推迟、延误）、身体的不适（如一些医疗的环节）、麻烦的任务（如完成注册表格）、无法避免的长时间等待之类，商家应该尽量把不良体验的环节安排在服务流程的早期，而不是最后。让不良体验早点结束，就可以早点卸下顾客的担心。在整个服务流程的大部分时间里，顾客的情绪可以不受不良体验的影响。

（4）**让愉悦的体验分散，把痛苦的体验集中**。当一项服务过程被分成了若干步骤，人们对服务的时间感觉就会被拉长。在一段服务过程中，商家应该把其中让人愉快的体验尽量分散到服务过程的各个环节，把那些令人不快的体验尽量安排在同一环节。这是为了让顾客在大部分时间里感到服务体验是愉快的。

（5）**完美的结束**。服务标准不应该随着服务过程走向结束而降低，反而，越是到最后，越应该提供高质量的服务。有很多这方面的例子，比如，摇滚演唱会总是以歌迷们最爱听的一首热门曲目来结束演出、喜剧演员总把最棒的笑话留到最后、焰火表演在最后阶段用震耳欲聋的响声和最绚丽的色彩照亮夜空作为整场活动的高潮。每次服务的完美结束对顾客的体验有重要影响，哪怕只是让员工在结束服务时真诚地说一句："祝你一天愉快！"

（6）**关心顾客的情绪。**为了给顾客提供良好的体验，商家可以研究在服务流程中，顾客在不同环节的情绪变化，并在流程图中把它们标记出来。我们把这种方法叫作"情感印记"（emotion prints）比如，我们可以预料到，当女性怀孕做超声波检查时，第一次看到腹中宝宝图像时的幸福与激动。同样，我们也能体会到她们在做胎儿状况检查时的焦虑不安。因此，医院可以预料到患者在流程中每一步的通常的情绪反应，并可以培训医护人员做出有针对性的应对。比如，什么时候要欢呼或鼓掌庆祝，又在什么时候需要抱以同情、耐心倾听或委婉表达。

最后需要说明的一点是，我们选择了餐厅服务作为讲解案例，是因为它是一种高接触度的针对人体的服务，在生活中很常见。但是，还有许多低接触度的服务，比如，针对所有物的服务（如物品的修理或维护）和信息处理服务（如保险或会计），商家的服务活动主要发生在后台，顾客是看不到的。在这种情况下，一旦商家在为数不多的前台接触场景中发生了失误，就几乎影响了顾客的全部印象，而且商家也很难再有机会弥补自身形象的损失。

服务流程的重新设计

学习目标：说明重新设计服务流程的必要性

随着时间的推移，市场会经历技术的进步、顾客需求的改变、旧服务的升级、新服务的产生甚至法律法规的变化……这些都可能导致现有服务流程的效率降低，或者不再适用。一句话，服务流程过时了。美国波士顿贝斯以色列医院的前总裁米歇尔·瑞金（Mitchell Rabkin）创造了"制度锈蚀"（institutional rust）这个词来描述这个问题。他解释道："制度就像一块金属，它可以被打磨得非常平滑、闪着光泽。但若不管它，有一天金属也会变得锈迹斑斑。"他提出了造成这种恶化过程的两个原因。

第一个原因来自外部环境的改变，它导致了现有制度的过时，并需要底层流程的改造，或者用一个完全不同的新流程来替代旧流程。这样做可以使商家及时对新环境做出反应，与时俱进。比如，在健康医疗领域，外部环境的改变可能包括新的竞争形式、新的法律法规、新技术、健康保险条款的变化，以及顾客需求的发展。

制度锈蚀的第二个原因来自内部。它一般体现为商家内部流程的自然弱化、管理的逐渐官僚化，以及非官方标准的发展（参考扩展资料 8.1）。当服务流程运转不灵时，会有一些征兆。比如：

- 需要沟通的信息变得比以前多很多。不管是和顾客的沟通，还是内部各部门之间的沟通，因为流程中获得的信息不足或不再有用。
- 对于给服务增值的活动，检查和控制变得比以前多很多。
- 出现越来越多的例外情况需要处理。
- 顾客对不方便或者不必要流程的抱怨变得越来越多。

扩展资料 8.1

对医院里一条"非正式标准" 的寻根究底

米歇尔·瑞金在波士顿贝斯以色列医院担任了 30 年院长。他与其他院长的一个不同之处在于，他喜欢去医院各处巡视，而且从不通知他要巡视哪个科室。这家医院的员工们在任何时候见到瑞金先生都不会感到意外。瑞金先生天生的好奇心给了他非凡的洞察力，他能看出医院流程是否在有效运转，以及哪些细节可能导致问题发生。下面这个故事是关于他发现医院中存在的"非正式标准"的经历，这个故事告诉我们，一条信息是如何随着时间流逝而不断被误读的。本故事将由瑞金先生自己讲述。

一天，我在急诊室里和一名医生交谈。他正在给一名哮喘病人输液。我看了一下输液的药物成分组合，并问他："为什么你要选择这些药物成分？""因为这是医院的规定"，他回答道。因为我很清楚医院里根本没有这条规定，我决定要好好调查一下。

事情要从几个月以前开始说起。A 医生正在治疗一名哮喘患者，B 实习生正在跟着他学习。A 对 B 说："我就是用这个药物配方来治疗哮喘的。"到了下一个月，B 实习生开始搭档 C 医生。B 对 C 说："A 医生就是用这个药物配方来治疗哮喘的。"再下一个月，C 医生对 D 实习生说:"我们都是用这个药物配方来治疗哮喘的。"又过了不到一个月,D 实习生对 E 医生说:"医院规定要使用这个药物配方来治疗哮喘。"

一条信息在人与人之间经过了几次传递之后,意思完全变了,最终成了一条"非正式标准"。瑞金先生这样说道:"在医院这样的机构很容易发生类似这样的问题。我们没有制定死板的员工守则,让大家在做每件事之前还要先查看规定。我们的员工是医生,我们更愿意相信他们的反应和判断。但也更容易因此发生信息失真的问题。因此,我们必须意识到'制度锈蚀'现象的存在,要清楚我们正在做的事情和为什么这样做。"

重新设计服务流程以同时提高质量与生产力

学习目标:知道如何重新设计服务流程,以同时提高服务质量和服务生产力

商家应该借重新设计服务流程的契机,努力实现服务生产力与服务质量的大幅提升。为了找到这样的机会,检视服务蓝图和其中各环节的完成方式是非常重要的一步。重新设计服务流程需要关注下面 4 项关键目标的实现,而且最好是同时实现。

(1)减少服务失败的次数。

(2)减少服务的总用时。

(3)提高服务生产能力。

(4)提高顾客满意度。

服务流程的重新设计包括服务流程的重建、排序和替代流程设计。需要完成的工作包括:

- 和流程中的参与者一同检视服务蓝图。通过对服务蓝图的仔细检查,商家能够发现流程中的问题并找出解决方式。这要求服务流程中所涉及的参与者来一同检视服务蓝图,包括顾客、一线员工、后台支持员工、IT 团队等等,大家要一起出谋划策如何改善服务流程。比如,流程中有没有缺失的步骤,或者不必要的步骤,以及次序先后是否合理。参与者还需要高度关注新技术、新设备以及新方法是否可能引入到流程中,从而给商家带来更多优势。

- 去掉没有价值增加的环节。通常我们可以按照是否给顾客创造了价值这条标准,来简化服务流程中前台和后台的活动,把那些没有价值增加的活动去掉。这样做既可以让

员工更轻松，提高服务生产力，又可以提升顾客满意度。

- **解决流程中的瓶颈。**许多服务业商家会遇到瓶颈问题，并因此带来顾客等待（Customer Waits）。瓶颈会显著拖慢服务流程，并直接决定了服务生产力的高低。理想的状况下，服务流程中的每个环节都应该有相同的服务能力，而不会让顾客卡在流程中的某一步。一旦卡在瓶颈，其他环节的员工就会空闲下来，导致服务能力的浪费。流程重设的目标是设计一个平衡的过程，其中所有环节的处理时间大致相同，让消费者可以顺畅地完成整个过程，而无须在任何一个环节等待。

在绘制服务蓝图的过程中，我们需要确定每个环节的处理时间和服务能力。我们可以实地观察每个环节，从而了解每个环节实际需要花费的时间。那些让顾客不得不等待的环节就是服务瓶颈。一旦商家找到了服务瓶颈，就可以投入更多更好的资源来解决瓶颈问题，或者通过重新设计服务流程提高服务能力（关于服务能力管理的办法，请参阅第9章"需求与供应能力的平衡"）。

- **增加自助服务。**商家可以通过增加自助服务显著提高服务能力，有时甚至可以提高服务质量。比如，几十年前，联邦快递公司已经认识到这一点，并把越来越多的交易从呼叫中心转移到其网站上，并因此缩减了数万名呼叫中心的员工。随着能提供语音服务的聊天机器人的出现，这一过程还将继续加快。自助服务将越来越多地替代目前的人工服务流程。
- **增加智能自动化、数字化，以及使用服务机器人。**为了更好地支持客户自助服务，商家将在流程中越来越多地引入智能自动化和使用服务机器人。这些技术可能会帮助商家大幅提高服务质量，同时降低成本。扩展资料8.2向我们展示了一家酒店是如何通过引入智能技术来更新和改善酒店入住体验的。

扩展资料 8.2

体验"智能"酒店的入住办理

下面这个案例向我们展示了一家酒店如何通过引入智能技术把传统的入住办理环节变

成了一种更加智能的体验（见表 8.1）。

表 8.1　酒店入住办理过程的改变

传统的入住办理过程	智能的入住办理过程
• 前台员工登录前台系统，为到访的客人一一办理入住 • 客人收到房间钥匙/房卡 • 客人需要排队，可能会导致客人长时间等待，尤其是在高峰时段	• 当客人进入酒店大堂，智能摄像头会通过面部识别技术，对照客人在办理网上预订时提交的身份证照片并识别客人 • 客人在智能手机上收到电子钥匙，以及房间号和预订信息 • 客人可以略过前台直接进入房间
• 前台不知道客人到达的准确时间，只能大致推断或者基于历史数据	• 由于客人在网上办理入住时告诉前台其到达时间，前台员工可以更好地预测高峰期并相应地安排工作人员
• 客房服务不知道先打扫哪些房间。如果一位客人在到达时他预订的房间尚未打扫，前台必须临时打电话让客房服务打扫该房间，而客人不得不等待房间打扫完毕才能入住	• 客房服务人员通过 APP 查看客人的到达时间，并安排打扫房间的顺序。这减轻了客房服务人员的压力，同时避免了客人等待
• 尽管前台可以提前为客人办理入住手续，但如果房间还没有准备好，客人就不能马上入住 • 即便是熟客，前台仍需要每次打开客人信息以验证他们的身份，然后再发给客人钥匙。这一步骤没有给客人带来任何价值，而且还导致前台工作量增加，给客人带来不便，客人每次都要排队	• 前台仍可提前为客人办理入住手续，但不会激活电子钥匙 • 房间准备好后，前台系统会自动给客人的智能手机发送通知，同时激活电子钥匙，并向客人提供房间详细信息

扩展资料 8.3

肯德基数字化转型对痛点的改进

服务营销是企业在充分认识满足消费者需求的前提下，为充分满足消费者需要在营销过程中所采取的一系列活动。餐饮行业作为服务业，其经营活动的开展应当围绕消费者需要和消费者体验做文章。

图 8.5 向我们展示了肯德基如何通过引入数字化技术对痛点进行改进。

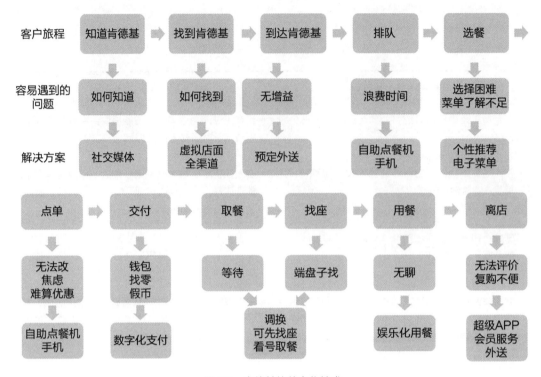

图 8.5　肯德基的数字化技术

服务流程中的顾客参与

学习目标：理解顾客在服务流程中参与的不同程度

为了提高生产力和效率，商家通常希望顾客能更多地参与到服务流程中来。商家可以通过服务蓝图更容易地确定顾客角色，并了解顾客与商家之间联系的紧密程度。

顾客参与程度的高低

顾客参与是指顾客在服务生产过程中做出的行动和投入的资源。这种投入可以是精神上的，或者身体上的，甚至是情感上的。在许多服务类型中，由于涉及顾客和商家之间的接触，顾客会或多或少不可避免地参与服务过程。然而，顾客参与服务的程度可能差异很大，可以分为 3 种不同程度。

低参与度。当顾客的服务参与度低，意味着服务过程中的工作几乎都是由员工和电子系统完成的，不需要顾客做什么，而且服务产品和服务水平往往趋向标准化。比如，电影院或公交车的服务，这种服务需要的仅仅是顾客在现场，而无须做任何事。如果是针对所有物的服务，比如顾客物品的清洁或维护，顾客甚至都不需要在场，需要做的只是留下联系方式和付款。

中等参与度。在中等参与程度的情况下，商家提供服务的过程需要顾客的投入和协助，而且服务在一定程度上是根据顾客的状况来订制的。顾客可能需要告诉商家必要的信息、可能需要投入精力，甚至可能需要提供物品。比如，顾客在理发时，必须让理发师知道他们想要的发型，而且要在理发过程的各个步骤配合理发师。如果顾客为了节税而找到会计师服务，顾客需要按照会计师的要求准备申报表中的信息以及实物文件，并回答会计师提出的任何问题。现在，许多的数字化服务需要顾客下载和激活 APP，并输入信息。

高参与度。在高参与度的情况下，顾客必须积极配合商家，与商家合作完成服务。如果缺少了顾客的积极参与，服务就无从谈起。而且，如果顾客不能充分地参与服务，甚至会影响服务质量。比如，婚姻咨询和教育服务就需要客户的深度融入。此外，与健康相关的服务，比如康复或者减肥这种与改善患者身体状况有关的服务，客户必须在专业人士的指导下参与。客户必须积极配合，严格遵循医生设计的饮食和锻炼计划。最后，B2B 服务也需要客户的高度参与，比如，咨询业或供应链管理等，客户和商家要像在一个团队中的同事那样密切配合。

顾客是服务的共同创造者

学习目标：理解消费者作为服务的共同创造者这一概念，以及从这种角度看待顾客的意义

参与服务过程中的顾客，可以被看作服务的共同创造者。顾客在服务的生产、消费和交付过程中通过和商家的互动创造价值。顾客在服务中是否积极参与甚至会影响服务质量和商家的服务能力。因此，对于商家来说，需要研究如何让顾客在价值创造中做出自己的贡献，需要对顾客进行教育和培训，使他们具备完成服务所需要的技能和动力。现在的一些服务中，为了更好地参与和完成服务，顾客还需要越来越多地使用自己的设备，比如智能手机、平板电脑、可穿戴设备以及物联网产品等。

减少顾客造成的服务失误

据估计，在所有出现问题的服务中，大约有 1/3 是由于顾客的自身原因导致的。因此，商家应该努力防止由顾客原因导致的服务失败。在这方面，除了对顾客进行教育，还要针对顾客设计"防失误机制"。特别是当顾客积极活跃地参与到服务流程中时，一个设计良好的防失误机制可以帮助顾客为参与服务做好准备（比如，让顾客准备好服务需要的工具，或者提醒顾客按时到达），防失误机制还可以帮助顾客理解并预知他们在服务中的角色，以及正确选择服务和商家。

防止顾客造成的服务失误可以遵循以下 3 步。

第一，系统地收集那些常见的失误信息。这一点对于自助服务、在线服务和基于 APP 的服务尤其重要。因为这些服务没有人工帮助，通常难以补救。顾客一旦遇到问题，可能会直接放弃服务的注册、申请或预订。因此，必须最大程度减少服务失误的可能。

第二，找到问题发生的真正原因。不能只听员工对问题原因的解释，而是必须从顾客的角度出发，进行问题原因的调查。因顾客导致的服务失误的原因可能包括：顾客缺乏必要的技能、顾客未能理解他们的角色，以及顾客准备不足。此外，有些服务流程对顾客来说过于复杂，也可能导致给顾客的服务失败。其他的原因还可能包括服务环境存在的问题、可能给顾客提供了错误指引，以及顾客在进行自助服务的时候发生的问题（比如，对用户不友好的自助服务设备、网站和应用程序）。

第三，为了避免同样的错误重复发生，商家需要采取一些策略，以下我们列出 5 种。这些策略可能需要结合起来才能达到最大效果。

（1）重新设计服务流程中的顾客参与（可改变顾客的行为或者改变流程）。比如，飞机洗手间的门必须先锁好，灯才能被打开；银行 ATM 机在吐出现金之前先退卡，并同时发出提示音，提醒客户记得在交易结束时取回银行卡；未来的服务流程中还会增加更多的科技元素，比如现在在 ATM 机上使用银行卡和密码来识别用户的方式在未来很可能会被生物特征识别所取代（如人脸识别、视网膜读取、语音识别），即使用户的卡片丢失或忘记密码，也能够享受银行的自助服务。

（2）运用科技。比如，一些医院用自动化的系统向患者发送短信或电子邮件，来提醒他们预约或确认预约，以及告知患者如何在需要时重新安排预约。

（3）管理顾客的行为。比如，在邀请顾客前来时，可以在邀请函上注明着装要求。在网站或应用程序上提供用户指南和提醒（比如，写一句"在致电我们的客服代表之前，请准备好你的账号和密码"）。这样做都能有效避免服务失误。

（4）鼓励顾客互帮互助并建立良好的用户社区氛围。比如，在减肥训练营或者在线品牌社区等场景，可以鼓励用户之间互相帮助以防止服务失败。

（5）改善服务环境。比如，许多商家没有为顾客提供清晰的方向标志来指引他们找到服务场所，因此导致服务失败，而且让顾客感到沮丧。这一点在网站或应用程序等虚拟空间中同样适用。

如果商家能够更好地帮助顾客避免服务失败，就可以获得很大的竞争优势。为了尽可能减少服务失误，越来越多的商家开始努力使用自助服务技术、服务机器人和人工智能来代替传统的人工服务。

自助服务技术、服务机器人和人工智能

学习目标：知道哪些因素会使消费者接受或拒绝新的自助服务技术、服务机器人以及人工智能

想象一下顾客参与服务的最高级形式，也许将是由服务机器人或人工智能技术提供的、顾客可以完全自主完成的服务（见图8.6）。在这种情况下，等于是顾客用自己的时间和精力最终代替了传统的服务员工的工作。甚至顾客可以使用自己的终端设备，而不需要商家提供。

图8.6　顾客将越来越多地享受服务机器人提供的服务

现在的消费者已经可以选择一系列的自助服务技术。这些技术使他们能够在没有服务员工直接参与的情况下享受服务。我们已经在日常生活中体验着自助服务技术，比如自动化的银行终端、超市自助结账柜台、自助加油、网上银行、酒店自助结账和离店、火车购票应用程序等众多基于互联网和应用程序的服务。加上服务机器人和人工智能系统的应用，自助服务技术正在变得越来越强大。

自助服务技术非常适合做信息处理的服务类型。自助服务技术不仅可以用于辅助服务的部分，比如获取信息、订单处理和预订等，而且还可以用于核心服务的交付。适用的领域包括银行、调研、娱乐、自学教育等。自助服务技术甚至可以用在服务的

咨询与销售环节，一些服务业商家已经在使用电子导购来代替传统的面对面销售或电话销售。

许多商家制定了鼓励客户使用在线自助服务的政策，比如通过应用程序、聊天机器人或服务机器人来替代那些高成本的人工服务。我们可以通过服务蓝图来设计自助服务流程，并更直观地看到服务流程（见图 8.7）。

商家还会建立在线品牌社区，并邀请所有客户加入。商家在社区中鼓励客户们交流和互相帮助。研究表明，如果客户们能在社区中发布问题并踊跃回答别人的问题，可以有效减少商家在传统客户支持服务方面投入的资源，促进客户之间的点对点互动能有效提高商家的客服效率和效果。

自助服务的好处是如此显而易见，然而我们仍需要认识到，并非所有的顾客都愿意使用自助服务技术。马修·莫伊特（Matthew Meuter）和他的同事们观察到：对于许多公司来说，自助服务技术并没什么难的，真正难的是如何让消费者愿意尝试并接受新技术。

自助服务技术给顾客带来的好处

由于设计和实施自助服务需要商家投入大量的时间和金钱，商家需要提前知道他们的目标顾客是否愿意接受自助服务，还是更依赖人工服务。顾客选择自助服务的意愿会受到多种因素的影响，比如对新技术的整体接受程度、对商家和其员工的态度，以及非常重要的一点，就是顾客是否能感知到使用新技术能给他们带来好处和便利，而且能够节省成本。作为商家，必须意识到自助服务技术对顾客来说有利也有弊。使用自助服务技术给顾客带来的好处包括：

- 更大的便利性。这包括整体节省的时间、更快的服务、时间的灵活性（比如，服务是 7×24 小时的全时提供），以及位置的灵活性（比如，银行的自动取款机）。当顾客因为自身状况无法访问服务场所时会更倾向于使用自助服务技术，因为自助服务的机器一般安排在位置更便利的地方，并且可以 7×24 小时访问。商家如果能通过网站提供服务，也会大大方便顾客，因为顾客可以通过身边的电脑或智能手机享受自助服务。
- 顾客可以更自如地控制服务交付、了解更多信息，并更容易享受到订制化的服务。
- 更低廉的费用。

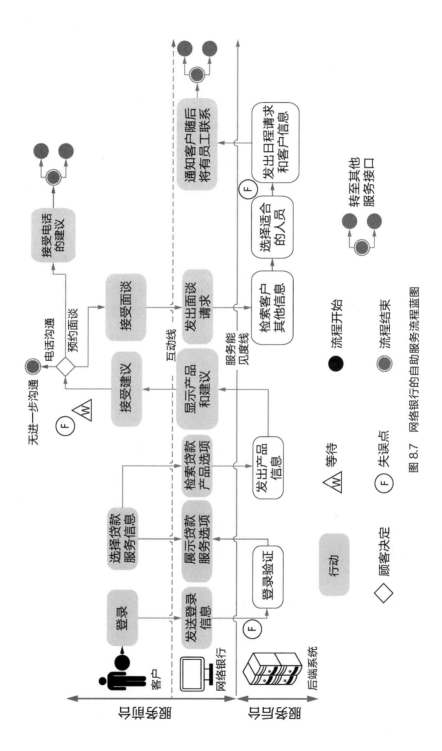

图 8.7 网络银行的自助服务流程蓝图

如果商家了解目标顾客的需求，知道他们希望通过服务互动获得什么，就能更好地设计自助服务的客户界面。一些设计合理的自助机器能提供比人工更好的服务。顾客通过自助服务可以比面对面或电话联系更快地获取详细信息并完成服务。经常旅行的人会对自助服务非常熟悉，比如用 APP 订票和预订酒店，以及自助办理值机等。他们可以因此大大节省在机场、租车公司、酒店服务上花费的时间和精力。总之，许多人都喜欢自助机器、APP 和服务机器人，顾客使用这些技术越多、越熟悉，就越喜欢用。

使用自助服务技术还可能让顾客获得乐趣。比如，孩子们一般都喜欢在超市结账时扫描条码，在餐厅用平板电脑点餐，或者在酒店大堂与机器人互动，这会让人们感到新奇有趣。

不过，不是所有的消费者都喜欢自助服务，有的人甚至对它感到焦虑和压力。有些顾客觉得和服务员工的互动是一种社交体验，他们因此更乐意和人打交道。一些托儿所或养老院使用了社交机器人来代替人际互动，但发现人们并不是很喜欢这样的服务方式。

即使是试用过了自助服务，也不是所有的顾客都会继续使用。对顾客来说，第一次试用很关键，如果体验良好，而且顾客对自己独立完成自助服务有信心，他们很可能还会在未来继续使用。如果情况相反，顾客很可能还是会选择传统的由一线员工服务的方式。

比如，一些银行网点会在门口安排一名"迎宾员"，这名员工会引导顾客使用自助服务机器。由于有人引导，顾客就对自助服务不那么担心了。这样做也确保了顾客首次试用成功，而且帮助他们建立了再次使用自助服务的信心。

总之，很多顾客喜欢自助服务，因为它们易于使用、功能稳定，而且比人工服务更方便、更便宜。但并非所有人都喜欢自助服务。

自助服务的缺点以及妨碍顾客使用自助服务的因素

如果使用自助服务失败了，顾客就会对它心生抵触。比如，当自助服务机器停止工作、顾客的密码被拒绝、网站关闭、服务工单号不起作用、聊天机器人不能提供正确信息……顾客遇到这些情况会很生气。就算顾客使用自助服务最终成功了，但如果界面设计不佳、服务流程难懂，或者用起来很麻烦，顾客同样会感到沮丧。很多顾客会抱怨浏览网站时找不到需要的信息、在线注册需要太长时间、填写的表单不能提交，以及应用程序卡住不动等问题。

就算商家的自助服务设计没什么问题，但当用户因自己忘记密码，或者仅仅是因为点错了按钮等原因而无法享受服务时，他们同样会感到沮丧。这当然是用户自己的问题，但他们往往会"迁怒"于商家没有提供更简单和更友好的系统。这可能导致用户在未来重新选择传统的人工服务，或者选择用户界面更友好的商家。

自助服务还有一个很大的缺点，就是它们基本不能在服务失败时做到有效的补救。大多数情况下，当顾客使用自助服务失败，他们没有什么简单的方法可以当场解决问题。顾客只能给商家打电话或发送电子邮件来寻求人工干预，而这本来是顾客一开始就试图避免的。

总之，自助服务的设计对商家来说是一项很大的挑战。自助服务需要进行防错设计，即最大限度地减少用户出错的可能。商家甚至需要为自助服务设计服务补救流程，以便顾客在使用自助服务出现问题时可以自助解决。

评估和改进自助服务技术

在评估一个自助服务是否设计合理时，可以看看下面这些基本问题是否得到了解决。

- **自助服务是否运转稳定？** 商家必须检查自助服务的设计是否对用户友好，确保它各项功能良好，能够履行给顾客的承诺。比如，阿里巴巴旗下的盒马鲜生作为一家 O2O 的超市，为其在线订单系统的易用性和可靠性设定了非常高的服务标准。因此，和国内其他的超市相比，它的在线销售占全部销售的比例是最高的。顾客的选择是其系统稳定易用的证明。

- **自助服务是否比人工服务对顾客更好？** 如果自助服务不能节省顾客的时间，让顾客更方便地访问、节省成本，或带来任何的好处的话，顾客肯定会继续使用他们更熟悉的人工服务。这里提一下当当的图书销售平台，比起线下的书店，顾客可以通过当当网站迅速找到自己需要的图书。当当已经成为当今浏览和购买图书的首选方式之一。在国外，亚马逊也有类似的功能，同时由于 kindle 的推出，随着电子书市场的快速增长还会加速这一趋势。

- **如果自助服务失败，商家是否能即时提供服务补救？** 商家需要设计一个服务补救的机制，可以通过人员安排或使用技术，一旦出现问题，要能够迅速进行服务补救。比如，自动取款机上会显示一个银行的电话号码，客户可以随时联系到银行的客服中心并获得人工服务。在提供自助结账通道的超市，通常也会安排一名员工来监控通道状况，这样做既考虑到顾客结账安全，也结合了客户服务。在客服电话的语音菜单中，除了一级一级的自助服务引导，也会包含一个人工服务选项让客户可以直接联系。

不管是网站、APP 或人工智能等自助服务系统的设计，想做到零故障且用户友好绝非易事，而且成本可能非常高昂。但是，正是通过这方面的投资，商家才能推动自助服务的应用，并提高顾客的忠诚度。

如何应对不愿做出改变的顾客

学习目标：了解如何应对那些不愿改变、不愿接受新技术的顾客

当顾客熟悉并习惯了一种服务流程，已经建立了长久和稳定的行为模式，顾客很可能不愿意轻易做出改变。这会阻碍商家提高服务能力和提高服务质量的尝试，特别是当商家把人工服务流程全面转为用 APP 或服务机器人提供的自助服务时，尤其需要顾客的信任与配合。当顾客被强制要求使用自助服务时，顾客很容易产生抵触情绪。以下 6 个步骤可以让转变的过程变得更加顺畅，特别是当这个转变涉及激进的创新时。

（1）**发展和客户的信任关系。**如果得不到顾客的信任，商家改变服务流程的尝试会变得更加困难。这种情况常常发生在那些大型的、非个人的公司，因为它们往往看起来和顾客的人际关系较弱。顾客接受变化的意愿可能与他们对商家的好感程度密切相关。

（2）**了解客户的习惯和期望。**当顾客接受服务时，他们会按照自己的习惯和固定的程序进入服务流程。这时，顾客脑子里实际上已经有单独的服务脚本或流程图，破坏一个既有的习惯会受到顾客的抵制。商家需要让新流程更符合消费者的习惯和期望，才能提高成功的机会。

（3）**做好新流程和设备的测试。**为了了解顾客对新流程和新设备可能的反应，商家可以给顾客讲解新流程的概念，并进行一些实验室测试或实地测试。如果人工服务将被自动化的设备取代，商家需要了解来自不同背景的顾客对新设备的反应，并做出易于顾客使用的设计，不明确的或过于复杂的设计会降低顾客的积极性。

（4）**宣传新流程给顾客带来的好处。**自助服务需要顾客自己操作和完成服务。顾客知道自己会做这部分"额外"的工作，但这么做的好处，比如节省的时间和金钱成本等，顾

客可能并不十分清楚。因此，必须把这些好处清楚地传达给顾客，让他们了解新流程并对这项创新感兴趣。

（5）**教会顾客使用新流程新设备，鼓励顾客使用。**商家可以安排人员召开宣讲会，展示新流程和新设备，并回答顾客的问题。向顾客保证这项创新所带来的好处并帮助顾客熟悉新流程或新设备，这是争取顾客接受的关键因素。如果新流程是在商家的各个网点按顺序推出，宣讲会也可以按照同样的顺序进行，宣讲会的成本也可以由各个网点分摊。如果新流程是在互联网上的，商家可以考虑通过电子邮件、在线聊天或者电话为顾客提供支持。商家还可以鼓励顾客试用新流程，并通过折扣促销、忠诚度积分或幸运抽奖等手段刺激顾客试用。当顾客尝试过了自助服务（特别是电子的），并发现它用起来很方便，顾客就更有可能在将来继续使用。

（6）**持续注意新流程的运行状况并改进。**服务质量和服务能力的改进是一个持续的过程。商家在引入自助服务后，还需要监控是否有很多顾客使用，是否出现较多的服务失败（有哪些服务失误点），以及客户投诉在哪些方面。商家要不断改进自助服务技术，保持势头，让自助服务充分发挥潜力，不至于在大笔投入之后却沦为无用的摆设。一旦商家做出了更新服务的决定，营销团队就要开始向顾客展开宣传，帮助顾客为变更做好准备、解释变更的理由、传播变更带来的好处，以及告诉顾客在未来需要做哪些相应的改变。

工作在一线的服务机器人

在上一节，我们将服务机器人归类为一种自助服务技术。站在顾客自助服务的角度上看，这样说是没错的。不过，机器人正在变得越来越智能，与顾客交互的技术越来越先进，机器人领域的技术发展已经对服务流程产生了深刻的影响。因此，我们将在本节深入挖掘机器人和服务业的关系，以更好地了解它将给服务流程带来哪些变化。

服务业革命的开端

学习目标：了解机器人和人工智能给顾客服务流程带来的巨大影响

世界经济似乎正面临着一个转折点，这个转折点对世界的影响堪比 18 世纪末开始的工业革命。在那场工业革命中，制造业生产能力大幅提高，得以把各种产品以低廉的价格带给千家万户，让大众的生活水平迅速提高。现在服务业也可能正在发生同样的情况，我们的科技正在朝着更智能、更强大的方向发展，同时设备变得更小、更轻、更便宜。硬件产品出现了传感器、摄像头、可穿戴设备、物理机器人、无人机等诸多产品。软件技术也取得了长足发展，诞生了图像处理、语音处理、数据分析、移动和云技术、地理标记、生物识别、虚拟现实、增强现实、机器学习等各种创新技术。这些新科技将改变整个服务业，尤其是服务机器人与人工智能这两项技术，通过与其他各项新技术的结合，将给服务业带来巨大的创新和耳目一新的顾客体验，同时提高商家的服务质量和服务能力。

在未来，通过机器人和人工智能提供的服务将应用于更多行业，而且将在整个经济中占有更大的规模。同时，机器人的成本也很低。和人工服务不同，机器人的大部分成本都来自开发制造环节。物理机器人的成本只是人工服务的一小部分，若是虚拟机器人（比如，聊天机器人和虚拟代理），其成本几乎可以忽略不计。因此，通过虚拟机器人来扩大服务能力几乎不会带来更多增量成本。其中一种虚拟机器人是全息投影机器人，它利用光的反射原理投射出真人的形象。比如，机场可以每隔 50 米安装一个全息投影的服务机器人，以协助乘客处理常见问题（如引导顾客办理航班登机手续、显示卫生间位置、机场酒店，以及用各种语言广播航班到达和起飞的信息，见图 8.8）。这些全息投影的服务机器人的制作并不需要很高成本，需要的设备只有相机、麦克风、扬声器和全息投影仪。它不需要占用地面空间，因为它是完全虚拟的。

图 8.8　中国沈阳桃仙机场，一位旅客正在看全息投影生成的机器人

之前，商家仅能通过网站、应用程序和移动技术来提供信息处理服务。接下来，这些技术也将应用于人身服务和所有物处理服务中。比如，配备了服务机器人的酒店和餐馆、无人机送货，等等。而这只是这场变革的开始，就像工业革命时期的手工作坊转变为大规模工厂生产，我们将在服务业看到人工服务加速转向机器人和人工智能服务。令人兴奋的

前景是医疗保健和教育等服务在由机器人替代之后，费用会比以前低得多，而服务质量会显著提高。这是一个令人兴奋的领域，那些懂得如何设计和管理机器人服务的营销人员会越来越受欢迎。

什么是服务机器人？ 它与传统的自助服务技术有何不同
学习目标：了解服务机器人与传统自助服务技术的区别

服务机器人被定义为"基于系统、可自主工作、具有适应性的机器人，可以与顾客进行交互、沟通以及为顾客提供服务"。这些特点决定了服务机器人不同于传统的自助服务技术。如表8.2所示，服务机器人可以处理与客户的比较灵活的交互，并引导他们完成整个服务过程。比如，一个售票机器人不会让顾客在购票时卡住。它可以不断提出是与否的问题以弄清顾客的需要，比如，你今天回程吗？你有优惠卡吗？你能不能在非高峰期旅行？它甚至可以纠正客户的错误，比如，顾客输入了错误的信息。事实上，在提供一些标准化的服务时，顾客与服务机器人的互动和与服务员工互动一样，比如，顾客可以对机器人说"我需要当日回程机票"或"我想用这张信用卡支付"。

表 8.2　服务机器人与传统自助服务技术的对比

服务方面	自助服务技术	服务机器人
顾客是否需要遵守角色和服务脚本	• 顾客必须学习服务脚本和角色，并严格遵守 • 不遵守脚本往往会导致服务失败和交易不成功 • 需要把命令清楚解释而且直观易懂，因为客户要控制互动	• 顾客不需要学习特定的角色和脚本。这一点和与人工服务相同 • 支持灵活的互动，脚本仅作为辅助 • 可以像人工服务一样引导顾客完成服务流程
是否允许顾客发生失误	• 如果客户出错或没有正确使用自助服务，自助服务就不能正常运转 • 一般不能有效处理顾客的失误	• 允许顾客出错 • 可以从客户错误中恢复，并引导客户最终成功完成服务
服务失败后是否可以补救	• 如果服务失败，自助服务流程会中断，无法进行服务补救	• 可以提供替代解决方案来进行服务补救，和人工服务一样

机器人能提供哪些服务

学习目标：知道"服务机器人""人工服务""人工＋机器人的混合团队"分别适用于什么服务类型

早期的机器人认知能力和智能水平比较低，只能处理一些简单的、重复性的工作（见图 8.9）。比如，一些酒店用物理机器人提供送餐服务，或帮助客人把行李送到房间。具有文字和声音识别能力的机器人慢慢有了一些和顾客互动的功能，能够处理一些简单的问题。比如，当顾客拨打客服电话，根据问题的复杂程度不同，有的会分配给人工服务，有的简单的问题则直接由机器人处理。机器人也可以起到辅助人工的作用，当顾客在使用人工服务时，其实并不一定都是人在处理，服务人员也在通过人工智能获得支持。有了机器人的辅助，客服人员不再需要花大量的时间处理简单琐碎的问题，而是可以专心处理更复杂的、更重要的问题。

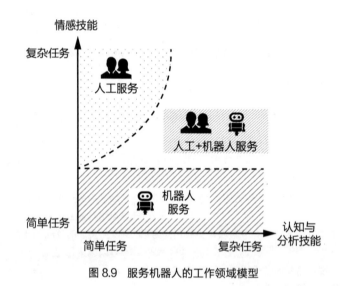

图 8.9　服务机器人的工作领域模型

除了一些简单的常规工作，现在的服务机器人具有更高的认知能力和分析技能，可以处理诸如会计或股票交易等工作。比如，服务机器人可以处理海量数据，整合内部与外部信息、模式或规律识别等，与这些能力最相关的就是顾客信息处理与分析的工作。这些机器人的数据处理速度比人类快得多，只需几分钟，他们就能基于数据给你提供最佳解决方案以及建议。扩展资料 8.4 向我们展示了一个机器人服务的案例。

运用 AI 机器人提供在线教育服务

人工智能被定义为国家经济发展新引擎，在教育界有广泛应用，如定位于学科启蒙教育的 AI 互动课——斑马 AI 课、定位于 K12 学科教育界的松鼠 AI、语言学习赛道的流利说，以及素质教育中进行乐器练习 AI 纠音的 VIP 陪练、咕比 AI 课，等等。AI 课定价较低，以思维 AI 课为例，其定价约为直播课的 $1/8 \sim 1/5$。

探索 AI 技术赋能的在线教育的从业者多在追求实现规模化教育和个性化培养的有机结合。比如，以高级算法为核心的智适应学习系统，对知识点进行拆分，以实时动态评估学生知识状态，完成"测试、学习、联系、测试、答疑"全环节的持续反馈，进而实现个性化的学习目标制定、内容推荐、学习路径规划。通常学员可以在线上跟着 AI 老师学习个性化内容，在线下有真人老师提供答疑辅导。

然而，目前的 AI 技术并未被有效地利用起来，比如，市场上很多 AI 课仍停留在录播课的层面——课堂内容虽然是老师呈现的，但都是提前录制好的，学员按要求操作能得到回应，机器也可能回答"太棒了"；学员的很多问题很可能得不到真人老师一样的回应。又如，很多 AI 课只是将图像识别技术或者语音识别技术在课堂中加以利用，增强授课效率。总之，让机器扮演和真人老师一样的作用仍有很长的距离和很大的讨论空间。

机器人还不具备情感，很难让机器人给出超越基本礼仪的带有情感的反馈。一些复杂的、需要人类情感的任务仍然需要人工处理，比如一些服务活动中需要的同理心与共情能力。在处理顾客投诉和服务补救的时候，服务人员比机器人更能体会顾客的处境和情绪。

现在，一些需要更高认知能力和更高情商的任务正在越来越多地由人类和机器人共同完成。机器人负责数据的分析处理（比如，医院里用机器人分析症状，并放在数据库中比较，以给出诊断建议），人类则负责社交和情感的任务，以及做出最终的推荐和判断（比如，和患者的沟通与劝说）。

最后需要说明的是，我们使用"服务机器人"这个词来宽泛地指代所有的智能自动化服务技术，但这里其实包含许多不同的技术。扩展资料 8.5 是一个银行业的案例，我们将看到各种技术是如何整合在一起，来提供完全自动化的、规模可调的贷款服务和账户开通服务流程。

扩展资料 8.5

一家银行的贷款销售和开户流程的智能自动化转型

银行中有很多业务让顾客觉得流程非常烦琐，而银行又不得不安排大量的员工处理，对双方来说都是一个痛点。接下来我们将介绍一个银行的案例，该银行使用智能自动化技术，端对端地优化贷款用户的开户引导流程。对银行来说，这一流程的主要目的是收集和评估客户信息，以管理风险并提供更好的服务。在过去，这个流程几乎完全通过手动完成，需要花费大量的时间，因此，客户和银行员工都对这一流程感到头痛。手动完成这一流程包括下面这些工作。

（1）手动收集、核对和输入客户的身份信息、电子账单、租赁合同等凭证单据，通过这些确认客户的身份和地址。

（2）根据政府和其他信源的数据库核查客户的信息。

（3）评估客户的欺诈风险和偿还能力。这一过程主要依靠外部信源，比如信用风险评级机构和政府的数据库（包括警方和税务部门的记录）。

（4）引导客户进入开户流程并回答银行的问题。

想给这套端对端的流程实现自动化并不容易，因为它涉及一系列信息处理能力。比如，读取能力（客户的水电等账单）、分析能力（比对各项凭证的准确性）、理解能力（核验信息完整性）、对话能力（引导客户进入流程并提供个人信息）、执行能力（当客户材料有缺失时给客户发送邮件），以及学习能力（随时间推移调整客户的信用可靠性评估）。然而，目前没有任何一项单独的技术能够满足所有这些需求。因此，想实现整套流程的自动化，唯一方式是整合各种不同的技术，包括计算机视觉、自然语言处理、机器自动化处理（RPA）、机器学习等，以此实现可靠的自动化流程，为客户提供更大的便利性。

自动化的解决方案的描述。 客服机器人可以 7×24 小时响应并回答潜在客户的问题。应用程序接口（APIs）允许银行共享来自政府部门的用户数据以核实客户信息，还可以获取其他信源，比如来自社交媒体的用户信息（包括客户的兴趣）。数据分析和机器学习技术可以持续地更新用户的风险等级（根据最新的信息评估客户的信用可靠度），并将客户细分以提供定制化服务。计算机视觉和自然语言处理技术可以智能化地处理那些没有统一规格的文档和凭证，比如把账单、合同、身份证件数据化。机器自动化处理技术可以支持整个流程的执行，让各项活动根据统一的规则进行，比如协调数据格式（统一来自不同信息源的数据）、核查数据并检查是否有信息缺失，以及给客户发送邮件，比如通知贷款审批结果。

自动化转型后的客户新体验。 请看流程图8.10，其中，客户与银行之间的互动会发生

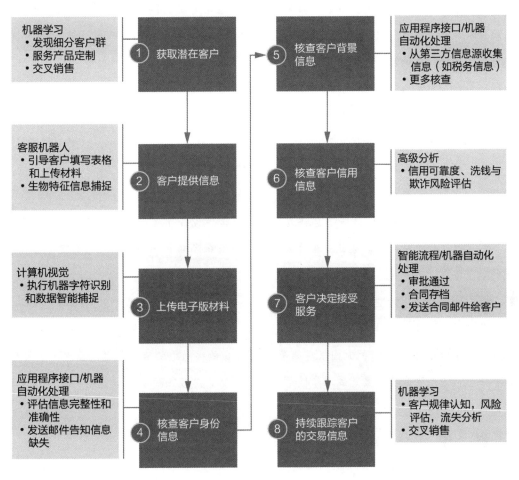

图 8.10 贷款销售和开户流程的智能自动化转型

在第1、第2和第8步。

(1) 潜在客户首先收到或看到银行的贷款服务广告。广告根据客户可能的兴趣，以及他们当前的活动来判断客户是否有可能有贷款的需求（比如，潜在客户正在浏览房地产网站）。广告可以有不同的媒体形式，比如网站弹窗、电子邮件，或搜索引擎广告。

(2) 一旦潜在客户表现出对贷款的兴趣，广告会将他们引导至银行的贷款服务的网页（网页需要同时适应移动端和PC端）。客服机器人此时出场，向潜在顾客解释不同的贷款方案，以及它们的条款。客服机器人可以回答顾客提出的与贷款产品、申请程序、银行介绍相关的问题。更复杂的问题将会转至人工服务，客服专员将会致电潜在客户做进一步沟通。

(3) 一旦该客户选择了一项贷款方案，客服机器人将把客户引导至贷款在线申请页面，客户需要在此输入个人信息。客户会发现其中的一些信息是已经填好的，这是因为银行通过政府以及社交媒体等其他信息来源获取了客户的部分信息。这样做节省了客户的时间，并保证了数据的准确性，避免了由于信息缺失或错误带来的反复沟通。由于申请页面设计合理，客户一步步填完了信息。此时，客户就自动进入到贷款申请的初审阶段，由于必填信息都已经填写无误，客户的初审一般都会通过。这些都发生在客户和银行互动开始后的5分钟内，这样做也是为了保持客户的兴趣，防止客户流失。

(4) 客户上传劳动合同和工资单等材料，以确认住址和收入水平。一旦所有要求的材料都上传完毕，客户将收到一封正式邮件，通知申请已经完成。

(5) 贷款申请的审批结果需要尽快发出，以免客户改变主意。根据客户申请的金额和其信用状况，审批结果可以在几分钟内发出，或最长也不超过几个小时。当收到了审批结果的电子邮件，客户将可以查看贷款协议并在线签署。

流程智能自动化转型的效果。 转型完成后，端对端的自动化流程把时间缩短了90%以上，节省了超过80%的成本，更加符合监管规定（比如，反洗钱监管），客户满意度也显著提高。这家银行在18个月的时间里实施了12项类似的端对端的流程转型，最终的效果是：从整个银行的层面来看，其总成本降低了15%～20%，总收入提高了10%。

结　论

在这一章，我们强调了设计和管理服务流程的重要性。服务流程是创造服务产品和塑造顾客体验的核心。我们详细探讨了服务蓝图这个有力的工具，它可以帮助我们理解、记录、分析和改善服务流程。通过服务蓝图我们可以发现和减少服务失误点，在重新设计服务流程时也可以获得更深入的洞察。

服务流程设计中很重要的一部分是定义顾客在服务生产中的角色。我们需要判断顾客在服务中参与程度的高低，要知道顾客的参与是需要被激励和教育的，这样才能让顾客发挥作用，让顾客对服务满意并确保商家发挥最佳的服务能力。接下来我们讨论了日益重要的自助服务技术，这种技术在在线和应用程序的服务中尤其重要。还有服务机器人，我们还探讨了如何让顾客更容易接受这些新技术。在本章的结束阶段，我们重点讨论了服务机器人，这项科技将可能给服务业带来一场变革：前所未有地改变商家的服务质量和服务能力，并将给服务流程的设计和管理带来重大影响。

第 9 章

平衡需求与服务产能

平衡服务业的供需双方绝非易事，商家在这方面做得好不好将直接影响经营的成败。

——W. 厄尔·萨瑟（W. Earl Sasser）哈佛商学院教授

侍立左右的，也还是为上帝服务。

——约翰·弥尔顿（John Milton）英国诗人

学习目标

通过本章的学习，你将可以：

1. 了解固定服务产能的公司可能面临的不同的需求供应情况。

2. 知道解决需求波动问题的办法以及包含哪几个方面的知识。

3. 了解在服务业背景下所说的产能是什么意思。

4. 熟悉服务产能管理的几种基本方法。

5. 认识到不同的细分市场会有不同的需求类型，因此，能基于不同的细分市场来预测需求量。

6. 熟悉需求管理的 4 种基本方法。

7. 了解如何组合运用营销元素，如价格、产品、渠道和促销来调节需求量的波动。

8. 知道如何使用等待线和排队系统来"储存"需求。

9. 了解顾客如何感知等待以及如何减轻顾客的等待负担。

10. 知道如何利用预订系统来储存需求。

11. 知道当调节供需平衡的所有方法都已用尽后，闲置产能还有哪些出路。

引文：共享单车如何平衡成本和收益的关系

共享经济的法则是让资源突破时间和空间的限制，得到最大化利用。作为共享经济的新事物，共享单车无疑很好地体现了此点，它摆脱了车桩这一空间的限制，又摆脱了传统公共交通有固定运营时间的限制，给人们出行带来极大便利。对于饱受"最后一公里"困扰的大城市用户来说，共享单车无疑是一项很棒的公共服务。

但是共享单车的创业者们在资本的支持下快速扩张、野蛮投放，使得许多城市的市民都会看到路旁到处都是，甚至堆积如山的共享单车。城市管理部门、交通管理部门不得不约谈企业，以大规模减少投放。例如，长沙曾经在短时间内将市内投放的近60万辆共享单车减少到了10万辆，在长沙被清退的40万辆共享电动单车中，绝大多数都不能再重新投放在长沙街头，要么在异地投放，要么会被拆解。

当共享单车扩张到一定的数量，规模化运营就必须借助硬件、固件、软件、设计、大数据、云平台的紧密配合，否则就会陷入运营效率低、车辆毁损率高、用户产品体验下降等诸多问题。而作为业内坚定不移走技术路线的摩拜单车，以智能锁等产品硬件的升级，以及物联网、大数据、云计算等技术的应用，逐步探索精细化管理和高效运营能力，给用户带来更好的产品体验。例如，摩拜单车曾推出摩拜红包车，用户打开最新版摩拜单车APP时，除了看到周围可供使用的摩拜单车外，还有可能发现红包图标，用户通过GPS定位找到"摩拜红包车"解锁骑行，可获得最低1元、最高100元金额的现金红包。在过去，因为人流的"潮汐效应"，许多单车都处在冷门区域，降低了车辆运转率。而利用"红包"调运单车，效率比摩拜派一个运营小哥成本要低很多。这样的红包做法，可让人们自发参与运营，让小橙车离开城市"黑洞"、从非热点区域回到热点区域、回到需要自行车的地方。而给哪些车辆贴红包，判断哪些车已经有一段时间没人骑，这些都需要大数据、物联网技术，需要前、后端的互动。这个例子告诉我们，如何通过技术和市场营销来创造新需求，从而使闲置的服务产能得以利用。

需求的波动影响着商家的盈利

商家的服务产能是有限的，而且往往面临着巨大的需求波动。在上方这个共享单车的案例中，我们知道其需求的大幅波动是由时间变化引起的。造成这个问题的原因是服务产能不像生产出来的商品，它不能储存起来留到以后再销售。因此，如何有效利用昂贵的服务产能，将决定商家是否能取得成功。在服务业来说，就是员工，以及服务设施和设备的利用。因此，营销人员应该和运营部门以及人力资源部门的员工合作，共同制定能够平衡需求和服务产能的策略，在为客户创造价值的同时，提高自身的盈利能力。

从需求过剩到服务产能过剩

学习目标：了解固定服务产能的公司可能面临的不同的需求供应情况

无论在什么时候，一项固定产能的服务所面临的需求与产能问题不外乎以下 4 种情况（见图 9.1）：

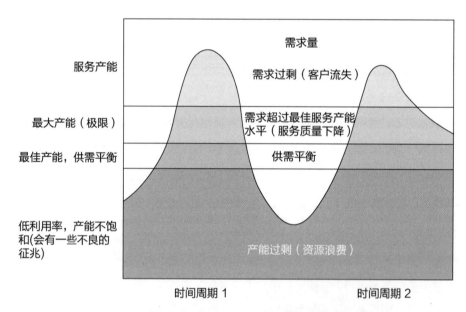

图 9.1　当需求相对服务产能发生变化时给商家带来的影响

（1）需求过剩。需求过剩即需求水平超过了服务产能极限。这将导致商家不得不拒绝一部分客户，造成客户流失。

（2）需求超过最佳服务产能水平。在这种情况下，尽管没有顾客被拒绝，但顾客可能会觉得服务场所很拥挤，或者服务员工很忙碌。顾客有可能担心服务质量会下降。

（3）供需平衡良好。这是最好的情况，商家的服务产能处于最佳状态，员工和设施的产能都被充分利用，却不会过度疲劳。客户也可以毫不拖延地获得品质良好的服务。

（4）产能过剩。产能过剩即需求低于最佳服务产能。这种情况下，服务资源不能得到充分利用，会导致服务产能低下。当顾客发现一项服务没有很多人在用时，有可能会产生不好的体验，并对商家的经营产生怀疑。

有的时候，商家的最佳服务产能就是最大服务产能。比如，在戏院或体育赛事的现场，如果满场座无虚席，那无疑对演员、运动员和观众来说都是非常令人兴奋的，所有人都会获得极佳的体验。但对大多数的服务项目来说，最佳服务产能并不是最大服务产能。因为顾客往往会觉得，在服务设施没有满负荷运行的时候，即未达到最大产能的时候，顾客才会得到更好的服务。比如餐厅，如果每张桌子都被占满，工作人员就会非常忙碌，而且出错和延误的可能性也更大；或者当顾客乘坐飞机时，座位非常密集，如果此时顾客旁边的座位是空的，顾客就会感觉更舒适；或者在修理车间，如果一个车间所有的服务时段都被排满，万一有意外状况发生时，由于没有留有余地，就必然会导致服务延迟。

关于需求与产能管理的几方面知识

学习目标：知道解决需求波动问题的办法以及包含哪几个方面的知识

若想解决需求的波动，只有两种办法，要么调节服务产能，要么调节需求。第一种办法是通过调节服务产能以符合不断变化的需求量。这种方法首先需要商家了解自身的产能是由哪几部分组成，其次要知道如何合理地增减产能。第二种方法是调节需求。这种方法要求商家理解需求的来源和规律，知道针对不同细分客户群可以用哪些手段来扩大或减少需求，并能够运用营销手段来平衡需求的变化。要知道的是这两种办法并不是孤立的，大多数公司会将两种办法结合起来使用。

图9.2展示了需求与产能管理所涉及的4个方面的知识。这4个方面整合在一起，就是一种实现供需平衡的综合方法。本章内容也是围绕着这4个方面展开，在接下来几个小节我们将一一探讨。

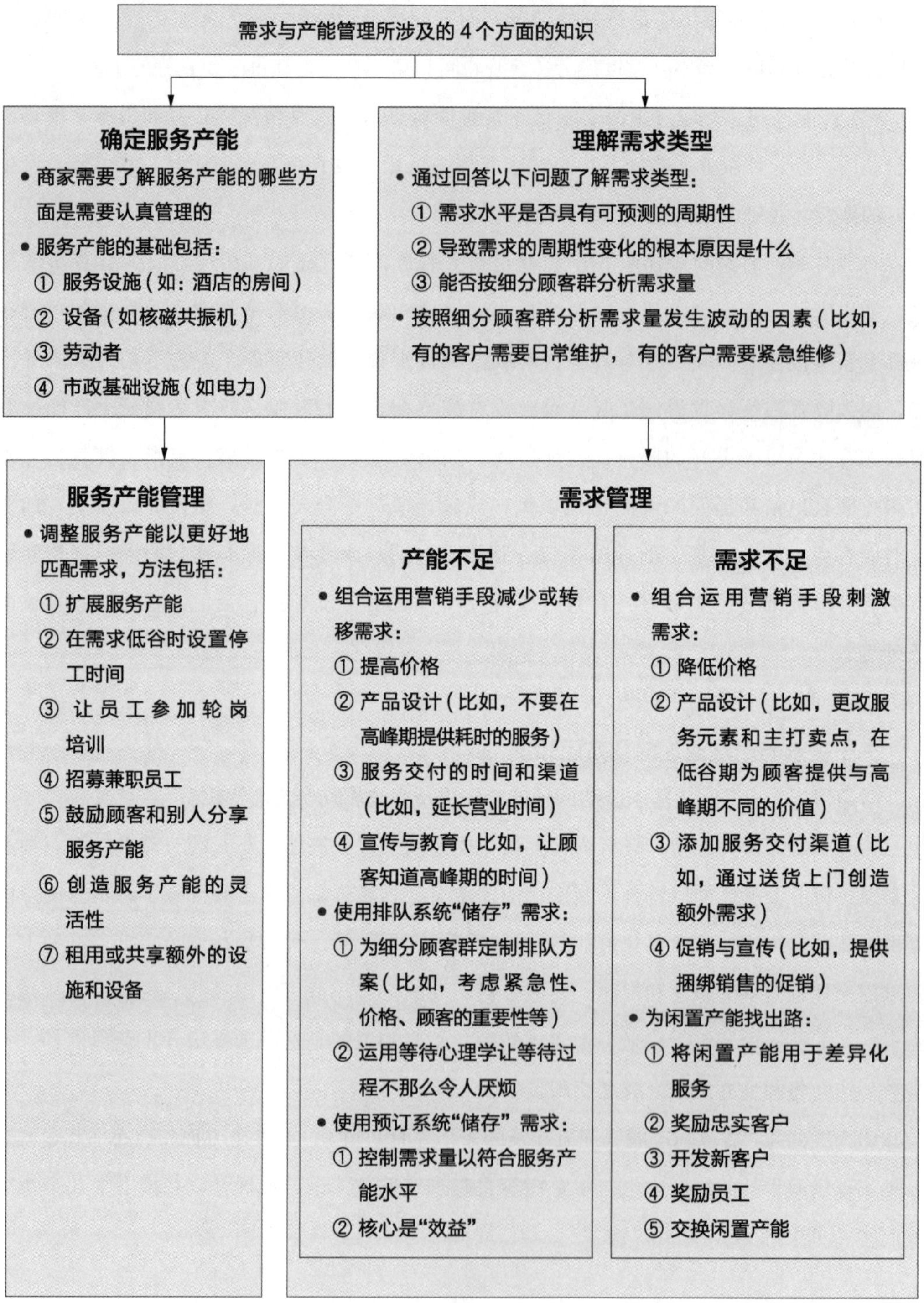

```
                    ┌─────────────────────────────────────┐
                    │  需求与产能管理所涉及的 4 个方面的知识  │
                    └─────────────────────────────────────┘
```

确定服务产能

- 商家需要了解服务产能的哪些方面是需要认真管理的
- 服务产能的基础包括：
  ① 服务设施（如：酒店的房间）
  ② 设备（如核磁共振机）
  ③ 劳动者
  ④ 市政基础设施（如电力）

理解需求类型

- 通过回答以下问题了解需求类型：
  ① 需求水平是否具有可预测的周期性
  ② 导致需求的周期性变化的根本原因是什么
  ③ 能否按细分顾客群分析需求量
- 按照细分顾客群分析需求量发生波动的因素（比如，有的客户需要日常维护，有的客户需要紧急维修）

服务产能管理

- 调整服务产能以更好地匹配需求，方法包括：
  ① 扩展服务产能
  ② 在需求低谷时设置停工时间
  ③ 让员工参加轮岗培训
  ④ 招募兼职员工
  ⑤ 鼓励顾客和别人分享服务产能
  ⑥ 创造服务产能的灵活性
  ⑦ 租用或共享额外的设施和设备

需求管理

产能不足

- 组合运用营销手段减少或转移需求：
  ① 提高价格
  ② 产品设计（比如，不要在高峰期提供耗时的服务）
  ③ 服务交付的时间和渠道（比如，延长营业时间）
  ④ 宣传与教育（比如，让顾客知道高峰期的时间）
- 使用排队系统"储存"需求：
  ① 为细分顾客群定制排队方案（比如，考虑紧急性、价格、顾客的重要性等）
  ② 运用等待心理学让等待过程不那么令人厌烦
- 使用预订系统"储存"需求：
  ① 控制需求量以符合服务产能水平
  ② 核心是"效益"

需求不足

- 组合运用营销手段刺激需求：
  ① 降低价格
  ② 产品设计（比如，更改服务元素和主打卖点，在低谷期为顾客提供与高峰期不同的价值）
  ③ 添加服务交付渠道（比如，通过送货上门创造额外需求）
  ④ 促销与宣传（比如，提供捆绑销售的促销）
- 为闲置产能找出路：
  ① 将闲置产能用于差异化服务
  ② 奖励忠实客户
  ③ 开发新客户
  ④ 奖励员工
  ⑤ 交换闲置产能

图 9.2　需求与产能管理所涉及的 4 个方面的知识

确定服务产能

学习目标：了解在服务业背景下所说的产能是什么意思

当我们说产能时，就是指生产能力。不管是生产物品还是生产服务，商家都需要有可以使用的资源或资产。这对商家来说是最大的成本组成部分，因此需要精心管理。在服务业背景下，我们将其称为服务产能，这会涉及商家的服务设施、服务设备、劳动力以及市政提供的基础设施。

（1）**服务设施**的管理对服务产能管理来讲是非常关键的。因为这是商家用来服务顾客或处理物品的场所。其中服务顾客的部分会涉及处理人体的服务，以及脑力与精神启迪方面的服务，比如医院、酒店、航空公司和学校。这类商家的服务产能限制主要来自其顾客容纳能力，比如床位数量、房间数量或座椅数量。也有一些情况下，限制是来自监管层面，比如，政府部门出于健康或安全的原因限制某个设施的人数（见图 9.3）。关于物品的服务主要涉及物品的储存或处理。这种物品要么是顾客的所有物，要么是要运输给客户用来销售，比如原料运输管道、仓库、停车场（见图 9.4），以及铁路货运等。

图 9.3　办公楼需要遵守严格的消防规定

图 9.4　停车场提供暂时照看顾客车辆的服务

（2）**服务设备**是商家用来处理人体、所有物或者信息所需要的工具。它包含的范围非常广阔，而且每件设备针对的问题也可能非常具体。例如，医院里的诊疗设备、机场的安检设备、收费高速公路上的关卡设备、银行的自动取款机、呼叫中心的工位配置，等等。

可以想见，如果一个商家设备不足，服务根本无从谈起。

（3）不管是高接触度服务，还是低接触度服务，**劳动者**在服务产能管理中都是一个非常关键的元素。当商家人手不足时，要么顾客被迫等待，要么员工被迫提高速度，导致服务质量下降。专业化的服务特别依赖技能高超的员工，否则顾客就得不到对他们有价值的信息或建议。就像亚伯拉罕·林肯的一句名言所总结的那样：一个律师的资本是他的时间和专业知识。

（4）基础设施的好坏也是非常关键的，很多商家对基础设施非常依赖。基础设施服务可能来自公共部门，也可能来自私营部门。基础设施产能不足所带来的问题，比如过于拥挤的航线导致的空中管制、高速公路上的交通堵塞、电力不足导致的停电，等等。

对服务产能有限的商家来说，其盈利能力很大程度上取决于管理者能否有效地调度和利用服务设施、设备和劳动者。然而，从实际情况来看，很少有商家能够自始至终达到这一理想目标。因为变化的不仅仅是一直在波动的需求量，还有商家自己的服务能力。比如，即使是同一个商家或同一名员工，在为不同的人或物品服务的时候所花的时间和精力也不是一成不变的。特别是针对人的服务，处理时间可能差异巨大。比如，你可能遇到准备不足的顾客（包括因信用卡丢失无法结账）、个性偏执的顾客（顾客可能说"如果你不能给我安排一张靠窗的桌子，就把你的主管叫来"）。更进一步说，服务内容本身也不是一成不变的。比如，医生的诊疗或机械维修等专业服务，问题的诊断与治疗时间的长短要看顾客遇到的是什么具体问题。

服务产能管理

学习目标：熟悉服务产能管理的几种基本方法

需求的变化会给商家带来服务产能受限的问题，但尽管如此，我们还是能找出一些来调整服务产能的办法，以减少此类问题的发生。也就是说，服务产能可以扩展或调节，以配合需求的水平。

服务产能的扩展

有些服务业类型的产能具有一定弹性，它能够吸收一定的额外的需求量。在这种情况下，商家的服务产能并没有变化，但却使更多顾客得到服务。比如，地铁的一节车厢有 40 个座位，同时，它还能容纳 60 名站着的乘客。然而在高峰期，一节车厢可以被塞进 200 名乘客。同样，员工的服务产能也是可以伸缩的。比如，员工可以在短时间内非常高效地工作，但在这种情况下，员工很快就会感觉疲劳。让员工在长时间保持同样的效率是不可能的，势必带来服务质量的下降。

另一个扩展产能的办法是延长服务场所的工作时间。比如，有的银行延长工作日的营业时间，甚至在周末也开放营业。有的大学会把课程安排在晚上或者周末，或者安排暑期项目。

最后，顾客（或其所有物）在一项服务上所花费的平均时间也是可以缩短的。商家可以将过渡时间或缓冲时间缩减至最小来实现这一目的。比如，餐厅可以要求顾客提前网上预订座位；顾客到达后引导其迅速落座；立即上菜单；以及快速结账。这样，顾客完成用餐服务所花费的时间就可以缩短。另一个办法是主动的"服务降级"。比如，餐厅在一天中最繁忙的时段，提供那些制作工艺比较简单、烹饪时间较短的菜品。

调整服务产能以匹配需求

与服务产能的伸缩性不同，调整服务产能是指增加或减少服务产能，使之匹配不断变化的需求。这个策略也叫作"追赶需求"（chasing demand）。商家可以采取多种手段来调节服务产能，我们按照从易到难的顺序将这些手段列在下面。

（1）**在需求低谷时设置停工时间。** 为了确保在需求的高峰期能够提供 100％的服务产能，商家应该在预期的需求低谷期安排设备设施的保养、维修和重装等工作，员工的休假时间也应该尽量安排在需求的低谷期。

（2）**让员工参加轮岗培训。** 就算服务交付部门看起来已经处于满负荷状态，这并不代表公司的其他部门和员工的工作同样饱和。如果员工经过了轮岗训练，并成为适应不同岗位需要的多面手，商家就可以在需求量大时把更多员工安排到服务流程的瓶颈点，从而增加整体服务产能。比如在超市，当结账的队伍排得太长，商家就会把理货员派到收银台来加快结账速度。同样，在结账的顾客不多时，收银员也可能会被派去帮助理货员。

（3）**招募兼职员工。** 很多商家会为需求高峰期招募和使用兼职员工。比如在圣诞节期间，商店会增加销售人员；在财年结束时，一些会计公司会增加临时员工准备报税；在假日或举行重大会议期间，酒店会增加服务人员。

（4）**鼓励顾客使用自助服务。** 如果员工的数量是有限的，商家可以鼓励顾客参与服务过程来增加服务产能，这个办法是让顾客更多使用自助服务设备。比如，机场的自助购票和自助值机，以及超市的自助结账通道。

（5）**鼓励顾客和别人分享服务产能。** 通过鼓励顾客将本来专属一人的服务和其他顾客共享，商家也能实现服务产能的扩展。比如，机场和火车站在繁忙的时候，出租车的供给有时不能满足需求，这时可以鼓励同方向的乘客共同乘坐一辆出租车。

（6）**创造服务产能的灵活性。** 有时，问题并不来自整体的服务产能，而是来自针对某一细分顾客群的服务产能。解决方案就是让服务场所和设施变得更加灵活。比如，餐厅的桌子可以都是双人桌，但在需要的时候，两张双人桌可以拼合在一起成为 4 人桌，或者 3 张桌子拼在一起成为 6 人桌。

（7）**租用或共享额外的设施和设备。** 为了减少固定资产投资，商家可以在服务高峰期租用额外的设施或设备。如果两家公司的需求有互补性，则可以建立共享合作。比如，在假期期间，学校会有许多的宿舍空房，许多学校会把这些空房租给游客。

理解需求类型

学习目标：认识到不同的细分市场会有不同的需求类型，因此，能基于不同的细分市场来预测需求量

现在，我们一起来看服务供需问题的另外一面。为了有效管理一项服务的需求量，商家需要了解：不同的细分顾客群会有不同的需求量。

造成需求量发生波动的往往是那些不能人为控制的因素，但尽管如此，当我们分析一个特定细分顾客群的需求量时，我们还是可以发现，看似随机的波动其实是有一定的规律的，这种波动是局限在一定的范围内的。这告诉我们，以细分顾客群为基础来分析需求量的重要性。比如，一家为工业电力设备提供维修与保养服务的公司，它的一部分客户需求是稳定的，比如定期的常规保养，但有时候它也会接到一些临时的，或紧急的需求。对于这种临时或紧急的需求，很难预测或控制它的时间和工作量。然而，经过进一步的分析，这家公司发现，这些临时的需求，比如有顾客找上门来请求服务，出现在一周内的某几天的概率比其他日子的概率要大得多。紧急性的需求也有其规律可循，这种需求常常出现在雷暴等恶劣天气期间。因此，这个需求是季节性的，并且往往可以提前一两天通过天气预报来预测。由于提供紧急服务对这家公司来说利润更高，因此，当预测到出现紧急需求的概率非常高时，公司就可以减少那几天的常规保养的工作量，而保证自己有足够的服务产能来提供紧急服务。

为了更好理解不同细分客户群的需求类型，商家需要回答几个重要的问题，这些问题是关于服务需求的周期性，以及导致需求发生波动的原因（见表 9.1）。

表 9.1 服务需求的周期性以及导致需求发生波动的原因

---

1. 需求水平是否具有可预测的周期性？

如果是的话，需求周期是：

- 一天内根据不同的小时而变化
- 一周内根据不同的日期而变化
- 一个月内根据不同的日期或星期而变化
- 一年内根据不同的月份或季节而变化，或根据公共假期变化
- 其他的周期变化

---

2. 这些周期性变化的根本原因是什么？

- 上班时间
- 账单发送、纳税/退款周期
- 工资支付日期
- 上课时间和假期
- 气候的季节性变化
- 公共或宗教节日
- 自然周期，比如潮汐

---

3. 需求水平是否有规律可循？

如果没有规律可循，导致需求波动的根本原因可能是：

- 天气的日常变化
- 无法预知的突发疾病等健康问题
- 事故、火灾或犯罪活动
- 自然灾害，比如，地震、风暴、泥石流、火山爆发等

---

4. 一项服务的需求能否按照顾客群进行细分？

如果可以细分，可以按以下方式分类：

- 按照顾客选择一项服务的特定目的，或者顾客有特定的使用服务的方式
- 按照每笔交易带来的净盈利变化

很多服务的需求量受到周期的影响，周期可以短到一天以内，长到 12 个月。而且有些时候，不同的周期性影响还可能叠加作用在一项服务上。依旧以引文里的共享单车为例，这项服务的需求量可以在一天之内变化，比如在通勤高峰期的需求最大；需求量也可以在一周内变化，比如在周末，骑行去工作的人少，去休闲的人多；需求量还可能有季节性波动，比如在盛夏和寒冬，单车的订单天会减少。考虑到单日、每周和季节周期性的叠加影响，人们在一个暖春星期一的通勤高峰期对共享单车的需求量要远远大于一个寒冬星期六的通勤高峰期的需求量。

对于商家来说，如果不能理解一个细分顾客群在某个时间选择一项服务的原因，就不可能制定出相应的产能策略来匹配需求量。举例来说，一家酒店很难说服商务型旅客在星期六晚上订房，因为这类旅客很少在周末工作。但对于休闲旅游的群体，酒店的周末客房促销却很可能会奏效。尝试改变上班族的高峰期通勤时间也不太可能成功，因为这取决于人们固定的上班时间，但如果去劝说雇主群体，鼓励他们采取更灵活的用工时间，可能会更容易实现目的。

商家在分析需求类型与周期时，拥有大量的客户交易数据会有非常大的帮助。一个排队系统软件可以自动跟踪顾客的消费信息和模式，比如顾客的类型、请求的服务，以及日期和时间。如果软件允许添加一些参数或设置条件来进行更仔细的统计，帮助会更大。比如，天气状况、突发事件影响、价格变动，以及竞争对手启用的新服务，等等。

需求管理

学习目标：熟悉需求管理的 4 种基本方法

当理解了不同细分顾客群的需求类型和周期，我们就可以管理需求了。基本方法有以下 4 种：

（1）不作为，不对需求量进行干预。

（2）通过市场营销手段来管理需求。在高峰期减少需求，在低谷期增加需求。

（3）利用排队系统来"储存"需求。

（4）利用预订系统来"储存"需求。

第一个是采取一种"不作为、不干预，对需求听之任之"的态度。这种不是方法的方法除了简单也没有其他优点了。因为商家不对顾客做任何提示，顾客也不知道是否需要等待、排队，还是随时都可以享受服务。这种情况下，顾客只能自己亲身尝试或参考其他顾客的评论。这么做的问题是，顾客很可能会被一个对需求量进行积极干预的商家吸引，而去选择竞争者的服务。而且，对于商家来说，如果什么都不做，是不可能提高低谷期的需求量的。剩下的这三种方法，商家对需求量的干预就积极得多，这些方法比第一种更优越，也能带来更多的盈利。

需求过剩或需求不足基本上是所有服务业商家都会面临的问题。我们在表 9.2 中列举了这 4 种需求管理方法，并把它们分别放在需求过剩和需求不足这两种情况下，来看不同的方法会带来哪些不同的结果。接下来，我们将一起来看如何运用营销组合策略干预和塑造需求量水平。此外，我们将学习如何通过等待和排队系统，以及预订系统将需求量"储存"起来。

表 9.2　不同产能情况下的管理方法

管理需求的四种方法	产 能 情 况	
	需求过剩(产能不足)	需求不足(产能过剩)
不作为，不对需求量进行干预	造成顾客积压，导致无秩序的排队和等待(顾客可能会恼火，并决定不再购买服务)	造成服务产能浪费(可能导致顾客失望，比如剧场表演的服务上座率不足)
通过市场营销手段来管理需求	减少高峰期的需求： • 设定更高价格以增加盈利 • 更改服务项目(比如，不在高峰期提供耗时过长的服务项目) • 调整服务时间或服务交付地点(比如，延长营业时间) • 鼓励一部分顾客选择其他时间段使用服务。最好是针对那些盈利贡献较低的顾客群 • 注意，对于盈利贡献高的顾客群，仍应该尽力满足他们的需求。应该首先考虑减少或转移盈利贡献较低的顾客的需求量	增加低谷期的需求： • 选择性地降低价格。尽量避免对现有业务造成伤害，并确保涵盖所有相关成本 • 更改服务元素和主打卖点，在低谷期为顾客提供与高峰期不同的价值 • 运用不同的传播策略，打造多样化的服务项目，使用不同的销售渠道。但这么做之前要认识到额外的成本，在盈利性与需求量之间做好取舍
利用排队系统来"储存"需求	• 设置合理的排队方式以符合服务流程的需要 • 考虑给予重要顾客群服务的优先权 • 可以按照不同的紧急程度、服务时长、利润贡献来设置不同的排队队列 • 缩短顾客对等待时长的感知，或者为顾客创造舒适的等待环境	此条不适用。但商家还是可以使用排队系统来收集交易数量和类型，以及顾客数据。预约系统也是如此，商家在需求不足时仍可使用

管理需求的四种方法	产　能　情　况	
	需求过剩(产能不足)	需求不足(产能过剩)
利用预订系统来"储存"需求	• 将服务产能向那些对价格不敏感的顾客倾斜，优先为他们"储存"服务产能 • 为重要的细分顾客群提供优先服务 • 将一部分顾客转移到非高峰期服务	向顾客声明产能充足，并让顾客任意选择合适的时间来接受服务

组合运用营销手段刺激需求

学习目标：了解如何组合运用营销手段，如价格、产品、渠道和促销来调节需求量的波动

商家在面临波动的需求量时，可以通过组合运用一些营销手段来调节需求量，比如在产能过剩时期刺激需求，在产能不足时期减少或转移需求。尽管价格通常是商家最先想到的一个手段，但其他的营销手段，比如服务产品的设计、分销策略、促销传播，都可以用来调节需求量。接下来，我们将一一讨论每个营销手段，但需要知道，要想实现需求管理的最大效果，需要几种手段共同发生作用。

运用价格和非货币成本来管理需求量。 平衡服务供给与需求的最直接的方式是运用定价。无论是购物、旅行，或将设备送修，在低价的诱惑下，一定会有一部分人改变购买时机。非货币成本也可能产生类似的作用，比如时间或精力。一些不喜欢在拥挤和不舒服的条件下等待的顾客，会选择尽量在人不那么多的时候来。

在做需求量管理时，为了有效发挥价格工具的调节作用，商家需要对商品需求曲线有一定的了解，比如它的形状和斜率代表的意义。商家需要了解服务需求量是如何随着价格的变化而变化，以及预判服务需求曲线是否会在某一个时间发生急剧的变化。比如，同一名顾客是否愿意在夏天时接受比冬天贵得多的价格来订周末的酒店？如果答案是肯定的，商家可能就需要制定差异化的价格方案，来配合不同时间段的需求量。

使供需进一步复杂化的是，需求曲线除了会根据时间变化以外，还会随着不同的细分顾客群变化。也就是说，即使是在同样的时间，每个细分顾客群也会有自己单独的需求曲线。如我们在第六章"服务定价与营收管理"中讨论过的那样，商务型旅客通常不像游客那样对价格敏感。

对服务营销人员来说，面临的最困难的任务之一是理解这些需求曲线的本质。换句话说，是什么造成了需求曲线的波动。营销人员可以通过历史数据（通常来自收入管理系统）、调查、试验、分析同类情况来做到这一点。比如，一些商家会通过增减一两项服务功能，为重要的细分顾客群设计不同的服务产品（或设计价格藩篱），来印证不同需求曲线的存在，商家由此可以为不同的细分顾客群设定符合其需求曲线的价格。其实在本质上，核心服务都是一样的，商家提供给不同的细分顾客群的只是多了或少了某项辅助服务而已。比如，一个提供 IT 服务的商家所打造的一项加强版服务产品，跟原来的普通服务相比，新产品的服务人员都是更资深的员工，帮助客户解决问题的速度也更快。总之，不管在哪种情况下，商家的目标就是要在每个细分市场都获得最多的收入。

我们刚刚谈的是在服务产能过剩时如何刺激需求量，若是商家的服务产能有限，需求大于产能时，商家的目标就要有所调整，应该优先把有限的产能分配给那些对盈利贡献最大的细分市场。比如，航空公司会预留出一些座位给那些支付全价机票的商务旅客，而对购买廉价机票的乘客设置无形的价格藩篱（比如，要求乘客提前购买或者要求周六晚上的中转停留），这样做可以防止商务旅客购买廉价机票。我们曾在第六章讨论过定价策略和收益管理的话题。

改变产品元素。有时候，仅靠定价调整难以有效地管理需求量。很多服务项目都会受到季节性的影响，而对应的办法就是推出新服务产品。比如，教育机构会针对成人和老年人提供周末和暑期课程；游船公司在夏季提供巡游，在冬季河流结冰时则为私人举办活动提供码头场地。这些商家认识到，在淡季时，即使价格再低也不可能发展业务，而是需要针对不同细分市场开发新服务产品来刺激需求。

商家甚至可以在一天 24 小时的不同时间段，推出完全不同的服务产品。餐厅就是一个很好的例子，比如，一些餐厅在不同的时段提供不同的菜单、不同水平的服务，以及不同的灯光和装饰变化，餐厅内的酒吧按时段开放或关闭，娱乐活动也是按时间安排。这样做的目标是为了满足同一组顾客的不同需求，或者将顾客进行细分，或者两者兼而有之。商家还可以更改服务的元素以增加高峰期的服务产能，比如，为了在用餐高峰的中午接待更多顾客，商家提供的午餐菜单都是可以快速做好的。

改变服务的交付时间和渠道。对于服务时间和地点固定的商家来说，还可以通过改变时间和地点来刺激更多需求。几个基本方式包括：

（1）**改变服务开放时间。**这意味着改变顾客习惯的享受服务的时间。比如，剧院和电影院会在周末安排日场，因为人们一般在周末有更多休闲时间。在夏天，咖啡馆和餐馆可能会一直营业到很晚，因为人们通常倾向于在户外享受更长、更温暖的夜晚。商店可能会在圣诞节前几周或学校假期期间延长营业时间。

（2）**打造服务的新交付渠道。**其中一个办法就是将原本需要顾客到店的服务转变成上门服务，比如上门洗车、上门量体裁衣、外卖服务、移动医疗车，等等；一些洗衣店和维修点还可以提供免费取货和送货。

（3）**促销和宣传。**即使我们不采用上面提到的几种营销手段，只要商家能做好宣传推广，也能有效调整需求量。比如，商家可以用标识、广告、宣传来让顾客知道高峰期的时间，并鼓励顾客在非高峰期享受服务。这一类例子包括：公交公司鼓励外出购物者或游客能避开通勤高峰期，从而避免车内拥挤或堵车。提供机械维护服务的公司会通知客户何时前来可以节省时间。商家还可以建议那些时间灵活的顾客在非高峰期前来享受服务。

最后，一旦价格、服务产品或渠道发生变化，商家必须清楚地把信息传达给顾客。特别是当商家希望了解顾客对待差异化服务的不同需求量时，就更应该把所有的服务选项告知顾客。正如我们在第 7 章探讨的，价格、促销、宣传等因素可能会对顾客产生吸引力并改变顾客的服务消费时间。

通过让顾客排队和等待来"储存"需求

学习目标：知道如何使用等待线和排队系统来"储存"需求

在之前的几个小节我们了解到，调节供需平衡可以有多种方式。但如果我们用尽了所有方式，仍无法达到供需平衡时，我们又该怎么做呢？放任不管，让顾客自己解决是不可能的。一个关切顾客利益的商家不会放任供需问题恶化，它会采取措施来保证供需的有序性、可预测性和公平性。如果经常面临需求大于服务产能的问题，商家就会想办法把那些多余的需求先"储存"起来。

把需求储存起来的方式有两种。第一种是让顾客排队等待，采取先到者先服务的原则，或者采用一些更复杂的排队原则，比如，在先到者先服务的基础上考虑价格、紧急程度，以及顾客的重要性等情况来安排排队顺序。第二种方式是让顾客预订，用这种方式提前锁定服务产能。我们将在这一节讨论如何安排顾客的等待与排队，然后在下一节讨论顾客预订系统。

等待是一种常识

等待和排队现象随处可见。当顾客人数超出了商家的接待能力时，等待就会发生。其实，排队从根本上来讲，是服务产能无法满足需求的表现。在运营管理范畴，针对"排队"的分析研究与模型，人们已经研究得很透彻了。"排队"的理论研究最早可以追溯到1917年，当时一个丹麦的电话工程师需要确定电话系统的切换单元容量大小，以保证信号繁忙的数量保持在合理范围内。

没人愿意等待。等待过程很无聊，浪费时间，甚至有时让身体不适，特别是当你必须一直站着，或者一直在户外等待的时候。所有商家在运营中都会或多或少面对顾客排队的问题。顾客在打客服电话时，也常常被要求等待，听到的只是一句录好的"你的来电对我们非常重要……"；顾客在超市时需要推着购物车排队等候结账；用完餐后排队等候结账；排队等待洗车；排队过收费站……有时即使你看不见排队的队列，排队也在发生，比如乘客分散在各处，但他们也是在排队等待出租车前来把他们先后接走。

一项关于美国人最讨厌的排队地点的调查显示，排名第一的是医院里的诊室（27％的受调查者选择此项）；办理机动车登记和驾驶执照的政府部门（占26％）；其后依次是超市（18％）和机场（14％）。若是按部就班的排队还好，但有些事情会让人排队时的心情变得更糟。比如，在结账时遇到动作慢腾腾的收银员；或者有的顾客临时改变主意，要放弃购买一件商品，而这件商品已经被收款机记录；或者有人离开队伍取商品又返回……人们很容易失去耐心，调查显示，1/3的美国人认为在排队时等候不到10分钟他们就会开始觉得厌烦。尽管这项报告称女性比男性更有耐心，因为女性更可能和其他人闲谈以消磨时间。

需要排队的不仅是人，也可能是等待处理的物品或事件。顾客的邮件在客服员工的邮箱列表里，电器在等待维修，贷款申请在排队等候银行处理，但在这些物品或事件的背后，都有人在等待结果。

管理顾客等待

若想缩减顾客的等待时间，需要从多个角度来切入这一问题。仅靠简单的扩大排队空间或增加更多人手往往并不是解决这一问题的最佳方案，特别是商家还要平衡顾客对排队系统的满意度以及要为此付出的成本。在扩展资料9.1中，我们将介绍迪士尼乐园在这方面的一些做法和经验。商家对排队系统的安排需要考虑到以下几点。

（1）要考虑排队系统的设计（比如，队列形态，以及是否引入虚拟等待）。

（2）为不同的细分顾客群打造不同的排队系统（比如，根据顾客的紧急程度、价格，或者顾客的重要性）。

（3）管理顾客的行为和他们在等待时的心理状态（比如，利用心理学的方法来减少顾客等待中的焦虑）。

（4）使用预约系统（利用预约制分配需求）。

（5）重新设计服务流程来缩短每次交易的时间（比如，安装自助服务机器）。

我们将在接下来的几个小节探讨第（1）—（4）点。关于第（5）点，我们已经在第8章"服务流程设计"中学习过。

扩展资料 9.1

迪士尼乐园把排队变成了一门学问

你在迪士尼乐园排过队吗？因为总是有各种各样有趣的事物吸引我们的目光，我们往往意识不到已经排队等了多长时间。在排队的时候，我们有时会看到乐园里大屏幕播放的节目，有时会通过触屏来做互动游戏，有时会被游乐设施里的其他顾客吸引，有时又会关注墙上张贴的各种海报。在炎热的夏天，乐园里用风扇和遮阳伞让排队的顾客感受清凉。当等待的时间被愉悦的事物填满，而且过程很舒适时，我们可能不会意识到等了多久。按照迪士尼乐园的理念，顾客在排队时的体验也是其整个娱乐过程中重要的一环。

在迪士尼乐园的"小飞象旋转世界"，家长和孩子们在乘坐这个游乐设施之前，会先被安排去旁边的一个形似马戏团大帐篷的屋子，他们在那里可以尽情享受互动游戏。在玩的时候，如果孩子收到通知，这时他们就可以去乘坐游乐设施了。这些在大帐篷里玩的孩子并不知道他们是在等待，但其实他们已经在排队中了。

迪士尼乐园已经把排队管理提升到了一个更高的新水平。乐园里有一个运营指挥中心，员工在这里监视着每一排排队的队列，以确保没有顾客因为队列太长而离开。对在游乐园游玩的顾客来说，他们可不想表现得很有耐心。一旦员工发现哪里有顾客发生了排队的问题，一名员工就会立即前往去解决它。而解决的方式也有很多种，比如，员工会装扮成迪士尼的卡通人物和等待中的顾客互动；或者在排队人多的项目上安排更多的游乐设施，比如，当员工发现乘船项目的排队很长，他们就会安排更多的船，来减少顾客等待。迪士尼乐园被分成了好几个岛，如果某个岛的客流量明显少于其他的岛，指挥中心就会派出一个小队，把顾客引导到那个岛，以保证各处的客流更加均衡。

在运营指挥中心的努力下，迪士尼已经把每个顾客在乐园里能够玩到的设施的平均数量提升到了 9 个到 10 个。为了更好地管理顾客等待，迪士尼乐园还在继续试验更多的方案，比如开发手机版迪士尼乐园 APP、开发排队相关的模块等。他们所做的一切都是为了保证顾客的体验，让顾客愿意再次前来。

不同的队列形态

排队可以有多种队列形态，商家则需要挑选一种最合适的。图 9.5 显示了几种队列形态，有一些可能你曾经体验过。

(1) **单线排队，单线连续窗口，每个窗口一名员工。** 在这种情况下，顾客需要经过若干窗口来完成整个服务流程。咖啡馆常用这样的队列形态。缺点是，如果任何一个窗口需要花更长的时间处理，会造成顾客在该窗口积压。很多咖啡馆在收银台的排队更长，因为顾客的结账环节需要花更长时间。

(2) **平行线排队，多窗口。** 商家会提供多个服务窗口，顾客可以在多个队伍中选择一个排队。银行和售票处通常采用这种队列形态，快餐店在顾客多的时候也可能开通多个窗口并提供相同服务。平行线排队也可以只提供一个窗口。这种队列形态的缺点是，每排队列的行进速度不同。你是否有过这样的体验？在多排队列中你选择了一排看起来最短的队列，但旁边的队列比你选的这排行进速度要快得多。这可能是因为你的队列中有些人的业务更复杂，需要更长时间。

(3) **指定的队列对应指定的窗口。** 用不同的窗口处理不同业务类型的顾客。比如，超市里的快速通道仅处理购物少于 5 件的顾客的结账；或者航空公司用指定的队列分别对应

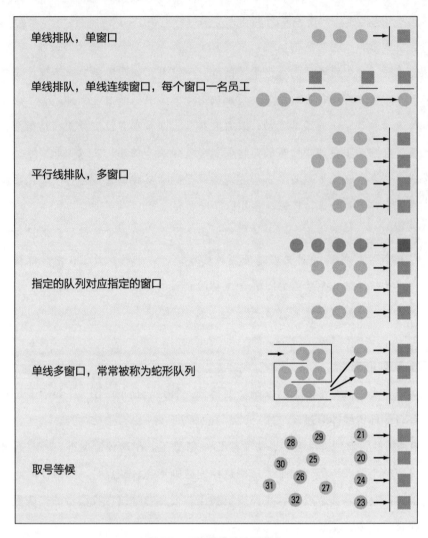

图9.5　不同的排队队列形态

头等舱、商务舱和经济舱的乘客。

（4）**单线多窗口，常常被称为蛇形队列。**这种排队方式解决了平行线排队中各排队列行进速度不同的问题。这种队列常常被用在邮局和机场值机柜台（图9.5）。这种队列的缺点是：由于每个窗口被分配到的顾客人数不确定，可能会有一些员工工作懈怠。

（5）**取号等候。**这种方式免去了顾客在队列中等候。顾客可以坐下来等着叫号，或者预估被叫号的时间而去干点别的。这种排队方式常常被用在旅行社、政府机构、医院门诊等。

（6）**等候名单。**当餐厅的餐桌被占满时，餐厅会让顾客写下自己的名字以及用餐人数，然后等待。有3种常见的等候名单，分别是：① 按顾客人数匹配餐桌；② VIP 桌，特殊顾客享受优先权；③ 电话占位，允许顾客在到达前通过电话先排上队。等候名单这种方式对一些了解餐厅安排排队方式的顾客来说更容易接受，如果顾客不了解，他们可能会质疑为什么有的顾客，比如 VIP 顾客可以后到却优先享受服务。

不同的队列形态也可以结合起来使用。比如，一家咖啡厅用单线队列的方式接待顾客，但在结账环节，为了避免积压顾客过多，可以安排两个收银员。一家小型诊所可以在挂号窗口安排单线队列，然后让患者按次序通过多个不同科室，接受检查、诊断和治疗，并在最后结账时回到单线队列。

队列形态是否合适对顾客的满意度有很大影响。比如，当队列不成形时，顾客可能会产生不公正的感觉。在同样的条件下，即便顾客花了同样的时间排队，不同的队列形态会给顾客带来不同的感受。比如，顾客在平行队列多窗口排队时，所产生的不满情绪和对公正性的质疑，要大大超过单线多窗口的队列（蛇形队列）。顾客在排队时对公正性的敏感度会提升，因为他们关注着自己接受服务的进程。你可能有过这样的体验，在一家繁忙的餐厅等待时，有比你晚到的顾客却跳过排队，在你之前接受服务等，这确实让人感觉不公平和气愤，特别是当大家已经饿了的时候。

虚拟等待

对顾客来说，等待带来的问题之一是时间的浪费。"虚拟等待"让顾客不必亲临现场排队，很好地解决了时间浪费的问题。顾客可以通过二维码或者移动终端在队列中占位置，系统还可以预估排队时间。很多连锁餐厅都安装了自助服务触屏机器，顾客只需要输入用餐人数和电话，就可以先去做别的事了（见图9.6）。餐厅会给顾客发送一条信息来确定排队成功，信息中还有一条链接，让顾客可以看到还有多少人排在自己前面。有些设备可以做到在餐桌准备好之前的 5 分钟，用自助语音电话给顾客发送用餐提醒。顾客可以

图 9.6 自助排队机器让顾客可以通过虚拟排队等待用餐

回复"1"以确认用餐，回复"2"以请求额外的时间或顺位延后，以便他们及时赶回餐厅，或者回复"3"来取消用餐。有些餐厅在周末晚上有很多顾客，但通过这个虚拟排队系统，不但顾客拥有了满意的用餐体验，餐厅的服务产能也可以在更长的时间里获得保障。

虚拟排队这个概念还有很大的应用空间，比如在游轮、综合度假酒店、餐厅等行业。只要顾客不介意提供手机号码、使用 APP，以及收到商家的信息提醒，很多行业都可以应用这一策略。

扩展资料 9.2 向我们描述了虚拟排队系统在两个完全不同的行业中的应用，一个是主题公园，另一个是呼叫中心。

扩展资料 9.2

虚 拟 排 队

迪士尼乐园为人所熟知的一点，是他们对顾客排队体验的高度关注。比如，游乐园会让顾客知道需要等多久才能轮到他们玩一个游乐设施；游乐园还会为那些在排队的顾客安排很多娱乐活动。尽管如此，迪士尼发现，为了玩游乐园里最受欢迎的几个设施，顾客们还是要花很长时间等待，而且这已经成了影响顾客体验的一个问题。因此，迪士尼乐园希望通过虚拟排队这种创新的方式来解决这一问题。

虚拟排队系统首先在美国奥兰多的迪士尼乐园进行测试。在最受欢迎的几处游乐设施，游客可以通过计算机注册并进入排队系统，然后他们就可以离开去别的地方玩了。调查表明，使用了虚拟排队系统的游客在游乐园里有更多的消费，游玩了更多设施，满意度也更高。经过了进一步的改进，这套系统被命名为"速通"，应用在迪士尼乐园的 5 个最受欢迎的景点，随后被扩展到全世界的迪士尼乐园。现在，每年有超过 5 000 万名游客使用"速通"系统。

"速通"系统使用起来很简单。当游客到达游乐设施之后，他们将有两种选择：第一种是游客领取速通票，进入虚拟排队系统，并在指定的时间返回；第二种是直接排队。游客会被告知这两种排队方式各自的等待时间。这两种方式的排队时间是可以自我调节的，因为当排队时间差异很大时，自然会有更多游客选择排队时间较短的那排队列。从实际情况来看，虚拟排队的等待时间比真实的排队时间要略长一点。如果选择"速通"方式，游客需要把他们的门票插入一个特殊的旋转门，然后就会收到速通票了。速通票上会标明返回时间。返回时间有一定的灵活性，因为系统允许游客在超过返回时间的一个小时内使用。

像迪士尼乐园的速通系统一样，呼叫中心也常常使用虚拟排队。有不同类型的虚拟排队系统供呼叫中心使用。比如，"先进先出"的排队系统是呼叫中心普遍使用的。当顾客打入电话时，他们首先会听到一条信息，告诉他们电话接通客服需要等待的时间。这时，顾客有两个选项：① 继续排队等待，直到他的电话被接通；② 不再等待，让客服稍后回电给自己。如果顾客选择第二种，顾客需要留下他的电话号码和姓名。这时，尽管顾客已经挂掉电话，但他在系统中的虚拟排队仍在进行。当即将轮到这名顾客时，系统就会给顾客打电话，随后转到人工处理。这两个选项，不管顾客选择哪个都不会抱怨。因为在第一种情况下，是顾客自己选择继续排队等待，而且由于知道大概的等待时间，他可以在等待的同时做些别的事情；第二种选项，顾客在接到系统回电之后也无须再等待很长时间，就可以接通人工客服。这样做对呼叫中心也有好处，因为减少了很多顾客对等待时间的抱怨。对整个公司来说，更多的顾客来电都得到了响应和处理。

为细分顾客群定制排队方案

尽管"先到先得"是排队的基本原则，但并不是所有的排队系统都完全符合这个原则。市场细分有时候会被用来设计排队策略，为不同类型的顾客群体设计不同的优先级。商家可能按照以下几点来设计细分顾客群的排队方案。

（1）**服务需求的紧急性。** 在许多医院的急诊室，都会安排一名护士。这名护士将决定哪些患者将得到优先的救治，哪些患者只需要按部就班地挂号、候诊和就诊。

（2）**服务时间。** 银行、超市和一些零售商店常常会设置一条快速通道，专门处理那些耗时较少、不复杂的任务。

（3）**溢价高低。** 航空公司常常为头等舱、商务舱和经济舱乘客安排不同的值机窗口。头等舱和商务舱乘客为机票支付了更高的价格，航空公司常常为他们安排更多的服务员工，以减少他们的等待。在一些机场，购买全价票的乘客甚至能享受安检的快速通道。

（4）**顾客的重要程度。** 在航空公司提供的服务中，常旅乘客常常在排队系统中享有优先权。比如，当舱内有可用的座位时，首先考虑的是持白金卡的常旅乘客；这些乘客在给航空公司客服打电话时也会被优先接听；甚至当他们乘经济舱出行时，依然可以使用更快捷的商务舱值机窗口。

顾客对等待时间的感知

学习目标：了解顾客如何感知等待以及如何减轻顾客的等待负担

对顾客来说，在没有价值的事情上浪费时间，就和浪费金钱一样。服务的延迟往往会引起顾客强烈的不满，甚至愤怒。调查表明，那些对等待过程不满的顾客也会对整个服务不满。反过来，如果等待过程令人满意，顾客对商家和服务的满意度也会更高。

关于等待时间的心理学

调查显示，顾客认为他们为等待付出的时间往往比他们真实的等待时间更长。比如，公共交通的一项研究表明：当乘客在等公交车或火车时，他们感知的时间流逝的速度，比乘客坐在行进的车里所感知的时间流逝的速度要慢 1.5 倍到 7 倍。

为什么人们在游乐场时，愿意等待很长时间来乘坐那些游乐设施，却在叫出租车时，为花费的几分钟等待而抱怨？服务营销人员敏感地意识到，顾客对等待时间的感受是不同的，取决于当时的情况。学习一点关于等待的心理学，我们可以让等待过程变得不那么令人厌烦。

（1）**不被占用的时间比被占用的时间感觉更长。**根据哲学家威廉·詹姆斯（William James）的观察，"对时间流逝本身的关注导致了无聊"。当你闲坐着无所事事的时候，就会感觉时间过得特别慢。因此，商家要做的就是让顾客在等待的时候有一些事情做，或者安排一些活动来分散他们的注意力。比如，宝马汽车的服务中心为车主们设计了舒适的等待环境。那里配备了具有设计感的家具、无线网络、大屏幕电视、杂志和现煮的咖啡。一些餐厅解决顾客等待问题的做法是，在顾客等待用餐之前，邀请他们去吧台喝一杯（这么做既赚了钱，也留住了顾客）。

（2）**独自等待比集体等待感觉时间更长。**如果有认识的人和你一起等待，一起聊天消磨时光，这个过程就不那么难熬。但不是所有人在与陌生人交谈时都会感到舒服。

（3）**不适的等待比舒适的等待感觉时间更长。**当人们不得不站着等待很长时间时，听到最多的一句话大概是"我的脚好酸！"天气太热、太冷、刮风、下雨、下雪，都会使等待变成一种折磨。

（4）服务开始前和结束后的等待比服务中的等待感觉时间更长。等待买票进入游乐园的感觉，和已经在游乐园里等待乘坐过山车的感觉是不一样的。

（5）不公平的等待比公平的等待感觉时间更长。生活在不同国家与文化中的人们对于公平性的认知也不同。在美国、加拿大或英国，人们希望每个人都能好好排队，如果看到有人插队，或者看到有人得到优先服务而看不出来什么理由时，排队的人可能会被激怒。如果大家都好好排队，人们就不会对排队有负面观感。

（6）不熟悉的等待比熟悉的等待感觉时间要长。如果顾客对服务内容很熟悉，知道他们在等什么，顾客等的时候就不会太担心。相比较而言，新顾客或偶尔来一次的顾客有可能会紧张，不仅想知道可能要等多长时间，而且想知道接下来会发生什么。

（7）未知的等待比已知的有限的等待感觉时间更长。没人喜欢等待，但至少我们可以为一项时长已知的服务做好心理准备。对于未知的服务，人们会感觉紧张不安。比如，飞机晚点，没人告诉你延误将持续多长时间，你不知道该什么时候去候机；不知道是否应该一直等在门口，因为登机可能随时开始；也不知道是否需要预订下一趟邻近航班的机票。

（8）没有解释的等待比有解释的等待感觉时间要长。你是否遇到过地铁或电梯无缘无故停止，而没人告诉你为什么，除了等待时间的不确定，你甚至不确定接下来将发生什么事。这个过程中你可能会想：发生事故了吗？我会不会被困在这里几个小时？

（9）等待时的焦虑会让人感觉时间更长。还记得在约好的见面时间等人出现时的心情吗？心情会很焦躁，甚至怀疑自己是不是记错了时间或地点。在不熟悉的地方等待，尤其是在户外和夜晚，人们还可能会担心人身安全。

（10）服务价值越高或越重要，人们愿意等待的时间越长。在有重要的演唱会或体育赛事时，由于担心好的座位的票会很快售罄，即使条件恶劣，也有人愿意连夜排队等候购买。

通过预订储存需求

学习目标：知道如何利用预订系统来储存需求

作为排队等待的替代或补充，商家还可以利用预订系统把需求留存下来。当谈到预订时，你最先想到的是哪些服务呢？很可能会包括航班、酒店、餐厅、租车和剧场。如果给"预订"找一些意思相近的词，比如"预约"或"约定"；我们还能想到很多其他的服务项目，比如理发、一些专业服务，比如医疗或咨询、度假租赁、维修服务，比如冰箱或笔记本电脑。商家使用预订系统有很多好处。

（1）避免等待时间过长给顾客带来不满。使用预订系统的一个目的，就是为了确保顾客在想要服务时能够获得服务。预订了服务的顾客不再需要排队等待，因为他们已经选择了一个接受服务的具体时间。

（2）商家通过预订系统可以更容易地控制和管理需求。如果预订系统设计良好，商家就可以把那些高峰期的需求转移到其他时间，或者调整服务的级别（服务升级或降级），甚至可以转移服务地点，比如，把那些过度繁忙的服务点的需求转移到其他分店，以此来实现整体服务产能的利用最大化。

（3）商家还可以通过预订系统实施营收管理，并把服务提前预售给不同的细分顾客群（请参考第六章的营收管理部分）。比如，一家修理厂可以要求客户提前预约常规的和定期的维修保养。这样修理厂就可以把余下的服务产能用于那些临时的、紧急的维修需求。由于这类需求的不可预测性，往往价格会更高，商家因此可以获得更大的盈利。

（4）预订系统的数据可以帮助商家做好未来时期的运营和财务规划。预订系统的形态可以有很大差异，简单到手写的和医生见面的预约单子，复杂到航空公司用于全球运营的中央计算机数据库。

一个良好的预订系统要同时满足员工和顾客的需要，既要足够快，也要易于使用，想做到这些并非易事。现在许多公司在自己的网站上设计了预订系统，允许顾客用电脑或智能手机来自助预订服务。但不管是通过打电话给客服预订，还是在网上自助预订，顾客需要的是一个快速的回复，即他们能否在具体的时间，以具体的价格来预订服务。如果系统还能提供更多的信息，比如，酒店能安排一间完全符合顾客期望的房间，房间能对着湖景而不是停车场，顾客就会对商家的预订系统更满意。

当然，使用预订系统也会带来一些问题，比如，顾客没有按约定时间到场，或者出现过量预订的问题。但商家也可以采取一些手段来规避这些问题，比如要求顾客预交一部分订金；或者要求顾客在一定的时间内付款，否则预订将会被取消；或者赔偿因过量预订给顾客造成的损失。

预订策略的核心是"效益"

服务业商家越来越重视效益，即单位产能带来的平均收入。商家会考虑同样的服务产能用在什么时间，或用在哪些细分顾客群身上能带来最大的收益。因为这对商家来说意味着一种机会成本，在服务产能有限的情况下，选择一块市场，就意味着放弃另一块市场。下面是一些不同类型的服务业商家面临的问题。

（1）一家酒店收到了一个旅游集团的预订单。这个集团希望以每晚 140 美元的价格预订 200 个房间。如果酒店接受这个订单，就意味着酒店需要放弃一部分商旅型顾客。这部分顾客虽然很少提前预约，但他们能接受每晚 300 美元的价格。这家酒店该怎么选择呢？

（2）一家铁路运输公司有 30 个货厢。现在有一项紧急运输需求，客户愿意为每节货厢支付 1 400 美元的运输费用。但是再过几天，这家运输公司可能会接到另一笔生意，如果成功，赚的钱会多一倍。这家运输公司该怎么选择呢？

（3）一家打印店目前接待顾客的方式是"先到者先接受服务"，而且规定了每位顾客的服务完成的时间。但这家打印店是否应该对那些紧急的工作收取更高的费用？同时延长那些不紧急的任务的交付时间？

对于这些选择的处理，值得我们深思熟虑，而不是只看眼前利益。为不同的客户群合理安排服务产能的关键是获得能够帮助商家决策的有价值的信息。这些信息要基于详细的历史数据和当前的市场情报。商家需要现实地估计获得高额订单的可能性有多大，同时也要努力维持现有客户的关系，在做过这样的权衡之后，才能决定接受或拒绝一门生意。这方面的内容我们可以参考第 6 章"服务定价与营收管理"，我们探讨过一些营收管理方面的更为复杂的方法，比如，如何给不同的"价格水桶"分配服务产能以及设置价格。

为闲置产能找出路

学习目标：知道当调节供需平衡的所有方法都已用尽后，闲置产能还有哪些出路

经过专业的供需管理，我们已经尽可能匹配了服务产能和需求，但商家发现，在某些时间段还是会发生产能过剩。然而，这些闲置的产能不是一定会被浪费，很多公司会想办法创造"替代需求"对预期的闲置产能进行配置，将它用于公司与顾客、供应商、员工和中间商的关系维护。闲置产能可能的出路包括：

（1）**将闲置产能用于差异化服务。**当服务产能利用水平比较低时，服务人员可以用更多的资源给顾客提供超出标准水平的服务。特别是如果商家希望建立顾客忠诚度并占有更多市场份额，就应当把公司运营中的空闲拿出来，专注于为顾客提供更出众的服务。这包括给予顾客额外的关注、提供最佳位置的座位，等等。

（2）**将闲置产能用于奖励最佳顾客以建立忠诚度。**可以将这个办法作为客户忠诚计划的一部分，举办一个特别促销活动，以保证没有使用到现有的营收。

（3）**将闲置产能用于发展新客户和开拓新渠道。**为潜在顾客和中间商提供免费或折扣力度很大的服务试用。

（4）**将闲置产能用于奖励员工。**在餐厅、酒店或游轮等服务行业，闲置产能可以被用来奖励员工和他们的家庭，以建立员工忠诚度。这样做既可以提高员工的满意度，又让他们有机会从顾客的角度理解服务体验，从而提高服务水平。

（5）**与其他商家交换闲置产能。**商家之间可以通过资源互换的方式来节省成本，提高服务产能利用率。比如，闲置广告位的互相推广、航班座位和酒店房间等，都可用于闲置资源交换。

结　论

许多商家有着巨大的固定成本，而且产能受限。因此，轻微的产能利用改善也能给商家带来立竿见影的效果。本章中，我们讨论了商家如何管理服务产能和需求，如何改善顾客等待和排队的体验。产能和需求管理的内容涉及我们之前几章学过的知识点。比如，第 4 章学过的服务产品元素和服务分级、第 5 章学过的服务交付的渠道和时间、第 6 章学过的营收管理、第 7 章学过的促销宣传与教育，以及第 8 章学过的服务流程的重新设计与流程瓶颈。

第10章

营造服务环境

商家需要更好地理解如何运用资源营造服务环境，来创造想实现的顾客体验。

——杰恩-查尔斯·沙巴特和劳雷特·杜比（Jean-Charles Chebat and Laurette Dubé）

HEC 蒙特利尔商学院和蒙特利尔麦吉尔大学的市场营销学教授

餐厅的环境设计已经成为决定餐厅成功与否的重要因素，与菜单、菜品、酒水等因素一样值得关注。

——丹尼·迈耶（Danny Meyer）纽约市餐厅老板兼联合广场酒店集团首席执行官

学习目标

通过本章的学习，你将可以：

1. 了解营造服务环境的 4 个核心目的。

2. 学习环境心理学的理论基础，从而更好地理解顾客和员工是怎样对服务环境做出反应的。

3. 熟悉服务场景模型的整体框架。

4. 了解服务环境的 3 个主要维度。

5. 了解关键的环境状况以及它给顾客带来什么影响。

6. 确定空间布局与功能在服务环境中扮演的角色。

7. 理解标志、符号和人工物品的作用。

8. 了解为什么服务员工和顾客都是服务场景的一部分。

9. 知道为什么服务环境设计必须考虑和整合全部维度，而且要从顾客的角度出发。

引文：西班牙古根海姆博物馆

坐落在西班牙北部城市毕尔巴鄂的古根海姆博物馆自开放的那天起，就收到了全世界游客的赞叹。博物馆由著名加拿大裔美国建筑师弗兰克·盖里设计，这个迷人的建筑被誉为"我们这个时代最伟大的建筑"。这座博物馆让毕尔巴鄂这个名不见经传的西班牙小城成为世界上知名的旅游胜地。这座博物馆建造的地方曾经是一片废弃的工业区，里面曾有一家造船厂和一些大型仓库，流经此地的河流的岸边堆满了一个世纪以来的工业垃圾。这座博物馆是毕尔巴鄂城市重建计划的第一步，从那以后，这座没落的工业城市的整个面貌发生了变化，这种转变甚至被称为"毕尔巴鄂效应"。现在，人们正以此为案例，来研究如何用令人惊叹的建筑来实现整个城市形象的更新。

博物馆的设计特点中包含着多种意义和信息。它的整体形状像一艘船，与河流的环境融为一体。局部是由不同的材质和形状组成，包括用石头制造的许多规则形状的物体、钛金属材质的曲面和巨大的玻璃墙。自然光可以穿透博物馆，在建筑物内部的游客也可以透过墙欣赏周围群山的景色。博物馆外面，钛板呈鱼鳞状排列，再次对应了建筑物脚下的内尔比翁河流的主题。在门口，大量鲜艳的紫罗兰组成了一条43英尺高的小狗造型，还有一个巨大的蜘蛛雕塑"马曼"（20世纪著名雕塑家路易丝·布尔乔亚的作品），迎接着四面八方的游客。

博物馆有一个巨大的金属穹顶的中庭，游客从这里可以前往19个画廊，这些画廊通过弯曲的走廊、玻璃电梯和楼梯相连接。这些画廊的设计暗示着游客们将在馆内看到什么。比如，有些画廊呈长方形，四壁用石灰石覆盖。长方形是一种很传统的形状，因此，这些画廊中展出的也是那些传统而经典的艺术品。有些画廊的形状是不规则的，这些画廊中展出的是当代艺术家的作品。一些经过特殊建筑设计的画廊，其内部甚至没有立柱，因此它能展出一些巨大的艺术品。可以说，这些画廊本身就是精心设计的艺术品和经过缜密策划的服务场景。

并不是所有的服务场景都是伟大的建筑作品，但毕尔巴鄂的古根海姆博物馆毫无疑问是其中之一。它是如此引人注目，让人希望前去一探究竟，并获得一场激动人心的体验。

服务环境——服务营销组合中的一个重要元素

在影响顾客的整体体验和满意度的诸多因素中，商家的物理服务环境起着至关重要的作用。这一点在高接触度服务，以及针对人体的服务项目上体现得更为突出。迪士尼主题乐园的服务环境营造是这方面一个很成功的案例。它的服务环境带给游客高度的舒适和满足，游客即便在离开之后仍然久久回味。从医院、酒店、餐馆，到提供专业服务的各类服务业商家已经充分认识到，服务环境是服务营销组合的重要元素，是商家的整体价值主张的重要部分。

服务环境的设计是一门艺术，它需要投入大量的时间和精力，甚至大笔金钱。服务环境也被称为服务场景，它不仅涉及物理服务环境的外观和风格，还包括顾客在服务场所接受服务过程中接触的各种涉及体验的元素。而且，服务环境一旦被设计并建造完成，就不容易再改变。图 10.1 为我们提供了这一章涉及的全部关键知识点。

营造服务环境的目的是什么

学习目标：了解营造服务环境的 4 个核心目的

为什么那么多服务业商家愿意不辞辛苦地去打造服务环境？特别是那些涉及员工和顾客互动的部分。比如，我们在引文中提到的古根海姆博物馆，当时建造它是为了创造一个旅游场所，同时解决这个城市的一些问题。那么服务环境的营造能够实现哪些目的呢？经过总结，服务业商家营造服务环境有 4 个核心目的：① 塑造顾客的体验和行为；② 体现商家品质和定位，强化品牌形象并做到差异化；③ 使其成为商家价值主张的一个核心组成部分；④ 促进服务互动并提高服务质量和服务产能。在接下来的几个小节中，我们将分别介绍这 4 点。

塑造顾客的体验和行为

对于提供高接触度服务的商家来说，服务场所物理环境的设计从本质上影响着顾客获得的体验。不管是顾客还是员工，只有在良好的服务环境下，他们才会产生适当的感觉和

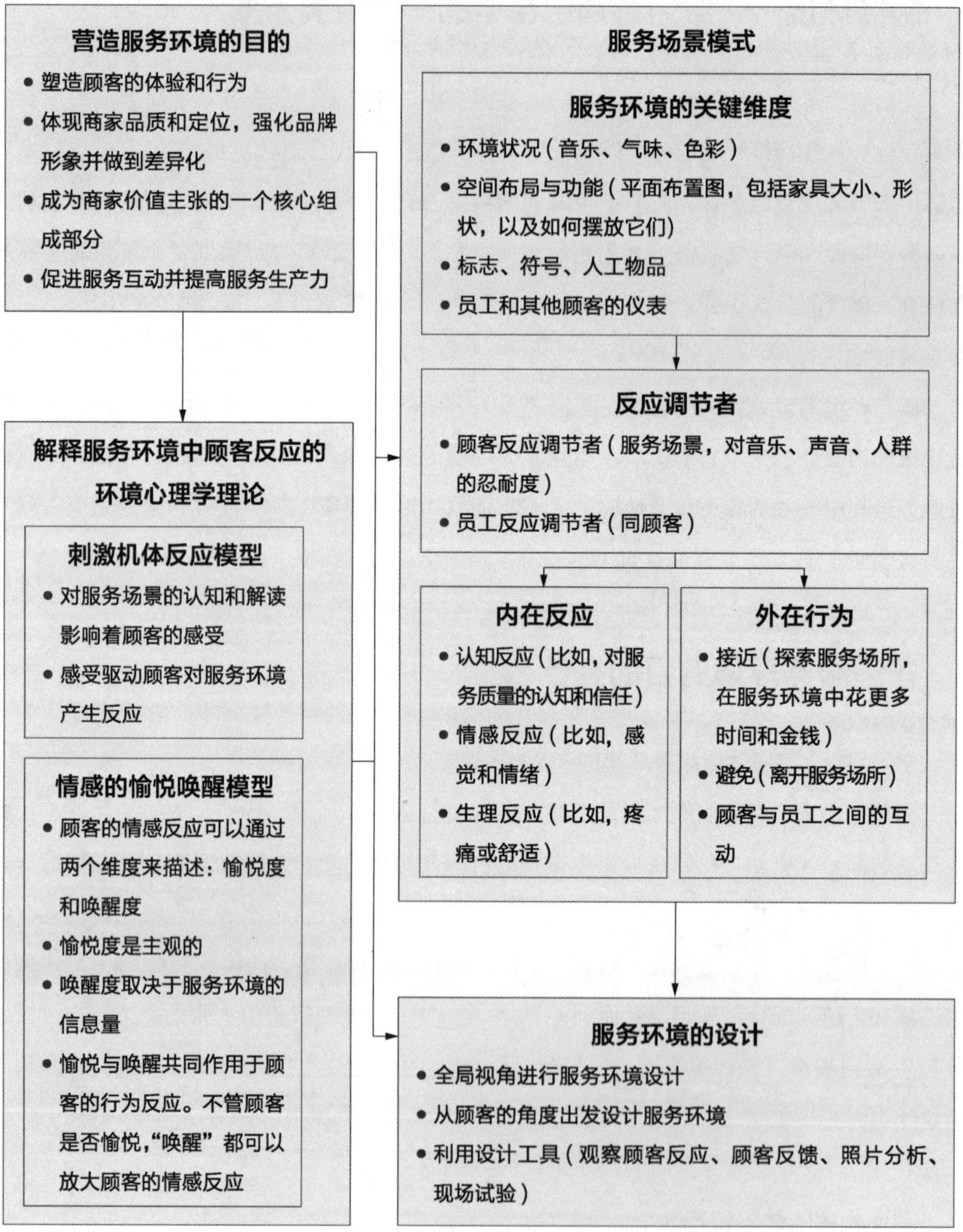

营造服务环境的目的

- 塑造顾客的体验和行为
- 体现商家品质和定位，强化品牌形象并做到差异化
- 成为商家价值主张的一个核心组成部分
- 促进服务互动并提高服务生产力

解释服务环境中顾客反应的环境心理学理论

刺激机体反应模型

- 对服务场景的认知和解读影响着顾客的感受
- 感受驱动顾客对服务环境产生反应

情感的愉悦唤醒模型

- 顾客的情感反应可以通过两个维度来描述：愉悦度和唤醒度
- 愉悦度是主观的
- 唤醒度取决于服务环境的信息量
- 愉悦与唤醒共同作用于顾客的行为反应。不管顾客是否愉悦，"唤醒"都可以放大顾客的情感反应

服务场景模式

服务环境的关键维度

- 环境状况（音乐、气味、色彩）
- 空间布局与功能（平面布置图，包括家具大小、形状，以及如何摆放它们）
- 标志、符号、人工物品
- 员工和其他顾客的仪表

反应调节者

- 顾客反应调节者（服务场景，对音乐、声音、人群的忍耐度）
- 员工反应调节者（同顾客）

内在反应

- 认知反应（比如，对服务质量的认知和信任）
- 情感反应（比如，感觉和情绪）
- 生理反应（比如，疼痛或舒适）

外在行为

- 接近（探索服务场所，在服务环境中花更多时间和金钱）
- 避免（离开服务场所）
- 顾客与员工之间的互动

服务环境的设计

- 全局视角进行服务环境设计
- 从顾客的角度出发设计服务环境
- 利用设计工具（观察顾客反应、顾客反馈、照片分析、现场试验）

图 10.1 服务环境设计的知识点框架

反应。服务环境和氛围在一些重要的方面影响着消费者的购买行为。在本章，我们将学习如何通过服务环境的设计让顾客感到放松或兴奋；在医院或机场这种复杂的服务场景中引导顾客的服务流程；塑造顾客对服务质量的认知，塑造他们的购买行为、满意度和重复购买行为。

体现商家品质和定位，强化品牌形象并做到差异化

服务往往是无形的，顾客不能很容易地评估服务质量。因此，顾客往往把服务环境和服务质量联系起来。商家则通过设计服务环境努力向顾客传达自己良好的服务质量和品牌形象。也许你曾访问过一些成功的专业服务公司，比如一些投资银行或咨询公司，你会发现它们的前台区域的装饰和家具往往设计非常优雅，令人印象深刻。

和大多数人一样，你可能有过这样的体验：对于那些在精美的环境中陈列的商品，你会产生商品更高档、质量更好的感觉；反过来，在一个更廉价的环境中陈列的商品，你也会觉得商品档次更低。图 10.2 中的两张图，分别是位于加拿大维多利亚的费尔蒙酒店的大堂和丹麦阿姆斯特丹的发电机青年旅社的大堂。这是两个完全不同类型的酒店，迎合完全不同的目标客户群。发电机青年旅社更迎合爱玩但预算较低的年轻人；费尔蒙酒店迎合的则是那些更成熟、更富裕而且地位更高的客户，比如商务型顾客。这两家酒店的服务环境清楚地传达了各自的服务定位，顾客在到店后通过服务环境也可以建立对服务的预期。

图 10.2　比较两处酒店大堂：不同类型的酒店针对的顾客群也不同

服务场景对商家的品牌形象有重要影响。可以想象一下星巴克分店的设计对星巴克整体品牌所起的作用。还有苹果官方专营店，它时尚的外观，通透简约的内部设计，店内的

白色照明、银色金属、米色木制品，播放着商品和社区活动的超大屏幕……整体营造出一种明亮、开放和充满未来感的服务场景，店内气氛无拘无束且随意。苹果旗舰店选址和设计独特，比如，它把商店开在巴黎的卢浮宫里；在上海，它的旗舰店是一个40英尺高的玻璃圆柱体；在新加坡，苹果商店是一个巨大的球形建筑，由于建筑被水环绕，看起来就好像这只球漂浮在水上一样（见图10.3）。零售是苹果公司的重要业务，该公司在25个国家或地区拥有510家零售店。30年前，当苹果公司刚进入中国时，只有屈指可数的几个员工。如今，苹果在中国提供了涵盖生产制造、零售、技术支持、硬件和软件开发，以及环境保护和供应商责任等在内的大量工作岗位，拥有近1万名员工、41家直营零售店、4个研发中心。苹果商店为顾客提供着持续、差异化和高质量的服务体验，塑造了高端、高品质的产品定位和品牌形象。

图 10.3　新加坡的苹果商店

成为商家价值主张的一个核心组成部分

服务环境甚至可以成为一个商家价值主张的核心部分。比如，主题乐园所提供的服务本身就是服务环境，游客来到主题乐园，就是为了享受这里的环境和游乐设施。可以回想一下你去过的游乐园，它们是如何有效地运用服务场景的理论来提升服务和改善用户体验的。比如，迪士尼乐园或者德国的乐高乐园（见图10.4），那里宽敞整洁的外观、穿着多彩服装的员工等，都是服务环境的一部分，使游客在整个游览过程中被欢乐和兴奋包围。

服务场景理论也很明显地体现在度假村和酒店业，服务场景是其价值主张的一个核心部分。比如，地中海俱乐部度假村（Club Med's villages）设计的场景以"逃离都市"为灵感来源，创造了一种脱离俗世、无忧无虑的气氛。还有很多新建的度假村，其豪华程度不仅不亚于地中海俱乐部，还从主题公园中汲取了一些灵感，创造出更加奇幻的环境。我们在美国的拉斯维加斯

图 10.4　德国乐高乐园

可以找到许多这样的例子。拉斯维加斯以博彩业闻名，但随着这一行业竞争的加剧，仅靠博彩业已不足以让拉斯维加斯持续保持优势。于是它调整了城市定位，从一个专供成年人玩博彩的地方，转变为一个适合全家人一起出游的、提供适合各年龄段的娱乐服务的场所。拉斯维加斯依然在经营博彩业，但许多新建的酒店或者重建的酒店在环境设计中添加了许多极具视觉吸引力的场景，比如喷发的火山、模拟海战和一些著名城市景观的复制品，比如巴黎埃菲尔铁塔、埃及金字塔和威尼斯水城。

促进服务互动并提高服务生产力

商家常常通过服务环境设计来促进服务互动，并提高服务生产力。比如，一些幼儿园会在墙壁和地板上画上玩具的轮廓，让小朋友们玩过玩具后把它们归于原位。在

图 10.5　英国伦敦的班加罗尔快餐厅的
设计将场地的利用最大化

快餐店和学校餐厅，会设置餐盘回收窗口，或在墙上画上回收标志，提醒顾客用餐后将餐盘送回。图 10.5 是英国伦敦的班加罗尔快餐厅，它向我们展示了这家餐厅是如何把场地的利用最大化的。接下来，我们将阅读扩展资料 10.1，它向我们展示了医院是如何通过服务环境设计来帮助病人康复，并让员工高效工作的。

医院服务场景对患者和员工的影响

大多数人不需要整天待在医院里，但当我们不得不住院的时候，我们希望能在一个良好的环境中恢复健康。什么是良好的医院环境呢？

在医院，患者容易产生一些心理压力。比如，担心在医院被感染、和许多陌生患者同处而感觉紧张、无所事事而感到厌烦、不喜欢医院的食物、无法得到很好的休息，等等。这些因素都可能影响患者的康复。医务工作者的心理和情绪也需要得到关注。他们在易感染疾病的环境下工作，有时候不得不面对难缠的患者和被医疗器械伤害的风险。研究表明，设计一个良好的医院服务环境可以有效地降低患者风险，增进患者福祉并帮助他们尽快康复，同时也可以改善员工的工作环境并提高他们的工作效率。以下是对医院服务环境的一些设计建议。

- **提供单人房间**。这样可以减少交叉感染，避免打扰，提高休息和睡眠的质量，增加患者的私密性，为家庭护理提供方便，而且可以促进医生和患者之间的交流。

- **提供座椅和折叠床**。这样可以方便患者家属的探视，鼓励家属参与患者的护理。

- **减少噪声**。减轻员工压力并改善患者的睡眠。

- **为患者提供休闲设施**。比如，设置种有绿植的户外庭院区，让患者可以前往或从窗户中看到；为患者提供电视、耳机、可连接互联网平板设备等；或者为患者提供一个阅读室，包含一些报纸、杂志和书籍。这些都可以分散患者的注意力，让他们的医院生活不至于无聊，从而帮助患者的恢复。

- **改善光线**，特别是增加自然光照。明亮的环境会使医院里的人们心情更加愉悦，患者多晒晒太阳也会加快康复。医院员工在明亮的光照下也能更好地工作，减少失误。

- **改善通风条件**。改善室内的空气流通并使用空气过滤设施，可以减少空气中的病毒传播，并提高整个建筑内的空气质量。

- **开发便于用户使用的"路线引导系统"**。医院的建筑结构一般比较复杂，那些不熟悉医院的人很容易找不到他们要去的地方，尤其是当患者家属着急去探视时，没有引导很容易迷路。

- **合理设计医院各部门的布局。**对于病房、诊室、护士台等医院内的各个部门，合理设计的布局可以让人们在部门间穿梭时避免不必要的绕路，既节省时间，也避免疲劳。合理设计的布局可以帮助改善对患者的服务，也有助于促进员工之间的沟通和活动。

总结我们在这一节所学：一个精心设计的服务环境不仅能让顾客拥有更好的体验，提高他们的满意度，还能帮助商家影响顾客的消费行为（比如，让顾客遵循服务脚本的设定，以及促进顾客的消费欲望）。由于服务质量很难在购买之前评价，顾客通常会把商家的服务环境作为评价服务质量的重要参考，所以，服务环境就是商家的品牌形象和市场定位，甚至是商家价值主张的一个核心部分。最后，一个良好设计的服务环境还可以提高商家的经营效果和服务生产力。

顾客对服务环境产生反应的相关理论

学习目标：学习环境心理学的理论基础，从而更好地理解顾客和员工是怎样对服务环境做出反应的

现在，我们已经知道了服务业商家为什么要费尽心机来设计服务环境。但是为什么服务环境会对人和人的消费行为产生如此重大的影响？我们将在这一小节涉足环境心理学的理论，学习在不同的服务环境下人们产生的反应。我们将把这些理论应用到服务营销中，从而更好地理解和管理顾客在不同的服务场景下的行为。

感受是驱动顾客对服务环境产生反应的一个关键因素

为了更好地了解消费者如何对服务环境做出反应，我们可以参考两个重要的模型。一个是"刺激机体反应模型"（Stimulus Organism Response Model），它认为人的感受让人对环境中不同元素做出反应。第二个模型叫作"情感的愉悦唤醒模型"（Valence intensity Model of Affect），该模型的关注点是如何更好地理解顾客感受，以及这些感受在行为反应上的影响。

刺激机体反应模型。图 10.6 向我们展示了一个人对环境做出反应的基本模型。该模型认为：人对环境的有意识或无意识的感知和对环境的解读将决定人产生哪些感受，而这些感受又促使人们对环境做出反应。这个模型的中心是人的感受，强调人的行为更多是通过感受来驱动的，而不是经过解读或思考。在同样的环境条件下，人的感受是千差万别的，随之而来的反应也是不同的。

图 10.6　刺激机体反应模型

比如，在商场购物时，我们不喜欢拥挤的环境，因此，我们会尽量避开在人多的时候去购物。但是如果仔细分析一下，我们想要避开的并不是人群，而是这些人群给我们带来的感受。同样拥挤的情况下，如果我们正在参加一个节日庆典，我们就不会有着急或恼火的感觉，反而会因为我们成为庆典人群的一部分而感到兴奋，因此，我们不仅不想离开，还想体验更多乐趣。

在环境心理学研究中，人们对一个环境的反应只有两种，即"愿意接近"或"强烈避免"。但在服务营销中，我们还可以添加更多人们对环境的反应，比如，顾客愿意为一项服务花多长时间？花多少钱？顾客在结束服务后是否对服务体验满意？

情感的愉悦唤醒模型。由于人们对环境做出反应是基于当时的情感或感受，这需要我们对情感或感受有更深层的理解。在这方面应用比较多的是情感的愉悦唤醒模型（图

10.7）。这种模型的观点是：一个人对环境做出的情感反应可以主要通过两个维度来描述。一个维度是愉悦度，从不愉悦到愉悦；另一个维度是唤醒度，从静默到唤醒。愉悦是人们对环境的一种直接和主观的情感反应，它取决于一个人对环境喜欢或厌恶的程度。唤醒是指一个人的感觉经过环境的刺激后所产生的波动，范围可以从完全的静默（比如，在完全睡着的情况）到极致的刺激（血液中的肾上腺素达到最高水平），比如蹦极就是一种高度刺激的活动。

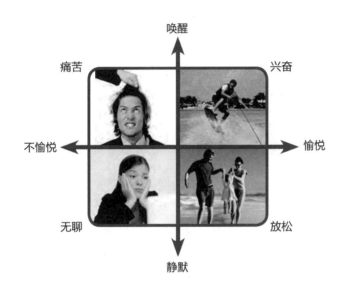

图 10.7　情感的愉悦唤醒模型

　　我们刚才讲，"愉悦"是一个人的主观感受。一处环境是否令人愉悦，取决于个体感受。但是否被"唤醒"或"刺激"，则不是由人主观决定的，而是取决于环境的特点。比如，当一处环境更加复杂，更富于运动和变化，更加猎奇或让人惊喜，其信息量就越大，从而刺激性就更强，唤醒度更高。而在一个放松的环境下，信息量也更少，对人的刺激也就没那么强。

　　然而，人的感觉和情感是如此丰富，不是只有愉悦或不愉悦，以及静默或唤醒这 4 种。仅靠两个维度是不可能涵盖人所有的感觉和情感的。于是，愉悦唤醒模型把"愉悦度"和"唤醒度"这两个维度交叉，分出来 4 个象限，分别是痛苦、兴奋、无聊和放松。这样，人的各种感觉和情感，通过分析它的愉悦度和唤醒度的情况，就可以对应放在这 4 个象限中的一个。比如，因服务失败而让顾客产生的愤怒情绪，应该属于哪个象限呢？我们可以分析一下，愤怒是一种强烈的情绪刺激，人的情感被高度唤醒，同时，愤怒是一种不愉快的情绪，因此我们可以把它归类于"痛苦"这个象限。需要注意的是，顾客在产生某种情绪之前，往往伴随着他们对这种情绪的产生进行认知和归因的过程。简单来说，就是顾客为什么会产生这种情绪。比如，当顾客遇到服务失败，他会将此归咎于商家，因为服务是商家提供的，而商家没能阻止服务的失败——经过这个认知和归因的过程，导致顾客的情绪被高度唤醒和强烈的不愉快。大多数的情感都可以经过这样的认知和归因过程，从而帮助我们理解顾客产生一种情绪背后的认知和情感因素。

情感愉悦唤醒模型的优点是简单，因为它可以帮助我们直接评估顾客在服务环境中的感觉如何。因此，商家就可以设定他们希望顾客在其服务环境下的情感状态。比如，一家游乐场的过山车的经营者会希望他的顾客能感觉非常兴奋（高度唤醒和高度愉悦），一个水疗商家可能希望顾客感到放松和愉悦，等等。稍后，我们将在本章继续讨论如何设计服务环境，从而给顾客带来他们想要的体验。

情感的产生和认知过程。人的基本感官反应、对外界事物的感受和认知过程都会让人产生情感。但是，认知过程的复杂程度越高，对情感的潜在影响就越大。比如，当顾客对餐厅的服务水平和食物质量感到失望时，这种失望的情感就是一种更复杂的认知过程，因为顾客所认知的服务质量是经过了和自己预期的服务质量的比较。这种失望的感觉很难被一个简单的认知过程——比如，无意中听到的轻快的背景音乐所弥补。

当然，这并不是说引发顾客愉悦情感的那些简单的认知过程，比如香气或音乐，就不重要。实际上，我们享受的大部分服务都很简单，并不需要顾客有什么复杂的认知活动。比如，我们在乘公交车或地铁，或者进入快餐店或银行，这些都是我们在生活中习以为常的服务。我们基本上不需要想什么，只要遵循常规的服务脚本使用服务就可以了。而在这些服务环境下，决定我们感受的往往都是那些简单的认知过程，比如空间、色彩、气味，等等。只有在更复杂的认知过程被触发的时候——比如，服务环境中的一些意外情况，这时，顾客对这种意外情况的认知和解读才会主导他们的情感。

情感带来的行为结果。在面对环境时，顾客有两种最基本的行为结果——"走"或"留"。一个愉悦的环境会吸引人前往，一个不愉悦的环境则让人避之不及。现在在这两个基本的情感反应的基础上，我们要考虑顾客可能会有的其他水平的情感反应。因此，我们将引入"唤醒"这个概念。我们可以把"唤醒"理解为一种刺激，它可以放大顾客的情感反应。比如，在一个顾客愉悦的状态下，如果商家持续放大或增强这种愉悦，顾客就将从愉悦过渡到兴奋，一种更强烈的正面情感反应。反过来，如果一个服务环境让人感到不愉悦，顾客在这种环境下时间越长，就越觉得不愉快，甚至感到痛苦。比如，在圣诞节前的周五大促销日，商场里会非常拥挤。如果这时商场里播放的是吵闹又快节奏的音乐，只会让购物者感觉压力倍增，希望早点结束购物。在这种情况下，商家需要想办法来减少环境的信息量，避免让顾客感觉到负担。

还有一些情况下，顾客会对一些服务有着强烈的情感预期。比如，餐厅的浪漫烛光晚餐，或者一次让人身心放松的水疗，或者球场里一场激动人心的比赛。当顾客有强烈的情感预期时，商家为了迎合顾客而设计相应的环境是非常重要的。

服务场景模型——一个整体框架

学习目标：熟悉服务场景模型的整体框架

在环境心理学的基本模型基础之上，玛丽·比特纳（Mary Jo Bitner）开发了一个综合模型，并将之命名为"服务场景"。图10.8是一个服务场景模型，它向我们展示了服务环境的3个主要维度，即① 环境状况；② 空间/功能；③ 标志、符号、人工物品。由于顾客往往是从整体上感知服务环境，因此，服务环境合理设计的关键是如何将这3个维度毫不违和地打造成一个整体。

在这张服务场景模型图中我们可以看到，里面有顾客反应调节者和员工反应调节者这两个角色。这两个角色的存在是因为即使在同样的服务环境下，不同的顾客有可能产生不同的反应，这取决于顾客的身份和好恶，比如饶舌音乐或歌剧音乐对某些人来说是一种精神享受，但对另一些人来说就是折磨——毕竟，美是一种主观感受，它只存在于欣赏者的眼中。而调解者将可以影响人们对环境的认知和欣赏。

服务场景模型的一个重要贡献是纳入了员工对服务环境的反应。毕竟，员工在服务环境中停留的时间比顾客要长得多，员工对服务环境的感受将直接影响他们的生产力和服务质量。因此，商家应该高度重视服务环境对员工的影响以及员工的感受。

服务场景模型还包含了顾客和员工的内在反应。这些反应被归纳为：认知反应（比如，对服务质量的认知和信任）、情感反应（比如，感觉和情绪）和生理反应（比如，疼痛或舒适）。这些内在的反应会导致顾客的外在行为，比如逃离拥挤的超市、因为服务场所的舒适

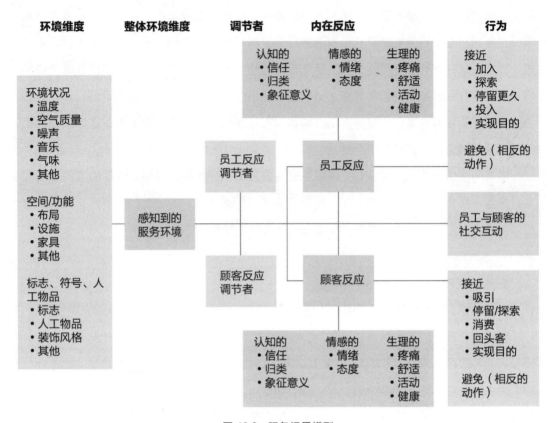

图 10.8　服务场景模型

而停留更长时间、冲动之下花更多的钱，等等。重要的是，我们要通过打造服务环境，让不管是员工还是顾客的反应更能促进高质量的服务生产和服务消费。设想一下，顾客和员工的状态是轻松愉快或是焦虑不安，服务的结果肯定是不同的。

服务环境的维度

学习目标：了解服务环境的 3 个主要维度

　　环境设计是一门复杂的学问，有许多设计的元素需要考虑。表 10.1 以一家商店为例，向我们整体展示了商家在进行服务环境设计时需要考虑的所有元素。在这一小节，我们将关注在服务场景模式下服务环境设计的几个主要维度，分别是：① 环境状况；② 空间/功能；③ 标志、符号、人工物品。

表 10.1　一家零售商店的环境设计元素

维度	设 计 元 素
外部设施	建筑风格、建筑高度、建筑面积、建筑色彩、外墙和外部标志、店面、大帐篷、草坪和花园、橱窗展示、入口、能见度、独特性、周边商家、周边区域、交通状况、停车便利度
室内环境	温度、地面和地毯、色彩方案、照明、气味(比如，烟味)、音乐、固定设施、墙面设计、墙面材料(漆面或墙纸)、天花板设计、清洁度、过道宽度、更衣室设施、电梯、死角、商品布局和展示、价格和显示、收银机放置、科技与现代化
空间布局	销售区域和商品区域以及员工和顾客的空间安排、商品摆放、商品归类、工作站安排、设备摆放、收银机位置、主题设置、等待区、客流量、排队、家具、死角、部门位置、部门内部的安排
内部展示	商品陈列、海报与标志和卡片、互动屏幕、画与艺术品、墙面装饰、主题设置、架子和箱子、产品展示、价格展示、垃圾桶、可移动物品、总体效果
社交维度	员工外在特征、员工制服、拥挤程度、顾客外在特征、隐私、自助服务

环境状况的影响

学习目标：了解关键的环境状况以及它给顾客带来什么影响

环境状况是指与人的 5 种感官相关的环境特点。即使顾客没有注意到，这些环境特点也会对顾客的情绪状态、认知，甚至态度和行为产生影响。与此有关的环境设计包含着几百种不同的设计元素和细节。这些元素和细节必须组合在一起，形成一个整体，才能创造出理想的服务环境。顾客会对服务环境进行认知和解读，这种认知和解读有时是整体性的，有时只针对环境中的一个维度，比如音乐、声音和噪声、气味、色彩搭配和光线、温度和气流等。聪明的设计可以引发理想中的顾客行为反应。接下来我们将讨论几种重要的环境维度。

音乐

音乐对顾客在服务环境下的认知与行为有强大的影响，即使是它的音量仅设置在刚好能听到的大小。音乐的特点，比如它的节奏、音量、和声是作为一个整体被人感知到的。音乐对人的内在及行为反应的影响因人而异（比如，对于同样的音乐，年轻人的反应与老年人的反应可能不同）。

大量的调查研究发现，快节奏和高音量的音乐会提高人的兴奋程度，会让顾客加快行为速度。人们往往会自觉或不自觉地按照音乐的节拍来调整自己的节奏。这对餐厅是一个启示，比如，在繁忙的午餐时段，餐厅可以通过播放高音量和快节奏的音乐来加快餐桌的翻台率，从而为更多的就餐者服务；在晚餐时段，餐厅可以通过播放舒缓轻柔的音乐让顾客停留更长的时间，还能因此增加其酒水的收入。一项历经8周的餐厅调查发现：顾客在舒缓的音乐中用餐的时间，要明显长过顾客在快节奏音乐中用餐的时间。而其结果是，在舒缓的音乐播放期间，餐厅酒水的收入大大增加。商场也是一样，当音乐更舒缓时，购物者的步伐会变慢，冲动购物也更多。此外，当商场中播放的是顾客熟悉的音乐，会缩短顾客的购物时间；反之，则会让顾客停留的时间更长。

在一些需要顾客等待的环节，有效地使用音乐可以让顾客感觉等候时间变短了，他们的满意度也会更高。在医院的手术室，轻松的音乐可以有效缓解那些等待中家属们的焦虑心情。甚至有证据表明，动听的音乐可以改善顾客对服务人员的看法。

现在，为餐厅、商场，甚至呼叫中心等场所提供适合的氛围音乐已经变成了一门产业。这个行业的领先者，情绪传媒公司（Mood Media）为美国超过30万个商业场所提供音乐，为它们提供量身定做的音乐播放列表。比如，在一些说英语者和说西班牙语者混居的社区商场，这家公司会在一天中安排播放多种不同类型的音乐，以配合不同顾客群的喜好，比如白天给全职妈妈们准备的音乐，以及放学后给年轻人播放的音乐。

音乐甚至可以被用来帮助商家阻挡那些不受欢迎的顾客前来。地铁、超市等这种完全向公众开放的服务场所有时会引来一些动机不良的人，比如小偷小摸或者有些故意碰瓷的人给商家找麻烦（参考第13章）。在英国伦敦，已经有不少商家学会通过播放古典音乐驱逐动机不良的人。因为古典音乐对于那些游手好闲的人来说简直就是一种折磨。Co-op是一家英国的连锁便利店品牌，该商家尝试性地通过播放音乐来阻止那些小混混找顾客的麻烦。他们的员工身上配备着一个遥控器，可以自由地播放音乐或停止播放。一旦店里出现特殊状况，商家就开始播放音乐，以此来让顾客提高警惕。

伦敦地铁的运营商在使用古典音乐来威慑不良分子方面可以称得上是典范。在伦敦地铁的30个车站会通过播放莫扎特或海顿的乐曲，来驱逐那些游手好闲的人。伦敦地铁的发言人表示，莫扎特的曲子，还有男高音歌唱家帕瓦罗蒂唱的歌是对不良分子最有力的威慑。英国莱斯特大学的心理学家阿德里安·诺斯（Adrian North）专门研究音乐与人的行为之间的关系。根据他的研究，音乐带来的陌生感是促使人们离开的关键因素之一。比如，如果一个人对古典音乐一窍不通，就不会愿意在有古典音乐的环境下停留。反过来，如果商家想驱离的人是具有一些音乐素养的，那么选择播放一些无调性音乐可能会更容易让他们离开。阿德里安·诺斯曾做过这样一个实验：他在莱斯特大学的一家酒吧里播放一段电脑游戏里的音乐，想看看有多少大学生能一直听着这个音乐坚持到酒吧打烊，结果很快酒吧里就一个人都不剩了。

气味

气味是服务环境中一个非常重要的维度。尽管顾客可能不会特别注意到服务环境中弥漫的气味，而且气味可能和商家提供的服务本身没有任何关系。但是，气味仍然会对顾客的情绪、感觉、服务评估、购买意向和在服务场所的行为等方面产生强烈的影响。有些情况下，我们会对气味的作用有更直接的认识。比如，当我们饿了，又远远地闻到了新鲜出炉的烤面包的香气。这种香气会强化我们对饥饿的感觉，促使我们去寻找解决方案，比如去寻找那家面包店。

美国芝加哥的嗅觉味觉治疗研究基金会的神经学主任、嗅觉专家艾伦·赫希（Alan R. Hirsch）认为，在不远的将来，人们对嗅觉的研究将达到非常高的水平，并能够利用气味来管理人们的行为。服务营销人员对此非常感兴趣，希望知道如何让顾客在餐厅中感觉饥饿，让牙科诊所里的患者感觉更加放松，让健身房里的人们训练更积极。

气味已经被应用于芳香疗法的服务中。人们普遍认为气味具有特别的功效，能够让人产生情感、生理和行为上的某些反应。

表格 10.2 列出了一些具体的香气类型和一般情况下人们认为的这些香气给人带来的不同功效。在服务环境下，已经有研究证明气味对顾客的认知、态度和行为有显著的影响，比如下面的两个例子。

- 拉斯维加斯的一家赌场使用了一种人工香味剂，在弥漫着令人愉快的香气的环境中，玩老虎机的顾客投入的硬币比之前多 45％；而当这种香气变得更浓郁时，顾客投入的硬币比之前多 53％。
- 当顾客在一间有花香味的房间挑选耐克运动鞋时，会更倾向购买而且消费金额更高，比起没有香味的房间，平均每双鞋多花 10.33 美元。即使这种香味微弱到人们无法觉察它的存在，也就是说，当香味是被人无意识感知到时，这样的效果依然存在。

表 10.2　芳香疗法——香气对人体的功效

香　味	香味种类	芳香疗法类别	传 统 应 用	潜在心理功效
桉树	樟脑	调理、刺激	除臭、杀菌、舒缓剂	刺激和提神
薰衣草	草本	安神、平衡、舒缓	松弛肌肉、舒缓剂、收敛剂	放松和安神
柠檬	柑橘	振奋精神、恢复活力	杀菌、舒缓剂	焕发精神
黑胡椒	辛辣	平衡、舒缓	松弛肌肉、催情剂	平衡情绪

　　服务业商家已经认识到气味的重要作用，并越来越多地把它作为品牌体验的一部分。比如，威斯汀酒店在整个大堂使用优雅的白茶香味，并搭配香柏和香草的基调；假日快捷酒店混合了绿茶、甜草和柑橘的香味，配合一种淡淡的绿色香草作为标志性的香味。由于香气日渐成为服务环境中不可或缺的一部分，一些从事气味营销的专业服务公司应运而生。比如，能多洁公司（Rentokil）的创始公司之一阿巴斯（Ambius）提供了一系列与香气有关的服务，诸如感官体验品牌营销、香气氛围营造、环境气味补救等。服务的行业遍及零售、酒店、健康、金融服务等。阿巴斯公司提供的服务环境气味解决方案是一站式的服务，包含了从咨询到为公司设计标志性的氛围香气，以及把一种香气方案应用到一家公司的全部分店的全过程。还有我们之前提到过的情绪媒体公司，一家专门提供音乐、香气、标识等商家整体形象和氛围设计的商业服务公司，它可以提供 1 600 种香气类型供客户选择。

　　尽管大量证据表明气味对顾客的体验和行为有巨大的潜在影响，然而，在实施的时候，商家依然要谨慎。因为氛围香气的选择必须符合服务项目的特点，并适应目标客户群的喜好（这一点和我们之前谈过的音乐相似）。此外，单一的香气似乎比复杂的香气更受人青睐。一项针对零售业商家香气选择的试验显示：当商店里使用单一的柑橘香气时，顾客的平均消费额有显著的提升，然而，当商店里采用复杂的香气，比如罗勒、柑橘和绿茶的香气混合，其销售额还不如完全不使用香气时的状况。在这项调查中，两种香气都被认为是令人愉快的。但单一的香气促进了顾客的购买决策（顾客的购买决策时间更短），然而在复杂香气的环境下，顾客的决策时间比没有香气的时候还要更长。研究者的结论认为，复杂的香气不能被顾客流畅地识别，顾客需要花更大精力来认知香气，以至于对购买决策产生了负面效果。

最后需要说明的一点，也是我们即将在本章中讨论的是：服务场景的营造是一项整体工程，不能仅考虑音乐或气味等单一维度的改善。我们将在下面的扩展资料 10.2 中探讨这一点。即便我们希望通过音乐和气味的正面刺激来提升顾客的感官体验，我们仍需要考虑气味和音乐如何协调和搭配，以获得理想的顾客反应。

扩展资料 10.2

气味与音乐在服务场景中的匹配

服务环境的设计是否能够对顾客的体验施加积极影响取决于环境中香气氛围的营造。但若叠加背景音乐的影响，商家则还需要考虑这两种元素的搭配。学者们在一家礼品店做了一项现场实验：他们选取了两种不同类型的音乐和两种不同的香气，这些音乐和香气都被认为是令人愉快的，区别是它们对人的刺激程度不同。在不同的搭配情况下，学者们衡量了顾客的购物欲望和满意度。

试验中使用的音乐是民族音乐学家伊丽莎白·迈尔斯（Elizabeth Miles）的"精神调谐"系列。低刺激度音乐是放松的、慢节奏的，高刺激度音乐则是充满动感、快节奏的。与此相同，香气也被分成了高低两种刺激度。薰衣草香以其放松和安神的功效而被用于低刺激度的气味；葡萄柚香气被用于高刺激度气味，因为它能够提神醒脑、使人重新焕发活力。

试验结果显示，同等刺激度的气味与音乐相匹配时，更能带来积极的顾客反应。比如，当商家用低刺激度的薰衣草香，并配合慢节奏的音乐时，顾客的满意度更高，购物欲望也更强。如果用薰衣草香配合快节奏音乐，则没有这种效果。而当商家播放快节奏的音乐时，用高刺激度的葡萄柚香带来的顾客反应也比使用薰衣草香更好。图 10.9 和图 10.10 清楚地展示了这个结论。一些相关的研究表明，不仅是气味和音乐，店内的广播、张贴的海报等形成一致的风格是非常重要的。只有当服务环境中各个元素一起作用，形成稳定而一致的氛围，顾客的回应才会更加积极。

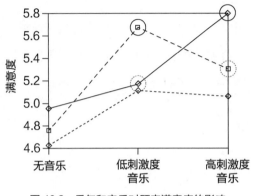

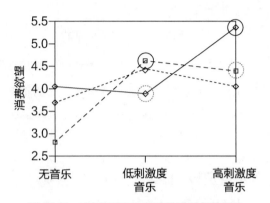

图 10.9　香气和音乐对顾客满意度的影响

图 10.10　香气和音乐对顾客消费欲望的影响

图例：香气情况

- - - - - - - - 无香气
- - - - - 低刺激度香气
———— 高刺激度香气

匹配情况

⬭ 匹配　　⬯ 不匹配

注：两张图标的刻度都是1~7，7是最激烈的反应。实线圆圈显示的是匹配的状态，即音乐和香气同为刺激性的或者同为放松性的。虚线圆圈是不匹配的状态，即音乐和香气中的一个是刺激性的，另一个是放松性的。

上述的结论是：服务业商家需要将气味与服务的特点进行谨慎的匹配。而且，很可能使用单一的气味要比复杂的气味效果更好。但不管怎样，商家都需要做现场测试，要监控销售额，以及观察顾客的购买行为并了解顾客认知。只有这样，才能找到适合服务环境的最佳香气方案。

色彩

除了音乐和气味，学者们发现色彩对人的感觉也有重要的影响。色彩可以给人不同的感受：它可以让人情绪高涨，或者让人安静，或者让人不安。色彩的表现力强，又兼有文化和符号学的意义。色彩无处不在，让我们的生活变得更美、更加多彩。

关于色彩的心理学研究，大家普遍应用的是孟塞尔颜色系统（Munsell Color System），这种方法是透过色相（hue）、明度（value）以及色度（chroma）三个维度来描述颜色的方法。色相为区分两种颜色的特性，比如不同颜色的名字，如红色、橙色、黄色、绿色、蓝色、紫色。明度是指颜色从暗到亮的程度，从纯黑到纯白。色度是指颜色的强度或饱和度，一种颜色的色度越高，会让人觉得更饱满和生动，反之，则让人觉得黯淡和乏味。

色相可以分为暖色和冷色。暖色包括红色、橙色和黄色，橙色是最暖的颜色；冷色包括蓝色和绿色，蓝色最冷。人们可以利用颜色来设计环境给人的冷暖感觉。比如，如果紫色让人觉得过于温暖，商家可以减少其中红色的成分，从而让它变得冷感更强；或者如果觉得红色还不够暖，就可以增加更多的橙色。暖色更容易让人联系到兴奋与活跃的状态，但同时也会加剧焦虑。冷色则能够平缓人的情感，使人平静、镇定，并产生爱意与幸福的感觉。表10.3总结了人们普遍对不同色彩的联想与反应。

表 10.3　人们对不同色彩的普遍联想与反应

颜色	冷暖度	自 然 象 征	对颜色产生的反应和联想
橙色	最暖	落日	情感、表达力和温暖
黄色	暖	太阳	乐观、纯净、智慧、情绪调动
红色	暖	地球	高能量和激情、兴奋和刺激、表达力、温暖
绿色	冷	生长、草地和树木	养育、拯救、无条件的爱
靛蓝色	冷	日落	冥想与灵性
紫色	冷	紫罗兰花	灵性、纾解压力、内心的宁静
蓝色	最冷	天空和海洋	放松、平静、忠诚

　　服务环境的相关研究表明，尽管人们对色彩有不同的偏好，但大多数人还是更容易被暖色吸引。暖色能加快顾客的决策速度，特别是对于那些参与程度较低的购买决策，而且暖色更能激起顾客的购物欲望。当顾客需要更多时间来思考高参与度的购买决策时，冷色的环境更适合。

　　在色彩与光线的有效运用上，波音787梦幻飞机和空客A350的客舱设计是个非常好的案例。飞机客舱里的灯曾经只有开和关两种选择，但自从发光二极管（LED）用于照明的技术问世以后，光线的色彩开始变得越来越丰富。设计师开始在实验中尝试将各种颜色的光线用于客舱的照明，并同时进行用户调查。比如，对于正在登机的乘客，粉紫色的光线是否比琥珀色的光线更能让乘客放松和安宁？光线是否可以用于防止顾客的时差反应？芬兰航空A350的客舱有20多种不同颜色的灯光设置，对应长途飞行中的不同阶段，比如20分钟的"日落"光线。这家航空公司还将色彩与目的相对应，比如飞机飞往亚洲时，光线是温暖的琥珀色；而当飞机到达芬兰时，光线颜色则是偏冷的"北欧蓝"。同样，维珍大西洋航空公司的787飞机也有一些独特的光线色彩设计。比如，登机时是玫瑰香槟色，提供饮品时是粉紫色，晚餐时是琥珀色，睡觉时和醒来时是银色。维珍大西洋航空公司的设计师这样表示："我们一直想要在飞机上营造各种不同的氛围，而光线的利用是必不可少的。"有的光线可以让乘客精神焕发，也有的光线可以让乘客迅速放松下来。

虽然我们对色彩的影响有了一定认识，但应用在实际的服务场景中时仍需谨慎。曾经有一家以色列的运输公司，为了体现环保的理念，它把公司的巴士车喷涂成了绿色。结果，这个看似简单的做法，却出人意料地引起了绝大多数人的负面反应。一些乘客觉得绿色巴士很容易和自然环境中的绿色混在一起而难以发现；还有一些乘客从审美角度觉得绿色没有吸引力；另一些乘客觉得绿色容易引发一些负面的联想，比如恐怖主义，或者大盘下跌。

空间布局与功能

学习目标：确定空间布局与功能在服务环境中扮演的角色

除了环境条件，空间与功能是服务环境中的另一个重要维度。因为服务环境参与着服务的交付，需要满足顾客的目的和需求。因此，空间和功能就显得尤为重要。

空间布局指的是平面布置图。包括家具、柜台和可能涉及的机器设备的大小、形状，以及如何摆放它们。

功能指的是上述这些物品参与和促进服务生产的能力。这两个维度决定了服务设施是否能为顾客提供便利的服务。一些空间布局与功能缺陷的例子，包括咖啡厅中桌子靠得过近、银行柜台过低容易泄露顾客隐私、教室里不舒服的座椅，以及停车位不足等。这些情况都可能使顾客产生负面印象，影响顾客的消费体验和行为，让顾客对服务设施的运行感到不满。

标志、符号和人工物品

学习目标：理解标志、符号和人工物品的作用

服务环境中的许多事物都包含着信息，明显或含蓄地传达着商家的意图。比如，一些东西引导顾客到他们想去的地方，传递服务脚本（比如，引导顾客排队），对于首次来访的顾客，他们会自觉地从服务环境中获得信息，来指导他们完成整个服务流程。

标志是一种明显的信息指引。比如，标志可用作：① 标签（如部门名称或柜台的指示牌）；② 方向指示（如服务台入口、出口、通往电梯或卫生间的指示等）；③ 传达服务脚本（如排队取号并等待被叫，或在用餐后清理餐盘）；④ 行为准则提醒（如提醒顾客在观看演出时手机关机或调为静音模式）。顾客越是在大型、复杂或不熟悉的服务环境下，就越需要清晰和直接的标志，比如，地板上的路线指引标识可以减轻顾客压力，提升顾客满意度。通过图 10.11，你可以全面地了解一个设计合理的标志能够给顾客与商家带来哪些好处。

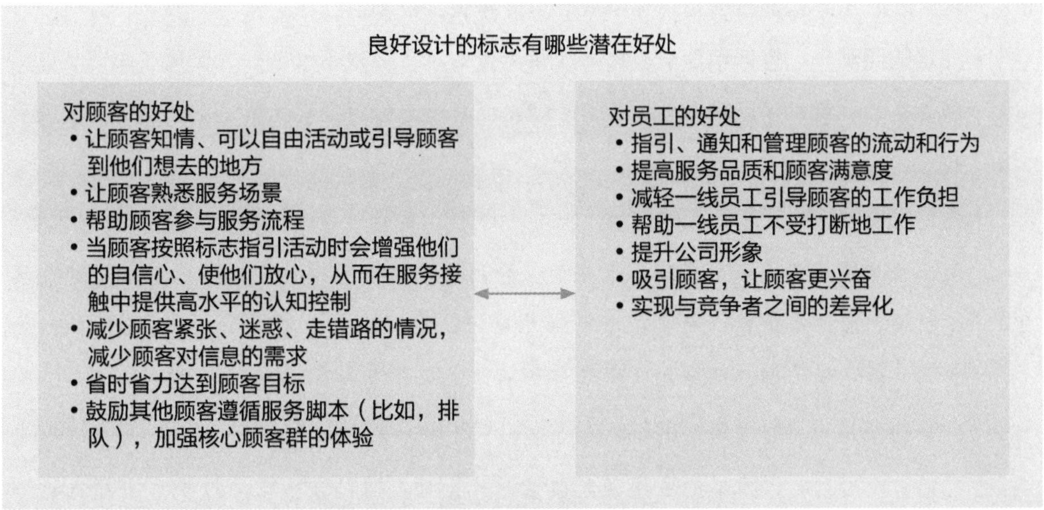

良好设计的标志有哪些潜在好处

对顾客的好处
- 让顾客知情、可以自由活动或引导顾客到他们想去的地方
- 让顾客熟悉服务场景
- 帮助顾客参与服务流程
- 当顾客按照标志指引活动时会增强他们的自信心、使他们放心，从而在服务接触中提供高水平的认知控制
- 减少顾客紧张、迷惑、走错路的情况，减少顾客对信息的需求
- 省时省力达到顾客目标
- 鼓励其他顾客遵循服务脚本（比如，排队），加强核心顾客群的体验

对员工的好处
- 指引、通知和管理顾客的流动和行为
- 提高服务品质和顾客满意度
- 减轻一线员工引导顾客的工作负担
- 帮助一线员工不受打断地工作
- 提升公司形象
- 吸引顾客，让顾客更兴奋
- 实现与竞争者之间的差异化

图 10.11　一个设计合理的标志带来的好处

对于服务场景的设计师来说，他们所面临的挑战是如何运用符号、标志和人工物品贯穿服务全程，清晰地引导顾客，尽可能用直观的方式传达服务脚本。这一点在新顾客较多的情况下（比如机场或医院），或者顾客人数较少的环境中，或者自动化程度较高的环境中（比如自助银行）尤为重要。

如果顾客在服务场景中不能收到清晰的信息指引，他们很可能会迷失，并由此产生焦虑不安，甚至愤怒的心情。想想你是否曾在不熟悉的医院、购物中心或政府办公楼跑上跑下却走错部门？特别是当标志和方向引导非常不清晰时。请阅读下面的扩展资料 10.3，这是一篇关于停车场标识设计的资料。停车场往往是顾客与服务场所的第一个接触点，在这个不能再普通的服务环境中，我们依然可以应用服务环境设计原则。

停车场设计指南

在许多服务场所，停车场非常重要。在停车场有效地利用标志、符号及人工物品为顾客提供引导，可以体现出商家良好的服务环境设计水平。

- **友好的警告标识**——在传达警告信息时，标识要从顾客的利益出发。比如，"消防通道——为了大家的安全，请你不要在消防通道上停车"。

- **充足的照明**——为停车场所有区域提供充足的照明。这不仅可以方便顾客，而且能提高安全性。商家可以发一条提示信息"本停车场为你的安全提供了充足照明"来吸引顾客的注意。

- **帮助顾客快速找到车所在的位置**——在一个巨大的停车场里，忘记自己车停的位置，对车主来说简直是一个噩梦。很多商家会用颜色区分不同的停车楼层，来帮助顾客记忆他们的停车位置。商家还会用符号来标记不同的停车区域，比如用不同的动物符号。波士顿的洛根机场在这方面还有妙招，他们为停车场的每一层安排了一个和马萨诸塞州相关的主题。比如，骑马的人、灯塔、女性马拉松选手等。当顾客在等电梯时，会听到与该楼层的主题匹配的音乐。比如，在以波士顿马拉松为主题的这一层，播放的主题曲是来自一部关于奥林匹克运动员的奥斯卡获奖电影。

- **残疾人、孕妇专用车位**——法律规定，商家要为残疾人提供专门的停车位。这个专门车位常常有一张特殊的标识贴纸。还有一些心细的商家提供了孕妇专用的停车位，商家会喷涂一个蓝色或粉色的鹳鸟的标志以示区分。这一举动体现出商家的关怀意识以及对顾客需求的理解。

- **清晰的标线**——路肩、人行横道和停车位的标示线应该经常重新喷涂，避免标示线不清。主动和经常重新喷涂会给人整洁感，并提升商家的正面形象。

人也是服务环境的一部分

学习目标： 了解为什么服务员工和顾客都是服务场景的一部分

服务业员工和顾客们的仪表和举止也是服务环境的一部分，可以加强或减弱一个服务环境给人的印象。因此，在评估服务场景品质的时候，我们也需要把这些社会层面的维度想清楚。在服务业，有"员工美学"这个词，就是用来传达那些一线员工外在形象的重要性。在迪士尼主题公园，员工被称为演职人员。不管是扮演灰姑娘，还是 7 个小矮人，或是玩具总动员里巴斯光年的明日岛的运营人员，甚至是园区的清洁工，都有和其场景相匹配的服装。当他们穿上这些服装，就进入了角色，开始为游客们"表演"。

与此相似，顾客也不是只能作为服务环境的欣赏者，顾客自身的行为举止和仪表也参与了服务环境的营造。而商家在做营销传播时，也会寻求把顾客作为服务环境宣传的一部分传达给更多潜在顾客。在酒店业和零售业，新顾客往往会先考察老顾客的评价，再来决定是否前往。

整合所有的服务环境维度

学习目标：知道为什么服务环境设计必须考虑和整合全部维度，而且要从顾客的角度出发

尽管个体往往只关注服务环境的某一方面的特点，但决定顾客反应的是整个服务环境，顾客是从整体上感知服务环境的。

以全局视角进行服务环境设计

一种颜色和光泽暗淡的地板是不是一处服务环境的最佳选择？这取决于这个服务环境中的其他方面。比如，服务类型、色彩方案、家具材质、照明条件、宣传材料、整体品牌感知和公司定位等。服务环境是一个整体，环境中的各个维度都是相互依存的，因此，任何一个维度优化都不可能是孤立的。

因为服务环境需要作为一个整体来安排，这使它成为了一门艺术，而且门类的分工更加细化。因此，环境设计师往往只专门负责某一特定类型的服务场景。比如，一些著名的室内设计师只关注酒店大堂的设计，还有一些设计师只专注于餐厅、酒吧、俱乐部、咖啡店、小酒馆、商店和医院等。

到目前为止，我们在本章探讨的服务场景都是有形的。但是，由于近些年来虚拟现实和增强现实等新技术的兴起，很多服务场景开始变得虚拟化，甚至替代了有形服务场景

（请参考扩展资料 10.4）。但不管怎样，我们在本章中学到的很多知识依然是适用的，比如音乐和色彩。有些维度的重要性会减弱，比如气味。同时，一些新的维度在虚拟服务场景中会变得更重要，比如点对点的在线互动。

扩展资料 10.4

2050 年去东京迪士尼乐园会是怎样一种体验？

星期天早上 8:55，由里子和她的朋友们在迪士尼乐园的门口见面。9 点整，他们走进大门，一天的迪士尼乐园之旅开始了。由里子和朋友们首先收到了一份活动日程，这份日程是根据这群朋友在过去几周的活动和心情量身打造的，自然也把他们对动漫的共同爱好考虑了进去。在游乐园玩的时候，他们无须为等候座位浪费时间，玩的每项游乐设施刚好有足够他们所有人的座位，而且完全不需要排队。一天下来，他们不光玩了日程上的所有项目，还看了早上的列队表演，偶遇了学校里的朋友们，一起吃了午饭，还和他们喜欢的动漫角色合影。最后，他们互相道别并离开了游乐园。

结束了这场"虚拟"游园，由里子关掉了她家中的 5D 模拟器。她不需要给迪士尼乐园提供反馈，因为游乐园已经通过捕捉她的情感和认知反应了解了她的感受。她也不需要在社交媒体上分享这次活动，那些难忘的时刻和有趣的花絮，已经按照她自己设定的分享规则自动上传到了她的社交媒体。不久，她收到了东京迪士尼乐园的一条通知，由于她的满意度已经超出了商家的保证，这次游玩的费用已经自动从她的银行账户中扣除了。

这时，由里子收到了一条信息，是她的朋友邀请她下周再去迪士尼乐园，她因为有其他安排不能前往了。但她的朋友们并不会因此受到影响，因为由里子可以通过系统选择通过她的虚拟替身来参加，因此，她同意了邀约并设置了一个查看这次活动情况的时间。系统通过学习由里子对游乐场里不同活动的偏好，为她创造出了一个足以乱真的虚拟替身。这时她停下来并开始思考是否要让朋友们知道，要和他们一起玩的并不是真正的自己。就在此时，她发现刚才在迪士尼乐园一起玩的一个朋友发了一条社交媒体动态，是他正在和另一群朋友吃午饭，而他当时本来应该是和自己一起在迪士尼乐园的。于是由里子会心地笑了，她开始想她的曾祖父母们对 2050 年的世界是怎么想的呢？

从顾客的角度出发设计服务环境

不少商家在设计服务环境时仅强调了视觉的美感，却忘记了最重要的因素——顾客才是服务环境的使用者。比如，有一家五星级的高端酒店经过了各种考究的设计，然而，在开业时才发现，酒店没有设计引导顾客从舞厅到洗手间的清晰的标志，标志要么不存在，要么是用哑光金色刻在同样暗色的大理石柱上。酒店的装修如此豪华，却明显忽略了一些重要的标志。另一个设计缺陷发生在一个大城市新建的机场里，那里有一面彩色玻璃做成的隔断。一名旅客在里面走的时候，他的行李箱不小心轻轻扫到了隔断，结果整面隔断震动起来，隔断上的一些板块也拼合不到一起了。这时，一名机场员工急急忙忙跑过来，开始重新组合那些松散了的板块（真是万幸哪儿都没坏）。这名旅客一个劲儿地道歉，员工却说："别担心，这种事情经常发生。"机场里的隔断是重要的旅客通行区域，真不知道内部设计师在设计这面隔断的时候是怎么想的。服务学专家罗恩·考夫曼这样评论服务环境设计缺陷：设计师很容易陷入一种误区，就是把东西设计得更酷、更优雅或者更新潮。但是如果设计师没有从头到尾从顾客的角度出发，这份投入可能就是失败的。

沿着相似的脉络，我们总结出了服务环境中容易惹怒购物者的一些方面：

环境状况(按照严重程度排序)：

—— 商店不够卫生。

—— 商店里太热。

—— 音乐的音量过大。

—— 气味不佳。

环境设计中的一些缺陷：

—— 更衣室里没有镜子。

—— 找不到想去的地方。

—— 方向引导不足。

—— 店内物品的陈列让顾客感到迷惑。

—— 空间太小。

—— 在大型购物商场中迷路。

为了从顾客角度出发来设计服务场景，商家必须了解顾客是如何使用它的。一项针对公共交通系统——一项具有高度功能性和实用性的服务的深入研究显示：顾客主要通过3种方式使用服务场景：① 找到服务环境中的资源，包括人力和服务设施，并尝试了解如何使用它们（比如，寻找公交站、时刻表、地图、公交车辆、服务员工或其他乘客）；② 理解其意义，理解这些资源并知道如何使用它们（比如，看懂地图和时间表）；③ 使用资源来实现消费目标，即解决他们的实际问题（比如，在地铁图中找到到达目的地的路线）。这项研究的意思非常明确：服务场景的设计需要直观（易于发现）、有意义（易于理解）并易于使用，来帮助顾客解决实际问题。

现在，服务环境中的视觉设计越来越复杂，在一定程度上影响了顾客的信息处理，降低了他们的满意度。这项针对高度功能性和实用性服务的调查结论表明：服务业商家最好使服务场景不那么复杂，从而方便顾客理解和使用。

当然，对于享乐型服务来说，顾客使用服务环境的目标与实用性服务不同。他们的目标是为了获得他们想要的体验（比如，为了获得乐趣、放松或社交）。我们将在扩展资料10.5中以迪士尼乐园为例，看看他们在设计服务环境中的细微之处。

扩展资料 10.5

迪士尼魔法王国的环境设计

沃尔特·迪斯尼是服务环境设计方面无可争议的大师之一。他对环境设计细节无微不至的关注已经成为其公司文化的一部分，并且无处不在地体现在迪士尼主题乐园的设计中。比如，从入口到魔法王国的中央大街，从游客的视觉角度看起来比其实际长度要更长更壮观，数不清的服务设施和景点坐落在中央大街的两侧。这样的设计让游客们迫不及待地开启这段进入城堡前的漫长旅程。然而，当游客看到城堡背面到入口的这段斜坡，中央大街的长度又比其实际长度看起来更短，从而让游客感觉疲劳得以缓解，再次焕发活力。这样的设计让顾客们更愿意在中央大街上漫步，从而减少了乘公交车的乘客数量，避免了交通堵塞。

蜿蜒的步道和途中大量的景点让游客们一直处在娱乐之中，游客们既可以参与他们安排好的娱乐活动，也可以观看活动中的其他游客。垃圾桶的数量很多，而且在游客需要的时候总能轻易找到。这样做给游客传达了清晰的信息，即乱扔垃圾是不允许的。此外，迪士尼乐园会定期喷涂服务设施，从而让游客了解服务设施经过了高水平的定期维护和清洁。

迪士尼乐园的服务场景设计和维护让游客们更真切地获得了良好的服务体验，游客们感觉更加开心和满意。这样的设计不仅可以在迪士尼的主题公园里找到，在迪士尼的游轮和酒店中也可以发现。

服务场景设计可以用到的工具

商家该怎么知道顾客是如何使用服务场景的呢？顾客喜欢的方面和讨厌的方面又是哪些呢？下列工具可以帮助商家解决这方面的疑问。

- **密切观察顾客在服务环境中的行为和反应**。从一线员工到管理层都应该参与进来。

- **来自顾客和一线员工的反馈和意见**。商家可以采取一系列手段，比如，浏览社交媒体、分组座谈、用户调查等，如果所开展的用户调查关注的是服务环境设计，那么这个调查也被称为环境调查。

- **照片分析**。可以请顾客（或者雇一名神秘顾客）拍下他们在使用服务场景过程中的经历，并以这些照片为基础分析顾客的体验，或将其作为服务场景调查的一部分，进一步采访顾客。

- **现场试验**。用这种办法，商家可以在一个服务环境中不断调整某一项特定的维度，并观察顾客的反应有何变化。比如，商家可以在试验中尝试多种不同类型的音乐或香气，然后观察顾客花费的时间和金钱是否有变化。如果现场条件不允许，商家也可以通过图片、视频或用虚拟技术营造出一个服务环境（比如，虚拟旅行），然后再调整某一项特定的维度，并观察顾客的反应。色彩、空间布局或家具风格等测试常常用这种虚拟现场的方式来完成。

- **蓝图或流程图**。如我们在第八章学过的，商家可以在服务环境中增加有形证据。因此，商家可以记录下在服务交付过程中顾客接触到的设计元素和有形线索，还可以使用照片作为辅助，使流程图看起来更加生动。

利用这些工具，商家可以了解在顾客旅程中的不同环境元素是否满足了顾客预期。如果可以做到从普通顾客的视角看到和体验服务环境，商家就能意识到环境设计上的缺陷，同时保留和发扬那些顾客青睐的设计。

结　论

服务环境在顾客对公司形象和定位的感知方面发挥着重要作用。由于服务质量很难评估，顾客往往把服务环境作为一项重要的参考来判断服务质量。一个设计良好的服务环境不仅能让顾客感觉良好、对服务更加满意，也能让商家去影响顾客的行为（比如，让顾客更加遵循服务脚本，或者增强他们的消费欲望），同时还能提高员工的服务生产力。

第11章

通过人员管理获得服务优势

我们是一家典型的以人的运营为基础的公司，你找不到一个像我们这样依赖人的行为的消费者品牌了。

——霍华德·舒尔茨（Howard Schultz）星巴克CEO

以往"人才是最重要的财富"的说法是错误的。应该说"合适的人才才是最重要的财富"。

——吉姆·柯林斯（Jim Collins）咨询师、教师、畅销书《从优秀到卓越》的作者

顾客对你的满意度来自你为他们创造的价值比别人更大……而这些价值是由高满意度、高积极性、高忠诚度、高生产力的员工创造的。

——詹姆斯·赫斯科特、厄尔·萨瑟、莱昂纳德·施莱辛格

（James Heskett，Earl Sasser，and Leonard Schlesinger）哈佛商学院现任和前任教授

学习目标

通过本章的学习，你将可以：

1. 解释为什么服务员工对公司的成功至关重要。

2. 了解是哪些因素导致一线员工的工作如此要求严苛又充满困难。

3. 理解服务行业人力资源管理中的失败循环、平庸循环和成功循环。

4. 了解服务人才循环的关键要素，实现成功的人力资源管理。

5. 知道如何吸引、选择和雇用合适的人来从事服务工作。

6. 解释服务业人员需要培训的关键领域。

7. 了解内部营销和传播的作用。

8. 了解为什么授权在一线工作中如此重要。

9. 阐述如何打造一支高绩效服务员工团队。

10. 了解如何跨部门、跨职能整合团队。

11. 知道如何激励和动员员工以实现卓越服务和强大生产力。

12. 了解什么是以服务为导向的文化。

13. 了解服务风气和服务文化之间的区别，并描述哪些因素决定了服务风气。

14. 说明服务业公司中领导者需要具备的品质。

15. 了解不同的领导风格，了解树立榜样以及关注基础工作的重要性。

引文：星巴克的客户旅程管理

星巴克作为一家典型的服务型企业，投入大量精力研究如何在一线面对顾客时，为他们提供最优质的服务和产品。从顾客在脑海中计划去星巴克开始，直到购买结束后的评价，构成了一次完整的客户旅程，星巴克抓住了每一个接触点，努力让顾客获得正面感受和丰富的体验。而这需要非常精密的管理以及对一线服务员工的高要求。

（1）**预期**。当目标顾客在办公室决定去星巴克买咖啡时，他们心中已经构成了预期。星巴克要做的是不能让他们在这一过程中产生担忧情绪。比如，人是否太多？附近是否难以停车？点单是否不便？这要求星巴克提前预设好店面位置、外观和线上点单程序等，让客户在前往的过程中提升预期值。

（2）**进入**。第一印象往往是最重要的，顾客在踏入店门的那一刻就会对整体的气氛有一个评估。恰到好处的背景音乐、良好的气味、优美的室内装饰，都是增加顾客进入体验的因素。此外，员工的热情欢迎也是至关重要的一点。进店得到冷遇可能会让顾客觉得疏离甚至被冒犯。

（3）**参与**。顾客排队、点单、付款、坐下、品尝和在店内工作或娱乐的一系列行为，都可以被归纳为参与过程。这是顾客与星巴克交互最为频繁的阶段。此时一线服务员工发挥了重大作用，他们需要保证顾客的体验是舒适的，比如提供温暖的问候语、礼貌的询问，还需要保证工作的效率是令人满意的，比如快速保质地做好咖啡以避免长时间的等待，点单过程熟练以免顾客需要过多的解释和质询。这需要员工有极高的素质和经验。

（4）**离开**。顾客离开的时候可能是打包带走，也可能是喝完离开。此时他们需要的是得体且便捷的包装、员工的注视和真诚的告别。如果想要在此时加深良好的印象，也可以为他们提供自助的糖和牛奶、免费试用新的咖啡品种和小食，在最后时刻丰富顾客本次旅程的经历。

（5）**评价**。最终客户旅程以顾客对品牌的评价收尾。这包括了对产品以及对服务的评价，以供星巴克根据反馈优化客户旅程管理，做到精益求精。

一线的服务工作往往是琐碎且重复的，而要让顾客拥有优质的体验，服务业的员工至关重要，他们不仅代表了品牌的形象，也提供了品牌给顾客的服务和产品。从星巴克客户旅程管理的例子中，我们也可以窥见人员管理的重要性。

服务业员工至关重要

学习目标： 了解为什么服务员工对公司的成功至关重要

服务行业员工的素质，尤其是那些在一线岗位上面对顾客工作的员工的素质，直接影响着一家公司商业上能否成功以及是否可以实现盈利。对于商家来说，为一线员工的投资是一项关键的投入，它关系到商家能否为顾客提供卓越的服务，以及能否在市场上获得竞争优势。高效的人力资源管理可能给商家带来惊人的商业回报和财务回报。所以，我们认为服务营销基本要素 7P 中的人（people）至关重要。

服务行业中要求最高的工作是一线的工作，与顾客直接打交道的一线员工跨越了公司内部和外部的边界。商家要求这些一线员工能够快速、高效地处理工作；要求他们与顾客打交道时要彬彬有礼、乐于助人。在当今大多数成功服务业公司的背后，一定都会有一个高效和可靠的人力资源管理系统，负责员工的招聘、选拔、培训、激励和留存。人力资源管理优秀的公司懂得为员工投资，知道这样做会获得经济回报。这样的公司往往还拥有独特的领导文化，高层管理人员能发挥榜样作用。当良好的人力资源策略与各层级强有力的领导力相结合，就能为公司带来可持续的竞争优势。而且，与其他的公司资源相比，人力资源更具有不可复制性，让对手难以追赶。

卓越服务和生产力的核心是人，是那些高素质、有干劲的员工。读完这一章，你将知道如何在服务行业进行有效的人力资源管理，以及如何招募忠诚、满意、积极、高效的员工。本章的知识点框架如图 11.1 所示。

员工是顾客忠诚度和公司竞争优势的源泉

几乎每个人都可以讲述一段他们在接受某项服务时的糟糕经历和美好的服务体验。在这些故事里，少不了的是形形色色的服务从业者。他们有的冷漠、有的无能、有的甚至像个恶棍；但也有一些服务者，他们就像英雄，他们在需要的时候出现，他们善解人意、技能高超、竭尽全力帮助顾客。你可能也有自己的故事，故事里既有恶棍，也有英雄。而且，和大多数人一样，你谈论更多的往往是前者而不是后者。

服务业一线员工至关重要

他们

- 是服务产品的核心组成部分
- 在顾客眼中就是服务业公司本身
- 是品牌的核心部分，传递品牌承诺
- 销售、交叉销售、向上销售
- 决定了服务生产力的高低

人力资源管理是一项挑战

一线工作充满困难和压力

- 员工是跨界者，连接公司与外界
- 员工的角色冲突导致角色压力
- —— 商家要求和顾客要求的冲突
- —— 员工自己与工作角色的冲突
- —— 顾客之间的冲突
- 需要情绪劳动

服务业公司员工管理的基本模型

- 失败循环
- —— 低薪，对员工低投入，员工流失率高
- —— 导致顾客满意度低、流失，公司盈利变差
- 平庸循环
- —— 组织作风官僚化、工作有保障但范围狭窄，死板
- —— 缺乏服务顾客的动力
- 成功循环
- —— 高投入用于一线员工的选拔、发展、奖励
- —— 员工全心投入并且生产力高
- —— 顾客满意且忠诚度高，公司盈利能力增强

怎样做到优秀的人力资源管理——服务人才循环

雇用合适的员工

- 成为受青睐的雇主，并在人才市场上和其他商家竞争
- 加强选拔程序来找到合适的员工
- —— 剔除不合适的求职者
- —— 多轮次多维度面试
- —— 观察求职者的行为
- —— 性格测试
- —— 为候选者提供试用

给员工赋能

培训与发展

- 加强选拔程序来找到合适的员工
- —— 公司文化、宗旨和战略
- —— 人际交往与技术能力
- —— 公司所提供产品或服务的相关知识
- 加强培训以塑造员工行为
- 让一线员工专业化
- 内部营销与传播塑造服务文化与员工行为

为一线员工授权

- 让员工决策如何做好服务并为顾客提供个性化服务
- 依据业务模式和顾客需求设定适合的授权级别
- 授权需要：① 共享绩效表现的信息；② 分享关于解决问题的知识；③ 给予员工决策权；④ 基于业绩的奖励

打造高绩效服务团队

- 建立跨职能团队为顾客提供端到端的服务
- 打造成功的服务团队（如合理设置目标、谨慎选择团队成员，包含实现目标所需的技能）
- 跨部门跨职能整合团队（内部轮岗、"将心比心""现场一日"活动）

对员工的激励

- 善用奖励手段激励和动员员工
- 奖励包括：薪酬、绩效奖金、满意的工作内容、反馈与认可、目标实现

服务文化、风气和领导力

服务文化

- 大家对公司最重要的事情的共识
- 关于为什么这些事情很重要的共同价值观和信念

服务风气

- 服务风气是文化中可以被看到和感受到的政策、实践、流程
- 服务风气就是员工们对于哪些做法是得到公司支持和鼓励的一种共同认知

领导力

- 成功领导具备的素质
- 一线是整个公司的重中之重

图 11.1　知识点框架——通过人员管理获得服务优势

从顾客的角度来看，服务业员工之所以很重要是因为顾客要在服务过程中与他们发生接触。但从商家的角度来看，商家最看重的是一线员工的服务水平和提供服务的方式，因为这将强烈影响商家是否能取得竞争优势并实现和竞争对手的差异化。下面，我们将总结员工对顾客和商家如此重要的原因。

- 员工是服务产品的核心组成部分。通常，员工是服务中最明显的元素，他们提供服务并极大地影响服务质量。

- 员工就是服务公司本身。从顾客的角度来看，一线员工代表着服务的提供者，他们就是公司。

- 员工是公司的品牌。一线员工所提供的服务往往是品牌的核心部分，员工决定着品牌承诺是否兑现。

- 员工直接影响着顾客的忠诚度。一线员工在预测客户需求、定制服务交付和与客户建立个人关系方面发挥着关键作用，通过这些活动的有效执行，就能提高顾客的忠诚度。

- 员工决定着服务生产力。一线员工对一线运营的生产力有重大影响。

只有态度积极、充满干劲的员工才是服务成功的核心，员工越来越成为商家创造和保持竞争地位和优势的关键因素。

为了直观地显示服务业员工对顾客忠诚度的重要影响，詹姆斯·赫斯科特（James Heskett）和他的同事们开创性地创造了"服务利润链"（Service Profit Chain），它整合了管理流程中的各个环节，并将其作为一套理论确定下来（参考第 1 章）。它展示了以下环节之间的关系链：① 员工满意度、留存率和生产力；② 服务价值；③ 顾客满意度和忠诚度；④ 公司的收入增长和盈利能力。与制造业的"车间工人"仅面对产品不同，服务业员工始终与顾客保持着联系。有确凿的证据表明，员工满意度和顾客满意度是高度相关的。因此，本章的重点是学习如何拥有满意、忠诚和高效的服务员工。

低接触度服务中的一线员工

大部分关于服务管理的研究都更多针对高接触度的服务。然而，许多服务类型正在经历由高接触度向低接触度的转变，比如，在呼叫中心。人们通过声音联系，无须面对面。此外，我们还看到越来越多的自助服务、人工智能和服务机器人的应用。这些服务接触不再涉及一线员工。鉴于这个趋势，我们不禁要问：一线员工真的还很重要吗？

对大多数人来说，每年拨打客服热线或需要找移动运营商客服的次数不会超过一到两次。即使我们需要那么做，往往也不是因为服务的基本功能问题，而是一些我们无法自行解决的特殊要求。然而，恰恰是这些为数不多的接触决定了顾客对商家的看法。比如，顾客可能会说："你们的客户服务非常好，每当我需要帮助时都可以打电话给你们，这也是我选择你们银行的原因之一。"顾客也可能说："你们的服务烂透了！"因此，顾客与一线员工进行的互动是至关重要的"关键时刻"，它决定了顾客对公司的看法和公司的品牌价值。

一线工作充满困难和压力

学习目标： 了解是哪些因素导致一线员工的工作如此要求严苛又充满困难

服务利润链的核心是员工。顾客的忠诚度和满意度是由高绩效、高满意度的员工来实现的（详情请见第一章）。然而，这些和顾客打交道的一线员工从事的是要求最严苛的工作。也许你也曾在此类岗位上工作过，因为这类岗位很常见，特别是在医疗保健、酒店、零售和旅游等行业。有这样一个广为流传的故事：一位捷蓝航空（JetBlue）的空乘人员，在工作了 28 年时突然辞去了工作，原因是在一次工作中他遇到了一个很挑剔的乘客，这位乘客因为行李问题骂了他。于是，这个空乘人员通过飞机上的广播公开回击了这个乘客。最后，这个空乘表示他受够了，并打开紧急滑梯跳下飞机。这是一个员工难忍工作压力的例子，接下来，让我们一起来看看为什么这些服务工作对人的要求如此之高（你也可以联系自己的经历，但需要注意，短期的兼职服务工作和全职服务工作所带来的压力可能存在差异）。

服务业员工是跨界者

组织行为学上将服务业员工称为跨界者（boundary spanners），他们所在的位置是公司与外部之间的边界，他们是公司内部与外部的连接桥梁。这种跨界的角色往往给服务业员工带来冲突，特别是直接和顾客接触的服务人员，他们既是服务的提供者又是服务的营销者，他们面临着运营和销售的双重目标，而这种多重角色往往会导致冲突和压力。我们接下来将讨论这一点。

角色冲突和角色压力的来源

一线岗位的角色冲突和角色压力主要来自 3 个方面：商家要求和顾客要求之间的冲突、员工自己与工作角色的冲突、顾客之间的冲突。

商家要求和顾客要求之间的冲突。 我们刚才说过，一线服务人员面临着运营和销售的双重目标。首先，商家要求员工去取悦顾客，这需要时间。而同时员工又不得不快速、高效地完成运营任务，这对员工提出了更高的要求。其次，员工还需要扮演销售的角色，包括交叉销售和向上销售。我们常常听到服务员工的推销，比如理财顾问会说"现在你需要开一个账户专做孩子的教育储蓄"，或者酒店服务人员告诉你"每晚只需多花 35 美元，你就可以升级到高级套间"。这种多任务的角色给一线服务人员带来冲突和压力。

最后，公司规定的服务和定价都是通过一线员工来执行的，如果顾客对服务和定价不满意，员工还是不得不冒着得罪顾客的风险来执行公司规定，比如"抱歉，我们餐厅不提供冰水，但你可以选择我们的纯净水或者碳酸矿泉水"，或者"很抱歉，但我们不能免去你的支票兑换手续费，因为这是本季度第二次了"。这种冲突也被称为"双老板困境"（two bosses dilemma），因为对员工来说，除了真实的老板，顾客也是"老板"，而员工必须在执行公司规定和满足顾客需求之间做出不愉快的选择。如果一家公司不以顾客为导向，这个问题会更加明显。

员工自己与工作角色的冲突。 服务人员的自身性格、自我认知可能会和他们的工作角色冲突。比如，有的服务工作需要员工保持微笑，甚至对粗鲁的顾客也不例外（我们在第 12 章会探讨这个问题）。当被问及对顾客的看法时，许多一线员工都会用明显的负面词汇描述客户——太挑剔、不讲理、不听解释、顽固、嚣张，等等。

提供优质服务需要员工具有独立、热情、友好的个性，这些特质在自我认知较高的人身上更可能出现。然而，许多一线工作被视为不需要太高教育水平的低等工作。员工面临工资过低、职业发展受限的局面。

除此之外，由于越来越多的机器人、人工智能、数字技术等新科技出现在服务的一线，一方面，服务员工需要学习如何使用这些技术，另一方面，他们可能会认为机器人正在抢走他们的工作，并降低他们对公司的价值。这也会导致一线员工觉得他们的作用正在丧失。

如果一家公司不能实现一线员工的"专业化"，不能消除人们对一线工作的刻板印象并帮助一线员工建立自豪感，员工就不会对这份工作产生认同，并导致员工与工作角色发生冲突。

顾客之间的冲突。 顾客之间的冲突并不少见（比如，插队、在电影院打电话、在餐厅里大声喧哗等），而且顾客经常会让服务人员出面来劝阻不守规矩的顾客。这项工作往往给服务人员带来压力，因为要让双方都满意是非常困难的，而且往往是不可能的。

综上所述，一线员工往往扮演三重角色，即让顾客满意、提高生产力、促进销售。尽管员工可能会遇到冲突和压力，但他们仍然需要保持微笑并对顾客友好，我们将其称为"情绪劳动"（emotional labor）。情绪劳动本身就是造成压力的重要原因。接下来我们将更详细地了解情绪劳动。

情绪劳动

情绪劳动这个词是由亚莉·霍奇查尔德（Arlie Hochschild）在她的《心灵的整饰：人

图 11.2　情绪劳动和"职业性的微笑"
给一线员工的工作增加困难

类情感的商业化》（*The Managed Heart*）一书中首次使用。当一线员工的内心感受与商家要求他们在顾客面前表现出的情绪之间存在差异时，就会出现情绪劳动。商家往往希望一线员工性格开朗、和蔼可亲、富有同情心、真诚，甚至谦卑。这些情感可以通过员工的面部表情、姿势、说话的语气以及表达方式来传达给顾客。这是积极情绪的一种真实流露，而不是表面上假装出来的情绪，因为假装的情绪会影响顾客的满意度。首先，商家并不一定能招到个性完全符合的员工，而个性不符的员工很容易产生情绪劳动；其次，为了配合顾客的期望，员工也往往会压抑自己的真实感受（见图 11.2）。正如潘尼科斯·康斯坦提（Pennikkos Constanti）和保罗·吉布斯（Paul Gibbs）所指出的："情绪劳动的核心在于，员工既要满足老板的要求，又要赢得顾客的好感，然而一线员工自己要做的似乎只有服从。"这对一线员工来说是一种潜在的剥削。

接下来讲的这个小故事很好地说明了情绪劳动给人带来的压力，尽管这个故事可能不是真的。一天，飞机上的一名乘客走向一名空姐，并对她说："我们一起微笑好不好？"空姐回答："好吧，不过，你先微笑，然后轮到我，好不好？"于是乘客先微笑了。这时空姐说道："很好，现在请把这个微笑保持 15 个小时。"然后空姐就走了。图 11.3 也是关于情绪劳动的一个幽默漫画。

图 11.3　呆伯特遇到了银行柜员的"职业微笑"

商家需要意识到员工不断积蓄的情绪压力，而且要为员工安排相关的培训，让他们知道如何应对情绪压力和顾客压力，团队领导还要对员工给予支持。如果不这么做，员工可能会用多种方式来抵抗情绪劳动带来的压力。比如下面这个例子：新加坡航空公司以其卓越的服务而闻名，但这也让它的客户们往往对它报以过高的期望，这给一线员工带来了相当大的压力。新加坡航空的员工培训经理这样说："我们最近做了一项第三方调查，看起来选择我们航空公司的往往是那些对服务水平要求很高的乘客，这给我们的乘务人员带来了很大压力。新加坡航空公司有一句口号——如果新加坡航空不能为你做到，那么其他航空公司也不能做到。因此，我们是按照最佳航空公司的标准来要求我们的员工，我们鼓励员工解决问题，并尽可能多帮助乘客。尽管我们的员工对此非常引以为傲，而且保护了公司的声誉。但作为公司的管理层，我们必须关注一线员工，帮助他们应对因为照顾顾客而产生的情绪动荡。同时，还要让他们不觉得自己仅是像工具一样被使用。我们的挑战是让员工知道如何处理一些困难的状况，以及面对一些挑剔顾客的非难。"

服务业血汗工厂？

科技的快速发展使服务业商家在改善服务流程方面有了更多可能性，甚至有的商家会把以前的运营模式完全推翻，对运营流程进行重新设计。这个过程有时会导致原有服务人员的工作内容发生剧烈的变化。新技术和新方法可能会彻底颠覆原有的工作环境（请阅读扩展资料11.1）。在很多行业，员工与顾客面对面的接触已经被网上客服或呼叫中心所取代。很多岗位被重新定义，或者重新安排，许多岗位对人才有了新的任职要求。

服务业正越来越多地经历从高接触度到低接触度的转变。越来越多的顾客通过电话或电子邮件和客服员工联系，再也不需要见面了。据统计，美国劳动力总人数中有多达2%是在呼叫中心工作并担任客服代表。

如果一个公司管理得当，客服代表的工作还是有回报的，而且，这类岗位因为可以灵活安排时间，很适合那些有孩子的父母或者学生做兼职（据统计，呼叫中心大约50%的员工是单身母亲或者学生）。实际上，兼职员工对客服代表工作的满意度要高于全职员工，而工作效果上没有什么差别。但是，也有条件很差的客服工作存在，员工们就像在血汗工厂工作，唯一不同的是工厂流水线变成了呼叫中心的设备。总体来说，呼叫中心的工作还是非常繁重的，客服代表平均每分钟要处理两通电话，这还包括了员工上厕所和休息的时间。工作时他们处于严密的监控之下。由于顾客打电话时常常脾气很差，也给员工带来了很大压力。

通过对呼叫中心的研究发现，工作内驱力较强的员工会对压力感受小一些，这说明了招募合适的员工的重要性。一些公司所取得的成功经验是：对求职者的筛选很关键，合适的求职者会知道在和客户的电话沟通中应该如何表达自己，而且他们愿意学习额外的技能。对这样的求职者，商家要认真培训他们，并为他们提供精心设计的工作环境。

扩展资料 11.1

读秒计时——一线员工的绩效考核

所有的商家都想尽可能降低成本，零售业也不例外，而跟其他成本相比，零售业的劳动力成本是一笔最大的可以控制的开支，这也导致商家想尽办法来提高员工绩效。埃森哲（Accenture）这家国际知名的咨询公司看准了商家的这一需求，开发了一套"劳动力优化单元"方案并收获了大量业务。埃森哲的这套劳动力优化方案借鉴了制造业管理上的"时间与动作"（time-motion）概念并将其应用于服务业。这套方案的核心是任务分解，把一项具体的工作分解为可以量化的单元，然后制定完成每个单元或任务的标准时间。最后，商家可以利用软件来监控员工绩效。

接下来，我们来看一家大型零售商是怎样做员工绩效考核的。他们的发言人这样介绍："首先，我们当然希望每个员工的绩效能够100%达到公司定下的目标。不过只要员工的绩效不低于95%，人力资源部门是不会对员工启动任何正式的谈话的，除非有员工在考核中多次低于95%这个最低标准。这名员工很可能会被认为是绩效考核不合格，然后被调岗到薪水较低的部门或直接被解雇。"这家零售公司的员工都不喜欢这种方式。这家公司的收银员们在采访中透露，他们因此变得非常急躁并感觉压力很大。25岁的汉宁在这家零售商的一家连锁店做收银员，她说她被记录了三四次考核低于95%的情况。有人告诉她，如果她的绩效没有改善，她就必须调到一个工资较低的部门。她记得有人这样对她说："你只需要不停地扫价签、抓起东西装袋。"工作近一年后，汉宁就辞职了。

这样的考核方式也损害了顾客的体验。22岁的收银员甘特对一位经常来店购物的老主顾说，以后他不能在结账的时候和她聊天了，因为领导正在给他的工作计时。他说："有人告诉我让顾客迅速完成结账。"其他收银员也表示，因为考核的规定，他们会避免接触顾客的目光，甚至会催促那些动作慢或付款慢的顾客。一位顾客反映说："这家店的每个员工都压力很大，大家对人不再那么友好。老年人在找零钱的时候不容易，而收银员却感受不到。顾客们都急急忙忙地结账，以后肯定不愿意再来了。"

对这样的客户，埃森哲的建议是首先调整时间标准，要考虑到收银员对顾客的服务和其他因素对顾客结账所需时间的影响。但在沟通过程中埃森哲公司发现，大部分商家最关注的还是服务生产力。比如，一家服装鞋帽连锁店经过计算得出结论：结账流程每减少1秒，公司每年可以节省1.5万美元。另一个商家把指纹打卡机安在了收银台，为的是让收银员可以直接在收银台签到以节省几分钟时间。埃森哲表示，这些商家看起来是提高了生产力，但代价是员工的压力变大和顾客的体验变差，而埃森哲的方案可以将劳动力成本降低5%～15%。

员工管理的失败循环、平庸循环和成功循环

学习目标：理解服务行业人力资源管理中的失败循环、平庸循环和成功循环

在讨论过一线员工的重要性，并理解一线员工所面临的工作困难之后，让我们站在更高的视角，分别看一看差劲的公司、平庸的公司和优秀的公司在人力资源管理上有哪些不同，是什么造成了一线员工团队的失败、平庸或成功。在很多时候，工作环境越恶劣，员工提供的服务质量也越差，因为员工们会用管理层对待他们的方式去对待顾客。如果一家公司的员工离职率很高，那么这家公司已经陷入了人力资源管理的失败循环；还有一些公司，尽管可以提供基本的工作保障，但公司是依靠严苛的规定和流程来管理员工，员工发挥个人才能的空间和成长机会都非常有限，这样的公司正处于人力资源管理的平庸循环；只有少数拥有良好的人力资源管理的公司，可以实现员工管理的良性循环，我们称之为成功循环。

失败循环

在许多服务行业中，商家对服务生产力的追求可谓简单粗暴。他们不讲工作流程，用最便宜的方式雇佣员工，让他们做日复一日的重复工作，也不给员工做任何的培训。这样的现象广泛出现在客户服务、零售百货、快餐和呼叫中心等服务业（虽然也有一些值得注意的例外案例）。这样管理员工会陷入**失败循环**，我们用下面这个失败循环模型（见图11.4)来描述这种糟糕的人力资源管理状况。这个模型由两个同心圆组成，一个是员工的失败循环，另一个是顾客的失败循环，两个圆之间相互影响。

员工的失败循环开始于商家对服务岗位的狭隘理解，这种岗位往往工作描述很简单，对员工技能的要求也很低，仅强调员工遵守规定，而不是把服务放在第一位，仅通过技术指标和数据来控制服务质量；工资水平低，商家也不花什么钱做员工的挑选和培训。这样做的后果是员工工作越来越懈怠，缺乏响应顾客问题的能力，员工满意度低、服务态度差。对公司来讲，其服务质量变差，而且员工流失率高。这又会直接影响公司的盈利能力，导致更多低工资水平的员工在毫无发展前景的岗位上工作，由此循环往复。这样的公司会发现员工的精神面貌很差，有的员工甚至会讨厌顾客，出现故意破坏服务、报复顾客的行为。

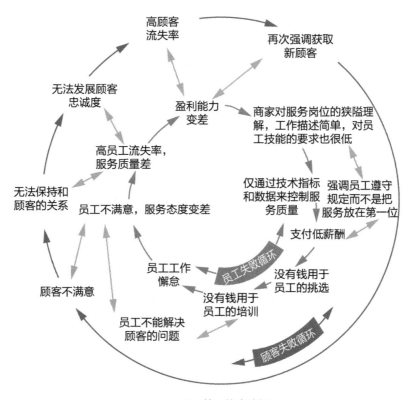

图 11.4　员工管理的失败循环

我们将在扩展资料 11.2 中来了解这个现象。

顾客的失败循环开始于商家只关注获得新顾客，但当新顾客来了，员工的服务水平却没有跟上。而且由于员工离职率高，导致服务员工频繁更换，顾客因无法获得连贯和优质的服务而感到不满。因此，顾客流失率会变得很高，而商家为了维持经营，又不得不去大量开发新顾客。因顾客的满意度低而流失的这种状况是极度令人担心的，因为我们知道，只有当顾客满意度高、忠诚度高的时候才会给商家带来更高的收入（请参考第 12 章关于顾客忠诚度的部分）。

管理者会将难以跳出失败循环的借口和理由归结到员工身上，比如，你会听到这样的抱怨：

"现在找到好员工真难！"

"如今的人们就是不想工作。"

"找到好员工的花费很高，不能把这部分增加的费用转嫁给顾客。"

"培训这些一线员工不值得，因为员工离职率很高。"

"在我们的生意中，员工高流失率是不可避免的，你要学着接受它。"

很多商家忽视了"低工资＋高流失率"这种员工招聘策略给经营带来的长期损害。部分原因是因为在测算成本时没有考虑到所有的相关成本，特别是 3 个关键的成本因素：① 不断招聘、雇用和培训的成本（因为消耗了大量的时间，这部分时间成本也相当于金钱成本）；② 由于新员工缺少经验而导致服务生产力低下，给商家带来更多损失；③ 为了不断获取新用户而付出的成本（比如，大量的广告和促销）。此外，商家也很容易忽略这种策略导致失去两部分收入，即① 由忠诚顾客带来的未来的持续收入。当顾客因不满意而流失时，这部分收入也会流失；② 因口碑不佳导致本来有兴趣的潜在顾客不再选择服务。最后，商家还要考虑到一些难以量化的损失。比如，因岗位持续招不到人而造成的服务中断，以及当员工离职时同时带走公司的信息资源和客户资源的可能性。

扩展资料 11.2

一线员工对顾客的报复行为（服务破坏）

下次当你对某位服务员不满意时，比如一家餐厅的服务员，你可能要停下来想一想抱怨这位服务员的后果。因为你可能在不知情的情况下，成为员工报复行为的受害者，比如把一些不干净的东西加到给你提供的食物里。

我们把员工对顾客的报复行为称为"服务破坏"（service sabotage）。实际上，一线员工的服务破坏行为很多。根据一项对商家的采访调查统计，大约90%的受访者承认，这种一线员工对顾客的恶意报复行为——比如，减少服务或蓄意破坏服务，基本上每天都在他们的服务场所发生。

服务破坏行为可以从两个维度来分类，首先，这种行为是隐蔽的还是公开的；其次，它是常态的还是偶尔的。隐蔽的服务破坏行为是在顾客不知情的情况下进行的；公开的就是让自己的同事，甚至有时让顾客知道服务破坏的发生。常态的服务破坏行为与公司的文化有关；偶尔的则更多是个人行为，而且不常发生。图11.5按照这两个维度分类列举了一些服务破坏行为的真实例子。另外一项调查显示，当顾客对员工进行侮辱时，很可能引起员工的报复。对员工进行职场道德培训可以有效减少服务破坏行为的发生。

服务破坏行为的公开程度

隐蔽的 ←————————————————————————————→ 公开的

常态的/隐蔽的服务破坏	**常态的/公开的服务破坏**
许多人很粗鲁，不好伺候，不像你我这般礼貌。你可以用你自己的方式，以其人之道还其人之身。你做的好多事只有你自己知道——分量少一点儿，给他们上狗喝的酒或者过期啤酒，这些加上微笑服务，都是甜蜜的复仇！ 　　　　　　　　　　——餐厅服务员 对付这些垃圾再正常不过了。你的经理总是贪得无厌，顾客总是想白白享受。报复他们是经常发生的事情，不足为奇。 　　　　　　　　　　——前台员工	你可以来一处老掉牙的表演。如果这个顾客很着急，你就马上慢下来，拖拖拉拉。如果他们想要聊天，你就找那些最短的词回答他们。你知道你的同事们都在一边看你表演一边笑。 　　　　　　　　　　——前台员工 做这件事的关键是要用让他们有苦难言的方式。你也不能做得太过分，不过，他们有些人也够愚蠢，像个4岁小孩儿什么也不知道。只是戏弄他们一下已经不错了。看看他们那样真的很有趣！ 　　　　　　　　　　——餐厅服务员
偶尔的/隐蔽的服务破坏	**偶尔的/公开的服务破坏**
我不经常直接接触顾客，但在这儿晚上换班的时候有时候会。有些顾客总是不停地抱怨，所以为了回击，只是偶尔，我会故意搞点儿小差错出来。比如，故意记错他们点的菜，拖慢速度，关掉洗碗机让他们没盘子可以用。没什么更严重的了。 　　　　　　　　　　——餐厅厨师 我不知道为什么这么做，有时候就是因为一天很糟糕或者整一周都很糟糕。我记得有几次我把顾客的行李从后面的楼梯踢下去了。这当然不是每天都发生，可能一个月有那么几次吧。 　　　　　　　　　　——前台员工	这种把戏就是先整他们，然后马上道歉。这种事我看过很多次了。比如，把烫手的盘子递给某人，把肉汁滴在他们的袖子上，把饮料洒在后背上，把汤洒在腿上，把假发蹭掉——那次很搞笑，你懂的。 　　　　　　　　　　——餐厅服务员 有这么一件事：按照规定，当顾客走进距离我们5米的时候，我们应该微笑并向他们问好。我们没这么干过，因为我们觉得这样做很傻。但那次，我们决定拿那个家伙开涮。当他出现时，从服务员开始，本应该所有人一同上前微笑并问候。但我们故意分开了。于是，这个可怜的家伙每走两步就被我们欢迎一次。搞得他完全不知道怎么回事，实在太搞笑了。之后的3个晚上他都待在房间里，他不敢再去餐厅了。 　　　　　　　　　　——客房部主管

图 11.5 服务破坏行为的案例

平庸循环

平庸循环是另一种有潜在危害的状态（见图 11.6）。你很可能在大型官僚组织中发现它的存在，比如国家垄断组织、行业寡头，等等。这类组织很少面临竞争压力，因此缺乏改善管理的动力。此外，由于对根深蒂固的利益团体的忌惮，也会阻碍管理人员尝试更创新

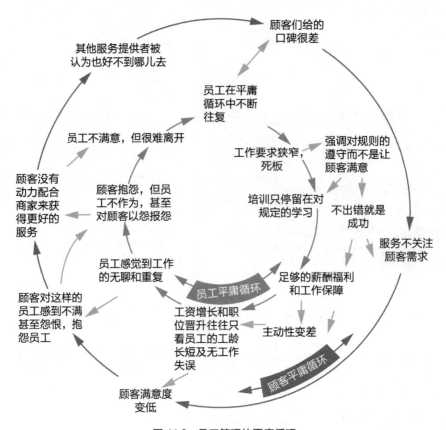

图 11.6　员工管理的平庸循环

的员工管理实践。

在这样的工作单位，服务的标准往往非常死板，用严格的条款来规定。管理上以输出固定标准的服务和提高运营效率为导向，而且对员工作弊或对某些顾客格外的偏袒有过分的警惕。对岗位责任的要求往往很狭窄而且没什么想象力，岗位的分类是生硬地按照级别和职责范围，而这些规定又经过工会等组织的要求被进一步严格化。工资增长和职位晋升往往只看员工的工龄长短。绩效考核主要看有没有工作失误，而不是看员工的工作效率或服务质量。员工培训往往停留在对公司规定的学习或者岗位的技术层面，而不是为了改善员工与顾客，或者员工之间的沟通效果。由于员工缺乏按照自己的想法来改善工作的自由，他们只会感觉到工作的无聊和重复。然而，这种状态与失败循环又有所不同，因为公司可以为员工提供足够的薪酬福利和工作保障，因此，员工也会很犹豫是否要离开。由于缺乏流动性，这些员工也丧失了许多商家所青睐的市场竞争力。

对顾客来说，跟这样的工作单位打交道会很令人很沮丧。官僚作风、服务条款没有弹性、员工缺乏服务顾客的热情，这些都会导致顾客的不满，更不用说让顾客配合商家来实现更好的服务效果了。而当顾客抱怨那些本就不开心的员工时，员工的服务态度只会更差，而且会利用机制来保护自己，比如不作为、照章办事不会变通，甚至对顾客以怨报怨。

顾客对这样的单位或员工感到不满甚至怨恨都不奇怪，但顾客还是不得不和这样的单位打交道，因为他们没有更好的选择。可能是因为服务提供者是垄断的，也可能因为其他服务提供者也好不到哪儿去。其结果只能是这种平庸循环的不断往复，不开心的顾客抱怨和迁怒于员工，而员工也只会愈加倾向自我保护，无视顾客的关切。

成功循环

总会有一些公司拒绝陷入失败循环或平庸循环的怪圈。它们有长远的眼光，重视公司长期的经营效益。它们愿意为人才投资，并实现员工管理的**成功循环**（见图 11.7）。

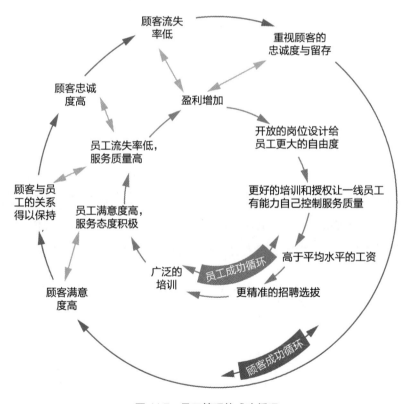

图 11.7　员工管理的成功循环

与失败循环和平庸循环类似，成功也是对员工和顾客双方面的。更好的薪酬福利可以吸引能力更强的员工；不拘泥于条条框框的岗位设计给员工更大的自由度；更好的培训和授权让一线员工有能力自己控制服务质量。经过了精准招聘、深入培训并且有更好的薪酬保障的员工能够更幸福地工作，服务质量也更高。当员工离职率降低了，顾客也能更明显地感受到公司的稳定性，并享受长期的服务关系，因而建立更高的忠诚度。商家因此变得盈利能力更强，从而拿出更多的资源用于营销来加强顾客忠诚度，提高顾客留存率。这种方式比单纯吸引新用户的效果要好得多。

这样的案例不仅存在于私人商业领域，很多国家的公共部门也在努力创造他们员工管理的成功循环，用更低的成本为公众提供更高质量的服务。

需要说明的一点是，员工管理的这 3 种循环，对商家来说成功循环毫无疑问是最佳选择。但这并不代表处在失败循环或平庸循环的商家无法在市场上生存，因为商家可能有其他一些好的方面能够满足顾客的预期。比如一家餐厅，顾客可能对这家餐厅的员工感到不满，但如果这家餐厅的食物和地点没得挑，还是可以满足顾客的预期。但是不管怎样，为了长期的盈利能力和经营成功考虑，商家还是要努力创造自己的员工管理成功循环。

怎样做到优秀的人力资源管理

学习目标：了解服务人才循环的关键要素，实现成功的人力资源管理

管理者都想实现员工管理成功循环。在这一小节。我们将讨论什么样的人力资源战略可以帮助商家实现这一目标。我们还将学习公司如何招聘、激励和留住员工，特别是那些愿意而且能够提供卓越服务、提高生产力和销售额的优秀员工。图 11.8 是优秀服务人才循环的模型。我们将这张图作为成功的人力资源管理的指导框架。接下来，我们将在这一节逐一讨论一些推荐的管理实践。

雇用合适的员工

学习目标：知道如何吸引、选择和雇用合适的人来从事服务工作

那些认为只要员工满意度高就够了的想法是幼稚的。员工满意度高是一家公司吸引优秀员工的必要条件之一，但这还不够。比如，一项研究结果表明，工作努力的员工能够最

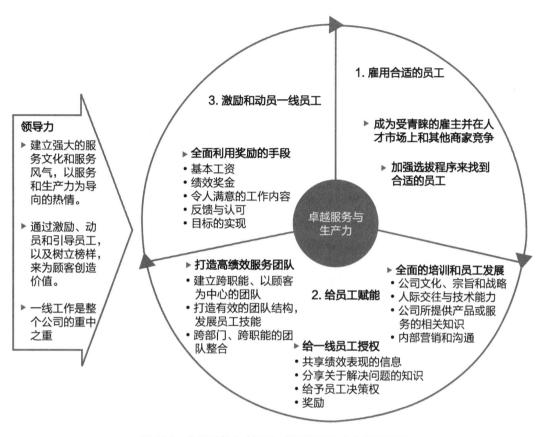

图 11.8　优秀服务人才循环，做到优秀的人力资源管理

大限度地提升顾客满意度，而仅仅满意度高的员工却不一定能做到。正如吉姆·柯林斯所说："以往'人才是最重要的财富'的说法是错误的。应该说合适的人才才是最重要的财富。"我们还想加一句："不合适的人往往是难以摆脱的负担。"若想把这件事情做好，首先要雇佣合适的人才。这意味着商家要和其他公司竞争，来吸引劳动力市场上最优秀的员工前来申请你所需要的职位，然后，你可以从这个人才库中选择最佳的候选人。

　　成为受青睐的雇主。　为了获得最优秀的人才，对申请你所需要的职位的应聘者经过比较之后，优先选择你提供的工作机会（而最优秀的人才往往会被多家公司选中）。在这方面，公司品牌形象在劳动力市场上同样有效，求职者会更愿意选择一个品牌形象与其自身价值和信仰一致的公司。现在，求职者能通过许多渠道去了解一家公司的状况。比如，通过询问现任或前任员工可以了解一家公司的薪水、福利、工作环境甚至面试问题。求职者在网上也能找到公司的很多内部信息。比如，根据 2021 年的数据，做企业点评与职位搜索的网站 Glassdoor 拥有近 5 000 万条关于超过 100 万家公司和职位的评论，让求职者更方便地了解一家公司的实际状况。这就意味着，公司也是被求职者挑选的，公司首先要争夺人才，全球咨询公司麦肯锡公司称之为"人才之战"。

一家公司在劳动力市场上的竞争力取决于这家公司是否有足够吸引人的价值，包括是否有一个良好的工作场所和良好的形象、是否提供高质量的产品或服务、是否是优秀的企业公民并承担着社会责任……这些特点会让求职者为成为团队的一员而感到自豪。当然，薪酬很重要，至少不能低于平均水平——求职者往往期望获得高于平均水平的薪酬。根据经验，一家业内顶级的公司要想吸引优秀人才加入，需要提供在市场上百分位排名第 60 到第 80 位的薪水。不过，如果公司在其他的价值方面有很强吸引力的话，也不是必须支付最高的薪水。简而言之，公司要了解它想招到的目标员工的需求，并为他们提供他们想要的价值。比如，奈飞（Netflix）公司在描述其人才理念时这样说："公司能为员工做的最好的事情——比免费球票或免费寿司更好的福利——是让员工知道，与他们并肩工作的是一群最优秀的人。"的确如此，一家公司拥有的都是最顶尖的人才，这件事本身对求职者就是一个非常有吸引力的价值。

选择合适的人。 这世上没有完美的员工。职位不同，所需人才的技能、风格和个性也不同。同样，公司也有不同的品牌形象。因此，商家在招聘时，重要的是找到那些和公司品牌有良好契合度的员工。这样员工在提供服务时就可以很自然地符合公司品牌形象的要求，而且员工的行为也更真实可信。商家在招聘和选择员工时也应该设计一些环节来强调自己的品牌特点，以及考察员工与品牌的契合度如何。比如，在招聘广告上要清晰传递公司的品牌特点和定位；鼓励求职者表达他们与公司的契合之处；在筛选求职者的过程中传达品牌价值；让求职者能够自我评估其契合度；以及确保招聘人员能够发现求职者和公司之间的契合点和不契合点。

迪士尼公司在考察求职者时很重视员工的品牌契合度。比如，面试官会问：你的生活是否神奇、充满乐趣而且幸福？然后，面试官会考虑员工更适合前台工作还是后台工作。在迪士尼，前台的工作人员被称为演员，这些工作人员的外表、个性和技能都应该与岗位更匹配。

优秀的服务员工有什么特别之处？优秀员工身上有一些优势不是靠别人教会他们的，而是天生的、内化到骨子里的品质。不管他们为谁工作，他们都能把这种品质带给商家。

一项针对高绩效员工的研究表明：

工作激情是没法教的，你只能去找有激情的员工；个人魅力也是没法教的；其他的比如对细节的关注、职业操守、整洁……有些品质也许可以通过后期的培训或激励措施得到加强，但总的来说，这些品质是一个人与生俱来的特点。

人力资源管理者发现，公司可以把良好的举止教给员工，比如告诉他们什么时候需要对顾客微笑和眼神交流。但人情味这东西是学不来的，只能寄望公司的招聘标准能够把那些天生就个性热情的候选人筛选出来。吉姆·柯林斯强调说："合适的人不管怎样都会表现出那些你想要的特质，这种特质是他们性格和态度的自然流露。这与公司采用什么管理或激励制度无关。"

通过以上学习，我们可以顺理成章地得出结论：商家必须对员工的招聘和选择给予特别的关注。已经有越来越多的顶级公司通过"员工分析"来了解他们吸引和留住人才的能力。员工分析和客户分析类似，它能预测哪个员工会表现更好，哪个员工的离职可能性更低，它还可以帮助判断什么样的员工适合什么样的岗位。除了员工分析，还有一些工具可以帮助我们确定求职者是否适合某个公司或岗位，或者更重要的——帮助我们排除那些不合适的候选人。

找到最佳人选的办法

商家会使用多种方法来判断哪些人更适合他们的公司或岗位。比如，剔除不合适的求职者、多轮次多维度面试、行为观察、性格测试以及为候选者提供试用，等等。

剔除不合适的求职者。 商家对求职者的筛选过程的成本很高，因为一个职位空缺往往能收到数百份申请，筛选简历对人力资源部门意味着繁重的劳动。有一种降低成本的方法，就是在求职者进入招聘流程之前就进行筛选，比如，可以让求职者先通过一个简短的在线心理测试，在这一轮筛选中就可以有效淘汰最不适合的求职者。通过的人选进入需要更大成本投入的招聘步骤。比如，英国一家大型连锁超市在第一轮筛选中采用了一个定制的在线情境判断测试，无须浏览所有的简历，就先把最不适合的求职者剔除掉了。这样做以后，这家超市每个成功入职的员工所需的平均面试次数从 6 次下降到了 2 次，相当于节省了

73 000小时工作时间。

除了心理测试，商家还可以利用人工智能筛选出不合适的求职者，这个方法效果很好，成本也更低。比如，一些工具可以根据求职者的语速、音量、填充词的使用、用词选择、句子复杂性等特点排除不合适的求职者。据说，人工智能等新工具对人的个性评估比他们朋友的评估还准。

多轮次多维度面试。 为了增加招聘决策的科学性，商家可以围绕岗位要求对求职者进行多轮面试并使用不同的面试官，以便从不同维度考察面试者。当面试官知道还有其他人也会面试同一个求职者时，他们的判断往往会更加谨慎。此外，使用多名面试官还有一个好处，就是降低面试官对求职者的主观偏见的风险，比如，我们潜意识里都更喜欢和自己特点相似的人。

行为观察。 决定是否聘用一个人应该基于他的行为，而不仅仅是他说的话。正如约翰·伍德（John Wooden）所说："证明给我看你能做什么，而不是告诉我你能做什么，很多时候，语言上的巨人是行动上的矮子。"求职者的行为可以通过模拟测试或评估直接或间接地观察到。这些测试使用标准化的情境，可以据此观察求职者是否表现出商家所期望的行为类型。此外，看求职者过去做过什么是最好的参考。比如，选择那些获得过嘉奖的、受到大量赞誉的人，或者以往的雇主给过很多推荐的人。

性格测试。 许多商家选择员工时会考虑他们的性格特点。进行性格测试有助于判断一个人是否具备岗位需要的特点。比如，是否愿意礼貌、细心、周到地对待顾客与同事；能否敏锐洞察顾客需求；是否能够准确并愉快地沟通等。商家最好选择那些性格乐观和快乐的人，因为满意度高的员工也能为顾客带来更高的满意度。研究还表明，某些人格特质，比如勤奋和自信，能让员工工作更出色、服务更卓越。因此，经过这类性格测试得出的判断往往很准确，尤其是在识别和拒绝不合适的候选人方面非常精准。

丽思卡尔顿（Ritz Carlton）酒店集团非常重视考察求职者的个性特征。酒店在挑选员工时会看他们在服务环境中的本能反应，比如是否微笑待人、是否愿意为人排忧解难，以及多任务处理能力，这些特质比那些可以学到的技能重要得多。一位丽思卡尔顿酒店的求职者分享了她应聘初级礼宾员时接受性格测试的经历：

那天，面试官们问了我3个问题："你喜欢帮助别人吗？你是一个有条理的人吗？你喜欢微笑吗?"我的答案当然都是"是的!"但是,让我觉得有点意料之外,面试官突然让我拿出真实的例子来证明。比如,第一个问题,我必须说出我曾经帮助过的人,以及当时他为什么需要帮助。于是,我开始努力回忆我做过的那些微不足道的事情,比如学习用不同的语言说"你好"……面试官就是这样了解我的性格的。

除了大量基于面试的心理测试,低成本的在线测试也有很多商家使用。求职者只需在线填写问卷,招聘方就会收到关于求职者是否合适的分析以及招聘建议。这类测试程序的开发本身已经发展成为一项重要行业。比如,SHL(人才衡量解决方案的机构)就是一家全球领先的在线评估服务商,它服务的客户多达 10 000 多个,遍及 150 多个国家。

为候选者提供试用。 在考察求职者的过程中,商家应该让他们了解工作的真实情况。商家可以给他们一个试用的机会,让求职者在真实的环境下工作,并对他们进行评估。商家可以观察一下候选人对现实情况的反应,有的候选人可能意识到这份工作不适合他们,就会主动退出。同时,商家也可以通过这种方法让员工对新工作有合理的预期。这个办法已经被很多商家采用,比如法国的连锁咖啡馆品牌 Aubon Pain,在招聘的最后环节,招聘方会让候选人在其中一家咖啡馆带薪工作两天。在这个环节,商家会观察候选人的工作,候选人也会考虑他们是否喜欢这份工作和环境。

请阅读扩展资料 11.3,看看美国的西南航空公司(Southwest Airlines)是如何通过面试和其他工具,从数量庞大的申请者中找出那些态度端正又契合公司文化的合适员工的。

扩展资料 11.3

西南航空公司是怎样招聘员工的

美国西南航空公司喜欢的员工,是态度端正又契合公司文化的人,而员工是否具有幽默感是个关键要素。该公司的前首席执行官兼董事长赫伯·凯莱赫(Herb Kelleher)曾这样表示:"我们要把飞行做成一件好玩的事!"他还说:"我们寻找的是具有幽默精神的人,这种人更容易跟人热络。在这儿工作所需要的技能都能通过培训获得,但我们无法改变的是一个人固有的态度。"西南航空公司一贯强调的基本原则是：选择那些精神契合的人。西南航空需要的员工有这样的特点：关爱他人、性格外向、愿意加入员工大家庭，一同努力工作又享受生活。

西南航空公司在招聘和面试方面很下功夫，其面试方法也随着经验增加不断调整。其中最具创新性的应该要属对空乘人员的面试。流程是这样的：公司先把一批求职者安排到一个小组，然后请他们一同来公司参观和面试。面试官会观察他们彼此之间的互动情况（面试官还会借一起吃午饭的机会再观察一次）。

接着就到了个人面试环节了。在一天的时间内，每位求职者都会接受3次一对一面试，公司会通过面试了解求职者的行为类型。这些求职者未来的主管和同行们会按照岗位要求设计面试问题，这些问题会涵盖求职者8～10项性格特点。比如，对于空乘人员的面试，会关注求职者的主动性、同情心、灵活性、敏感度、真诚、客户导向、团队意识，甚至幽默感也是考察项目之一。面试官常常这样问求职者："最近你在工作中是如何运用幽默感的？你是如何用幽默来化解困境的？"

西南航空公司认为，理想的面试气氛就像一场对话，目标是让求职者感觉舒适。"第一次面试时求职者往往会觉得有点拘束，第二次就变得随意多了，到了第三次，他们会告诉我们更多。这样的面试安排使求职者很难弄虚作假。"3位面试官在当日的白天不会讨论候选者，而是在当天结束之后商讨笔记的内容，从而降低个人偏见的风险。

为了有助于找到合适的员工，面试官会邀请候选者未来的主管和同事一起参与深度面试和选拔过程。当在职的员工参与了招聘流程，他们就会更有责任感来帮助新员工融入团队并在工作中取得成功（而不是等新人入职了还不知道他们的情况）。还有少数时候，航空公司甚至邀请常旅乘客来参与空乘人员的面试，以便让求职者知道乘客看重的价值是什么。

还有一种面试的做法。西南航空的面试官们会要求一组求职者准备一场5分钟的自我介绍，并给他们充足的时间准备。到了求职者们上台宣讲的时间，面试官们不只会看演讲者，而且会观察观众——他们在看哪些求职者利用别人演讲的时间修改自己的演讲稿；哪些人在为这些可能的未来同事热情喝彩和支持。让面试官更喜欢的是那些无私支持队友的人，而不是在别人演讲时趁机润色自己演讲稿的求职者。

通过不断选拔真诚热情的员工，西南航空公司发展出了名为"西南精神"的公司文化——员工身上一种无形的品质，使他们愿意为了实现目标百折不回地努力。西南航空公司自己也为员工付出了很多努力，在 2004 年的财务困难时期，公司决定撤掉 3 个城市的预订中心以降低成本，但公司没有解雇任何员工。即便在 2020 年爆发的新冠病毒重创航空业期间，董事长兼首席执行官加里·凯利（Gary kelly）也发誓公司不会放假、裁员、减薪或削减福利。因为西南航空的管理层知道，公司文化是它们的关键竞争优势。

积极培训服务员工

学习目标： 解释服务业人员需要培训的关键领域

如果一家公司想要拥有好员工，那么对员工培训的投入绝对是值得的。因为这不仅可以给公司带来显著的经营成果，而且拥有良好职业发展路径的员工也更能感受到公司的重视和照顾。领导力专家彼得·贝克伦德（Peter Baeklund）曾引用这样一个故事来强调员工培训的必要性——一个财务官问总经理："如果我们投资帮助员工个人发展，但员工最后都走了怎么办？"总经理反问财务官："那如果我们不这样做，这些员工继续留在公司里，公司会怎么样？"顶尖的服务业公司都非常重视员工培训，特别是针对员工的沟通能力、销售能力和行为。比如，苹果公司对零售店员工进行大量的培训，包括如何与客户互动、如何用积极的表达方式沟通、当顾客情绪激动时该说些什么，以及让员工牢记他们的首要任务是帮助顾客解决问题，而不是销售。正如本杰明·施耐德（Benjamin Schneider）和大卫·鲍文（David Bowen）所说："吸引多元化和能力强的人进入公司人才库；有办法从人才库中选择最合适的员工；对员工进行培训。做到这 3 点，公司在任何市场都能无往不利。"

了解员工培训内容。 服务业员工需要在 3 个关键领域接受培训。

- **公司文化、宗旨和战略。** 这些培训可以让新员工从一开始就对公司建立情感归属，了解公司核心策略，推广核心价值。比如，对卓越服务的承诺、响应速度、团队精神、相互尊重、诚实和正直等。让公司的管理层参与培训，关注公司基本的"是什么""为什么"和"怎样做"的问题，而不是岗位的具体细节。比如，迪士尼的新员工会进入"迪士尼培训学院"，培训主题从学习公司的发展历史和经营哲学开始，然后是需要员工达到的服务标准，接下来是对迪士尼乐园各个运营部门的参观之旅。

- **人际交往与技术能力。** 人际交往技能在服务行业是通用的技能，是指人与人之间的沟通能力，比如眼神接触、专心聆听、理解肢体语言甚至面部表情、解读客户需求等。技术能力指的是在服务过程中所有必备的知识（比如，商品退货的处理流程）、机器的操作（比如，电子终端或收银机），以及与顾客服务流程相关的规章制度。此外，如果发生了意外的服务冲突或需要做服务补救，还需要具备设计解决方案的创造力。人际交往能力和技术能力都是员工必需的，但若仅具备其中一种技能不足以实现最佳的工作水平。

- **公司所提供产品或服务的相关知识。** 对自家产品或服务的充分了解是实现高质量服务的一个关键方面。员工必须能够有效说明产品的功能特点，并正确展示产品或服务的市场定位。比如，苹果公司的门店展示着公司旗下所有的产品，顾客可以在店内体验试用。因此，店内员工必须能够回答关于任何一款产品的功能、用法、售后保养以及产品或服务的捆绑销售等各方面问题。

加强培训以塑造员工行为。 培训的结果必须是可以看到的员工行为变化。如果员工不使用他们在培训中所学的知识，这个投资就浪费了。培训不仅仅是让员工变得更聪明，更重要的是改变他们的行为和提高决策质量。为达到这个目的，员工需要对培训内容不断练习和强化。主管在这方面发挥着至关重要的作用，主管可以定期跟踪员工的培训目标。比如，和员工面谈，讨论一下近期的顾客投诉和表扬，来强化从中吸取的经验和教训。

丽思卡尔顿酒店的培训方式是一个持续强化培训方面的很好例子。酒店首先总结了旗下服务的关键要求，然后建立标准，称之为"丽思卡尔顿黄金标准"。这套标准包括 3 个信条、一个座右铭、优质服务三步骤、12 条服务准则、第 6 颗钻石以及员工承诺（请参阅扩展资料 11.4）。

扩展资料 11.4

丽思卡尔顿酒店的黄金标准

我们的黄金标准是丽思卡尔顿酒店的基石。这些标准涵盖我们在经营中所奉行的价值观和理念，其中包括：

信条

（1）使宾客得到真诚关怀和舒适款待是丽思卡尔顿酒店的使命。

（2）我们致力于为宾客提供体贴入微的个人服务和齐全完善的设施，营造亲切、舒适、优雅的入住环境。

（3）丽思卡尔顿体验带给你愉悦享受，我们还努力满足宾客内心的愿望和需求。

座右铭

丽思卡尔顿酒店的座右铭是"我们以绅士淑女的态度为绅士淑女服务"，而丽思卡尔顿全体工作人员的预期式服务态度正是佐证。

优质服务三步骤

（1）热情真诚地问候宾客，亲切地称呼宾客姓名。

（2）提前预期每位宾客的需求并设法满足。

（3）亲切送别。热情地告别并亲切地称呼宾客姓名。

服务准则： 我以成为丽思卡尔顿的一分子感到自豪。

（1）我与他人建立良好的人际关系，为丽思卡尔顿创造终生客人。

（2）我能敏锐察觉宾客明示和内心的愿望及需求，并迅速做出反应。

（3）我得到授权为宾客创造独特、难忘和个性化的体验。

（4）我了解自己在实现成功关键因素、参与社区公益活动和创造丽思卡尔顿成功秘诀过程中所起的作用。

（5）我不断寻求机会创新和改进丽思卡尔顿的服务体验。

（6）我勇于面对并会尽快解决宾客的问题。

（7）我创造团队合作和互相支持的工作环境，致力于满足宾客及同事之间的需求。

（8）我有不断学习和成长的机会。

（9）我参与制定与自身相关的工作计划。

（10）我为自己专业的仪表、语言和举止感到自豪。

（11）我保护宾客、同事的隐私和安全，并保护公司的机密信息和资产。

（12）我负责使清洁程度保持高标准，致力于创造安全无忧的环境。

第 6 颗钻石

成功秘诀。

情感投入。

行之有效。

员工承诺

在丽思卡尔顿，我们的绅士淑女是我们向宾客提供服务的重要资源。

我们以信任、诚实、尊重、正直和承诺精神为准则，培养并发挥员工的才能，从而实现每位员工和公司的双赢。

丽思卡尔顿致力于打造一个尊重多元化、提高生活品质、实现个人抱负、稳固丽思卡尔顿成功秘诀的工作环境。

服务准则的第1—3条，与丽思卡尔顿的"成功秘诀"相关。这3条服务准则的目的是创造独特、难忘和个性化的宾客体验。想要达到这样的体验，员工不仅要满足客人表达出来的愿望，还要满足客人未表达出来的需求，此外，还要努力建立丽思卡尔顿酒店和客人之间的终身关系。

服务准则的第4—9条所涉及的方面包括：员工的学习和职业成长、团队合作、服务、解决问题和服务恢复、创新与不断改善。服务准则的第10—12条涉及酒店的一些基础功能的要求，比如安全保障和清洁。这12条服务准则的总体目的，是实现员工和客户的相互连结。

波士顿丽思卡尔顿酒店的培训和发展总监蒂姆·柯克帕特里克（Tim Kirkpatrick）表示："正如你们穿制服时必须挂胸卡一样，黄金标准也必须随身携带。但切记，只有当你们将黄金标准卡上的内容付诸实施，这张卡片才发挥了作用，否则它仅仅是一张小卡片而已。"为了强化黄金标准上的内容，酒店每天早上的简报会包含一项讨论，讨论的主题就是与黄金标准中的一项直接相关，讨论的目的是让丽思卡尔顿的理念根植于员工的心中。

一线员工的专业化。 培训和学习可以使一线员工变得专业化，让他们不再觉得自己从事的是没有意义的低端工作，一个训练有素的员工会在感觉上和行为上都像个专业人士。比如，一个普通服务员如果懂美食、懂烹饪、懂酒水以及用餐礼仪，又知道如何与顾客有效互动、如何处理抱怨，就会给人感觉非常专业。这样的服务员会有更高的自我评价，并受到顾客的尊重。因此，培训和内部沟通在减轻员工（角色）压力，以及激励一线员工方面非常有效。

内部传播塑造服务文化和员工行为

学习目标：了解内部营销和沟通的作用

除了拥有强大的培训平台外，商家在内部传播方面也要付出大量的精力，才能把信息传达给员工并塑造服务文化。管理层可以通过多种办法来建立公司的服务文化，包括内部营销活动、培训、建立核心原则、公司活动和庆典。其中，针对员工的公司内部传播（通常也称为**内部营销**）在维护和培育企业文化方面发挥着至关重要的作用。

对于一些办公地点分散的大型服务业公司，把内部传播工作做好尤其必要。特别是对于一些跨国公司，其世界各地的员工都在远离总部的地方工作，但他们仍然需要随时了解公司的新政策、服务功能的变化、新的质量举措等。当面临一些任务需要员工间跨越国界的配合与支持时，内部沟通和团队精神就显得更加重要。想象一下那些拥有众多海外分支机构的公司，比如花旗银行、加拿大航空、万豪酒店或者星巴克，当它们需要让所有的分支机构拥有一个统一的目标时，当它们需要让不同文化、不同语言的员工们共同努力，实现一致的服务水平时所面临的挑战。

公司内部传播是个极好的方式，它可以作为员工培训的有益补充。它能确保公司提供高效和令人满意的服务，实现富有成效与和谐的工作关系，并建立员工间的信任、尊重和忠诚。内部传播常用的媒体包括内部通讯、杂志、视频、内联网、电子邮件、即时通信工具、面对面简报以及推广活动，等等。

给一线员工授权

学习目标：了解为什么授权在一线工作中如此重要

当商家招到了合适的人才，又进行了充分的培训，下一步就是授权给员工让他们放手去做了。当员工主动承担超越职责范围的工作时，商家应该要给予鼓励。我们常常听到某家公司员工的传奇故事：有的员工能够以一己之力挽救失败的服务，有的员工付出了成倍的努力并最终让顾客满意，有的员工帮助顾客极大地避免了损失。这些员工传奇故事的发生，与商家的充分授权是分不开的。比如，美国知名奢侈品百货公司诺德斯特龙（Nordstrom）就给予员工最大的信任，允许员工按照他们认为对的方式去做事。该公司的员工手册里只有一条规则——请在任何情况下，运用你的最佳判断行事。

对一线员工来说，良好的判断力很重要，因为有时贴心服务和对顾客过分迁就之间仅有一线之隔。有时员工会为了让顾客满意，或者为了避免与顾客发生冲突而盲目迁就顾客，做出权限范围之外的事，比如单方面决定给顾客免单、提供免费赠品，等等。因此，员工的自我判断非常重要。尤其是对一线员工来说，他们在面对面为顾客提供服务时，常常需要独立工作和自主决定。

一般来说，如果商家给予员工更大的自主决定权，并做好员工培训让他们知道如何运用决定权，员工在服务的现场就能审时度势并做出最佳反应。商家通过给员工授权可以充分依赖员工解决服务中出现的问题，为顾客提供更个性化的服务。因此，营销学者们把对员工的高度授权与高顾客满意度联系起来也就不足为奇了。

支持给员工授权的人们认为，这种方法能让员工更积极主动，顾客满意度也更高。否则，员工就会像制造业的"产品线"上的工人，仅按照标准提供均一水平的服务。然而，大卫·鲍文（David Bowen）和爱德华·劳勒（Edward Lawler）认为，情况不同，解决方式可能也不同。他们表示："'给员工授权'和'产品线模式'各有优势，关键还是要针对不同情况，选择能同时满足员工和客户需求的方法。"

并非所有员工都希望获得授权。很多人在工作中并不追求个人成长，他们更喜欢按部就班地工作，而不是发挥自己的主动性。研究表明，当以下状况大部分存在时，会更适合商家给员工授权。

- 公司提供的是个性化、定制化服务，而且希望实现差异化竞争。
- 公司愿意与客户建立长期的关系，而不是一锤子买卖。
- 公司使用的技术复杂而且是非常规的。
- 服务发生失误通常也是非常规的，而且不能将失误排除在系统之外，一线员工必须在现场马上恢复服务。
- 商业环境有不可预测性，充满变数。
- 管理者支持员工为公司和顾客的利益独立做决定。
- 员工强烈需要在工作环境中发展技能，乐于和人打交道，而且具有很好的人际沟通能力和团队协调能力。

给一线员工授权的要求。"产品线模式"的员工管理对员工工作有很多控制，因此也被称为"**控制模式**"。它需要商家有一套严密的组织结构和管理机制。在这个组织下的每个员工的职责都被清晰地规定，采用的是一套从上到下、金字塔式的层级系统，而且假定管理者的决策最正确。"**授权模式**" 则与此相反，它基于员工的充分参与或员工对工作的投入。它假定的是如果员工思想成熟，经过了很好的培训，而且充分掌握各方面信息，就能够在工作中做出正确的决策或提出好的建议。"授权模式"同样假定员工有足够的内驱力来高效工作，有能力控制好自己和管理自己。

本杰明·施耐德和大卫·鲍文强调："给员工授权并不意味着对一线员工甩手不管，也不是说完全没有规定需要遵循。有4项非常关键的元素，需要公司从上到下、系统和全面地传达，让公司所有人知情和共享。"这4项关键元素是：

- 关于公司、团队和个人业绩表现的**信息**（比如，经营结果、竞争性绩效等）。
- 在帮助公司、团队和个人发展方面，员工需要具备的**知识**（比如，解决问题的技巧）。
- 在公司层面足以打破常规工作流程的**决策权**，以及在微观层面，根据特定情况对服务进行灵活处理的决策权。
- 基于公司、团队和个人业绩表现所获的**奖励**。（比如，奖金、利润分成和股权）。

在控制模式下，信息、知识、决策权和奖励这4项关键元素的控制权完全处在公司组织的顶层。而在授权模式下，这些元素的控制权得以分配到基层。以餐馆为例，当餐厅领班按照自己想法给服务员排班时，安排的结果往往不能让服务员们满意，有时还会发生服务水平最差的服务员被安排到报酬最高的班次这种不合理的情况。下面我们一起来看一下，这家位于波士顿的名为"Not Your Average Joe's"的连锁餐厅是怎么解决这个问题的。这家餐厅把这4项元素的控制权都交给了员工。它开发了一个员工表现评级系统，这个系统会根据顾客给予的小费和应用程序里的评分来记录每个服务员的销售情况和顾客满意度（让员工获得信息和知识）。接着，按照在系统中的排名，服务员可以通过在线的自助系统自行安排班次并选择报酬更高的班次（让员工获得决策权和奖励）。这个系统向表现最好的员工授权，并让他们获得了更高的回报。对餐厅来说，公司塑造了绩效文化，每位餐厅经理每周节省了3~5个小时的排班时间，餐厅的盈利也更多。

员工在公司经营中的参与度。 我们介绍了员工管理中的"授权模式"和"产品线模式"，两种模式处于员工参与度光谱的两端。随着信息、知识、决策权和奖励这4项元素被越来越多地推向一线员工，员工在公司中分享的资源越来越多，参与程度不断提高。在这道光谱中，管理层需要决定什么程度的授权水平最合适、最符合公司的业务模式。授权可以在以下多个层面进行。

允许员工通过提建议参与公司经营。 公司建立正式的建议渠道，授权员工提供建议和推荐。比如，快餐公司麦当劳，尽管在人们印象中，麦当劳是一个"生产线"特点非常明显的公司——一线员工们只需按照规定执行操作。但其实，麦当劳的管理层非常关注来自一线员工的声音。从"麦满分三明治"的产生，到包装汉堡时不在面包上留下指压的方法等，都是来自麦当劳员工的创新。

授权员工决定如何工作。 这代表了工作内容的巨大开放。授权员工重新设计工作内容可以充分发挥员工更广泛的技能。在航空公司或医院这种复杂的服务行业中，由于单个员工无法提供全方位的服务，因此，员工对于工作内容的改变通常也必须和团队一起完成。当员工得到了更大的授权，其职责要求也相应会提高，因此，需要对员工进行相应的培训。管理者的角色也需要有所调整，从一个团队的领导者转变为支持者来帮助员工完成工作。

全方位授权。 这是员工参与度最高的一种形式。即便是最低级别的员工也能得到公司的全面授权，体会到公司经营决策的参与感。在这样的状态下，所有的信息是完全共享的。员工可以发展团队合作、解决问题和商业运作的能力，参与所属部门的管理决策，并且成为公司里学习和创新的源泉。一线员工会参与新服务项目的设计和实施，奖励则是完全根据对公司的贡献。

我们在扩展资料11.3中介绍的美国西南航空公司就是一家对员工全方位授权的公司。它既倡导共识，又保留员工的个体灵活性。它充分信任员工的专业性，并让他们自主决定如何做好工作。西南航空公司已经取消了僵化的工作规则和死板的职位描述，因此，它的员工们充分担当起了主人翁的角色，勤奋工作以确保航班运转流畅，而不必计较究竟谁是正式的责任人。责任的相对模糊也给了员工更大的灵活性来帮助他人。在西南航空员工的眼中，"工作是不分彼此的"，因此，你可能会看到机械师或飞行员在帮助舷梯工人装载行李；当航班晚点时，飞行员在帮助坐轮椅的乘客登机、协助值机员工办理登机牌；或者在两趟航班的间歇，飞行员会帮助空乘人员打扫客舱……员工们不再区分职务的不同，而是随时按照情况的需要主动担起责任，来更好地服务乘客。

打造高绩效服务员工团队

学习目标：阐述如何打造一支高绩效服务员工团队

什么是团队？按照定义，团队就是"由少数有互补技能，愿意为了共同的目的、业绩、目标和方法，而相互承担责任的人们组成的群体"。许多服务项目需要人们以团队的形式工作，而且往往有不同的分工，从而共同为顾客提供一项完整的服务。

传统上，许多公司的组织结构是基于不同的功能的。有的部门负责咨询与销售（比如，销售一项移动手机的服务套餐）；有的部门负责顾客服务（比如，激活手机套餐的增值服务，或套餐更改）；有的部门负责收费。这样的分工方式可以避免单独的部门把顾客看成部门自己的资源。然而，这样做也可能导致跨功能、跨部门的合作不畅，服务时间过长，部门间合作出现失误的可能性也更大。当顾客遇到服务问题，还有可能陷入部门之间没人管的空白地带。

实证研究表明，一线员工非常看重跨部门的支持，并把这种支持看作取得顾客满意的重要因素，而部门按功能分工的方式会带来许多问题。因此，许多服务业商家会针对某些服务或顾客建立跨部门的联合团队，并给予责任与授权，为顾客提供自始至终的专属服务，让顾客无须再联系不同的部门。这样的团队也被称为"自我管理型团队"。

团队协作的力量。 团队、培训和授权这3个要素在团队协作中一个也不能少。一个有效运作的团队和其领导者能共同促进团队成员之间的沟通，共享知识并保持进度一致。团队像一个小型单位一样独立运转，但和传统的按部门分工的单位相比，服务团队承担的责任更多，需要的监督更少。一个好的团队自我设定的绩效目标甚至比领导要求的还要高，成为这样的团队中的一员，工作压力会很大。

一些学者甚至认为，如今的商家过分强调招聘个人能力很强的员工，却忽视了那些具有团队协作意愿并且团队协作能力更强的员工。斯坦福大学教授查尔斯·奥赖利和杰弗里·普菲佛强调，员工的团队协作能力与员工个人能力一样重要，一个人通过卓越的团队合作所取得的成绩甚至会超越一个明星员工的个人表现。

一家业内领先的营销研究公司记录下了团队成员们的一些感受：

- 我喜欢待在团队中，这让我找到归属感。每个人都清楚工作的进展。
- 我们都很有主人翁意识，每个人都积极承担责任并热心帮助别人。
- 当客户需要在一小时内要结果时，我们共同努力解决问题。
- 没有人拖后腿，每个人都尽心尽力。

对许多服务业类型来说，团队协作能力和工作干劲都是至关重要的。特别是对于那些需要专家参与的服务，比如，医疗服务就非常依赖专家们的团队合作。

打造成功的服务团队。 成功打造一支团队并不容易，特别是当成员尚未为团队合作做好准备，或者团队角色的构成不合理时，商家可能面临的是成员们热情有余，然而合作所需的能力不足的风险。团队成员所需的技能不仅包括合作、倾听、指导别人和相互鼓励，还需要知道如何专业地表达意见分歧、讲述残酷的事实、提出棘手的问题。领导还需要做好团队的管理，其中包括：

- 需要与团队成员一起确定团队目标。
- 谨慎选择团队成员，团队必须包含实现目标所需的所有技能。
- 密切关注团队成员并反馈，使个人和团队的目标，以及公司的目标保持一致。
- 让团队成员了解目标的实现情况，并奖励他们的努力和表现。
- 协调和整合其他部门团队以实现公司的整体目标（将在下一节详细介绍）。

请阅读扩展资料 11.5，看看美国的 T‑Mobile 公司是如何打造一支优秀的客户服务团队并实现业内最佳的服务质量和生产力的。

扩展资料 11.5

T‑Mobile 公司如何重组优秀的客服团队

服务业客户联络中心的员工离职率每年高达 27%，是所有行业所有部门中最高的。众多公司的客户联络中心都急需一场改革来改变这一现状。接下来将介绍电信运营商 T‑Mobile 公司在这方面的实践。提到客户联络，很多人映入脑海的是呼叫中心员工给顾客打电话的情景。我们曾经很依赖电话联络客服，不管是客户地址变更、新服务的激活，还是账单的查询，都得靠电话。如今情况变了，再遇到此类事情，客户不再需要打电话了，通过自助服务就可以很容易解决。现在，客户只有在遇到自己无法解决的复杂或棘手的问题时才会选择打电话，而这又给客户联络中心的员工带来了新的要求和压力。根据调查，客户联络中心员工离职的原因包括：挑战性的工作、工作认可度低、职业发展受限以及缺少灵活性，等等。可以想象，员工满意度低，顾客也很难获得很好的服务体验。

让我们来一起访问 T‑Mobile 公司的客户联络中心。现在，预期中嘈杂的打电话的人声已经不再，你看到的客户联络中心的工作环境和该公司其他部门别无二致——员工们坐在一个共享的空间中，互相协作，一起讨论着如何为客户解决问题。T‑Mobile 公司的客户服务团队发生了怎样的改变？有一点很值得注意，现在客户被按照地理区域分类，由不同的团队管理。公司对员工的考察也不再根据平均通话时间之类这种传统的指标，而是看员工是否采取了最佳方式为顾客解决问题，并最终体现在如何提高客户留存率、忠诚度以及自己所占的顾客钱包份额。T－Mobile 公司是如何实现这个转变的呢？

T－Mobile 公司采取了一种类似"客户经理"的模式，这种模式在 B2B 场景下更常见，即用专属的团队来管理一个特定的用户群。T－Mobile 公司的用户多达几千万，这么多用户该如何管理呢？该公司设计了一种名为"专家团队"（teams of experts）的模式。每个专家团队由 47 名员工组成，这些员工在团队里承担不同的功能，为一个单一的客户群提供专属服务。比如，其中一支专家团队负责的是德勤公司的 12 万名客户。这 47 名员工包含 1 名领导、32 名客户服务代表、8 名专门处理复杂软件问题的技术专家、4 名专属培训师、1 名顾客解决方案专家，专门负责为那些重复出现的问题寻找解决方案，以及 1 名资源管理员，负责团队员工的排期和管理。客户可以通过多种渠道联系到专家团队，比如应用程序、网站或电话。同客户接触的第一接口人，是来自这个专属团队的客户代表之一。客户代表都是多面手，他们能处理客户提出的大部分问题，极少需要再把问题转移给他人。一旦有客户代表解决不了的复杂问题发生时，他们会向技术专家求助。但技术专家接手后，客户代表也不会离开，他们继续留在电话中，学习技术专家是如何解决该问题的，以便未来可以自己独立处理。

专家团队会自己管理盈亏。他们并不在意平均每通电话打了多长时间，或者员工排班的守时率如何。他们更关注哪些因素影响了盈利或亏损。比如，团队所负责地区的客户量增长如何？客户流失率是否有所下降？和每名客户的通话次数以及单客户服务成本是否有所下降？

T－Mobile 公司实现服务转型的关键在于它所采取的一长串行动。比如，让团队同区域办公（远程协作的团队没有同样的积极性）、适度增长员工工资、自行决定团队日程安排和量身定制的班次、整体培训时间增加 25％、增加经理的培训时间等（为了实现经理与客服代表的合理比例，需要大量提拔员工到管理岗位，因此经理的培训时间大大增加。在客户联络中心转型的第一年，2 100 名员工被提拔到管理岗位）。此外，奖励方式也有改变。奖励不像过去仅提供给优秀个人，而是让优秀的团队和个人同时获得，取决于他们作用的奖励（见表 11.1）。

表 11.1　奖金的个人权重和团队权重

在团队中的角色	个人表现(权重%)	团队表现(权重%)
客户服务代表	50	50
高级客户服务代表	40	60
培训官	30	70
团队领导	0	100

尽管 T‐Mobile 公司的转型实施带来了更高的管理成本，但是客户服务成本降低了，而且客户留存率提高了，这给公司带来了巨大的盈利，远远超出了最初的预期。在转型完成的 3 年后，公司的服务总成本下降了 13%（由于处理客户问题更有效，单客户的电话次数下降了 21%、道歉电话次数减少了 37%）。公司的净推荐值（Net Promoter Score）增加了 50% 以上，连续两年获得业界最高的客户满意度评级，客户流失率降至历史最低点。另外，员工的工作也更开心了，员工流动率和旷工率大大下降。

跨部门跨职能整合团队

学习目标：了解如何跨部门跨职能整合团队

一家公司里有许多部门。仅仅是提供服务的一线团队表现出色还不够，我们仍会发现不同部门、不同的职能领域的个人和团队之间常常存在冲突。这是源于不同部门有不同的角色和目标，比如，营销部门关注的是如何不断增加服务的价值，以增强对客户的吸引力并刺激销售；运营部门则希望尽可能精简公司内与服务无关的内容，以准确了解服务生产的现实情况——比如，员工和设备的服务能力的极限，同时控制成本；人力资源部门想要控制员工人数和工资支出；信息技术部门在努力应对来自不同部门的变化的需求，因为该部门通常控制着服务流程中的信息传递。

对于一家公司来说，管理上的一个挑战是确保不同职能和部门之间能够相互合作，减少冲突，打破部门壁垒。其中可能的方法包括：

（1）内部轮岗。将员工调动到公司内部的不同部门和职能领域，使员工能够从更高的高度，获得对公司全局的理解，同时又能够站在不同部门的角度看待问题。

（2）建立跨部门、跨职能的项目团队（比如，在开发新服务时或重新设计客户服务流程时）。

（3）建立跨部门或跨职能的服务交付团队。

（4）设立一个部门专门负责"顾客体验管理"，以此为中心整合各部门的目标、流程和活动。

（5）开展内部营销、培训以及整合计划（参考扩展资料 11.3 美国西南航空公司的案例）。

（6）最高管理层能够建立足够的权威以确保所有部门的目标一致。

美国西南航空公司是建立强大的公司文化并在跨职能整合方面取得成功的一个例子。该公司乐于尝试创新的想法来塑造公司文化，该公司设立了"文化委员会"来负责公司文化并不断把公司营造成家园的感觉。文化委员会代表了公司上至高管下到普通员工的所有人员。如一位成员所说："文化委员会不是由公司领导组成的，但它对公司所有员工有足够大的影响力。"文化委员会的成员们的目的不是为了获得权力，而是利用公司文化的感召力来连结员工。该委员会在幕后工作，不断强化公司的核心价值。以下是该公司在加强公司文化上的几个案例。

- **将心比心。** 这个计划是为了让西南航空公司的员工理解其他部门同事的工作。员工需要在休息日去访问不同的部门，并至少花 6 个小时来了解对方的工作。公司为参与者提供可转让的往返机票作为奖励，员工则收获了善意和工作干劲的提升。

- **现场一日。** 这项活动旨在让员工体会一线的工作，活动在整个公司全年进行。比如，曾担任公司高级传播代表的巴里·塔克曾加入一个 3 人的空乘人员小组，参加了 3 天的行程。通过这个过程，塔克从不同的角度体验了公司服务，获得直接听取顾客意见的机会，理解了公司总部对一线员工提供支持的重要性。

- **一臂之力。** 西南航空公司在全公司范围招募志愿者，到公司面临激烈竞争的城市，为当地的同事提供支持。加强了战胜对手的气势，使员工斗志重燃。

对员工的激励和动员

学习目标：知道如何激励和动员员工以实现卓越服务和强大生产力

当商家找到了合适的员工，让他们接受了很好的培训，给他们工作的决策权，并把这些员工打造成了一支优秀团队之后，又该如何确保他们尽心尽力地工作呢？员工的表现好坏既要看能力，也要看工作态度。选拔、培训、授权和团队打造可以解决员工能力的问题；而员工态度的问题，需要通过绩效评估和奖励制度来解决。员工必须清楚，只有提供优质服务，才能使他们获得奖励，而对提供卓越服务的员工进行奖励，是留住这些员工的最佳手段。这样做可以让员工们很快明白：那些得到提拔的人是真正优秀的服务者，而那些离开的是没有为顾客做好服务的人。

然而，对于商家来说，公司失败的一个主要原因是他们没有很好地利用奖励这个手段。提到奖励，许多公司会想到金钱，但其实金钱并不是一种有效的激励手段。提供公平的薪水更多是一种防守手段，而不是激励。而提供高于公平的薪水可以产生短期的激励作用，但很快就会消失。另一方面，按照绩效决定的奖金是可以多次获得的，因此，它的激励效果也比薪水更持久。比奖金更持久的奖励是工作内容本身，是他人的认可和反馈，是员工目标的达成。

工作内容。 人们只要知道自己在做一份很好的工作，就会有动力和满足感。他们对自己感觉良好，并会强化这种感觉，尤其是当一份工作具有以下的特点时。

- 有各种不同的活动，而不是单调重复。
- 是一份完整的任务，或者是任务中不可或缺的一部分。
- 对他人的生活产生了积极影响，这让一份工作更有意义。
- 具有自主性和灵活性。
- 能根据员工的工作表现提供直接和清晰的反馈（比如，客户的感谢或销售业绩）。

反馈和认可。 人类是社会动物，会从周围人的认可和反馈中获得认同感和对组织的归属感，比如来自客户、同事和上级的反馈。如果员工的卓越服务得到认可和感谢，他们将会再接再厉。比如，为了表彰优秀的表现而设立的"公认的明星员工"奖项，对员工是一种高度的激励。

积极的情绪是会传染的。当员工从事的工作可以对他人产生积极影响时，员工会感到更加满意和积极。因此，建立员工和顾客之间的沟通渠道，让员工能够听到客户的积极反馈，会让员工工作更有干劲。即便员工仅仅看到客户的照片，或是听到客户对服务的赞叹，就足以给员工的工作状态带来积极的效果。

目标达成。 有目标的人会更有前进的动力。重要目标的实现本身就是一种奖励。清晰、有挑战而且有希望实现的目标是一种强大的动力。如果员工没有目标，或者目标不清晰（比如"尽力而为就可以"），或者目标高不可攀，员工就达不到最佳的工作表现。简而言之，管理者要和员工做好目标的沟通，设立双方都接受的目标，这对员工将是非常有效的激励。

以下是在设定目标时一些需要注意的方面。

- 当目标很重要时，实现目标本身就是一种奖励。

- 目标的实现可以作为给予奖励的依据。正式的绩效评估奖励可以包含奖金、反馈和认可。比起奖金，来自同事的反馈和认可会更快，也更容易获得，还可以明显加强员工的自我肯定。

- 清晰、有挑战的目标需要公开地设定，员工要公开地接受。目标要具体，但目标可以是无形的，比如，提高员工的礼貌评级。

- 出于加强员工的自我肯定的目的，目标完成的进度报告（反馈），以及目标完成本身（认可）必须是公开的活动。

- 最没必要的就是去规定实现目标的方法。在目标实现过程中的反馈本身就是探索和纠偏的过程。因此，商家只需要设定能被员工接受的、清晰的、有挑战并有希望实现的目标。即使没有其他奖励，员工也会尽力实现目标。

斯坦福大学教授查尔斯·奥赖利和杰弗里·普菲佛做了一项深入研究：为什么有些公司在缺少资源优势和独有技术的情况下，仍可以在一个竞争激烈的行业中长期占据优势。他们得出的结论是：这些公司的成功并不是因为他们招到了最佳的人才，而是做到了人才的充分利用并释放了员工的积极性。

工会的角色

工会在公司实现卓越服务方面似乎扮演着一个不太积极的角色。不管是在服务业还是制造业，人们往往认为有组织的劳动者力量阻碍着公司的创新，经理们总是抱怨他们的提议被工会阻挡。媒体常常把工会描绘成恶人，特别是当工会高调组织的罢工给数百万人带来不便时。许多经理似乎对工会颇有敌意。

然而，与刚才提到的这些负面观点相反，事实上，世界上许多成功的服务业公司都高度工会化，美国西南航空公司就是其中之一。工会并不天然是公司实现高绩效和创新的障碍，除非工会和管理层之间已经存在长期的不信任和激烈的对抗。

杰弗里·普菲佛教授挖苦地表示："工会和公司管理层谈判的问题往往让原本很理智的人失去客观性。"他希望双方都采取更务实的态度，并强调"工会的角色很大程度上取决于管理层如何对待它"。工会希望得到的更高的工资水平、更低的离职率、完善的劳动仲裁程序以及更好的工作环境等其实可以给公司带来积极的影响。此外，如果管理层希望员工接受一些创新方法，与工会的协商和谈判是必不可少的（这在没有工会的公司中也是一样）。对管理层来说，挑战在于如何与工会共事，减少冲突，并在公司中营造服务第一的风气。

服务文化、服务风气和领导力

到目前为止，我们已经讨论了服务业人力资源管理的具体细节。在本章的最后一节，我们来看看在培养服务文化方面领导者能起到什么作用。我们从定义服务文化和服务风气开始。

建立以服务为导向的文化

学习目标：了解什么是以服务为导向的文化

努力提供卓越服务的公司需要一种强大的服务文化，这种文化由管理层不断强化，并成为公司战略的一部分。公司文化涉及指导组织行动的基本设想和价值导向，包括：

- 大家对公司最重要的事情的共识。
- 关于是非的共同价值观。
- 对于哪些方法有效、哪些方法无效的共同理解。
- 共同的信念和设想以及了解为什么这些信念很重要。
- 共享的工作方式和与他人的关系。

得克萨斯州 A&M 大学教授伦纳德·贝瑞将服务文化的定义归结为两个要点：

- 大家对公司最重要的事情的共识。
- 关于为什么这些事情很重要的共同价值观和信念。

伦纳德·贝瑞提倡一种以价值为导向的领导方式，以激励和指导员工。领导需要把服务热情带给员工，更要挖掘员工的创造力，让他们精神焕发、充满责任感，同时拥有一个充实的职场生活。服务文化强大的一个基本特征是大家拥有一种信念，坚信为客户创造最大价值和提供卓越服务的重要性。伦纳德·贝瑞发现，在优秀的服务业公司中有一些共有的核心价值观，包括追求卓越、追求创新、愉快工作、团队合作、相互尊重、正直、重视社会效益等（请阅读扩展资料 11.6，了解关于公司价值观的一个案例）。这些价值观是公司文化的一部分，公司的领导者们有责任创造一种服务文化，这种文化的价值观能够激发并引导员工遵循以服务为导向的价值。

扩展资料 11.6

华为的公司价值观

在以前的媒体宣传中，外界总认为华为的企业文化就是总裁任正非的众多管理思想。事实上，在全球化运营的发展时期，华为真正的企业文化在于其核心价值观。

（1）成就客户。为客户服务是华为存在的唯一理由，客户需求是华为发展的原动力。

（2）艰苦奋斗。华为没有任何稀缺的资源可以依赖，唯有艰苦奋斗才能赢得客户的尊重和信赖，坚持奋斗者为本，使奋斗者获得合理的回报。

（3）自我批判。只有坚持自我批判，才能倾听、扬弃和持续超越，才能更容易尊重他人和与他人合作，实现客户、公司、团队和个人的共同发展。

（4）开放进取。积极进取，勇于开拓，坚持开放与创新。

（5）至诚守信。诚信是华为最重要的无形资产，华为坚持以诚信赢得客户。

（6）团队合作。胜则举杯相庆，败则拼死相救。

一个企业怎样才能长治久安？华为对此一直在思考、研究，并提出，一个企业长治久安的基础是每个岗位的接班人都承认公司的核心价值观，并具有自我批判的能力。华为主要创始人兼总裁任正非指出：“接班人是用核心价值观约束、塑造出来的，这样才能使企业长治久安。”

服务的风气

学习目标： 了解服务风气和服务文化之间的区别，并描述哪些因素决定了服务风气

文化体现的是公司的顶层战略，它是一种价值导向。而服务风气则是服务文化中可以

被看到和感受到的部分。员工们对公司价值取向孰轻孰重的认知来自他们观察到的领导者的所作所为，而不是他们说了什么。

员工们对于公司的价值取向孰轻孰重的理解来自他们的日常经验，来自他们和人力资源、运营、营销、信息技术等部门打交道时所了解到的政策、实践、流程，是公司文化落实到具体行动以后所体现出来的方方面面。员工在感受到公司的服务风气的同时，服务风气又可以反过来塑造员工的行为以及影响给顾客的服务结果。简而言之，服务风气就是员工们对于哪些做法是得到公司支持和鼓励的一种共同认知。

服务风气一定是体现在一些具体的公司事物上的。比如，服务、支持、创新或者安全。一家公司里常常共存着多种风气。服务风气的基本特征包括明确的营销目标、为顾客创造最高价值以及达到最佳服务质量的巨大动力。

服务业公司领导者的品质

学习目标：说明服务业公司中领导者需要具备的品质

领导者都有责任创造服务的文化和风气。但为什么有些领导者在这方面比其他人做得更好？以下是服务业公司的领导者应具备的一些品质。

- 对业务的热爱。当一个人热爱他所做的业务，就更愿意将经营业务的艺术和秘诀传授给他人。

- 杰出的领导者都受到一系列核心价值观的驱动，比如，为顾客提供卓越的服务、高效工作。领导者可以将这些价值观传递到公司上下。服务质量被视为成功的关键基础。

- 认识到员工在服务中发挥的关键作用。领导者需要相信他的员工，并乐于和员工沟通。

- 杰出的领导者能够提出很好的问题并从团队中获得答案，而不是仅仅依靠自己来主导决策过程。

- 领导者需要树立榜样，来塑造他所期望的团队的行为。

- 好的领导者能用简单易懂的方式与他人交流，他们了解听众，而且在传达复杂的想法时能化繁为简。有效的沟通是实现成功的关键技能。

- 好的领导者应该具有谦逊的个性，但在工作上要表现出坚定的专业意志和决心。同时要大度，愿意将功劳归于他人，把责任归于自己。

领导风格，关注基础工作和树立榜样

学习目标： 了解不同的领导风格，了解树立榜样以及关注基础工作的重要性

研究表明，服务风气的形成来自领导者对基础工作和细节的持续关注。一个对把控服务质量更加执着的领导者会设置更高的服务标准、发现并消除障碍以及确保营造良好的服务风气所需的资源。这种领导风格看起来似乎很平凡，然而，正是因为认识到"平凡工作的重要性"，领导者才能建立整个团队的服务意识。

成功领导者的特征之一是他们树立榜样的能力。领导者通过树立榜样来塑造他所期望的团队的行为，形成关注基础工作的服务风气（扩展资料11.7）。领导者常常采用"走动式管理"的方法来实现这个目的。比如，赫伯·凯莱赫（Herb Kelleher）担任美国西南航空公司的首席执行官期间，员工看到他凌晨2点出现在维修机库，或者看到他偶尔担任乘务员时并不会感觉惊讶。"走动式管理"包含了定期不定期地对公司各个部门的走访。这种办法让领导者深入了解前台和后台员工的工作状况，也可以和一线员工及客户直接沟通，从而了解公司层面的战略传导到一线后的执行情况，以及公司战略是否需要调整。

扩展资料 11.7

榜样的力量：一位医院院长学到的一课

米歇尔·瑞金曾担任波士顿贝斯以色列医院院长长达30年。人们对他印象最深的，是他喜欢定期到医院的各个部门非正式地走访。他说："你可以通过'走动式管理'了解到很多东西，也能让别人有机会见到你。当我参观其他医院并有院长陪同时，我会观察那个院长如何与别人互动，在不同场合下的肢体语言，这让我很受启发。而且，这对树立榜样也非常重要。"为了强调这一点，瑞金院长总是讲下面这个故事。

人们会通过看别人的行为来决定自己的行为。下面就是这方面的一个例子，这个例子现在看起来像是杜撰的，但其实是真实发生的——这是关于地上的垃圾的故事。

我们的一位受托人，Zayre公司的前总裁，已故的麦克斯·费尔德伯格（Max Feldberg），有一次让我陪他一起在医院散步。他问："你觉得为什么这个病房的地板上有这么多废纸？"

"是因为人们不捡它们。"我回答。

他说："你是个科学家，我们来做一个实验。我们继续往前走，在这层楼，我们会捡起一部分废纸。然后我们上楼，楼上有另一间病房，跟现在这层同样的地点，地上也有基本相同数量的废纸，但我们不会捡。"

于是，这个 72 岁的老人和我在这层楼上捡了一部分垃圾，然后我们上了另一层，但什么都没捡。10 分钟后，我们回到第一层，我们发现，这层楼当时我们没捡的那部分垃圾几乎也都被清理了。而第二层楼，当然什么也没变，垃圾还是那么多。

麦克斯先生对我说："你看，不是因为别人不捡垃圾，是因为你不捡。如果你高贵到不能弯腰捡起一张废纸，为什么别人要捡呢？"

一份针对酒店业的实证研究表明，管理层的言行一致非常重要。这项研究调查了 76 家假日酒店（Holiday Inn）的 6 500 名员工，询问他们是否认为他们的经理是言行一致的。问卷中题目包括"我的经理兑现承诺""我的经理按照他宣扬的方式做事"，等等。调查结果表明，经理的行为是否诚信与员工的信任度、承诺和工作积极性高度相关。此外，在问卷中衡量的经理的所有行为里，经理的诚信度是驱动公司盈利的最重要因素。据统计，在满分 5 分的分制下，经理的诚信评分每增加 0.125 分，酒店的收入就有 2.5％ 的增长，这对酒店意味着每年 25 万美元的利润增长。

一线工作是整个公司的重中之重

强大的服务文化是整个公司都关注一线的文化，是整个公司都理解一线工作是公司的生命线。人们知道：一线员工和顾客的接触将很大程度上决定公司今天和明天的收入。在一个服务导向的公司，高层管理者会去主动了解一线工作的状况，并亲身参与一线工作，以此来让大家知道一线工作至关重要。马克·弗里索拉（Mark Frissora），赫兹租车公司的前首席执行官这样说：

人们经常对我说："作为首席执行官，你不需要过多地参与公司的一线运营，你管得太细了。"我的回应是："我必须'过多参与'一线运营，因为我要制定战略。如果我不懂日常业务，我就是一个糟糕的经理，一个失败的领导者。"领导者需要花费大量时间关注一线工作，这一点至关重要。

实际上，许多管理者会花费大量时间在一线为顾客服务。比如，迪士尼乐园的管理层每年要花两周的时间在一线工作上，包括扫大街、卖冰激凌或者作为游乐设施接待员来更好地了解和顾客接触的真实状况。服务业领导者不仅对全局感兴趣，他们也关注服务的细节。他们在服务的细微差别中看到了竞争对手可能认为微不足道的机会。他们相信，公司对小事的处理方式为处理其他事情奠定了基础。

知名美国在线零售商美捷步公司（Zappos）会让每一个总部雇用的员工去接受和呼叫中心员工一样的培训，不管是会计师、律师还是程序员，也无论资历如何，新员工都必须接受完全相同的培训。这个培训历时 4 个星期，内容涵盖公司历史、客户服务的重要性、公司的长期愿景以及公司文化。培训结束之后，所有新员工会在呼叫中心工作两周，接打客户电话。该公司首席执行官谢家华表示："这样做是源自我们的信念，即客户服务不应该只是一个部门，而应该是整个公司。因为很多服务问题并不是源自一线，而是源自后台的工作，比如信息技术、后勤、运营、财务、法务、风险管理和人力资源等部门。"

图 11.9 是两种金字塔的模型，倒金字塔模型显示了一线工作的重要性。这张图表明，高层管理人员和中层管理人员的作用是支持一线员工，为顾客提供卓越的服务。

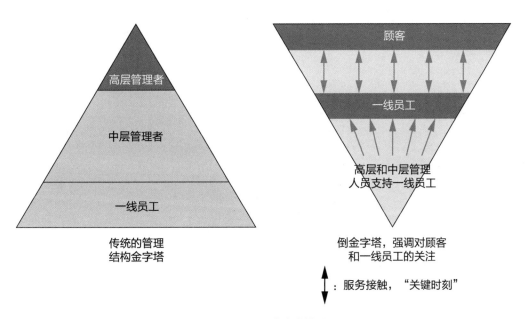

图 11.9　两种金字塔模型

结　论

服务业公司的人的素质——特别是和客户接触的一线员工——是公司取得成功的最重要因素。这也是为什么服务元素 7P 中"人"这个元素如此重要。成功的服务业公司会非常重视有效的人力资源管理，通过与营销、运营和信息技术部门密切合作，来平衡那些可能存在的部门冲突。成功的公司明白为人力资源投资的价值，理解高员工流失率带来的成本。这样的公司处在员工管理的成功循环中，员工对工作感到满意并且具有高生产力，带来的结果就是顾客满意而且忠诚度高，公司从而具有更高的盈利能力，能够对一线员工的选拔、发展和奖励进行更多投入。

有效的人员管理可以使公司获得服务上的优势，这可能带来令人惊喜的市场和财务结果。良好的人力资源战略与管理层的强大领导力相结合，往往会给公司带来可持续的竞争优势。而这种人力资源的优势是竞争对手很难复制的。

第 IV 篇

发展客户关系

第12章

顾客关系管理与忠诚度的建立

商业的目的是吸引顾客和保留顾客。

——彼得·德鲁克（Peter Drucker）管理咨询师、教育者和作家

管理顾客忠诚度的第一步是发现并获得合适的顾客。

——弗雷德里克·F.莱希赫尔德（Frederick F. Reichheld）作家、战略家、美国贝恩公司研究员

唯一的老板是顾客。顾客可以解雇公司每一个人，即便是公司主席也不例外。而且很简单，他们只需要把钱不花在你这儿就能做到。

——托马斯·爱迪生（Thomas Edison）发明家和商人

策略是第一步，紧接着就是客户关系管理。

——斯蒂芬·S.拉姆齐（Steven S. Ramsey）埃森哲咨询公司前高级合伙人、IRI公司执行副总裁

学习目标

通过本章的学习，你将可以：

1. 认识到客户忠诚在帮助商家盈利方面的重要作用。

2. 学习计算一名忠诚顾客的终身价值。

3. 了解是什么让普通客户变成忠诚客户。

4. 了解忠诚之轮的核心策略，以发展一个忠诚的顾客群。

5. 理解为什么找到想要的顾客对商家如此重要。

6. 使用分层服务来管理客户群并建立忠诚度。

7. 了解顾客满意度和顾客忠诚度之间的关系。

8. 了解如何通过交叉销售和捆绑销售来加深顾客关系。

9. 了解经济和非经济奖励在提高客户忠诚度方面的作用。

10. 通过人际社交、订制化服务和结构化的纽带来加强顾客忠诚度。

11. 了解哪些因素会导致客户转向竞争对手以及如何减少这种转换。

12. 知道为什么顾客忠诚方案和客户关系管理（CRM）系统能够特别促进忠诚策略的实施。

13. 了解客户关系管理系统在提供订制化服务和培养顾客忠诚度方面所起的作用。

引文：海底捞的客户关系管理

海底捞成立于 1994 年，是一家以经营川味火锅为主的连锁品牌，以极其周到的服务态度获得了大众的认可，可以说是把顾客关系管理和忠诚度培养运用得最为成功的餐饮品牌之一。因为食客很多，经常要排队，海底捞为等待的顾客提供免费美甲、美鞋、护手；免费饮料、零食和水果。大部分店有自助调料台，有约 20 种调料，可以根据自己的口味喜好，任意调配；另外还有免费水果，季节不同，水果也有所不同，比如圣女果、哈密瓜、西瓜等。海底捞的服务员选拔和培训过程严格，致力于给顾客提供最为周到细致的服务。作为一家服务型企业，海底捞是如何脱颖而出的呢？

首先得益于其有效的顾客分级。在企业的内外部资源是有限的，但客户的需求偏好是不同的。因此，企业需要根据一定的标准对客户进行分级，以更好地适应不同需求、合理分配资源。海底捞将客户分成了 4 个等级——红海会员、银海会员、金海会员和黑海会员，并制定会员的升级与降级规则，使得不同的客户享受到其专有的服务。最有贡献度的黑海会员则能享受专属活动、获得生日赠品、网络远程排号等特殊待遇。因此，许多海底捞的消费者致力于积分升级，无形间提升了忠诚度。

其次需要有良好的客户沟通。在信息沟通上，海底捞会随时通知排队的顾客前方还需等待多久，并不时关注他们的需求和心情。进入海底捞的顾客经常被询问"你是几个人用餐呢？""今天有朋友生日吗？"等问题，这些信息能让一线员工提供更有针对性的服务，比如单人用餐的玩偶陪伴、生日祝福等。在情感沟通上，海底捞会经常为顾客免费打包水果和零食，在送错食物等服务小失误发生时，及时向客户道歉并提供合理的赔偿。每一位前来就餐的客户都能感受到这里的热情和温暖，从而产生较高的满意度甚至情感依赖。

而能够做到这一切，也得力于其强大的客户数据分析能力。海底捞通过广泛的会员制收集到客户的基础情况、需求偏好等信息，并据此给客户备注，利用数据驱动管理和服务，可以节约营销成本并实现精准化送达，使得顾客与品牌的关系更加亲密。一些员工也会记录自己招待的客户的生日、家庭人口数、生日及纪念日，根据以上的档案与顾客保持联络。信息系统和一线员工同时留意，顾客数据将变得更为有价值。

关注顾客管理的企业有很多，但如何能够像海底捞一样将其变成品牌特色并持续吸引消费者，是餐饮品牌甚至大多数服务型企业的必修课。

凯撒娱乐（前身为哈拉斯娱乐公司）是世界最大的娱乐和博彩公司，旗下有多个子品牌，包括凯撒、哈拉斯、马鞍酒店以及伦敦之家博彩俱乐部等。这家公司可以说是把顾客忠诚度计划运用得最成功的公司之一。哈拉斯娱乐公司是博彩业第一家实行分级的顾客忠诚度系统的公司。现在，这一系统已经覆盖凯撒娱乐的所有品牌。它的顾客忠诚度系统中有 6 个等级，对应着不同的顾客福利，随着顾客的等级提高，享受的福利也增加。这一系统已经应用到几乎所有的服务项目，也就是说，顾客在使用凯撒娱乐下的任何服务设施时，不管是博彩、餐厅、酒店、礼品店或是观看表演，他们的顾客身份和积分都是通用的。顾客累积的积分将决定他们的忠诚度级别，顾客可以将积分用于兑换现金与演出票、购买商品、住宿、度假等各种活动。

凯撒娱乐的特别之处并不是因为它的顾客忠诚度系统，而是这个系统背后的顾客大数据。当顾客使用会员卡消费并获取积分时，凯撒娱乐也收集到了顾客的信息。凯撒娱乐所有的服务场所和服务设施，如赌场管理、酒店预订等各项服务系统都联通着同一个用户数据库。这让该集团可以从整体上了解每一个顾客的特点。目前，该集团拥有超过一千万个顾客的详细资料，清楚地知道这些顾客的偏好及行为。比如，顾客在不同游戏类型上的消费额，对食品或饮料的偏好，以及喜欢什么样的娱乐活动或酒店。而且所有的顾客信息都是实时获取的。

凯撒娱乐把这些顾客数据用于营销和给顾客的现场服务上。比如，当一名钻石卡会员站在角子机前呼叫服务时，凯撒娱乐的经理已经知道他的名字和游戏偏好，就可以走过去说："还是和以前一样吗？琼斯先生。"接着，经理会开始记录这名顾客在游戏上花多长时间。或者，当一名玩家中了大奖，凯撒娱乐可以根据顾客的特点为他定制一个小礼物，来庆祝他的好运。凯撒娱乐甚至知道某个顾客在某一天能够在游戏上花费的最大金额，以及他大约什么时候会停止游戏。于是，凯撒娱乐会在这个顾客到达他的花费极限之前，通过实时短信发给顾客一张超级折扣的表演观赏券，从而把顾客留在消费场所。而顾客也感觉自己受到了非常贴心的服务——因为刚好在他想要结束之前，还能捡一个大便宜。而凯撒娱乐利用的只不过是闲置的演出资源。

同样，当有顾客给凯撒娱乐的客服中心致电时，客服人员能够实时调取顾客的消费偏好与习惯等相关信息，并据此对客户进行交叉销售和向上销售的个性化营销。凯撒娱乐从不做地毯式的营销，这在凯撒娱乐的前首席执行官加里·拉夫曼看来是一种"盈利侵蚀的噩梦"。与此相对，凯撒娱乐使用的是高度精准的，能够对每个顾客产生合理激励的营销方式。此外，它还使用"对照组"的方式来精确衡量不同活动的营销效果，以进一步对营销活动进行微调。

通过数据驱动的顾客关系管理，凯撒娱乐把顾客互动变得更加个性化和差异化。哈拉斯是凯撒娱乐第一个启用了顾客奖励计划的品牌，在实施了新的客户管理系统之后，它把其会员用户的钱包份额从 34％提升到了惊人的 50％。

探寻顾客忠诚度

发现、获取和留存正确的顾客，是许多成功服务业公司的核心。在第 3 章我们曾讨论过顾客群的细分和定位，那么在本章我们要讨论的是在细分顾客群中那些理想的、忠诚的顾客的重要性，以及如何通过一个精心设计的关系营销策略，培养并维持顾客的忠诚度。我们的目标是建立和忠诚顾客的良好关系，以期这些顾客能够帮助公司业务，为公司未来的发展做贡献。图 12.1 是本章知识点结构图。

忠诚是个常常被提到的词，过去常常用于形容一个人对国家、事业或个人的忠贞与挚爱。在商业的语境下，忠诚是指一个顾客长期选择一家公司的产品或服务的意愿，很可能还是排他的，而且顾客愿意将产品或服务推荐给朋友和他人。顾客忠诚是购买行为的延伸，它超越了购买，包含了偏好、喜爱以及未来继续选择的意向。

"背叛者"是个令人讨厌的词。在战争的语境下，它指的是出卖或背叛己方，并投向敌方的不忠诚的人。即便背叛者是从敌方投向"我方"，他们仍然是令人存疑的。在市场营销的语境下，"流失"（英语中与"背叛"同义）这个词是指顾客从一家公司流失，并转向购买其他公司提供的产品或服务。企业的顾客流失率不仅意味着可能存在的质量问题（或竞争者的产品或服务质量更高），而且是公司盈利下降的信号。那些大客户不一定会在一夜之间流失，但他们会通过逐渐减少购买，或将部分服务的购买转向其他提供者，来表达他们日益增长的不满。

顾客忠诚对公司盈利的重要性

- 更高额消费，公司占有更高钱包份额，交叉销售
- 减少顾客服务成本
- 积极的口碑传播和客户推荐
- 长期获客成本的不断摊薄

顾客的价值评估和忠诚度驱动因素

顾客价值评估

- 顾客生命周期价值计算
- 实际客户价值和潜在客户价值之间的差距

忠诚度驱动因素

- 收获更强的信心
- 社交益处
- 特殊待遇

顾客忠诚度策略——忠诚之轮

建立顾客忠诚的基础

- 找到公司想要的顾客，匹配顾客需求与公司服务能力
- 追求顾客质量而不仅仅是顾客数量
- 通过顾客分层集中资源和注意力并用在最有价值的客户身上
- 通过提供高质量服务获得顾客的行为忠诚（钱包份额）和态度忠诚（心灵份额）

忠诚纽带

- 通过捆绑销售和交叉销售加深顾客关系
- 忠诚奖励
  —— 经济奖励（硬福利），比如积分、常旅客里程、免费升舱
  —— 非经济奖励（软福利），比如服务优先级、优先值机、特殊的认可和赞赏，默认的服务保证
- 高水平纽带
  —— 社交纽带
  —— 订制化服务纽带
  —— 结构化纽带

减少顾客流失

- 顾客流失分析
- 消除导致顾客流失的关键因素
- 有效的客诉处理和服务补救
- 提高转换商家的成本
  —— 积极的转换成本（软锁定策略），通过增加的价值（见忠诚度纽带）
  —— 合同等硬锁定策略（如提前取消合同的罚款）

客户忠诚战略的实施

一线员工

客户经理

会员制的关系

- 实现忠诚方案，即便顾客和商家之间仅有交易
- 忠诚方案可以为商家提供独特的识别顾客的方式。不管顾客来自什么渠道、分支或产品线，商家都能把顾客的信息整合到一起

CRM 系统

- 制定战略（顾客战略、目标顾客群、顾客分层、设计忠诚纽带）
- 为顾客创造价值（如通过订制化服务和优先级）
- 为商家创造价值（通过占有更高的钱包份额，更低的服务成本）
- 多渠道整合（统一的顾客接口）
- 信息管理（把顾客数据传输到所有接触点）
- 绩效评估

图 12.1 顾客关系管理和顾客忠诚度的知识点结构

为什么顾客忠诚对公司盈利特别重要

学习目标： 认识到顾客忠诚在帮助商家盈利方面的重要作用

顾客忠诚度关系到公司的成长和盈利能力。原因有两点，第一，根据漏桶理论，公司的顾客量像是一个漏桶里的水，顾客会处于自然流失的状态。要想企业持续发展，获得的新顾客数量必须多于流失的顾客数量。而顾客忠诚度的提高能够减少顾客流失，即可带动公司总顾客量的增长。请看图 12.2，A 公司和 B 公司获得新顾客的能力完全相同，但 B 公司的顾客流失率比 A 公司略低，因此在 14 年后，A 公司已经停止了发展，而 B 公司的顾客总量实现了翻倍。

图 12.2　漏桶理论和公司顾客量增长

第二，顾客忠诚度会影响公司的盈利能力。正如《忠诚效应》（*The Loyalty Effect*）一书的作者，同时也是专门研究顾客忠诚度对公司盈利影响的学者弗雷德里克·莱西赫尔德（Frederick Reichheld）所说，"没有很多公司把顾客看作终身不断的年金"，而这正是忠诚顾客对公司的意义——一个可以持续很多年的稳定收入来源。那么，就利润而言，忠诚顾客对公司来说意味着多少利润？莱西赫尔德和厄尔·萨瑟（Earl Sasser）曾进行一项经典的研究，分析顾客在不同的服务行业中每年产生的利润。他们发现，顾客在一家公司持续的时间越长，他们为公司带来的利润就越高。为了便于比较，两名学者选取了几个服务行业，并列出平均每个顾客在 5 年时间里所贡献利润的增长情况（括号中显示的是顾客在第一年带来的平均利润）。研究的行业包括洗衣业（144 美元）、信用卡服务（30 美元）、汽车服务（25 美元）及零售分销（45 美元）（见图 12.3）。

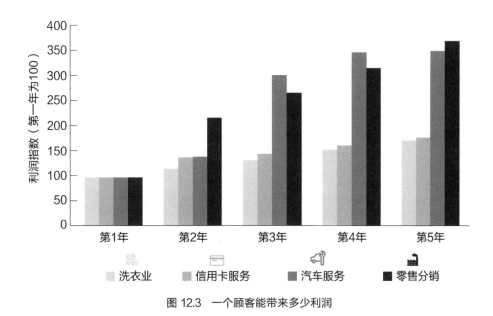

图 12.3　一个顾客能带来多少利润

在这些看得见的利润增长的背后，我们能发现一系列给商家带来了增量利润的积极因素。根据一份 7 年的统计分析，我们总结了以下这些积极因素。

（1）**利润来自顾客购买量的增加（或者，对信用卡服务来说，是更高的交易量）。**随着时间的推移，商家会积累越来越多的顾客，因此，整体的购买量会自然增加。这一点对单个顾客也是如此，随着顾客的成长，他们的家庭成员变多，经济能力也更强，因此，单个顾客的购买量也会增加。如果商家能够持续提供高质量服务，顾客会愿意将自己的选择固化下来。我们可以称之为商家在顾客的钱包里占有了更高份额。

（2）**利润来自顾客服务成本的降低。**当顾客选择了固定的商家，随着接受服务的次数增加，顾客也变得更有经验，对供应商的要求也会越来越少（比如，顾客对信息和帮助的要求会更少，并可能更多地使用自助服务）。顾客在参与服务流程时也更会配合商家，犯更少的错误。因此，商家可以节省更多成本，服务生产力也会增强。

（3）**利润来自顾客的口碑传播。**顾客的口口相传和推荐就像免费的促销和推广，这让商家节省了宣传经费。

（4）**利润来自顾客价格敏感度的降低。**一般来说，新顾客给商家带来的利润较小，因为商家为了吸引新顾客往往使用更低的价格或提供更多好处。而当顾客变为长期的老顾客后，会更可能按照正常的价格付费。因为他们已经对服务非常满意，自然对价格不那么敏感。此外，当顾客对商家充分信任之后，也会更愿意为一些特殊情况的服务支付更高的费用（比如，在服务高峰期或顾客需要商家快速提供服务时）。

（5）利润来自获客成本的不断摊薄。 为了获取新买家，商家需要支付一部分前期成本，比如销售佣金、广告和促销费用、为顾客建立新账户或给新顾客的礼包的行政费用等。这些成本可以用很长时间来被摊薄。

图 12.4 基于对 19 个不同服务类别的分析，以 7 年为一个统计周期，得出了上述 5 个因素的相对利润贡献。莱西赫尔德认为：忠诚顾客给商家带来的这 5 种利润贡献可以解释为什么一些公司的盈利能力比竞争对手更强。莱西赫尔德和萨瑟因此让"零缺陷"（zero defecitons）这个理念在商业管理界更加深入人心，它是指商家应该确保让每个顾客都能够给商家带来盈利。

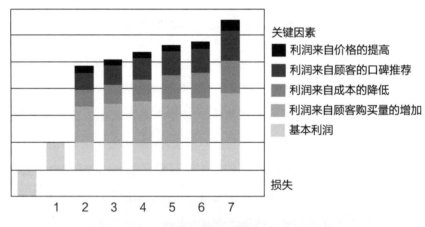

图 12.4　为什么顾客随着时间推移变得越来越有价值

评估忠诚顾客的价值
学习目标：学习计算一个忠诚顾客的终身价值

在不同的细分客户群中，一个客户在其客户生命周期的不同阶段会给商家带来多少成本和多少收益？如何预测一个客户未来又能带来多少盈利？这些数据的计算是每个营销人员都可能面临的挑战。接下来，我们将通过"客户生命周期价值的计算表"来学习如何计算顾客价值。

客户生命周期价值的计算表

客户价值的计算（表12.1）做不到绝对的精准，因为它会受到各种假设的影响。你可能想尝试一下改变这些假设，看它将如何影响最终的计算结果。但是，一般来说，单个客户贡献的收入比客户带来的成本更容易追踪到。

表 12.1　客户生命周期价值表

获取客户的收益和成本		第1年	第2年	第3年	第4年	第n年
初始收益	年度收益					
申请费[a]	年度账户费用[a]	＿＿＿＿	＿＿＿＿	＿＿＿＿	＿＿＿＿	＿＿＿＿
初次购买[a]＿＿＿＿	销售额	＿＿＿＿	＿＿＿＿	＿＿＿＿	＿＿＿＿	＿＿＿＿
	服务费[a]	＿＿＿＿	＿＿＿＿	＿＿＿＿	＿＿＿＿	＿＿＿＿
	转介绍客户价值[b]	＿＿＿＿	＿＿＿＿	＿＿＿＿	＿＿＿＿	＿＿＿＿
总收益＿＿＿＿	年度总收益	＿＿＿＿	＿＿＿＿	＿＿＿＿	＿＿＿＿	＿＿＿＿
初始成本	年度成本					
营销＿＿＿＿	账户管理	＿＿＿＿	＿＿＿＿	＿＿＿＿	＿＿＿＿	＿＿＿＿
信用核查[a]＿＿＿＿	销售成本	＿＿＿＿	＿＿＿＿	＿＿＿＿	＿＿＿＿	＿＿＿＿
账户注册[a]＿＿＿＿	核销(如坏账)	＿＿＿＿	＿＿＿＿	＿＿＿＿	＿＿＿＿	＿＿＿＿
总成本扣除＿＿＿＿	年度总成本扣除					
总收益＿＿＿＿	年度总收益	＿＿＿＿	＿＿＿＿	＿＿＿＿	＿＿＿＿	＿＿＿＿
净利润(亏损)	年度净利润(亏损)	＿＿＿＿	＿＿＿＿	＿＿＿＿	＿＿＿＿	＿＿＿＿

注：

a 如果适用。

b 每个转介绍客户所带来的预期收益(可以仅限第一年，也可以用预期的未来净现值来确定数据，直至第n年)，这个项目的数值也可能是负数，因为如果客户不满意，也可能通过负面口碑传播导致已有的客户流失。

收入扣除成本

一般来说，客户为商家带来的收入是比较容易确定的，只要查看客户的交易记录就可以找到，比如客户支付的申请费或购买费用。但是每个顾客带来的成本则必须通过平均数计算才能得到。比如，获客成本可以用总营销成本（如商家投入的广告、促销、销售等费用）除以同期的新客户数量来计算得出。对银行或网络服务等商家来说，也可以计算得出每个新注册用户的平均成本。

年度收入和成本

如果年度销售额、账户费用和服务费等费用是以单个客户为单位记录的，单账户的年度收入就可以轻松获得。但是单账户的成本如何计算呢？首先需要做的是按照加入公司的时间长短来细分客户群，根据公司的成本记录的复杂度和精确度不同，年度成本可能以每个细分客户群为单位，也可能根据该细分客户群的人数进行平均，获得每名客户的年度成本。

转介绍客户的价值

计算转介绍客户的价值可以按照不同的前提。在开始计算之前，你需要对客户进行一些调查，以确定这些假设，包括：① 有多少比例的新客户是因为其他客户推荐而选择了你公司提供的服务；② 这些新客户是否也通过其他一些营销活动注意到你的公司。通过这两项调查，你可以估计有多大比例的新客户是来自老客户的推荐。

净现值(Net Present Value)

从未来的利润流中计算净现值需要选择适当的年折现率。它还需要评估客户关系平均能持续多长时间。单个客户的净现值是每个客户在预计的关系生命周期内的贴现预期年利润的总和。

最近的研究还表明，在服务产品所处的不同发展阶段，客户对盈利的影响可能会有很大差异。比如，在一个服务产品刚刚诞生的时期，对商家来说最重要的是获取新客户，因而此时不管是通过满意的客户转介绍带来新客户，或者不满意的客户用负面口碑让新客户流失，对商家盈利的影响是很大的。而在一个服务产品已经发展成熟之后，商家关注的是如何从现有客户群中获得现金流，客户的影响会相对小一些。

最后要说明的一点是，不能想当然地认为忠实客户一定能比那些仅有一次交易的客户带来更多的盈利。从成本角度考虑，很多服务业商家并不通过花费大量的营销费用来吸引新客户，而是选择一个客流量大的地点来获取尽可能多的新客户，这种情况下，其大部分盈利都是来自仅有一次交易的客户，而非忠诚的"回头客"。此外，像银行、保险公司和一些会员制模式的行业，会有大量的成本用于新客户的资格审核、账户管理等，不管客户忠诚与否，商家都是要付出一样的成本。但对于其他类型的很多服务业商家来说，当有新客户购买时，商家并不会产生类似的成本。

再从收入的角度来说，一个忠诚的客户并不一定比仅一次交易的购买者花更多的钱。某些时候，忠诚客户对价格折扣的期待可能还更高。此外，对于一些服务行业来说，不管顾客忠诚与否，给商家带来的利润并不一定会随着时间的推移而增加。比如，银行、电信、酒店等这种针对大众市场的服务，顾客并不能和商家议价，因为价格都是统一的。而在B2B服务领域，大客户会有很强的议价能力，在和服务提供商谈判续约合同时总会尝试把价格压到更低，这促使服务提供商为了获得忠诚的大客户，而让渡一部分利润空间。物流公司 DHL 就发现，尽管它的大客户们带来了大量的业务量，但其利润率却低于平均水平。反倒是那些没什么议价能力的小客户，给公司贡献了明显更高的盈利。

实际客户价值与潜在客户价值之间的差距

对于追求盈利的公司，在制定营销策略时应该充分考虑客户可能给商家带来的潜在利润贡献。正如艾伦·格兰特和伦纳德·施莱辛格所说："挖掘每个客户的全部利润潜力应该是公司的基本目标……即便用保守的估计，大多数公司当前的盈利能力和潜在的最大盈利能力之间的差距是巨大的。"他们建议做下面这些分析，来理解客户的实际价值和潜在价值之间的差距。

- 每个目标细分客户群当前的购买行为是怎样的？设想一下，如果客户出现以下 3 种理想的购买行为，他们将会对公司的销售额和利润产生哪些影响？① 购买公司提供的所有服务项目；② 不从竞争对手那里购买任何服务；③ 为服务支付全价。
- 一般来看，客户和公司之间的关系能存续多久？如果他们是终身客户，会给公司带来什么影响？

正如我们之前所说，客户给商家带来的盈利贡献通常会随着时间的推移而增加。对商家来说，客户关系管理就是要设计一个营销方案来提高客户忠诚度——占有更高的钱包份额、对客户进行向上销售和交叉销售——同时找出客户流失的原因并纠正错误。对客户群和客户忠诚度的主动管理也称为**客户资源管理**。

客户为什么忠诚？

学习目标：了解是什么让普通客户变成忠诚客户

拥有忠诚的客户可以说是服务业商家的一条底线，在了解了客户忠诚的重要性之后，让我们一起探索是什么让客户对商家忠诚。客户不会自动忠诚于任何一个商家，我们需要给客户一个理由来强化他们的购买决定，然后把他们留在我们身边。我们需要为客户创造价值，让他们成为忠诚客户并保持对商家的忠诚。

那么，客户认为他们从与商家的长期关系中可以获得什么好处？我们发现，客户与商家的关系可以通过3个方面为客户带来价值，包括让客户拥有更强的信心、为客户带来社交的益处、让客户享受特殊待遇。

- 让客户拥有更强的信心，是指客户从与商家的关系中获得一种安全感和稳定感，客户感觉没有什么风险，对商家的服务水平和能力有信心。客户在购买时不会有什么焦虑感，因为他们知道会发生什么，他们通常会获得公司高水平的服务。这些好处通过下面这些顾客评论可见一斑："我知道我会得到什么——如果我去一家熟悉的餐厅，而不是去新开的餐厅冒险，饭菜的味道会很好。""如果患者觉得不错，他们就不想换其他牙医了，他们不想被一位新牙医拿来练手，或者重新适应新牙医。"

- 社交的益处，包括客户和服务员工之间的相互认可和熟悉，他们知道对方姓名，建立友谊，并从人际交往中获得乐趣。比如，这位顾客的评论："我喜欢这个理发师。他真的很有趣，特别能讲笑话，我们现在像朋友一样。"

- 特殊待遇，包括更优惠的价格、大多数客户无法获得的特殊优惠折扣、额外服务、优先享受服务而无须等待、比其他客户的服务更快等。反映这些好处的评论有："我们总去那家汽车修理厂，在那里我能获得比那些新客户更好的服务，我们认识那家修理厂的师傅，他总能安排先修我们的车。""我总能得到优惠价。""我早上去的那个小烘焙店，他们有时会给我一个免费的松饼，对我说'你可是常客了，白送你一个'。"

接下来，我们将系统地思考如何为客户提供这些好处，为我们的客户创造价值，学会使用"忠诚之轮"模型提高顾客的忠诚度。

忠诚之轮

学习目标：了解忠诚之轮的核心策略，以发展一个忠诚的顾客群

把普通顾客发展为忠诚顾客并不容易。你可以试着想想你自己青睐的所有的服务公司，大多数人能想到的真正喜欢的公司其实寥寥无几〔能想到的公司在你心中占有较高的"心

灵份额"（share-of-heart）］，而且你经常重复购买［常光顾的公司占有你较高的"钱包份额"（share-of-wallet）］。这表明，尽管很多公司投入了大量的金钱和努力培养顾客的忠诚度，但并没有成功。接下来，我们将使用"忠诚之轮"（Wheel of Loyalty）的知识框架来讨论如何培养忠诚的顾客群（见图 12.5）。

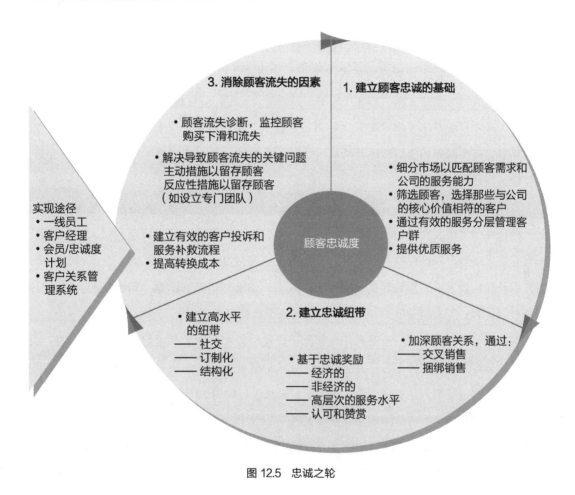

图 12.5　忠诚之轮

建立顾客忠诚的基础

建立长期客户关系和忠诚度的成功与否涉及许多因素。在第 3 章中，我们讨论了细分客户群和市场定位。本节强调的是，我们需要从细分客户群中选择那些对公司最重要的少数几个客户群，并专注于为这部分客户提供服务。然后根据客户特点制定有针对性的关系营销策略，并努力建立和保持他们的忠诚度。

找到公司想要的顾客

学习目标：理解为什么找到想要的顾客对商家如此重要

忠诚度管理从细分市场开始，商家要通过细分市场来找到那些需求和公司服务能力最匹配的顾客。每隔一段时间，商家们就会问自己一个问题："我们应该为哪些顾客服务？"因为顾客是不同的，不是所有的顾客都符合一家公司的服务能力、交付技术或战略方向。因此，如果商家希望建立成功的客户关系，就需要首先有针对性地对细分顾客群进行选择。管理人员必须仔细考虑客户对服务交付渠道、技术、服务特点、速度、服务质量等运营方面的要求，甚至服务场所的物理环境，以及服务人员的个人风格和技术能力等方面是否满足特定类型顾客的期望。

很多优秀的服务业公司对客户很挑剔，它们想获得的是"正确"的客户，是那些值得公司把特殊的价值去交付的人。因为"正确"的客户可以给公司带来长期的收入，可以通过推荐带来新客户。这样的客户还可以提高员工的满意度，因为员工在为一个值得赞赏的客户服务时，员工的工作表现也会更好。反过来，如果公司吸引的是"错误"的客户，公司就会因为客户流失而受损，同时，公司的声誉会变得不佳，员工也会失望。

商家除了可以从公司层面对客户进行细分，还可以在具体的某项服务上对客户进行细分。在细分客户时，让潜在客户充分知情，让他们清楚地了解一项服务的优劣，对于商家更好地对客户进行细分是有帮助的。澳大利亚联邦银行对约 39 万名客户进行了一项大规模调查，希望了解当银行清楚地解释其产品的细节以供客户自己决定产品功能的取舍时，客户会有怎样的反应。银行发现，披露产品的细节对客户是否选择该产品并没有明显影响。但更重要的是，调查发现，比起那些收到银行标准营销材料并且只看到信用卡优点的客户，同时看到信用卡的优点和缺点之后所获得的客户对银行表现出了更高的信任（见图 12.6）。具体来说，在注册成为信用卡客户后的 9 个月内，之前收到完整信息的客户比收到不完整信息的客户的消费额要高 9.9％，流失可能性则降低 20.5％。这些发现表明，商家披露的信息越透明、服务产品和客户需求越匹配，商家和客户就可以获得更好的结果。

通过把公司的服务能力、服务优势和特点与客户的需求相匹配，公司就可以更精准地定位目标客户，而在客户眼中，这样的公司提供的就是最贴心的服务。正如弗雷德里克·

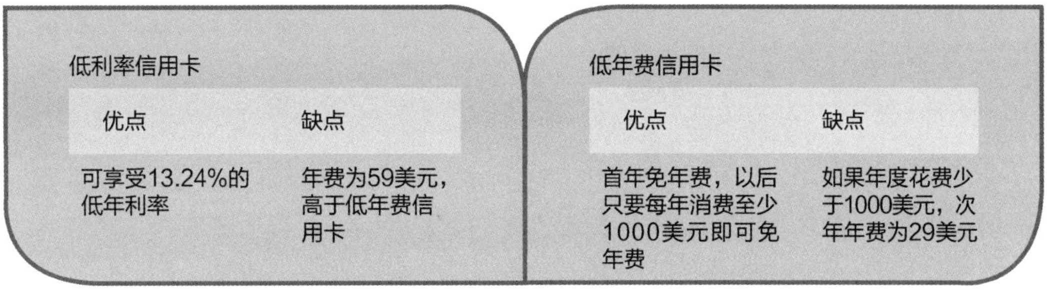

低利率信用卡		低年费信用卡	
优点	**缺点**	**优点**	**缺点**
可享受13.24%的低年利率	年费为59美元，高于低年费信用卡	首年免年费，以后只要每年消费至少1000美元即可免年费	如果年度花费少于1000美元，次年年费为29美元

图 12.6　获取客户时商家披露的信息越透明，客户关系质量越高

莱希赫尔德所说："最好的结果是商家和客户的双赢，即公司收获了盈利，客户收获了成功的服务和满意，而不是说公司的盈利是以客户的消费为代价。"综上所述，客户忠诚度的建立始于对"正确"的客户的发现和获得。

追求顾客质量而不仅仅是顾客数量

有太多商家总是把重点放在客户的数量，而忽视了对每个客户的价值的关注。比如，一家全球连锁酒店发现，它们高达 30% 的利润是仅由消费能力最强的 2% 的客人带来的。一般来说，比起偶尔购买的客户，那些购买频率更高、购买量更大的高质量客户能给商家带来更大的盈利。罗杰·哈罗威尔（Roger Hallowell）曾以银行业为例来很好地说明这一点。

在银行的客户群中，有一些客户，是银行现有的服务水平和价格无法使其满意的；还有一些客户，他们和银行打交道的业务根本不能给银行带来任何利润（给银行带来的成本大于他们带来的利润贡献）；另有一些客户，他们选择你的银行是因为他们的需求在你这里比在其他银行能被更好地满足，而且他们愿意为此付费。任何一家聪明的银行都应该重点关注第 3 类客户。这些客户最有可能成为长期客户，最有可能购买更多产品和服务，向他们的亲朋好友推荐你的银行。这些客户可能是银行股东们超额回报的来源。

具有讽刺意味的是，那些总是试图将所有顾客都揽入囊中的公司，其长期的发展速度还不如那些在顾客选择方面更加专注和挑剔的公司。接下来，我们通过扩展资料 12.1 了解一下共同基金行业的领先公司先锋集团，看看这家公司是如何通过设计服务产品和定价，来吸引和留住适合其业务模式的客户的。

先锋基金公司拒绝"不适合" 的客户

先锋基金公司（Vanguard Group）是共同基金行业的领先公司，截至 2020 年，该公司管理的资产已经达到 6.2 万亿美元之巨。该公司实现商业成功的秘诀之一，是对符合其业务模式的"正确"的客户的精挑细选。这个从它的财务数据中可见一斑：该公司的新用户销售额所占市场份额约为 25%，这个份额与其资产的市场占有率或市场份额相似，是正常的数值。然而，值得注意的是，该公司的客户资金赎回（客户退出基金投资，即客户流失）在市场整体赎回资金中的份额极低，说明该公司有大量的忠诚的长期投资者。其净现金流（新用户销售额减去客户赎回额）在市场净现金流中所占的份额达到惊人的 55%，这个优秀的表现使其成为行业中增长最快的共同基金。

我们不禁要问，先锋基金公司是如何实现如此低的赎回率的？秘诀在于该公司极其谨慎的新用户获取策略，以及合理的服务产品和定价策略，这给公司带来了更多公司想要的高质量客户。

先锋基金公司的创始人约翰·博格（John Bogle）对指数基金的优越性深信不疑，相信这种基金较低的管理费用能够带来较高的长期回报。他的投资策略是：不调仓（始终坚守基金在最开始设计时所选的市场主题），不设销售团队，以及只花费与其竞争对手相比很小的一部分用于广告。通过这种策略，先锋基金公司将其管理费降到了大大低于竞争对手的水平。此外，该公司还有一个降低成本的重要方法，就是拒绝那些偏好短线的投资者。

博格非常关注客户的投资赎回情况，并把公司获得更多的忠诚用户的原因归功于此。他称自己"像老鹰一样观察客户的动向"，比起针对新客户的销售，他花更多时间专注在对老用户的分析上，以确保这些客户符合公司的投资风格。客户较低的赎回率意味着公司吸引到的是公司想要的忠诚的长期投资者，这种忠实客户群的稳定性一直是先锋基金公司取得成本优势的关键。博格对客户的挑剔是出了名的，他就像拿着一把密齿的梳子来仔细筛查客户赎回的情况，看看是谁把"错误"的顾客带来了公司。曾经有一个机构投资者，在投资一款指数基金仅 9 个月之后就决定赎回 2 500 万美元。博格把这个事件看作管理上的失败，他说："我们不欢迎短期投资者，他们以牺牲长期投资者的利益为代价搞砸了游戏。"博格强调："我们希望他们（短期投资者）到别处寻找投资机会。"

先锋基金公司对获得"正确"的客户的关注是出了名的。比如，由于怀疑客户会在接下来的几周内赎回投资，为现有客户带来不必要的影响，先锋基金公司曾经拒绝了一位想要投资 4 000 万美元的机构投资者。后来，这名潜在客户跑到集团首席执行官那里投诉这次事件，没想到首席执行官不仅支持拒绝该客户的决定，而且借这个例子向团队强化意识，告诉员工为什么他们需要对客户有所选择。

先锋基金公司把一些客户筛选的方法引入了整个基金行业。比如，为了阻止投资者的频繁交易，先锋基金公司不允许投资者通过电话转账进行基金交易并给一些基金增加了赎回费。此外，该公司拒绝用老客户的资金做补贴来招揽新客户的手段，因为这被认为没有守护其核心投资者的利益。先锋基金公司的这些策略可能会阻止一些大额投资者的加入，但是从长远看，这些基金对长期投资者来说极具吸引力。

先锋基金公司还设置了能够奖励忠诚客户的基金购买和赎回政策。比如，该公司规定，新投资者在购买基金时需要预先支付一笔一次性费用。这笔资金不是给先锋基金公司的，而是会充入客户购买基金的资金池，这笔资金会用于弥补新客户加入带来的管理费用的提高。本质上说，该费用是对长期投资者的成本补贴，而对于短期投资者，这个费用是一种惩罚。

最后，先锋基金公司按照投资金额的不同给客户分成了不同级别，级别越高，享受的购买费率越低。比如，忠诚的投资者可以选择成为"海军上将级"，其投资门槛比普通投资者略高，但费率要更低（年度费率 0.15%，而普通投资者为 0.18%）。

如果一家公司的目的是获得最大的顾客量，就不可能和顾客发展良好的关系。愿意和商家结成紧密关系的顾客由于自身的个性化需求，本身就不会购买均质服务和统一定价的商品服务。有些客户总是追求最低的价格（这类客户在大多数市场中属于少数），他们交易频繁，当看到有商家的价格更低时就会很快转向。这种客户首先就不是适合做关系营销的目标客户，也很难发展成为忠诚客户。

在很多情况下，营销是关于获得更好的业务，而不仅仅是获得更多的业务。比如，我们在衡量一家提供专业服务公司的能力时，我们会看它服务的客户类型，以及它的业务的本质。仅凭业务量并不能衡量商家的服务水平、可持续性或盈利能力。

最后，在商家获得了"正确"的顾客之后，也不能奢求他们每次购买时都会大手笔。"正确"的顾客不一定是高消费的顾客，也可能仅仅意味着市场上其他的商家没能给他们提供很好的服务。许多公司会瞄准那些被一些大公司忽视的客户群，而获得很好的效果。比如，美国租车公司 Rent A Car 关注的是那些有临时替换汽车需求的客户，而不是竞争对手们争抢的传统商务旅客市场。其他的例子还有瞄准股票散户的嘉信理财（Charles Schwab），以及专门为小型企业提供薪资和人力资源服务的佩奇公司（Paychex）。

通过有效的分层服务管理客户群

学习目标： 使用分层服务来管理客户群并建立忠诚度

营销人员应该建立一套客户管理的策略，来维持、提升，甚至是终止客户关系。维持客户关系意味着商家和客户之间建立了一种长期的互惠互利关系，而且商家为此付出的成本是合理的。但是维护客户关系时不一定要用同样的方式对待所有的客户。已经有研究证实，商家需要重点关注的是那些处于客户群顶端的优质客户，这部分客户能给商家带来更高的盈利贡献。此外，不同的客户层级往往有完全不同的服务期望和需求。因此，了解处在不同盈利层级的客户的需求，并相应地调整对其服务的水平，对商家来讲至关重要。

就像不同的服务产品包含着不同价值的服务水平一样（比如，航班里的头等舱、商务舱和经济舱的区分，见第 4 章），客户群也可以进行相应的分层。仍以航班服务为例，客户分层可以针对不同客户群体的利润贡献水平及其需求（比如，对价格、舒适度、时间等不同变量的敏感度），以及显示客户身份特征的数据，比如人口统计数据。客户分层原理可以用一个完整的金字塔模型来说明（见图 12.7）。

- **铂金客户。** 尽管这些客户只占公司整个客户群的一小部分，但他们是高质量用户，往往会贡献很大一部分利润。铂金客户通常对价格不敏感，但期望获得更高的服务水平作为回报，而且更愿意尝试新服务并为此付费。

- **黄金客户。** 黄金客户在整个客户群中的比例比铂金客户大，但单独客户贡献的利润

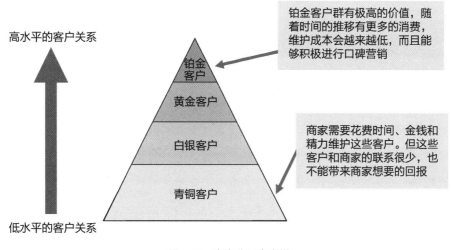

图 12.7　客户分层金字塔

比铂金客户低。他们往往对价格更敏感，对公司的忠诚度更低。

- **白银客户。** 这部分客户占公司客户群中很大的一部分，是公司做大盈利规模必不可少的。因此，这个群体也很重要，这部分客户群可以帮助公司建立和维持基本的经营能力和服务设施，是商家为黄金和铂金客户提供良好服务的基础。然而，白银客户的利润率较低，不足以让商家为其提供特殊的待遇。

- **青铜客户。** 这一层级的客户能给商家带来的收益非常低，但同样需要商家维持和白银客户相当的服务水平。从商家的角度看，这部分客户的维护成本要大于他们产生的收益，因而会给公司带来亏损。

需要注意的是，在不同行业或不同公司，处在同一分层的客户群之间的确切特征各不相同（比如，不同行业或公司的铂金客户群，有着不一样的特点）。扩展资料 12.2 为我们提供了一个来自营销研究行业的例证。

扩展资料　12.2

一家市场研究机构的客户分层

我们接下来要介绍的是一家业内领先的美国市场研究机构，该机构通过客户分层对其客户有了更精准的理解。这家机构对铂金用户的定义是那些不仅每年会多次委托机构进行市场研究，而且对于自己的需求，比如时间、范围和研究目的有着清晰概念的客户。这样的客户让该研究机构的服务能力管理和项目排期变得更加容易。研究机构为了达成项目合同所需的成本仅占合同金额的2%～5%（相比之下，有些客户要求机构做大量提案和项目投标，即使机构最终拿下项目，其成本也高达25%）。

铂金客户也更愿意付费尝试他们青睐的商家所提供的新服务。这些客户对该机构的满意度普遍更高，并且愿意把该机构介绍给潜在的新客户。

黄金客户与铂金客户的情况相似，只是他们对价格更敏感，更倾向于将预算分配给多家公司。尽管黄金客户也已经是多年的老客户，但他们不愿意过早答应把每年的项目委托给该机构。不过，该机构同样会为这部分客户做好服务准备，比如预留服务优先级和服务质量的升级等。

白银客户在市场研究上的花费较少，每次花费都是以单个项目为基础，而不是按年度。机构在服务这些客户时要花很高的成本，因为这些客户往往要求机构做提案，而且它给许多其他机构也发去提案请求。他们总是寻求最低的价格，而且往往不给机构足够的时间来完成高质量的工作。

青铜客户即使提出需求，也往往是很单一的、低成本的项目。这些项目往往是为了应急，客户需要尽快完成而且活儿很繁重。在这种情况下，该机构几乎不可能给项目增加更多价值并施展其优势。由于客户通常会邀请几家公司报价，因此机构的销售成本很高。由于这些客户在开展项目和合作方面缺乏经验，达成项目往往需要经过多次会议，并且需要机构对提案进行多次修改。此外，这些客户还需要很高的维护成本。因为对项目研究不了解，他们经常在项目进行的中段改变数据或需求，而且希望让机构承担所有额外返工的成本。这进一步拉低了项目的盈利空间。

客户分层的依据通常是客户带来盈利的能力以及不同的服务需求，这样商家就可以避免为所有客户提供相同水平的服务。每个层级的顾客群都可以获得与其需求和价值相称的服务。比如，铂金客户可以享受一些其他层级无法享受的独家优惠。商家应该为铂金和黄金客户提供有足够的吸引力的待遇，才能维持他们的忠诚，因为这部分客户正是竞争对手最想争取的客户。

不管是哪个客户层级，商家都可以尝试一些营销手段来提升销售、升级原有服务或者进行交叉销售。但是，由于消费行为和模式上的大相径庭，相同的营销手段用在不同层级的客户身上会有不同的反应和效果。如果商家已经占据了某一个客户层级的较高的钱包份额，就应该将重点放在这个层级的客户的维护上，尽可能留住他们，比如采取一些忠诚度激励方案。

　　而对于处于金字塔底部的青铜客户，商家只有两个选项，要么努力把这部分客户迁移至白银客户的层级（比如，提高销售额、提高价格或削减服务成本），要么终止客户关系。客户迁移可以通过多种策略的组合来实现，包括向上销售、交叉销售、设定基本费用、涨价等。比如，向青铜客户征收一个小额的基本费，并设置最低消费金额，当客户消费并达到最低消费金额，就可以免除基本费。这样做可以促使那些在多家公司消费的客户把消费合并到一家公司。把青铜客户迁移到白银客户层的另一个方法是降低这些客户的维护成本。商家可以鼓励他们使用低成本的服务交付渠道，比如，对人工服务收取费用、对自助服务免费。例如电信行业，有些客户对电信服务的使用率很低，电信运营商可以让此类用户使用预付费套餐，这样运营商不再需要向客户寄账单或收款。这不光节省了成本，也消除了此类客户的坏账风险。

　　对于某些客户来说，如果迁移策略都没有效果，最后的手段只能是终止客户关系，这也是认识到并非所有客户都值得保留的一个自然的逻辑结果。有些客户的维护成本要高于他们给商家带来的收入，这种客户关系对公司来讲已经不再有价值。还有些情况下，公司的策略发生了变化，或者客户的行为和需求发生了变化，也会导致客户关系难以为继。

　　有时，一些客户关系会被直接终止（即便考虑到程序的正当性）。比如，在考试中作弊的学生、对设施或他人造成损失的俱乐部成员等。还有些时候，商家会采取一些避免和客户对抗的方式终止关系。比如，有的银行会把一些不合适的客户资源出售给其他银行（比如，银行给信用卡用户发一封信，通知他们其账户已转移到另一家银行）。

　　正如投资者需要处置不良投资，银行必须注销不良贷款一样，每家公司都需要定期检查其客户构成，并考虑终止那些不理想的客户关系。当然，在做这些事情的时候，需要充分考虑到法律和道德问题。比如，银行在清理小额长期不动账户时，会采取对此类账户征收月度管理费的做法。但出于社会责任的考虑，会免除低保户的此项费用。

顾客满意和高质量服务是顾客忠诚的前提

学习目标：了解顾客满意度和顾客忠诚度之间的关系

培养顾客忠诚度的基础在于顾客的满意度。只有当顾客高度满意或者愉悦的时候，才有可能强化与公司之间的关系，进行积极的口碑传播，成为公司坚定的追随者。而一旦顾客不满意，就会导致顾客流失，并转而购买其他公司的服务。

顾客的满意度与忠诚度之间的关系包含 3 个地带，分别是**"流失区"**（*zone of defection*）**"冷漠区"**（*zone of indifference*）和**"喜爱区"**（*zone of affection*）（见图 12.8）。当顾客的满意度低的时候会处在"流失区"，顾名思义，只要顾客有得选，就一定会流失掉，去选择其他服务提供者。但不止于此，如果顾客极度不满意或是陷入困境，顾客可能会变成恐怖的敌人，逢人便说公司的坏话。"冷漠区"的顾客的满意度一般，公司在他们心中无关紧要，一旦顾客能找到更好的选择，他们就会迅速离你而去。最后，"喜爱区"的顾客对服务非常满意，因而对公司有很高的忠诚度。他们不会寻找服务的替代者，而且愿意在公开场合赞扬公司，并把公司推荐给身边的人。这样的顾客可谓公司的忠实信徒。

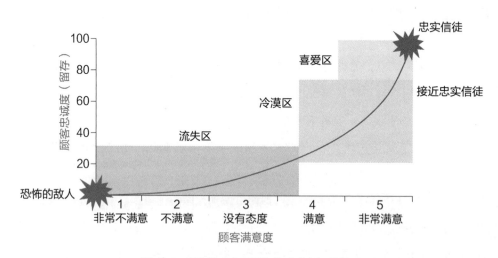

图 12.8　顾客满意度和顾客忠诚度之间的关系

真正的忠诚通常被定义为顾客行为的忠诚和态度的忠诚这两者的结合，也称为"钱包份额"和"心灵份额"。行为上的忠诚表现在顾客的重复购买等行为，公司占顾客的钱包份额高，以及顾客积极的口碑传播。态度忠诚是指顾客对一家公司的服务和品牌的真正喜爱和情感依恋。

需要特别注意的一点是，顾客满意是顾客忠诚的必要条件，但仅有顾客满意还不足以实现真正的顾客忠诚。仅凭满意度并不能解释顾客忠诚行为的许多差异，因此，探究顾客忠诚还必须结合满意度之外的其他因素。比如，我们即将在下一节讨论的"忠诚纽带"、转换成本以及顾客的知识水平——知识渊博的顾客对更换服务提供商信心更足，并且感知的风险更低。最后一点，公司与竞争对手之间的比较也很重要。如果顾客觉得当前选择的公司和另一家公司的服务水平相当，那更换服务商就没什么意义，顾客就不会做出改变。

与顾客建立忠诚纽带的策略

当一家公司找到了想要的"正确的"顾客，对顾客进行了有效的分层管理，提供了令顾客高度满意的服务，这时，公司已经为培养忠诚顾客奠定了坚实的基础（如图 12.5 中的"忠诚之轮"所示）。到了这个阶段，公司可以开始考虑用更多措施和不同策略，与顾客建立更加紧密的"纽带"关系。这些策略包括：① 通过交叉销售和捆绑销售来加深和顾客的关系；② 为忠诚顾客提供奖励；③ 建立更高水平的纽带关系，比如人际社交、订制化服务和结构化的纽带。接下来，我们将一一讨论这 3 个策略。

加深关系
学习目标：了解如何通过交叉销售和捆绑销售来加深客户关系

为了与顾客建立更紧密的联系，公司可以对顾客进行捆绑销售和交叉销售。比如，银行业通行的做法是对其客户或客户的家庭销售尽可能多的金融服务。想想看，如果一个家庭使用的支票、信用卡、储蓄账户、保险箱、车贷、房贷……都是来自同一家银行，这个家庭就很难更换其他银行了，因为这种关系如此密切，以至于转换服务商的成本会非常高。

除了会提高顾客的转换成本外，顾客只通过一家公司购买所有需要的服务也是有好处的，因为比起通过不同公司分别购买服务，一站式的购物会更方便。而且，当顾客在同一家公司累积消费更高的金额，也能获得更高的服务层级并获得更好的服务。当很多服务项目捆绑在一起销售时，顾客还能享受价格折扣。

通过经济和非经济奖励来提高忠诚度

学习目标： 了解经济和非经济奖励在提高客户忠诚度方面的作用

现实生活中，很少有客户在购买一种服务时始终选择一家供应商。这在非连续交易的服务类型中尤其如此（比如，每个航班的预订都是单独的交易，但对顾客来说，很难每次飞行都选择同一公司的航班）。在很多时候，一个消费者会青睐少数几个同类的品牌（这有时被称为"一夫多妻制的忠诚度"），但是会排除其他的品牌。在这种情况下，商家营销的目标是要加强顾客对自己品牌的偏好，并努力在这个服务类型中占据顾客更大的钱包份额。一旦建立了这样的客户关系，商家往往会通过奖励顾客的方式来维系这种纽带（比如，通过忠诚度激励方案），以期顾客未来花更多的钱，增加公司的钱包份额。

商家为顾客提供奖励时，可以基于顾客的购买频率、购买金额，或者两者兼而有之。这是一种商家和顾客纽带关系的基本形式，从形式上来说，这些奖励可以是经济上的，也可以是非经济上的。

经济奖励。 经济奖励是具有经济价值的顾客激励措施（也被称为"硬福利"），包括购买折扣、航空公司为忠诚的顾客提供的常客飞行里程以及信用卡公司提供的现金返还等。研究表明，对忠诚顾客进行经济上的奖励可以有效加强他们对商家所提供的价值的感知，收到激励的顾客会增加购买，减少顾客流失，从而给商家带来收入的增加。

除了航空公司和酒店，现在有越来越多的服务业公司，比如零售商（如百货公司、超市、书店、加油站）、电信运营商、连锁咖啡馆、快递服务和电影院线等已经启动了类似的经济奖励方案，以应对日益激烈的市场竞争。很多公司提供的奖励是自己公司的服务，比如免费商品、车辆升级或免费酒店客房。而航空公司都用客户的航空里程作为奖励，顾客获得的里程可以加入相应的飞行常旅计划。实际上，航空里程已成为服务业的一种营销货币。

怎么评估一项忠诚顾客奖励方案的潜力？它能多大程度改变顾客原有的行为模式？商家可以检视奖励方案带来的3种心理影响。

- **品牌忠诚度对比奖励忠诚度。** 使客户忠诚的是商家的核心服务（即品牌），还是只是奖励方案本身？商家应该更多关注那些能够直接支持核心服务产品的价值和定位的忠诚顾客奖励方案，比如免费的服务升级、增值服务或者其他与核心服务相关的能增强整体服务体验的福利。但航空里程不是这样的福利。

- **顾客如何评价奖励。** 有几项因素决定了忠诚奖励方案对顾客的价值：① 奖励对应的现金价值；② 奖励是否可选；比如，有不同的奖励方式供顾客选择，而不是只有一种；③ 奖励给人的惊喜程度——有些时候，一些顾客通常不会购买的东西，比如一些异国情调的小礼物，可能比现金优惠更具吸引力；④ 奖励方案是否设定了一些门槛，比如只有在顾客达到某些标准时才有资格享受，或是能惠及任何顾客；⑤ 奖励兑换和使用的手续是否便利；⑥ 是否能让顾客因为参与奖励方案而产生心理上的尊贵和满足感。

- **时机。** 顾客需要等待多久才能从奖励方案中受益？如果不能尽快享受，这个奖励方案的吸引力就会大打折扣。一种解决方案是定期向顾客发送其账户状态的报告，显示顾客已经取得的里程碑式的进度，让顾客获得目标达成的预期。这样做也能促进顾客为了达到奖励而加快进度。

一个有趣的观察是，如果一个商家的忠诚奖励方案是和其他商家联合进行的（比如，航空公司可能与信用卡、酒店、汽车租赁等公司合作，顾客在购买这些合作伙伴公司的服务后也会获得航空公司的忠诚奖励积分），这种情况下，顾客如果对奖励发起公司的核心服务满意，也会更促进顾客在合作伙伴那里的消费。反过来也如此，如果顾客对奖励方案的合作伙伴的服务感到满意，也会对核心服务的购买产生积极影响。因此，商家在选择忠诚奖励方案的合作伙伴时，必须有选择性。

当然，不管一项忠诚奖励方案设计得多么完美，仅凭奖励方案是留不住公司的高价值顾客的。因为优质顾客最关注的永远是服务质量。如果顾客对服务质量不满意，如果他们认为其他公司能提供更好的服务，他们很快就变得不再忠诚。那些为忠诚顾客制定奖励计划的商家永远不能忽略的一个最大的目标，是不断提高服务质量，并为顾客提供最佳性价比的服务。很多时候，顾客想要的只是让商家很好地提供基本服务，满足他们的需求，快速解决他们的问题，他们就会因此对商家忠诚。有时，过分强调对高价值客户的关系维护可能会导致对其他顾客的忽视，甚至无法满足基本的服务水平，这是商家必须尽力避免的风险。

最后需要强调的一点是，忠诚奖励计划，尤其是含有经济奖励的忠诚计划并不会取悦所有的顾客，有些顾客会感到沮丧甚至滋生不满。比如，当顾客认为商家是因为他们不是大客户就把他们排除在奖励方案之外时、当顾客觉得奖励对他们没什么价值时、当顾客在需要兑现奖励却由于特殊的日期规定而无法享受时、当奖励的兑现过程太麻烦，或者当顾客因为不再维持高消费额而导致地位降级，以及顾客在达到高级别客户后却没有享受到预期的服务质量时，顾客就会滋生非常负面的情绪。现在，很多人的钱包或手机 APP 里已经有很多贵宾卡，他们已经没什么兴趣添加更多的卡片，特别是当顾客们看不到它们有任何价值的时候。

非经济奖励。 非经济奖励（也被称为"软福利"），指的是那些无法直接转化为经济利益的奖励。比如，让忠诚客户的问题得到优先处理，在排队时无须等待；一些航空公司为常旅客户提供更高的行李限额、优先升舱、机场休息室等福利。

对顾客特别的认可和赞赏也是一种重要的非经济奖励。当商家对顾客的需求给予额外的关注，努力满足顾客偶尔的特殊要求，就会让顾客感觉很受重视并且欣赏商家所做的努力。高层级的忠诚客户也会认为自己在享受一种特殊的服务待遇，当他们遇到问题时会得到最优先的处理，商家会采取补救服务直到他们满意。

对许多忠诚客户来说，一些忠诚奖励方案本身就极具吸引力，能够进入顶级会员并享受特殊待遇让客户感到一种身份的认同，让他们感觉自己是属于精英群体的一部分。分层的忠诚奖励方案对客户有强大的吸引力，激励他们达到更高级别的会员资格，这会让公司占有更高的钱包份额。通过对 322 家上市公司的研究表明，采用忠诚客户奖励方案可以从总体上提高公司销售额和利润。而当奖励方案包含对客户的分级时，效果还会更好。

非经济奖励的效果往往比经济奖励更好，特别是当非经济奖励与更高的服务水平挂钩时。不同于经济奖励，非经济奖励直接和商家的核心服务相关。奖励意味着更高质量的核心服务，更好的服务体验，意味着为客户提供的巨大价值。比如，在酒店行业，当商家把忠诚度积分兑换为免费礼物并不能提升客人的体验。然而，优先预订、提前入住、延期退房、房型升级等直接和客人的核心服务相关的福利，以及让客人感受特别的关注和赞赏，会让客人的酒店体验更加愉快。让客户感觉自己受到酒店的特别重视，从而还愿意再次入住这家酒店。

扩展资料 12.3 描述了中国东方航空公司是如何有效结合经济和非经济奖励，对常旅客会员体系进行变革的。

东航会员制改革

2021 年，中国东方航空对常旅客会员体系进行了重大改革，本次变革的目的是致力将最有价值的资源服务于最有价值的客户，重新设计会员方案以达到更好的激励效果。

经济奖励改革。 过去，大多国内航空公司会员体系采用的积分累计方式，基本是以"飞行里程"为标准计算的，这种累计方式有一个弊端，就是对客户价值的判断会有偏差，高频低价的客户往往会获得更高的积分。而对于航空公司来说，客户价值的判断应该更多元细致化。东方航空全新的会员体系将积分的"里程制"改为"收益制"，对积分的累积增加购买渠道、舱位等级、航线区域、单次消费、累计消费、航空公司经营环境、旅行淡季旺季等多维度计算标准，且由预设算法在相应的系统中自动生成会员积分，方便客户随时查看并兑换各种奖励。东航优化经济奖励的计算方式，可以更好地识别出高价值客户并有针对性地发布各种激励方案。同时，收益制的算法保护了会员权益的公平使用，减少了积分买卖现象的发生。

非经济奖励改革。 除了经济奖励的变动，东航还专注了软福利的提升。比如，改变会员等级结构。航空是一个排他性较高的行业，客户对会员的地位感知较为强烈。东航在全新体系中，将普通会员的等级从原来的一级改为了六级，高等级变得相对稀缺，无形中提升了银卡以上会员的感知地位，让他们加深身份认同、珍惜会员等级并由此提升忠诚度。此外，东航还提出成立"会员事务委员会"，由东航内部人员和热心会员共同组成。这是一个用于内外部沟通的社群组织，让会员参与东航会员体系的建设和迭代中可以更加紧密地联系客户，让他们主动地与公司交流并得到及时反馈。基于这样的客户关系管理，东航可以提供更为有效和优质的服务。

对于一些小型公司来说，由于规模和人力的限制，通常没有非常正式的忠诚奖励方案。但它们仍然可以有效地跟客户建立纽带。比如，它们可以使用非正式的忠诚奖励，其形式可以是时不时给老顾客的一个小礼物，作为感谢他们的一种方式，或者在餐厅帮他们预留最喜欢的餐桌，给予他们特别关注等。

建立高水平的纽带

学习目标： 通过人际社交、订制化服务和结构化的纽带来加强顾客忠诚度

商家采取忠诚顾客奖励的目标之一，是鼓励顾客在购买服务时只选择自己公司作为唯一的提供商，或者至少把自己公司列为首选。然而即使这么做了，商家可能还是会遇到一些问题，其一是奖励方案很容易被其他商家复制，其二是仅靠奖励方案并不能给商家带来持续的竞争优势。在这种情况下，商家需要考虑和顾客建立更高水平的纽带，让顾客难以舍弃。接下来，我们将讨论3种主要的高水平纽带，即社交纽带、订制化服务纽带和结构化纽带。

社交纽带。 你是否注意过，当你去理发时，你最熟悉的理发师会直呼你的名字。他可能会问为什么很久没见你了，并祝福你在长途出差时一切顺利……这就是一种社交纽带。社交纽带和相关的个性化服务是基于服务者和顾客之间的个人关系。比起经济上的联系，社交纽带更难建立，它可能需要很长时间才能实现，但一旦实现，竞争者们也很难在同一个顾客身上复制这种纽带，因为顾客对商家的信任，商家可以更长久地留住他们。而当社交纽带不只在商家和顾客之间结成，而且是在顾客与顾客之间时，比如在一些俱乐部或者教育机构，成员之间共享着关系和体验时，顾客对商家的忠诚可以维持更久。

订制化服务纽带。 当服务的提供者为其忠实顾客成功提供了订制化的服务时，就会建立起这种纽带。比如，星巴克就鼓励它的员工去了解那些经常光顾的客人的喜好，并为他们订制相应的服务。许多大型连锁酒店也会通过其客户数据库来获取客户的偏好。比如，当客人到达酒店时，会发现自己的需求已经被商家充分地考虑到了。不仅是房型（如是否吸烟）或床型的选择（如双人床或特大号床），而且包括他们喜欢用哪种枕头、早上阅读什么报纸都已经安排好。甚至有的酒店为忠诚客户提供了正确尺码的慢跑鞋、运动服，甚至瑜伽垫和弹力带在客房里，等着客人的到来。当客户习惯了这种高水平的特殊服务，他们可能会发现自己很难适应其他的商家了（或者知道自己不能很快适应，因为新的商家需要时间来了解客人的需求和偏好）。

结构化纽带。 结构化纽带更多出现在B2B的场景。建立这种纽带是通过塑造企业客户

的工作模式，使之与服务提供商的流程接轨。由于这种关系连结非常紧密，竞争对手很难把客户挖走。这方面的例子包括一些联合投资的项目，以及商家之间信息、流程和设备的共享合作。

也存在一些结构化纽带在 B2C 的场景中建立的案例。比如，一些汽车租赁公司允许客户在它们的网站或者应用程序上建立自定义账户并使用复杂的功能，包括查看过去租车旅行的详细信息，诸如取车和退车地点、汽车种类、保险范围、账单地址、信用卡信息，等等。这大大简化了客户在下一次预订时的手续。一旦客户的做事方式与商家的流程深度整合在一起，结构化的纽带就被创建，商家和客户结合更紧密，竞争者就很难吸引这些客户离开。

你是否已经注意到了，这几种不同类型的纽带不仅可以让客户与商家的联系更加紧密，而且客户从这些纽带中还收获了自信、社交关系以及特殊的待遇。因此，我们可以这样总结：纽带必须为客户带来价值，否则不会取得很好的长期效果。

减少顾客转换服务商的策略

学习目标：了解哪些因素会导致顾客转向竞争对手以及如何减少这种转换

到目前为止，我们已经讨论了顾客忠诚度的驱动因素，以及如何让顾客与商家更紧密地联系起来。除了上述的方法，还有一种补充的方法，就是减少直至消除顾客的流失。想做到这些，我们需要先了解有哪些因素会导致顾客转换商家。

分析顾客转换和监控顾客账户

第一步是了解顾客转换商家的原因。一项涵盖了许多服务类型的大规模调查总结了几个关键原因（见图 12.9），包括：

- 核心服务失败（44％的受访者选择）。

- 对服务不满意（34％）。

- 高昂的、误导的或不公平的定价（30％）。

- 不方便的时间、地点或延误（21％）。

- 当服务失败时，客服的应对不佳（17％）。

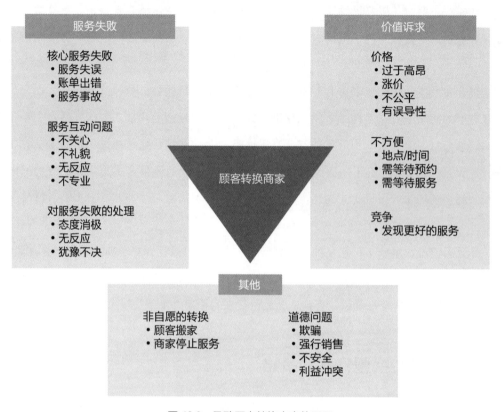

图 12.9　导致顾客转换商家的原因

许多受访者决定转换商家不只受一个因素的影响，而是在发生一系列相关事件后，比如遇到服务失败后，客服的跟进处理仍然令人不满意。此外，当顾客对当前商家总体上感觉不满，认为其关键方面的服务水平已经落后于其他商家时，也会导致顾客决定转换商家。

如果商家对顾客转换问题特别重视，还会定期实施"流失诊断"，以更好地找到客户流失的原因。这些措施包括分析顾客流失或者顾客购买量下滑的数据、采访流失顾客（当客户注销账户时，客服人员通常会问一些简要的问题），以及通过第三方机构对流失顾客进行深入采访，商家就可以更详细地了解导致顾客流失的因素。

商家正越来越多地尝试预测哪些顾客有流失的风险。比如，电信服务商会使用流失警报系统来监控每个客户的账户活动，预测可能的客户流失。当重要账户有流失风险时会被标记出来，然后服务商将采取措施挽留客户，比如，给客户发送优惠券，或者让客服代表致电该客户，查看是哪里出现问题并采取补救措施。

消除导致顾客流失的关键因素

图 12.9 向我们展示了导致顾客流失的常见的因素。商家可以通过提供优质服务（见第 14 章），为顾客提供便利和减低非金钱成本，以及设置公平透明的价格（见第 6 章）来消除这些因素。但是除了这些常见的因素，有些行业还有其特有的导致顾客流失的因素。比如，对于电信运营商来说，客户更换手机是客户流失的一个常见原因，因为客户在更换手机时，其他运营商会给客户购买新手机进行大量补贴并捆绑新套餐方案，来诱使客户更改运营商。为了防止客户因为这种原因流失，许多运营商现在开始主动为已有客户推荐手机更换方案，用大额的折扣吸引客户，甚至根据客户的忠诚评级免费向高价值客户提供手机。

除了主动实施客户留存措施，商家也会根据情况做出被动的反应。比如，一些商家会设立一个"客户挽留小组"（save teams），这个小组的成员都是受过专门培训的客服人员，他们的工作就是倾听那些即将流失的客户的需求，并尝试挽留他们。

不过，商家需要更谨慎地指导"客户挽留小组"的工作方式。曾发生这样的一个案例：美国在线（AOL）的一些用户曾向市场监管部门投诉，称 AOL 无视他们取消服务的要求，并且仍在向他们收费。经过调查发现，该公司为了挽留客户，给员工设置了专门的奖金鼓励员工，结果造成了客户无法取消账户。最终，AOL 承认了自己的错误并为此支付了罚款。

实施有效的客户投诉处理和服务补救

当发生了顾客不满意的情况，如果能够有效处理客诉，并且进行出色的服务恢复，仍然可以避免顾客更换商家，这对商家至关重要。一家管理良好的公司有通畅的渠道让顾客轻松地反映问题，并能及时响应、有效地做出服务补救。这样，客户仍会保持满意，并且消除转换商家的想法。我们将在第 13 章深入讨论如何做到这一点。

提高转换服务商的成本

减少顾客流失的另一种方法是提高顾客转换服务商的成本。许多服务会有天然的壁垒，阻止顾客转换服务商。比如，客户若想把银行服务换成另一家可能意味着大量的工作，尤其是当客户的借记卡、信用卡和其他银行服务都与该账户绑定时。此外，许多客户不愿意花时间去了解新服务商的产品和流程。商家也可以通过为客户提供更多的附加价值让客户转换服务商的成本变得更高，比如更多的便利性、订制化的服务、优先级，等等（这些被称为"积极的转换成本"或"软锁定策略"）。这些措施让客户与公司联系更紧密。接下来，我们要讨论"硬锁定策略"，相比之下，"软锁定策略"已被证明对提高客户态度和行为的忠诚度更有效。

硬锁定策略是指对客户转换服务商的行为进行处罚，并以此增加客户的转换成本。比如，当股票经纪公司的客户把自己的股票和债券移转到其他公司时，原公司会对客户征收一笔移出费；或者电信服务商会对提前解除合同的客户施加处罚。不过，商家在采取这样的办法时需要非常小心，以免被视为挟持客户。特别是对那些服务质量差，却还有很高的转换壁垒的公司，客户会很容易因此产生负面态度和不良口碑。一家公司如果服务质量差，是无论如何也留不住客户的，客户在某个时刻可能觉得无法再忍受，会不计成本地离开，或者忍耐到合同到期时最终离开。

客户忠诚战略的实施

学习目标：知道为什么顾客忠诚方案和客户关系管理系统能够特别促进忠诚策略的实施

如在"忠诚之轮"中所见到的，大多数提高客户忠诚度的策略都是以对客户的深入了解为基础的。一些因素可以帮助我们实现对客户的深入理解，帮助我们为客户创建"会员关系"。这些促进因素包括客户忠诚方案、客户关系管理系统以及客户经理和一线员工的参与。在讨论这些因素之前，我们先来弄清楚商家希望推动的是单一交易还是客户关系，这两者对应的策略——交易营销策略和关系营销策略有着根本区别。

交易营销中的顾客忠诚度

交易是双方之间发生价值交换的事件。一笔交易或者多笔交易都不一定带来关系，因为关系还意味着双方之间的相互认可和了解。如果客户和商家之间的交易是间断的，而且不知道对方的名字，也没有客户购买历史的长期记录，客户和商家之间很少或根本没有互动，那么可以说双方没有建立有意义的营销关系。现实中有许多例子，比如客运、餐饮服务、电影院等，客户的每次服务消费和使用都是一个单独的事件。这种场景下只适用**交易营销**（transaction marketing）。

在交易营销的场景下，商家的策略重点应是"忠诚之轮"中关于客户忠诚的最基础的部分，包括找到公司想要的细分客户群、将客户需求与公司能力相匹配，以及提供高质量的服务。由于缺乏对客户的了解，许多忠诚客户策略都无法在交易营销的场景下实现。比如，由于商家不知道个体顾客的消费行为，因此无法对客户进行服务分层、忠诚度奖励、订制化、个性化和客户流失管理等。想实施上述策略，需要拥有客户数据，而这就进入了"关系营销"发挥作用的领域。

关系营销

关系营销（relationship marketing） 指的是以跟客户建立更广泛关系为目的的营销活动。理想情况下，商家和客户都有兴趣和对方结成更紧密的关系，进行更高额外价值的交换。商家可能会碰到一些对再次购买既没意愿也没需求的顾客，但这不妨碍商家努力提升与其他客户的关系。关系营销"旨在与客户建立长期的双赢关系，其价值是关系中的各方共同创造的"。

关系营销需要为客户建立一种"会员制"的关系。在下一节，我们会看到一些服务行业天然具有这种类型的关系，而有些行业则必须努力自己建立一个（客户关系管理）。

建立"会员制" 关系以促进忠诚度策略实施

商家在进行关系营销之前，需要先分析当前自己与客户之间的关系是什么性质。商家可以问自己几个问题，首先，当前和客户的关系是一种正式的"会员制"关系吗，像电信运营商、银行或者家庭医生与其客户的关系，或者当前没有明确定义的关系；其次，提供的服务是持续不间断的吗，像保险公司、广播公司或是警察提供的服务，还是每笔交易是单独记录和收费。表 12.2 为我们展示了不同的服务行业与其客户之间关系的分类和例子。其中，我们可以看到"会员制"关系是商家与可以识别的客户之间的正式关系，而且双方都可以从这种关系中获得特殊的好处。

表 12.2　不同的服务行业与其客户之间关系的分类

服务的交付性质	不同的服务行业与其客户之间关系的分类	
	"会员制"关系	无正式关系
连续不间断的服务	保险 有线电视 学校教育 银行	电台广播 警察局 灯塔 公共的高速道路
分散、间断的服务	剧场演出的会员 通勤客运 保修服务 家庭医生的医疗服务	购物中心 高速收费站 电影院 餐厅

　　间断的服务指的是顾客每次服务消费都需要单独付费，而且对商家来说顾客都是匿名的。典型的服务行业包括餐厅、电影院、修鞋等。与那些会员制的商家相比，这些服务行业的商家面临的问题是：他们不了解顾客是谁，每个顾客希望怎么使用服务。这种情况下，商家需要做些特别的努力和顾客建立关系。

　　在理发馆等小型的服务行业，商家会记住那些常客的需求和喜好，或者为这些顾客建立专门的档案，记录客户的需求、偏好和购买行为。这样做的好处是，员工不用每次都问客人同样的问题，员工也更有机会为客人提供个性化的服务，而且，还能帮助商家预测未来的需求。此外，商家可以把按次付费改为批量的销售（比如，剧院里的会员票或公共交通工具的年票等），这样就把间断的交易转变成为会员关系。而且这样的转化更自然，因为顾客已经对服务有所了解。这种转变也让商家省去了对忠诚方案做很复杂的前期设计。

　　拥有大量客户的大型公司可以通过为客户提供额外的福利，把单次交易转化成关系（航空公司、汽车租赁公司、连锁咖啡店的移动应用程序经常这么做）。公司拥有客户信息，就可以了解其当前客户是谁，获取他们的服务交易记录和偏好。这既让员工有机会提供订制化和个性化的服务，而且让商家可以细分客户群和做客户分层。而对于交易营销型的公司，如果将忠诚客户奖励方案与客户关系管理系统相结合，就能更好地促成忠诚战略的实施。

　　一些初学营销的人常常有一个误区，他们觉得顾客忠诚方案就是会员积分制。其实不然，顾客忠诚方案中对商家和顾客都最有价值的部分，是核心服务之外的其他所有福利，而不是积分。正如我们在学习忠诚之轮时讨论过的，忠诚方案中所包含的福利，比如优先级或定制化服务，可以很好地加强核心服务，这部分福利的价值最高。到这里你可能会问，那为什么商家不抛开积分制，直接为忠诚顾客提供这些额外的福利呢？答案与消费者心理学有关。消费者通常都需要一点激励，才更愿意注册安装一款新的应用，或给商家提供个人信息，或接受一张会员卡。而积分累积是一种有效的激励方式。对商家来说，他们的业务可能遍及不同国家，拥有大量的门店，有不同的服务渠道，并提供多种服务项目。在这种情况下，商家需要一种统一的、可以识别的客户身份代号。为客户创建一个唯一的会员卡数字，或者和客户唯一的手机号码绑定就是最佳选择了。其他身份代号都会有各种各样的问题，比如姓名和地址容易出现拼写错误，护照号码可能会变更。因此，顾客会通过查看积分获得一点小小的激励来登录、查看和使用他们在顾客忠诚方案中享受的福利。真正的顾客福利则通过顾客与公司之间的几种高水平的纽带来交付。

顾客忠诚方案的实施一般都是通过客户关系管理系统来实现。客户关系管理系统可以获取、分析顾客信息并发送给一线员工和客户经理。我们在第 11 章已经集中讨论过了一线员工，接下来我们将讨论客户关系管理系统在顾客忠诚策略中所起的作用。

客户关系管理

学习目标：了解客户关系管理系统在提供订制化服务和培养顾客忠诚度方面所起的作用

一段时间以来，服务营销人员已经对客户关系管理的重要性有所了解，一些行业已经应用 CRM 系统几十年了，例子从街角的杂货店、汽车修理厂到银行为高净值客户提供的服务，等等。然而，当我们说起 CRM，我们首先想到的是那些昂贵又复杂的信息技术系统和基础数据的收集。但其实 CRM 的真正含义，是商家与客户建立和维护关系的整个过程。它应该被视为实现忠诚之轮的推动力。在转向更具战略性的视角之前，让我们先了解一下 CRM 系统。

CRM 系统的共同目标

许多公司在不同的地理位置拥有大量的客户（可能是数百万）和许多不同的客户接触

点（比如，前台接待、呼叫中心客服、自助机器、应用程序、网站）。在一个大型的服务机构，一个顾客如果连续两次寻求服务，面对的可能不是同一位服务人员。在这种情况下，商家一度没有很好的工具来做关系营销。但现在，经过人工智能技术越来越多地介入，CRM系统已经能够获取客户信息、进行分析并把方便进一步处理的信息传递到各个顾客接触点。从为客户服务的角度，良好的CRM系统可以提供统一的客户信息接口，提供订制化和个性化服务的可能。这意味着在每笔交易时，服务人员可以轻松获得客户的账户详细信息、客户偏好、过去的交易记录或者曾发生的服务问题的记录等。这可以带来巨大的服务改进并让客户变得更有价值。

从公司的角度来说，CRM系统可以让公司更好地理解客户，更好地对客户群进行细分和分层，更有针对性地促销和交叉销售，甚至在CRM里建立客户转换商家的警报系统，在客户有流失风险时发出提醒。CRM系统一般包括下列功能。

- **数据采集。** CRM系统可以采集客户数据，比如联系方式、人口统计数据、购买历史、服务偏好等。

- **数据分析。** 分析数据，输出的结果通常可以用于对顾客群进行分层，从而提供订制化的服务。

- **销售自动化和客户开发。** CRM系统可以有效发现潜在客户、识别客户终身价值，并进行交叉销售和追加销售；还可以在从发现潜在客户到完成销售的整个销售周期中发挥作用，以及提供售后服务和个性化服务。

- **营销自动化。** 通过对客户数据的挖掘使公司能够更好地瞄准市场。一个好的CRM系统可以让公司结合顾客忠诚方案，实现一对一的营销并节约成本，从而提高营销支出的回报率。CRM系统还可以通过分析市场反应来评估营销活动的效果。

- **客服中心自动化。** 由于客户的信息触手可及，客服人员可以参考这些信息以提高服务水平。客服人员还可以通过来电显示、客户账号以及生物特征识别（比如，语音识别）等信息识别客户所属的分层，并提供相应的服务。比如，铂金客户在打进电话后无须排队即可得到优先处理。

全面的 CRM 策略
我们应该从战略的角度看CRM，即通过CRM提高公司的盈利能力，以及更好地管理客户关系。而不是仅仅把 CRM 看作一种技术。图 12.10 展示了 CRM 策略的完整框架，涉及 5 个关键过程。

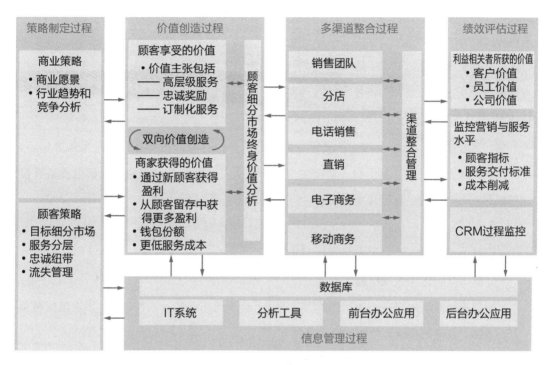

图 12.10　客户关系管理策略的完整框架

（1）**策略制定。** 这涉及对商业战略的评估，包括阐明公司的愿景、行业趋势和竞争状况。商业战略的评估通常由最高管理层负责。为了让 CRM 对公司的表现发挥积极作用，公司的战略是关键。因此，应该让公司的商业战略来决定客户策略的制定，包括目标细分市场的选择、客户群分层、忠诚纽带的设计和客户流失管理，正如我们在忠诚之轮中讨论的那样。

（2）**价值创造。** 在这个过程中，商业战略和客户策略将被转化为客户和商家的具体价值主张。为客户创造的价值包括客户层级对应的优先权、忠诚奖励、订制化服务和个性化服务等所有好处。

为商家创造的价值包括更低的客户获取成本和留存成本、所占客户的钱包份额增加以及更低的客户服务成本。客户需要参与 CRM 从而受益于商家的 CRM 策略（比如，主动提供他们的个人信息）。举例来说，当你把你的驾照、账单地址、信用卡信息、车型偏好、保险偏好等信息存储在租车公司的 CRM 系统中，就不用每次在有租车需求时重复输入这些数据。公司甚至可以用一个客户的信息为其他客户创造价值。（比如，亚马逊能分析哪些客户与你的个人资料相似，他们购买了哪些图书，以及他们对图书的评分，从而影响你的购买决策。）

（3）**多渠道整合。** 许多商家和顾客之间有各种不同的接触渠道。因此，对于商家来说，在跨渠道的情况下为顾客提供统一的互动接口，并实现定制化和个性化的服务变成了一项挑战。CRM 的渠道整合可以解决这个问题。

（4）**信息管理。** 跨渠道的服务交付取决于商家是否有能力在所有渠道收集顾客信息，并且把信息整合到一起，发送给各个接触点的一线员工（如果是自助服务，信息则是直接发给顾客）。CRM 的信息管理流程包括：

- 所有顾客信息的存储。
- 信息技术系统。
- 分析工具，比如数据挖掘。
- 特定功能的应用程序，比如营销活动管理分析、信用评估、顾客建档、顾客流失警报系统，甚至顾客欺诈侦测和管理系统等。
- 前台办公的应用，支持直接和客户联系的功能、销售自动化、呼叫中心管理程序等。
- 后台办公的应用，顾客服务的后台支持，比如物流、采购、账单处理等功能。

（5）**绩效评估。** CRM 系统必须解决的 3 个关键问题包括：

- CRM 策略是否为顾客、员工和公司都创造了价值。
- 是否实现了营销目标和服务水平的提升。营销目标包括：获取新顾客的数量、钱包份额、顾客留存、满意度。服务水平提升包括：顾客的客服电话等待时间、放弃呼叫、初次呼叫的问题解决率等。
- CRM 的策略实施情况是否达到预期。比如，是否设计了相关策略、是否为顾客和公司创造了价值、信息是否得到有效管理，跨渠道整合是否达成。表现评估应该起到持续帮助 CRM 改进的作用。

CRM 实施过程中的常见失误

令人遗憾的是，很多公司的 CRM 实践都以失败而告终。根据高德纳咨询公司的研究，其失败率大约在 55%。埃森哲公司估计的比例更高，大约在 60%。导致 CRM 高失败率的一个关键原因是很多公司认为安装了 CRM 系统就是建立了顾客关系管理的策略。他们忘了CRM 系统只是一个用来加强公司的服务能力的工具，但有了工具并不代表就有了策略。

更重要的是，CRM 的实施涉及许多不同的部门和管理职能（从顾客接触中心、在线服务，到分店运营、员工培训以及信息技术部门），涉及不同的项目（销售、忠诚方案、新服务的推出以及交叉销售），也涉及不同的流程（信用授权、顾客投诉管理、服务补救）。CRM 涵盖的范围非常大，以至于很多公司在实施过程中因为一块短板而导致满盘皆输。CRM 实施失败的具体原因包括：

- **仅把 CRM 视作一种技术措施。** 如果是 IT 部门主导了 CRM 的策略，而不是由最高管理层或者营销部门，就很容易过度关注 CRM 的技术和功能。这会导致 CRM 实施过程中缺乏战略指导，以及对市场和顾客的理解不足。

- **缺乏顾客导向。** 很多商家在实施 CRM 时，没有把最终目标放在加强服务价值，以及在所有渠道和整个流程为高价值客户提供持续的高质量服务上面。

- **对客户终身价值的理解不足。** 很多公司的营销没有完全建立在不同顾客群的盈利能力的巨大差异上，而对不同顾客群的服务成本也无法很好地计算清楚（请查看第六章，基于活动的成本计算方法）。

- **在重新设计业务流程时失败。** 如果不对顾客服务流程和后台办公流程进行重新设计的话，是几乎不可能成功实施 CRM 策略的。许多 CRM 实施的失败，是因为它被放进了现有的流程，而不是放在一个重新设计的以顾客为中心的客户关系管理中。新流程设计需要管理的改变和员工的参与与支持。这些也往往被商家忽视。

- **低估了数据整合的挑战。** 顾客的信息往往是碎片化的、散落在各处的。很多 CRM 实施失败是因为商家无法有效整合顾客信息。一个充分利用 CRM 所有潜力的关键，是让员工能够实时获取顾客数据。

- **高层管理者支持不足。** 如果没有最高管理层的责任承担和活跃的参与，CRM 的策略意图就无法得到贯彻。

最后，CRM 策略还面临一个很实际的风险，就是有些客户认为 CRM 对他们是不利的。有的客户认为 CRM 会让他们受到不公平的对待（比如，只让新客户享受大力度的促销，老客户无权享受），还有客户会有隐私泄露的担心。商家在实施 CRM 策略时，首先应该意识到这种风险，并主动避开这个陷阱。

如何正确实施 CRM 策略

尽管有不少商家投入巨资的 CRM 策略以失败而告终，但更多商家还是取得了成功。CRM 已经不再是一个吞噬资金的投资黑洞，而是变成了企业发展成功必不可少的一块基石。即便有些 CRM 系统还没有见效，但它们终将发挥作用。此时，商家应该把关注点放在如何培养顾客忠诚度，而不仅仅是这项技术。或者说，与其希望通过 CRM 来彻底转变图 12.10 上的整个业务，不如先把目标放低，先聚焦那些顾客关系领域的明显的问题。收窄的 CRM 策略反而可以带来未来改善的更多机会。在发现了这些机会之后，再来推进 CRM 策略在整个公司层面的实施。CRM 系统最大的成功就是它给顾客和公司带来双赢。因此，商家在安装 CRM 系统和确定其顾客关系策略之前，不妨先讨论以下问题：

（1）公司应该如何改善为顾客提供的价值才能提升顾客忠诚度？

（2）为顾客提供的服务，要做到多大程度的定制化或一对一的营销才是合适的，并且是有利可图的？

（3）如果公司想提高所占已有客户的钱包份额，还有多大增量利润的空间可以挖掘？这些利润空间在不同的顾客层级和细分群体中又是怎样的？

（4）公司当前能够投入 CRM 的时间和资源有多少？

（5）如果我们相信 CRM 的作用，是什么在过去阻碍了我们的进展？如果不对技术做大笔投入，我们还能做什么来发展客户关系？

在回答了这些问题之后，商家的结论可能会更加清晰。当前阶段投资 CRM 是不是最佳时机，或是最高优先级？或者一个缩减版的 CRM 系统的功能已经足够让公司实现当前的客户关系策略？不管怎样，我们依然要强调，CRM 系统只是实现策略的工具，因此必须根据策略的需要来调整其功能和使用。

结　论

市场占有率的提升涉及很多因素，比如商家在顾客中所占的钱包份额，针对现有顾客的更多服务的交叉销售，以及顾客的长期忠诚度，等等。我们用忠诚之轮模型作为知识框架，从打造顾客忠诚度的基础开始，包括定位正确的细分顾客群，吸引合适的顾客，服务分层和提高顾客满意度。其次，为了建立真正的顾客忠诚，商家需要与顾客建立更紧密的关系，并通过交叉销售和捆绑销售来加深这种关系，并通过忠诚奖励和建立社交的、定制化和结构化的高水平的纽带为顾客实现更多价值。最后，商家需要发现并减少那些导致顾客流失的因素。

营销人员需要对那些能为公司带来最大价值的顾客给予特别的关注，因为这些顾客的购买频次更高，购买金额更大。在这方面，我们可以应用客户关系管理系统这个关键工具，来实现我们在忠诚之轮中讨论过的那些策略，这些策略往往是我们的顾客忠诚方案的一部分。我们可以通过顾客忠诚方案为顾客创建"会员制"的关系，即便开始时我们和顾客之间仅有交易关系。也就是说，我们要有效运用 CRM 系统，记录高价值客户的购买行为，了解他们购买服务的时间和地点、购买服务的等级或类型，以及消费的金额。当我们把这些信息传送到一线的顾客接触点，一线员工、客户经理或是自助服务终端就可以通过更高水平的纽带关系，为顾客提供更多附加价值的高水平服务。从顾客的角度来说，他们能通过 CRM 接受更加定制化的服务，获得更大的便利，享受巨大的服务水平提升。

第13章
客诉处理与服务补救

顾客的投诉是一份礼物。

> ——克洛斯·穆勒（Claus Meller）管理顾问和作家

顾客不期待你从不犯错，他们期待出现问题后能够得到解决。

> ——唐纳德·波特（Donald Porter）英国航空公司副总裁

犯错者为人，补救者为神。

> ——克里斯托弗·哈特、詹姆斯·赫斯科特、厄尔·萨瑟
> （Christopher Hart，James Heskett，and Earl Sasser）哈佛商学院教授
> 改写自18世纪诗人亚历山大·蒲柏（Alexander Pope）的名句

学习目标

通过本章的学习，你将可以：

1. 了解顾客在遇到服务失败时的反应和可能的行动。

2. 理解为什么顾客会抱怨和投诉。

3. 了解顾客提交投诉后对商家有哪些期待。

4. 了解顾客对成功的服务补救的反应是什么。

5. 了解一个有效的服务补救体系需要遵守哪些原则。

6. 熟悉一线员工应对顾客投诉以及服务补救的指导原则。

7. 认识到服务保证的力量。

8. 了解如何设计一个有效的服务保证制度。

9. 知道什么时候不应该提供服务保证。

10. 了解不良顾客的7种类型并学习如何有效地应对他们。

引文：营销危机处理——李佳琦直播间的"翻车"事故

直播带货是近年新兴的营销手段。得益于发达的网络媒介，以及线上购物带来的便利，关键意见领袖（key opinion leader）与商家合作，通过网络直播的方式向消费者推荐产品，并提供一些优惠福利，促进线上营销和销售，而李佳琦正是在直播浪潮中脱颖而出的头部意见领袖，也就是所谓的"头部主播"。

然而，直播带货有时也会伴随着更大的风险。由于网络直播的实时性，在展示产品时出现的失误往往是不可更改的，也更容易在网络世界发酵。某次，李佳琦在推广某品牌的不粘锅时，现场演示的炒鸡蛋却粘在了锅底。这一"翻车"事故无疑将他推上风口浪尖：一方面他要面对商家的指责，品牌方客服回应道：直播中粘锅是李佳琦不会做饭导致的。另一方面，他更要面对广大消费者铺天盖地的质疑：是否存在虚假营销的情况？

面对这一营销危机，李佳琦的回应发生 3 天以后。他通过新闻媒体出镜录制了一段长达 5 分钟的视频，首先声明了直播中出现粘锅的现象是未对新锅过热水导致的，属于操作失误；接着他强调自己已使用该品牌的不粘锅几个月，并未出现粘锅现象，因此直播中反复强调了这一特性；最后他现场演示了旧锅和没有过水的新锅煎鸡蛋的情况，证明了第一段回应的真实性。在视频中，他也坦诚地为自己的失误造成的困扰以及给消费者带来的不好印象道歉，态度真诚。这一回应正面解决了顾客的质疑和抱怨，挽救了品牌和自己的名声，同时李佳琦的处理办法包括了快速灵活的回应、真诚礼貌的道歉态度和有效的解决方案，是一次较为良好的危机处理。

从这一事故解决中可以窥见，网络时代下的客户投诉处理更需要严肃对待，否则口口相传后可能会造成难以挽回的后果。同时如何进行正确且有效的服务补救，需要我们进一步的探讨。

顾客的抱怨和投诉

为顾客提供高质量服务的第一条准则应该是：第一次就把事情做对。但我们无法忽略的事实是服务失败很难避免，有时造成服务失败的是商家无法控制的外部原因，比如可能导致航空服务失败的天气灾害。在服务业员工与顾客接触的诸多"关键时刻"，也很容易遇到服务故障或失误的情况。有些服务类型可能需要员工随时表现出服务的高水平，有些需要顾客的参与，还有的把人本身作为服务产品的一部分。具有这些特点的服务类型都更容易发生服务失败。商家能否很好地处理顾客投诉并解决问题将决定它能否拥有忠诚的顾客，还是眼睁睁地看着顾客选择其他商家的服务。本章的全部知识点结构可以参考图 13.1。

顾客对服务失败可能的反应

学习目标：了解顾客在遇到服务失败时的反应和可能的行动

现实情况是，不是所有的服务都能令人满意。当遇到不满意的服务，你会怎么反应呢？是向员工抱怨并要求他报告给主管，还是提交一份正式的投诉函，又或者你选择不和商家争论，而是向你的亲朋好友抱怨一家公司的服务，并把这家公司拉到你个人的"黑名单"。

如果你对服务不满时选择不向商家投诉，要知道，不是只有你这么做。有太多的研究显示，这个世界上的大多数人都会选择不投诉，特别是当他们觉得这么做毫无用处的时候。图 13.2 描述了当顾客遇到服务失败时可能会采取的行为路径。其中有 3 种主要的行为路径。

（1）采取某种形式的公开行动。包括直接向商家投诉，或向第三方机构投诉（比如，消费者维权组织、消费者事务管理机构、甚至民事或刑事法庭）。

（2）采取某种形式的私人行动（比如，不再选择该商家的服务）。

（3）不采取行动。

商家需要知道，顾客可以采取上述任意一种行动，或者采取多种行动。而商家损失的不仅仅是一位顾客和其带来的未来的收入贡献，一条服务投诉或一个顾客流失带来的影响可能会大得多。互联网可以放大投诉的效果，顾客可以通过在线社区或博客上发帖，甚至建立专门的网站向外界传播一个商家带来的糟糕体验。一条投诉可能被几千人看到。

理解顾客投诉行为

学习目标：理解为什么顾客会抱怨和投诉

为了更好地应对顾客提出的投诉，商家需要理解顾客投诉行为的本质。我们将从下面的这些问题入手。

顾客对服务失败的反应

- 采取公开行动（向商家投诉、向第三方投诉、采取法律手段）
- 采取私人行动（转换商家、传播负面口碑）
- 不采取行动

顾客提交投诉后的期待

当顾客遇到服务失败，他们希望受到公正的对待

- 程序公正。商家的服务补救过程要足够便利，反应要迅速。同时还要兼顾一定的灵活性
- 互动公正。员工与顾客之间的互动必须是真诚的、礼貌的
- 结果公正。补偿要合理，符合顾客的损失和给他们造成的不便

顾客投诉

顾客为什么投诉

- 获得赔款或补偿
- 发泄情绪
- 帮助改善服务
- 出于利他的原因

不满意的顾客中有多少会投诉

- 5%—10%会投诉
- 服务价值低、参与度低的服务，投诉率也会非常低

为什么不满意的顾客不投诉

- 耗费时间和精力
- 赔偿不确定
- 投诉过程不令人愉快

哪些顾客最有可能提出投诉

- 社会经济地位较高的人
- 对服务本身更加了解

顾客的投诉在哪儿发生

- 大多数投诉是在顾客所在的服务场所提出的（面对面、电话、聊天）
- 只有不到 1%的投诉是通过网站、社交媒体、电子邮件、信件或反馈卡等渠道提交的

顾客对有效服务补救的反应

- 避免转换商家，对商家保持信心
- 服务补救悖论：当遇到问题的顾客体验到的服务补救非常出色，该顾客的满意度甚至比没遇到问题之前更高

服务补救管理体系的原则

- 客户反馈要方便，减少投诉的障碍
- 实施有效的服务补救，应该包含 4 个特点：① 主动的，② 有预案的，③ 员工是经过培训的，以及④ 员工得到授权的
- 建立适当的赔偿标准。需要考虑的问题
  - （1）公司的定位是什么
  - （2）服务失败的严重程度如何
  - （3）受影响的顾客是谁

应对投诉的顾客

- 快速行动
- 与顾客共情
- 不与顾客争辩
- 站在顾客的角度理解他们遇到的问题
- 澄清事实，梳理原因
- 给予顾客投诉的权力
- 告诉顾客解决问题所需的步骤
- 让顾客了解问题处理的进展
- 赔偿也是值得考虑的方案
- 坚持不懈以重获顾客好感
- 检查内部服务流程并改进

服务保证

- 建立专业的客诉处理与服务补救制度
- 流程改善
- 设计：① 无条件；② 易于理解和沟通；③ 对顾客有意义；④ 易于使用；⑤ 易于领取赔偿；⑥ 可信的
- 一些商家不适宜提供服务保证
  - （1）在服务品质方面享有盛誉
  - （2）服务质量差
  - （3）服务水平很容易受到外力影响而无法控制（天气等）

不良顾客

不良顾客的 7 种类型

- ① 欺诈者；② 偷窃者；③ 规则破坏者；④ 好战者；⑤ 家庭争执者；⑥ 破坏者；⑦ 赖账者
- 不良顾客给商家带来问题并且损害其他顾客的服务体验
- 商家需要追踪顾客并管理顾客的行为（比如，把不良顾客拉入黑名单，禁止他们使用服务设施等）

图 13.1 客诉处理与服务补救的知识点结构图

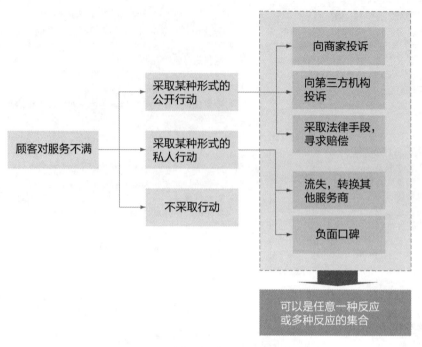

图 13.2　当顾客遇到服务失败时的反应分类

为什么顾客会投诉？　针对消费者投诉行为的研究表明，顾客投诉一般有下面 4 个主要目的。

（1）**获得赔偿或补偿。**　消费者经常通过投诉来挽回一些经济损失，比如要求退款或赔偿，或者要求商家重新提供服务。

（2）**发泄情绪。**　一些顾客投诉是为了挽回面子，发泄他们的愤怒和沮丧。比如，当顾客遇到服务拖沓、员工漫不经心，或者员工态度粗鲁、故意恐吓，或者对顾客没有基本的关心等情况。顾客会感觉自己受到了怠慢和不公平的对待，为了维护自尊，顾客可能很容易愤怒和情绪化。

（3）**帮助改善服务。**　当顾客高度参与一项服务时（比如，大学、校友会或银行等机构的客户），顾客会提供反馈，并尝试为改进服务做出贡献。

（4）**出于利他的原因。**　最后，一些顾客投诉是出于利他的意图。这些顾客希望其他人不要再遇到相同的问题。这些顾客希望自己提出的问题可以得到其他人的关注，如果问题未得到纠正，他们可能会为此失望。

不满意的顾客中有多少会投诉? 研究表明,所有不满意的顾客中平均只有5%～10%的人会投诉。在有些行业,这个比例还会更低。比如,一家公交公司的记录表明,每100万次的乘车旅程中的正式投诉只有大约3起。如果换成是按一个人计算,假设这个人每天乘车两次,乘坐100万次需要1 370年。当然,人们对公交公司的服务预期并不高,但这样的投诉率也是非常低了。尽管提出抱怨的只是极少数顾客,但有证据表明,消费者们越来越懂得如何投诉和争取权益,而且对获得令人满意的结果更加自信。

为什么不满意的顾客不投诉? 已经有不少研究总结了顾客不抱怨的原因。首先,大部分顾客不投诉是因为嫌麻烦。他们不想花时间写投诉信、发送邮件、填写表格或拨打电话。特别是当他们觉得服务无关紧要,不值得付出努力的时候。还有许多顾客会认为结果不确定,投诉了也不会有人理,因此根本不值得他们花时间。有些时候,是顾客根本不知道去哪里投诉或需要做什么。还有些顾客是避免和别人对抗,他们认为投诉不会令人愉快,特别是被投诉者可能还会在以后的服务中再次遇到。

最后,投诉行为会受到顾客的角色认知和社会规范的影响。当消费者认为自己处于弱势地位(影响或控制交易的能力),或对投诉制度缺乏信任,就不太可能提出投诉。比如,当顾客接受的是医生、律师或者建筑师等专业服务时,顾客会受社会规范影响,避免对这些人的工作进行干预和批评。

哪些顾客最有可能提出投诉? 研究结果一致表明:社会经济地位较高的人更有可能提出投诉。这些人受过更好的教育,有更高的收入,并更多地参与社会活动。他们有信心、有知识,遇到问题时也更有动力说出来。此外,这些人对他们所接受的服务本身也更加了解。

顾客的投诉在哪儿发生? 研究表明,大多数投诉是在顾客所在的服务场所提出的。本书作者之一在做一项关于顾客反馈系统的咨询项目时发现:99%的顾客反馈是面对面的或者通过电话和客服代表沟通,只有不到1%的投诉是通过网站、社交媒体、电子邮件、信件或反馈卡等渠道提交的。一项针对航空公司乘客的调查发现,有不少乘客对飞机上的食物不满意,但只有3%的顾客提出过,他们都是找空乘人员反馈,却从没有人反馈给公司总部或向消费者维权部门投诉。我们发现,当顾客希望解决问题时,他们倾向于通过面对面或电话的方式提出,因为这样的渠道可以即时沟通。但当顾客主要是想发泄他们的愤怒和沮丧情绪时,他们会使用互动较少的渠道来投诉(比如,社交媒体、网站、电子邮件)。

商家在客户投诉处理的实践中发现，即使顾客提出了投诉，管理者也往往听不到顾客对一线员工到底说了什么。如果一家公司没有建立正式的顾客反馈系统，可能只会有一小部分投诉到达公司管理者层级。如果顾客在通过官方渠道投诉后问题却没有得到解决，他们就可能转向公共的社交平台。我们称之为"双重失败"，意味着第一次的服务已经失败并引起了顾客的不满，而之后的问题解决也失败了。

顾客提交投诉后在期待什么

学习目标：了解顾客提交投诉后对商家有哪些期待

当顾客遇到服务失败，他们希望受到公正的对待。然而，研究表明，许多顾客觉得他们没有受到公正的对待或者得到足够的补偿。这时候，顾客的反应就会变得激烈、情绪化和煎熬。而当顾客觉得自己受到了公平的对待，他们的满意度也随之提高。调查显示，顾客对服务补救感到满意的具体理由可能千差万别，但有多达 85% 的情况都与商家做到的 3 个方面的公正性有关（见图 13.3），其中包括：

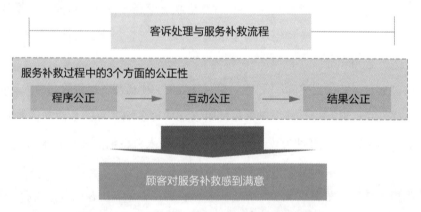

图 13.3　顾客对服务补救感到满意的 3 个方面的公正性

程序公正。 程序公正指的是所有顾客在寻求服务补救时都必须经历的程序和必须遵守的规则。顾客首先要相信商家会承担责任，这是服务补救过程启动的关键。其次，商家的服务补救过程要足够便利，反应要迅速。同时还要兼顾一定的灵活性，充分地站在顾客的角度上考虑。

互动公正。 这一点涉及为顾客提供服务补救的员工以及他们的行为。员工需要对服务失败做出合理的解释，并努力解决问题。员工与顾客之间的互动必须是真诚的、礼貌的。

结果公正。 这一点与服务补救的结果有关。由于服务失败给顾客带来的损失和不便，顾客是否得到了合理的补偿？这种补偿不仅包含顾客本应享受的服务，还包括顾客在服务补救过程中所花费的时间和精力。

顾客对有效服务补救的反应

学习目标： 了解顾客对成功的服务补救的反应是什么

曾有一篇关于顾客投诉的文章，标题是《谢谢你投诉我》。里面写到一位成功经理人的感叹："谢天谢地，我接到了一位不满意的顾客打来的电话！我不担心投诉，我担心的是听不到顾客抱怨的声音。"的确，顾客的投诉可以给商家纠正问题的机会（包括一些商家还没有意识到的问题），修复与投诉者的关系，并在以后提高所有人的满意度。

"服务补救"这个词是指商家在服务失败后通过系统性的努力来纠正错误以保持顾客信赖的行为。服务补救在提高（或恢复）顾客满意度和忠诚度方面发挥着重要作用。考察一个商家对顾客满意度和服务质量的承诺不能光看广告，而是看当顾客遇到服务问题时商家作何反应。尽管投诉往往会打击服务人员的积极性，但如果员工能够正面看待投诉，就能以此为契机来探索帮助顾客的新方式，并将顾客投诉看作改进服务水平的机会。

为了解决顾客问题和重获顾客信赖，商家需要有一套细致的流程来进行有效的服务补救。其中，制定服务补救的策略至关重要，即使问题是单独的，如果出现以下情况，也会让顾客对公司丧失信心。

- 服务失败的原因令人无法容忍（比如，商家公然的欺骗）。
- 服务失败不是一个孤立的事件，它反映了商家的固有问题，并还有可能发生。
- 商家的补救工作不得力，商家把问题复杂化而不是纠正它。

服务失败很可能会导致顾客流失，特别是当顾客有其他替代选择的时候。一项针对服务业顾客转换商家的行为的研究发现：有近 60％的顾客是因为服务失败而选择放弃一家公司。在这些人中，25％的顾客是因为核心服务失败，19％的顾客表示遇到了不喜欢的员工，10％的顾客提到商家对之前服务失败的处理令人不满，4％的顾客提出商家存在不道德行为。

服务补救对顾客忠诚度的影响

当顾客的投诉得到了令人满意的解决，顾客保持忠诚的可能性要大得多。一个名为"技术援助研究"的调查发现：当顾客对服务不满但没有投诉时，会有 9％～30％的顾客有意图转向其他商家购买服务。当发生了重大的服务失误时，如果顾客不满，但没有投诉，其顾客留存的可能性只有 9％；如果顾客投诉了，商家也给予了认真的倾听，即使问题没有得到解决，顾客留存的可能性也会上升到 19％；如果顾客的投诉得到了令人满意的解决，顾客留存的可能性会跳升至 54％，而当顾客的投诉得到非常快速的解决时，顾客留存的可能性会达到 82％，一个最佳的结果。

我们可以得出这样的结论：客诉的正确处理可以给商家带来更多利润，而不是增加成本。一旦有顾客因为对服务不满而流失，商家损失的不仅仅是一笔交易的价值，而是顾客可能带来的长期利润，甚至是更多人的长期利润的损失。因为一名顾客对服务的口碑不佳，可能会阻止许多人对该商家的选择。可惜的是，还有许多商家尚未意识到这一点，即把更多的投入放在服务补救是值得的，因为它能对商家的长期利润提供更多保证。

服务补救悖论

学习目标：解释服务补救悖论

服务补救存在一种悖论——当遇到问题的顾客体验的服务补救非常出色，该顾客的满意度甚至比没遇到问题之前更高。假如有一名乘客预订了一个经济舱的航班座位，但到达值机柜台后发现由于超额预订，他的座位没有了。为了补救这次服务，航空公司为乘客免费升级到了商务舱的座位，乘客自然获得了比问题发生之前更加满意的体验。

需要注意的是，服务悖论并不总是适用。一份针对银行业中重复发生的服务失败的研究表明，服务补救悖论仅适用于第一次服务补救，而且第一次的补救结果必须令顾客完全满意。如果同样的问题发生两次，补救悖论就不起作用了。看起来顾客会原谅商家的第一次失误，但会对重复失误感到失望。这份研究还表明，顾客在经历了非常出色的服务补救之后，对商家的期望也更高了。一次出色的服务补救成为他们处理未来失误的标准。

当然，也不是所有的补救都能让顾客彻底满意，这还可能取决于服务失败的严重性和可补救性。即使是最专业、最极致的补救，也难以弥补一些对顾客非常重要的服务失败。比如，损坏的婚纱照、度假的心情被破坏，或者给顾客的身心造成难以恢复的伤害等。针对这些例子，商家再怎么补救也不可能挽回或替代之前的服务了。对比一下酒店的例子，当顾客预订了一个普通的房间，但到达酒店后发现此房型没有了，因此，商家的补救措施是免费为顾客升级到更好的房间。顾客当然会感觉很高兴，因为商家用了更好的服务产品来补救了之前较差的服务产品。这种情况下，甚至顾客可能会希望酒店将来再出现一次类似的服务失误。

综上所述，对商家来说，其实最好的策略就是第一次就把服务做好。然而，如果确实发生了服务失败，有效和专业的服务补救就非常重要。正如迈克尔·哈格洛夫（Michael Hargrove）所说："服务补救可以把服务失败变成一个机会，只是这种机会商家从不希望获得。"不过，现实证据表明，只有大约 40％～60％的顾客表示对服务补救感到满意。

服务补救管理体系的原则

学习目标：了解一个有效的服务补救体系需要遵守哪些原则

一旦意识到现有的顾客是宝贵的资产，商家就会想办法设计一套行之有效的服务补救程序。然而，仍然有许多服务补救失败了，以下是一些导致服务补救失败的典型原因。

- **商家忽视了服务补救能带来可观的经济回报。** 许多商家只热衷于削减成本，而不舍得在服务补救上给予顾客满意的赔偿。即便对最有价值的顾客，这些商家的服务补救也只停留在嘴边，而没有有效的行动。最重要的是，这些商家缺乏一种给予所有顾客尊重的远见。

- **商家未能投入足够的资金来预防服务问题的发生。** 在理想情况下，服务人员会尽可能通过服务演练提前发现潜在问题，并在问题发生之前解决掉。尽管预防措施不能完全消除问题发生的可能性，但它会极大地减轻一线员工和整个服务补救体系的负担。

- **员工未能展现良好的态度。** 如果要列出服务补救中最重要的 3 件事，它们是态度、态度，还是态度！如果缺少一线员工真诚友好的微笑，设计得再完美的服务补救体系也无法获得应有的效果。

- **商家未能为顾客提供轻松的投诉或反馈平台。** 我们可以看到这方面的一些改进，比如，一些酒店和餐厅会给顾客提供意见卡，或者在网站和应用程序上提供评论的链接。但尽管如此，大部分商家没有很好地传达给顾客的是：留下反馈并不需要占用顾客太多的时间，以及这么做对顾客本身也非常重要。研究表明，大部分客户并没有意识到他们可以用投诉平台，也没意识到这个平台可以很好地帮他们解决问题。

接下来，我们将讨论服务补救的 3 条指导原则，以及如何实现。这 3 条原则是：① 客户反馈要方便；② 实现有效的服务补救；③ 建立适当的赔偿标准。如果还要加一条原则，就是商家要从顾客反馈中学习，并改善服务。关于这一条，我们将在第十四章中有关"从顾客反馈中学习"的小节里讨论。

客户反馈要方便

顾客为什么不满意了也不愿意投诉？商家如何让顾客更方便地投诉？最好的方法是直接解决顾客不愿意投诉的原因。表 13.1 列出了这些阻止客户投诉的原因，以及商家可以采取的对应的解决措施。比如，很多商家设立了可以免费拨打的客服热线用于收集顾客的投诉，此外还设立了网站、应用程序和社交媒体等多种渠道。一些商家在和顾客沟通时特别把服务质量的改进归功于他们的反馈。就像那句耳熟能详的"你告诉我们，我们来处理"，已经成为很多商家用来鼓励顾客反馈的口号。

表 13.1　清除顾客反馈的障碍

顾客不愿投诉的原因	清除顾客投诉的障碍
不方便 • 难以找到合适的投诉程序 • 耗费精力，比如必须写投诉邮件	**让反馈更简单、方便** • 设立多渠道反馈，并把详细信息展现在宣传材料上，比如热线电话的号码、电邮地址、网站、社交媒体账号等
对结果存疑 • 不确定投诉后商家是否会采取措施，或采取哪种措施来解决顾客的问题	**向顾客保证所有的反馈都将得到认真对待** • 提前建立好服务补救流程并告知顾客。比如，在网站上或订阅邮件上显示 • 把服务质量的改进归功于顾客的反馈
心理上的阻碍 • 担心被粗暴对待 • 担心太麻烦而被滋扰 • 感觉丢面子	**把顾客反馈变成一种积极的体验** • 向顾客反馈表达感谢（甚至可以公开感谢，可以隐去顾客姓名，或向所有顾客表达感谢） • 培训员工，杜绝滋扰顾客，让顾客感觉舒适 • 允许匿名反馈

实现有效的服务补救

若想让已经发生了的服务失败得到补救，商家需要的不仅仅是向顾客谦卑地表达解决问题的决心，更要有承诺、计划和明确的指导方针。具体来说。有效的服务补救应该包含 4 个特点：① 主动的；② 有预案的；③ 员工是经过培训的；④ 员工得到授权的。

服务补救应该是主动的。 服务补救最好在服务现场启动，而且最好在顾客提出抱怨之前。服务人员应该对顾客不满意的迹象保持敏感，并主动询问顾客是否遇到问题。比如，餐厅里有一位顾客只吃了一半晚餐，服务员看到后问："一切都好吗？先生。"客人可能会说："我很好，谢谢，我只是不太饿。"顾客也可能说："牛排做得很好，但我点的是半熟的。"这个回答让服务员有机会开启服务补救，而不是让顾客带着不满意离开餐厅，并且可能以后不再光顾。

服务补救需要有预案和程序。 商家必须针对服务失败制定应急预案，尤其是对于那些经常发生且无法从服务流程中剔除的失误可能。比如，航空业和酒店业出于盈利的需要经常导致超额预订的发生。即使客人已成功预订了座位或房间，在到达后仍有可能无法登机或入住。为了让一线员工更容易地应对此类情况，公司应该总结最常见的服务问题，然后制定出解决方案以供员工遵循。比如，在呼叫中心，每个客服代表都会有准备好的脚本来应对顾客可能遇到的各种问题，指导他们进行服务补救。

实施服务补救的员工必须是经过培训的。 对顾客来说，他们在服务失败发生的那一刻是非常无助的，因为他们完全不知道该怎么办，所以他们会向员工寻求帮助。然而，这些员工是否愿意帮助？又是否有能力帮助？为顾客提供服务补救的员工必须是经过了有效的培训的，这样的员工才有自信和能力帮助顾客解决问题。培训的内容应该包括如何解决常见的服务失败（参考扩展资料 13.1 中的顺丰的案例）以及不常见的服务失败。这样的员工能有自信和技巧解救顾客于水火。

扩展资料 13.1

顺丰满意度的背后：优越的售后处理流程

顺丰速运是一家中国快递物流综合服务商，因其直营的经营模式和具有竞争力的技术支撑，顺丰为消费者提供了高质量的物流服务。国家邮政局发布的快递行业满意度调查报告中，顺丰速运连续三年排名第一。为了达到较高的消费者满意度，售后处理是必不可少的一环，它代表了企业在面对服务失误时是否能够快速高效地提供补偿并挽回消费者，作为一家服务型企业，顺丰在售后处理上形成了一套独特的流程。

顺丰的售后客服部门分为很多个专项小组，例如普通个案客服、大客户专项客服、安全快件客服、理赔事项客服，等等，都分别支撑着顺丰投诉的客户问题。顺丰的深圳总部先后在全国各地建立大型的呼叫中心，针对地域进行划分管辖。例如，就江苏省而言，顺丰在如皋市就建立了一个规模较大的呼叫中心，而客服每天处理的工单都来自全国的各个呼叫中心的客户投诉需求。这样以工单形式进行分类处理跟进，可以保证多个呼叫中心同时处理来自不同地方、各种类型的需求投诉，快速解决消费者遇到的服务问题。

同时，顺丰服务处理的背后有着训练有素的客服团队，一线的员工有着培训和熟练的应对程序。客服人员在客户部门分属很多支层，每日早上 8:30 准时登录客户投诉系统，处理前一个晚上未处理完毕的客户投诉工单和今日受理的新工单，工单类型包括了快件时效、服务体验、客户需求和快件安全等，对于不同类型的工单，客服有不同的应对措施，保证了售后处理能够及时满足消费者的需求，高效处理消费者遇到的问题同时抚平客户的情绪。

事实也印证了顺丰在服务补救上的时间成功。即使顺丰速运定价高于其他同类的物流企业，但其以时效快、服务优的竞争优势，使得客户对其服务保持很高的评价和忠诚度，这也有利于公司收入增长和盈利能力的提升。

员工需要得到授权。 服务补救的措施应该是有一定灵活性的，应该让一线员工有机会发挥自身的判断和沟通能力来找到让顾客满意的最佳解决方案。这种情况尤其适用于那些不常见的服务失败类型，由于商家对这种情况没有建立对应的可以参考的预案，就更加依赖员工自己的决定，而且员工还需要有足够的预算的授权来迅速解决问题。比如，在丽思卡尔顿酒店和喜来登酒店，员工有权主动做事，而不是被动反应。他们有主动承担的意识，并尽自己所能解决顾客问题。在这个时代，很多评论和反馈是发生在互联网上，并且可能迅速传播。这就更要求员工得到授权在网上做出回应。比如，当有顾客在社交媒体上发帖投诉时，员工可以直接在帖子上回复并给予解决方案。

建立适当的赔偿标准

服务补救伴随着商家对顾客的补偿，但很显然不同商家对成本投入有不同的策略。到底补偿多少才算合理？还是给顾客一句道歉就够了？接下来，我们要了解一些商家在建立合理赔偿标准时需要考虑的问题。

- **公司的定位是什么？** 在一些针对大众市场的服务行业，比如快餐店，顾客会更容易接受道歉和重新服务。但是，如果一家公司以卓越的专业服务而闻名并收取高额溢价，那么顾客会觉得这样的公司不应该出现服务失败，而且，顾客认为这样的公司一旦出现服务失败，应该要做出足够的诚意并补偿顾客。有趣的是，在补偿金额相同的情况下，顾客似乎对有形的补偿物更加满意（比如，实物优惠券或现金补偿），而不是无形的（比如，信用积分补充到顾客账户）。

- **服务失败的严重程度如何？** 大家一般公认的是：惩罚的程度应该与犯错的严重程度相符。对于给顾客造成的轻微的不便，顾客一般也不会斤斤计较（通常一句真诚的道歉就可以了）。但如果造成了顾客时间上的重大损失，以及精力或者心理上的耗费、焦虑，商家就要考虑给予顾客更大的赔偿。

- **受影响的顾客是谁？** 老顾客和大额消费的顾客会对商家预期更高，因此更值得商家努力挽救业务。那些一次性消费的顾客往往对商家要求不高，对商家的盈利贡献也比较低。因此，可以减少补偿。但即使如此，补偿仍然应该是公平的。因为当顾客在第一次接受服务的时候就得到良好的对待，他们更有可能成为回头客。

总体上，服务补偿的法则应该是"适度的慷慨"。顾客本来受到服务失败的影响心情就差，如果此时顾客认为商家很小气，就是对顾客进一步的伤害，商家除了提供赔偿，最好还要配合真诚的道歉。但反过来，过于慷慨的补偿也不好。不仅会给商家带来的成本更高，顾客也可能觉得商家的运营不稳定，担心过高的补偿会不会影响到员工和商家的正常工作。此外，与只是提供适度的补偿相比，过度慷慨的补偿似乎并不会导致更高的重复购买率。其实顾客真正想要的只是针对服务问题的一个满意解决，而不是搞出太多花样和旁枝末节。最后，商家过度慷慨的形象一旦建立，还可能导致一些不诚实的顾客故意造成服务失败，以寻求补偿，这也是一种风险。

应对投诉的顾客

学习目标： 熟悉一线员工应对顾客投诉以及服务补救的指导原则

一旦商家收到了顾客的投诉，商家要知道，顾客很可能已经尝试过了通过自助服务、网站上的常见问题、客服机器人或者呼叫中心的客服代表来解决问题，但全部失败了。此时，员工的互动技巧、抓住核心问题的能力以及是否接受过相关培训就变得相当重要。请参考扩展资料 13.2，该文章为员工应对顾客投诉提供了具体指导。文中的建议旨在平息顾客的怨怒，并为他们提供一个公平和令人满意的解决方案。

扩展资料 13.2

如何应对投诉的顾客并进行服务补救

快速行动。 如果顾客发出抱怨的时候是在服务进行期间，反应速度将决定商家能否实现完美的服务补救。如果顾客的抱怨是在服务完成之后，商家需要在 24 小时甚至更短的时间内完成补救。即使整个服务补救流程要花很长时间，首先尽快地承认错误仍然是非常重要的。

与顾客共情。 首先要尊重顾客的感受，要么沉默倾听，要么干脆地表达对顾客感受的理解（比如，可以说"我能理解你为什么不开心"）。这样有助于和顾客建立和谐的关系，也是恢复受损关系的第一步。

不与顾客争辩。 商家的目标是收集事实并和顾客达成相互满意的解决方案，而不是赢得辩论或者证明顾客是错的。用争辩的方式让双方无法倾听对方，而且难以平息顾客的愤怒。

站在顾客的角度理解他们遇到的问题。 为了充分理解顾客所认为的错误，以及为什么顾客恼怒，站在顾客的角度看问题是唯一的方式。员工应该避免按照自己的解读得出结论。

澄清事实，梳理原因。 服务失败的原因多种多样，可能是因为商家自身服务的问题，可能是顾客的误解，也可能是来自商家和顾客之外的第三方。如果是商家自身问题，就马上道歉以获得顾客的理解和信任。顾客如果能充分理解商家，要求补偿的可能性就越小。不要自我防卫，自我防卫让商家看起来好像在隐瞒什么事情或者不愿意调查全部情况。

给予顾客投诉的权力。 不是所有的顾客都是真诚的，也并非所有投诉都是真实的。但是，在商家有明确的证据证明顾客的投诉不属实之前，应该假设顾客投诉的问题真实存在。如果一个投诉意味着商家可能赔一大笔钱（比如，保险索赔，或潜在的诉讼），商家需要进行仔细的调查。如果涉及的金额很小，也许不值得商家为退款或其他补偿和顾客讨价还价。

但是不管怎样，检查一下顾客的购买记录，看看一个顾客过去是否有可疑投诉的历史记录仍然是一个好主意。

告诉顾客解决问题所需的步骤。 当商家无法马上获得解决方案时，可以先让顾客知道商家打算如何行动来解决问题，这也会涉及给顾客一个解决问题的时限，因此，商家需要注意不要过度承诺。

让顾客了解问题处理的进展。 没人喜欢对问题的状况一无所知，当顾客处在不确定的状况中会感到焦虑和压力。但如果商家能让顾客知道发生了什么，并定期发送进度报告，顾客就会更容易接受。

赔偿也是值得考虑的方案。 当顾客付了钱却没有获得应有的服务，或者因为服务失败而导致顾客时间和金钱的损失，或给他们带来很大的麻烦，商家可以考虑现金赔偿或一些实际的经济补偿是合适的（比如，航班升舱或餐厅的一个免费甜点）。这种补救方式可以降低投诉在社交媒体上爆发造成巨大影响，或者顾客将投诉付诸法律的风险。商家一般可以设计服务保证条款，列出商家需要赔偿的条件，并且确保服务保证是可以执行到位的。

坚持不懈以重获顾客好感。 当顾客感到失望，最难的就是使他们恢复信心并继续和顾客保持服务关系。这需要商家的耐心和毅力来化解顾客的愤怒，表明商家正在采取措施以避免问题再次发生。出色的服务补救可以有效地培养忠诚顾客并促使他们做口碑推荐。

检查内部服务流程并改进。 当服务补救完成后，公司应该排查一下服务失败的原因，看看它是意外错误导致的，还是流程缺陷导致的。以每一次顾客投诉为契机，商家可以不断完善整个服务流程。即便最后证明顾客的投诉是一场误会，也要看看是否流程中存在容易让顾客发生误会的环节。

现在，越来越多的顾客通过在线渠道和社交媒体来发泄情绪或投诉。一个值得注意的点是，当顾客在手机端的小屏幕上写评论时，似乎语气会更加激烈和情绪化。移动设备让顾客可以更直接和自发地做出反应，而无需经过太多考虑，这给商家带来更大的挑战。无论如何，商家必须学会在社交媒体上处理投诉和进行服务补救，因为当事顾客的帖子的背后可能是成千上万的未直接参与事件的"旁观者"，而商家的回应也能被他们看见。没有回应是最糟糕的选择，商家需要针对顾客发出的内容做出快速和有效的回应，最好是先表达同情心并进行初步的一些解释（见图 13.4）。

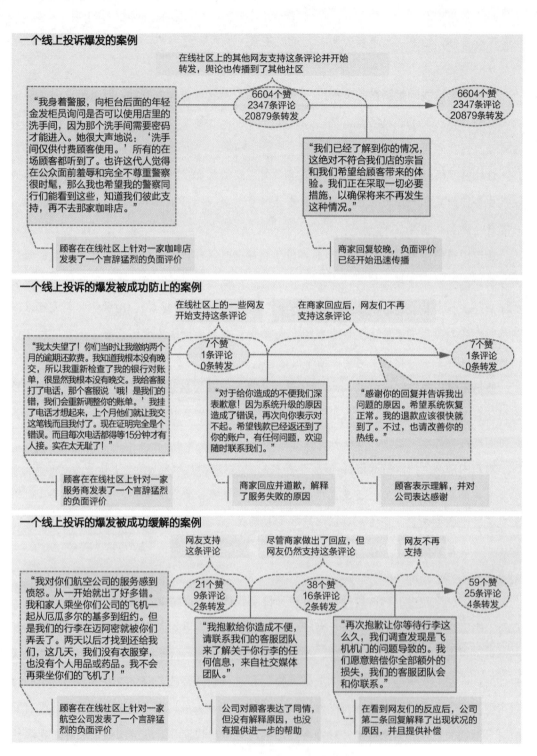

一个线上投诉爆发的案例

在线社区上的其他网友支持这条评论并开始转发，舆论也传播到了其他社区

"我身着警服，向柜台后面的年轻金发柜员询问是否可以使用店里的洗手间，因为那个洗手间需要密码才能进入。她很大声地说：'洗手间仅供付费顾客使用。'所有的在场顾客都听到了。也许这代人觉得在公众面前羞辱和完全不尊重警察很时髦，那么我也希望我的警察同行们能看到这些，知道我们彼此支持，再不去那家咖啡店。"

6604个赞
2347条评论
20879条转发

6604个赞
2347条评论
20879条转发

"我们已经了解到你的情况，这绝对不符合我们店的宗旨和我们希望给顾客带来的体验。我们正在采取一切必要措施，以确保将来不再发生这种情况。"

顾客在在线社区上针对一家咖啡店发表了一个言辞猛烈的负面评价

商家回复较晚，负面评价已经开始迅速传播

一个线上投诉的爆发被成功防止的案例

在线社区上的一些网友开始支持这条评论

在商家回应后，网友们不再支持这条评论

"我太失望了！你们当时让我缴纳两个月的逾期还款费。我知道我根本没有晚交，所以我重新检查了我的银行对账单，很显然我根本没有晚交。我给客服打了电话，那个客服说'哦！是我们的错，我们会重新调整你的账单。'我挂了电话才想起来，上个月他们就让我交这笔钱而且我付了。现在证明完全是个错误。而且每次电话都得等15分钟才有人接。实在太无耻了！"

7个赞
1条评论
0条转发

7个赞
1条评论
0条转发

"对于给你造成的不便我们深表歉意！因为系统升级的原因造成了错误，再次向你表示对不起。希望钱款已经返还到了你的账户，有任何问题，欢迎随时联系我们。"

"感谢你的回复并告诉我出问题的原因。希望系统恢复正常。我的退款应该很快就到了。不过，也请改善你的热线。"

顾客在在线社区上针对一家服务商发表了一个言辞猛烈的负面评价

商家回应并道歉，解释了服务失败的原因

顾客表示理解，并对公司表达感谢

一个线上投诉的爆发被成功缓解的案例

网友支持这条评论

尽管商家做出了回应，但网友仍然支持这条评论

网友不再支持

"我对你们航空公司的服务感到愤怒。从一开始就出了好多错。我和家人乘坐你们公司的飞机一起从厄瓜多尔的基多到纽约。但是我们的行李在迈阿密就被你们弄丢了。两天以后才找到还给我们，这几天，我们没有衣服穿，也没有个人用品或药品。我不会再乘坐你们的飞机了！"

21个赞
9条评论
2条转发

38个赞
16条评论
2条转发

59个赞
25条评论
4条转发

"我抱歉给你造成不便，请联系我们的客服团队来了解关于你行李的任何信息，来自社交媒体团队。"

"再次抱歉让你等待行李这么久，我们调查发现是飞机机门的问题导致的。我们愿意赔偿你全部额外的损失，我们的客服团队会和你联系。"

顾客在在线社区上针对一家航空公司发表了一个言辞猛烈的负面评价

公司对顾客表达了同情，但没有解释原因，也没有提供进一步的帮助

在看到网友们的反应后，公司第二条回复解释了出现状况的原因，并且提供补偿

图 13.4　顾客投诉在线发出后网络社区里其他网友的反应

服务保证

如果商家非常重视顾客利益，希望把投诉处理和服务补救的流程用制度化的方式确定下来，通过向顾客提供"服务保证"是一个很好的办法。服务保证是一种承诺，它规定了服务的标准，并且承诺如果服务未能达到标准，顾客将有权获得不同形式的赔偿，比如重新服务、退款等。一个精心设计的服务保证制度不仅有助于服务补救，还能促使商家从服务失败中学习和改善服务流程。

服务保证的力量

学习目标：认识到服务保证的力量

服务保证是一个推动和实现高质量服务的有力工具，理由如下：

（1）服务保证促使商家专注于顾客的需求和期望。

（2）服务保证中包含明确的服务标准，它让顾客和员工了解什么是商家重视和坚持的价值。由于服务保证规定了商家在一些情况下要做出赔偿，这意味着更高的成本，因此会让管理者更认真地对待服务保证。

（3）服务保证要求商家拥有一套有效的顾客反馈机制。

（4）服务保证促使商家反思服务失败的原因，并鼓励商家找到和克服导致失败的因素。

（5）服务保证让顾客在做购买决策时更有信心，并能帮助培养长期的顾客忠诚度，提升商家的营销能力。

从顾客的角度来看，服务保证的主要功能是降低购买决策风险，同时，顾客也会更方便提出投诉。因为顾客会觉得商家已经做好了准备解决服务中的问题并提供赔偿。即使顾客在投诉前不知道商家的服务保证，在投诉后得知商家有预案和程序来处理服务问题，因而会更加印象深刻，因为他们知道自己的投诉得到了认真的对待。

时任汉普顿旅馆的市场营销副总裁谈及服务保证制度给员工和管理人员带来的影响时表示："服务保证制度的设计过程让我们更加理解了顾客的需求，顾客觉得哪些东西让他们满意，而不是我们觉得哪些东西让他们满意。"在汉普顿旅馆有一条强制性要求：不管是管理者还是一线员工，都必须认真倾听顾客，最大限度地了解他们的需求，迅速解决问题，让顾客对解决方案满意。以顾客的角度来审视旅馆的各项服务已经给这家旅馆的运营带来了深远的影响。

正如一位经理所说，"服务保证就像是增大了水管里的水压"，因此，可以看出水从哪些"漏洞"里流出来，并且服务保证制度还让商家有经济上的动力赶紧堵住漏洞。汉普顿旅馆的"百分百汉普顿保证"让服务保持了更加稳定的质量并给旅馆带来了更大的盈利。

图 13.5　汉普顿旅馆的"百分之百满意保证"

通过旅馆的"百分之百汉普顿保证"的案例，我们可以更好地了解服务保证的好处（如果不是百分之百满意就不用付钱，见图 13.5）。为了获得更多业务，汉普顿旅馆向客人保证，如果客人不满意，酒店将向他们赔付住宿的费用。这个策略吸引了大量新客人，也留住了老客户。它让客人们相信，入住汉普顿旅馆会获得满意的服务。更重要的是，服务保证这个工具给商家带来了提升服务质量的新机会。

如何设计服务保证

学习目标：了解如何设计一个有效的服务保证制度

一些服务保证看起来很简单而且无条件，也有一些则似乎是由专业律师撰写，用词严谨并包含许多限制。可以比较一下扩展资料 13.3 中的几个案例，并问问自己，哪些服务保证能够给你带来信任和信心，让你愿意购买该商家的服务。

扩展资料　13.3

服务保证的案例

美国邮政服务（USPS）特快专递保证

本服务协议不含特快专递国际邮件。军用物品因海关检查而导致的延迟也不在本协议覆盖范围之内。如果物品在被邮寄到指定的 USPS 邮政存放点以便隔夜交付给收件人，我们将尝试在服务保证的时间前交付给收件人或收件代理人。收货时需要收件代理人或送货员工的签名。如果我们在保证的时间内没有尝试送件，而且客户提出投诉要求退款，USPS将退还邮资，但由以下原因导致的延误除外：出于执法目的而导致的物品扣留；罢工或停工；物品存放延迟；物品转发、退回、地址或者邮政编码不正确；航班延误或取消；邮政或航空不可控的政府行为；战争；暴乱或内乱；由于邮政服务无法控制的事件，或因素，或不可抗力导致的大部分 USPS 运输网络发生故障。

服装和家装零售商兰兹角（Lands' End）的服务保证

我们创造的产品将助力你的品牌取得成功，我们对服务精益求精，不懈工作以满足我们的客户及其员工的需求。我们正成长为一个全球品牌，但我们的初心不变，就是永远忠于我们的客户。

我们会对你购买的商品和服务负责，并相信你会感到满意。如果你对任何方面不满意，我们的退货政策非常简单，你可以随时将其退还。

虫害防治公司 BBBK（Bugs Burger Bug Killer）的服务保证

- 在你的房屋内的所有害虫被根除之前，你不欠我们一分钱。
- 如果你对 BBBK 的服务不满意，你将获得最长相当于 12 个月服务的退款，外加下一年的灭虫费用。
- 如果有客人在你的场所发现害虫，我们将支付该客人的餐费或房间费用，发送道歉信并支付未来的一次用餐或一次住宿的费用。
- 如果在使用了我们的服务后，你的场所因发现蟑螂或啮齿动物而关闭，BBBK 将赔偿你受到的所有罚款以及所有的经济损失，再加 5 000 美元现金赔偿。

不难看出，虫害防治公司 BBBK 与服装和家装零售商兰兹角的服务保证声明更有力、无条件，而且给顾客带来更强的信心。而第一个案例，美国邮政服务的服务保证效果则被削弱了很多，因为顾客发现许多附加条件。理想情况下，服务保证的设计应满足以下标准：

（1）无条件。服务保证中的承诺都应该是无条件的，并且不会给顾客带来意料之外的不利影响。

（2）易于理解和沟通。让顾客清楚地了解从服务保证中可以获得的好处。

（3）对顾客有意义。服务保证对顾客来说很重要，因此，赔偿应该足以弥补服务失败。

（4）易于使用。应该让顾客很容易参考和使用服务保证的条款。

（5）易于领取赔偿。如果发生了服务故障，应该让顾客轻松地领取保证的赔偿，没有问题和不便。

（6）可信的。服务保证应该是可信的。

"百分之百的满意" 是商家能做到的最好保证吗？

商家一般认为，让顾客百分之百的满意，就是商家能做到的最好的服务保证。但顾客可能不这么看，因为这样的保证看起来标准并不清晰，这会让服务保证的可信度打折扣。比如，顾客可能会问"什么才算百分之百的满意？"或者"即使商家并没有犯错，但我仍然对服务不满意，我还可以使用服务保证吗？"与此相对，一个描述具体的服务保证（比如，保证24小时内交货）可以给顾客很清晰的信息，但这样的保证范围很窄，而且广告效果不强。因此，我们可以考虑将上述两者结合起来使用，即既保证让顾客百分之百满意，同时也有具体和清晰的描述。这种服务保证的效果已被证明比单纯的完全满意或具体的单项服务保证更好。它首先保证商家的一些基本服务的达标（比如，准时交货）。但如果顾客对服务的其他方面不满意，就可以启用"让顾客百分之百满意"的服务保证。比如，下面是一家咨询公司的服务保证的例子，该公司实行了结合起来的保证："本公司承诺按时交付报告，达到高质量标准，并覆盖提案中概述的要点。如果我们不能按照此标准交付报告，或者你对我们的工作有任何不满，你可以从最终付款中自行扣除你认为的公平的金额。"

提供服务保证总是利大于弊吗？

学习目标：知道什么时候不应该提供服务保证

在决定是否提供服务保证时，商家应该仔细考虑自己的优势和劣势。在许多情况下，提供服务保证可能并不合适。

- 如果一家公司在服务品质方面享有盛誉，它可能不需要提供服务保证。顾客会认为这样的公司做到卓越的服务是理所应当的事，提供服务保证反而是多此一举。而且，这么做可能反而会损害公司好不容易建立起来的形象。

- 相比之下，一家服务质量较差的公司应该首先提高服务质量，至少提高到可以保证的水平。否则，会有很多顾客使用服务保证要求赔偿，这会给公司带来严重的成本压力。

- 如果一家公司的服务水平很容易受到外力影响而无法控制，提供服务保证简直就是愚蠢。比如，美铁公司（Amtrak）曾保证如果发生列车延误，就为顾客退还车票钱。可是，因为该公司没有足够资金来维护其铁路基础设施，导致延误的列车非常多，公司为此支付了大量退款。最终不得不放弃了这项服务保证。

- 如果一项服务简单到几乎没有失败的可能性，不会给顾客带来任何的损失或影响，提供服务保证对顾客来说就没什么价值。但商家设计、实施和管理上仍要花钱，因此不提供也罢。

防止不良顾客滥用服务和投机取巧

在这一章，我们都在呼吁商家接受顾客投诉、提供服务保证，甚至是鼓励顾客这样做。不过，当我们在讨论专业的客户投诉处理和服务补救时，我们也需要承认，不是所有的投诉都是真诚的。当商家提供慷慨的服务补救和服务保证，还常常会担心有没有别有用心的顾客专门钻政策的空子。另外也不是所有投诉的顾客都是对的，行为都是合理的。一些顾客自己甚至成了别的顾客投诉的对象。我们把这些顾客称为不良顾客（jaycustomers）。

从其他英语国家到北美的游客常常不明白"jaywalker"这个词的意思。"jaywalker"是个很有美国特色的词汇，可以被理解为不守规矩的行人，特别是不遵守交通规则横穿马路的行人。这个词的前缀"jay"来自 19 世纪的俚语，意思是"蠢货"。我们在这里借鉴这个词，用"不良顾客"来形容那些行为欠妥、滥用服务、给商家或给其他顾客带来麻烦的顾客。

不良顾客对任何行业和商家都是问题，但他们对服务行业有更大的破坏力，特别是针对那些在服务场所还有其他许多顾客的服务行业。你可能也有这样的经历，其他顾客的行为会影响你享受服务的心情。比如，当你到音乐厅享受一场古典交响乐音乐会，你会希望其他观众在演奏期间保持安静，不要大声说话、咳嗽，或不关手机，搅了大家的雅兴。与此相对，一个不爱热闹的人到了摇滚乐或足球赛这样的场合，也会觉得自己跟周围群情激奋的人格格不入。然而，球迷的热情与不文明的观赛行为之间是有一条分界线的。对于商家来说，如果不能正确处理顾客的不良行为，就有可能损伤与其他顾客之间的关系。

然而，在不良顾客这个话题上常常有两种完全相反的观点。一种观点否认不良顾客的存在，觉得"顾客是上帝，永远不会错"；另一种观点认为，市场上有很多行为不良的人，根本不能指望他们按商家的规矩办事。第一种观点在励志类管理学图书或者煽动性的员工培训中很容易看到；第二种观点在和不良顾客有不愉快经历的经理和一线员工那里很有市场。和许多对立的观点一样，两种观点都反映了一部分事实。然而，有一点很明确，一个有尊严的商家不会希望和不良顾客保持关系。

不良顾客存在于所有服务行业里。没人喜欢不良顾客。商家最好不要吸引这种顾客前来，或者至少能控制或防止他们的不良行为。在我们讨论如何与不良顾客打交道之前，先来看看他们的几种主要类型。

不良顾客的 7 种类型

学习目标：了解不良顾客的 7 种类型并学习如何有效地应对他们

解决问题的第一步是定义问题，因此，我们从了解不良顾客的不同类型开始。我们将不良顾客分为 7 种类型，并给这些类别命名。但是，服务一线员工往往用自己的术语来称呼他们。

欺诈者。 顾客有很多招数欺骗商家。比如，利用服务补救政策压榨商家，或者利用服务保证的条款骗取赔偿，夸大或伪造保险索赔，以及"退货欺诈"（比如，顾客在购买晚礼服或燕尾服后，只穿一晚，然后将其退回给商家）。这种退货行为已经变得越来越普遍，甚至被社会，尤其是被在线零售商接受。比如，美国的户外服饰零售公司里昂比恩（L. L. Bean）曾经有一项特别的退货条款——产品一旦售出，公司将为其提供终身保障，意味着消费者能够在任何时候，以任何理由退换货。然而，这个坚持终身保障的品牌碰到了越来越多不合理的退款申请。由于难堪重负，该公司决定对退换货政策做出调整（请阅读扩展资料 13.4）。下面我们来看一段来自两位欺诈者的自述：

入住之后，我注意到这家酒店为不满意的顾客提供无条件的退款保证。我无法抗拒占它便宜的机会。于是，在退房时，我告诉前台接待我要退款，理由是外面车辆的声音让我整晚都睡不着。他们给我办了退款，没有问我任何问题。没想到这家酒店可以这么愚蠢，他们需要警醒一点。

找理由投诉很容易，我可以抱怨服务速度太慢或太快、房间太热或太冷、光线太亮或太暗、员工太没有人情或殷勤过度、服务太公开或太私密……投诉什么都没关系。只要在信里附上收据，这家店就会给我发一封统一格式的信，还有我想要的优惠券。

遇上这类顾客，商家很难判他们是假装的不满意还是真的不满意。在本节的最后，我们将讨论如何应对顾客的欺诈行为。

扩展资料 13.4

虚假退货让里昂比恩被迫修改退货保证

2018 年 2 月 9 日，美国的户外服饰零售公司里昂比恩给所有客户发了下面这封公开信，修改了该公司已经实施了一百多年的著名的终身退货保证。

致我们的客户：

自 1912 年成立以来，我们的使命是销售高质量的产品，让人们享受户外活动的乐趣。我们给客户的承诺，以及我们的产品保障条款帮助我们赢得了消费者的信任和尊重，也让我们为售出的产品提供充分的服务保障。

可是，有一小部分的消费者对我们产品保障的滥用已经超出了我们设立条款的本意，并且类似的行为越来越多。有些人将终身质保条款等同于终生更换产品条款，将已经使用多年的、磨损严重的产品申请退款，甚至有的退款申请是第三方出售的产品，比如在庭院大清货中买来的产品拿来退款。

基于这些经历，我们已经更新了退款政策。顾客在购买产品后可以在一年的时间内退货（需提供购买凭证）。一年后，如果产品有任何缺陷，我们将与客户协商，以达成公平的解决方案。

这项更新将让我们的政策更加清晰，并且只会影响一小部分退货。它还能帮助我们继续履行服务保证——零售业的最佳服务保证之一。这项更新对我们绝大多数的客户没有影响。想了解更多，请在我们的网站上查看完整退货政策。

自从一百多年前我的曾祖父创立公司以来，里昂比恩就追求优质的产品、服务、信任，并鼓励人们走向户外，这永远不会改变。感谢你成为我们忠实的客户，我们期待与你继续一同享受户外活动的乐趣。

真挚的

肖恩·格曼（Shawn O. Gorman）

里昂比恩执行总裁

偷窃者。 这类不良顾客逃避付款并设法偷窃商品和服务（或为了少付款更换价格标签，或毫无根据地砍价）。在零售店，小偷装作顾客行窃是一大问题，每年给零售店带来大量损失，许多商家都中过不良顾客逃避付款的诡计。有一些懂技术的不良顾客，还能逃避缴纳电费或有线电视费用。至于乘坐公共交通工具不给钱，溜进影院白看电影，或者用餐后逃单这种事就更常见了。此外，还有一些付款方面的欺诈行为，比如使用偷来的信用卡等。商家若想防止被盗，抓住甚至起诉这些偷窃者，首先是要发现这些人的偷窃行为。然而，在这个过程中，商家应该尽量不要伤及诚实客户的服务体验，还必须考虑到有些顾客没有付费可能仅仅是因为忘记等无心之举。

规则破坏者。 正如高速公路需要安全法规一样，许多商家也需要为顾客建立行为规则，以引导他们安全地完成服务流程的各个步骤。其中一些规则是政府机构出于健康和安全原因建立的。许多餐馆会挂一个写着"衣衫不整者谢绝入内"的牌子，也是一种与卫生相关的规定。航空服务为了确保安全则对乘客设立了完善而细致的规则——少有场合能像航空公司这样给成年人乘客如此多的限制，除了监狱以外。

商家除了执行政府出台的法规以外，往往还会自己制定一些规定。这么做可以保证正常经营，让商家合法地保护自己，避免顾客对员工提出无理要求、错误使用产品和设施以及个别顾客的不端行为。比如，滑雪场对顾客会有非常严格的要求，因为这种运动可能会给自己和他人带来危险。万一发生碰撞，会造成严重伤害甚至死亡。因此，滑雪场必须把顾客的安全放在第一位。滑雪场的安全管理员有时就像警察一样严格执法，好比危险的司机可能会失去驾驶执照，危险的滑雪者会被停止服务，管理员会作废他们的缆车票。比如，在美国科罗拉多州的韦尔和海狸溪滑雪场，管理员们曾经在一个周末就作废了近400张缆车票。在丹佛附近的冬季公园滑雪场，因危险行为而被停止服务的滑雪者还必须参加45分钟的安全课程，才能重新获得滑雪资格。在佛蒙特州奥克莫山滑雪场，管理员会给危险的滑雪者的缆车票上贴上醒目的橙色贴纸作为警告，这样的滑雪者如果再有危险行为发生，就会被直接带出滑雪场，而且禁止滑雪一天或更长时间。这家滑雪场的营销总监表示："我们不想扮演滑雪场的警察，只是想教育他们一下。"

商家应该如何处理规则破坏者呢？主要还是要看这些人违反了哪些规则。如果行为触犯了法律，比如偷窃、故意欠费，甚至试图往飞机上带枪，等等，这种情况下商家必须立即采取行动应对，保护员工并惩罚顾客的不当行为。

如果是法律之外的规定，商家可能需要考虑一下是否制定的规定都是合理的。比如，有些规定是否有必要留下？如果没有，公司应该把它们删除掉。规定是否关系到顾客的健康和安全问题？如果是，对顾客进行教育可能要好过简单地对顾客执行规定，有些以保证全体顾客的舒适和享受为目的的规定也是如此。此外，还有一些不成文的社会规范，比如"禁止插队"，商家可以充分借助顾客自己的力量来执行规定，甚至有的顾客会主动提供帮助。规定太多也会带来问题。商家与顾客的关系可能变得过于僵化，商家会显得官僚和霸道。员工也会看起来像警察一样，关心的不是如何为顾客服务，而是确保顾客遵守所有规则。商家需要知道，规定越少，重要的事情就越清楚。

好战者。 你可能在机场、酒店、餐厅等很多场合见过这类不良顾客，他们可能满脸通红，愤怒地吼叫着；也有可能冷酷地说着侮辱、威胁和猥亵的话——事情并不能总是令人满意，顾客可能遇到机器故障、笨手笨脚的员工、被商家忽略、航班延误、订单交付错误、员工帮不上忙或者承诺没能兑现。当员工告诉顾客要遵守规则时，这些顾客就会被激怒。即便员工没有任何过错，也常常受到顾客的粗暴对待。如果员工不能很好地应对这种状况，那些好战的顾客可能会变本加厉，甚至到了动手的地步。遗憾的是，对于好战的顾客，有些员工会用针锋相对的方式应对，从而使对抗升级，让局面变得更加难以收拾。

如果遇到的顾客是醉酒的或是吸毒的，就会让状况变得更加复杂。关心员工的商家会安排培训，告诉员工如何处理这些困难情况，通过模拟真实情境帮助员工消除不安，获得应对好战顾客所需的自信。员工还需要学习如何化解顾客的愤怒，平息他们的焦虑，安抚他们的痛苦（特别是当顾客有充分的理由对商家的服务感到不满时）。

一位服务学学者注意到人们文明程度的下降，并感叹道："我们似乎生活在一个愤怒的年代。"他认为，人们的愤怒表现是在社会化的过程中形成的，因为这被认为是对某些状况的正常反应。愤怒和不满不同，它们是两种性质完全不同的情绪。当顾客感觉不满时，他们有一种"未完成"或"被错过"的感觉，他们想搞清楚什么人或什么事该对结果负责。而愤怒的顾客则是觉得自己受到了非常不公平的对待，想要以牙还牙，试图报复并伤害他人。接下来，我们将通过扩展资料 13.5 了解航空乘客的"空怒症"。最近这些年，由于给乘客和机组人员带来了危险，这一问题引发了人们特别的关注。

扩展资料 13.5

空怒症：好战的乘客抛出的烫手山芋

"路怒症"这个词在 1988 年被创造出来，用来形容那些愤怒的司机，可能置道路上的其他人于危险之中的行为。与此相似，"空怒症"是指发生在航班中暴力的乘客危及乘务员、飞行员或其他乘客安全的行为。"空怒症"乘客在所有的航班乘客中只占很小一部分，据报道大约每年 5 000 起，但在空中发生的每一次单独的事件，都有可能影响其他数百名乘客的舒适和安全。

一直以来，恐怖主义是人们关心的与飞行安全相关的问题。其实，失去控制的乘客也会对安全构成严重的威胁。有一次，从佛罗里达的奥兰多飞往伦敦的一架航班上，曾有一名乘客喝醉了酒，他打碎了电视屏幕，又开始使劲砸窗户，还声称其他乘客会被"吸出窗外死掉"。乘务员们被迫把他捆住，飞机也因此改道，临时降落在缅因州班戈市，直到警察将这名乘客逮捕。还有一次，一架从牙买加飞往荷兰的航班也在班戈市临时降落，原因是飞机上有一名乘客是毒品走私犯，他把可卡因装在气球里，然后吞下去藏在胃里。当他发现气球在他肚子里破裂，他变得狂躁起来，他把卫生间的门撞成碎片，还掐住一名女乘客的喉咙。

在一架从伦敦飞往西班牙的飞机上，又是一名醉醺醺的乘客想到洗手间吸烟。乘务员制止他以后，又拒绝了他继续喝酒的请求。这名乘客勃然大怒，把一个伏特加的酒瓶扔向乘务员的头，导致乘务员的头被缝了 18 针。"空怒症"乘客其他的危险举动还包括：把热咖啡泼到乘务员身上、用头撞副驾驶员、试图闯进驾驶舱、把乘务员从座椅上扔过去，甚至试图在飞行中打开紧急出口等。

越来越多的航空公司把"空怒症"乘客送上法庭。西北航空公司把 3 名暴力乘客拉进黑名单，永久禁止他们乘坐该公司的航班。英国航空公司会给有危险举动的失控乘客发警告卡。即便是一些名人也难免犯上"空怒症"，摇滚明星科特尼·洛芙（Courtney Love）有一次在洛杉矶起飞的航班上因为破坏性行为在抵达伦敦后被捕，事后她责备自己"出言不逊"。一些航空公司面对失控的乘客会强行限制他们的人身自由，直到可以把他们移交给机场警方。

2000 年 4 月，美国为了防止乘客的"空怒症"的行为，把相关的民事处罚从 1 000 美元提高到了 25 000 美元。如果涉及更严重的破坏，可以追究刑事责任，处罚为 10 000 美元以及最高 20 年的监禁。一些航空公司并不愿意公开这些信息，以免显得太过激和乘客对抗或不讲情面。然而，随着反恐安全措施的加强，人们也越来越能接受为了保证飞行安全而出台的控制和惩罚措施。

是什么导致了"空怒症"？研究发现，失去控制带来的心理感觉，或面对权威人物时的抵抗心理，可能是服务环境中的许多愤怒行为的来源之一；拥挤的内部空间和长时间的飞行会让乘客压力倍增；航空公司自己，可能因为把座位压缩得过于密集，或者不能向乘客解释航班延误等原因而负有一定责任；乘客的焦虑和易怒的性格也是导致在航空旅行中乘客压力的风险因素；研究还表明，乘客在不熟悉的路线上旅行比在熟悉的路线上旅行时压力更大；其他的因素还可能包括禁止吸烟，尽管过量喝酒是大多数"空怒症"事件的根源。

航空公司会培训员工相关的技能，使员工尽量在"空怒症"乘客造成严重问题之前平息他们的愤怒，或者提前发现有暴力倾向的乘客。有的航空公司会为乘客提供在长途飞行中放松身心的具体建议，也有航空公司为烟瘾极大的乘客提供尼古丁贴片。这些措施也许可以减少飞机在天上时的"空怒症"行为，但是人们对于乘客在地面期间的愤怒行为仍然担忧。澳大利亚对机场员工的一项调查发现，96％的地勤员工表示在工作中经历过乘客的愤怒行为，31％的地勤员工称每天都会经历某种形式的乘客愤怒行为，15％的地勤员工称他们曾被乘客触碰或殴打。

当一个好战的顾客拒绝员工的调解，员工应该怎么做？如果事件发生在大庭广众之下，首先要做的应该是把这名顾客与其他顾客分开。有时，商家需要有主管出面解决顾客与员工的争端，商家可能还需要对员工予以支持。如果员工遭受了顾客的身体攻击，就必须呼叫保安或警察前来保护。有的公司试图隐瞒顾客与员工的争端，怕宣传出去对商家影响不好。也有一些公司，会公开站在自己员工的一边。就像一位汽车修理厂的经理曾经做的，他命令一个脾气暴躁的顾客离开他的店，并告诉他："我不会容忍你对我的员工粗暴无礼。"

好战的顾客也存在于电话沟通中，这给商家带来了一种不同的挑战。愤怒的顾客可能在电话中使用粗鲁的言语，服务人员也可能直接挂断这些顾客的电话。但是这么做并不能解决问题。比如，在银行，当客户在得知支票因为账户透支的原因被退回时（尽管这是顾客违反了规则），或者当客户的贷款申请被银行拒绝时，常常会感到恼火，客户可能会在电话里对着员工大喊大叫。应对这种客户的办法，是让员工坚定地告诉客户："这样的对话并不能解决问题，是不是我过几分钟再打给你？你可以有时间再考虑一下这些信息。"很多时候，按下暂停键重新思考一下（让情绪恢复平静），才是我们所需要的。

家庭争执者。 家庭争执者指的是那些在服务中跟自己家人发生争执，或者更糟的情况，以家庭为单位和其他顾客发生争执的人。我们可以把这种类型的不良顾客归于"好战者"下的一个子类别。这种时候，员工介入有可能会使争执平息下来，但也有时候会让局面变得更加难以收拾。因为涉及家庭成员之间的问题，员工的应对需要仔细地分析情况并且行动前深思熟虑。但如果家庭争执在高档餐厅发生并演变成一场互掷食物的大战，员工就必须立即响应。在这种情况下，服务经理需要做好准备并迅速采取行动。

破坏者。 针对服务设施的破坏在很多服务行业存在。比如，把饮料倒入银行的自动取款机，建筑内部和外部墙上潦草的涂鸦，地毯、桌布还有床罩上的烟头烧出的小洞，公交车上的座椅被割破，损坏的酒店家具，遭到破坏的汽车，玻璃被打碎，织物被撕裂……这份清单无穷无尽。顾客破坏服务设施的原因有很多种。有时候，我们可以把它归因于酒精和药物作用，有时顾客的心理问题可能是原因之一，顾客的粗心大意也是可能的，还有一种可能就是感觉受到不公待遇的顾客的蓄意报复。

应对破坏的最好办法是预防，加强安全措施可以防止一些破坏行为。比如，可以把公共区域设计成开放式的，改善照明条件让一切行动暴露在灯光下，可以起到很好的预防作用。商家也可以为设备安装防碰撞的保护膜和保护罩，使用更坚固的家具，等等。让顾客充分了解物品的使用也很重要，比如在易碎物品上做好警告标识，可以减少顾客错误使用物品或粗心的操作。此外，商家还可以有一些经济上的惩罚手段，比如收取押金，或与顾客签订物品使用协议，让顾客同意对可能造成的损坏照价赔偿。

如果预防失败，顾客已经给商家的设备造成了损坏，商家应该怎么做呢？如果肇事者被抓获，商家应该首先弄清楚顾客这么做是蓄意的还是无心之举（因为有时只是因为意外）。但如果顾客是故意损坏，惩罚措施可以从警告甚至到起诉。商家还需要尽快修复损坏了的物品，以防其他破坏者效仿。就像一家公共汽车公司的经理所说的："如果我们有一辆公共汽车遭到损坏，无论是玻璃碎了、座椅被割开一道缝，还是天花板上的涂鸦，我们就得立即停止使用它，不让别人看到这些损坏。不然的话，你就是在招来更多的破坏者。"

赖账者。 抛开那些从一开始就不想付钱的人（我们称之为"偷窃者"）不谈，顾客可能是因为各种原因延迟了付款，或者付款失败。对于这种情况，最好的治疗同样是预防。已经有越来越多的公司采取预付款的方式，比如，各种票务制的服务。很多商家会在接受顾客订单之前要求提供信用卡号码，比如办理酒店入住时顾客需要做信用卡预授权。此外，在服务完成之后马上给顾客发送账单也很重要，要趁着顾客刚刚接受完服务脑子里还想着这件事的时候让他们付款。

并非每个拖欠付款的顾客都是无可救药的"老赖"。顾客可能有他们自己的理由，或者也有他们能接受的更好的付款方式。对商家来说，只需要想清楚，通过不断催账来获得回款的方式和用更个性化的顾客能接受的方式，哪一种对商家来说成本更低。此外，面对这个问题还有另一种角度的思考方式：如果顾客的拖欠问题只是暂时的，商家能否做点什么来加深和顾客的关系。比如，如果帮助这名顾客解决付款问题，是不是能够换来顾客的满意和积极的口碑传播。商家要根据这些不同条件做出判断。如果商家更看重的是建立与顾客之间的长期关系，为这些顾客提供更多方便就是值得的。

顾客不良行为的后果

顾客的不良行为会给一线员工、其他客户和整个公司带来负面影响。员工在受到顾客的粗暴对待之后，不仅在短期内会有情绪或脾气上的波动，而且久而久之可能形成难以弥合的长期心理伤害。除了心理上的伤害，员工在行为上也可能出现很多负面的反应，比如报复、辱骂顾客，员工的士气也可能会受到伤害，并影响服务生产力和服务质量。

在有不良的顾客行为发生后，有一种可能是其他的顾客联合起来支持他们认为受到粗暴对待的员工。然而，也有另一种可能，不良行为也具有传染性，也许会有更多不良顾客趁火打劫，让糟糕的情况再次升级。对整个公司来讲，即使仅是看到或听到不良顾客的事件就已经破坏了许多顾客的消费体验，因为事件影响失去工作动力的员工也可能不再像以前那样高效和有效地工作，或者员工被迫休病假，这些因素都会导致商家遭受经济损失。此外，如果商家为了息事宁人让不良顾客获得赔偿，而且当其他顾客把这些也看在眼里，将来可能会有越来越多同样的不良行为发生。同意不良顾客的欺诈性索赔要求、恢复被盗或损坏的设备以及可能产生诉讼费用等，都会给商家带来直接的经济损失。

我们在应对航空业的"空怒症"中提出过一些建议。与此相似，其他的服务行业也能总结出一些该行业特有的不良顾客的特征。我们将在下面的扩展资料 13.6 中讨论酒店业的不良顾客行为。

扩展资料 13.6

酒店、餐厅和酒吧的不良顾客分类

为了更好地研究酒店业中不良顾客行为的特征，劳埃德·哈里斯（Lloyd Harris）和凯特·雷诺兹（Kate Reynolds）这两名学者共同实施了一个研究项目以识别和归类不同类型的顾客不良行为。这个研究采取开放式访谈的方式，时长大约 1 个小时。受访者包括 31 名酒店经理、46 名一线员工和 29 名顾客。这些受访者来自 19 家酒店（所有酒店都设有餐厅和酒吧）、13 间餐厅和 16 个酒吧。所有的受访者都曾经遭遇过不良顾客行为或者就是不良顾客本人。受访者可能需要讲出一些具体不良事件的详细细节。最终，这 106 名受访者一共贡献了 417 起严重的不良事件的故事。

基于对这些事件的分析，两名学者确定了酒店业 8 种类型的不良顾客。

（1）**虚假赔偿专业户。** 这种顾客会故意写虚假的投诉信发给客户服务部门，提出不合理的赔偿申请，以期收到退款或礼券。

（2）**不受欢迎的顾客。** 他们的行为可以分为 3 个子类别。① 小孩或家庭的令人恼火的行为；② 犯罪行为，通常涉及毒品销售或卖淫；③ 无家可归者，使用酒店里的服务设施并取用其他顾客的食物和饮料。

（3）**破坏服务设施者。** 这种顾客会破坏服务设施，并偷走酒店物品——常常用作纪念品。

（4）**公司内部蛀虫。** 作为公司内部的员工，他们知道如何利用各项制度和政策占公司的便宜。他们会为了获取利益故意破坏服务，或者仅仅为了给一线员工造成麻烦。

（5）**报复心强的顾客。** 这种顾客很容易对其他人或服务设施施加暴力，可能是因为感觉自己受到了不公正的对待。

（6）**言语霸凌者。** 他们乐于靠争辩寻求赔偿，或者用尖酸刻薄的言语以羞辱一线员工和其他顾客为乐的顾客。

（7）**人身攻击者。** 他们会给一线员工造成身体伤害。

（8）**性骚扰者。** 他们对一线员工进行语言或身体上的性骚扰，常常团伙行动。

上述的一些行为，比如写虚假的投诉信，或者破坏服务设施，往往是有隐藏性的（别人抓不到他们的证据）。此外，其中很多行为很容易由一些共同的因素导致，比如顾客利欲熏心、酒醉、个人心理问题或是同伙驱使。

表13.2显示了每个类别中事件讲述者所占在全体员工或全体顾客中的百分比。值得注意的是，除了"不受欢迎的顾客"这一类别以外，在顾客一栏中的事件都是讲述者自身不良行为的自述。

表13.2　每个类别中事件讲述者所占在全体员工或全体顾客中的百分比

类　　别	员工(百分比)	顾客(百分比)
虚假赔偿专业户	30	20
不受欢迎的顾客	39	47
破坏服务设施者	51	20
公司内部蛀虫	11	11
报复心强的顾客	30	22
言语霸凌者	92	70
人身攻击者	49	20
性骚扰者	38	0

当你逐字逐句阅读这份研究中记录的不良顾客的行为，你会觉得忧心，甚至感觉可怕。

因为这些记录显示着不良顾客给管理层和员工带来的严峻挑战。你会发现，当不良顾客被利益冲昏头脑，心机用尽地滥用服务，有时再加上一点团伙的怂恿或酒精的壮胆时，传统的社会规范在这些人身上似乎完全无效。

应对顾客欺诈

善良的商家往往会提供非常慷慨的服务保证或者服务补救政策，或者在经营中坚持为顾客考虑。但在那些不诚实的顾客眼里，这些都成了他们钻空子占便宜的机会。不良顾客可能偷窃商品或服务、逃单或赖账、假装不满意、故意造成服务失败，或者在真的发生服务失败时夸大损失，等等。那么，商家可以采取哪些措施来使自己免受顾客投机行为的影响呢？

如果因为有不良顾客的存在就对所有顾客存有戒心，很可能会伤及大部分正常的顾客。特别是在商家自己有责任（比如，发生服务失败）时。美国的技术支持研究项目（TARP）的总裁指出：

我们的研究发现，在大多数组织中，有预谋的偷窃行为的顾客只占全部顾客的1％—2％。然而，为了防范2％的偷窃者，大多数组织却把98％的诚实顾客当成偷窃者对待……

了解到了这一点后，我们应该尽量做到相信顾客，不做有罪推定。商家可以做的，是做好数据的跟踪，找出是否有屡次发生服务失败并利用服务保证条款要求赔偿的顾客（扩展资料13.7）。曾经有一家亚洲的航空公司发现，有一位乘客在该公司的航班上连续3次丢失了行李箱。这种事情发生的概率恐怕比中彩票大奖还要低。因此，该公司的一线人员开始注意这名乘客。在他又一次乘坐飞机并托运他的行李箱时，工作人员几乎从办理登机手续开始就跟踪行李箱的视频图像，一直到这名乘客到达目的地，行李箱被运送到提取转盘处。这时，员工们发现，乘客的行李箱被他的一名同伙拿走了。这名乘客再次前往失物招领柜台报失行李箱，而这次等待他和他的同伙的是警察。

还有一件类似的事情。大陆航空公司（Continental Airlines）把大约45个独立的客户数据整合到一个数据库中，以改善服务并检测客户欺诈行为。结果该公司发现，一位客户在12个月内购买了20次丧亲打折票，而登记的亲属是同一个去世的祖父。

追踪行骗的客人

汉普顿旅馆提供"百分之百满意保证",但这也意味着会有客人利用该服务保证骗取赔偿。比如使用化名,或提出各种不满意的问题,反复发起服务保证申诉来退还房费等。因此,汉普顿旅馆采用了许多手段来找出那些有行骗嫌疑的客人,包括开发了一套客人申诉的跟踪系统。当客人有多次申诉退费的迹象时,就会受到旅馆员工的特别注意。只要有可能,旅馆的高级管理人员就会打电话给这些客人,询问他们最近的住宿情况。对话可能像下面这种方式进行:"你好,琼斯先生,我是汉普顿旅馆的宾客支持主管,我发现你在最近4次入住酒店都遇到了一些问题。因为我们非常重视我们的服务保证,因此我给你致电,希望找出问题所在。"

这时客人的典型反应是死一般的沉默。有时候在沉默过后,客人会问旅馆是如何知道他们曾经多次申请退款的。有时也会有些幽默时刻,曾有一个客人总共发起过17次投诉并申请退款。看起来这名客人是完成了一次全美旅行。当酒店人员给他打电话时问:"你旅行时喜欢住在哪里?"客人热情地回答:"汉普顿旅馆。"酒店人员说:"但是,我们的记录显示,你最近17次入住汉普顿旅馆,都使用了我们的百分之百满意保证并申请了退款。"这时客人说:"这正是我喜欢它的原因。"

为了有效发现顾客欺诈行为,商家需要把所有的赔偿数据、服务补救、商品退还以及在任何情况下给予顾客的特殊利益等整合到一个中心化的数据库(比如,一些各地分店的交易数据不能仅存储在分店的系统,还要能够被中心化的系统抓取)。此外,来自不同部门、不同渠道的顾客资料的合并也很重要,同样是为了更好地发现异常的顾客交易信息。

研究还发现,当顾客觉得他们受到了任何形式的不公正待遇时,他们更容易通过商家的服务补救来占商家的便宜。相对来说,顾客更愿意占大公司的便宜——他们觉得大公司财力雄厚,更能负担服务补救的成本。此外,仅消费一次的顾客比忠诚的长期顾客更容易欺骗商家。顾客与服务员工没有形成个人关系时,也更可能通过服务补救政策来占商家的便宜。

在服务补救中,商家服务保障的赔款也是商家支出的一部分。有研究证明,赔款额度的高低对于顾客的欺骗行为没有影响（不管是 10％还是 100％的赔付）。那些造假申请 100％赔付的顾客也会为 10％的赔付造假。同样，那些不愿意为 10％的赔付造假的顾客也不会为 100％的赔付造假。不过，顾客造假的动机会随着顾客的再购买意愿而显著降低。另一项进一步的发现是，当商家提供的服务品质非常高，远远超过仅让顾客基本满意的水平，那些不良顾客也会犹豫是否要欺骗商家。

这些发现给了我们一些重要的管理学上的启示：

（1）商家需要保证他们的服务补救程序是公正的。

（2）大型公司应该意识到他们更有可能成为不良顾客欺骗的目标，应该早日开发防欺诈系统。

（3）对于比较重大的赔偿申请，商家可以实施分级的授权。比如，一线员工有权处理较小金额的赔偿申请，如果顾客想要更多，他们必须把赔付申请提交到更高层级，这需要花费更大的精力。商家可以用这种方式筛选掉那些不太严重或者不合规定的赔偿申请。

（4）商家可以实施 100％额度赔付的服务保证，以此获得更大的营销收益。因为大额度的赔付并不会增加欺骗行为。

（5）因为重复购买的顾客不太可能利用服务保证欺骗商家，商家可以把服务保证更多提供给长期顾客或会员制顾客。

（6）与提供一般服务水平的商家相比，提供真正高水平服务的商家可以更少担心顾客的欺骗行为。

结　论

通过鼓励顾客反馈可以很好地提升顾客满意度和留存率，同样有助于赢得顾客的心。即使发生最糟的状况，顾客的投诉仍然意味着他们希望维持与商家的关系，意味着他们希望商家能做得更好。对商家来说，需要发展有效的策略对服务失败进行补救，从而让顾客满意。这对一家公司取得长期的成功是至关重要的。

建立一套专业而慷慨的服务补救制度并不意味着"顾客永远是对的"，也不意味着商家可以放任顾客为所欲为，而是要做到让这套制度对所有人都有益（顾客、员工和公司），以及有效地应对不良客户。

第 **V** 篇

追求卓越服务

第14章

提高服务质量和生产力

不是所有重要的东西都能算得清，也不是所有算得清的东西都重要。

——阿尔伯特·爱因斯坦（Arbert Einstein）理论物理学家和诺贝尔奖获得者

没有数据支持，你只是一个空有意见的人。

——爱德华·戴明（W. Edwards Deming）工程师、统计学家、教授、管理咨询师、

全面质量管理（Total Quality Management）之父

我们颠扑不破的使命是：尽我所能为顾客提供最好的服务，极致削减成本，获得盈利。然后无休止地持续这个过程。

——约瑟夫·皮雷（Joseph Dillay）新加坡航空公司前主席

学习目标：

通过本章的学习，你将可以：

1. 解释服务质量、生产力和盈利能力之间的关系。

2. 了解看待服务质量的不同角度。

3. 演示如何使用差距模型来判断和解决服务质量问题。

4. 区分服务质量的软性衡量和硬性衡量。

5. 了解顾客反馈系统要实现的共同目标。

6. 描述主要的顾客反馈收集工具。

7. 熟悉服务质量的硬性衡量和控制图。

8. 选择合适的工具来分析服务问题。

9. 了解质量回报并确定最合适的服务质量水平。

10. 定义和衡量服务生产力。

11. 了解生产力、效率和效果之间的差异。

12. 了解提高服务生产力的关键方法。

13. 了解生产力的提高如何影响服务质量和价值。

14. 了解如何综合应用所有工具以提高服务质量和生产力。

15. 了解全面质量管理、ISO9000 认证、六西格玛、马尔科姆·鲍德里奇和欧洲质量管理基金会（EFQM）等方法如何管理和提高服务质量和生产力。

引文：一家航运公司提高服务质量的实践

海联英国航运公司（Sealink）曾经是一家经营不善的公司。其主营的航线仅在英国、爱尔兰和几个欧洲国家，公司架构是自上而下的，管理风格是命令式的。公司专注于船务的运营，而不是客户体验。后来，该公司被当今世界上最大的汽车航运运营商之一的瑞典航运公司史丹纳（Stena Line）收购。与海联公司相比，史丹纳公司有一个部门专门致力于提高服务质量，我们来看看史丹纳公司将如何改造海联公司。

在被收购之前，海联公司的服务质量遭人诟病。公司航运不准时、常常迟到，客户投诉得不到及时的处理，客服经理完全没有解决问题的动力。但史丹纳公司入主之后，情况开始变化。公司集中精力找出具体问题的原因，解决了出发和到达不准时的问题。比如，针对一条航线，部门经理把所有相关的运营人员都召集起来，把问题分解成特定的任务，让每个员工都对服务过程中的某一环节负责，使分工和责任更加清晰。此外，公司会保留每次航行的详细记录并追踪船舶迟到的原因。他们还密切关注竞争对手的表现。这样一来，公司不同岗位的工作人员之间产生了密切的联系。客服人员也从中吸取了经验。不到两年的时间，这条航线上的渡轮准点率已经接近 100％ 了。

船上服务是海联公司另一个需要改进的领域。过去，船运客服经理的工作是尽可能方便员工，而不是客户。比如，客户需求最密集的时段竟然被安排成员工的用餐时间。一位观察员指出："客户在船上的前半小时和最后半小时的需求完全被忽视了。由于无人引导，当船上的设施关闭以后，客户只能自己在船上找路。员工也缺乏服务精神，只有在客户提出直接请求并得到注意时他们才会回应。"

按照新的管理方式，员工必须选择负责一个船上的服务功能区，这提高了服务质量和生产力。这项管理方式以员工小组为单位实施。最初，有些小组做的比其他小组更好，导致每艘船的服务水平不一致。但随着负责员工们互相分享想法和经验，从彼此的成功和失败中学习，并持续改善船只的服务水平，经过两年的努力，公司最终在所有船舶和航线实现了一致的服务水平。据统计，自 2006 年以来，该公司员工总共提出了近 1 500 条改进建议。

到 2020 年，史丹纳航运公司已成为世界上最大的航运运营商之一。公司总共拥有 36 艘船舶，经营着 18 条航线。每年运送的乘客量达 760 万人，车辆达 170 万辆，公司已成为市场的领导者。史丹纳公司强调持续的服务和产品改进。正如其官网上所表述的：不管是旅行、度假或运货，只要你选择史丹纳公司，我们将确保你获得最佳体验。公司通过开发创新产品和服务来不断提高服务水平，为客户创造价值。

整合服务质量和生产力战略

学习目标：解释服务质量、生产力和盈利能力之间的关系

提高服务质量和生产力可以建立独特的竞争优势，实际上，这两者也是为顾客和商家创造价值的两条主要途径。这也是本章我们要学习的内容，图 14.1 为我们展示了本章的知识点框架。

接下来，我们将更加深入地了解服务质量、生产力和盈利能力之间的关系。

服务质量、生产力和盈利能力

服务生产力、服务质量（比如，公司始终在提高顾客满意度）与盈利能力之间的关系可以用图 14.2 中的模型表示。我们可以看到这三方面之间的关系是完全平等的。首先，当顾客对服务质量的满意度更高，就会带来更多顾客的重复购买，在顾客中所占的钱包份额更高，同时获得更积极的口碑推荐，这自然带来盈利能力的提升。同样，更高的生产力也会带来更高的盈利能力，因为高生产力意味着成本降低了。

生产力和服务质量（顾客满意度）之间的关系更为复杂，生产力的提高并不一定带来服务质量的提高。商家需要权衡生产力和服务质量之间的关系。不过，我们可以找出很多例子证明生产力和顾客满意度是可以同步提高的。比如，当商家通过优化服务流程消除那些不能给顾客创造价值的环节，整个流程就会更精简、更快、对顾客更方便，这样做的结果自然是生产力和顾客满意度同步提高，而且两者都可以对盈利能力产生直接和间接的积极影响。我们这里要举的例子是美国金融服务公司"联合服务汽车协会"（USAA），该公司开发了远程支票贷记服务"Deposit@Home"，这项服务支持客户用智能手机上传支票照片并立即存入顾客的账户，而无需客户邮寄纸质支票。这项服务广受客户欢迎，USAA 也因为不再需要人工核查支票而节省了成本。这个例子证明，生产力和顾客满意度可以同步提高并对盈利能力产生积极影响。

整合服务质量和生产力

- 服务质量和生产力是一体两面,都为顾客和公司创造价值
- 服务质量和生产力提升之间可以相辅相成,可以相互独立,也可能相互抵消

什么是服务质量

- 从顾客角度出发定义服务质量
- 持续地满足或超出顾客期望

差距模型

通过差距分析、差距模型在宏观层面帮助我们发现质量问题的原因:

- 差距 1:知识差距
- 差距 2:质量标准差距
- 差距 3:服务交付差距
- 差距 4:沟通差距
- 差距 5:感知差距
- 差距 6:服务质量差距

每项差距都有单独的成因,每一项差距都有建议的解决方法

衡量服务质量

顾客反馈

- 软性衡量标准
目标
- 评估服务质量和服务表现以及基准衡量
- 让顾客驱动公司不断学习和改进
- 营造以顾客为中心的服务文化
使用多种顾客反馈收集工具
- 市场调查、反馈卡、在线信息、投诉与赞扬
- 神秘顾客
- 细分群体调研和深度访谈
- 在线评论和社交媒体平台上的讨论

运营的衡量

- 硬性衡量标准
- 过程与结果的衡量
- 硬性衡量通常是指运营流程或结果中含有数据的各项指标,可以计算、测量或计时的(正常运行时间、服务响应时间、失败率等)

分析与报告

- 日常早会与一线员工的简报
- 服务质量月报。提供给服务流程中各环节的负责人和服务团队
- 服务质量季度回顾,提供给流程经理和中层管理者
- 年度服务表现报告提供给公司高级管理层

分析服务质量问题

分析工具
- 鱼骨图分析根本原因
- 帕累托分析找到关键失误点和根本原因
- 蓝图

质量回报
- 评估质量改善措施的成本和收益
- 重要性-绩效矩阵
- 确定最合适的质量水平,取决于服务补救的成本

衡量与提高服务生产力

定义和衡量生产力
- 生产力:产出/投入
- 效率:与一项标准的比较("正确地做事")
- 效果:与目标的比较("做正确的事")
- 这三项属性需要平衡
生产力提高的策略
- 通用生产力策略(更好、更快、更便宜地实现固定的产出,新技术的引入,智能自动化)
- 用顾客需求来驱动生产力的提高(改变顾客需求的时机,鼓励顾客使用成本较低的服务提供渠道或者自助服务,通过第三方为顾客提供服务)
- 监控生产力的提升可能对顾客体验的影响

提高服务质量和生产力的系统性方法

服务流程提升 9 步法。
1. 确定改善方案和流程重新设计的优先级。
2. 对于确定好的流程,设定以下项目的目标:① 顾客满意度,② 缺陷,③ 周期,④ 生产力改进。
3. 找到质量提高的关键元素。
4. 评估流程的表现。
5. 找到服务质量短板和质量差距。
6. 找到质量差距的根本原因。
7. 提高流程绩效。
8. 控制并持续微调。
9. 再次重来,过程就是目的……
在整个公司范围广泛使用的系统性方法:
- 全面质量管理(TQM)
- ISO9000 认证
- 六西格玛(DMAIC)
- 马尔科姆・鲍德里奇模型和 EFQM 方法

图 14.1 提高服务质量和生产力知识点框架

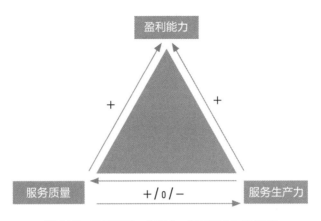

图 14.2　服务质量、生产力、盈利能力三角模型

与此相反，如果生产力的提高带来了一些顾客不喜欢的服务体验，就会导致顾客满意度下降。比如，让服务人员更快工作会提高生产力，但顾客会感觉很匆忙，而且不舒服。如果一间学校把班级规模扩大一倍，老师的工作效率的确增加了，但学生们的体验可能并不好。或者列车减少发车的次数以增加载客率，同样会带来乘客的不佳服务体验。我们可以发现，短期内，生产力的提高可能会直接带来盈利能力的提高。然而从中长期来看，这种生产力的提高会降低顾客满意度，从而导致顾客不再忠诚，不再向他人推荐。因此，生产力提高能直接提高盈利能力，也能通过客户满意度产生负面的间接影响。

反过来，如果商家走向另一个极端，为了提高顾客满意度而不顾对成本、运营和人力的影响，就可能带来高昂的成本而且会破坏运营。比如，如果学校为了改善学生的体验而减少班级人数，或者列车增加车次以提高乘客的便利性。长期来看，顾客的确忠诚度会更高，对盈利能力也有积极的一面。然而，这种变化降低了生产力，直接影响了商家的盈利能力。因此，究竟采取什么样的策略来平衡当前和长期的盈利能力，需要商家在生产力和服务质量之间权衡。

最后，有些服务质量的改善并不需要商家改变生产力状况（比如，在成本保持不变的情况下改善一线员工的工作流程，提高服务质量）；反之亦然，生产力的改变也可能并不会影响到服务质量（比如，商家提升后台员工的服务效率，但顾客在前台感受不到服务的任何变化）。在这两种情况下，生产力和服务质量之间的关系没有发生改变，但生产力提高会直接提高盈利能力，或者顾客的满意度提高也会直接提高盈利能力。

综上所述，生产力对顾客满意度的影响可以是积极的、中性的，也可能是消极的。一般来说，强调服务质量更侧重为顾客创造利益，强调生产力则能降低商家的成本。但如果这两者没能合理权衡，就可能会发生冲突。因此，商家必须同时考虑服务质量和生产力的改进策略，而不是孤立地看待它们。接下来，我们将首先讨论如何提高服务质量，随后转向服务生产力的学习。

什么是服务质量

学习目标：了解看待服务质量的不同角度

当我们谈到服务质量时，我们谈的是什么？质量在不同的场合、对不同的人来说可能意味着不同的东西。我们一般对质量的认识是建立在制造业的管理理论上，质量主要与工程或产品相关。它意味着产品是否按照可以接受的衡量标准，在一定的容差范围内交付（比如，汽车制造中焊缝的容差范围）。如果从非产品制造，即运营的角度看质量，质量强调的是运营过程符合流程规范的要求，质量要求往往与商家的生产力目标和成本控制目标紧密结合（比如，要求90％的顾客在5分钟内得到服务）。

然而，研究服务的学者认为，出于服务业的性质，我们需要用一种独特的方法来定义和衡量服务质量。服务的无形性、多样性使它的质量比商品的质量更难评估。与商品制造不同，服务在生产过程中常常有顾客的参与，因此需要区分服务交付的过程质量和服务真正产出的结果质量。顾客认为的"服务质量"，是把服务交付过程和产出的结果与他们的预期进行比较之后的结果。因此，我们可以从顾客的角度出发，将服务质量定义为：持续满足或超过顾客期望的高标准表现（关于顾客眼中的服务质量的讨论，请参见第2章）。

发现和纠正服务质量问题

在了解什么是服务质量之后，我们来认识"差距模型"，以便我们发现和纠正服务质量问题。

服务设计和交付中的差距模型

学习目标： 演示如何使用差距模型来判断和解决服务质量问题

在一个公司内部，可能存在 5 种潜在的差距需要弥合。而这些差距解决不好，就可能出现第 6 个，也是最严重的差距——顾客期望与顾客感知到的服务之间的差距。图 14.3 是 6 项差距的框架图，我们可以用这个框架图找出在服务的设计和交付过程中可能发生的 6 项差距。

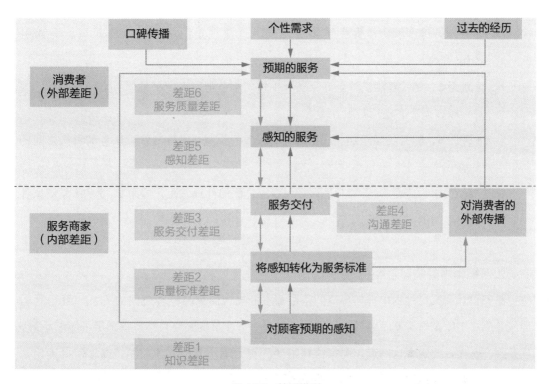

图 14.3　差距模型

现在，让我们一起更深入地研究这 6 项差距。

- **差距 1，知识差距。** 这是商家认为的顾客期望与顾客实际真正的需求和期望之间的差异。事实表明，商家往往会高估顾客的认知水平，并且由于商家过于乐观，他们往往会错失行动的机会。

- **差距 2，质量标准差距。** 这是商家对顾客期望的理解与商家设定的服务标准之间的差距。我们称其为质量标准差距，是因为商家制定的质量标准低于商家理解的顾客的期望。这么做通常是考虑成本和可行性的因素。

- **差距3，服务交付差距。**这是指商家制定的服务标准与服务者的实际水平之间的差距，即员工不符合质量标准。
- **差距4，沟通差距。**这是指商家在营销沟通时做出的承诺与实际提供的服务不一致。这个差距是由两个次一级的差距造成的：首先，内部沟通差距，是公司的广告和销售人员认为的产品功能、性能和服务质量与公司实际能够提供的服务之间的差异；其次，外部沟通差距（也称过度承诺）是指广告和销售人员过度承诺以促进销售的倾向，这往往是由销售激励或业绩压力而引起的。
- **差距5，感知差距。**这是商家实际提供的服务与顾客期望的服务之间的差异。因为顾客无法准确判断服务质量。
- **差距6，服务质量差距。**这是顾客对服务的预期与顾客对实际服务的看法之间的差距。

在这个模型中，差距1、5和6是顾客与商家之间的外部差距，差距2、3和4是商家各个职能或部门之间的内部差距。

如何缩小服务质量差距

服务设计和交付过程中任何环节的差距都可能损害商家与顾客之间的关系。而差距6，即服务质量差距是所有差距的核心。因此，提高服务质量的最终目标应该是尽可能缩小第6项差距。然而，要实现这一点，商家往往需要先努力缩小其他5项差距。商家需要确定每项差距产生的具体原因，并制定缩小差距的策略。

差距模型的优势在于它提供了可以跨行业应用的通用解决方案。为了缩小这6项差距，我们总结了一些通用的措施建议（见表14.1）。我们可以尝试借鉴这些建议，并以此为起点来思考如何缩小各项差距。在本章后面的部分，我们将讨论如何在微观或过程层面上做到这一点。

表 14.1　缩小服务质量差距的建议

差距 1　知识差距

建议：让商家充分了解顾客的期望

- 建立一个有效的客户反馈系统，包括顾客满意度研究、(在线) 投诉和好评分析、顾客代表小组以及流失调查
- 加强高级管理层与顾客的互动(比如，"现场一日"活动，或者让高层管理做呼叫中心的工作)
- 加强向上沟通，鼓励一线员工与高级管理层之间的沟通

差距 2　质量标准差距

建议：基于顾客需求和期望建立合理的服务产品、流程和标准

- 建立合理的服务产品和顾客服务流程
  - —— 设计服务产品和顾客服务流程时，要实施严格的、系统性的设计，并做到以顾客为中心。
  - —— 将重复性的工作标准化和自动化，从而确保服务标准的一致性和可靠性。此外，运用科技来代替人工，并改进工作流程使之符合标准。
- 制定以顾客为导向的服务标准，并与所有部门和单位沟通、传达，以贯彻这一导向
  - —— 为服务流程中的每个环节建立一套清晰的质量目标，目标设定要有挑战性、实事求是，并满足顾客的期望。
  - —— 确保员工理解并接受这些目标、标准和优先事项。
- 开发满足客户期望的分层服务产品
  - —— 考虑把服务分成高、中、低不同等级，让顾客可以根据自己的需求进行自我细分。
  - —— 以不同的价位为顾客提供不同等级的服务。

差距 3　服务交付差距

建议：确保服务水平符合标准

- 确保客服团队有足够的积极性，并能够达到服务标准
  - —— 改善招聘流程，重点关注员工的岗位匹配度，员工需要具备应有的能力和技能以出色完成工作。
  - —— 培训员工有效执行任务所需的技术和软技能，比如人际交往能力，以及在压力大的情况下与客户沟通的能力。
  - —— 明确员工角色，确保员工知道如何提高顾客满意度。让员工清楚了解顾客的期望、认知和问题。
  - —— 建立跨职能的服务团队，提供顾客导向的服务交付方案和问题解决方案，以及有效的服务补救方案。
  - —— 向下级授权，让一线部门的经理和员工有决策权。
  - —— 评估员工绩效，提供定期反馈。奖励达到质量目标的客服团队和个人。
- 合理使用硬件、设备、科技以及配备相应的支持流程和服务能力
  - —— 选择最合适的技术和设备以提高服务水平。
  - —— 确保公司后台的支持性岗位的员工为一线运营员工提供良好的支持。
  - —— 平衡需求与服务能力。

- 对顾客进行管理以提升服务质量
  - 教育顾客，使之有效履行他们在服务中的角色和责任。
- 确保中介和第三方机构能够满足商家设定的统一标准
  - 让中介满足商家设定的统一目标、服务水平、成本以及奖励方式(比如，外包的客户联络中心，或者航空公司值机柜台的第三方员工)。
  - 监控中介和第三方机构的服务质量并激励他们达到目标。

差距 4 沟通差距

建议：商家要确保提出的承诺是现实的，并让顾客正确理解，从而弥合内部和外部的沟通鸿沟

- 确保传播的内容符合顾客的合理期望。确保员工在营销传播时对顾客负责，不夸大服务能力
  - 在制定传播方案时向一线员工和运营人员寻求意见。
  - 在向顾客投放广告等传播材料之前，让一线员工查看并给出意见。
  - 让销售人员加入运营员工与顾客的面对面会议。
  - 开展内部培训和激励活动，整合营销、运营、信息技术和人力资源等部门，统一不同地点和不同渠道的服务标准。
- 对销售团队的激励措施要和对运营团队的激励措施保持一致。这将避免销售团队只专注于扩大销售(比如过度承诺)，而忽视了顾客满意度(达不到顾客的期望)
- 商家的承诺要具体，通俗易懂。要让顾客理解商家传播的内容
  - 对传播进行测试(比如广告、手册、销售脚本、网站和社交媒体内容)，看看目标顾客是否能理解商家的意图(如果不能，需要修改并重新测试)。确保广告内容传达了服务的最强卖点。让顾客知道他们能享受到什么服务，不包含哪些服务，以及为什么。
  - 将协议或合同中涵盖的服务内容和水平做成文档。

差距 5 感知差距

建议：服务质量的有形化，通过沟通让顾客能够感知到服务质量

- 服务质量的有形化。通过沟通让顾客能够感知到服务质量
  - 打造能够反映商家服务水平的服务环境，并提供技能或水平证明。
  - 对于复杂的和专业的服务，要在提供服务时让客户了解服务者正在做什么，交付什么成果，并在交付后提供简报，以便客户了解服务结果和质量。
  - 服务完成后，根据账单逐条解释具体的服务项目。
  - 提供物证(比如，维修时向客户展示拆下来的部件，以及损坏的情况)。

差距 6 服务质量差距

建议：持续缩小上述的差距 1—5，以满足顾客的期望

- 差距 6 是前面的差距 1—5 累积的结果，当差距 1—5 被解决，差距 6 也将被成功缩小

衡量服务质量

我们现在了解了差距模型以及缩小这 6 项质量差距的通用方案。接下来，我们将讨论如何衡量服务质量的改进工作。常言道："没有衡量就没有管理。"没有衡量，商家就无法确定是否存在服务质量差距，更不用说确定差距的类型、差距在哪里，以及应该采取哪些措施来缩小差距。此外，我们在做了质量的改进后，也需要衡量是否实现了改进目标。

服务质量的软性衡量和硬性衡量

学习目标：区分服务质量的软性衡量和硬性衡量

顾客所理解的服务质量和衡量标准可以分为两大类，即"软性标准"和"硬性标准"。软性标准及其衡量方式不容易被直接看到，通常需要通过与顾客交谈来收集。软性标准可以为员工实现顾客满意提供方向、指导和反馈。软性标准可以通过衡量顾客对服务质量的感知和预期来量化。SERVQUAL（见第 2 章）是一个复杂的软性衡量工具。我们将在本章继续讨论其他的客户反馈工具。

硬性标准和其衡量方式是可以计算、测量或计时的。比如，完成订单的数量或百分比、完成一项服务所需的时间、在服务的某个阶段顾客必须排队等待的时长、晚点到达的列车数量、行李的丢失数量、食品的温度、客户处于等待状态时电话掉线的数量或者有多少患者在手术后完全康复。针对这些服务类型，商家需要确定的是衡量标准是否反映客户的需求和期望。

商家往往会同时使用软性衡量和硬性衡量。因为只有这样才能全面反映服务的完成质量。商家要乐于倾听顾客的意见，以及和顾客接触的一线员工的意见。一家公司的规模越大，顾客反馈在整个公司的通畅传达就越重要，一个经过专业设计的顾客反馈系统就越重要。接下来，我们将在顾客反馈的部分讨论软性标准，然后我们会讨论硬性标准。

从客户反馈中学习

公司如何根据软性标准来衡量服务质量？根据伦纳德·贝里和帕拉苏拉曼的观点：

商家需要建立稳定的制度，用各种办法倾听不同顾客群的声音。一条服务质量的反馈反映的只是在某一个时间点、某一个角度下的情况。商家只有在获得多角度、全方面的反馈后，才有可能得到更深刻的见解，做出更明智的决策。这也就是系统性地倾听顾客反馈的要义。

在这一小节，我们将讨论如何系统性地收集、分析顾客反馈，以及通过建立制度把顾客反馈传播给公司的相关部门，以实现以顾客反馈为中心的学习和服务质量改进。

顾客反馈系统的关键目标

学习目标：了解顾客反馈系统要实现的共同目标

查尔斯·达尔文曾说："生存下来的并不是最强壮的物种，也不是最聪明的，而是那些最能适应改变的。"同样，许多企业家对这个观点奉如圭臬，将其看作激烈市场竞争中的生存法则。一家公司最大的竞争优势是比竞争对手更快地学习和改变。通用电气的前首席执行官杰克·韦尔奇（Jack Welch）在谈到他的 21 世纪战略时对这一观点深以为然，他说："我们竞争优势的来源只有两个，第一，比竞争对手更快地了解客户的能力。第二，比竞争对手更快地将学习转化为行动。"

想成为一家顾客驱动型的学习型公司，商家需要非常重视顾客的反馈。而一个有效的顾客反馈系统能够最大程度上帮助公司的快速学习。建立顾客反馈系统的目标通常有以下3 种：

（1）**评估服务质量和服务表现以及基准衡量**。这个目标是要回答"我们的顾客满意度如何"这个问题。包括商家要了解自己与主要竞争对手相比的表现如何、公司与上一年、上一季度或上个月相比表现如何、在服务某些方面的投资是否得到了回报和顾客满意度是否有所提高，以及公司希望在下一年达到的目标。通常，商家为激励员工会把目标设定为与其他单位的比较，如其他公司、部门团队、服务产品。这种目标的激励效果在把结果与回报挂钩时会更佳。

基准衡量就是给公司找到一个可以参考的目标对象。这个参考对象不一定是来自同一行业的公司。比如，西南航空公司将一级方程式赛车的检修进站作为其飞机快速维护的参考基准；必胜客以联邦快递的准时交付为参考基准；宜家则会参考军事部门高水平的协调和后勤管理。

（2）**让顾客驱动公司不断学习和改进。**这个目标要回答的问题是"什么让我们的顾客开心或不开心？"以及"有哪些优势我们想要巩固，又有什么弱点我们希望改进？"公司需要通过顾客反馈系统获得关于产品、政策和流程的更具体、更详细的信息，以指导公司的服务提升，并确定哪些领域可能获得投资的高回报。

（3）**营造以顾客为中心的服务文化。**该目标是让顾客的声音能够传达到公司。将公司的重点建立在客户需求和客户满意度上，引导整个公司关注服务质量的文化，以及培养持续改进和变革的文化。

这 3 个目标中，许多商家似乎在第一点上做得很好，但在其他两点上往往没有什么收获。尼尔·摩根（Neil Morgan）、尤金·安德森（Eugene Anderson）和维卡斯·米特尔（Vikas Mittal）在他们的一项关于客户满意度和信息使用率（CSIU）的研究中得出以下结论：

在我们的样本中，似乎许多公司没有从顾客满意度反馈系统中获得显著的好处，他们并没有从顾客反馈中学习到很多。这是因为这些公司仅把反馈系统当作一种控制工具（比如，用于评估和基准衡量）……公司应该重新评估现有的客户反馈系统和资源，现在的大部分资源都用于收集顾客满意度的数据，而不是分析、传播和使用数据，以获得潜在的回报。

使用多种顾客反馈收集工具

学习目标：描述主要的顾客反馈收集工具

美国女高音歌唱家蕾妮·弗莱明（Renee Fleming）曾说："不幸的是，我们歌手无法听到自己唱歌。别人听到的你的声音和你自己听起来完全不同，因此，我们需要别人的耳朵。"同样，商家也需要倾听顾客的声音。表 14.2 展示的是商家常用的顾客反馈收集工具，以及这些工具所能满足的商家的需求。不同的工具有不同的优势和劣势，营销人员应根据自己的需要选择工具组合来获得所需的顾客反馈。正如伦纳德·贝里和帕拉苏拉曼所观察到的："组合使用工具使公司能够挖掘每种工具的优势并弥补弱点。"

表 14.2　常用的顾客反馈收集工具的优势和劣势

顾客反馈收集工具	评估的层次				顾客反馈的特点		
	公司整体	具体流程	具体交易	建设性	代表性和可靠性	提供第一手的学习	性价比
全面市场调查(包括竞争者)	●	○	○	○	●	○	○
顾客满意度年度调查	●	◐	○	○	●	○	○
交易调查	◐	●	●	●	●	◐	○
自动评级系统(如 APP 评级、短信评级)	◐	●	●	●	◐	◐	●
顾客主动反馈(投诉、社交媒体上的评论等)	◐	◐	●	●	◐	●	●
在线评论和社交媒体平台上的讨论	◐	◐	●	◐	◐	●	●
神秘顾客	○	◐	●	●	○	●	○
细分顾客群体调研	○	◐	●	●	○	●	○
深度访谈	○	◐	●	●	○	●	◐

注：●完全符合；◐一般符合；○完全不符合。

全面市场调查、年度满意度调查和交易调查。 全面市场调查和年度满意度调查通常评估的是公司最核心的服务产品和流程的顾客满意度。评估的层级一般会很高，其目标是获得整个公司的整体满意度指标，通常会放在全球范围和竞争对手的对比。评估的内容可以包含各项指数（比如，各种要素的评级），以及权重数据（比如，按核心细分市场和服务产品加权）。

诸如全面市场调查这类总体指数可以告诉我们顾客的满意度，但不能告诉我们顾客满意或不满意的原因。由于是总体调查，加上提问的数量受限，这类调查通常无法细致到单独的服务产品或具体的流程。比如，一家银行可能有 30～50 个顾客服务项目（比如，汽车贷款申请、现金存款、网上银行……），因为服务流程的数量太多，每个调查可能只有一两个问题能问到具体产品（比如，顾客对在线服务的满意程度），并且无法更细致了解问题。

与全面市场调查和年度调查相反，交易调查可以针对某项具体服务或流程对顾客进行调查。交易调查也被称为拦截调查，通常在商家与顾客完成一项交易后进行。如果时间充裕，商家会深度询问顾客接受服务的过程。比如，银行可以针对自动柜员机的服务对顾客进行交易调查。问题既可以包括服务的所有关键属性，也可以包括一些开放式问题，比如"你最喜欢的方面是什么？""最不喜欢的方面是什么？"以及"你对我们有什么改进建议？"这样的顾客反馈将更有建设性，可以告诉商家为什么顾客对服务感到满意或不满意，帮助商家获得提高顾客满意度的具体方法。

许多市场研究机构在做交易调查时会利用电子邮件，因为这样做成本低而且效率高。比如，酒店的客人在退房后，会收到一封带有在线调查链接的电子邮件或短信，酒店用这种方式收集顾客的反馈。更方便的是，顾客在填写反馈后，所有的结果会自动按照月度生成报告。反馈结果可以以单个酒店为单位，反映一个连锁品牌的每家酒店的服务质量，也可以针对每家酒店内的个别单位（比如，前台、客房、餐厅、水疗中心、健身房等）。这样的调查过程完全是自动化的，其成本可以低至每店每月 100 美元。

全面市场调查、年度满意度调查和交易调查这 3 种调查方式的代表性强、可靠性高。调查的代表性和可靠性很重要，因为：

（1）商家需要准确地评估公司距离实现质量目标有多远，或者某项流程、某个分店、团队或个人距离目标有多远。因此，商家需要获得具有代表性的和可靠的样本，确保顾客的反馈如实反映公司的状况，减少顾客偏见或随机错误带来的偏差。

（2）因为调查会涉及员工个人、部门团队、分店等单位的服务质量和满意度，要想让员工相信调查结果，反馈的代表性和可靠性必须是无懈可击的。特别是当顾客反馈和调查关联了对员工或部门的奖励，反馈的代表性和可靠性就更加重要。一旦反馈的结果不利于员工，有可能引起员工的质疑与反抗。

自动评级系统。如果是内容单一且交易量很大的服务项目，可以考虑使用应用程序、短信和基于电子终端的顾客反馈调查工具。这些应用程序功能强大、成本低廉，而且顾客可以很轻松地通过在线填写、电子表格或短信息回复等方式提交反馈。比如，共享出行公司 Uber 和 Lyft 都通过手机应用程序上的全自动系统对司机和乘客评分。与此相似，一些商家用触摸屏设备请顾客在服务交易完成后立刻参与满意度的调查。顾客反馈的收集、分析和报告是完全自动化的，其成本非常低。这种评分甚至可以细分到单个服务员工，只要员工登录服务终端即可。

使用自动评级系统获得的评分是反映服务过程质量的一个很好的指标，商家可以获得顾客对哪些环节满意或不满意的具体反馈。然而，自动的评级系统对顾客的评分没有约束力，有意愿参与评分的很多是对服务反应强烈的顾客，比如对服务感觉特别开心或者特别不满意的顾客，这会影响这种工具的可靠性和代表性。

顾客主动反馈。顾客的批评也好，赞扬也好，建议也好，对商家来说都是有价值的信息。这些信息可以被商家用来监控、提高服务质量或者改善服务流程设计。顾客的反馈特别是投诉和赞扬，可以让商家知道是哪些细节让顾客开心或不开心。

和通过自动评级系统产生的反馈一样，顾客主动提供的反馈的代表性和可靠性可能差一些。因为主动反馈的顾客只占全体顾客的一小部分，他们不能代表所有顾客的意见。但是，这些反馈可以帮助商家获得一些新的见解和主意。如果商家收集顾客反馈的目的主要是为了发现有哪些可以改善的方面（而不是为公司找到参考基准或为了评估员工），这时商家对顾客反馈的代表性和可靠性的要求可以不那么高。而且商家也不需要收集数量庞大的反馈，而是更重视反馈的质量和内容。在这种情况下，关注顾客的投诉和赞扬，以及细分群体的评论一般就够了。

内容详细的投诉或赞扬、顾客发来的邮件或电话通话记录等，也可以被商家拿来作为内部沟通的材料。让公司各个层级的员工都有机会直接倾听顾客的声音，了解他们的需求。相比冷冰冰的数字统计和报告，来自顾客的直接反馈更加感性化，可以让员工更好地理解顾客，或者改变某些员工对顾客的固有看法。比如，新加坡航空会在其内刊上登载顾客的抱怨和赞扬。美国西南航空公司则会把顾客的反馈拍成视频用于员工培训。不管是正面的还是负面的反馈，来自顾客直接而真实的反馈总能打动员工，给他们留下更深刻和更长久的印象，激励员工改善服务。

为了更好地研究顾客的主动反馈，商家需要建立一个处理反馈信息的系统，能够在顾客提交反馈后马上处理信息，包括信息的汇总、分类和分析，并最终报告给专门的处理部门。有的公司会使用简单的内部网络来收集任何员工收到的反馈。由于缺乏组织，这些反馈会显得非常凌乱。因为公司和顾客之间可能有许多接触点，包括一线员工与顾客面对面、电话、邮件或短信的互动。中介机构也可以代表公司和顾客沟通。甚至不在一线工作的经理也有可能应顾客的需求而和顾客发生接触。

在线评论和社交媒体上的讨论。用户会在网上发表的关于公司的内容，这些内容对公司来说是一座"富矿"，公司可以据此获得顾客对自己和竞争对手的看法和比较，以及这种比较随着时间推移发生了怎样的变化。对网上涉及公司内容的舆情分析和一些自动文本分析可以让公司实时了解消费者情绪和态度的变化。线下商家已经在广泛使用在线舆情监控来跟踪顾客认知，它甚至可以影响一家公司在股市上的走向。现在的一个趋势是，公司越来越多地使用互联网技术来洞察用户情绪，比如在线监控工具与大数据分析的结合，以及自然语言处理、图像处理、社交地理标记和地理定位等技术在分析用户生成内容方面的应用。

需要注意的是，我们可以把这些新兴的互联网分析工具看作是对传统分析工具的补充，而不是完全取代它们。思考一下下面这个案例：一个高端快餐品牌的业务量正在快速增长，受到了大批顾客的青睐。然而，网上却有很多负面评论，有的评论写道："如果你有钱没处花，也可以来试试。"或者，"价格把我惊到了"。在一个重要的餐厅点评网站上，这个餐厅品牌的评分只获得了 5 星中的 3 星。

这家餐厅的老板后来参加了这个餐厅点评网站组织的网友见面会。他惊讶地发现，这些网友与他的餐厅的顾客完全是两类人。去他的餐厅用餐的往往是 30 岁以上的职场人士，而这些网友大多二十多岁，有足够的空闲时间上网和写评论，而且看起来经济条件比他的顾客差得多。这位老板随后和这些网友们聊了聊，发现他们对价格非常敏感，不愿意为优质的食品支付高价。而这一点无疑会影响他们在网上评论时的态度。事实上，这些年轻网友也喜欢该餐厅的食物，但他们认为价格太贵，因此给了负面评论。在发现了这些以后，这家餐厅增加了对传统反馈渠道的重视，比如增加对细分群体的调研，以保证餐厅收到的评论更加客观，更加反映其核心顾客群的看法。

如果一家公司的核心顾客群并不是经常上网并发表评论的群体，公司就不需要太重视网上的内容。一些网友往往会由于极端积极或极端消极的经历而产生偏见，还有恶意的社交机器人会严重扭曲顾客们的真实声音。

神秘顾客。服务行业常常使用神秘顾客来暗访和监督自己的一线员工，看他们能否按照规定提供服务。银行、零售、汽车租赁和酒店等是最常使用神秘顾客的行业。比如，一些全球连锁酒店品牌会委托第三方机构进行大规模的神秘顾客调查，每个月都会有神秘顾客打电话预订客房，来评估客房销售部员工在电话中的销售技能、对于各项服务的正确定位、向上销售和交叉销售以及促成交易的能力。这些神秘顾客在电话中还会考察员工是否有"热情友好的问候",是否"与来电者建立融洽的关系"等。神秘顾客的可操作性强,能为商家的员工培训、绩效评估提供更深入的见解。请阅读扩展资料 14.1,看看为什么商家不应该让真实顾客充当神秘顾客并提供反馈。

扩展资料 14.1

可以让顾客充当服务质量监督员吗?

通过神秘顾客暗访这种办法,商家可以监督一线员工的表现是否符合预期,是否按照培训的要求工作,或者是否遵守规定的服务流程。但是,不要因此让真实的顾客来充当神秘顾客。下面,我们来看顾客体验和服务文化专家罗恩·考夫曼(Ron Kaufman)自述的一次服务体验。

"下飞机后,我们坐上了酒店前来接机的车。多亏了司机的周到服务,我们从机场到酒店的这段旅程非常愉快。这位司机非常友好,他给了我们一条冷毛巾和一杯冷饮,问我们想听的音乐类型,他和我们聊起天气,并确保我们对空调的温度感觉舒适,他的笑容和热情让我们如沐春风,我们非常愉快!"

"到了酒店以后,我们在前台办理入住,我把信用卡递给前台,然后前台人员给了我们一张表格让我们填写。"表格的样子如下:

豪华轿车服务调查
为了确保我们的服务标准得到了正确的履行,非常感激你对我们豪华轿车服务的反馈。

1. 我们的机场代表是否向你表示欢迎?	是/否
2. 司机是否给你一条冷毛巾?	是/否
3. 司机是否为你提供了冷饮?	是/否
4. 司机是否问你选择想听的音乐?	是/否
5. 司机是否问你空调温度是不是适宜?	是/否
6. 司机是否安全驾驶?	是/否

房间号:＿＿＿＿＿＿＿＿＿＿

轿车号码:＿＿＿＿＿＿＿＿＿＿ 日期:＿＿＿＿＿＿＿＿＿＿

考夫曼继续说道："当我看到这张表格时，之前所有的好感都消失了。司机的热情顿时像是一场骗局。他对我们的关心变成了一张要遵循的行动清单，他的热情和体贴也不过是为了符合服务标准而已，跟我们没有任何关系。我感觉自己成了酒店的服务质量监督员，这种感觉让我很不舒服。如果酒店想要知道我的意见，应该向我寻求咨询，而不是让我来监督员工。"可以直接问我："从机场过来这段旅程，你最满意的是什么？"我会回答你们的司机非常棒；或者问："为了让你的旅程更愉快我们还能做些什么？"我会建议车里提供无线网络。

神秘电话或神秘顾客访问的次数一般并不多。因此，凭借单次的电话或访问并不能说明一名员工的真实表现。然而，如果针对一名特定员工的神秘调查每次都非常好，或者每次都非常差，管理者就有足够的理由判断这名员工的日常表现。

细分顾客群体调研和深度访谈。这两种工具都能为商家提供关于服务改进的深入见解。通常，细分顾客群体调研针对的是对公司来说重要的顾客群，调研是为了深入了解这部分顾客的共同需求。深度访谈一般是与公司最有价值的顾客，进行深入的一对一的访谈，通常每年一次。公司会派出一位高级管理人员来拜访顾客，讨论公司一年的表现，探讨哪些优点需要保持，哪些需要改善。随后，高级管理人员返回公司并与客户经理讨论反馈，然后双方都回信给顾客，详细说明公司将如何响应顾客的需求，以及下一年如何管理。

商家除了通过深度访谈获得绝佳的学习机会（尤其是在汇总和分析所有顾客的评论时），深度访谈还能帮助商家留住最有价值的顾客，并获得顾客对服务补救的好评。

顾客反馈的分析、报告和沟通

上一节我们探讨了如何选择合适的反馈工具并收集顾客反馈。但是，如果商家无法将收集的信息传达给各个相关方并采取行动，那收集反馈是没有意义的。因此，为了持续推动学习和改善服务，商家需要让公司上下都能获得反馈与分析的结果，包括一线员工、流程负责人、分公司、部门经理以及高层管理人员。图14.4描述了不同的信息内容应该传达给公司中的哪些不同的部门或层级。该图还很好地说明了不同的报告之间如何相互补充：高层的报告提供动态的业绩参考基准与竞争情况，较低层级的报告让我们找到顾客对公司的评价上升或下降的原因，并获得改善服务的办法。

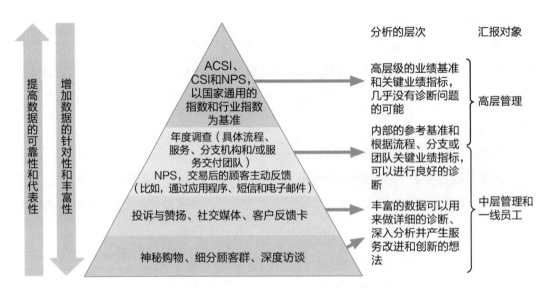

图 14.4　为不同层级和部门准备的汇报工具

注：ACSI：美国顾客满意度指数；CSI：顾客满意度指数，通常在公司层面；NPS：净推荐值。

对于顾客的投诉和赞扬，应该立即反馈到第一线。比如，许多服务业商家会在早会上讨论顾客的投诉、赞扬和建议。此外，我们推荐 3 种类型的服务质量报告，为服务管理和团队学习提供必要的信息。

（1）**服务质量月报**，为服务流程中各环节的负责人及时提供顾客反馈和运营表现。书面报告要提交给流程经理，然后流程经理可以与一线服务团队讨论这些反馈。

（2）**服务质量季度回顾**，为流程经理、分店经理或部门经理提供服务品质和运营表现的起伏和趋势。

（3）**年度服务表现报告**，为公司高级管理层提供一个有代表性的公司运营评估，以及长期的顾客满意度变化趋势。

这些报告应该简短且易于阅读，重点突出关键指标，并提供易懂的评论，以方便经理采取行动。除了客户反馈外，这些报告还应包含关键的服务质量评估，这些，我们将在下一节讨论。

服务质量的硬性衡量标准

学习目标： 熟悉服务质量的硬性衡量和控制图

在了解了如何利用不同工具收集服务质量的软性衡量之后，现在我们将详细探讨硬性衡量。硬性衡量通常是指运营流程或结果中含有数据的各项指标，比如正常运行时间、服务响应时间、失败率等。现在，公司中的一些与顾客接触的部门或设施，如顾客联络中心、自动排队系统（比如，在不同地点的分店共享一个排队系统）、越来越多的物联网设备以及顾客携带的设备（比如，迪士尼乐园给游客的魔法手环或酒店房卡）都会在顾客接受服务的过程中生成大量数据。在迪士尼乐园，魔术手环就像一把钥匙，游客们可以用它进入酒店房间、主题公园和水上乐园，在速通入口快速通过、把拍摄的照片传输到个人账户、购买酒店里的商品等，还能解锁魔术手环增加更多令人惊喜的"魔力"。这只手环是迪士尼为游客量身定制的，它利用了物联网技术，这种技术不仅为他们游园提供了极大的便利，还生成了大量详细数据，记录游客的用户旅程和在游乐园的活动。

在迪士尼乐园这种提供着复杂的服务项目的场所，对各项服务质量的衡量是在多点记录和进行的。而当顾客参与的服务项目是低接触度时，即顾客没有深度参与服务交付过程时，衡量的是后台活动的服务质量，这对顾客的影响是间接的。

联邦快递公司提供的是低接触度服务，但该公司很早就意识到为影响服务质量的所有环节建立硬性标准的重要性，它建立了广泛的服务质量标准，有的是单个的标准，有的是综合标准。通过频繁建立新的硬性标准，管理层希望其员工能够在服务质量上精益求精。联邦快递还认识到使用百分比作为质量标准的危险性，联邦快递这种大物流公司每天运送的包裹达到数百万个，即使达到99.9％的准时送达率，但也意味着每天有数千个包裹不能按时送达，这也会是很大的服务失败。就好比航空公司，即便99.999％的飞机安全到达，也意味着一场巨大空难有可能发生。因此，联邦快递公司建立了"零失误"的服务基准（扩展资料14.2）。正如该公司一位高级管理人员所说：

只有在了解了出的是什么错，这种过错的发生次数，还有过错发生的原因，公司才会有动力去解决问题并提高服务质量。我们的想法是用绝对数值而非百分比来反映服务失败的情况。于是，我们制定出了一套"服务质量指数"（Service Quality Index，SQI）。这套指数选择了联邦快递服务失败的 12 项最可能的事件，根据错误对顾客影响的严重程度的高低，这 12 项错误有不同的权重。公司会每天统计这 12 项服务错误发生的次数。用"单项错误一天中发生的次数"乘以"该项错误的权重"，就得到了单项错误的服务质量指数，再把所有 12 项的分数相加，就得出了一天的服务质量指数的分值。

扩展资料 14.2

联邦快递公司提高服务质量的方式

"我们认为服务质量必须用量化的方式评估。"这句话来自联邦快递公司的总裁兼首席执行官弗雷德里克·史密斯（Frederick Smith）。联邦快递公司一直致力于给服务品质建立清晰的目标，并持续评估目标的完成进度。公司在服务品质评估上不断实践，并发展出一套独到的质量控制方法论。

最初，联邦快递设定了两项雄心勃勃的目标：① 实现 100% 的服务互动和交易的顾客满意度；② 实现 100% 的包裹寄送服务的达标率。

联邦快递公司对顾客投诉进行了系统分类，并确定了最常见的 8 种服务失败类型，按照其严重程度从高到低，史密斯称之为"灾难等级"，包括：① 送达日期错误；② 日期正确但延迟送达；③ 未去客户处分拣包裹；④ 包裹丢失；⑤ 给客户传达了错误信息；⑥ 账单或手续错误；⑦ 员工的行为错误；⑧ 包裹损坏。换句话说，这个"硬性指标"的设计是基于对大量"软性"的顾客反馈的研究结果。"灾难等级"是联邦快递公司建立其顾客反馈系统的基础。

在总结了这 8 项服务失败类型的基础上，联邦快递公司继续站在顾客的角度研究对顾客满意度影响最大的服务失败类型，将失败类型扩展到 12 项，并称之为服务质量指数。根据服务失败对顾客的严重程度的高低，这 12 项失败类型有不同的权重，每个失败类型发生的次数乘以其权重，就得到了该项目的分数，然后将所有项目的分数相加，就得到了一天的分数（见表 14.3）。就像高尔夫球的分数，指数越低，表现越好。与高尔夫的分数不同的是，服务质量指标涉及的数字巨大，一般是 6 位数，这说明公司每天寄送的包裹数量庞大。联邦快递公司每天跟踪服务质量指数，从而计算出一个连续的指标。

表 14.3　联邦快递公司的服务质量指数的组成

服务失败类型	权重×服务失败一天中发生的次数 = 每日分值
延迟送达(正确日期)	1
延迟送达(错误日期)	5
未回复快递追踪请求	1
客户再次投诉(问题未解决)	5
丢失送达证明文件	1
请款单调整	1
包裹未分拣	10
包裹丢失	10
包裹损坏	10
航班延迟(几分钟)	5
包裹超重(遗失标签)	5
顾客放弃电话通话等待	1
总分值(服务质量指数，SQI)	225

联邦快递公司基于服务质量指数设定年度目标，新一年的目标会考虑过去一年里服务失败发生次数的减少情况，然后根据年度目标算出每日的平均值目标。同时，公司也保持对每个单项的关注，成立了 12 个质量行动团队，对应每一种服务失败类型。这些团队负责找出服务失败的根本原因和减少这些错误的发生。

联邦快递的服务质量指标已经根据公司的需要进行了多次调整。比如，当公司设计了新的服务流程、采用了新技术或开发了新服务，以及在针对不同的顾客优先级时，公司就会调整服务项目以评估一项措施是否给公司带来了绩效提高的效果。联邦快递公司还使用其他多种方式来获取顾客反馈，包括顾客满意度调查、在线监控以及某些课题的深入研究等。丰富的顾客反馈信息帮助该公司保持行业领先地位，公司也因此获得了著名的马尔科姆·鲍德里奇国家质量奖。

如果想反映公司在硬性指标上的表现，我们可以通过"控制图"来实现。控制图可以显示一项服务表现根据具体的质量评估标准在一段时间内的变化。我们可以利用它监控和传达个别变量或整体指数。控制图操作简单、形象化，可以很容易看到趋势。图14.5显示了一家航空公司在准时起飞这一重要的硬性标准上的表现。显示的趋势表明，这个问题需要由管理层解决，因为它的表现不稳定而且不令人满意。当然，控制图是否真实有效，完全取决于它所基于的数据的收集过程。

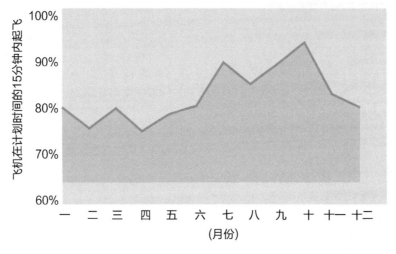

图14.5　航班起飞延误的控制示意

分析和解决服务质量问题的工具

学习目标：选择合适的工具来分析服务问题

我们前面学习了如何通过软性标准和硬性标准来衡量服务质量。现在，我们将学习如何找出导致服务失败的常见原因以及纠正它。当问题的发生是源于公司内部，是可控的，那管理者没有任何借口允许它再次发生。毕竟，在服务失败后，要想让顾客仍对商家有信心，商家必须履行"我们正在采取措施确保它不会再次发生"的承诺。现在，以预防为目标，让我们简要地看一下，有哪些工具可以用来找出服务质量问题发生的根本原因。

根本原因分析：鱼骨图

关于质量问题的因果分析，我们首先要提到的是日本质量管理专家石川馨（Kaoru Ishikawa）发明的方法。这种方法需要让相关的经理和员工先开会并头脑风暴，讨论所有可能导致质量问题发生的原因。然后根据原因的属性归纳出 5 个类别：设备、人力、物资、流程和其他。这个因果分析模型图看起来像鱼骨，因此称为"鱼骨图"。这种方法最初应用于制造业，但现在广泛应用于服务业。

为了使这个方法更好地应用于服务行业，我们将展示一个扩展了的模型，新模型有 8 个类别而不是原来的 5 个。我们把"人力"因素进一步细分为"前台人员"和"后台人员"，原因是服务行业中一线产生的问题会在发生当下直接影响顾客的体验，而后台的服务问题对顾客的影响则是间接地逐渐显现的。

此外，我们把"信息"这个因素从"流程"这个因素中独立出来。因为我们意识到许多服务问题是由信息相关的错误引起的。比如，很多服务发生问题是因为一线员工没有及时掌握需要的信息，或者员工没有告诉顾客该做什么以及何时做。

我们还把"顾客"这个因素添加进来，因为顾客可能是服务发生问题的根本原因。在制造业中，客户不会影响商家的日常运营，但是在服务业，特别是一个高接触度的服务，顾客会直接参与服务的生产过程。如果顾客不能正确地扮演自己的角色，他们不仅可能会影响服务生产力，并给自己，甚至给其他客户造成服务质量问题。比如，如果有乘客在飞机起飞前最后一刻带着超大的行李箱试图登机，而不得不办理行李托运，这位乘客就可能导致航班起飞延误。图 14.6 显示了一个包含了 8 个问题类别的鱼骨图，显示了可能导致航班起飞延迟的 27 个原因。

一旦确定了航班延误的所有潜在原因，我们有必要评估每个原因对实际延误的影响程度。这可以看不同原因的发生频率并结合帕累托分析（Pareto Analysis）来评估。

帕累托分析

帕累托分析是以发明这种分析法的意大利经济学家的名字命名的。这种方法首先要找到有哪些原因导致了所能观察到的结果，然后把重要的原因和其他琐碎的因素分离开来，从而让商家可以集中精力处理最重要的问题来改善服务质量。帕累托分析以所谓的 80/20 法则为基础，即约 80％ 的结果是由该系统中约 20％ 的变量产生的。比如，我们在鱼骨图中

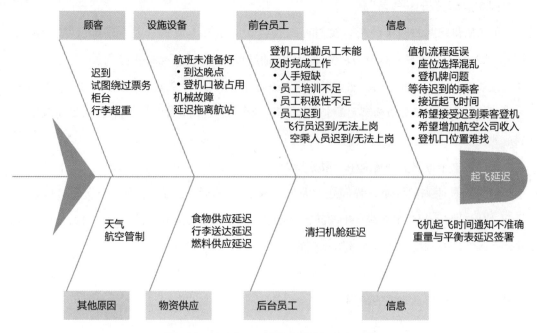

图 14.6 航班起飞延迟的因果分析鱼骨示意

列举的所有可能的导致航班起飞延迟的因素，按照 80/20 法则，其中 20% 的因素导致了 80% 的航班起飞延误。通过结合鱼骨图和帕累托分析，我们就可以找出服务失败的主要原因。

在实际的航空公司的案例中，调查结果表明：88% 的航班起飞延迟仅由 4 个因素造成（占全部因素的 15%，见图 14.7）。再进一步分析，我们会发现超过一半的起飞延误其实是由单一因素造成的——接受迟到的乘客（比如，当工作人员让所有人等待一名在官方截止时间后办理登机手续的乘客）。

在这种情况下，航空公司确实满足了迟到的乘客，但却得罪了所有已经登机并等待起飞的其他乘客。而且这名乘客甚至可能还因此尝到甜头并在以后重复这种不良行为。其他的一些起飞延误的原因，包括延迟拖离航站（必须等待牵引车到达才能将飞机拉离登机口）、等待补充燃油以及延迟签署重量和平衡表（一项飞机安全要求，与飞机的重量分布有关，由机长签署）。

然而，进一步的分析表明，在不同的机场，造成航班起飞延迟的原因也不同（见图 14.8）。这些调查结果表明，不同的机场团队应制定不同的服务改进优先级。

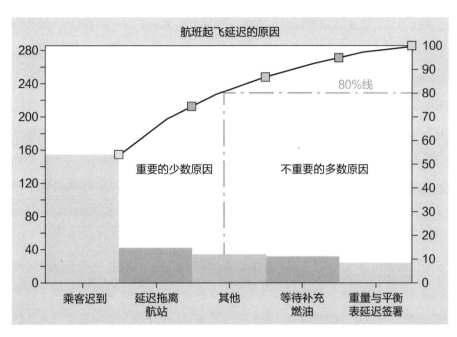

图 14.7　帕累托分析：导致航班起飞延迟的原因

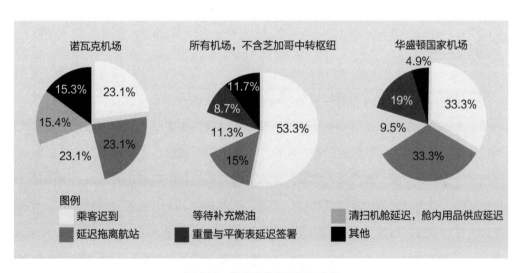

图 14.8　航班出发延误原因分析

蓝图——用于找到失误点的强大工具

鱼骨图和帕累托分析告诉我们质量问题的原因和重要性。下一步，我们要知道问题出自哪里。我们可以利用在第 8 章学过的"蓝图"工具，确定问题在服务流程中的确切位置。

如我们之前学习的，蓝图显示着顾客在服务前台与一线服务者、设施设备的互动体验过程，同时也显示着顾客看不到的服务后台的活动。一张精心绘制的蓝图可以让我们形象地了解服务前台和后台所有的活动。

蓝图可以让我们找到最可能发生的潜在失误点，即失误的位置。它可以让我们看到在流程中的某一点发生的失误是如何使后面的流程产生连锁反应和后果的（比如，在诊所，前期的一个预约日期输入错误导致患者到达医生办公室时发现医生不在）。通过给蓝图中的潜在失误点添加频率计数，管理人员就可以判断哪些错误最常发生，哪些错误类型需要最要紧的关注。了解可能出现的问题和位置是防止服务质量问题的第一步，也是非常重要的一步。

一种理想的解决方案是我们把可能的失误点排除在服务流程之外（请查看第 8 章关于防错机制的学习）。如果失误很难被移出流程，或者很难避免（比如，与天气或公共基础设施相关的问题），可以通过制定应急计划和进行服务补救来解决（关于设计服务补救的政策和程序，请参阅第 13 章）。

质量回报

学习目标：了解质量回报并确定最合适的服务质量水平

经过上一节的学习，我们已经了解如何发现和解决具体的服务质量问题。同时，我们还可以应用之前在第 8 章学到的知识，来设计或改进服务流程，以尽可能地防止错误的发生。然而，我们还必须了解的是，服务质量的改进能够给我们带来什么回报，特别是对财务上的影响。许多商家非常重视提高服务质量，然而其中不少人对结果感到失望。当一个商家因为在改善服务质量上的努力而受到认可，也并不代表它在财务上取得相同的成功。有些时候，产生这种结果是因为商家花费了大量金钱和精力改进的，但并不是顾客重视或认可的。

还有一些时候是因为质量改善方案本身不完整或执行很差。

评估质量改善措施的成本和收益

质量回报（Return On Quality，ROQ）是一种评估质量改善方案的成本和收益的方法。

这基于以下几种假设：① 质量是一种投资；② 改善质量的努力必须在财务上有意义；③ 质量改善的花费可能会很多；④ 并非所有改善质量的支出都合理。因此，质量改善的支出必须与商家预期的盈利能力相符。看待质量回报的一个重要角度，是服务质量的改进可以与服务生产力的提升相辅相成。

为了确定一个质量改善方案的可行性，商家必须首先仔细计算成本，然后考虑顾客会怎么反应，该方案能否带来更多顾客（比如，通过现有顾客的口碑传播能否带来更多顾客），能否增加商家所占客户的钱包份额，减少顾客流失。如果以上皆是，商家要预估一下这将创造多少额外的净收入。

如果账目等经营资料保存完整，商家能够从过去的经验中获得一些参考，并判断一个具体的质量改善方案是否能带来更高的收入（见扩展资料14.3）。有一些方法有助于商家找出那些对顾客满意度和购买行为影响最大的服务改善方案，这些方法包括"重要性-绩效矩阵"（importance-performance matrix）（图 14.9），"多元回归分析"（multiple regression analysis），这种方法可以获得对整体满意度影响最大的属性；"边际效用分析"（marginal utility analysis，MUA），这种方法通过直接询问顾客来判断哪方面服务的改进优先级最高（比如，这样问顾客：你最希望商家去改善哪些质量问题？请说出 4 项）。

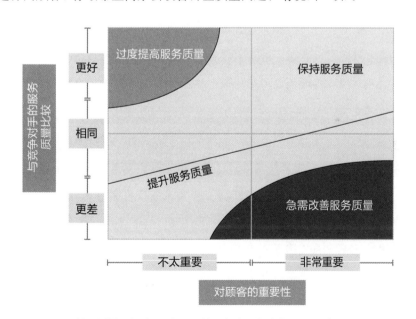

图 14.9　重要性-绩效矩阵，把一家公司的服务表现与竞争对手以及顾客需求相比较

酒店设施和酒店服务质量对单位房间收入的影响

为了找到酒店业的服务质量与盈利回报之间的关系，谢里尔·吉梅斯（Sheryl Kimes）以美国和加拿大的1 135元假日酒店的连锁分店为样本，分析了它们3年的服务质量和运营绩效数据。

服务质量衡量指标来自这些酒店的"品质保证报告"。每隔半年，酒店会安排训练有素的质量审核员检查酒店服务质量，并让他们在不同的地区和酒店之间轮换，审核员会从不同的质量维度对酒店进行检查和评分。这些报告未曾公开过。吉梅斯在她的研究中使用了12条质量维度，其中两条与客房服务有关（卧室和浴室），另外10条与公共区域有关（包括外观、大堂、公共卫生间、餐饮设施、休息室设施、走廊、会议区、休闲区和后院）。每个质量维度通常包括10～12个单独测试项目，可以选择"符合"或"不符合"。审核员记录每个维度的缺陷数量和整个酒店的缺陷总数。

假日酒店的全球总部还提供了每家酒店的"单房间每晚收入"（RevPAR）数据。为了让来自不同地区的数据统一用于研究，吉梅斯还获得并分析了数千家来自美国和加拿大的其他酒店的销售和收入统计数据。她计算了这些酒店里中型酒店的"单房间每晚收入"数据，作为直接竞争对手数据与假日酒店比较。这些结果让样本中所有假日旅馆的"单房间每晚收入"具有可比性。

出于研究的目的，如果一家酒店在某个维度上至少有一项不合格，这家酒店就会被认为在该维度是"有缺陷的"。调查结果表明，随着酒店缺陷数量的增加，酒店的"单房间每晚收入"就会下降。而对"单房间每晚收入"影响最大的质量维度是外观、卧室和浴室。即使是单个缺陷也会导致"单房间每晚收入"在统计上显著降低。然而，随着时间的推移，这3个维度的缺陷加在一起，对"单房间每晚收入"的影响甚至更大。吉梅斯计算得出，存在缺陷的这些酒店的平均年收入与没有缺陷的酒店相比要少204 400美元。

结果表明，从质量回报的角度出发，酒店的内务整洁和预防性的维护支出应该更多花在酒店外观、卧室和浴室上。

确定最合适的服务质量水平

服务质量的提升是没有止境的,那我们在提高服务质量这条路上应该走多远?一个原本服务质量很差的公司通过不高的投资也许就可以实现服务质量的大幅改善。如图14.10所示,最开始为了减少服务缺陷所做的投资通常能效果非常显著。但到了某一个点,若想进一步改善服务质量,就需要追加更大的投资,甚至到一个非常昂贵的水平,而带来的收益的增加值却开始递减。那么我们应该以什么水平的服务质量为目标呢?

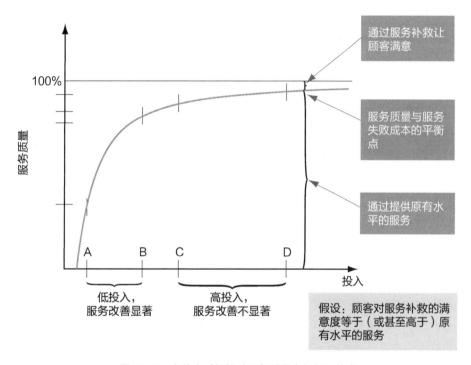

图 14.10 在什么时候提升服务质量变得得不偿失

通常,商家在服务补救上的成本会低于给客户带来不满所产生的成本。这表明商家最高可以将服务质量提高到一个点,在这个点上,达到相应服务质量所需的成本与服务补救成本(即服务失败的实际成本)相等,否则就会得不偿失。尽管这样的策略并不能100%地杜绝服务失败,但商家仍然可以保证即使发生了服务失败,顾客仍然能够按照原有的服务水平获得令人满意的服务补救,从而实现顾客100%的满意(关于如何实施,请见第13章)。

定义和衡量生产力

学习目标：定义和衡量服务生产力

从历史上看，服务业的生产力增长落后于制造业。但麦肯锡全球研究所的研究表明，自 2000 年以来，美国劳动生产力增长行业的前 7 名中有 4 个是服务业，包括零售和批发、贸易金融和保险、管理支持以及科技服务。我们清楚地看到，技术的进步促进了生产力的显著提高。我们曾在本章的介绍中强调，商家必须同时考虑服务质量和生产力的改进策略，而不是孤立地看待它们。商家需要确保提供优质的服务体验，使之转化为长效的盈利能力。在这一节，我们首先来看什么是生产力以及如何衡量它。

服务生产力的定义

简单来讲，生产力就是投入和产出的对比。因此，生产力的提高就体现为更高的投入产出比。想要提高这一比率，商家既可以通过减少创造定量产出所需的资源投入，也可以靠提高在一定的投入水平中获得的产出。

在服务行业中，我们提到的"投入"是什么意思？这里的投入因服务业务的性质而异，它可能包括劳动力、材料、能源和资本（比如，土地、建筑、设备、信息系统和金融资产）。但是，由于服务产品的无形性，服务业的生产力比制造业更难衡量。

衡量服务生产力

当服务的产出难以定义时，衡量其生产力也变得困难起来。在为人体提供服务的行业，比如医院，我们在讨论服务产出时可以看医院在一年中治疗的患者数量，也可以看医院的统计，比如平均床位占用率。但是，我们如何衡量医院各种类型的医疗活动的产出，比如肿瘤切除、糖尿病治疗或接骨手术。此外，我们如何考虑患者之间的身体差异，我们如何判断难以避免的结果差异，比如有的病人会好转，有些会出现并发症，有的会死亡。在医学范畴，相对来说只有很少的治疗手段能够确保带来预期的疗效。

而在为所有物提供服务的行业，服务生产力的衡量要简单一些。比如，一家提供更换机油或轮胎服务的汽车维修厂，或者一家菜品数量有限的快餐店。这些行业针对物品的处理都有一套标准的操作流程，包含了可以量化的投入和产出，生产力的衡量是容易计算的。然而，当需要解决的问题变得复杂，比如维修厂的机械师必须找到并修复漏水处，又或者我们要研究的是一家菜品多样、味道出众的法国餐厅，生产力的衡量就变得复杂起来。此外，处理信息的服务的生产力又该如何衡量，比如，我们应该如何衡量投资银行或咨询公司的产出？

除了上面提到的这些详细的考虑，劳动者的生产力（比如，每名员工贡献的收入、每名员工的价值增量、每名员工服务的顾客数量等）和资产生产力（比如，资产回报率）是更高层级的衡量生产力常用的措施。

服务生产力、 效率和效果

学习目标：了解生产力、 效率和效果之间的差异

当我们研究生产力问题时，我们需要区分生产力、效率和效果。**生产力**是指从一定量的投入中获得的产出（比如，劳动生产率和资产回报率）。**效率**通常是基于时间，指在单位时间内完成的工作量，这也是衡量一件事情做得好坏的标准。比如，与行业平均水平或其他标准相比，员工执行特定任务需要多长时间。**效果**可以定义为商家对于目标或期望的结果所达到的程度，通常包括顾客满意度。彼得·德鲁克（Peter Drucker）曾简洁地表达："效率是正确地做事，效果是做正确的事。"

对生产力和效率测量的传统方法会更关注产出、衡量基准，而不是结果。这意味着生产力和效率被强调，但效果被忽视。以货运为例，商家往往只关注以"吨千米"为单位的运输生产力，而交付时间则被忽视，延迟交付的货物与按时交付的货物被认为没什么区别。同样，假设一个理发师通常 1 个小时可以为 3 位顾客服务。但如果理发师在服务过程中减少与顾客的交流并催促他们，从而把每个小时服务的顾客人数增加到 4 位——尽管理发本身的结果并没有变化，但顾客的体验却被破坏了。在这两个例子中，虽然生产力和效率已经实现，但效果并没有那么好。

长远来看，只有当商家能稳定而有效地为顾客提供理想的结果，才有可能为同样的产出收取更高的价格，并培养一个忠诚的客户群使商家实现盈利。因此，除了生产力和效率，商家也有必要强调服务的效果和结果（服务品质和为顾客创造的价值）。

提高服务生产力

激烈的市场竞争促使商家不断想方设法提高生产力。本节我们将讨论生产力的来源以及提高生产力的方法。至于战略性的商业模式设计，以及实现低成本高收益的方法，我们将在第十五章讨论。

通用的生产力改进策略

学习目标：了解提高服务生产力的关键方法

在一家公司，一般是运营经理负责服务生产力的提高，他们的目标可以归纳为"更好、更快、更便宜"地实现固定的产出。这样的目标往往会导向以下举措。

- 服务流程的每一步都严格控制成本，许多运营经理都相信一句话：成本就像指甲，你必须定期修剪。

- 减少物资和劳动力的浪费（见扩展资料 14.4）。

- 培训和激励员工工作更快、更好、更高效。因此，员工的工作要更多产、更富有成果（并不是说越快就是越好，如果速度快但导致错误或顾客不满意，工作仍须重做）。

- 培训员工执行多种任务、适应不同岗位的能力。这样即使个别员工缺席，公司仍然可以有人顶上来，而不至于停止服务。此外，这也有利于把员工安排到最需要他们的地方。

- 重新设计服务流程以提高生产力和效率〔比如，通过"六西格玛"（Six Sigma）精益管理方法〕。即使是微小的流程改进也能显著节省成本。比如，一家大型银行使用眼动追踪技术来重新设计其自动柜员机和用户的交互环节，将用户在其自动柜员机上花费的时间减少了 25％。

- 使用机器、设备、技术和智能自动化来帮助员工更快地工作，并实现更高服务水平。

- 安装人工智能的专家系统（expert systems），让非专业人士承担以前由经验丰富、薪水更高的个人所从事的工作。

- 在服务中更多引入机器、智能自动化、服务机器人以及自助服务技术，从而替代人工。

- 服务级别分层以更好地把资源分配给更重要的客户。

- 通过更好地匹配供需来提高服务产能利用率，让服务产能匹配平均的需求水平，而不是匹配高峰期的需求水平。这样，人员和设备就不会长期处于闲置状态。
- 把非核心任务外包出去，第三方可以更经济而有效地完成这些任务。

尽管提升生产力的工作可以逐步进行，但若想获得立竿见影的效果，商家通常需要重新设计顾客服务流程。比如，当客户面临难以忍受的漫长等待时，就说明商家是时候重新设计服务流程了。

扩展资料 14.4

希音的情报收集系统和设计辅助系统

希音（sheIn）是当下火爆的时尚品牌，主打低价、实时的时尚风格，满足了年轻人对当代潮流更迭的需要。作为快时尚企业，希音一方面需要考虑如何最大程度改进生产力来跟进千变万化的时尚趋势、快速打造合适的产品；另一方面也需要用客户需求驱动生产力，了解主力消费群体的审美变化。据此，希音打造了自己独特的情报收集系统和集中设计系统。

情报收集系统： 充分利用谷歌趋势和网页爬虫工具，实时掌握新兴趋势和竞品所有的上新商品。

设计辅助系统： 设计师在一个公司已经框定好的范围内在线作画，这一框定好的范围可能包括了面料、辅料，甚至图案等。

在这两套系统的帮助下，希音可以通过情报数据分析提升爆款率，根据抓取到的数据做出画像来支撑生产端的设计工作。随后，这些情报还会接入供应链管理系统，预测出供应商需要的备货下单数，避免库存积压等，减少了不必要的成本。集中式设计方式的设计环节实际上是流程化的工厂模式，大大降低了设计师的创作成本，让他们可以在有限时间内给出符合需求的设计稿，并快速投入生产。

两套系统的相辅相成，形成了希音快速响应的生产服务流程，最大限度地提高了企业的生产效率并满足顾客需求。

用顾客需求来驱动生产力的提高

当一项服务有顾客的深度参与时，运营经理可以看看哪些方面可以通过顾客的参与让生产力变得更高。营销经理也可以考虑用哪些营销方式可以激励顾客。其中一些策略包括：

- 改变顾客需求的时机。让顾客在高峰期以外使用服务，并为他们提供激励。这样做可以让商家的生产资源得到更合理的利用，并提供更好的服务。我们在第9章讨论了在服务产能受限的情况下平衡需求的有关知识，在第6章探讨过收益管理策略。

- 鼓励顾客使用成本较低的服务提供渠道或者自助服务。将服务交易转移到成本更低的交付渠道，比如互联网、聊天机器人、应用程序以及自助服务，这样不仅可以提高生产力，还可以促进需求管理，减轻员工和设备设施在高峰期的压力。许多创新技术把以前只能由服务人员承担的工作交给顾客来完成。关于让顾客在服务中扮演一个更积极的"服务的共同生产者"角色，我们在第八章关于服务流程设计的学习时讨论过。

- 通过第三方为顾客提供服务。某些情况下，商家可以把一项或多项服务的支持工作委托给第三方，从而提高服务生产力。一些专业的第三方机构由于借助规模经济的优势，能够以成本更低的方式提供服务，而商家可以因此更专注于其专业领域的核心服务质量和生产力。比如，旅行社就是一个使用中介的例子。我们在第5章关于服务渠道和分销的学习中介绍过中介的作用。

生产力的提高如何影响服务质量和价值

学习目标：了解生产力的提高如何影响服务质量和价值

经营的过程就是把投入的资源转化为顾客需要的结果。商家还可以站在这个更大的角度来考虑促进生产力的提高与服务质量的关系，因为这个过程不仅可以跨越部门，跨越地理边界，而且会连接服务运营的后台和前台的服务流程。因此，商家在提升自身生产力的同时，还必须考虑到这么做对顾客体验的影响。这可以参考我们在本章开头关于服务质量、生产力、盈利能力三角模型的学习。

改进服务前台工作以提高生产力。在高接触度的服务类型中，生产力提高所带来的变化是能够被顾客看到和感受到的。有些变化只要顾客接受就可以，还有些变化则需要顾客改变他们原有的行为方式以配合商家。如果是涉及服务流程的实质变化，商家最好提前先做好市场研究，以确定顾客可能会如何反应。如果不考虑生产力提高给顾客带来的影响，可能会导致业务受损，商家更得不到原本期望的收益。请参阅第 8 章，了解如何管理不愿意改变服务流程的顾客。

服务后台变化给顾客造成什么影响。 生产力提升会给服务后台带来变化，但给顾客的影响要看这种变化是否能被顾客察觉到。比如，航空公司开发出一种能更快修好喷气发动机的程序，新程序不会带来任何工资或材料成本的增加。这种情况下，航空公司获得了生产力的提升，而对顾客的服务体验没有任何影响。

然而，有一些后台的变化可能会产生连锁反应，延伸到前台并影响顾客。这种情况下，营销人员应提前了解后台会发生什么变化，了解这种变化导致的连锁反应的发生过程，还要提前行动避免影响顾客。以银行为例，由于 IT 系统的升级，可能会导致银行对账单的格式发生变化。如果这种变化是可能被顾客注意到的，营销人员最好提前做好解释。如果新的对账单格式更清晰、更易阅读和理解，营销人员甚至可以把它作为服务品质的提升而好好宣传。

对降低成本策略的警告。 如果不是引入新技术，那么大多数提高服务生产力的措施主要都是靠减少浪费和降低劳动力成本。削减员工数量可能意味着剩下的员工需要做比原来更多的工作，或者需要更快地工作，还可能出现人手不足的问题，员工无法在繁忙时段为顾客做好服务。员工在短期内也许可以接受更快地工作，但很少有人能长时间保持快速。他们可能会筋疲力尽、犯更多错误，甚至粗鲁对待顾客。当员工试图同时做好几件事——比如，在接听电话的同时还要为顾客提供面对面的服务——最终可能导致每项工作都做不好。过大的压力会滋生员工的不满和沮丧情绪，一个既希望满足顾客需求，又试图达到生产力提升标准的一线员工会感觉左右为难。

提升生产力最好的办法还是重新设计服务流程，这可以在提高生产力的同时改善服务质量。我们在扩展资料 14.5 中，将介绍生物特征识别技术与人工智能相结合的方法，能够很好地兼顾生产力和服务质量。

扩展资料 14.5

生物特征识别技术——提高生产力的同时也方便了顾客

许多服务业公司都处在激烈的竞争中，利润率越来越微薄。这种情况下，公司已经不能通过增加更多成本的方式来提高服务质量，只能寻求别的方式来同时实现服务质量和效率的提升。过去的这些年，互联网和移动应用程序帮助许多公司实现了这一点，甚至重新定义了许多行业的运营方式。比如，金融服务、出版和旅游服务等。人们普遍认为，生物特征识别技术（biometrics）是推动服务业进一步发展并有效提高服务生产力的一项重要技术。

生物特征识别技术是基于人的身体特征和行为特征，能够实现个人的身份验证或识别。身体特征包括人的指纹、容貌、手部外形、虹膜结构等。行为特征包括签名、击键模式、语音识别等。生物特征识别技术更方便也更安全，它不像密码或个人信息等需要人记住，也不像钥匙、智能卡或令牌等物品需要人携带。它依托的就是人本身，因而没有被忘记、复制、出借或被盗的风险。

生物特征识别技术的应用已经非常普遍，包括服务设施的访问权限（比如，迪士尼乐园用该技术允许季票持有者使用服务设施）、语音识别和呼叫中心（比如，嘉信理财公司使用该技术实现快速、轻松的客户身份验证）、自助访问银行的保险箱（夏威夷银行使用），甚至在学校，儿童用指纹扫描来借书和使用餐饮服务。在所有这些应用中，生物特征识别技术既提升了顾客体验，同时也降低了公司的劳动力成本。

显然，生物特征识别技术还有很多应用可能。但需要注意的是，如果处理不当，该技术也可能带来潜在的严重危害。生物特征是可以被克隆的，比如，指纹可以从一个人触摸过的东西中提取出来。重置泄露的密码只是一件麻烦事，但是如果有人使用了你的指纹或视网膜会发生什么？在风险程度非常高的场合，生物特征识别技术也会配合使用额外的安全措施。未来的服务创新将怎样用生物特征识别技术给商家和顾客带来更大的价值？我们拭目以待。

提高服务质量和生产力的各种工具和系统方法

学习目标：了解如何综合应用所有工具以提高服务质量和生产力

我们已经了解了一系列提高服务质量和生产力的工具和概念。表14.4将我们学过的关键工具整合在一个通用的"9步框架"中，商家可以根据自身情况使用该框架图，找到提高服务质量和生产力的方法。这些方法一般是由经验丰富的内部团队或外部顾问执行。然而，持续的流程改进（如步骤 9 所述）通常应该是商家自己的责任。

表 14.4　客户服务流程改进的综合 9 步方法

步　骤	目　　标	可以使用的工具
1	确定改善方案和流程重新设计的优先级	• 使用问题发生的频率计数和投诉数量来确定优先级 • 使用优先级模型。比如，使用重要性-绩效模型来确定紧迫的改进需求；用实施难易度对比潜在业务影响的模型，确定那些易于实现的目标，以此启动服务改进计划
2	对于确定好的流程，设定以下项目的目标： (1) 顾客满意度； (2) 缺陷； (3) 周期； (4) 生产力改进	• 根据竞争状况设定内部参考基准。比如，"成为同类最好"或"世界一流水平"，以此确定所有 4 个优先项目的目标 • 确定目标绩效水平(比如，目标是成为行业中的佼佼者还是赶上行业平均水平) • 使用项目章程来正式确定此服务流程重新设计项目的目标
3	找到优先服务流程中的质量关键元素，并确定顾客的需求和期望	• 用蓝图来确定"客户旅程"中的所有接触点和服务可见线，以了解顾客对服务流程的看法(第 8 章) • 对于每个接触点，确定顾客认为的服务质量意味着什么。比如，使用服务质量的 5 个维度(第 2 章)。收集客户反馈。分析顾客的赞扬和投诉，以了解哪些因素使客户预约或厌恶。进行细分顾客群的研究
4	评估流程的表现	• 检查硬性的运营流程标准(比如，周期、顾客等待时间、一次性的解决方案) • 评估顾客对流程表现的看法(比如，特定流程的顾客满意度调查) • 一线员工访谈，了解他们认为哪些做法有效，哪些做法无效，哪些亟须改进
5	找到服务质量短板和质量差距	• 评估流程表现并确定顾客对流程的"需要"和"想要"的东西，以确定重要的绩效和质量差距 • 发现主要的质量差距(比如，在服务蓝图上标注服务失败和投诉的频率计数，以了解服务失败的确切位置)
6	找到质量差距的根本原因	• 使用差距模型来找到顾客认知差距的关键来源 • 使用全面质量管理工具，来深入研究具体的差距；使用帕累托分析来了解需要关注哪些失误点；使用鱼骨图确定关键失误的确切原因。然后再次使用帕累托分析来确定服务质量差距的根本原因，以便将其剔除出服务流程

步　骤	目　标	可以使用的工具
7	提高流程绩效	• 使用差距模型中的建议来缩小 6 项差距(见表 14.1) • 使用服务流程设计和重新设计的工具(第 8 章，使用防错机制清除失误点) • 为无法排除在流程之外的失误点规划服务补救(比如，主动的、有预案的、授权的，见第 13 章)
8	控制并持续微调，进一步改善服务流程	• 重新设计流程之后，使用运营评估和顾客反馈来监控新流程的表现 • 将其作为高绩效水平的常规流程 • 商家通过持续微调来改进流程(比如，使用 Kaizen 或其他工具让流程团队监控，并持续改进流程)
9	再次重来，过程就是目的……	• 创建以顾客为中心和持续的流程改进的企业文化，成为受顾客驱动的学习型公司

　　除了上述的 9 步框架，还有一些系统的方法，可以帮助商家打造一种以顾客和服务品质为先和聚焦生产力提升的服务文化。事实上，我们本章介绍的大部分工具和概念都源自这些方法。其中包括：全面质量管理、ISO9000 认证、六西格玛，还有马尔科姆·鲍德里奇和欧洲质量管理基金会（EFQM）方法。我们将简要介绍这些方法中的每一种，并将它们与服务质量和生产力这个主题联系起来。

全面质量管理

　　学习目标：了解全面质量管理、 ISO9000 认证、 六西格玛、 马尔科姆·鲍德里奇和欧洲质量管理基金会等方法如何管理和提高服务质量和生产力

　　全面质量管理的概念最初是在日本发展起来的。这可能是最广为人知的持续提高质量和生产力的方法。这个方法最初应用于制造业，但现在也用于服务业。全面质量管理可以帮助商家实现卓越的服务、提高生产力，并让创新的流程改进成为公司持续创造价值的源泉。全面质量管理的一些概念和工具可以直接应用于服务业。我们本章学习的控制图、帕累托分析、蓝图、鱼骨图均是出自全面质量管理方法。这些工具在监控服务质量和发现特定问题的根本原因方面有很好的效果。

ISO9000 认证

有 165 个国家是 ISO（国际标准化组织，总部设在瑞士日内瓦）的成员。该组织促进产品或服务的标准化和质量以促进国际间的贸易。ISO9000 是一套质量管理体系，它包含了质量的要求、定义、指导和相关标准，从而为公司的质量管理体系提供独立的评估和认证。ISO9000 给"质量"的官方定义是"反映实体满足明确或隐含需要能力的特征和特征的总和"。

ISO9000 由一系列子标准组成，涉及质量管理的各个方面。作为指导和工具，这些标准帮助商家确保其产品和服务始终满足顾客要求，并不断提高质量。

为保证质量，ISO9000 使用了许多全面质量管理的工具，并将这些工具内化到成员公司的日常运营中。ISO9000 还应用了全面质量管理之父爱德华·戴明的 PDCA 循环（计划—执行—处理—检查）。

已广泛采用 ISO9000 认证的主要服务行业，包括批发和零售、IT 服务、医疗保健、咨询、教育等。通过采用 ISO9000 标准，服务业公司可以确保服务符合顾客期望，并提高生产力。

六西格玛

六西格玛方法最初是由摩托罗拉公司开发的，该方法用于提高产品质量，减少维修和索赔。它很快被其他制造公司采用，用来减少流程中各个环节的缺陷。

服务业公司后来也采用了六西格玛的一些策略来减少服务失败，缩短服务周期，并提高生产力。早在 1990 年，通用资本（GE Capital）就采用六西格玛来降低销售消费贷、信用卡保险和付款保护的后台成本。该公司前总裁兼首席运营官丹尼斯·奈登（Dennis Nayden）表示：

虽然六西格玛最初是为制造业设计的，但它也可以应用于服务业。一个明显的例子是，它确保了通用资本发给客户的数百万张信用卡和账单都是正确的。这大大减少了成本。在金融业务中最大的成本之一就是赢得新客户。如果我们善待他们，他们会留在我们身边，从而降低我们的新客户开发成本。

六西格玛的统计学标准，意味着要达到每100万次机会中只有3.4个缺陷的质量水平（defects per million opportunities，DPMO）。要想了解这个目标有多严格，你可以考虑一下邮政服务。如果邮件投递的准确率达到99％，意味着30万次投递中有3 000次投递失败。但如果达到六西格玛的标准，意味着30万次投递中只有1次投递失败。六西格玛已经从一种减少缺陷的方法而发展为一种改善整体业务的方法，它被定义为：

六西格玛是一个全面而灵活的系统。它能帮助商家实现、维持商业成功并使效果最大化。六西格玛的独特之处在于：对顾客需求的深入了解，对事实、数据和统计分析的严格使用，以及对业务流程的管理、改进和重新设计方面的持久关注。

流程改进和流程设计（或重新设计）是六西格玛方法的两大基础策略。流程改进策略旨在发现和消除服务交付中问题出现的根本原因，从而提高服务质量。流程设计和重新设计策略则作为流程改进策略的补充，即如果无法在现有流程中发现或消除问题的根本原因，要么设计一套新流程，要么重新设计现有流程，从而完全或部分地解决问题。

六西格玛方法中，使用最广泛的流程改善工具是DMAIC模型（见表14.5），这个模型可以有效分析和改善业务流程。DMAIC这5个字母分别代表：

- 确定机会（包括问题、范围和目标）
- 通过关键步骤或关键投入来衡量当前绩效
- 分析并找出根本原因
- 改进流程及其表现水平
- 控制流程以维持高水平的表现

表14.5 将DMAIC模型应用于流程改进和重新设计

步　骤	流　程　改　进	流程设计/重新设计
确定 （define）	● 发现问题 ● 确定要求 ● 设立目标	● 发现具体问题或广泛问题 ● 确定目标/改变愿景 ● 明确范围和顾客要求
衡量 （measure）	● 验证问题/过程 ● 细化问题/目标 ● 衡量关键步骤/投入	● 根据要求衡量表现 ● 收集流程效率数据

步　骤	流　程　改　进	流程设计/重新设计
分析 (analyze)	● 展开随意假设 ● 找出根本原因 ● 验证假设	● 找到最佳方案 ● 评估流程设计 ● 细化要求
改进 (improve)	● 想办法评估根本原因 ● 测试方案 ● 评估结果	● 设计新流程 ● 实施新流程、结构和系统
控制 (control)	● 制定措施以保持绩效 ● 根据需要纠正问题	● 制定措施，复查以维持绩效 ● 根据需要纠正问题

马尔科姆·鲍德里奇和欧洲质量管理基金会方法

马尔科姆·鲍德里奇国家质量奖（MBNQA）由美国国家标准与技术研究院（National Institute of Standards and Technology，NIST）制定，旨在促进质量管理的最佳实践，以及认可和宣传美国公司的质量成就。美国以外的国家也有类似的质量奖项，其中应用最广泛的可能是欧洲质量管理基金会方法。

该奖项的框架是通用的，并未区分制造业或服务业公司。但是，它专门设置了一个服务业的奖项，让获奖公司将成为塑造服务文化的榜样。曾获此奖项的公司包括普华永道、丽思卡尔顿、联邦快递、威斯康星大学、施乐商业服务、波音航天、卡特彼勒金融服务以及 AT&T。研究证实，采用该奖项的评估框架可以提高商家的服务水平。

马尔科姆·鲍德里奇的奖项会从 7 个方面评估公司。

（1）领导层对服务质量文化的承诺。

（2）规划改进的优先事项，包括服务标准、绩效目标、对顾客满意度的衡量、服务缺陷、服务周期和生产力。

（3）能够通过公司收集的信息和分析来评估、分析和报告战略和运营指标。

（4）人力资源管理部门能够帮助公司提供卓越服务，这包括雇用合适的员工、员工发展、员工参与、员工授权和员工激励。

（5）流程管理，包括监控、持续地改善和流程重新设计。

（6）关注客户、关注市场，使公司能够了解客户的要求和期望。

(7) 经营成果。

公司应该采用哪种方法

我们可以采用多种方法系统地提高公司的服务质量和生产力。那么，采用哪种方法最合适呢？我们了解了全面质量管理、ISO9000 认证、马尔科姆·鲍德里奇模型和六西格玛。我们应该将这些方法视为互补的，而不是相互排斥的。比如，全面质量管理可以应用于不同复杂程度的问题，一些基本工具如流程图、频率表、鱼骨图等也适用于任何类型的服务公司。六西格玛和 ISO9000 看起来更专注于流程的改进和使服务符合质量标准。接着，马尔科姆·鲍德里奇模型或欧洲质量管理基金会的方法为卓越的公司提供了全面的评估框架。请看扩展资料 14.6，我们以一家教育机构为例，来看上述这些方法是如何互补的。

扩展资料 14.6

全面质量管理和 ISO 认证在教育机构中的应用

高等教育机构正在竞争优质的生源，并且已经接受了学校作为服务者的角色必须提高服务质量、提高学生的满意度。高等教育机构的服务质量是指什么？人们建立了一个针对高校教育的全面质量管理模型，包含了 5 项从不同维度来衡量高等学校服务质量的标准。他们认为这些标准会提高学生的满意度。

- **学校最高领导层的承诺。** 高层管理人员必须言出必行，要确保自己在服务质量方面所做的宣传落到实处。

- **课程质量。** 高等院校的老师都是具有高度专业知识的人，学校要确保老师把这些专业知识转化为教学内容传递给学生，同时老师要有教学热情。

- **校园设施。** 学校需要拥有完善的教学设施和服务设施，这些设施需要得到妥善的维护。

- **服务态度。** 对学生的殷勤与尊重是一种很积极的态度，能够创造一个友好的学习环境。

- **学生反馈和改进。** 学生的持续的反馈可以促进学校不断改进。

研究人员比较 ISO 认证高校和非 ISO 认证高校，研究全面质量管理方法对学校的影响。他们发现，通过 ISO9001：2000 认证的高校能够比非 ISO 认证的高校更快地采用全面质量管理并提供更高质量的教育。

研究结果表明，通过上述的这 5 项标准确实可以预测学生的满意度。但是其中的 2 项标准，在影响学生满意度方面比其他 3 条更为重要。这 2 项是学校领导层的承诺和校园设施。学校领导层需要致力于兑现质量保证，以确保其他标准也能得到满足，从而改善学生体验。

我们上面提到的方法中的任何一种都能用来了解顾客需求、分析服务流程以及提高服务质量和生产力。商家可以根据自己的需要和问题的复杂程度选择不同的方法。每种方法也都有自己的优势，公司可以混合使用它们。比如，ISO9000 方法可以用来做流程的标准化以及处理文档。六西格玛和马尔科姆·鲍德里奇的方法可以用来改进流程并专注于公司整体绩效提升。

这些方法能否奏效的关键因素是要看商家的质量改进方案是否和公司整体的业务战略方向一致，以及服务质量管理的持续改进和实践是否能成为公司文化的核心组成部分。作为马尔科姆·鲍德里奇国家质量奖的组织方，美国国家标准与技术研究所还以该奖项的获奖公司为基础推出了一项"鲍德里奇指数"。据观察，该奖的获奖公司总是跑赢标准普尔 500 股票指数。

然而具有讽刺意味的是，该奖项的两次获得者和发明了六西格玛的摩托罗拉公司由于未能跟上新技术的步伐，逐渐丧失了原有的市场地位。如果一家公司实施上述的管理方法只是因为别的公司都这么做，或者只把它当作营销宣传的噱头而不是真正用于公司管理水平的长远提升，是不太可能成功的。事实证明，所有的成功都不是理所当然。这需要公司的全心投入、严格执行以及随着市场的变化而不断改进。核心技术和市场环境是公司能否取得持续成功的关键因素。

结 论

对商家来说，提高服务质量和提高服务生产力可以讲是一体两面，它们都有足够强大的潜力为顾客和公司双方带来更大价值。在实践中，选择最具有成本效益的方式提高服务质量和满意度是商家面临的一项关键挑战。提高服务质量和生产力的策略应该是相辅相成的，而不是相互抵消。在这个不断变化和激烈竞争的市场，只有少数公司能靠花更多的钱来提高服务质量。对于大部分市场上的玩家，这个游戏只能是看谁能在技术和管理上寻求突破，以实现服务质量和生产力的巨大飞跃。

第15章

打造世界一流的服务公司

营销是如此基本，我们甚至不应该认为它是一个单独的公司职能……而是公司的全部，特别是从它为公司带来客户这个功能来看。因此，营销应该成为公司所有人的关注和责任。

——彼得·德鲁克（Peter Drucker）管理咨询师、教育者和作家现代管理学的奠基人之一

公司越短视，越容易做出损害价值的行为。

——唐·佩珀斯和玛莎·罗杰斯（Don Peppers and Martha Rogers）

佩珀斯-罗杰斯管理咨询公司创始人

成就大事，只能靠把各种细节做到极致。

——约翰·伍登（John Wooden）前加州大学洛杉矶分校篮球队传奇教练

学习目标：

通过本章的学习，你将可以：

1. 理解顾客导向和品牌满意度对公司盈利和股东价值的长期影响。

2. 了解相对顾客满意度与钱包份额的关系，熟悉钱包分配规则。

3. 了解世界一流的服务公司的特点以及经营水平的 4 种层次。

4. 了解公司如何从服务失败者转变为服务领军者。

5. 熟悉帮助公司实现具有成本效益的卓越服务的 3 种战略途径。

6. 了解"成本效益＋卓越服务"的双文化策略以及它在实施中的挑战。

7. 熟悉实现"成本效益＋卓越服务"的运营管理方法。

8. 了解为什么"专注的服务工厂"策略是用简单的方式实现"成本效益＋卓越服务"。

9. 了解与"成本效益＋卓越服务"相关的商业模式需要考虑的因素。

本章介绍

这是本书的最后一章，你的服务营销课程学习应该也到了结束阶段。我们希望前面几章的学习超出了你的预期，让你获得关于服务营销与管理的新的见解，以及在未来的服务经济中取得成功的工具和技能，当然，还有成为服务行业佼佼者的干劲和热情。

在这一章，我们要讨论如何成为一家领先的服务公司，以及一家领先的服务公司能够获得怎样的经济收益，以及实现低成本高效益的卓越服务的 3 种战略路径（CESE）。图15.1 是本章知识点的框架。

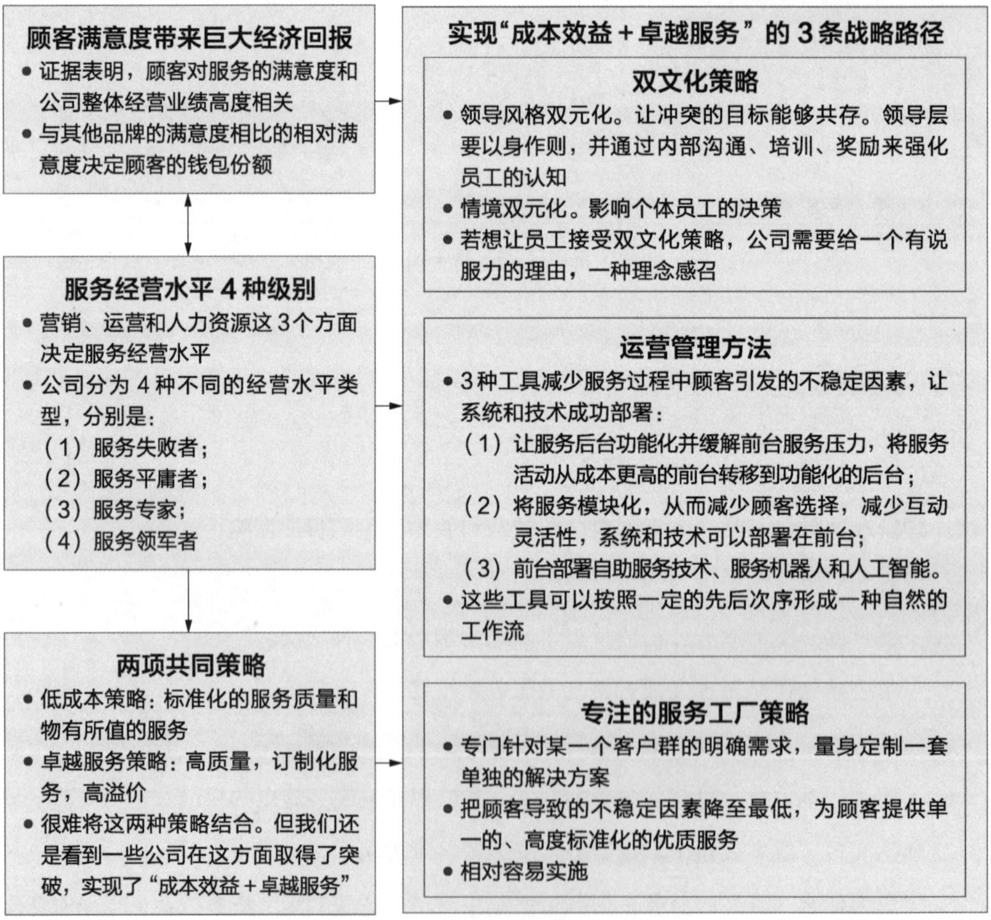

顾客满意度带来巨大经济回报
- 证据表明，顾客对服务的满意度和公司整体经营业绩高度相关
- 与其他品牌的满意度相比的相对满意度决定顾客的钱包份额

服务经营水平 4 种级别
- 营销、运营和人力资源这 3 个方面决定服务经营水平
- 公司分为 4 种不同的经营水平类型，分别是：
  - （1）服务失败者；
  - （2）服务平庸者；
  - （3）服务专家；
  - （4）服务领军者

两项共同策略
- 低成本策略：标准化的服务质量和物有所值的服务
- 卓越服务策略：高质量，订制化服务，高溢价
- 很难将这两种策略结合。但我们还是看到一些公司在这方面取得了突破，实现了"成本效益+卓越服务"

实现"成本效益+卓越服务"的 3 条战略路径

双文化策略
- 领导风格双元化。让冲突的目标能够共存。领导层要以身作则，并通过内部沟通、培训、奖励来强化员工的认知
- 情境双元化。影响个体员工的决策
- 若想让员工接受双文化策略，公司需要给一个有说服力的理由，一种理念感召

运营管理方法
- 3 种工具减少服务过程中顾客引发的不稳定因素，让系统和技术成功部署：
  - （1）让服务后台功能化并缓解前台服务压力，将服务活动从成本更高的前台转移到功能化的后台；
  - （2）将服务模块化，从而减少顾客选择，减少互动灵活性，系统和技术可以部署在前台；
  - （3）前台部署自助服务技术、服务机器人和人工智能。
- 这些工具可以按照一定的先后次序形成一种自然的工作流

专注的服务工厂策略
- 专门针对某一个客户群的明确需求，量身定制一套单独的解决方案
- 把顾客导致的不稳定因素降至最低，为顾客提供单一的、高度标准化的优质服务
- 相对容易实施

图 15.1 成为世界级服务公司的路径

顾客满意度与公司经营业绩

学习目标： 理解顾客导向和品牌满意度对公司盈利和股东价值的长期影响

坚持以顾客为中心，以及为顾客创造价值的长期核心策略是本书一直倡导的理念。这一理念体现在本书中我们学过的许多重要概念和模型中，包括服务利润链、公司成功循环、人力管理成功循环、忠诚之轮以及差距模型等。因此，作为本章的开始，我们希望向你证明：坚持长期利益和坚持以顾客为中心，和因此带来的顾客对品牌的高满意度会让公司获得经济上的优厚回报。

有非常有说服力的证据表明，顾客对服务的满意度和公司整体经营业绩高度相关。比如，在美国顾客满意度指数（ACSI）得分较高，而且得分不断提高的公司在15年期间的累积回报率可达518％，而标准普尔500指数的整体回报率仅为31％。换句话说，通过提高满意度和为顾客创造更多价值，这些公司也为其股东创造了更多价值（见扩展资料15.1）。

扩展资料 15.1

顾客满意度与华尔街——高回报低风险

一家公司的顾客满意度水平与它的股价有什么关系？这是科罗思咨询集团董事长科罗思·费耐尔（Claes Fornell）和他的同事们想要回答的问题。他们研究课题是：公司对顾客满意度的投资是否会带来超额的股票回报？如果答案是肯定的，这些回报是否会伴随着更高的风险，以及能否通过金融理论预测？

于是，研究人员建立了两套股票投资组合，一套是模拟的根据历史已经发生过的行情数据进行股票回测，另一套是实时跟踪几年真实股市表现。这两套投资组合选取的股票都是根据 ACSI 测量出来的顾客满意度评级很高的公司。

这些基于 ACSI 指数的投资组合会在每年指数发布之日根据结果进行调整。只有顾客满意度评级排名前20％的公司被纳入（在上一年已经进入前20％的公司会被保留在组合中，排名提高到前 20% 的新公司会被添加到投资组合中）。低于 20% 的临界值的公司的股票会被出售。随后，研究人员会测量这两套投资组合的回报和风险，获得它们的风险调整后的收益，并与标准普尔 500 指数和纳斯达克指数等常见的股市指数进行比较。

研究者们得到了惊人的发现，根据 ACSI 指数选取的投资组合所获得的回报要远远高于它们参考的市场指数，并且优于大盘表现。公司在 ACSI 评级上的变化与其未来的股价走势有明显的相关性，而且，这一结果与另一项关于首席执行官的薪酬的研究结果也类似。

不过，研究同样发现，ACSI 指数的发布并没有立即对股价产生影响效果，而是股价随着时间的推移和公司其他经营结果的发布而缓慢地调整（比如，公司发布的收益数据或其他确凿的经营成果，而这些结果可能晚于顾客满意度的变化）。最近在零售业中进行的一项研究也证实了这种时间的滞后性，即顾客满意度的提高要滞后于公司运营的改进，而公司收益的增长要滞后于顾客满意度的提高。因此，商家若想在服务业做到领先需要有长远的眼光和耐力。

在一项后来的研究中，费耐尔和他的同事们在这些发现的基础上进一步证实，基于 ACSI 数据选取的投资组合在 15 年期的表现要明显优于标准普尔 500 指数，会给投资者带来优厚的回报。

这些发现反映了一个并不是 100% 理性的股票市场，但同时又印证了一个营销学观点的正确，即顾客的高满意度会提升公司现金流水平和稳定性。对于营销经理来说，调查结果证实了针对顾客关系管理的投资是一项公司的基本投资（或者在财务经理眼中来看，这种投资是一笔费用），也是为股东创造价值的基础。

虽然这项研究取得了令人信服的结果，但是，如果你想用它来指导你的股市投资，希望通过投资于那些 ACSI 指数排名很高的公司来获得收益，你要非常谨慎。你的投资经理会告诉你，股票市场的反应是非常快的。当你看到股市价格因为 ACSI 指数的发布而发生变动时，说明该公司的顾客满意度已经得到了提升。

顾客满意度和钱包分配规则

学习目标：了解相对顾客满意度与钱包份额的关系，熟悉钱包分配规则

在上一节我们了解到，顾客满意度高的公司有更强的竞争优势。管理者往往以为顾客满意度越高，公司的财务回报就越高。然而，实际情况远为复杂。公司若想把高满意度转化为更多的盈利，还需要把顾客的高满意度转化为购买行为。在这里，钱包份额是最重要的一个概念，因为它直接关系到公司的收入和市场份额。

许多公司会衡量顾客的满意度，但是，它们往往没有把一名顾客的满意度和该顾客的钱包份额联系起来考虑。来自益普索满意度与忠诚度研究公司的蒂莫西·凯宁汉姆（Timothy Keiningham）、亚历山大·布沃耶（Alexander Buoye）以及哈佛商学院教授勒尔赞·阿克索伊（Lerzan Aksoy）和同事们研究了这个问题。他们发现，决定顾客将钱花在哪个商家身上的因素并不是绝对满意度，而是相对满意度。比如，如果满意度总分为10分，一个顾客可能会给你9分，这是一个非常高的满意度评分，证明顾客对你的服务是非常满意的。但是如果这名顾客给你的一个竞争对手打了10分，那么你并不会在这名顾客身上占有较高的钱包份额。因此，重要的不是顾客对你的服务是否满意，而是顾客对你品牌的满意度与对其他品牌的满意度相比排名如何。排名越高，在顾客身上占有的钱包份额也越高。关于计算单个顾客的钱包份额（share of wallet），请阅读扩展资料15.2中讲到的钱包分配规则。

扩展资料 15.2

用钱包分配规则来预测钱包份额

为了研究满意度与钱包份额的关系，学者们做了一次大规模的调查，参与者包括来自15个国家的79 543名消费者，涵盖20个行业的650个品牌。调查结果表明：最终影响顾客钱包份额的重要因素并不是满意度得分本身，而是一个品牌在顾客使用的所有品牌中的排名。基于这一研究，凯宁汉姆、布沃耶和阿克索伊及其同事们共同开发了一种简单但科学的公式来计算顾客的钱包份额，他们称之为钱包分配规则（wallet allocation rule，WAR）。

下面的例子将向我们展示如何使用这个公式。假设你有两位顾客，珍妮特和约翰，他们对你品牌的满意度评分都是9分，满分为10分。大多数公司都会认为，9分是非常高的分数，意味着顾客对你的公司非常满意。然而，如果你不了解珍妮特和约翰对他们使用的其他品牌的评价，你几乎不可能预测出你在顾客身上所占的钱包份额。如表 15.1 所示，两名顾客在使用的所有品牌的相对排名会导致钱包份额的巨大差异。对于约翰来说，9 分是他给的最高分数，而对于珍妮特，9 分只代表并列的最后一名（注：当评分相同时，名次也要被平均，因此，在第二名和第三名得分相同的情况下，两个品牌的排名都是第 2.5 名）。

表 15.1　相对满意度排名以及钱包份额计算

顾客姓名	满意度得分/排名	你的品牌	竞争者品牌		钱包份额
			A	B	
珍妮特	得分	9	9	10	25%
	排名	2.5	2.5	1	
约翰	得分	9	7	8	50%
	排名	1	3	2	

品牌排名和钱包份额之间的关系遵循一个清晰的模式，可以通过两项数值来计算出来：① 顾客使用的品牌的相对排名，以及② 顾客使用的品牌数量。将这两项数值用在下面的钱包分配规则中，就可以计算出一个可靠和准确的钱包份额：

$$钱包份额 = \left(1 - \frac{排名}{品牌数量 + 1}\right) \times \left(\frac{2}{品牌数量}\right)$$

其中：

排名＝与该类别中的其他品牌相比，顾客分配给品牌的相对位置。
品牌数量＝顾客使用的品牌总数。

按照使用钱包分配规则，尽管两名顾客的绝对满意度得分相同，但你的品牌在珍妮特和约翰中占有的钱包份额分别为 25％和 50％，差异很大。

下面我们演示一下，根据钱包分配规则，珍妮特给的满意度 9 分是怎么计算出 25％的钱包份额的。如前所述，珍妮特使用三个品牌，其中一个评分为 10 分，另外两个评分为 9 分。评分为 10 分的品牌显然排名第一，而其他两个品牌并列，因此，这两个品牌的排名将会被平均，即 2 和 3 的平均数，即 2.5。因此，你的品牌所占珍妮特的钱包份额是：

$$\left(1-\frac{2.5}{3+1}\right)\times\left(\frac{2}{3}\right)=0.25$$

当我们在根据钱包分配规则进行调查时，最重要的是将顾客的满意度评分转化为排名次序，而不是要求顾客去给他们使用的品牌进行排名。这么做的原因是，当顾客被要求对品牌进行排名时，他们常常会强行给品牌安排先后次序。正如珍妮特的例子，许多品牌在顾客心目中的评分是不相上下的，我们要允许顾客对品牌打相同的分数，然后我们再去根据公式计算，而不是让顾客给品牌分出个高下。

最后，在了解了相对满意度（排名）的重要性之后，公司又面临了一个新的问题，就是如何提高相对满意度排名，从而占有更高的钱包份额。然而，研究发现，公司提高顾客满意度的努力并不一定能带来公司相对满意度排名的提高。顾客总有他们自己的理由来决定他们的品牌偏好。因此，商家要研究和自己实力相当的竞争对手的特点，关注如何提高和对手之间的排名变化，而不是一味地提高公司的满意度得分。

打造世界一流的服务公司

学习目标： 了解世界一流的服务公司的特点以及经营水平的 4 种层次

在顾客眼中，一家经营水平领先的公司是什么样子？在服务营销领域工作了几十年的经验让我们观察到，要成为业内顶级并保持领先的公司必须具备一些特征。接下来，让我们了解公司的 4 种高低不同的经营水平，以及如何实现经营水平的跨越。

从失败者到领军者：服务经营水平 4 种级别

一家公司若能成为业内的佼佼者，一定不是只有在一方面拥有优势，而是在许多方面都非常优秀。为了反映公司的不同经营水平，我们需要考察公司最重要的 3 个方面职能，也是我们之前的学习中所包含的：营销、运营和人力资源。通过比较这 3 个方面的高下，我们可以把公司分为 4 种不同的经营水平类型，分别是：服务失败者、服务平庸者、服务专家和服务领军者。我们会通过总共 12 项维度来简要描述每种经营类型的特点（见表 15.2）。

表 15.2　服务经营水平 4 个级别的评估工具

级别	服务失败者	服务平庸者	服务专家	服务领军者	评分
维度	营销职能领域				
营销部门在公司中的作用	• 仅扮演战术角色 • 广告与推销没有针对的目标顾客 • 不参与产品和价格的决策	• 使用组合的销售和大众传播工具，有简单的目标顾客策略 • 有选择地使用折扣和促销 • 基本的满意度调查	• 有针对竞争者的清晰的定位策略 • 有针对性地沟通和差异化的获客策略，明确给顾客的承诺并教育顾客 • 基于价值的定价策略 • 监控给顾客的服务，实施忠诚顾客计划 • 采用多种研究工具衡量顾客满意度，通过顾客获得加强服务的建议 • 和运营、信息技术部门协作，改进服务交付流程	• 在选择细分市场上大胆创新，高超的营销能力为人称道 • 形成了公司层面、产品层面和流程层面的品牌效应 • 能够进行复杂的市场分析，能够使用人工技能技术实现订制化和个性化的一对一营销以及积极的客户管理 • 使用尖端的科技，使用概念测试、观察顾客反应，并引导顾客参与新产品的研发 • 和运营、信息技术和人力部门紧密联系	
在吸引顾客方面的竞争力	• 顾客选择该公司并不是因为其服务水平高	• 顾客不会主动光顾，也不会刻意躲开	• 顾客选择该公司是因为其在满足顾客需求方面持久的信誉	• 公司名字就是卓越服务的代名词 • 顾客预期自己会享受到业内最佳的服务，其他公司无法与之比肩	
顾客的群体类型和特点	• 不确定 • 用最小成本服务大众顾客	• 有一个或几个细分顾客群，能理解顾客的基本需求	• 清楚地理解不同顾客群体的不同需求，清楚顾客能给公司带来的不同价值	• 根据顾客给公司带来的贡献大小、对新服务的兴趣、以及刺激创新的能力，公司能够找到最有价值的顾客并留住他们	
服务质量	• 高度不稳定，常常不令人满意 • 优先级低于运营	• 只能满足部分顾客的期望 • 仅能保证一两项服务关键维度的质量，而不是所有的	• 持久地满足顾客在所有维度的需求，甚至超出顾客期望	• 能把顾客的预期提高到新高度 • 质量的改善永无止境	

级别	服务失败者	服务平庸者	服务专家	服务领军者	评分
			运营职能领域		
运营部门在公司中的作用	• 反应被动 • 只关注成本节约	• 主要功能是创造和提交服务，把服务标准化和科技看作生产力的关键，仅从公司内部角度定义服务质量	• 起到竞争性策略下的战略作用 • 通过智能自动化为顾客提供方便，使顾客愉悦 • 能够在生产力和顾客定义的服务质量之间做好权衡取舍 • 愿意从外部寻找资源 • 监控竞争者的运营来获得思路和了解潜在威胁	• 以创新、专注和卓越而为人所知 • 和营销、信息技术和人力资源部门的地位平等，相互合作 • 是智能自动化方面的领先者 • 具有内部研究的能力，获得学术界支持，持续地实验和改进	
服务的交付（服务前台的流程）	• 提供服务是一种"必要之恶"，服务交付的地点和时间都不能顾及顾客的便利，一贯忽视顾客	• 守旧的理念"能用就凑合着用" • 顾客须遵守严格的规则 • 服务交付的环节之间连接不紧密 • 使用体验极差的自助服务设备	• 受顾客满意度驱动，而不是守旧的理念 • 愿意为顾客提供订制化服务，接受新方法新技术 • 强调速度、便利和舒适	• 交付流程是一套围绕顾客进行的无缝流程 • 员工知道他们服务的是什么类型的顾客 • 关注持续的体验提升 • 运用先进的技术	
服务后台流程	• 与前台的运营是割裂的 • 对运营不重要	• 对前台工作有一定帮助，但仍然是和前台脱节的 • 不了解顾客情况	• 与前台活动紧密相连 • 把自己定位为前台员工的服务者	• 与前台活动紧密相连 • 把自己定位为前台员工的服务者	
生产力水平	• 不明确 • 员工超出预算工作会受到惩罚	• 基于标准化 • 员工用低于预算的成本工作，会受到奖励	• 关注持续改造后台流程 • 避免因为生产力提升反而影响顾客体验的情况 • 持续调整流程，利用技术提高效率	• 理解品质回报的概念 • 积极通过让顾客参与服务来提高生产力 • 持续测试新流程和新技术	

级别	服务失败者	服务平庸者	服务专家	服务领军者	评分
新技术的引进	● 对新技术接受慢，直到万不得已才采用	● 随大流，直到看到新技术能够有效节约成本	● 积极使用新技术，只要信息技术部门推荐使用，认为这能加强服务并带来竞争优势	● 和技术界的领先者一起工作，开发新应用，占据先发优势 ● 寻求通过技术建立竞争者无法追赶的优势	
			人力资源职能领域		
人力资源部门在公司中的作用	● 招聘最便宜的员工，只要满足岗位需要的最低要求	● 招募和培训员工，使之胜任岗位	● 有选择地招聘人才，提供持续的培训 ● 和员工联系紧密，提供员工向上发展的渠道 ● 努力提升职场生活品质	● 把员工素质视为公司战略优势 ● 公司以出众的工作环境而闻名 ● 人力部门帮助高层管理者培养公司文化	
员工	● 制约公司发展、绩效差、不在乎公司、不忠诚	● 能力够用，但工作循规蹈矩，缺乏动力 ● 往往员工流失率高	● 员工有干劲、工作努力 ● 员工有一定的自主决定的自由 ● 员工能提供建议	● 员工被充分授权，能够创新工作 ● 对公司非常忠诚，认同公司价值和目标 ● 能够创造新流程	
对一线员工的管理	● 控制员工	● 控制流程	● 倾听顾客反馈 ● 指导并帮助员工	● 员工能为管理层提供公司发展的建议 ● 配备导师和员工紧密合作，指导员工职业发展，增强员工给公司的价值	

比如，在营销职能领域，我们会考察营销部门在公司中的角色、在吸引顾客方面是否有竞争力、顾客的群体类型以及服务质量；在运营职能方面，我们考察运营部门在公司中的作用、服务的交付即服务前台的流程、服务后台流程、生产力水平以及新技术的引进；在人力资源职能方面，我们将考察人力资源部门在公司中的作用、人力资源的管理以及对一线员工的管理。在一家公司里，这些维度之间或者部门之间普遍会存在一些职能上的重叠。而在不同行业或不同的交付渠道中，某些维度的相对重要性也可能存在差异。比如，在和顾客高度接触的服务业，人力资源管理往往具有更突出的战略作用。因此，我们制作

这个整体的服务水平框架表并不是为了突出什么方面更加重要，而是帮助你了解不同经营水平的公司的特点，服务领军者为什么有更加出色的表现，以及经营水平低的公司需要改变什么。

如果你想对某个行业的公司进行深入评估，从表 15.2 所列的这些维度出发会很有用，你还可以按照自己的需求删减或修改一些评价维度来制作定制的评估工具。

服务失败者。不管是从顾客角度还是从员工或管理方面的角度，这一类公司都处在行业的底部，在营销、运营或人力资源管理方面的水平都非常低。当然，这类公司同样会有顾客选择，但顾客选择它们的原因往往是因为没有别的替代方案。这也是这类公司得以留在市场上的原因之一。这类公司甚至可能把服务看作一种"必要之恶"，即为了达到结果不得不做的恶事。在这类公司，新技术往往是被迫引入的，而员工毫无服务精神，给顾客的体验极差。

服务平庸者。这类公司的表现同样乏善可陈，但已经消除了服务失败者的最糟糕的特征。主导服务平庸者经营思路的往往是传统的运营思维，比如通过标准化实现成本节约。这些公司秉承的是"够用就行""没坏就不修"的营销理念。管理层可能也希望提高服务质量或实现其他目标，但无法设定优先级以明确方向，更无法获得员工的尊重和忠诚。每个市场上都会有一些这样的公司，它们平淡无奇，缺少独树一帜的特点，除了靠打折促销吸引注意力，无法给顾客留下任何印象。

服务专家。服务专家级别的公司在市场上是与众不同的公司。这些公司有明确的市场定位策略，知道哪些顾客是自己的细分市场，而且能依靠自己的声誉和满意度不断吸引新顾客。这些公司的营销策略会更加成熟和精细，会根据顾客群体的价值不同进行有针对性的传播和不同的服务定价。这些公司会使用工具来评估顾客的满意度，并通过顾客反馈驱动服务质量的提高，获得运营、信息技术以及营销上的新主意，制定新的服务交付流程，引入新的技术，并在生产力和服务质量之间找到平衡。这些公司的前台和后台之间的运营有紧密的联系。与服务平庸者相比，服务专家级公司把人力资源视为一种投资，在人力的投入上也更加积极。

服务领军者。这些公司在各自的领域都取得了非凡的成就和突破，它们是服务各行业的领军者，是世界一流的公司，是精华中的精华。当我们提到服务领军者，我们是在说亚马逊、麦肯锡、丽思卡尔顿、西南航空、星巴克和美捷步这样的公司。这些公司的名字就是卓越服务和极致顾客体验的代名词。这些公司以在各个职能领域的创新而受到认可，而且它们能出色地协调职能之间的内部沟通——这些公司的组织结构通常是相对扁平的并以团队协作的方式运作。服务交付的全过程完全是以顾客为中心展开的无缝流程。

服务领军者级别的公司的营销工作广泛使用分析和客户关系管理系统，这些工具帮助公司站在顾客角度制定营销策略。顾客与公司之间的沟通也往往是一对一进行的。公司在开发新服务时，能够通过和顾客的联系来测试、观察新服务是否满足顾客的潜在需求。随后，公司的运营专家会和世界各地的技术能人一起优化产品的应用体验并推向市场，获得先发优势，使竞争对手在未来很长一段时间内无法追赶。服务领军者级别的公司中的人才是一项战略优势。人力资源管理部门致力于建立和维护以服务为导向的文化，并创造出一个能够吸引和留住最优秀人才的环境。员工们也会受到公司价值和目标的感召，他们全心投入、有充分的自主权，并能迅速适应变化。员工们不断贡献新想法，不断推动改进公司的经营水平。

向更高经营水平迈进

学习目标：了解公司如何从服务失败者转变为服务领军者

所有公司都想成为服务领军者。所有公司都希望赢得顾客的忠诚，获得顾客的赞誉。因为这样公司才能占据更大的市场份额，为股东创造更大的价值，以及赢得整个社会的认可。这些理由促使商家不断提高经营水平。我们可以看到很多公司正在有意识地协调营销、运营、信息技术、人力资源管理来提高经营水平，以占据更有利的竞争地位，并更好地满足顾客需要。

在这个过程中，不管在公司里是什么职能、什么层级，都需要有优秀的领导者来带领人们走向正确的方向，找到问题关键、设定合理的战略，并确保战略在整个公司的贯彻和执行。本书的各个章节都在讨论如何做到这一点。现在你已经学习了理论、概念和方法，具备了成为公司变革推动者的基本条件。现在，我们欠缺的可能是实现目标所需的更高层战略。

最常见的战略导向要么是降低成本，要么是提供卓越服务。遵循低成本战略的公司往往会在不降低服务水平的情况下，通过管理集中化、运营标准化和流程自动化来把成本降到最低，同时通过低价格策略抢先获取客户和占据高市场份额。对顾客来说，用便宜的价格享受到了物超所值的优质服务，他们通常会感到满意。

而那些追求提供卓越服务的公司的成功路径是，深入了解顾客特点、高度响应顾客的需求和要求、提供极致的高质量和订制化服务，并制定高溢价的价格策略。这些公司通常会对较小的细分市场有精准的理解。

这是两套完全不同的高层战略，一家公司很难将这两种策略结合起来。因为每种策略需要的是不同的组织体系、结构和文化。所以，同时追求两者可能是一项非常艰巨的任务。尽管如此，我们还是看到一些公司在这方面取得了突破，它们既兼顾了成本效益，又实现了卓越服务，我们称之为"成本效益＋卓越服务"（cost effective service excellence，CESE）。我们将在下面讨论这些公司是如何实现这种综合战略的。

成本效益 + 卓越服务

学习目标： 熟悉帮助公司实现"成本效益＋卓越服务"的 3 种战略途径

公司可以采取 3 种战略途径来实现"成本效益＋卓越服务"，分别是"双文化策略""运营管理方法"以及"专注的服务工厂策略"（参见表 15.3），这 3 条战略途径也可以组合起来使用（如表 15.4 所示）。我们在表 15.5 提供了一些公司案例，可以了解它们是如何实现"成本效益＋卓越服务"的。

表 15.3　实现"成本效益 + 卓越服务"的公司运用的战略途径

实现"成本效益+ 卓越服务"的公司	双文化策略	运营管理方法	专注的服务工厂策略
印度纳拉亚纳医疗集团（Narayana Health）	●	○	●
谷歌、新加坡国家图书馆、USAA	○	●	○
捷蓝航空、苏第斯医院	○	○	●
意大利餐厅 Ristorante D'O、新加坡航空	●	○	○
亚马逊、先锋集团 Vanguard	●	●	○

注：策略/工具使用　●广泛使用；○很少使用/完全不使用。

表 15.4　实现"成本效益 + 卓越服务"的 3 种战略途径

卓越服务的文化				
双文化策略	用运营管理方法减少流程中的可变因素			专注的服务工厂
	提供缓冲和减少前台活动	服务模块化	自助服务技术	
不会改变原有的顾客接触方式	减少实时响应能力和灵活性	减少顾客的选择	减少顾客接触	提供高度标准化的服务
➤ 采用领导风格双元化和情境双元化的方法，将整个公司的重点同时放在"成本效益 + 卓越服务"上，组织结构的双元化也可以起到支持作用 ➤ 需要找到有说服力的理由让员工接受双文化策略 ➤ 充分使用通用的生产力策略和工具，以更少的投入实现相同的产出，包括： • 严控成本 • 培训和激励员工以更快、更好、更高效和更低的成本工作 • 更好地利用产能（比如优化供需管理） • 重新设计顾客服务流程(比如，精益管理六西格玛) • 加强系统和新技术的应用(比如，生物特征识别) • 把非核心业务外包 • 服务分层以更好地分配资源	➤ 分离和缓冲前台和后台的活动，把后台独立出来 ➤ 使后台功能化 ➤ 将服务活动从低效的前台转移到后台 ➤ 通过： • 厂中厂，让后台员工专注于生产力和流程质量，前台员工负责客户满意度和销售 • 在后台部署系统和技术	➤ 减少客户在服务流程中的参与以减少可变性 ➤ 服务及其功能的模块化 ➤ 通过： • 减少流程分歧和复杂性 • 固定的产品和服务水平选择 • 在前台部署系统和技术	➤ 减少服务生产中的客户接触 ➤ 通过： • 用自助服务技术取代客户与一线员工的互动 • 严格的客户脚本 • 物理和虚拟形式的服务机器人和人工智能	➤ 服务产品及其交付流程的标准化 ➤ 通过： • 标准化的服务提供，选项少，灵活性和定制性低 • 标准化和功能化的前台服务流程 • 严格选择与服务模型精确匹配的客户群 • 通过服务脚本约束客户在服务流程中的输入
	• 运营管理方法需要仔细考虑目标客户的需求。比如，客户必须对顾客接触方式和所提供选项的变化感到满意 • 可以与双文化策略相结合			• 可以与双文化策略相结合
新加坡航空公司、意大利餐厅 Ristorante D'O	新加坡国家图书馆	谷歌的独立产品	美国联合服务汽车协会、先锋基金公司	纳拉亚纳医院、捷蓝航空、金融科技

表 15.5　实现"成本效益 + 卓越服务" 的公司案例

公　司	方　略	做　　　　法
先锋投资集团 Vanguard	双文化策略	先锋基金公司专注于投资业绩以及为其成员提供卓越服务。该公司强调必须以最高质量水平和零缺陷执行服务。公司战略的第一项是："以尽可能低的成本提供最高质量的投资者服务。"这个策略的实现是通过： ● 高级管理人员树立了强有力的榜样。比如，先锋公司的创始人和前首席执行官约翰·博格尔(John Bogle) 出差从来都是乘坐经济舱，也没有住五星级酒店，因为这会给员工和客户提供错误的信号 ● 高度关注成本，这个理念已延伸到其运营的各个方面。包括渠道和营销，例如： 　—— 它没有使用分销商，也不支付佣金。 　—— 它不做太多的广告，市场份额是做出来的，而不是买来的。 　—— 它依靠口碑传播和公共关系。 ● 节俭的理念体现在整个公司中，比如，该公司的明星分析师 Mabel Yu 于 2008—2009 年金融危机前夕在决定不投资 AAA 级的复杂抵押贷款证券的决定中发挥了重要作用，避免了数十亿美元的损失。她被约翰·博格尔认可邀请共进午餐。这是该公司的一项传统。午餐在食堂举行，Mabel 获得了 5 元午餐券。正如 Mabel 所说："博格尔非常节俭，所以我想按照他的方式去做。" ● 该公司把提供公平的员工薪酬视为最困难的挑战之一。公司希望提供符合市场并有竞争力的薪水，但员工的薪酬福利会受到严格限制，比如： 　—— 公司对工作类别进行了重组，以减少奖金和加薪幅度。奖金计划也发生了变化，绩效低的员工更难获得资格。 　—— 将数千名正式员工转为小时工，他们的奖金较低或没有奖金，而且在经济低迷时期可能会被解雇。 　—— 未获得晋升，或休过多事假或病假的老员工被解雇，公司因此受到指控。 ● 公司结构体现了客户共有原则。例如，先锋公司归属于其基金会所有，基金会由其持有者所有。这为公司高度节约成本提供了理由，让员工认可节约成本的需要
	运营管理方法	● 先锋基金公司没有分支机构，主要依靠互联网、应用程序、电话和邮件与客户互动 ● 专注于自动化和简化流程以减少不必要的成本。它甚至取消了第二个园区的建设，来加强对自动化和流程简化的关注 ● 使用基于互联网的自动化投资平台。其特色的个人顾问服务增强了每个客户与财务顾问的关系。个人顾问服务依靠投资组合分析将投资策略与客户的财务目标相匹配。并大大减少了制定客户财务计划所需的时间(降低了成本)，同时提高咨询质量

公　司	方　略	做　　　　法
先锋投资集团 Vanguard	运营管理方法	• 专注指数基金，投资管理的成本很低，而且后台工作很少 • 专注于长期投资，实施价格政策以阻止短期交易（因此减少了客户服务、管理和交易成本）
亚马逊	运营管理方法	亚马逊也将其前台环节降到了最低。它的商业模式完全建立在互联网的使用上。随着自助服务技术的广泛使用（比如，搜索、选择、支付、账户管理和评论），模块化的服务（高度流程化的服务顾客只需从选项中选择），以及强大的分析（用于提出建议），亚马逊将前台服务做到了最小化（以网站为主，但是它也开设了几家自动的售货亭和自助货柜）。亚马逊已拥有一个几乎完全自动化、功能化的后台，可以在无人工参与的情况下高效履行服务
	双文化策略	亚马逊拥有强大的以客户为中心的文化，促使公司提供卓越的服务。同时，该公司极具成本节约意识。其奉行的双文化基本理念是"用尽可能低的价格为顾客带来卓越的服务"。这一战略的实施是通过： • 亚马逊首席执行官杰夫·贝索斯（Jeff Bezos）的身体力行。他对顾客需求的重视是出了名的，常常因为收到顾客投诉而恼怒并要求员工立即解决。但与此同时，他也会在无法为顾客增加价值的方面厉行节俭 • 节俭是亚马逊的核心价值观。公司不把钱花在对顾客无关紧要的事情上。节俭可以孕育智慧，实现自给自足，带来发明创造。公司的员工人数、预算大小、固定费用没有留任何增加的余地，亚马逊极端节约成本的例子包括： 　　—— 最大限度地减少员工补偿和设计奖金以延长员工任期。 　　—— 为员工提供低成本公共交通储值卡，而不是补贴停车费。 　　—— 没有免费食物，只提供自动售货机。 　　—— 为新员工提供了最低限度的材料，这些材料必须在辞职时归还。 　　—— 所有员工出差都乘坐经济舱。 　　—— 会议室使用廉价的金色木桌。
联合服务汽车协会（USAA）	运营管理方法	• 在日常服务中大量使用自助服务技术，关注如何提供出色的客户体验 　　—— 93%的业务量和约 35%的客户是通过低成本的数字渠道获取的。 　　—— 开发了一个事故重演的应用程序，客户能够直接在他们的移动设备上描绘和重演事故情况。现在客户提交索赔所需的时间，是通过传统电话流程的 1/8。 　　—— 远程存款解决方案。客户可以用智能手机拍摄支票并立即存入支票金额而无须邮寄支票。 • 用最少数量的分支机构和实体服务中心为其 830 万名客户提供服务，2011 年时，该公司仅经营一家分支机构和 10 个服务中心

公　司	方　略	做　　　法
联合服务汽车协会(USAA)	运营管理方法	• 在会员需要和重视的环节提供高接触度服务(比如，索赔处理) • 以美军成员及其直系亲属为最大客户群。但尽管如此，该公司还是开展了广泛的服务项目，以充分满足其客户的需求，包括保险、银行、投资、退休、理财和股票经纪服务
谷歌	运营管理方法	• 大多数产品都是独立设计的，以避免给开发人员和用户带来太多麻烦。谷歌将其称为"瑞士军刀法"，即一个目的对应一种工具 • 极度重视可扩展的解决方案，特别是基于自助服务技术提供并为用户带来了优质体验的方案。因此，在谷歌上投放广告不需要任何人工联系 • 与服务相关的问题主要是通过自助服务技术和自助服务技术平台解决的。这些平台要么是谷歌的产品，要么由谷歌支持。包括在线帮助工具、站长工具、站长视频，以及在线用户社区提供的论坛、博客和其他形式的支持
捷蓝航空公司(JetBlue)	专注的服务工厂	• 采用"专注的服务工厂"策略，专门提供以低成本和高质量运营的单一的点对点航班服务。而其特定机型的年轻机队，也有助于公司以较低的维护成本，进一步聚焦运营。捷蓝航空还运营长途通宵航班，以提高飞机利用率。其运营模式导致其单位成本(每座位每千米)较低，但服务质量却高于提供全面服务的航空公司和其他的廉价航空公司 • 捷蓝航空为机票价格较高的乘客提供便利设施，包括更宽的座位、更大的腿部空间和存储空间、单独的视频屏幕、免费无线网络。它的票价比传统航空公司低 65%。它的定位为"以低廉的价格提供最好的服务"
纳拉亚纳医疗集团(Narayana Health)	双文化战略	• 极度关注手术质量，专注于成功率和创新。例如，开创了心脏直视手术 • 极具成本节约意识的文化，比如： ——医生和高级管理人员每天都会收到含有公司开支明细的短信，以提高团队成员的成本意识并激励员工开源节流。短信的目的是提醒医生们谨慎开支，因为他们可以看到医生的决定是如何影响治疗患者的成本的。医院还激励员工提出节省成本和改进流程的想法。 ——医疗团队可以收到集团内部其他 22 家医院的对比分析数据，以此激励医护人员来分享最佳诊疗方案。 ——在心脏手术中使用的价值 160 美元的钢夹，该医院会每次消毒处理并重复使用，可达 50~80 次。 ——最大限度地利用设备和手术室。通过改变术前及术后的步骤，手术中心可以一天运作长达 20 小时，清洁 4 小时。 ——由于规模带来的高利用率，医院在几个设施较大的分院进行集中手术。这样做单位成本低，而且可以更好地学习和创新。

公　司	方　略	做　　　　　法
纳拉亚纳医疗集团（Narayana Health)	双文化战略	—— 该医院目前负责全印度12%的心脏外科手术，而通过提升市场占有率，该医院可以拥有对医疗器械和消耗品等的议价优势。 —— 由于智能设计，纳拉亚纳医院在印度的迈索尔建立的一家新医院成本仅为700万美元。在印度超级专科医院最低。 • 高级领导层言行一致，并在内部传达严格的成本意识。该医院的使命是：用低价医疗为印度最贫困人口带来先进医疗保健
	专注的服务工厂	• 这家医院专注于心脏手术。与综合医院相比，它追求的是仅在这一个细分领域发展。而这种专注使其能够持续在心脏手术领域学习、创新和提高手术质量。纳拉亚纳医院没有把自己建造成一家综合医院。因为管理层意识到，综合医院需要管理异常复杂的医疗事务以及患有各种疾病的患者，而他们又难以把其他病症做到像治疗心脏手术一样的效果，经营会变得非常复杂而且昂贵 • 鼓励全科医生成为专科医生，专家成为超级专家。让训练有素的护士晋升到重症监护护士等更高技能职位，类似于美国的护士从业者

双文化策略

学习目标：了解"成本效益＋卓越服务" 的双文化策略以及它在实施中的挑战

实现"成本效益＋卓越服务"的第一个途径是双文化策略。这种策略是将整个公司的重点放在对卓越服务和成本效益的同时，让这两个方面都成为公司文化的重要组成部分。想要同时做好节约和卓越服务，乍一看似乎有违常理，但公司可以通过双元化管理来实现。一些管理学著作已经介绍过双元化管理，介绍公司如何同时追求不同的或相互冲突的目标。其中最主要的两种方法是领导风格的双元化和情境的双元化。这里的双元化指的是公司领导和员工追求相互冲突的目标的能力。双文化策略可以让公司更加灵活地提供服务，更容易实现订制化服务，也更适合提供多种不同服务项目的公司。

领导风格的双元化。在双文化策略中，公司领导层必须能够带动整个公司适应相互冲突的需求，整合相互冲突的目标。让冲突的目标能够共存，而不是非此即彼。领导层要以身作则，传达出公司对双重文化的坚持，并通过内部沟通、培训、奖励来强化员工的认知。

比如，在亚马逊公司，"顾客至上"和"重视节俭"都是亚马逊的核心价值观。亚马逊首席执行官杰夫·贝索斯对顾客需求的重视是出了名的，他常常因为收到顾客投诉而恼怒并要求员工立即解决。但与此同时，他也会在无法为顾客增加价值的方面厉行节俭。他不仅身体力行，还把这样的理念传递给公司上下。全球最大的基金管理公司之一的先锋集团的创始人和前首席执行官约翰·博格尔强调，该公司的战略是"以最低的成本提供最高质量的投资者服务"。先锋集团甚至会在招聘时更青睐那些"能够理解并认同公司节俭理念的"的候选员工。

纳拉亚纳医疗集团的创始人兼董事长德维·谢蒂（Devi Shetty）表示："那种'想要服务质量，就必须负担高成本'的想法在我们医院早就过时了。"该公司高层员工每天都会收到含有公司开支明细的短信，以提高团队成员的成本意识并激励员工开源节流。达维德·奥达尼（Davide Oldani），意大利餐厅 Ristorante D'O 的创始人兼主厨，尽管他的餐厅是米其林星级餐厅，但他热衷于推动自家餐厅"平民化"，他不断降低菜品价格并向他的团队传达他的理念。

情境的双元化。情境的双元化主导着员工对于成本效益和卓越服务这对冲突目标的思考和决策。何时强调成本？何时强调服务？理想情况下能否整合这两个目标？通常这两个目标是一致的，可以同时实现，但有时又必须做出取舍，员工需要知道如何做出这样的决定。一个内化的公司双文化可以帮助员工做出判断。比如，新加坡航空公司在头等舱提供两个品牌的香槟，分别是英国库克香槟（Krug Grande Cuvee）和法国唐培里侬香槟王（Dom Perignon）。但是为了减少成本，空乘人员只会打开其中一瓶，除非乘客特别要求另一个品牌，乘务人员才可能会去打开，因为再小的成本也不应该去浪费。

纳拉亚纳医疗集团非常重视心脏手术的质量和成功率。但同时，外科医生们也会经常比较各种降低成本的方案，比如，通过对一次性的医疗器械进行常规消毒，以实现重复利用。

与此相似，亚马逊公司也会教育员工在无法为顾客增加价值的方面厉行节俭。正如亚马逊的领导准则上说的："奉行节俭，我们不把钱花在对顾客没用的事上。节俭可以孕育智慧，实现自给自足，带来发明创造。"从上面的这些例子我们可以看出：领导风格的双元化和情境的双元化往往是密切相关的。

让员工接受双文化策略。双文化策略的执行并不容易，因为一边让员工心里想着如何节约成本，另一边却让他们为顾客提供优质的服务，员工会感到左右为难。此外，员工节约成本有时会节约到自己头上，因为员工的工资和福利也是成本，比如，亚马逊的所有员工出差都只能乘坐经济舱。因此，若想让员工接受双文化策略，公司需要给一个有说服力的理由、一种理念感召，来获得员工的认同。比如，亚马逊的口号是"尽我所能为顾客创造最大价值"；先锋基金公司的口号是"客户感激你的不懈努力"；意大利餐厅 Ristorante D'O 的口号是"让米其林星级餐品走进大众生活"以及纳拉亚纳医疗集团的口号是"支持慈善事业"。

运营管理方法

学习目标：熟悉实现"成本效益＋卓越服务" 的运营管理方法

实现"成本效益＋卓越服务"的第二个策略是运营管理方法。这种策略的目的是减少服务流程中的可变因素，增加更多性能稳定的系统和技术，从而具有成本效益的卓越服务。关键的几个工具包括：① 让服务后台功能化并缓解前台服务压力，将服务活动从成本更高的前台转移到功能化的后台；② 将服务模块化，从而减少顾客选择；③ 部署自助服务技术、服务机器人和人工智能，减少服务过程中的可变因素，减少了成本节约与卓越服务之间的潜在冲突（见图 15.2）。

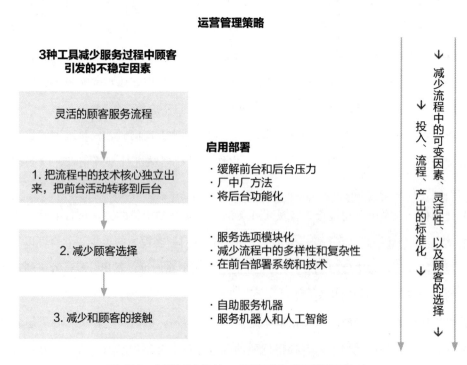

图 15.2 实现"成本效益 + 卓越服务"的运营管理方法

首先，在低接触度的服务中，商家更容易实现服务过程的功能化和系统化。分离前台与后台可以让后台工作为前台提供缓冲，缓解前台员工压力，同时可以提高后台服务的生产力，因为分离之后，后台的工作消除了顾客的影响。公司还可以通过部署技术和系统让后台的工作成本更低、效率更高。比如，让后台员工专注于生产力和流程质量，前台员工负责客户满意度和销售。这种类似制造业"厂中厂"的方法往往能提高生产力和服务质量。

其次，公司还可以通过把服务分解为不同的模块来进一步简化前台的工作，由于顾客的选择少了，流程中潜在的不稳定因素、互动的灵活性和联系也都减少了，这样公司就有更大的空间在前台增加系统和技术的部署。

最后，当服务流程和服务产品已经模块化，且复杂性大大降低时，自助服务技术、机器人和人工智能的部署能让公司的运营变得更容易。

尽管理论上这3种工具可以单独使用，但这些工具可以按照一定的先后次序形成一种自然的工作流：这个步骤是：① 将后台工作功能化，把服务从昂贵的前台转移到后台；② 模块化服务；③ 使用自助服务技术、机器人和人工智能。这样，每个步骤都简化了下一个步骤的实施，可以流畅地进行。

举例来说，先锋基金公司将其服务流程分解并模块化，然后将这个流程转移到了自助服务平台。该公司没有分支机构，提供服务几乎完全依赖互联网、应用程序、电话或邮件与客户互动。流程转移后，客户几乎不需要与公司面对面接触了，甚至个人互动功能也通过技术得到了增强。比如，公司应用分析工具可以把客户的投资策略与其财务目标相匹配，这大大减少了为客户做人工服务所需的时间，同时提高了咨询质量。

亚马逊也将其前台环节减少到了最低程度。它的商业模式完全建立在互联网的使用上。随着自助服务技术的广泛使用（比如，搜索、选择、支付、账户管理和评论）、模块化服务的开展（高度流程化的服务顾客只需从选项中选择），以及强大的分析方法运用（用于提出建议），现在，亚马逊已拥有一个几乎完全自动化、功能化的后台，可以在无人工参与的情况下高效履行服务。

总之，运营管理方法使用3种工具，通过减少流程中客户引发的可变因素来提高效率，并在流程中部署技术和系统。这种方法与双重文化方法不同，它改变了与客户接触和交互的方式，并倾向于减少客户的选择，减少交互灵活性和接触。

专注的服务工厂策略

学习目标：了解为什么"专注的服务工厂"策略是用简单的方式实现"成本效益＋卓越服务"

实现"成本效益＋卓越服务"的第三条途径是专注的服务工厂策略。这种策略是将经营范围收窄，专门针对某一个客户群的明确需求，量身定制一套单独的解决方案。这种策略下的公司服务流程简单、重复、稳定而且在一个专注的领域深耕，从而累积越来越强的竞争力。"比起生产多种产品的工厂，一家专注单一产品的工厂能在该项产品上生产更多、价格更便宜并迅速获得竞争优势。"当公司把服务流程中顾客导致的不稳定因素降至最低时，这种"专注的工厂"策略会更加有效。顾客在这家公司可以获得单一的、高度标准化的高质量服务。把专注的服务工厂策略与卓越服务的公司文化相结合，是实现"成本效益＋卓越服务"相对简单的方法。请参考图 15.3，看看专注的服务工厂策略是如何运作的。

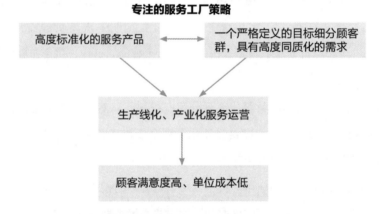

专注的服务工厂策略

图 15.3　公司如何运用"专注的服务工厂"战略实现"成本效益 + 卓越服务"

纳拉亚纳医院是这方面的一个很好的例子。这家医院专注于心脏手术。与综合医院相比，它追求的是仅在这一个细分领域发展。而这种专注使其能够持续在心脏手术领域学习、创新和提高手术质量（如该医院首创的"跳动心脏直视手术"）。纳拉亚纳的外科医生们通过大量的同类手术积累，对治疗流程进行深入细致的分析，从而不断提升医疗服务的水平。医疗团队可以收到集团内部其他 22 家医院的对比分析数据，以此来激励医护人员分享最佳诊疗方案。与此同时，将手术集中于少数几家医院，还能实现资源的集中利用、降低单位成本并推动学习与创新。

另一个例子是美国捷蓝航空。该公司采用"专注的服务工厂"策略，专门提供以低成本和高质量运营的单一的点对点航班服务。而其特定机型的年轻机队，也有助于公司以较低的维护成本，进一步聚焦运营。捷蓝航空还运营长途通宵航班，以提高飞机利用率。其运营模式导致其单位成本（每座位每千米）较低，但服务质量却高于提供全面服务的航空公司和其他的廉价航空公司。

随着技术进步，越来越多的移动应用和在线服务也都开始采用更加专注的服务，为特定消费者群体提供高度标准化和设计严密的解决方案。最典型的例子就是高速发展的金融科技类服务。金融科技企业通过智能流程及新兴技术，专为特定的金融需求提供解决方案，如旅行保险、国际汇款等。

基于"成本效益 + 卓越服务" 路径的商业模式
学习目标：了解与"成本效益＋卓越服务" 相关的商业模式需要考虑的因素

在上述的三大核心战略中，双文化策略似乎是最难执行的。提供卓越服务是员工们的自然关注点，但成本节约很难在员工中间推行。双文化策略需要高级管理层提出一个令人信服的理由，说明为什么需要关注成本的节约。因此，高级管理层必须同时提高员工的成本意识和卓越服务文化，这并不容易。然而，日益激烈的竞争和成本压力正迫使公司寻求新的方法来提高效率，同时保持服务的高水平。

当组织追求另外两种途径，即运营管理方法或专注的服务工厂策略时，商家已经把系统、技术部署到服务流程中，硬件的生产力和成本效益也已经得到了计算，所以员工可以专注于提供卓越服务，而不必过于关注成本和增量生产力。这使得运营管理方法和专注的服务工厂这两种策略比双文化策略更容易实施。

即使是在一个特定的商业模式中，管理人员也需要意识到一点：为顾客提供更大的选择性、灵活性和订制化，以及增加产品和功能，很可能会带来显著的成本上升。服务的复杂性和不稳定因素会呈指数级增长，导致生产力水平降低，同时也使高质量服务变得更加困难。所以，一个商业模式中，或者一个服务设施中，甚至一个单独的流程中的可变因素到底有多少，是一项至关重要的战略决策需要考虑的。

比如，纳拉亚纳医院没有把自己建造成一家综合医院，只是扩建了心脏手术的设施。其中的原理很简单：谁经营得更好、更快、生产力更高？——是只为单一细分顾客群提供单一产品的专家，还是一个必须满足许多客户不同需求的通才。在大多数情况下，提供单项服务的商家将赢得胜利。

那么，提供全面服务的商业模式应该注意什么？如果仍以医院为例，综合医院的核心能力应包括具有处理高度不确定性的突发事件和复杂病例的能力。这是一个仅专注单一治疗项目的医院难以比肩的。比如，多伦多的桑尼布鲁克医院就是一个很好的例子，该医院仅处理较轻的病症，但一旦遇到疑难杂症，它就将患者转诊至它的姊妹院区，一家综合医院处理。

通过本章的讨论，我们得以从战略的视角观察当前服务业可见的业务模型。类似工业革命中从手工工匠到大规模生产的转变。我们所处的时代，服务业正在加速向模块化的服务，或者自助服务技术、机器人、人工智能、应用程序的服务转变，并且很可能会出现我们所讨论过的"服务工厂"的商业模式。制造业革命带来的大规模生产出现后，手工工匠依然存在，只是价格很高。与此类似，我们现有的一些服务业经营模式也会继续存在，但在这场变革中，随着服务机器人和人工智能的应用越来越广泛，将会有大量的公司采取"运营管理方法"策略和"专注的服务工厂"策略。这里面蕴藏的机会是巨大的，因为许多服务都是基于信息，其增量成本可以忽略不计。而许多需要个人接触的服务（比如，手术、理疗）则会越来越多地以服务工厂的形式存在，实现无与伦比的成本节约和卓越服务。

结　论

你已经读完这本书了，我们希望这本书超出了你的期望，为你提供了服务营销和服务管理的新思路，以及成功所需的工具和技能。经营一家公司、做出改变或保持竞争力都不是一件容易的事，即便对于最有天赋的领导者也一样。但尽管如此，我们希望你在读完本书后，能够胜任任何公司的营销人员和领导者。我们也希望不仅为你提供了必要的知识和思路，同时也增强了你领导一家公司的信念和态度。如果这本书能激励你成为服务业的佼佼者。我们作为作者，就达到了目标。

在每一章的开始，我都以励志名言开篇。现在，我想用托尼·罗宾斯（Tony Robins）的一句话来结束本书："不需要知道该做什么，只需要做你知道的。"最后，希望你享受、掌握并成功应用在本书中学到的知识。

附录

第一部分　哈佛案例库案例

肯德基中国：　数字化重构竞争优势[①]

（作者：林宸、张驰）

作为第一个进入中国市场的洋快餐，肯德基自 1987 年在北京开设第一家店后发展迅速，支撑中国区成为百胜餐饮集团（Yum! Brands）的重要市场。2015 年，屈翠容（Joey Wat）就任肯德基中国区 CEO。2016 年，百胜中国（纽约证券交易所股票交易代码：YUMC）从 Yum! Brands 分拆独立上市。屈翠容决心要将肯德基中国的业绩再进一步。然而，快餐行业环境已经不同以往：受消费升级的影响，中国消费者开始追求健康和享受；中式快餐、小吃等品类的崛起让中国的餐饮市场竞争更加激烈；从业人员流动性高，人力、房租等成本不断攀升；年轻群体成为消费主力军，影响消费行为的因素也从商品本身延伸到服务、内容，关注点从价格、功能转向性价比、个性化与参与感等。对于产品高度标准化、客单价相对稳定的肯德基而言，突破点在哪儿呢？

屈翠容想到了数字化。被称为"被炸鸡耽误的科技公司"，肯德基中国很早就开始数字化生态的布局，具备强大的数字化能力。围绕"好吃、好玩，有里、有面"，屈翠容带领肯德基中国进行了诸多尝试，以提高运营效率、降低成本，并改善消费者在整个消费旅程中

---

① 本案例荣获 2019 年"中国工商管理国际最佳案例奖"。

的体验。然而，如何更好地利用数字化这一"武器"为品牌服务呢？屈翠容还需要回答许多问题：肯德基发布的许多"黑科技"到底如何运用在未来业务里？在餐饮服务业中，科技可以取代人吗？应当如何定位科技在客户体验中的作用呢？

● 新餐饮的崛起

餐饮新零售的概念

近年来，伴随着市场逐步趋于饱和，竞争加剧，餐饮业高人力成本、高食材成本、高房租、低毛利的问题越加突出，餐饮企业精细化管理的需求也越发急迫。2016年，马云首次提出新零售的概念，认为未来不会有纯线上或者纯线下的零售企业，线上线下和物流将结合在一起。新零售的概念很快获得认可，数据驱动下以消费者体验为中心的商业理念开始普及，以零售商餐饮和便利店餐食为代表的零售餐饮化和以餐饮 IP 企业和未来型店铺为代表的餐饮零售化渐成趋势。同时，为体量小、技术能力不足的中小餐饮企业提供供应链、金融、管理等服务的 B2B 服务提供商应运而生。

新技术助力

新技术在餐饮业的广泛应用，改变了传统餐饮从顾客获取直至反馈互动的各个环节。大数据技术在顾客画像、选址、营销等方面的应用改变了传统餐饮店铺经营形式。通过对支付平台和到店消费平台所积累的数据进行挖掘，商家可以获得较为清晰的顾客画像，在开店前就可以更精准地选择品类，并确定自己意向的客户群体；通过对商圈人流性质、人流时间等数据的分析，结合店铺定位，店铺可以选择更合适的商圈，从而降低选址风险和租金成本；线上平台可以将宣传精准地投放给目标用户；会员制度有助于及时拉回客流；通过平台数据的反馈，商家更容易在服务和菜式上及时做出改变，了解对顾客的吸引点和顾客流失的原因，快速升级迭代服务和产品，从而更好地满足消费者多元化的需求。

即时配送服务的完善和升级使商家能够提供突破场景的消费体验。数字化支付是餐饮这种高频次消费得以实现线上线下融合的基石，不断变革着消费者的购买流程，升级消费者的购买体验。供应链系统的升级允许企业使用标品和半成品，在提升效率的同时保证出餐品质的稳定性，减少用餐者等待时间，并保证稳定的供给。

● 肯德基在中国

肯德基中国概况

肯德基是中国最大的西式快餐连锁品牌，在中国 1 200 多个城市拥有 5 900 余家店面（截至 2018 年 12 月 31 日），店面数量两倍于排名第二的竞争对手。在炸鸡产品之外，肯德基中国结合本地市场创新了菜品，比如猪肉、海鲜食品、饭类、新鲜蔬菜、汤类、粥类等，还陆续推出了早餐、外送和 24 小时营业等业务或服务。

2004 年，AC 尼尔森的调查结果显示，在"顾客最常惠顾"的国际品牌中，肯德基排第一位。然而，在 2014 年，肯德基同店销售额下滑达 4%。

2015 年 8 月 20 日，屈翠容被任命为肯德基中国区 CEO。屈翠容带领肯德基中国放手变革。她对中国市场有自己的看法："从改革开放前到今天，广大中国人的心态经历了颠覆性的变革。个性得到全面释放，更专注自我，乐于享受简单的生活，从而回归真我。"基于此，屈翠容决定"进入 2016 年，肯德基选择尽情自在"。

此后，肯德基中国围绕"好吃、好玩，有里、有面"，在品牌年轻化方面做出诸多尝试。其中，数字化战略的成功实施尤为重要。被网友戏称为"一家被炸鸡耽误的科技公司"，肯德基中国一早就建立了自己的数字营销团队和 IT 部门。作为餐饮业，甚至整个零售业内最早开始研究手机点单的公司之一，肯德基中国无先例可循，参考互联网"小步快跑、更新迭代"的指导思想，摸着石头过河，最终呈现出手机自助点餐等多个数字化产品。当然，在数字化的早期，肯德基中国也遇到一些挑战："肯德基数字化开始得比较早，是走在消费者前面的，在消费者形成数字化习惯前就去做预判实际上是很困难的；如果判断错了，怎么及时修正，也是一个难点。"幸运的是，肯德基中国的多位高管都是 IT 出身，或有 IT 背景，对技术的预判和实现都颇有心得。目前，百胜中国几乎对所有自主研发的软硬件科技产品拥有知识产权，这也使得肯德基在数字技术应用上更加自如。

2016 年，Yum! Brands 将百胜中国分拆，分拆后的百胜中国不再是 Yum! Brands 的中国事业部，而是在纽约证券交易所上市的独立公司，拥有肯德基、必胜客、塔可贝尔品牌在中国大陆的独家运营权。同年，肯德基中国全年运营利润达 6.45 亿美元，同比增长

29％，全年同店销售额增长 3％。

竞争对手

麦当劳 1955 年创立于美国，1990 年进入中国。如今，中国是麦当劳全球第二大市场、美国以外全球最大的特许经营市场，以及全球发展最快的市场。2017 年 7 月，麦当劳与中信股份、中信资本、凯雷达成战略合作，共同运营和管理麦当劳在中国内地和香港的业务。截至 2019 年 6 月，中国内地有超过 3 100 家麦当劳餐厅。麦当劳中国提供汉堡、小食、甜品等各类美食。外送也在麦当劳中国中扮演越来越重要的角色，2018 年，麦当劳在中国的外送增加了 75％，在北京、上海、深圳等一线城市，外送已占整体销售额的 25％之多。在数字化进程中，麦当劳中国始终与微信保持密切合作。自 2015 年起，麦当劳中国接入微信支付、推出微信点餐小程序、接入微信会员卡，至 2019 年 8 月，采用微信支付的订单比例已超过五成；至 2019 年 6 月，麦当劳中国的 8 500 万名会员中有 85％以上是通过微信小程序注册会员的。2016 年，麦当劳和微信首先联合推出未来智慧概念餐厅，至 2019 年 8 月，"未来餐厅"的概念已经覆盖全国超过 70％的麦当劳餐厅，包括触屏自助点餐机、手机点餐、手机支付、双点式柜台、会员积分、送餐到桌等。

德克士最早起源于美国得克萨斯，1996 年被顶新集团收购，至今已成为中国西式快餐特许加盟优秀品牌之一。德克士自 2000 年开启加盟以来，在全国拥有超过 2 500 家门店，遍布全国所有省市，其中 85％为加盟店。德克士走的是农村包围城市路线，用低价俘获人心。2014 年德克士开始实行会员电子化，并在此后加入集享联盟会员系统，接入微信、支付宝等第三方渠道。目前德克士已在全国拥有超过 4 000 万名集享会员。通过会员数据，德克士优化产品，找出新的卖点，推出了海陆巨蟹堡等爆款产品。2017 年 12 月，德克士推出付费尊享会员。2016 年，德克士对 POS 系统的后台、中台都做了调整，并在 2017 年 12 月推出首家无人智慧餐厅。

汉堡王 1954 年创立于美国，1980 年进入中国香港地区，直至 2005 年才在中国大陆开出第一家餐厅。2012 年，汉堡王中国获得新注资，开始爆发性发展。截至 2018 年，汉堡王已经进驻 140 多个城市，门店突破 1 000 家，预计 2021 年餐厅数将突破 2 000 家。2015 年，汉堡王在中国开始进行数字化尝试，开发了 2 个微信小程序、2 个支付宝小程序，其中支付宝会员小程序表现最为突出，2019 年给汉堡王带来超 400 万会员量。此外，汉堡王还提供自助点餐机、线上点单、扫码点单等多种点餐形式；饿了么和美团外卖等平台的生意贡献度超过了汉堡王整体数据的 30％。

● 数据资源开发

2008 年，百胜中国开始着手建立国内的数据仓库（Data Warehouse）。2016 年，百胜中国在已有的数据仓库的基础上建立了数据银行（Data Bank）。得益于百胜中国将近 2 亿（截至 2019 年 6 月底）的会员，海量数据每天都在源源不断地流入百胜中国。肯德基中国对这些数据进行深入挖掘，形成了复杂的消费者标签体系，以此升级算法并提升预测模型的准确度。

构建消费者标签

在百胜中国的数据银行里，有 1 800 余个消费者标签，且维度非常丰富，包括所在区域/地址、爱好、偏好以及一些社会性数据。消费行为是判断消费者标签最重要的依据。例如，消费者如果每次都要买儿童套餐，那可能有孩子；如果只有中午时间段来、晚上不来，那可能是白领，也有可能是喜欢游戏的、爱好体育的，或者追求性价比的人；如果习惯点广告产品，就可能是新品爱好者；如果只叫宅急送，从不用到店的手机自助点餐，那可能是不愿出门的宅男。精确的消费者标签使肯德基中国能够通过智能营销推动购买行为，并建立消费者的忠诚度。

"标签构建的关键是与外部数据打通。每一次营销活动都可以累积大量的数据。比如，我们举行过一次让吮指原味鸡和脆皮鸡 PK 的活动，看消费者喜爱哪个。消费者的选择也可以给我们留下数据，"首席技术官如是说，"如果一个顾客连续三次来点的都是一样的东西，那么他第四次进来就会想要尝试一点新的产品。"

AI 平台提升运营效率

肯德基中国掌握着线上、线下所有交易的明细数据，这些海量数据是开发算法模型的基础。肯德基中国用来做交易和产品预测的变量主要有 5 个：销售业绩、位置、促销、节假日和天气。然后基于这家店过去两年所有的销售数据，形成一个深度学习算法模型。算法开发的难度主要是在参数调整上，越往后模型的准确度就越难提升，几乎每个百分点的提升都会对开发成本产生影响。

现在，AI（人工智能）技术的发展帮助肯德基中国的算法升级突破瓶颈。AI 技术在肯德基中国有丰富的落地场景。例如，作为 AI 重要组成部分的机器学习就在调参的过程中发挥着重要作用。百胜中国的数据科学家团队在 AI 平台上将过去两年的业绩数据装入模型模拟运算，通过历史数据检验预估的准确性，进而不断调整、优化模型。AI 的应用，已经帮助肯德基中国提升了预测模型的准确度。更高的预测准确性帮助肯德基中国减少了资源浪费，降低了库存风险并改善了劳动力安排。

除此以外，AI 技术还在智能营销、智慧店铺、智能服务和智慧企业等多个领域发挥作用：开发个性化菜单和优惠策略，优化媒体策略，进行消费者洞察、店铺运营和库存管理，动态规划配送路线，优化选址，提升招聘、风险管理、供应链管理等工作的效率。

● 数字化技术改进用户体验

2015 年是肯德基中国数字生态的元年。这一年，肯德基中国决定通过技术实现用户体验现代化，以彻底解决体验老化的问题。经过研究，肯德基中国划定了客户旅程（customer journey）：从顾客离店 3 千米到进店前 6 秒，决定排队还是马上离开，到点餐、拿到餐的 3 分钟，到离开要不要推荐，到回家要不要继续点一份餐，到每逢节日是不是要送给别人肯德基礼品等；继而，肯德基中国将客户旅程中每一个与用户的接触点都拆出来进行数字产品的设计，并配备独立的产品经理；产品经理负责对接触点进行分析，最终保证每一个接触点都变成一个数字产品。借鉴互联网运营模式，肯德基中国每一个新的数字产品都通过项目制来打造，项目组中一般由作为需求提出方的市场部人员作为产品经理，总揽整个项目，其他产品部门、IT 部门也会参与进来，目前肯德基中国有上千个项目组。

进店前：更高的到店效率

1. 手机自助点餐(Pre-order)。 2014 年，肯德基中国推出"预付快取"（后改名为"手机自助点餐"）服务，消费者只需要在网上下单付款，就可以在事先选择的时间内在任意开通预付快取的肯德基门店取餐，并且有专门的通道保证消费者不用排队，到点打包保证食品口感。预付快取数字点餐平台由肯德基品牌自建，点餐全程由消费者自助独立完成。预付快取的作用在早餐时段尤为明显。根据调查结果，消费者对早餐时间要求极为苛刻，一半以上的受访者愿意等待早餐做好的时间仅为 2—5 分钟，一旦超过 5 分钟将失去耐心。肯德基的预付快取解决了这个痛点：消费者可以在手机 APP 上提前下单，在上班的路上到店提走早餐。

2. **全渠道、实体店与快速定位。** 截至 2018 年底，肯德基在中国 1 200 多个城市拥有 5 900 多家实体店。早在 2015 年，肯德基携手百度地图搭建"虚拟门店"，成为首批入驻百度地图商户平台的品牌。借助百度在 LBS 定位、地图资源、语音搜索技术的优势，虚拟门店可以应对用户在现实生活场景中寻找就餐地点往往要考虑所在位置、优惠力度、搜索方式及品牌可靠度等因素的情况。比如，用户身处某商圈，想要在附近找个地方吃饭，他可以通过地理位置寻找附近的肯德基门店，活动期间也可以直接在百度地图通过语音搜索喊出"我要吃汉堡"，就会跳出由百度地图官方认证的肯德基品牌页；在找到肯德基虚拟门店后，用户便能看到由百度糯米提供的优惠套餐；完成线上支付后，百度地图就会为用户导航到最近的认证门店取餐。

3. **多种虚拟店面。** 在自有的超级 APP 上，肯德基中国搭建了 V 金商城，在 V 金商城中消费者不仅可以购买肯德基的产品，还可以购买美妆个护、数码家电等多品类的产品。消费者亦可以在天猫商城、口碑商城的会员旗舰店上购买肯德基产品券，并在线下核销，逢"6·18""双十一"等线上节点还会有促销活动。2018 年圣诞节前，肯德基中国开发了微信小程序——口袋炸鸡店：通过微信登录，根据页面引导，选择"店面""店主形象"后即可成为"店主"，将"口袋炸鸡店"分享给好友；好友即可通过"口袋炸鸡店"向肯德基购买产品；店主根据订单量和订单金额等获取奖励。随着社交电商的发展，肯德基中国还推出了另一款微信小程序——肯德基拼一拼，通过拼团，消费者可以以优惠的价格购得产品。截至 2018 年底，肯德基共开出 150 余万家"口袋炸鸡店"，每日活跃用户峰值可达 200 万人。

4. **社交媒体营销。** 从 2013 年 12 月 30 日起，一场"吮指原味鸡"与"黄金脆皮鸡"的 PK 大战开始，历时 8 周，消费者累计投票总数高达两千多万票，天涯、豆瓣等网络社区不乏相关话题的讨论帖，最终，吮指原味鸡以微弱优势获胜，自 2012 年下架后实现"复活"。2017 年 7 月，肯德基与视频平台哔哩哔哩合作，消费者前往肯德基指定餐厅购买吃过瘾炸鸡桶或人气明星餐，就能领取限量版 B 站徽章。2017 年 12 月，肯德基在抖音平台上线了一首神曲《干杯 大侠》，制作极具大侠色彩的"K记斗笠"，满足"90后"甚至"95后"的个性化需求，用户可以配合音乐，自发创作新奇且有创意的音乐短视频，在KOL的引导下，引发海量二次传播。此举旨在推广肯德基早餐新品——干贝大虾粥。"肯德基的土豪吃法"等视频也在抖音上走红。肯德基官方微博账号拥有242万余粉丝（截至2019年9月），成为发布新品、促销活动等信息的重要阵地。

餐厅内：更多自在享受

2016年肯德基"Original+"概念店开业时，屈翠容在现场强调："我们不但有好吃的产品，也有好的服务，更有独特的体验。这就是我们所追求的：好吃、好玩，有里、有面。"

1. 多样点餐。除了上面提到的手机点餐外，在肯德基餐厅中，消费者还可以通过动态电子餐牌（DMB）或者触屏点餐机（Kiosk）来点餐。触屏点餐机的软件和硬件都是百胜中国自主研发的，触屏点餐机还申请了专利。触屏点餐机可以实现中英双语显示，还可以切换成人模式和儿童模式，考虑到小朋友身高有限，在儿童模式下，机器只将屏幕下半部分作为点餐区域。

在杭州的人工智能小镇，肯德基开设了未来餐厅并设置了一个独一无二的特殊职位——天才管家，如果消费者是老人、小朋友，没有手机或者不会用手机，天才管家会协助他们完成点餐、取餐等多个环节。从柜台到数字化点餐，肯德基店面也随之发生变化：2015年，点餐区占店内面积较大；而到2018年，部分点餐区域已经改为配餐区。2018年第四季度，数字化点餐占销售额的比例已经从2017年第四季度的33％增长到54％，同比增长超过50％；2018年肯德基员工服务效率获得提升，员工每小时服务的交易量比2013年增长了15％。

2. 数字化支付。2015年7月，肯德基成为第一家将支付宝带到1000多个城市的4800家线下门店的品牌。2017年1月，肯德基全面接入微信。2017年9月1日，支付宝和肯德基在KPRO餐厅联合上线"刷脸支付"，这家开在杭州万象城的肯德基KPRO餐厅是全球第一家支持刷脸支付的餐厅，这也是刷脸支付技术在全球范围内第一次实现商用。2019年2月，百胜中国与中国银联合作完成了支付应用——神钱包（YUMC Pay）的上线。至此，肯德基支持支付宝、微信支付、神钱包等多种支付方式。数字化支付的引入，免去了找零的环节，提高了收银的速度；使肯德基店内的POS机数量从以前平均每店6台减少到现在的每店 2～3 台；避免了收到假币的风险；减少了现金的使用，极大地降低了出纳的工作强度：以前每天都至少要去一次银行存当天收取的现金，现在一周一次甚至未来一个月一次都是可以的，前台员工的时间被节省下来，可以将更多精力投入到更好的服务体验上。2018 年第四季度，肯德基数字化支付占比从 2016 年第四季度的 39％增长到 85％。

3. 便捷取餐。在自助点餐专用通道之外，肯德基还采用了双桌式柜台，即将柜台隔离成两个部分——点餐台和取餐口，提高了消费者取餐的效率。

4. 娱乐化用餐。肯德基门店还依托科技实现了一系列个性化的体验内容。肯德基为到店消费者提供免费 WIFI 服务，消费者只需打开无线局域网就可以根据指引连接到免费网络。通过扫描餐厅内桌贴二维码或者通过肯德基 APP K‑Music 板块，消费者可以自定义餐厅的背景音乐。2018 年底，K‑Music 最高月点歌量超过 80 万次。2017 年，肯德基中国与网易手游《阴阳师》进行合作，借由移动定位服务（LBS）和扩增实境（AR）技术，将虚拟游戏带到现实生活中的肯德基门店中。玩家可以进入附近的门店，利用 LBS 地图攻打副本；肯德基也推出《阴阳师》欧气明星餐、限量闪卡、应援寮和主题应援店等线下推广活动，肯德基门店因此成为收道具、找闪卡之地。该活动不仅引发话题讨论，攻占许多媒体版面，也赋予了肯德基全新的游戏感，掀起一股热潮。肯德基还提供电子礼品卡服务，在肯德基超级 APP 的礼品卡板块中，填写对方的手机号，就可以选择卡片，通过短信的形式发送给对方，这是一个很好的体验，将礼品卡销售和用户的情感结合在一起。此外，肯德基还提供在线故事会等创新体验。

一些带有颠覆创新性质的"黑科技"也在肯德基店内得到应用。2018 年，肯德基中国在苏州开设 AI 无人甜品站。在 100 天的试运营中，无人甜品站每天最多可以卖出 300 个冰激凌甜筒。甜品都是由机械臂做出的，机械臂可以模拟人类的每一个动作，也可以做到每一个甜筒的重量基本相同，同时严格按照员工操作规范进行冰淇淋的制作以确保用户体验。2019 年 7 月，肯德基无人甜品站 2.0 版本在上海人民广场开业，与前一个版本相比，外观更美观，布局更紧凑，相关体验环节进行了全面升级，成为一个真正的独立无人"小店"。

离店后：持续个性化服务

消费者虽然离店，但肯德基采取了多种措施让会员"带着权益离开"："他会记得，这些权益会不断地把他重新驱动回店里来。"

1. 超级 APP。 2016 年，肯德基中国将原先分别实现单个功能的多个 APP 改造成为一款超级 APP，集纳了消费者可能与肯德基连接的所有接触点，比如外送、手机自助点餐、会员服务、优惠券等。超级 APP 是百胜中国数字化生态的核心，也是肯德基 1.6 亿名（截至 2018 年底）会员的服务平台，提供 K 金兑好食、K 金享生活、周二会员日、会员特权等会员服务。超级 APP 的功能不断得到完善和强化。最初，APP 只提供诸如优惠券、点餐等刚需服务；现在，APP 中加入了许多互动板块。在得出"用户一旦签到一次，就会想把其他的都签完"的结论后，超级 APP 上线了签到板块。目前，签到板块是超级 APP 中最受欢迎的功能之一，打开 APP，点击签到就可以获得 V 金；在某些活动日，比如周二，V 金可以折抵现金使用；连签 7 天，就可能获得一个产品的免费券；到店签到，可以获得额外的回馈，比如得到更好的产品等。"他一旦到店里面签到，肯定会买一些东西，买一杯饮料、带一杯咖啡，或者吃一顿正餐都有可能。"

2. WOW 会员体系。 2016 年，"肯德基 WOW 会员"的会员计划正式在全国铺开。在不到一年的时间里，肯德基的会员数量迅速超过 6 000 万，2018 年第四季度肯德基中国会员人数超过 1.6 亿。会员体系最大的意义是扭转了以往顾客在餐厅是顾客，离开后就是很难再找到的陌生人的局面，而将顾客变成了一个可以找得回来的会员，以此获得二次沟通的机会。2018 年，肯德基活跃会员为百胜中国带来的年度销售额是 2016 年的 1.8 倍。

2017 年，肯德基中国推出会员尊享计划来建立会员忠诚度，并提升消费频次。每月花费 18 元，消费者可以从宅神卡、醒神卡、提神卡中任选其一。根据公司 2018 年第四季度的数据，主打外送特权的宅神卡带来的交易量占自有平台交易总量的 22%，月度客单价提高到 2.1 倍，月度消费频次增加到 2.4 倍。在百胜中国全时段、多品类的交易中，会员占比都显著提升：午餐时段会员占比从 2017 年的 37% 提升到 2018 年的 48%，早餐时段和外送的会员占比均从 15% 提升到 21%。

3. 会员服务。 肯德基中国提供了门店、肯德基超级 APP、微信、支付宝及天猫会员店等多个快捷入会路径。在 V 金商城里，会员则可以通过消费积分兑换更多礼品，除肯德基的食物和一般服务之外，会员还可以享受个性化的服务。例如，作为鹿晗粉丝的会员有机会免费看鹿晗的演唱会，爱好跑步的会员可以参与肯德基马拉松跑团等。

4. AI 个性菜单。 传统零售难以吸引并留住消费者很大的原因是传统零售不知消费者所想，更难知消费者所爱，"粗糙"的产品难以精准地触达消费者内心，进而达到捕捉消费者需求的目的。利用"支付即会员"的巧妙形式，肯德基拉近餐厅与顾客之间的距离，收集大量的顾客脱敏数据，并利用消费金额、消费频率、消费习惯等信息，将客户打上不同的标签进行分类，为餐饮营销做基础。基于消费者数据，肯德基中国可以有针对性地向不同人群推送不同的促销信息。

以前在柜台点餐的时候，都是店员推销，但现在顾客对店员推销越来越抗拒。手机则不同，京东、淘宝等的推荐成为许多消费者购买的参考。但肯德基与淘宝相比还是有很大不同：淘宝上所有东西都可以推荐，但是在肯德基则存在及时性的问题。百胜中国的首席技术官举了个例子："你到这家店，如果这家店新出的早餐饭团卖得特别好，那我们就不敢再推荐这个了，因为再推荐的话就卖光了。"所以，肯德基在 2019 年的一项工作任务就是把线下的库存和生产打通，店内销售情况和线上打通，这样后台就可以知道这家店实时的生产和库存数据，进而进行推荐。现在有一些产品也是可以推荐的，比如一般不会卖空的蛋挞和咖啡；如果是早餐，则可能会推荐鸡蛋或豆浆。这都是基于 AI 和大数据得出的结果。

外送业务

除了堂食外，外送也是肯德基重要的消费场景。早在 2006 年下半年，肯德基就涉足外送市场，这比美团和饿了么（2012 年开始）还早了 5 年多。2007 年，肯德基将外送模式推向全国，这也标志着肯德基成为国内最早在顾客端、手机端完成外送生态搭建的企业，但此时外送多是通过电话下单的。这是肯德基外送的 1.0 时代：通过手工分拣，以肯德基门店为基础，由自有骑手配送。

2014 年，当网上外送平台初具规模时，百胜中国敏锐地察觉到这些平台会通过补贴提高外送的渗透率，从而吸引大量的客户进入外送市场。出于战略考量，百胜中国决定与平台进行合作，成为第一个接入美团和饿了么的连锁餐饮企业。那时，由于外送平台技术还不是很先进，百胜中国与外送平台一同研发全自动菜单，实现平台与菜单中心对接。2017年，百胜中国收购了"到家美食会"和"食派士"两家早前皆定位于中高端客户的餐饮外送平台。即便与外送平台合作，肯德基仍然坚持只使用自有的骑手团队。2018 年，肯德基采用自动分拣技术，将外送带入 2.0 时代。2019 年，肯德基进入外送 3.0 时代，采用 AI 分拣系统，未来会探索基于商区为包括肯德基、必胜客、塔可贝尔、东方既白等百胜中国旗下众多品牌提供配送服务，并完善物流支持。为了保持外送与堂食品质相同，肯德基曾坚持10年不外送薯条。2015年，肯德基研发了专门的外送菜单并对堂食菜品进行了改进和创新："2015年开始决定送薯条是因为我们发明了一种新的薯条，一种粗的、螺纹的薯条，到家之后温度和脆度都可以保持，比起店内是完全不一样的，这款薯条只在外送菜单中可选。"

2018年第四季度，肯德基中国16％的营业额靠外送实现，而2015年到2018年高达40％的复合增长率也使外送成为肯德基中国业绩增长的重要推手。动态规划的外送系统使得送餐员的分配、配送路线规划更加合理和高效，30分钟内的履约率从2018年第一季度的69％上升到第四季度的85％，更快的送达速度也使得外送餐品质量得到提升。

● 数字化技术在肯德基的未来

数字化成效显著

基于海量的完整数据和强大的数字化能力，百胜中国形成了完整的数字化生态：以旗下品牌为中心，贯穿整个消费者旅程，涵盖多种用餐场景并能满足多种消费者需求。数字化帮助肯德基获得显著的改进：人力成本下降；排队时间缩短，顾客体验大大提升；手机点单的方式下，消费者可以更自由、放松地选择，这使得客单量有所上升；产能增加，解放出来的人力可以做厨房或者奉客的工作，使消费者90秒内就可以拿到订单产品。

2018年第四季度，肯德基已经实现51％的数字化点餐和85％的数字化支付。自2016年来，肯德基中国表现出了强劲的增长势头：2018年，肯德基同店销售额同比增长2％，系统销售额同比增长7％。可以说，通过数字化战略的实施，肯德基中国已经成功实现了业绩的复兴。

研究与思考

肯德基计划将AI技术置于更为广泛的应用场景中。其实不只是AI，肯德基还应用了许多"黑科技"，比如无人甜品站、超级APP中的KFC Intelligence——KI上校、刷脸支付、支持无线充电并可以定制歌单的音乐充电桌等，这些"黑科技"仅用在某些概念店中。

这些"黑科技"对未来布局有何作用？

数字化不是全部，技术进步当然可以实现全无人——无人取餐柜、无人点餐，但前两年引起关注的"无人面馆"却渐渐失去了踪迹，对此百胜中国认为"未来模式不是为了省人工，而是为了让顾客的体验更好，而在这个体验当中，人还是很重要的一环"。"为客疯狂"是百胜中国一直坚持的理念，数字化改造围绕的也是顾客的体验，"如果我们把顾客服务好了，利润就会随之而来，我们很少会做只为提升利润的事情"。虽然数据已成为百胜中国越来越重要的资产，正如百胜中国的首席技术官所言："我的任务是要把这些数据资产像金融资产一样整合起来，让它产生更大的价值。"但顾客永远不应该只是一串数据，或者只是一个 ATM。

2019 年被称为"5G 元年"，5G 高速率、低时延、高密度、广连接等特性在效率提升、程序简化和体验增强等方面为餐饮业赋能。在数字化新餐饮的时代，面对麦当劳、德克士等竞争对手的跟进，肯德基如何把目前数字化的优势转化为持续的竞争优势？如果数字化的目的是为了提升客户体验，那么员工在这个过程中又该扮演什么角色？肯德基又该如何看待"人与人"之间互动的意义与价值？5G 助力下肯德基的数字化还可以做何种探索？随着门店数不断扩大，肯德基也需要思考并找出一个最适合的"人与技术"完美结合的模式。

全家（Family Mart）：互联网+的渠道战略布局[①]

（作者：林宸）

电子商务和网络零售正在给中国零售行业带来前所未有的机遇。中国商务部数据显示，2015 年中国电子商务交易总额增速超过 35%，是国内生产总值增速的 5 倍；全年网络零售增速较社会消费品零售总额增速快 20.9 个百分点。在这样的大环境下，很多零售商开始布局全渠道转型。自从"O2O"（Offline to Online）概念风靡以后，社区便利店就开始站在风口上，成为电商巨头打通线上线下紧盯的目标，传统便利店也找到了新的商业模式和盈利点，零售企业积极拥抱互联网。便利店 O2O 真的是新零售的出路吗？

---

① 本案例荣获 2016 年"中国工商管理国际最佳案例奖"。

全家是源自日本的连锁便利店品牌，全家（中国）隶属于顶新国际集团，2004 年正式进入中国市场，截至 2015 年 12 月底，全家在中国大陆共有 1 500 家门店，门店增长率为 20%。面对互联网的高速发展，全家的期望是充分利用线下优势，借助 O2O 全渠道，构建集享生活平台，形成自己的互联网＋渠道战略布局。

● 客户：细分和会员管理

全家现阶段的主要目标客户群体是白领以及大、中、小学生。更有调查了解到，全家 60%的消费者是女性。因此，针对他们的消费特点，全家选择商品的诉求不是价格，而是方便、漂亮的包装和新鲜、有趣好玩、紧追潮流的商品。具体来说，全家的市场细分主要从以下几个方面进行：

（1）地理细分。

城市：全家店首先是倾向于将人口密集程度较大的一线城市作为首家分店的选址点，例如上海、北京。

选址区域：大致分为社区、办公楼、社区＋办公楼、医院、机场、火车站等。一般来说，医院、机场、火车站等人流量特别集中的区域，往往可以带来最高的销售额。

（2）人口细分。

年龄：全家便利店的主要消费群体是年龄在 30 岁以下的客户。这一群体易于接受新事物，消费能力强劲并且乐于追求时尚产品。

职业：全家定位的目标顾客主要集中在学生和白领上班族等人群，他们对于便利店的需求更大。

（3）行为细分。

购买时机：全家主要是销售补充消费品，所以其购买时机为日常购买时机，一个消费者一天内进入便利店的次数很可能会大于 1 次。

追求利益：全家的目标客户追求的主要是便利、快捷和服务，这也是全家便利店的特点之一。

同时，顶新通过"集享卡"对现阶段顶新集团内部各公司的会员数据进行统计与整合，集享卡 APP 集成了不同商户最新的活动信息、广告、余额、通用积分以及集享会员的消费信息，消费者可以在全家等任一商户门店免费注册使用集享卡储值积分，享受优惠折扣。

每次顾客在消费时，店员都会问上一声："你有集享卡吗？"在发卡初期，普通消费者转为会员的转化率较高，基本保持在 10％～15％，现如今已经进入平稳期，月转化率为1％。虽说集享卡掌握了顶新集团最强大的线下资源，也拥有最庞大的会员基础数据，但技术上依然有着可以提升的空间，以信息系统为例，其中最大的一个困难就是会员数据的整合与用户标签的完善。

● 产品：从线下到线上

全家在一般的线下店铺中提供 3 000 多个品项的商品（SKU），近 50 品类，有不少是由顶新集团下的康师傅、味全等直接提供，其中不仅包括日常生活必需品，也有话题性及时令性的热门商品，是充满流行魅力的线下商场。

在全家，每两个星期会更换约 10 种商品，每年约下架 1 000 种商品。全家也会根据每家店的不同地理位置、商圈特性以及此处消费者的购买习惯来设计店铺和商品。比如，在700 家提供冰激凌的门店，夏天最热的时节，平均每家店一天可以卖出 100 只冰激凌，堪称最大的冷饮店。全家销量最好的三个品类是饮料类、米饭类和早餐类，合计约占总销量的50％。全家在国内已建 7 家盒饭工厂，由干净卫生的车间出品，每天可以销售 30 万个盒饭，堪称国内最大的"小食堂"。有很多盒饭在外卖平台饿了么上也卖得很好。

虽说全家在线下的业务已经蓬勃发展，但线上销售对全家来说，却是一个全新的领域：线上卖什么、怎么卖、卖给谁，都是值得深思的问题。一个可行的思路是，红酒或许大有文章可做。2001 年中国加入世界贸易组织以来，进口红酒慢慢进入中国，消费群体也慢慢壮大，红酒不再是高档消费品，而是逐渐变得平民化。而 2015 年的销售盘点中，标价在100～300 元左右的红酒，全家一年可以卖出超过 40 万瓶，其中一种红酒一年被预订 3 万瓶，价格比电商的售价便宜一半多。把低价高品质的产品做成爆款，大家就会更有动力参与全家的线上购物。

除了红酒，全家也可以考虑跨境电商的一些优势品类，如母婴产品、进口零食等。如果把控好了线上产品的质量和价格，以此来引流，慢慢地可以更接近"集享生活事业"的大目标。

● 供应链：对物流的挑战

如果全家在全国范围内开展线上活动，这势必会给供应链系统带来极大的考验。如何完成"最后一里路"是全家一直都在思考的问题。顶新集团内的供应链环节均由供应链事业群负责。供应链事业群成立于 2015 年，现已有三家食品生产公司和一家物流公司，业务范围主要涉及鲜食等生产以及仓储物流配送等。

全家的执行长倾向于全家走便利店的京东模式，分不同阶段来实现线上的配送目标，逐步由网订店取过渡到网订宅配。目前，消费者可以在全家微信公众号中下单，到附近的全家线下门店取货。但是当下的全家物流体系还不具备实现网订宅配的能力，可能需要找第三方来合作。O2O 模式下，供应链部门要对自身情况进行客观分析，并找到差距和解决办法。

研究与思考

全家已经累积了 900 多万会员，但在满足生活用品与简易食品的需求上，全家却不可能是会员的唯一选择。同样地，在网上获取这些内容，全家将来也不可能是他们唯一的供应者。因此，给消费者全渠道接触的概念固然可取，但全家也不能忽略了竞争的因素。换句话说，全家思考线上的商业形态与模式（怎么做）之前必须先考虑线上的定位问题（做什么），差异化固然是主题，但全家必须全盘考虑营销战略与资源成本，其中也包含供应链事业群等的通力配合及合作伙伴的认可。

在全家线上"做什么"的事情上，业界似乎已经给出了几种参考模式，到底该如何选择呢？

1. 全家的线上店应该仅仅作为线下店的补充，提供现有的线下覆盖区域店里无法全部摆放的商品（例如，MUJI 与 MUJI 线上店）。

2. 全家的线上店应该做一个完全复制的线上便利店，利用线上店来扩张服务半径，突破地域性限制，快速接触到目前还没有线下店的地区（例如，美国的太阳镜零售品牌 Sunglass Hut）。

3. 全家应该在线上以会员制为核心，采用低价、低 SKU 的模式，打造线上的"爆款"产品（例如，Costco）。

4. 全家应该利用线下店铺的位置与会员优势，把线上店铺打造成社区多品类服务中心，营造一个跨行业或者跨界的生态圈（例如，e袋洗、彩生活）。

如涵控股：网红营销服务商的转型探索

（作者：林宸）

网红营销近年来迎来爆发式增长。然而，过去网红营销服务机构的成功，很大程度上依赖于早期平台的资源布局和头部网红的影响力。2019年开始，微博的营收增速放缓，第四季度广告和营销收入甚至同比下降3%，侧面反映出其商业化能力的衰减。而反观其他平台（抖音、快手、B站、小红书等），近年来不断出现优秀的内容创作者，也分流了不少微博平台的用户。2019年底，淘宝直播的兴起，更是催生出这一垂直领域的多家头部机构。在此背景下，传统MCN机构（Multi-Channel Network，网红营销服务机构）需要降低对头部网红的依赖，通过打造更合理的红人矩阵、更灵活的商业模式来巩固自己的核心竞争力，并且加强在各个内容平台的账号运营能力和变现能力。

2020年9月14日，中国领先的MCN机构，"网红电商第一股"如涵控股发布2021财年第一季度业绩报告，公司净收入为2.804亿元，净利润为1070万元，对比上一年同期净亏损2160万元，盈利能力大幅提升。其中平台服务收入达到1.137亿元，同比增长74%，成为公司业绩快速增长的重要驱动力。平台业务指的是如涵以平台的身份运营，将孵化的红人对接给第三方品牌。平台业务相较自营店铺业务，无须解决包括产品设计、研发、物流、仓储在内的供应链问题，运营更轻、毛利也更高，是如涵在前端流量日益增长、红人矩阵日益拓展之后的探索。

● 回顾：敲钟的网红第一股和爆发的MCN生态

2019年3月，如涵正式向美国证券交易委员会提交IPO招股书，并于次月正式登录纳斯达克。与此同时，中国的 MCN 机构的数量也快速增加。2019 年，中国 MCN 机构数量突破 2 万家，很多名人、明星、传统媒体都开始入局内容产业，红人盈利模式也变得多元化。① 品牌方在逐步探索红人推荐模式之后，也开始更加注重投产比，对内容质量、精准投放提出了更高的要求。在用户端，越来越多用户开始寻找更垂直的优质内容。根据卡思数据，2019 年，拥有多才艺、技能的达人占比下滑 6%，90% 以上的达人都专注在一个领域内。很多头部 MCN 机构开始在各个垂直领域多方位培养网红，以覆盖更多粉丝群体。

此外，越来越多社交平台的兴起，也打破了原有的网红竞争格局。在此之前，KOL（Key Opinion Leader，关键意见领袖）主要通过微博和微信进行内容投放。微博有庞大的用户群，粉丝和博主之间维持较强的黏性关系，再加上电商链接的跳转便捷，所以微博一直都是品牌主的重点投放阵地。而微信凭借强社交、强用户使用时间的优势，具有较高的粉丝价值。但"双微"平台的头部优势很快就迎来了挑战，更多短视频平台、社区类平台和电商平台涌现出来，并推出有竞争力的扶持政策来吸引内容创作者的加入。② 短视频作为当前占据用户大量时间的新娱乐形式，是很多 MCN 机构布局的重点。

抖音的平台流量以中心化流量分发体系为主，算法的主要特征是叠加推荐，较易促成爆款短视频的诞生。但与此同时，中心化的算法也造成粉丝和红人的黏性不高。快手的平台流量为去中心化的分发体系，优先推送与用户社交关注和兴趣相关的内容，私域流量打造的信任关系催生了快手独有的老铁文化。B 站的内容以专业个人用户创作的视频为主，用户黏性很强。2016 年，阿里巴巴在淘宝推出直播功能，主要分为商家自播和达人直播两种形式。2019 年直播带货热的兴起，使淘宝直播进一步向用户年轻化、市场下沉化、带货品类多元化的方向发展。③

● 转型：如涵从自营业务到平台业务的探索

供应链重构

如涵在大力发展自营业务的过程中，一方面通过标准化、数字化提高效率，另一方面

---

① 文化产业评论."2020 年中国 MCN 行业发展研究白皮书".2020 - 05 - 08［2020 - 09 - 15］.https：//www.sohu.com/a/393892298_152615.

② 文化产业评论."2020 年中国 MCN 行业发展研究白皮书".2020 - 05 - 08［2020 - 09 - 15］.https：//www.sohu.com/a/393892298_152615.

③ 中欧商业评论."MCN 就是'网红'经济？其实它比你看到的复杂得多".虎嗅.2020 - 05 - 20［2020 - 09 - 15］.https：//www.huxiu.com/article/357921.html.

也意识到这一商业模式的链条过长。从发掘新人、孵化网红，到开淘宝店铺，做店铺运营，加上产品开发和销售后端的供应链，过程非常冗长，每一个环节拆分出来都可能是一个单独的产业。中国服装面料供应链因为长期承接大批量的外贸订单，生产方式很难适应电商小批量的订单，导致柔性快速生产的模式长时间以来无法大规模推行开来。如涵为了突破这一点，只能自己花重金备料，但后来发现红人对时尚的理解变化非常快，红人店铺不像成熟品牌有比较一致的品牌调性，可以实现设计的计划性和提前性。因此，当网红矩阵逐渐扩张，一味依赖自营业务模式使得如涵在实现规模化发展上倍感艰难。

2016 年，如涵曾借壳克里爱在新三板挂牌上市。上市之后，如涵面临着比竞争对手更严格的合规标准，同时在经营层面上也有更大的盈利压力。2017 年，如涵决定对商业模式进行优化，将最有价值的供应链环节独立出来——即对人的培养，如涵文化分公司随之成立，同时团队也明确了将经营模式逐步向平台业务转变的发展方向。CEO 孙雷说："我们认为最大的价值还是沉淀在人的身上，所以我们只要把握好人就可以了。发展平台业务的基本思路就是去做人的孵化和运营，然后把变现环节通过招商引进合作伙伴来完成。"

商业化升级

如涵一直以来都希望通过签约更多红人产生更大的影响力。上市之后，外部环境发生了变化，尤其是更大的合规压力使得公司需要更多地从财务的角度思考战略制定，比如更多地考虑红人变现的盈利预期和长期的投产比。根据如涵发布的财报，2017 财年净亏损为4 010 万元，2018 年净亏损 7 235 万元，2019 财年净亏损 8 492 万元，其中自营业务的毛利率均值约为 33％，平台板块业务毛利率均值约为 51％。

业务重点调整的第一步是减少如涵自营业务的网红数量。对于红人来说，自营业务最大的吸引力在于可以将其个性化的审美通过商品进行完整的表达。但同时，自营业务也对红人能力提出了极高的要求，之前有一些腰部红人在开设个人店铺之后发现盈利困难，因为自建供应链需要有一定的规模才能达到理想的投产比，并且每一个业务链都需要亲力亲为。在公司管理的层面上，每个红人店铺的风格不一样，很难用一个中台服务所有的红人。于是如涵开始从中砍掉投产比不合格的店铺，淘汰标准第一看利润，第二看营收规模。淘汰的红人可以选择提前终止合约，并签订补充协议处理需要清仓的货品。从 2018 财年（截至 2018 年 3 月 31 日）到 2020 财年（截至 2020 年 3 月 31 日），如涵自营模式下的网红数量从 33 人减至 3 人，自营店铺从 86 个降至 19 个，平台网红数量从 57 人增至 137 人。自营红人数量削减之后，如涵得以将更多的资源从设计部、生产部和供应链转向内容的制作和推广上。

平台业务的第一种形式叫作联营店铺，指的是由如涵提供与品牌定位相匹配的优质红人，品牌提供产品开发、供应链管理和履约服务，双方进行排他性的独家合作，并对合作期间的收入进行分成。以如涵旗下"顽童大人"的联营店铺为例，2019 年每季度平均 GMV 可达 2 300 万元，销售能力强大。第二种形式是营销广告，红人根据品牌商家的需求，制作个性化的宣传内容。2020 年，如涵与 OLAY 合作，在多个营销节点联合旗下 20 余位美妆红人在社交媒体宣传 OLAY 明星产品，完成站外导流站内转化。活动累计曝光量超过 2 200 万次，互动量超过 19 万次。

2019 年年底，淘宝联盟开始试水新功能"轻店铺"。与联营店铺锁定单一客户不同，轻店铺是红人将多家店铺的产品汇总在自己的分享店铺中，并通过社交媒体为淘宝商家引流带货。如涵是第一批和淘宝联盟合作的 MCN 机构，帮助阿里将站外的流量导入站内。红人团队会参考分享店的卖家服务评级、商品评价，并结合对样品的评估来决定是否推广。"轻店铺是一种流量思维，指的是给一个小店铺带来多少流量。我们根据流量按件计费，再加上销售收入的分成。"

KOL 数量和变现能力的快速上涨一度引发行业内诸多不规范现象。不少 MCN 机构为了获得更高的服务收益，会刷单或者购买虚假流量。[①] 如涵在纳斯达克上市之后，面临了更严格的监管，公司需要进一步规范运营体系。团队因此投入了大量精力来提升旗下红人与推广产品的匹配度。

数字化赋能

当最早只有自营业务的时候，如涵的变现模式主要为服饰产品的销售，运营重点在于集中投入资源开发最优的产品。依托旗下 Layercake 和 DeepFashion 两个生产管理软件，如涵可以实现 AI 选款到下单，再到后期返单的一系列流程，公司自营模式下的三大网红店铺每月上新约 300～400 款，最快可以做到 3 天返单。截至 2020 年 8 月，如涵已沉淀 60 余名设计师、

---

① "关于网红带货的那些'坑'，流量造假谁来管".人民网.2019 - 10 - 22 ［2020 - 09 - 23］.http：//media.people.com.cn/n1/2019/1022/c40606-31412897.html.

200多个供应链团队，与1 000多家优秀的供应商建立了合作关系，生产成本低于行业平均水平5%～8%。公司的全链条流程管理系统和5万平方米现代化自有仓储体系保证了高效的订单履约能力，现货料生产周期仅需3～10天，定制料生产周期仅需10～30天。

等平台业务开展起来，有海量的商家和商品池之后，公司选择的范围更广了，但也面临着红人和商品之间的快速匹配挑战。为了解决这一问题，如涵开发了"爱推广"对接系统，一边承接商家的需求，一边对接给内部合适的红人。在红人数据库中，如涵会根据红人社交平台的内容数据（例如，内容相关的产品类型，产生的点赞数、转发数、商品销售转化率等）给每一个红人打上标签。在商家端，系统会根据以往的合作情况进行分级。当有推广需求产生，商家会提交需要推广的产品信息，如涵的运营人员则根据以往的经验，结合系统内的红人排期情况，选择适合参与推荐的红人。推广完成后，也会产生跟踪的数据反馈评估红人推广的销售表现和投产比情况。

如涵认为，旗下艺人的推广投产比在行业内处于领先，主要得益于粉丝黏性高的优质红人加上优质内容和匹配的产品，"如涵的红人矩阵相对比较丰富，从头部到腰部，从自营业务到平台业务，能够根据商家的复合需求形成组合的营销方案"。除了内部的撮合平台，如涵也开发了针对KOC业务的推广工具——"爱种草"，将品牌方的需求开放给外部其他红人，启动首月就吸引了1 200名KOC加入。电商直播兴起之后，公司推出了针对快手平台的大数据分析工具"炼丹炉"，实时监控行业相关数据，赋能达人及MCN机构的直播选品和粉丝运营，提高其流量变现的效率。

组织优化

为了达到更高的运营效率，如涵将公司发展之初的红人事业部和供应链部等很难服务个性化需求的大中台部门进行了调整和独立化。2016年，如涵控股与张大奕共同成立涵奕电商。公司自营模式下的红人数量缩减之后，供应链逐步被拆分到各个自营店铺里。同年，如涵文化成立，核心业务包括网红孵化、网红营销和网红电商，公司成立了签约部、广告部、推广部、法务部、电商部、泛娱乐部来满足日益增长的平台业务需求，并配有单独的人力资源部门。

CEO孙雷指出："所有关系里最持久的是利益，公司需要设计一个合理的利益分配机制。第二个是约束，不管是法律、道德还是机制的约束，这两者结合可以保证双方合作的顺利。我们还是信奉长期主义，因此会深挖商业化能力，打造团队的竞争力，但同时在分配的时候也照顾到合作伙伴，达到共赢。"

2020 财年，如涵 GMV 突破 40 亿元，净收入总额为 12.959 亿元，同比增长 19%。其中自营业务产品销售收入为 9.926 亿元，占比从 2017 年的 99.1% 降至 77%；平台模式服务收入 3.032 亿元，占比从 2017 年的 0.9% 增至 23.4%。电商直播带货和淘宝轻店铺分别占服务总收入近 20%，发展快速。得益于平台业务的发展，公司在 2020 财年第二、三季度实现盈利。截至 2020 年 6 月，如涵旗下共签约 174 位网红，覆盖粉丝总数达到 2.63 亿人次。其中平台模式下的头部网红（服务收入大于等于 1 000 万元）数量从上一年同期的 2 位增至 8 位，肩部网红（服务收入为 300 万至 1 000 万元）从 12 位增至 19 位，平台合作品牌数从上一年同期的 701 个增长至 1 186 个，复购率超过 60%。

● 思考：如涵下一步的规划

新社交媒体平台的涌现吸引了越来越多高质量的内容创作者加入。据研究机构 Frost&Sullivan 预测，2020 年网红经济的总规模（包括电商收入、在线打赏、知识付费、代言商演等）将达到 3 400 亿元。[①] 2019 年开始，直播业态的火热以及随之兴起的一些 MCN 机构，例如谦寻和李佳琦背后的美腕，都给如涵带来了新的压力。张大奕曾在 2016 年尝试过淘宝直播，销售额高达几千万。但事后团队复盘认为当时的直播主要还是依赖私域流量，且销售高度依赖超高性价比的选品，所以之后就没有继续投入精力。时隔几年之后，直播已成为红人最重要的变现方式之一。根据克劳锐的数据，2020 年有 40.2% 的 MCN 机构布局电商直播业务，电商变现占营收方式的 46%，超过广告营销的 43%。[②] 在这个万亿赛道里，如涵相对是一个后来者，在市场里找到自己的站位，是如涵能否保持 MCN 品牌在第一阵营的关键之一。

在 KOL 的签约上，目前如涵在微博平台已不再签约成熟红人，而是更愿意签约新人。公司创立之初，因为考虑到从零培养一个红人需要支付大量的推广费用，如涵在新人孵化

---

① 子弹财经．"如涵：网红经济不是你想的那么简单"．2020 - 07 - 13［2020 - 09 - 15］．https：//mp．weixin．qq．com/s/s6K5dvljc0fWK2TCQIaCog．

② 文化产业评论．"2020 年中国 MCN 行业发展研究白皮书"．2020 - 05 - 08［2020 - 09 - 15］．https：//www．sohu．com/a/393892298_152615．

上采用比较保守的策略，这也导致旗下红人的成长性较弱。头部网红对于如涵来说是"可遇不可求的，需要天时地利人和"，而中腰部网红相对头部网红性价比更高，且分布在各个垂直领域，可以实现消费类目的全覆盖。发展壮大后的如涵团队已经有更成熟的资源辅助内容创作者的发展，也相继与抖音、快手、B站等平台达成战略合作。2020年7月，如涵发布了BK计划，拿出1亿元的现金签约现有红人。这一计划的目的是在日新月异的商业环境中快速获取优质的社交资产。

在内容平台的选择上，微博目前还是最理想的内容平台。如涵的发展主要是依托阿里系平台，微博和淘宝的联动更好，因此是如涵早期的发展重点。截至2020年第一季度，微博的月活跃人数达到5.5亿。活跃粉丝规模大于50万，且阅读量大于1 000万次的博主规模超过8万，全网几乎所有头部主播都在微博，但腰部和肩部红人的商业化能力，还远远低于其他国际主流社交媒体平台。这也意味着红人竞争和流量获取的难度逐步提升。未来为了打造更完善的红人矩阵，和现有的布局形成互补，如涵计划投入更多资源在新兴的社交媒体平台上。例如，快手和B站就还有很多创作人或博主没有和MCN机构签约。针对其他垂直领域，如游戏等，鉴于斗鱼、虎牙等直播平台不像微博、抖音有内部的推广工具，如涵在男性受众产品的商业化上也缺乏相关的经验，因此仍处于小心探索的阶段。

如涵希望为品牌提供社交媒体的一站式解决方案，满足商家对社交媒体所有的想法和需求。公司此前对接品牌方主要靠运营人员根据以往的工作经验分配红人，决策相对主观，而且有经验的运营人员是有限的，随着如涵签约的红人逐渐增加，这会成为业务继续拓展的瓶颈。公司下一步希望实现的是商家提交需求之后，人工智能算法可以根据以往的运营数据自动分配红人，进一步提高运营效率和匹配准确率。

对服务团队的依赖不仅仅体现在品牌对接上，网红电商本质上更偏向于劳动密集型产业，并不是真正意义上的互联网平台。如涵每多服务一个KOL，就需要增加相应的服务团队；每多对接一个品牌，就要有相应的运营人员，边际成本较高。据公司内部估计，一个粉丝量在一千万级别的红人如果要成立独立事业部，需要具备5~10名人员的核心服务团队。这在一定程度上限制了MCN机构的成长，使其难以形成较大的规模。

前有公司规模成长的瓶颈，后有越来越多新兴MCN机构和业态加入竞争。如涵的平台化转型战略是不是更为合适的商业模式？接下来应该如何布局？从长远的角度看，如涵作为链接网红与商家的平台服务商，和传统双边市场服务平台（如滴滴）有什么不同？应该如何持续打造、赋能红人矩阵，服务商家日渐增长的网红营销需求？这些都是如涵需要思考解决的问题。

慧医天下： 阿斯利康中国的互联网"熟医患" 诊疗[①]

（作者：林宸）

2020 年 11 月 5 日，阿斯利康与高瓴创投宣布共同出资合作建设互联网医院"慧医天下"。在已拥挤不堪的互联网医院赛道上，全球领先的生物制药企业与亚洲最大的投资基金联袂加入，将通过怎样的差异化竞争搅动行业和带来什么样的新意？

在港股上市的互联网医疗"三剑客"——京东健康、阿里健康、平安好医生斯杀正酣时，医药电商、公立医院、药企等亦纷纷涌入，截至 2020 年 12 月 31 日，全国互联网医院数量累计达到 1 004 家。[②] 跨国药企办互联网医院，在中国，阿斯利康是第一家，其线下的传统优势或可为互联网医院所用，不过，需要解决几个关键问题：

1. 阿斯利康拥有中国最大的医药销售代表队伍，如何发动这支线下销售力量，将线下的销售优势搬到线上？

2. 阿斯利康与广大的医生群体建立和保有长期、互信的合作关系，如何借助互联网平台进一步赋能医生，走出一条与阿里健康等医药电商"由药到医"相向而行的"由医到药"模式？

3. 阿斯利康"以患者为中心"的诊疗一体化平台商业创新初具规模，在一定程度上化解了带量采购等医改新政对业绩的负面影响，如何将互联网医院作为阿斯利康商业创新的重要一环，更好地在服务病患中实现商业价值？

4. 阿斯利康与医院、3D（Device/Diagnostics/Digital）厂商等在一系列诊疗一体化平台中建立起密切的生态关系，互联网医院如何从中找准自己的生态位，并逐步建立起自循环

[①] 本案例荣获 2021 年"中国工商管理国际最佳案例奖"。
[②] 国家远程医疗与互联网医学中心，健康界.2021 中国互联网医院发展报告.2021 年 5 月 21 日发布。

566　服务营销：人・技术・战略

的生态系统?

2020 年 6 月,阿斯利康开始组建团队,启动项目研发;7 月,海南医理健康成立,成为互联网医疗平台项目的运营主体;8 月,确定海南医理健康品牌名为"慧医天下";12 月,慧医天下海南互联网医院牌照获批;2021 年 1 月,慧医天下正式开门纳客。

● 赋能医生

从医到药

互联网医疗企业都以打造"医＋药"的闭环为目标,但从路径上有"从药到医"和"从医到药"两派。

"从药到医"的入口是药品,从医药电商做起,切入互联网医疗,代表玩家有京东健康、阿里健康、叮当快药等。以阿里健康为例,从收入构成来看,在 2020 财年,医药自营、医药电商平台运营、消费医疗、追溯及数字医疗业务的贡献收入比重分别为 85％、12％、2％、0.4％、0.4％,摆脱不了投资界对其"大药房"的印象。①

"从医到药"的入口是医生,从在线问诊做起,切入药品销售等本业,代表玩家有丁香园、春雨医生等。以平安好医生为例,从起步起,它不仅与医院的医生签订入驻协议,更是专门雇佣了近两千名自由执业医生全职提供在线问诊服务,最终目标是反哺医保控费、保险等金融本业。② 平安好医生自 2014 年 8 月成立以来连续 6 年亏损,累计亏损达 46.78 亿元,2020 年净亏损 9.49 亿元。③

慧医天下选择"从医到药"路径

陈华认为,中国优质医生资源非常紧缺,要打造一家优质的医院(不管是线上还是线下的医院),其核心在于拥有足够的优质医生资源和足够活跃且关注患者的医生为患者提供优质的诊疗服务。在市场上出现多家互联网医院的情况下,医生的碎片时间和对互联网医院的黏性将成为各家互联网医院争夺的紧缺资源。

---

① 顾家宁.马云现身,股价大涨,阿里健康"药多医少"怎么破? 2021 - 01 - 21 [2021 - 06 - 12].https：//zhuanlan.zhihu.com/p/345973521.
② 孔维琛."医＋药"闭环模式之困.中国经济信息.2016 (10)：70 - 71.
③ 李宏晶.平安好医生遭遇困局：六年亏近 47 亿元价值百亿品牌或被舍弃.2021 - 02 - 4 [2021 - 06 - 11].https：//baijiahao.baidu.com/s? id=1690729311029395863&wfr=spider&for=pc.

医生的需求与痛点

带量采购亦使医生实际收入受到影响。带量采购药品须占总使用量 70％，医生只剩 30％医疗服务价值补偿空间。

通过对北京、上海、深圳等地多家医院调查发现：药品改革比较彻底、药占比较低、医生的收入和药品挂钩少的医院，几乎没有感受到带量采购的冲击；而以往在药品改革方面几无进展的医院，不仅医院在执行层面比较费力，医生感受到的压力也同样巨大，后者占据多数。[①] 尤其以慢病诊疗和管理为主的科室和低线城市基层医院里的医生受到的影响较大。[②]

为改善医院和医务人员积极性，在第三批带量采购前夕，2020 年 6 月，国家医保局和财政部联合印发了《国家医保局财政部关于国家组织药品集中采购工作中医保资金结余留用的指导意见》，允许将使用带量采购药品而结余的医保资金，以最高 50％的比例奖励给医院，用于发放医生的薪酬福利等。

慧医天下致力于帮助医生在合法多点执业的框架下，有尊严地通过自己的专业能力获得阳光下的收入；以最小的时间成本实现对患者群体的有效管理，提升治疗效果，防止病人失访；扩大医生的影响力和知名度，进而实现本地线下问诊量的提高；通过互联网平台更好地进行患者教育和用药指导，提升疾病的治愈率，提升医疗专业人士的满足感和成就感；通过技术手段提升诊疗效率，减少信息不对称，改善医患矛盾等。

坚持多点执业备案

诸多互联网医院宣称拥有数万或者数十万注册医生，但是有不少医生进行简单注册以后就不再登录应用，造成患者对线上诊疗的医生资源和服务效率不满，庞大的医生用户注册和账户管理维护也会消耗互联网医院很多资源。慧医天下以多点执业备案来筛选医生，激发医生的责任感，同时满足合规要求。

医师多点执业是指"医师于有效注册期内在两个或两个以上医疗机构定期从事执业活

[①] 八点健闻.带量采购成医改"新常态"，医院和医生能适应吗？2020－05－18［2021－06－11］.https：//www.huxiu.com/article/357287.html.

[②] 医德帮."4＋7 带量采购"之后，谁还会"伺候"基层医生？2019－07－05［2021－06－11］.https：//www.163.com/dy/article/EJB6KLRB0514A1PU.html.

动的行为"。① 而《互联网医院管理办法》并不要求多点执业备案/注册，只要求"互联网医院应当对医务人员进行电子实名认证"。②

因此，对于互联网医院执业医师是否需要办理多点执业的问题，业界观点不一。但据现行《执业医师法》第14条、《处方管理办法》第2条、第8条，在其他医疗机构注册的医师开展互联网诊疗，若要取得处方权，则仍需办理多点执业手续。③

将"熟医患"关系搬到线上

有别于其他的互联网医院首先扩大患者用户数的模式，慧医天下首先聚焦寻找适合互联网医院的医生，为医生赋能，服务好医生，为其扩展互联网医疗服务的能力圈，从而使医生愿意将线下的患者带到线上。

从合规的角度，在线上首诊还没有正式开闸放行之际，"熟医患"模式完全符合国家对互联网医院"聚焦复诊"的政策要求；从医生的角度，能够在服务过程中打消患者对处方安全性的顾虑，且医生基于对患者的了解，在线诊疗效率更高、沟通成本更低、处方也更准确；从患者的角度，对熟悉医生诊疗的价值认可较之对陌生医生更高，诊后管理的必要性和依从性也更高；从股东的角度，阿斯利康拥有成熟的慢病药物线，且积累了大量的临床数据和患者使用经验，其全病程管理商业创新实践，锻炼了诊前、诊中、诊后服务能力并积累了业界资源；从慧医天下的角度，维持和培养医生在集采范围以外的处方习惯及患者的用药习惯，失去公立医院集采市场的优质医药器械将在互联网医院上"失之桑榆，收之东隅"。

慧医天下的设想是在互联网医院上为医生个人和科室建立满足需要的线上诊室，类似天猫和淘宝商家店铺，为医生提供专属的线上问诊和患者管理的入口、患者记录以及患者评价，让单独的医生和完整的科室都可以方便地为患者提供诊疗、处方和患者管理教育。但在起步阶段，医生只能通过定向邀请入驻平台，患者只能通过医生的邀请而使用平台，且在平台上患者只能看见自己的邀请者，不能自由选择医生。陈华表示，随着慧医天下的

---

① 推进和规范医师多点执业的若干意见（国卫医发〔2014〕86号）.2014-11-05［2021-06-11］. http：//www.gov.cn/zhengce/2016-05/22/content_5075661.html.

② 卫生健康委，中医药局.互联网医院管理办法（试行）.2018-07-17［2021-06-11］.http：//www.gov.cn/gongbao/content/2019/content_5358684.html.

③ 周振国，吴伟明.执业医师在互联网医院多点执业相关法律问题分析.2020-05-22［2021-06-11］.http：//www.cqlsw.net/lite/word/2020052234630.html.

发展壮大，一定会由邀请注册制转变为公开注册制，但需处理好如何在初级医生和资深医生之间做好流量分配等问题。

医生画像

在头 3 个月的运营中，慧医天下迅速铺面，签约合作医生逾 4 万人，覆盖全国 3 800 多所医院，服务患者近万人。

慧医天下的注册医生中，男医生的比例略高（51.9%）；31～40 岁（51.8%）、41～50 岁（28.5%）的青壮年医生最多；主治医师（49%）、副主任医师（33.9%）占据多数，主任医师也占据了相当分量（17.1%）。作为对照，"好大夫在线"20% 的医生是主任医师，"春雨医生"主任和副主任医生加起来比例达到 46%。[①]

慧医天下的诊疗费按照在线花费时间计费，每次问诊收费十几元，慧医天下从中抽成 30%。医生收入不与医药器械销售挂钩。平台以银行转账的形式支付劳动报酬。较勤奋的医生，每月收入可以破千，最高的超过了 4 000 元。

对照行业水平，目前互联网医院的诊疗费收入差距比较分化，约 50% 的医生收费少于 50 元，20% 的医生收费在人民币 50～100 元之间，少数医生收费在 100～200 元之间，部分专家收费可以达到 500～700 元。约 30% 的医生每周在线上投入 3.5 小时，每月收入少于 1 000 元；26% 医生每月线上问诊收入在 1 000～2 500 元，23% 医生每月收入在 2 500～5 000 元，9% 的医生每月收入在 5 000～7 500 元，12% 的医生（基本以儿科医生为主）每月收入在 10 000 元以上。[②]

医生在接受慧医天下调研时表示，在互联网医院平台上找到投入时间与收益的平衡点才会有更稳定和持续的投入，希望平台的评级机制能够公允，兼顾初级医生和资深医生的不同情况，根据实际投入时间设定评级，希望平台的收费分成规则清晰明确，能够有补贴或其他收入来源。

目前，尚无一家互联网医院仅仅依靠患者支付的问诊费用实现盈利。即便是业内公认估值最高的平安好医生，其问诊费用的收入也不及预期。

[①] 陈秋霖.互联网医疗的前世今生.2021 - 05 - 25［2021 - 06 - 14］.http：//www.360doc.com/content/21/0525/19/53746720_978954562.shtml.

[②] 慧医天下提供。

驱动医药代表

在陈华的预想中，阿斯利康的医药代表团队是慧医天下可倚靠的一支重要力量。除了将医生请上互联网，医药代表还将在后续对医生的支持和服务中，开拓更多业务场景。

阿斯利康的销售团队超过 1.7 万人，覆盖全国近万家医院、70 多万名医生，在多年的线下销售和医学推广过程中已经与诸多业内知名专家和广大的医生群体建立了紧密联系。阿斯利康还有 200 人的医学团队和 500 人的市场团队，具备为医生提供专业性支持的能力。

药品集采等医改政策使药品推广等中间环节消失，许多药企无力维持庞大的销售团队，全国 300 多万名医药代表在短短两年内（2019—2020）被裁减至 200 万人左右。

相较于内资药企的医药代表，阿斯利康的医药代表经过专业培训，销售技能、合规意识更为突出，且有一部分医药代表在阿斯利康的商业创新项目中锻炼了多元化能力，他们变身项目经理，深刻理解医药原理，协调与生态合作伙伴的多方关系等，比其他公司的医药代表更适合推广互联网医院。

阿斯利康既是慧医天下的股东、线下资源的主要投入方，也是慧医天下成立之初的最大客户，为了支持慧医天下，阿斯利康在内部组建了高规格的项目执行团队，由公司全球副总裁担任特别顾问、中国公司总经理和副总裁担任主席团，设有项目秘书处、核心成员、工作组以及顾问成员。然而，阿斯利康在具体业务上对慧医天下的帮助有限，一方面，阿斯利康严格遵守中国法律、全球总部的合规要求，绝对避免销售影响医疗行为；另一方面，更多的医药代表对于传统的展业方式有沉重难移的路径依赖，在其卖药本业之外，驱动医药代表扛更多的任务，难度很大。

● 服务患者

中国的互联网医疗诞生超过 10 年，渗透率从 2009 年的 0.52％ 上升到 2018 年的 0.85％，提高不过 0.33％。[1] 新冠疫情极大地推动了患者对互联网医院的使用需求和习惯，使渗透率提高到 8％。[2] 但仍然有大量医疗需求未得到满足的患者，需要由互联网医院来服务。

---

[1] 陈邓新.互联网医疗站上风口，两大痛点却难根除.2020 - 03 - 09［2021 - 06 - 13］.https：//baijiahao.baidu.com/s? id＝1660666713291398650&wfr＝spider&for＝pc.

[2] 36Kr.2020 年中国互联网医疗研究报告：2026 年市场规模达 2 000 亿元.2021 - 01 - 21［2021 - 06 - 13］.https：//www.163.com/dy/article/G0S0634Q0511A3UP.html.

主打慢病治疗

患者主要通过三个路径找到互联网医院，他人推荐、医生推荐、线上检索。在重点对标的竞争对手中，平安好医生的大部分流量来源于平安集团保险客户的导流，以他人推荐为主；好大夫因为运作时间最长，三种流量比较均衡；微医因为其早期依托挂号网强大的医院关系资源，在患者之间形成了解决挂号问题的良好口碑，同时在腾讯的扶持下，线上导流也有明显优势。从患者来源来看，熟医患关系中的患者用户是目前互联网医院中欠缺的部分。根据慧医天下项目组的调研，医生预测自己的患者从线下切换到线上的比例约30%。

慢性病治疗是熟医患关系结成的良好介质。慢性病人群的特征是病程长、用药周期长且药量大，需要频繁到医院进行复查，开具相关药物。而医生的工作重心在诊断和治疗，常常忽视或无力进行慢性病管理。由于其可及性、便利性、即时性、智能化的特点，互联网医院很适合为患者提供跟进和贴身的疾病管理服务，对于管理线下医院之外的慢性病有天然的优势。在互联网医院上开展复诊，既解决了病人痛点，又帮助医生管理好病人。

慧医天下在患者服务端优先投入慢性病领域，首批疾病包括患者基数较大的心脑血管疾病（目前中国心脑血管病人数超过2.9亿，死亡率居各种死因首位，占居民疾病死亡构成的40%以上）、儿童哮喘（中国有1 000多万名哮喘病患儿）和糖尿病（中国约有成年糖尿病患者9 700万人）。以上疾病的患者都需要长期用药，如果能够得到良好的诊后管理，患者有望稳定病情，有效提升生活品质。

但是，由于慢性病治疗紧紧绑定阿斯利康医药管线，也深受阿斯利康管线调整的影响。消化和呼吸业务一直是阿斯利康重要的支柱性管线，2021年6月2日，呼吸领域的拳头产品布地奈德吸入剂、消化领域的埃索美拉唑注射剂纳入第五批国家采购。[①] 由于利润压缩，进集采的产品会逐渐变成公司的非核心资产，阿斯利康与一家投资公司共同组建新公司，接收阿斯利康剥离出来的部分集采产品线，呼吸产品线率先转入这家新公司。[②] 慧医天下相应地将重点产品转向肿瘤类药物。由于互联网医院开展业务不得超出所依托的实体医疗机构诊疗科目范围[③]，慧医天下在原有内科、外科、妇科、儿科、耳鼻咽喉科、中医科、皮肤科

---

① 遥望.确认！阿斯利康两大产品线合并.2021 - 06 - 10 ［2021 - 06 - 11］.https：//www.cn-healthcare.com/articlewm/ 20210609/content-1229775.html.

② Linan.业绩滑坡！阿斯利康被曝剥离重磅呼吸产品，设新公司接盘.2021 - 05 - 18 ［2021 - 06 - 11］.https：//new.qq. com/rain/a/20210518A0CKXB00.

③ 卫生健康委，中医药局.互联网医院管理办法（试行）.2018 - 07 - 17 ［2021 - 06 - 11］.http：//www.gov.cn/gongbao/ content/2019/content＿5358684.html.

7 个科室的基础上，新申请肿瘤专科科室并获批。

摊开治疗全程

慧医天下秉承阿斯利康"以患者为中心"的理念，摊开整个治疗过程，覆盖患者诊前、诊中和诊后的全部环节。

根据慧医天下项目组的调研，患者期望的理想互联网医院服务应包含：① 线上咨询（按照咨询次数打包收费，价格能有优惠）；② 患者教育（推荐疾病知识、普通健康问题的建议）；③ 线上处方（药品价格有折扣，医保能覆盖，配送快，能有积分奖励安排）；④ 用药提醒或随访（经常性的随访和每日用药提醒）；⑤ 检测项目解读；⑥ 线下门诊挂号和预约；⑦ 建立线上病历。

慧医天下认为提升患者服务体验的答案在于为医生赋能。从患者需求推导患者所需服务，进而找出为医生赋能的方向，在全新的移动互联网平台上为医生提供各种信息化工具，提升医生价值，把医生从单一的线下坐诊医生转变为患教专家、直播主播、远程诊疗医生、诊后随访专家、家庭医生、患者管理员等复合角色，使医生可以结合自己的优势和资源提升效率并最大化实现自身的价值，满足患者多样化的需求。

同时，慧医天下联合其他药械厂商、开放性平台及医疗机构等，为患者提供问诊、购药、病友交流、资讯、视频、直播、随访、健康咨询、疾病管理、居家检测、居家康养、商业保险等全方位的闭环服务和便捷的处方、药械购买、配送、使用指导、疗效监控服务，针对个性化需求提供个性化服务包，覆盖诊前、诊中到诊后的全周期。

● 挑　战

慧医天下开通早期主要通过远程问诊和院外处方药销售产生收入，因为诊金菲薄且早期销售的药品都为毛利率较低的主流产品，短期内很难产生盈利，需尽快开辟出新的利润增长点。

陈华打算继续利用阿斯利康"扩面下沉"带来的线下优势，与其他互联网医院展开差异化竞争。慧医天下开通后运营数据显示，效益前十的医生都来自低线城市，这更坚定了陈华以"大医院的小医生""小医院的大医生"为重点赋能对象。随后阿斯利康渠道扩面下沉，建立以社区医生为主的家庭医生队伍，实现医疗服务前置，为患者提供日常身体检测、生活作息管理、疾病防治指导等服务。未来，慧医天下还将引入更多的生态合作伙伴：通过自建供应链，搭建O2O渠道，与第三方物流公司、本地生活快递服务体系、医药商业公司和药企合作共享物流资源的多手段结合的方式，以最快和最安全的路径向患者提供线下药品、器械、可穿戴设备等物品的物流服务；与保险公司合规合法地共享平台数据并借助保险公司专业力量设计保险产品，为患者提供医保和个人支付之外的支付选择；通过与金融公司合作，为患者提供诸如分期付款等便捷服务；与地方政府探讨合作模式，将平台所提供的医疗服务纳入医保清单。每打开一扇门，都是一项新挑战。

互联网医院行业的盛宴正酣，各路巨头纷纷涌入，希望切得更大蛋糕。作为一个从行业之外来的闯入者，慧医天下携阿斯利康和高瓴资本姗姗来迟，它能成为摘走蛋糕上的樱桃的幸运者吗？

火花思维：在线教育服务创新的破局之道

（作者：林宸）

在2020年的新冠疫情冲击之下，中国在线教育市场进一步加快了增长的步伐，其中K12（全称为Kindergarten12，意指从幼儿园到12年级，K12教育一般包括学科教育和素质教育）在线教育赛道的竞争尤为激烈，过去数年的市场竞争表明，"需求多、收入高、融资多、估值高"的K12在线教育行业的另一面是"居高不下的广告投入和获客成本，以及难以扭转的亏损局面"。此外，面对国家出台"双减"教育政策，在线教育行业的发展或正处于新的调整期。

北京火花思维教育科技有限公司自2018年7月正式上线面向3～10岁儿童的数理思维课程以来，本着"重构基础课程、助力教育均衡"的目标和"通过技术引领创新"的运营理念，推出了小班直播课和互动AI课两种课程形式。截至2021年3月31日，火花思维共有37万余名学员，成为国内最大的在线小班教育公司，净推荐值全行业第一。然而面对

"双减"政策的出台和行业日益激烈的厮杀，火花思维需要重新审视自己的商业模式，一方面思考如何实现卓越的成本效益服务，另一方面进一步提升教学效果、优化教培服务，真正让孩子的发展、老师的关怀和技术的应用紧密结合。

● 行业回顾

相较于线下教育，在线教育具有一定的优势。比如，线上教育使得学习者更加便利地选择接受教育服务的时间和空间，有更大的自由度安排自己的学习内容和进度，在一定程度上提升了学习效率，也促进了教育资源的均衡分配。然而在不可替代性以及情感支持方面，线上教育相较于线下教育仍存在很大提升空间。

K12在线教育课程组织模式主要包括：大班课、1对1、小班课和AI（Artificial Intelligence，人工智能）课，2020年市场占比分别是36％、32％、18％和24％。

大班课主要采取老师授课和助教答疑互动的双师模式，一方面最大化地利用师资专注线上授课实现规模经济效应，另一方面通过助教督学角色分解实现互动教学。总体来讲，大班课边际成本低、学员匹配更容易、成本结构更优。由于高年龄段的学员对老师的情感需求较低，因此更愿意尝试该模式。然而，大班课对追求个性化的素质教育的学员或者低幼年龄段的孩子并不具有吸引力。

相比大班课的规模经济而言，外界一直有声音认为"一对一"在线教育模式有"规模不经济"之名——因为随着市场规模的不断扩大，这种模式就会像传统劳动密集型行业一样，成本持续走高，运营和管理复杂度也会导致低效率。然而，"一对一"在线教育模式也有其明显优势，如个性化教学、互动性强、监督有效，且该模式的整体复购率（意愿）约为80％。

小班课学员人数在2～25人之间，被视为大班课和"一对一"班型的折中模式，其在个性化、互动性和可负担性方面存在一定的优势，被视为接下来几年行业发展的焦点。数理思维是在线小班课最大的细分市场，主要面向3～12岁的孩子——该群体的注意力易分散，且需要较强的互动性与参与感，因此更适合采取小班课模式。尽管在线小班课具有优势，但其规模化发展依然存在许多障碍。比如，运营管理复杂、内容开发难度较大、对数据和技术能力要求高，教师培训和管理以及品牌认知度等也需要有较高的水平。

AI课利用人工智能技术赋能在线教育，多在追求实现规模化教育和个性化培养的有机结合。比如，以高级算法为核心的智适应学习系统，对知识点进行拆分，以实现动态评估学生知识状态，完成"测试、学习、练习、测试、答疑"全环节的持续反馈，进而实现个性化的学习目标制定、内容推荐、学习路径规划。学员通常可以在线上跟着 AI 老师学习个性化内容，在线下有真人老师提供答疑辅导。然而，目前的 AI 技术并未被有效地利用起来，比如，市场上很多 AI 课仍停留在录播课的层面——课堂内容虽然是老师呈现的，但都是提前录制好的，学员按要求操作能得到回应，机器也可能回答"太棒了"，学员的很多问题很可能得不到真人老师一样的回应。总之，让机器起到和真人老师一样的作用仍有很长的距离和很大的讨论空间。

● 火花思维的运营逻辑：课程 + 教学 + 服务

火花思维认为的儿童教育产品三要素包括课程、教学和服务，且重点在于"服务"——这一点反映了火花思维的运营逻辑。火花思维追求的是以专有技术驱动的操作系统和技术平台为教师、助教和客服提供有效的课程内容、教学过程和服务体验。

课程："教研"是火花思维的核心
火花思维有两个课程产品，一是以数理思维和国文素养为主的火花直播课（小班课）；二是学科覆盖低龄段学员的数学、语文以及英语的"小火花 AI 课"。

为了给小朋友们全新的课堂体验，火花思维采用有情节的动画加上互动游戏的课堂形式；为了增强小朋友的动手操作能力、形象思维和抽象思维能力，火花思维还积极投入教具研发，并因此增加了"制作、生产、包装、物流、仓储"等环节，这一切都源于以学员为中心的教研需求。至于具体课程的制作，火花思维每节课的制作大约需要经过 20 多道工序，数十人的团队要投入 5 周以上的时间才能够完成。首先，教研团队会梳理出一套系统性的大纲，细化教学方法和故事线；接下来，专业的编剧团队来编写内容脚本；之后，制作团队进行美术包装，并由技术团队提供相应的支持。

教学：系统助力个性化交互式教学
在教学模式上，火花思维采取了"固定时间、固定老师、固定班级"的"三固定模式"，希望在遵循学习的记忆衰退曲线的情况下，能够帮忙孩子养成学习习惯、巩固学习成果。在执行教学的过程中（包括入学测试、分班、课中题目、课后练习等阶段），火花思维追求实现个性化分层教学，并通过一定的激励措施实现学员、老师和系统的互动。

火花思维首先会对报名学员进行入班测验，接下来将其分配到适合该学员的班型。从老师端的系统来看，不同水平的学员在同一时间做到的题目是不一样的。如果某个学员一直答错题，系统会提示其下一步怎么思考，但更多时间教师会通过"私麦"模式进行个性化的指导。此外，在教学方法上，老师和系统也会通过不同的形式锻炼学员的不同能力。比如，如果一个学员对某个问题掌握得较好，老师会邀请他上台以小老师身份向其他学员解释这道题目，锻炼他的表达能力；如果有的学员一时间做不上来，老师也会照顾他们的参与感和主人翁意识，请他先上台来读题目和分析题目要求。除了入学测试、分班、课中题目体现的因材施教外，火花思维在每节课之后还会有课后习题，包括针对每个专题的专题测试，以及几万人互动的以游戏闯关方式进行的思维运动会，进而形成一个学习闭环。

在教学过程中，火花思维从儿童全面健康发展的角度对奖励机制进行了设计和迭代：会通过老师或者系统向学员发放星星的形式奖励学员的习惯、品质和知识掌握程度，后台数据也会检测出星星奖励行为是来自老师还是来自系统。比如，系统会从学习效果的层面给予学员星星奖励。当学员能够积极帮助同学解答问题时，老师会因为其"助人为乐"奖励给该学员小星星；当学员不会因为一道难题而放弃并坚持努力时，老师因其"坚持不懈"发放星星奖励。火花思维还从教育心理学的角度对教师发放星星的行为进行一定的规定。比如，禁止某位老师只对一个学员发星星；当两位学员所得星星数量差距过大时，系统会提醒老师关注暂时落后的学员，等等。

服务：服务产品化

在线教育供给侧的老师资源颇为关键，将直接决定火花思维小班课模式的市场评价、复购率和规模化等多个方面。然而，从服务角度来看，教学的过程很难标准化，那么培养提供统一标准的老师也将是非常困难的一件事情。火花思维解决该问题的思路是，尽量做到服务产品化，通过强大的课件系统帮助老师更快达到标准。具体而言，火花思维会对教师课堂上的一系列操作进行明确规定，使得每一堂课都有统一的标准流程，即使是同一知识点，对不同难度的班型，也都有标准的流程。比如，系统会为老师规定好如何做课前游戏（引入），什么时候看教案、做演示、讲故事，什么时候请学员闯关、答题，等等。此外，系统会记录所有操作数据，进行整节课的课堂评估。

服务产品化的过程中，技术和系统起到了非常重要的作用。比如，系统可以控制小朋友的发言，当某位小朋友声音超过一定分贝，系统会自动为其静音，以免影响其他学员上课。又如，通过 AI 智能识别拍照上传的作业题，帮助老师进行一定的比较和分析，进而提高整体效率、降低成本。

● 研究与思考

截至 2021 年 3 月 31 日的各项数据表明了火花思维在过去三年取得的成绩。然而，由于销售及市场营销费用支出的增长以及"双减"政策的出台，资本与消费回归理性，火花思维需要更审慎思考如何提升运营效率和服务质量。

首先，规模发展 vs 个性化服务。目前，火花思维的两种课程形式以及 AI 技术的助力为其实现了个性化的服务。火花如何继续巩固、扩大小班素质教育课的优势，利用技术进一步赋能教师、培育学生以优化成本、提升体验，实现卓越的成本效益服务。

其次，B2C vs C2C。在政策影响下，火花思维正在积极探索新的业务。过去数年虽未发力拓展海外市场，但火花思维在美国华人圈中已达到了 3% 的渗透率，积累了 28 万名的稳定用户。为了开辟海外新的市场，火花思维瞄准了美国第一小班直播课的 Outschool。Outschool 作为一个平台，不进行课程教学研发工作，不招聘教师，学生根据兴趣自主选择，在第三方 Zoom 平台实现履约。相比 Outschool 没有课件教研的内容、教学数据的沉淀和智适应系统的支持，火花思维的智适应系统是否更有优势呢？是否可以在保持国内业务内容不变的情况下开启新的创业业务，在海外开拓国际用户，做技术升级版的 Outschool 呢？

最后，因材施教 vs 有教无类。针对学校教育，两年前教育部曾坚决禁止分班考试，鼓励实行均衡化的编班模式，保证所有学生能处在同样的环境里。火花思维不同班型的设置以及分层式教学方式充分体现了因材施教的理念。如何让这种服务理念和创新模式能够更好地迎合家长的需求、老师的实践与国家相关政策？AI 技术是其破局之匙吗？以"素质教育"为核心理念，"因材施教"为模式创新的火花思维，长远看来，其定位是否能持续，是否能更有效地传递"有温度的智能教育"这个价值主张呢？

"识局者生，破局者存，掌局者赢。"处于深受政策影响下的在线教育混战之中的火花思维如何进退自如，寻求生机呢？

百瑞源：直播电商的思考

（作者：林宸、曹之静）

2020年6月底，宁夏百瑞源枸杞股份有限公司总经理郝晓琴结束"6·18"购物节的复盘会议，她手上有此次活动详细的数据。作为中国枸杞行业领军品牌，百瑞源一直在产品品质上领先行业，也是唯一一家同时在线下和线上都具有影响力的公司。在最开始布局电商的几年里，百瑞源曾靠爆款低价枸杞单品打败一众淘品牌，成为行业销售第一，但也在一定程度上损害了"优质、高端"的品牌形象。

2018年，郝晓琴亲手砍掉了这款销售额高达7000万元、电商销售占比70％的产品。在产品下架摘牌仪式上，她掉下了眼泪，"很难过，但是一定得砍掉，我要坚持做品牌的初心，不能再把枸杞带入低价、低品质的混战中"。

此后，百瑞源重新回归中高端市场定位，积极开拓零食类新产品来满足、培育年轻群体的养生需求。然而2020年受疫情影响，百瑞源原本依赖于宁夏旅游的百余家枸杞专卖店受到极大冲击。在中国直播电商的大潮下，公司也开始尝试将直播带货作为发力的重点。与淘宝主播建立的合作关系帮助百瑞源的明星产品"头茬枸杞"屡次创下销售记录。但因为头部主播的强势地位，品牌在直播的呈现上没有话语权，去除扣点之后利润为负，"亏本赚吆喝"，而且很难培养出品牌忠诚和复购。

在零食类新品枸杞原浆和锁鲜枸杞的推广上，百瑞源尚未和头部主播达成合作，只能选择明星、腰部达人主播，这些人中真正有带货能力的屈指可数。公司内部也积极组建直播团队，与线下门店销售人员一同开展了变化多样的店家直播，但始终难以吸引大量新客进入并转化为销量。

2020年，百瑞源的线上销售额目标是1.3亿元。半年过去，百瑞源线上业绩约为4000万元，其中淘宝主播带货"头茬枸杞"直接贡献的销售额占12％（占天猫旗舰店的18％），远远超过其他形式带来的销量增长。然而，大部分与主播合作的投产比都不及天猫"明星店铺"等付费推广工具。一方面是销售和利润的考量，另一方面是品牌定位与消费群体的关系发展。郝晓琴不禁思考，大力发展直播电商是否应该成为公司长期发展的战略重点？公司旗下的三款主打产品，头茬枸杞、枸杞原浆和锁鲜枸杞应该采用怎样的直播形式创造最高的效益？应该怎样开展呢？

● 百瑞源枸杞

枸杞是传承千年的中华滋补佳品，被认为有非常高的营养、药用价值。每年 6 月到 10 月是枸杞的采摘期，要人工采 10～12 茬。枸杞鲜果很难保存，农户会将鲜枸杞加工成干果之后售卖，每五斤鲜枸杞可以制成一斤干果。宁夏是枸杞的主要产地，《本草纲目》称"全国入药枸子，皆宁产也"。但因为宁夏经济条件落后，种植、加工产业化程度不足，枸杞质量参差不齐，导致很长时间以来枸杞产品都作为"药食同源""厨房用料"的辅料，以散货简装的形式在市场上销售。

郝晓琴与丈夫无意间目睹一位老人将自己辛苦种植的枸杞树刨掉之后，得知当时枸杞市场以次充好、恶性竞争的现象频发，农民无法靠枸杞种植赚钱，只能挖树毁园、另谋生计。农民出身，毕业于宁夏农学院（现宁夏大学）的夫妇二人心痛不已，2003 年，百瑞源品牌诞生，大卖场高昂的营销费用让公司陷入困境。郝晓琴于是将目光放到别的渠道上，她注意到了快速发展的宁夏旅游业："大漠孤烟直，长河落日圆"，贺兰山下，黄河之畔，丝路里走出的枸杞文化如果与产品展销结合起来，或许会打动消费者的心。但购物中心并不重视百瑞源这个小品牌，65 折的折扣对经销商也没有很大的吸引力。"我去邀请他们老板，结果我也请不动，人家不来。一气之下，我说，命运不能掌握在别人手里，咱们想办法自己建枸杞展馆。"

背水一战的郝晓琴夫妇抵押了自己的房子，自费建设了中国枸杞馆（2020 年更名为百瑞源枸杞博物馆），开业之后游客源源不绝，入选中国 AAAA 级景区。游客们在感知、体验枸杞后很乐意购买百瑞源产品，线下的客单价高达 500 元。同时，百瑞源开始重点关注提升产品品质、打造有影响力的品牌，郝晓琴随即提出了走"精品化、科技化、品牌化、价值化"的发展道路。十余年来，百瑞源成长为一家科技研发、基地种植、生产加工、市场营销、文化旅游"五位一体"的全产业链科技型企业，百瑞源品牌也荣获"中国驰名商标"，入选为国宴食材供应企业。

科技创新助力农业升级

传统的枸杞生产模式以个体农户粗放型的种植加工为主，缺少标准化的技术规范、产品评级和安全指标，很难获得产品增值。百瑞源坚持以科技创新驱动产业发展，成立了业内最大的研发中心，承担了国家科技部科技支撑计划项目和国家火炬计划项目，入选农业产业化国家重点龙头企业，取得了一系列领先的科技成果。2013 年，百瑞源在耗时 5 年后成功培育出了枸杞新品种"宁农杞 2 号"，该品种果粒大、果形长、营养价值高，为公司在产业链源头上确立了竞争优势。

除了育种加工，百瑞源也深挖产地资源，在宁夏核心三大产区建成 12 500 亩可溯源种植示范基地，积极引进新技术工艺、开展标准化种植，工厂车间设在基地方便加工。产品顺利通过德国 BCS 有机食品认证和国家质检总局生态原产地产品保护认证。基地每年可安置当地农民工 1 200 多人，带动 2 000 户种植农户，解决万亩枸杞的销售问题。在百瑞源的带领下，集生态、绿色、富民于一身的枸杞产业，极大地帮助了当地推进助农创收、精准扶贫，郝晓琴的先生也被评为"全国劳动模范"。

线上线下双轮驱动

2008 年，百瑞源突破地摊、特产店等售卖方式，在宁夏推出了枸杞连锁专卖店，定位"枸杞养生专家"，从传统的"土特产"，提升到了高品质的"枸杞养生滋补"产品。在产品形态和营销上，百瑞源率先开发了第一款铁盒包装枸杞、第一款免洗枸杞、第一款头茬枸杞等，引领枸杞行业迅速迭代升级。百瑞源的广告和专卖店遍布宁夏机场、高铁和大街小巷，销量迅速提升。

2012 年后，枸杞礼品的销量开始直线下降，百瑞源意识到原本依赖线下大客户采买的模式已经不再有效，新的时代应该积极拥抱消费者、了解年轻人。2015 年，公司明确了"互联网＋枸杞"的运营模式，正式发力电商。

当时线上平台基本是年轻淘品牌的天下，如杞里香、丰凯园等，它们采用在宁夏设厂、外采商品的方式，以低价策略获得更多流量支持，迅速占领市场。百瑞源是第一家开拓线上渠道的传统枸杞品牌。其他宁夏当地的线下知名枸杞品牌均未踏足电商，2019 年 6 月，宁夏政府授权百瑞源为宁夏农村电商综合服务平台的运营商，代运营当地一些知名品牌。此外，主要售卖枸杞的药店、商超（如同仁堂）的枸杞产品定位为低价的辅料，未形成规模效应。宁夏枸杞行业 2019 年产值为 155 亿元，其中零售产值约为 20 亿元，培育枸杞消费市场，树立全国性品牌仍然任重道远。

百瑞源最先也试图用低价获取消费者，并推出了专门针对线上渠道的中低端产品。2015—2018 年，百瑞源一直投入精力与淘品牌打价格战，反思之后，百瑞源决定在线上也坚持价值路线，砍掉低端产品，坚持"打造高品质枸杞品牌"的初心，突出枸杞产品的优良育种、种植工艺、文化含义，并持续开发创新产品。

截至 2020 年上半年，百瑞源在宁夏已经实现了全渠道（商超和门店）的覆盖，而在宁夏之外则主要采用线上销售的方式，占销售总额约 40%。线上包括阿里平台的天猫旗舰店、天猫超市、阿里健康大药房、专卖店、盒马，京东平台厨房佐料类目和滋补类目下共 4 家店，拼多多、唯品会、苏宁易购，以及社交渠道的云集等。其中天猫旗舰店销售额约占线上的 65%，天猫超市约占 8%，京东约占 24%。

● 深挖新时代用户价值

从农副产品到零食类产品

在多数人的印象中，枸杞是送礼佳品，和传统联系紧密，但养生保健已不再是中老年的专利。在 90 后、00 后中，"朋克养生""枸杞保温杯"已经成为流行词汇。据调查，年轻人养生比例超过 7 成，其中男性占比 40%，以护嗓、养肝、补肾需求为主；女性占比 60%，以护肤、护眼、舒缓肠胃为主。

虽然年轻群体表现出了强烈的购买意愿，但在产品偏好上即食化、零食化更受欢迎。以枸杞为例，传统的食用方法就是老三样——"熬粥、煲汤、泡酒"，郝晓琴计算过，若枸杞只作为厨房配料，每户家庭一年最多只需一斤干果。此外，药用、厨用配料的产品定位也不符合年轻人叫外卖、吃零食的生活习惯。为了开拓这一新的细分市场，百瑞源逐步将枸杞拓展到"健康零食"这一多场景、多频次的市场，让消费更加方便、休闲、年轻化。品牌宣传口号也随之改为"好枸杞，嚼着吃"。

重新定义枸杞产品意味着百瑞源从农副市场延伸到养生类、功能性零食市场，也遇到了新的竞争者。天然原料口服美容是近年来消费者强烈关注的品类。根据 CBNData 数据，胶原蛋白、葡萄籽和血橙是消费者最偏爱的三大成分。在此趋势影响下，包括斯维诗（Swisse）在内的保健营养品品牌，也积极开发针对年轻人美容养生需求的功能食品，品类齐全、服用便捷。此外，中式食材也给产品创新带来了灵感，首先是休闲零食品牌，如百草味、三只松鼠推出桂圆红枣枸杞茶、红枣枸杞丸等产品，积极拓展原有用户群的养生需求；其次是其他品类的滋补药企，包括东阿阿胶推出的小包装阿胶糕品牌"桃花姬"、小仙炖推出的即食燕窝；与这些食品行业巨头相比，百瑞源在营销渠道、推广和面对消费者能力上，都显得十分欠缺。在枸杞行业，免洗、有机、原浆榨取等技术壁垒不高，竞争对手都开发了类似的产品。

多品类齐发力

枸杞电商平台销售规模的增长开始放缓。2018 年同比增速仅为 2.37％。一二线城市的市场规模和成长性更大，60 元以下的低价位枸杞产品占比达到 81.51％，且更受年轻消费者（18～24 岁）的喜爱，而高价枸杞的主力消费者集中在 25～34 岁。

百瑞源在 2018 年砍掉低端产品线之后，电商销售量大幅缩减，天猫市场份额从 18％降至 8％左右。虽然此举是为了突出品牌的高品质价值，但也导致老客流失、竞争力下滑。在 60 元以下价位段，行业销量前五的爆款单价均不超过 40 元/斤，而百瑞源的热销款"头茬枸杞"（216 克×2 包）单价为 98.26 元/斤。

在高价位枸杞市场中，各类产品也开始出现强有力的竞争者。黑枸杞主要产自青海，是高价枸杞市场的主导品类，但百瑞源销售排名前三的均为红枸杞，黑枸杞销售仅占全行业的 2％；枸杞礼盒作为低频次、高单价产品（枸杞产品平均价格的两倍以上），仅占枸杞市场销售的 7.3％。以往百瑞源主要通过旗下的"中国枸杞馆"和当地品牌专卖店销售，面向的是外地旅游人群，这些人购买力强，对特产、伴手礼有较高的支付意愿；而电商渠道的用户更关注性价比，购物以自用为主。而有送礼需求的消费者又对枸杞产品没有很强的认知，淘宝数据显示搜索"枸杞礼盒"的用户以山东省和宁夏回族自治区居多，北上广深等地的消费者占比很低。

在新类别的培育上，百瑞源加入枸杞原浆的生产行列中，希望借此切入高端女性市场。

枸杞原浆是这两年新兴的小众品类，所占市场容量较小但年销量增长在 100％ 以上。根据 2019 年淘宝和天猫平台的销售数据，枸杞原浆的消费者中有 66％ 是女性，年龄以 30～39 岁为主（占 42％），产品受到一线城市养生人群的喜爱。

主打产品

枸杞一般建议每日食用 6～12 克，过量食用会导致上火、流鼻血等症状，感冒发烧、身体有炎症的人群不适宜服用，孕产妇服用也需注意用量，所以在包装上，百瑞源产品都设计标注了适于每日服用的剂量。2018 年起，百瑞源提出了"好枸杞，可以贵一点"的新定位来突出品牌特质，并初步形成了三款主打产品。

头茬枸杞，选用 6 月第一茬的中宁枸杞优良品种，比其他时期营养更佳。再结合公司研发的免洗工艺，按科学计量小袋包装后可以随时随地食用。双袋头茬枸杞，每袋 36 小包，共 432 克，定价 89.9 元。

果小凡枸杞原浆，定位"更好枸杞，更好原浆"，采摘 9 分熟枸杞鲜果，用纯物理低温压榨技术制作成原浆，不添加一滴水和任何黏稠剂，只添加 1％ 的维生素 C 用于固色。口感醇厚偏甜，"每天一袋，周享美丽"。果小凡枸杞原浆周套餐，共 7 小袋，每袋 30 毫升，定价 99 元，买二赠二。

锁鲜枸杞，定位"宁夏枸杞中的珍品"。"锁鲜"两字注册了商标，特别使用独有的"宁农杞 2 号"产品，由中国农业大学提供技术专利支持，完整保留鲜果天然的保护膜，让枸杞格外饱满、色泽鲜艳、口感柔软，吃一粒干果即可获得一颗鲜果的营养。主打"嚼着吃口感好，锁住鲜果营养"。普通枸杞泡水会析出胡萝卜素，但是锁鲜枸杞不会。锁鲜对采摘加工的要求很高，要求果实在 2 厘米以上，表皮无破损且软硬适中，采摘后一小时内完成加工。普通枸杞采摘费为 4～6 元/千克，锁鲜枸杞采摘费为 10～12 元/千克。百瑞源锁鲜枸杞每罐 80 克，按标注刻度 10 天可服完，定价 99 元。

2019 年，百瑞源与热门综艺《亲爱的客栈》深度合作，成为芒果 TV 网络综艺指定产品，使得百瑞源在 2019 年双十一的保健品大战中销售额达 1 800 万元，较去年同期增长 20％。"锁鲜枸杞"产品增幅达 300％，开场 45 分钟核心产品就达到了 2018 年双十一全天的销售额，上市仅 5 个月就全部售罄。2020 年，百瑞源通过引进智能化生产线初步解决了"锁鲜枸杞"的量产问题，引进后产能翻倍，年产 40 万瓶。

2019 年，百瑞源天猫旗舰店全年销售额达 5 057 万元，其中最受欢迎的产品头茬枸杞占 55％。然而品牌的高端定位意味着在电商平台的引流成本要高于平均水平。砍掉低端产品线后的百瑞源，店铺转化率从 15％～20％降为 10％左右。2019 年，百瑞源在线上渠道的销售毛利率约 40％～50％，线下渠道约 60％。而在线下、电视和传统电商巨大营销费用背后，品牌似乎缺乏与消费者的直接联系沟通，不利于培育枸杞产品、塑造品牌高端的定位，也难以直接有效衡量营销的投入产出比。百瑞源决定尝试拥抱新的零售业态——电商直播。

● 电商直播的崛起

直播带货的新概念

近年来，得益于物流等基础设施的快速发展和互联网技术的进一步渗透，零售业涌现出了多种新业态。例如，丝芙兰推出虚拟化妆 APP、匡威开发了 AR 运动鞋取样器，可以帮助顾客在家预览产品使用效果。根据尼尔森 2019 年的数据，47％的消费者在线上购物之前会先到实体店查看商品，36％零售店顾客住在离店 3 千米外。新技术的应用帮助消费者突破了时间和空间的限制，节省了用户前往实体店和试用产品的时间，丰富了场景和内容，提升了线上零售的购物体验。

2016 年，淘宝率先试水直播卖货。淘宝直播第一任负责人古默认为，传统电商销售有三大痛点，"看不见、摸不着、没有互动"，而"直播能实现的，是所见即所得、买家卖家的即时互动、线下最传统交易模式的翻版"，"一定是未来主流商业模式之一"。直播的概念很快获得消费者和商家的认可，直播电商兼具内容、社交双重属性，其动态、实时交互的形式，能够帮助用户更好地了解商品，建立信任，从而提高转化率。根据艾媒咨询的数据，用户选择直播购物的原因主要是产品展示更直观真实（58％）、采购环节更加便捷（43％）和优惠的价格（37％）。直播带货主播一方面通过优质内容吸引消费者，另一方面通过粉丝关注建立信任关系，实现流量变现。对于消费者，由主动搜索商品的"人找货"变为接受主播推荐的"货找人"，消费体验得到提升；对于商家来说，直播场景兼具广告和销售功能，有助于实现精准营销、产品宣传发展，提升营销效率。

国内电商直播市场规模从 2017 年的 190 亿元迅速增长至 2019 年的 4 338 亿元，2020 年预计规模将达 9 610 亿元。伴随着 5G、AI、AR 等技术的成熟，直播成为高速增长的万亿市场。其中淘宝毫无疑问是领头羊。2019 年，淘宝直播已积累 4 亿用户，全年 GMV 突破 2 000 亿元，其中双十一当天成交额达到 200 亿元，成为品牌商家最大的增长点。直播生态的完善吸引越来越多商家的加入，淘宝用户每天可购买的商品数量同比增长 190％。此外，重度用户的规模也在持续扩大，每天观看时长超过 1 小时的用户同比增长 40％，淘宝直播进店转化率超过 65％。2020 年，由于新冠疫情对线下实体零售店带来的冲击，2 月每天约有 3 万新商家入驻淘宝平台，订单总量平均每周以 20％的速度增长。3 月，淘宝战略升级，将原淘宝直播合并原内容电商事业部其他业务线，组成新的淘宝直播事业部。"直播"被放在淘宝客户端 APP 首屏右下角的位置，与"聚划算"并列，成为最重要的流量入口之一。

根据艾瑞咨询的调研数据，2020 年广告主会在内容营销（KOL 推广等）、电商广告和信息流广告上增加营销预算。KOL 参与度较高的直播营销和短视频营销以 52.8％和 51.7％的选择率成为广告主最关心的营销模式。快消、美妆、3C/IT/电子、网络服务、零售等行业对新媒体营销有较高的投入。

直播生态

直播电商产业链上游包括品牌商、工厂或产业基地，中游包括主播、网红孵化机构，下游为终端消费者。

直播平台

淘宝作为综合型电商平台，供应链、商家资源丰富。在淘宝直播平台带货的，需要按成交金额分成 20％～30％，这部分再由阿里妈妈（阿里旗下营销平台）、淘宝直播、MCN 机构按一定比例（一般为 1：2：7）进行分配。外部内容平台引流到淘宝成交的，还需要收取 6％的专项服务费。短视频平台快手、抖音从 2018 年开始探索电商商业化，以网红直播为主，平台负责提供前端导流、展示场景等环节，而下单、支付、物流等电商模块一部分靠外部资源（如淘宝、拼多多、有赞等）完成，一部分靠搭建自营渠道（如快手小店等），因此按销售渠道类别采用不同的分成比例。以快手为例，平台对快手小店成交的商家收取 GMV 的 5％，对淘宝、有赞、拼多多等成交的收取 10％。

一方面，是淘宝、快手、抖音（"淘快抖"）三者的竞争日渐白热化，另一方面京东、拼多多、微信等也积极跟进。2019 年，京东双十一的直播销售额环比 6・18 购物节增长 25

倍；拼多多在2019年末上线直播业务，销售珠宝、海鲜等产品；微信小程序于2020年1月开启公测邀请品牌参与直播。

主播与 MCN 机构

直播带货环节中，主播是连接品牌与消费者的核心角色，他们需要通过某些技能或优势（如外表、口才、才艺等）吸引粉丝，并具备优秀的营销能力，才能将粉丝转化为具有购买力的消费者。商家除了选用内部员工推荐、销售商品，也会与外部主播合作，如明星、网红等。调查显示，有60%的品牌的社会化营销会与 KOL 合作，约40%的消费者曾经受到 KOL 影响而购买商品。目前在淘宝平台的百万名主播里，商家自播带货占90%，而网红主播占10%。服装、食品饮料、个人护理等快消品因具备复购率高、毛利高、客单价低的特点，是各大直播平台的主流。

直播新业态的发展也引领 MCN 行业快速成长。MCN 的概念最早诞生于美国，MCN 机构一方面为网红、主播等提供内容生产的服务，另一方面对接媒体平台，提供推广营销、供应链/品牌管理等服务。2015年，微博网红经济的出现吸引了国内第一批 MCN 机构进入市场，电商直播的爆发更加催发了这一产业。2019年中国 MCN 机构数量超过2万家，较2018年增长近4倍，电商业务（46%）超过广告营销（43%）成为最重要的变现方式。

大部分 MCN 向品牌方收取的直播费用由"坑位费＋佣金"组成，佣金根据主播级别、产品类型的不同占 GMV 的20%～40%，坑位费从几千元到几十万元不等，也有小主播只采用纯佣金的收费模式。越知名的主播坑位费越高，头部主播李佳琦在2019年底的报价为：零食类坑位费4万元，佣金20%；美妆口红生活类坑位费8万～10万元，佣金30%。随着"不出量"的直播间翻车事件频发，行业内又出现了保底销量的形式，达到保底销量后再抽取佣金。结算方式根据具体协议执行，一般将直播后7天内的退货、退款订单视为无效。

主播行业分化明显，头部主播在粉丝数、带货 GMV 上具有显著优势。根据领军 MCN 的如涵的年报显示，2017—2019年，单个头部红人的 GMV 约为单个肩部红人的10倍，粉丝数约为3倍。2020年6月，直播带货前50名主播的总 GMV 约为126亿，其中超过10亿的主播仅三位，但占了前50名直播总 GMV 的48.5%。头部主播巨大的影响力使其形成对上游更强的议价能力，淘宝直播中的折扣商品占带货商品总数超过60%～70%，"限时、限量、限价"成为直播带货的主要手段。

各平台的头部主播都已形成了独特的选品策略和直播风格，淘宝的头部主播李佳琦（签约美腕）粉丝量在2800万左右、场均观看人次可达200万~300万。主播李佳琦曾经是化妆品柜台的导购，在护肤美妆方面积累了大量专业知识。李佳琦最深入人心的形象就是他对不同口红的展示，搭配上极具煽动性的金句"OMG""买它！"创下了一个个销售佳绩。2020年5月17日，李佳琦在淘宝零食节的销售额为3.5亿元。头部主播往往也在产品上签署排他性合作协议。

头部主播的影响力加速了直播业态的升级，直播开始打通线上线下。"走播"（消费者跟着主播边逛边买）等新兴形式开始受到欢迎。李佳琦在2020年6月6日的央视《对话》栏目中表示，直播低价的时代已经过去，关键是要提升价值和体验。这与阿里巴巴董事局主席张勇的财报会发言一致："直播带货最终要看整个商业价值能否被实现，销售带来的用户在未来是否能够被持续经营，而不只是一次性的销售。"

伴随着新冠疫情给经济带来巨大冲击，政府出台相关政策扶持的直播电商成为大力发展方向。政府官员、企业家和明星们也加入了主播大军。火热的直播生态也暴露出不少负面问题，造假、刷单等问题层出不穷。根据中国消费者协会发布的《直播电商购物消费者满意度在线调查报告》，有37.3%的直播消费者遇到过产品质量问题。直播营造的冲动消费氛围使得头部主播都会出现高达30%的退货率。

直播间消费者

根据淘宝的数据，90后、00后是直播间的主要消费群体，三线及以下的城市贡献了约50%的销售额。尼尔森的数据也显示，82%用户有非计划性购买行为，61%的非计划购物源于推荐。同时，直播间消费者虽然价格敏感，但在高价位段商品消费能力高于传统电商消费者。2019年，女装、美妆、食品是淘宝直播消费者最爱买的品类。同时，直播间的男性消费者数量迅速增长，占比达到约40%，他们更偏好3C数码、大家电、家装等类目。而在百瑞源所处的枸杞市场，天猫旗舰店及天猫超市是最主要的销售渠道。其中天猫超市的女性消费者占比较高，更加集中在25~34岁的高消费人群，新客比例更高，以家庭自用为主。

● 疫情影响下的"全民直播"

2020年疫情期间为了自救，公司临时成立了微信组、直播组、社群组等，通过线上支持客户与门店对接并实行产品无接触配送。原有的 400 多名店员转行做了主播，一定程度上缓解了销售压力。为了复工后的稳定运营，百瑞源决定重新整合已有的渠道资源，发力打造可持续的营销模式。

头部主播带爆品

2020 年 2 月 22 日，复工第一天，百瑞源继续通过主播直播推荐头茬枸杞。在主播的惊人带货能力下，百瑞源枸杞链接刚上架一分钟，销售额就达到了 150 万元，店铺全天成交额甚至超过天猫超市，成了行业类目第一名。之后的 3 月和 5 月又通过直播带了两次货，销售额均超过 100 万元。这三次直播几分钟的总销售额约占百瑞源 2020 年上半年天猫旗舰店销售额的 18%，此外，头部主播对销量的拉动作用也大大提升了店铺在电商平台的曝光度和排名。但由于产品价格被压到了史上最低的 63.9 元，百瑞源坦言，扣除主播佣金和平台扣点，利润为负。三场直播的老客贡献率在 12%～15% 之间，退货率为 5%～8%。此外，直播渠道消费者的复购率不到 5%，且其中约 80% 的人选择继续在直播间进行复购。

直播间的百瑞源消费者多为 30～39 岁，月消费者能力在 3 000～6 000 元的女性居多。这与百瑞源天猫旗舰店的消费者画像存在差异，天猫旗舰店数据显示，2019 年的客户中有 54% 为男性，月均消费能力低于直播间的水平。

虽然直播带货并没有给百瑞源带来直接的利润，但郝晓琴仍希望可以与头部主播达成长期的合作。"直播带货虽然亏本，但带来的销售额也是别的渠道不能比的，直播可以提高百瑞源在电商平台的排名，提高品牌的曝光量。电商排名每 30 天统计一次，如果我们不继续直播，这个月排名就会马上掉下来。"

明星、腰部主播带货

除了巩固畅销单品的市场地位，百瑞源还希望利用直播推广公司研发的新产品，积累基础消费人群。受限于头部主播的选品标准，公司尝试通过明星及腰部主播带货，"锁鲜"尚未能找到适合的主播，目前销售重点是新品"果小凡枸杞原浆"。

枸杞原浆是近年来增长最为迅速的一个品类。枸杞原浆市场 90 元以上的产品销售份额可达 62%，符合百瑞源的高端定位，也因此成为公司重点推广的方向。枸杞原浆深受高购买力的养生女性喜爱，宣传功效包括改善眼疲劳、失眠、肾虚、脱发白发等问题。百瑞源主要竞争对手杞里香的枸杞原浆产品，一盒共 10 袋，每袋 30 毫升，原价 159 元，促销价 89 元，买二送二。根据百瑞源 2020 年开展的市场调研，接近半数的受访者对于枸杞干果和原浆没有明确偏好；66% 的受访者对果小凡枸杞原浆的味道给出正面反馈，28.7% 表示可以接受；消费者选择果小凡主要是因为百瑞源的品牌效应（34.6%）、高品质保证如无农药残留（35.9%）、不添加水和防腐剂（21.1%）；但也有很多人明确表示希望产品能给予更多的价格优惠"价格再便宜一点就好了""味道不错，有点小贵"。

2020 年 5 月天猫吃货节，百瑞源在宁夏回族自治区政府的支持下，请了诸多明星红人直播带货枸杞原浆，除了平时的买两盒赠两盒之外，更有明星直播专属的 40 元优惠券（到手价 158 元 4 盒）。同时尝试采用订购制度，发售半年、一年的套餐，每月配送 4 盒。涉及的名人包括"食神"蔡澜、明星李湘等。受限于腰部主播的影响力，再加上产品单价较高、直播优惠不大，最终百瑞源天猫旗舰店 5 月在这个推广渠道上仅收获 22 万元的销售额，甚至无法覆盖聘请明星红人主播的 30 万元费用。具体到主播个人，知名度更高的明星如李湘、叶一茜等带货能力相对较强，但由于其费用也更高，投入产出比只有 1.39 和 1.76，甚至不如一般的站内推广。郝晓琴考虑签下李湘年度合作 16 次的合同，降低单次成本，也考虑与更有影响力的头部主播雪梨合作：枸杞原浆产品受众面较窄的情况下，销量和分成不能保证，要进直播间就必须先给更高的坑位费。

百瑞源在日常的运营中，天猫和淘宝站内主要推广渠道包括直通车、超级推荐、钻展、明星店铺和品牌首推。根据 2020 年 5 月的运营数据，推广共花费 51 万元，销售额 148 万元，其中投放效果最好的是明星店铺（买家搜索店铺相关关键词时，APP 会将推广信息呈现在搜索结果最上方），点击转化率为 33.39%，投入产出比高达 22.77。其次是超级推荐和钻展，投入产出比为 2.71 和 2.06。

店家自播

疫情加速了店家自播的进程。2020 年 2 月，淘宝商家自播数量环比大增 719%。6 月，华为旗舰店成为首个销售破亿的商家自播店，同时，"没有人比我更了解我的产品"的董明珠代表格力电器自播，在经销商的配合下当天销售 65.4 亿元，相当于格力第一季度营收的 32%。

相较于与外部达人合作，店家自播可以更好地结合运营端的需求，并结合产品特点对直播的内容进行规划。直播已成为品牌商的一个新兴渠道，品牌化升级也是直播生态升级发展的重要道路。

通过直播镜头，公司实体店销售人员摇身一变成为线上主播。譬如 2020 年 5 月 29 日，百瑞源"头茬枸杞采摘节"的自播，将直播间设在田间地头，将枸杞树的生长气候、土壤、水肥、病虫害等种植环境、枸杞采摘现场展现给观众，采摘人员来自红寺堡区，是全国最大的异地生态移民扶贫集中区。直播介绍了百瑞源对当地生态环境和扶贫就业起到了很大作用。截至当天下午 4 时，百瑞源"头茬枸杞"产品采摘直播观看人数为 108 万，鲜枸杞预售成交 2 138 单，销售额 89 万元，并得到新华社、新闻联播等媒体广泛报道。

目前百瑞源的直播部门主要分为两个队伍，一是外部主播对接组，会根据每场的投产比、场次和销售情况进行考核。二是自播团队，根据直播产生的销售额、新增进店量和粉丝数进行考核，截至 2020 年 7 月，这一业绩指标为月销售额 40 万元、新增粉丝 1 800 人。考虑到自播内容会涉及生产一线的情况，百瑞源选择在宁夏总部开展工作，自播团队共 12 人。以天猫平台为例，直播核心团队共 4 人，每人每天负责 4 小时直播，通过店家直播间购买的顾客可获得专享的 10 元优惠券。2020 年上半年，百瑞源直播间平均观看人数可达 1 300～1 500 人，平均观看时长约 3 分钟，高于天猫滋补类产品的平均水平（140 秒）。店铺自播共引导支付人数 11 948 人，支付金额 138 万元。每周公司会对直播的情况进行复盘分析，并制定下一个阶段的策略。例如，疫情期间，店铺主播主要宣传枸杞产品对提升人体抵抗力的积极作用，复工后强调缓解眼睛疲劳的功效，母亲节、父亲节则重点以情感为导向。

研究与思考

百瑞源在年初提出一个目标——2020 年公司线上销售额突破 1.3 亿元（包括 5 500 万元头茬枸杞、3 500 万元枸杞原浆、2 000 万元锁鲜枸杞），这对于重新调整品牌定位之后的百瑞源来说实属一个不小的挑战。调整后的百瑞源尚未形成可运营的忠实客户群，与大公司和互联网公司相比，也欠缺直接面对消费者、数字化营销的能力，电商零售、直播带货方面的组织设计和人才培养上还没有筹备完全。百瑞源在 2020 年把电商公司独立出去成立子公司，搬到了电商大本营杭州，并在宁夏总部启动了用户运营中心，希望可以全面提升运营消费者的能力，助力电商发展。

2020 年，疫情冲击旅游业，而百瑞源大部分线下销售都集中在宁夏。宁夏总人口只有 600 万，作为枸杞的主要产区，当地消费者对枸杞有一定的认知，认可百瑞源的品牌价值。此外，百瑞源枸杞也是宁夏各大旅游景区向外地游客重点推荐的产品。可是在宁夏之外，大部分消费者并没有培养出零食化食用枸杞的习惯。电商渠道的搭建帮助百瑞源触达更多的年轻人和一二线城市消费者，但至于如何让品牌乃至行业真正走出西北，并在一众互联网品牌的围攻下脱颖而出，企业仍面临不少挑战。

在此情形之下，直播带货似乎成了一个快速提升销量的方法。2020 年上半年，借助直播的百瑞源线上销售同比增长达 58%。但直播似乎更多只是宣传品牌带动销售，并没有给公司带来很好的利润。此外，百瑞源在直播内容的设计、呈现上也没有主动权，带货单品也一直限于"头茬枸杞"。而在明星、腰部主播带货"果小凡枸杞原浆"的过程中，在 5—6 月 20 余场的直播里，能促成理想的销量和投产比的主播屈指可数。百瑞源直播团队手里还有长长的主播名单，每一个名字都代表着机会，也代表着高昂的试错成本。

更让郝晓琴矛盾的是，一直以来直播间最吸引消费者的就是低价。2018 年，百瑞源壮士断腕砍掉低端产品线，是为了重塑优质、高端的品牌价值，大力投入直播是否意味着公司又陷入了低价竞争的僵局？主播、机构和平台层层抽取佣金后，直播不赚钱，"赔本赚吆喝"似乎成为常态，不但无法精准地转化主播的粉丝为自己的忠诚客户，低价模式也不符合品牌长期发展的需要。业界也有不少声音开始反思，随着疫情的平缓和线下的复苏，与其他营销工具相比，直播是否值得，是否可以持续，是否应该纳入与品牌定位相匹配的长期发展战略？对目前的百瑞源品牌定位和目标而言，这个问题在战略上是至关重要的。

此外，直播购物在消费者端似乎已形成习惯趋势，竞争对手杞里香也在 2020 年 6 月牵手李佳琦带货旗下的小种枸杞，在促销价 99 元（180 克/盒×2）的基础上，拍两件立减 90 元，相当于 108 元到手 4 盒 180 克的枸杞。主播大家都可以请，那么在产品端，什么样的产品才适合直播带货的销售形式？像锁鲜枸杞、枸杞原浆这样技术含量高、加工难度大的高价单品新品，原本利润率就低于其他产品，是否适合通过直播销售？

郝晓琴非常困惑，"现在全行业大家都有同样的问题，那就是流量从哪里来？"应该如何统筹不同渠道的直播资源、如何根据货品设计直播内容、如何通过直播找到目标客户群并建立品牌与消费者之间的关系，这些都是百瑞源公司总经理郝晓琴迫在眉睫需要思考的问题。

第二部分 全球商业案例

服务数字化：奢侈品时尚中的传统与创新

（作者：乔纳斯·霍姆奎斯特、约亨·沃茨、马丁·弗里茨）

我们的经济正在变得日益数字化，奢侈品行业也在这股潮流中经历着快速的变化。面对数字化，知名的奢侈品公司采取了不同的应对策略。比如，以香奈儿（Chanel）和葆蝶家（Bottega Veneta）为代表的一些奢侈品公司，采取了远离数字化的策略，它们比之前更加强调线下精品店的购物体验。而其他一些奢侈品品牌，比如迪奥（Dior）和圣罗兰（Saint Laurent）等则截然不同，它们全面拥抱数字化，努力推动数字服务创新，并取得了线上销售的快速增长。从本质上说，这些品牌做的依然是奢侈品销售，这一点从未改变。然而，各家采取的数字化策略截然不同，与此同时，它们还要尽力维持自身的独创性。奢侈品品牌该怎样顺应数字化的潮流，同时又保留顾客所期望的独创性的和个性化的服务呢？

奢侈品行业在许多方面与其他大多数行业截然不同。该行业的最大特点是满足顾客对稀缺性的追求，而不是试图吸引尽可能多的顾客。在奢侈品行业，价格需求曲线是倒挂的。也就是说，当商品或服务价格上涨，其他行业必然是需求减少。而奢侈品行业却往往相反，价格越高往往需求越多。因为奢侈品的价值就是与其极致品质相伴的稀缺性，所以许多奢侈品品牌会主动限制其顾客的数量。用法国奢侈品牌爱马仕（Hermes）前首席执行官帕特里克·托马斯（Patrick Thomas）的话说："奢侈品行业是建立在一个悖论之上的，一个品牌越受欢迎，它的销量就越大，但它销量越大，品牌就越不受欢迎。"

这个悖论可以体现在奢侈品商店的开店数量和选址上。比如,大多数奢侈品公司只在很少的地方开店,而且往往是将旗舰店开在仅有的几个时尚之都,世界各地的顾客必须前往拜访才能购买。而且,这些店面的服务环境经过了精心设计,体现了其高端的品牌定位并足以愉悦顾客的所有感官,商家与顾客的互动也充分满足顾客对奢侈品服务体验的高度期望。比如,到店的顾客可以免费享受香槟或其他饮料,并获得个性化和周到的服务。

然而,现在奢侈品世界正在发生着剧烈的变化。在20与21世纪之交出生的千禧一代等年轻人开始成为奢侈品消费者。据估计,到2024年,这个群体将占所有奢侈品顾客的一半以上。这些年轻人是伴随着互联网长大的一代人,这给奢侈品这个传统而保守的行业带来了转型挑战。

奢侈品行业的数字化趋势,在新冠疫情暴发之前就已经开始了,很多公司早就开始积极转向数字战略。但是,2020年的疫情大流行进一步加速了数字化的转变。疫情期间,由于线下活动被禁止,许多奢侈品商店停业了好几个月。此外,在法国和意大利,超过50%的奢侈品销售是面向游客的,而游客购买者的主力是来自亚洲国家,国际旅行的受限成了奢侈品商店面临的另一个问题。在这样的背景下,商家的数字化转变和线上销售量达到前所未有的高度。根据贝恩咨询公司的一份行业报告,奢侈品的线上销售额占全部销售额的比重从2019年的12%跃升至2020年的23%。

● 奢侈品品牌和数字化服务

知名的奢侈品品牌采取了不同的应对之道,一些公司看起来抵制以数字化的方式和顾客接触,另一些公司则全面拥抱互联网和数字化。比如,以香奈儿为代表的一些品牌,对数字化的态度迟疑,并且拒绝在线销售商品。香奈儿时尚的总裁布鲁诺·帕夫洛斯基(Bruno Pavlovsky)是线下策略的捍卫者,他强调实体店的线下顾客能够接触精心设计的服务场景,顾客通过到店访问体验到"品牌的气质"。另一个退出数字化潮流的是意大利奢侈品著名品牌葆蝶家,该品牌在2021年完全退出了社交媒体。意大利设计师乔治·阿玛尼也关闭了其高端子品牌Armani Privé的网站,只保留了其他一些子品牌的网站。

许多其他的奢侈品品牌对这场数字化革命的看法则完全不同,它们判断奢侈品行业不可能在世界经济的变化中逆潮流而动。诸如迪奥、古驰、杜嘉班纳、普拉达等品牌都采取了积极的数字化策略。2021 年，奢侈品品牌圣罗兰引入了在线视频聊天的方式和顾客沟通，让顾客享受更个性化的服务，在线接触该品牌的最新产品。

● 奢侈品行业数字化的悖论

当奢侈品行业走向数字化，该行业的商家们将不可避免地面临一种新的悖论：当任何人在任何时间、任何地点都可以通过互联网购买奢侈品时，商家该如何保持其稀缺性、个性化和无微不至的顾客服务？之前，奢侈品的商家们只把商店开在有限的几个时尚之都，并精心营造服务环境。而现在，顾客们只需要点击几次鼠标就可以获得他们想要的东西。互联网的巨大开放性是否将导致奢侈品吸引力下降？现在看来，保持奢侈品的稀缺性不是一个大问题，一些顶级奢侈品品牌，如迪奥和爱马仕会严格监控其高端产品在互联网上卖出的数量。当某个产品销量过大时，他们还可以临时将该产品从在线商店中移除。这和实体商店仅销售有限数量的产品的策略是一致的。但是，说到顾客服务方面，就不是那么好办了。商家们需要设法提供和线下商店服务水平一致的个性化的和专属的服务。时至今日，这仍然是让许多奢侈品商家头疼的问题。

其实，拥抱数字化与为顾客提供一流的服务并不一定是矛盾的。相反，通过量身定制的数字化服务，商家同样可以让顾客在每个互动环节感到满意。已经有商家在这方面做出了很好的榜样。2020 年，迪奥在法国莱切举办了一场令人印象深刻的时尚秀，这场时尚秀以其创意总监玛丽娅·格拉齐亚·丘里（Maria Grazia Chiuri）的意大利故乡普利亚的文化为特色。这场时尚秀没有安排现场观众，而是通过互联网分享并赢得了广泛好评。奢侈品商家在进行数字化的同时，同样可以保持其稀缺性。比如，阿玛尼在移除 Armani Privé 的网站之前，通过邀请制保留了部分顾客访问该网站的资格。相关的例子还包括允许顾客在线搭配服装和饰品的智能魔镜、嵌入产品的物联网功能，以及加强顾客在线下实体店和线上联系的数字社区，等等。

● 奢侈品商家应该采取怎样的数字化服务战略

奢侈品行业将走向何方？没有人能否认数字化浪潮为奢侈品商家带来了新的挑战。我们既看到了迪奥、圣罗兰和阿玛尼等品牌通过数字化来加强品牌形象和独创性的成功案例；也看到了香奈儿采取的截然相反的策略，即不断加强其线下实体店的环境设计和贴心的服务体验，以及在实体店为那些无法数字化的品牌提供独特的服务互动；我们还看到葆蝶家等品牌从数字平台全面撤退的案例，尽管整个奢侈品行业的趋势是对数字化越来越开放。看起来现在的奢侈品行业正走到一个十字路口，商家仍需思考和抉择其服务数字化战略。

研究与思考

1. 是什么让奢侈品行业的服务如此特殊，为什么其在与顾客互动的数字化过程中还必须体现出关怀？

2. 你觉得葆蝶家从社交媒体平台全面撤出并完全专注于线下实体店服务体验的做法是正确的吗？还是觉得这种抵制数字化的尝试终将失败？

3. 为什么香奈儿采取加强实体服务场景和线下服务互动的路线，而其竞争者，如迪奥和圣罗兰选择全面拥抱数字化并加强在线销售？你赞成这些公司采取的策略吗？

优步遭遇监管麻烦

（作者：克里斯托弗·唐、约亨·沃茨）

2020年1月22日，美国加州法院推出的"AB5法案"正式生效了，这项法案要求共享出行公司优步等平台将其平台的司机视为正式"雇员"。同年8月，优步的首席执行官达拉·科斯罗萨西（Dara Khosrowshahi）宣布推出与该法案完全相反的"22号提案"并将其付诸公民投票。为了赢得加州选民的支持，优步和Lyft等共享平台考虑暂时关闭它们在加州的服务，以此吸引选民们出来支持其22号提案。

当时的优步公司正面临诸多麻烦，公司在2019年亏损超过80亿美元，当时预计2020年10月前会亏损60亿美元。一旦"AB5法案"生效，将极大增加公司的运营成本。如果此时美国其他州和其他国家提出类似的法案，优步和多款共享经济应用（如Uber Eats、Grubhub、Deliveroo）将遭遇重大打击。优步在2019年申请首次公开募股时，曾担心政策的压力可能导致公司永远不会盈利，这种担忧恐怕会成为现实。"AB5法案"会是优步公司的终结者吗？

● 开　端

2009年，特拉维斯·卡兰尼克（Travis Kalanick）及加勒特·坎普（Garrett Camp）联合创立了优步公司，该公司随之成为一股颠覆传统出行方式的力量，足以让出租车退出历史舞台。如今，这家从网约车起家的公司已经将业务拓展至全球，其服务范围包含了共享出行（UberX、Uber Black、Uber Pool）、外卖（Uber Eats）、货物运输（Uber Freight）、共享电动自行车和摩托车（通过与Lime公司的结盟）。

优步的手机端APP的功能设计非常好。用户只需要下载APP并将其与信用卡关联，输入起点和目的地就可以轻松叫车。乘客叫车时，APP会自动预估一个价格，一旦乘客同意，APP可以将乘客与附近的司机进行匹配。然后，APP会提供姓名、乘客评分、汽车的品牌型号和车牌号、预计的上车时间以及司机的实时位置。当乘客到达目的地后，可以留下小费并给司机打分。这种顺畅的服务得到了乘客们的青睐。

优步的运营既包括司机也包括乘客，其成功的关键在于大量司机和乘客的参与。因为司机越多，乘客的等待时间就越短。而乘客越多，司机就可以减少空车时间并增加收入。优步拿了风险投资的资金为司机和乘客提供大量补贴来吸引他们成为用户，这让乘客们纷纷告别了出租车而转向优步，优步用这种方式迅速抢占了市场份额。尽管该公司几乎年年亏损数十亿美元，但投资者给它的估值超过700亿美元。优步公司仅在2018年实现了盈利，即它申请首次公开募股的前一年。

● 首次公开募股（IPO）

2019年5月，优步公司大张旗鼓地庆祝了它的首次公开募股。虽然当时许多投资者对优步未来的盈利能力仍存有很大疑问，但优步的首席执行官科斯罗萨西通过一些理由让投资者缓解紧张。科斯罗萨西强调的理由包括：首先，优步在共享出行这个价值12万亿的潜在市场已经占据有利位置；其次，优步平台的目标是成为"交通领域的亚马逊"；最后，亚马逊和脸书等在首次公开募股过程中同样经历坎坷。最终，优步以每股 42 美元的价格在纽约证券交易所上市，低于它预期的 45 美元的价格。自 2019 年上市以后，优步在随后一年股价长期徘徊在 30 美元左右，这是否反映了投资者对优步长期成功的信心仍然不足？

● 前路坎坷

优步上市的前提之一是它能够持续发展并占据世界市场。作为一家互联网平台，优步的轻资产模式可以使它以成本较低的方式在许多市场迅速扩大规模。然而优步在拓展到其他国家市场时遇到许多阻力。下面我们来介绍几个案例。

中国和东南亚

中国城市的出租车需求在不断增长，但出租车的运力却没有同步跟上，比如，上海市从 1990 年起就不再发放出租车营运执照。于是，2014 年，优步从上海开始进入了中国市场，优步使用了和在美国时一样的扩张办法，即给司机和乘客提供大量补贴，迅速将服务扩大到中国 100 多个城市，但这么做却给优步带来了难以承受的成本。首先，中国的本土企业滴滴出行当时已经占据了 80％的市场份额。优步为了与之竞争，给乘客提供了过高的补贴，其车费甚至比同样距离的公交车费用还低，优步还给司机提供了额外的不菲补助，光这些价格补贴就让优步公司每年烧去近 10 亿美元。其次，由于谷歌地图在中国无法使用，优步不得不选择百度地图，但这样做成本更高，而且耗时更长。最后一点是，由于大多数中国消费者并没有信用卡，优步不得不选择支付宝，这也给优步带来了额外的成本。

优步在中国做了很多本地化努力，但并没有收到效果。因为中国的消费者们已经习惯了使用滴滴出行。滴滴把服务嵌入微信，而微信是几乎所有中国乘客使用最频繁的应用，这让乘客们选择滴滴成为理所当然，而优步提供的服务在乘客眼里与滴滴没什么不同。

2016 年，在损失了 20 亿美元之后，优步决定退出中国市场并把旗下业务卖给滴滴。滴滴同意为优步投资 10 亿美元，而优步获得滴滴 18％的股权份额。

2017 年后期，科斯罗萨西继任创始人卡兰尼克成为优步公司的新首席执行官。科斯罗萨西此时决定退出东南亚 8 个国家的市场，包括新加坡、印度尼西亚、泰国、菲律宾、马来西亚、越南、缅甸和柬埔寨。2018 年，优步公司把这些市场的运营份额卖给了新加坡公司 Grab，优步在这次出售中没有获得现金，但获得了 Grab 公司 27.5％的股权。

拉美市场

拉美国家的共享出行市场是一块空白。除了乘坐私家车出行，人们在高品质舒适出行方面没有什么太好的选择。这一点吸引着优步和其他一些出行服务公司。2013 年，优步进入哥伦比亚，波哥大成为它在拉美提供服务的第一座城市。那时，哥伦比亚还没有电子叫车服务，也没有任何市场监管。但随着优步在该国的市场上逐渐扩张，当地的出租车司机们开始集体抵制。哥伦比亚交通部要求优步注册成为一家出租车公司，否则将禁止它在该国的运营。优步拒绝了这一提议，但并未退出该国市场。2019 年，哥伦比亚政府再次强令优步停止其运营。这次，优步把服务暂停了 3 个星期，并在 2020 年 2 月恢复了运营，同时声称该公司符合哥伦比亚的法律。

2014 年，优步进入巴西市场并迅速扩张。到了 2019 年，优步已经占据该国 80％的市场份额。但优步仍然没有实现盈利，因为它与当地其他的共享出行公司，如 Cabify、99（后被滴滴公司收购）、Easy Taxi 等竞争对手陷入了价格战。不知道优步与滴滴公司在中国市场进行的消耗战是否会在巴西重演。

印度

2014 年，优步进入印度 18 个城市开展运营。为了吸引更多司机加入，优步用免费的智能手机和现金补贴招募司机。优步甚至自行购买车辆提供给司机们租赁使用，以便乘客们能够乘坐更新、更好的车辆。优步没有针对印度司机做资质审查，而是依靠当地政府对司机背景的调查来决定是否同意他们加入。结果在 2015 年，发生了一名女性乘客被优步司机强暴的案件，这名司机随后被定罪。以此案件为导火索，政府叫停了优步的运营，直到优步承诺实施更加严格的安全保障措施，比如对司机进行背景调查、增加一键报警按钮以及允许乘客的亲友追踪行车路线等。祸不单行，2016 年底，优步根据需求量进行动态定价的策略又被德里市政府认定为非法。截至 2019 年底，优步仅在印度的 40 个城市提供服务，落后于印度本土的共享出行平台 Ola。优步能够在这块世界第二大叫车服务市场上取得成功吗？

英国与欧盟

在进入英国市场的初期，优步主打高档用车服务的试点项目 Uber Black 取得了成功。随后，优步在 2013 年开始把大众化的平价用车服务 Uber X 推向英国市场并用丰厚的津贴吸引乘客和司机。优步公司在英国也遭到了当地出租车司机的联合抵制。除此以外，2016 年，英国的一家法院裁定优步不应把司机看作独立工作者，而是应该将他们视作雇员，并为他们提供福利保障和养老金。之后，伦敦当地政府的交通部门在 2017 年优步的运营执照过期后没有对其继续授予运营执照。从此，优步公司开始了与当地政府部门漫长的拉锯战。2019 年，伦敦交通部门拒绝了优步公司的上诉，维持了不对其授予运营执照的决定。随后，在地方法院失利的优步公司把上诉提交至英国最高法院，其听证会已经在 2020 年 7 月晚些时候举行。目前尚不可知优步公司能否胜诉，优步在英国的运营前途仍然未卜。在欧洲其他国家，优步的发展也同样不顺利。丹麦、匈牙利和保加利亚都禁止优步公司进入当地市场。而在德国，一家法院在 2019 年裁定优步公司通过当地租车公司提供叫车服务的做法为非法。优步公司对此裁决提出了上诉，但其最终命运如何仍然没有定论。

● 回归美国

与 2013 年开始在外国市场不断遇挫相比，优步在美国市场一直保持着最大共享出行平台的地位。然而，优步和竞争对手之间的差距也在缩小。截至 2016 年 1 月，优步公司在美国共享出行市场上占有 87％的份额，而到了 2020 年 5 月，这一占比已经下滑到了 70％。同时，市场上的另一家公司 Lyft 所占的市场份额从 13％上升到了 30％。

在美国，优步同样面临许多挑战。首先是在 2018 年 8 月，纽约市议会投票赞成限制网约车服务从业者的数量（大约 10 万人持有运营牌照），此外，还规定了网约车司机最低时薪为 17 美元。第二项挑战是来自公众多年来对其安全性的质疑，优步公司在 2019 年披露了其安全记录。仅在 2018 年一年，优步公司就接到了 3 045 件性骚扰投诉，还有 9 件谋杀案件。因此，优步开始加强对司机的背景审查，并着力提升乘客安全。优步公司的内部管理似乎也遇到问题。一名曾经在优步工作的女性工程师公开发文曝光了公司内部的性别歧视和性骚扰问题。结果，公司许多员工跟进，一些性骚扰、人身报复和性别偏见的问题也随之浮出水面。到 2019 年年底，优步公司为了平息这些投诉就花费了 440 万美元，而且承诺整顿公司内部文化。

尽管优步公司仍然主导着美国的网约车市场，但它已经无法颠覆传统的出租车行业，也不能阻止 Lyft 公司占有一定的市场份额。近些年来，优步用户的忠诚度也在不断下滑。许多乘客会同时使用优步和 Lyft，并在叫车时选择等待时间更短或价格更低的一个。根据统计，到了 2019 年年末，美国有 34％的网约车乘客同时安装了这两个应用平台，还有超过 15％的乘客仅使用 Lyft。网约车司机们也更倾向于同时使用这两个平台，以获得更多接单机会，减少空驶时间。

为了提高司机和乘客的忠诚度，优步公司在 2019 年启动了优步奖励计划。该计划与航空公司的用户忠诚方案非常像，根据乘车次数，乘客被分成了不同的忠诚度层级并对应不同的福利。针对司机，优步给那些在特定时间段完成一定数量旅程的司机提供额外奖金，同时用奖金鼓励那些只在优步平台接单的司机。优步公司还进一步实施了司机补贴计划，为司机提供打折燃料、通信费补贴、车辆维护保养和资金管理等服务。优步公司还通过和保险公司合作让司机们有机会享受免费的健康保险。

然而，优步公司推出的针对乘客和司机的各种激励很快被竞争对手们跟进。Lyft 公司和其他的一些租车公司甚至推出更有吸引力的激励方案。由于优步和 Lyft 在用户招募与留存上相互竞争并持续加码，这两家公司都还没有实现盈利。

在新冠疫情流行期间，由于许多城市封闭和停摆，优步公司的网约车板块业绩大幅下滑。然而，由于人们都待在家里，用餐外卖服务的需求大量增加。优步旗下的送餐服务 Uber Eats 的业务量增长显著，尽管送餐服务领域当时仍由 Door Dash 公司主导。为了抓住送餐领域这次机会，优步公司在 2020 年 7 月用 20 亿美元收购了竞争对手 Postmates 公司，以提升优步公司的信息技术能力，希望拿下更大市场份额。但送餐服务市场竞争同样非常激烈，来自英国的送餐服务公司 JustEat 在 2020 年 6 月收购了 GrubHub，并借此成为美国市场上最大的送餐服务平台。需要注意的是，如果优步公司的 22 号提案失败，这些送餐员将和网约车司机一样被视为公司的雇员，而非独立工作者。这将给优步公司带来巨大的成本压力。

不管在美国还是其他国家，优步公司的扩张遇到了各种阻碍。经历了各种尝试之后，优步公司主宰这个 12 万亿市场的野心看来很难实现了。投资者们也在观望着这个曾被视为出行领域颠覆性力量的公司，猜测它是否或何时能够实现盈利，以及面对着监管的不确定性和激烈的竞争，优步还会用什么办法应对。

研究与思考

1. 优步公司在美国的网约车市场如何保持其统治地位？在某些服务类型或者某些特定地区细分市场，优步是否可以和 Lyft 公司共存？

2. 优步公司是如何与 Lyft 和其他此领域的服务商竞争的？用高额补贴乘客和司机这种价格战的方式和对手竞争是正确的策略吗？优步公司还能采取哪些办法来巩固其竞争优势？

3. 优步公司的用户可能同时也在使用其他同类平台。优步公司是否应该迫使用户仅选择它作为独家的服务平台（占有 100% 钱包份额），还是允许用户选择其他平台，但让自己成为用户使用最多的平台（占有更大的钱包份额）？

一家餐吧的营收管理实践

（作者：谢丽尔·E. 基姆斯）

风景线餐吧（The View）是悉尼市的一家非常受欢迎的餐吧。雪莉·谭担任这家餐吧的经理并负责餐吧的经营和收入，她最近正在研究如何将营收管理的方法应用于这家餐吧。她收集了一些餐吧的数据，一个实习生也帮她整理了一些内容，实习生的报告中包含了很多图表，她现在的任务是充分理解这些图表的内容，并利用这些图表来设计一个提高经营收入的方案。

风景线餐吧位于悉尼市五星级的盛大酒店内部，是一个能容纳 58 个座椅的餐吧。正如它的名字，在这家餐吧能够看到窗外壮观的海港美景。但这家餐吧的经理雪莉·谭此时却无心欣赏这美丽的景色，她正在思考餐吧近来遇到的问题。这时，她的同事山姆走进餐吧问道："怎么了？雪莉，餐吧遇到问题了吗？"

雪莉摇摇头，说："餐吧做得很好，但有时我想是不是应该给它改个名字？有很多人过来只是为了看风景，有时这些人很难对付。昨天傍晚大概 5:30 左右来了一帮客人，他们点了些茶，然后竟然把鞋脱了，靠在椅子上睡觉，他们甚至打起呼噜来了，这太糟糕了。"

"你一定是在开玩笑吧？那你怎么做的？叫醒他们吗?"山姆惊讶地问道。雪莉摇摇头，说："不，我们也不知道该做什么，当时真是无语。他们睡了几个小时后才醒，后来离开了。他们甚至一点都没觉得不好意思。昨天真是太糟糕了，不过这样的事情也不是第一次发生了。"

山姆问道："那你打算怎么办呢?"雪莉叹了口气，摇摇头说："事情就是这样，我也不知道怎么办。这还不是最糟糕的事情，我的老板弗兰茨·亨德里克让一些实习生做了一些关于餐吧经营状况的研究，刚发给我一大堆图表，让我研究这些图表并且想想怎么通过营收管理让餐吧赚更多钱。这可真是难倒我了，让我做餐吧经营没问题，但我真的不擅长看这些数字。"

"什么是营收管理?"山姆问道。雪莉叹了口气，拿出一张材料，给山姆看上面的内容。

营 收 管 理

营收管理是一种复杂的调节供给与需求的工具，主要是通过定价来调整服务产能的分配，从而管理客户需求并最大限度地提高盈利能力。通过信息技术的应用、定价策略和服务产品/流程设计，营收管理可帮助商家在正确的时间，以正确的价格，向正确的客户销售正确的服务产品。

收入管理非常适合餐饮业。其每张餐桌的可用的产能相对固定、有较高的可能性造成产能的闲置或浪费、客户群可以细分、需求有波动性、固定成本和产能的关系相对固定，而且服务可以通过预约提前销售。营收管理的成功要看在一个固定的空间单位或时间单位条件下，单位服务产能是否实现了最大的收入。比如，航空公司要衡量的是"单座位每千米"的收入；酒店要衡量的是"单房间每晚"的收入；餐厅要衡量的是"单座位每小时"的收入（RevPASH）。其计算方式是用"产能的利用"乘以"平均价格"。

营收管理应用于餐饮业已有 20 多年的历史。尽管整体原则相似，但餐厅的营收管理与航空公司的营收管理方法有所不同。餐饮业营收管理方法涉及以下 5 个步骤：第一步，餐厅要确定其绩效的基本水平。第二步，要理解当前的基本绩效水平主要是受到哪些因素的影响。第三步，餐厅可以基于已知的信息，开始制定提高餐厅收入的策略。第四步，策略的执行，执行的过程可能会非常艰巨，这涉及三种经营情况：① 不管需求量如何如何都可以应用的营收管理策略；② 餐厅忙碌时即需求高于产能时的策略；③ 餐厅不忙时即需求小于产能时的策略。最后是第五步，商家需要衡量其策略是否成功。

山姆读完了关于营收管理的材料，给了雪莉一个鼓励的眼神，说："我们一起来试一下能否弄清楚该怎么做。按照材料上写的，我们应该从确定绩效的基本水平开始。这是什么意思？"

雪莉闭上眼睛，喃喃地说："下个星期一我就要给老板弗兰茨汇报了，现在还不明白这些图表是什么意思。"她一边说一边拿出打印了的幻灯片，甩在桌子上。

山姆在她身边坐下，说："这些图表也许能让你知道你的汇报要包括哪些内容。我们最好现在就开始，看看哪些图表是你必须处理的。不过，在我们开始研究这些图表之前，我想更多了解风景线餐吧。尽管我以前来过这里喝酒。但我真的不太了解它。"

雪莉开始向他介绍风景线餐吧。

关于风景线餐吧

悉尼盛大酒店是个著名的五星级酒店，风景线餐吧位于酒店的 52 层。正如它的名字一样，从这里可以看到壮观的悉尼海港景观。以此为卖点，餐吧深受酒店客人和当地居民欢迎，几乎每晚都有人在排队等位。其中，星期四晚上尤其热闹，因为每周这个时间会有现场音乐表演。风景线餐吧平日的营业时间是从 16:00 到凌晨 1:00，到了周末，结束时间会延长至凌晨 2:00。餐吧把该餐厅的一天营业时间分为了 3 个时段：16:00—19:00 的欢乐时光、19:00—23:00 的夜间服务和 23:00 以后的深夜服务。

风景线餐吧有丰富的酒水供应，包括各种啤酒和葡萄酒。餐吧的酒水清单还获得过多个奖项。在人员配置方面，该餐吧每班通常会包含一名招待员、三名服务员和一名调酒师。

风景线餐吧有 58 个座位，还有酒吧凳（见附图 1）。该餐吧有双人桌、四人桌和六人桌（图中显示的桌子符合实际的比例）。其中，靠窗的座位非常受欢迎，人们常常在那里欣赏窗外的美景。

大多数顾客是直接来店的，招待员会直接引领他们入座。如果座位是满的，招待员会把顾客放入等待名单。大约 25% 的顾客会提前预订座位，晚上 7 点之前座位都是可以预订的。如果到了预订的时间顾客没有出现，餐吧会帮顾客保留半个小时，其中有 20% 的预订客户预订后并未前来。

餐吧的收入中大约 70% 来自酒水，平均每个顾客会消费 1.6 杯酒水。最受欢迎的酒水是价格最低的干啤酒和价格最低的葡萄酒。

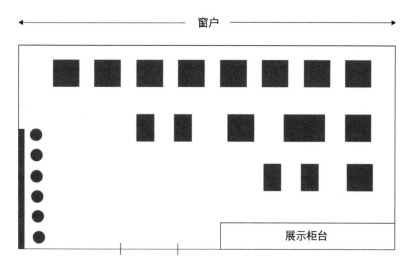

附图 1　风景线餐吧平面示意

山姆认真地听着，然后建议道："听起来我们应该从确定基本绩效水平开始。"

雪莉点点头，她将包含着各种图表的材料摊开，说："让我们一起看看有哪些指标，这里有用餐人数组合、上座率、平均消费额、员工表现、用餐时间、单座位每小时收入和折扣。大多数我能明白是什么意思，但是这个'单座位每小时收入'是什么意思？"

山姆表示他也不清楚。他说："那让我们先从一些我们知道的东西开始，然后我们会弄清楚单座位每小时收入指的是什么。"

● 基本绩效水平

雪莉和山姆开始查看材料，然后再决定他们将提供哪些建议。

用餐人数组合

与大多数餐厅一样，风景线餐吧收集了顾客用餐人数组合的数据。超过60％的顾客是独自用餐或是两人用餐，但也有人数更多的组合，超过9人的组合在深夜服务时段更常见。

上座率

上座率是衡量服务产能是否被充分利用的重要指标。餐厅一般采用两种不同类型的上座率统计，即餐桌上座率和座位上座率。

- **餐桌上座率**清楚地显示了餐厅的繁忙程度。从逻辑上讲，如果餐桌上座率接近100%，意味着肯定有顾客在排队等候。

- **座位上座率**显示了餐桌是否被充分利用。理想的情况是每张餐桌上不出现许多空座位。需要注意的是，一家餐厅的餐桌上座率可能很高，但座位上座率却很低。比如，一些人数并不多的小型聚会却需要占用较大的桌子时，就会出现座位浪费的情况。这说明餐厅需要合理安排不同大小的餐桌。

风景线餐吧在晚上 9:00—11:00 之间非常繁忙。一周中最繁忙的日子是从星期四到星期六，星期日是一周中顾客最少的一天。

平均消费额

平均消费额很容易理解，即平均每个顾客所消费的金额（享受折扣之后）。风景线餐吧在欢乐时光和夜间服务时段的平均消费额约为 35 美元。这项数据在深夜服务时段往往会低一些。

员工表现

风景线餐吧共有 9 名雇员。雪莉一直在观察每个雇员的食品和酒水销售额。酒水的销售额往往能占到总销售额的 70%。当然，雇员的销售能力不同，销售业绩也不同（见附表 1）。

附表 1　不同员工的销售业绩

服　务　员	食品销售额	酒水销售额
Laura	$8.64	$29.74
Angie	$8.97	$38.96
Manish	$9.94	$19.91
Natasha	$8.86	$16.56

服 务 员	食品销售额	酒水销售额
Sean	$6.61	$33.55
Vincci	$7.89	$20.05
Yushu	$8.16	$28.88
Enlin	$7.94	$25.35
Linibel	$8.38	$26.63

用餐时间

用餐时间通常是根据销售记录来计算的。当顾客成功点单，就算用餐开始，到顾客结账，即视为用餐结束。两者之间的时长即为用餐时间。

在风景线餐吧，顾客的用餐时间往往因用餐人数组合和餐桌的位置而不同。单人或小规模聚会的用餐时间不会很久（平均大约 50 分钟）。但较大规模的聚会往往会时间更长（见附图 2）。

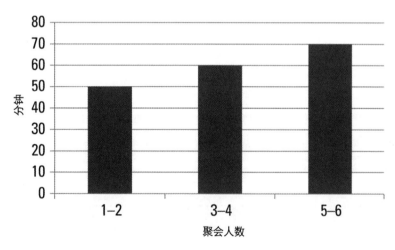

附图 2 不同用餐人数组合下的用餐时间

此外，用餐时间也因餐桌位置而异，靠窗的顾客往往比不靠窗的顾客多停留约 20 分钟。

单座位每小时收入

与酒店行业常用的"单房间每晚收入"类似，餐饮业用"单座位每小时收入"作为其盈利能力的衡量标准。这项数据显示了餐厅对其每张餐桌产能的利用情况，它可以通过两种方式计算。最简单的计算方法是：用总收入除以所有座椅的可用时间（所有座椅的可用时间的计算方法是：座椅数×小时数）。另一种方法是用平均消费额乘以座椅上座率，再除以用餐时间。

风景线餐吧的"单座位每小时收入"往往在夜间服务时段更高，特别是在星期四晚上的 9:00 达到峰值。在欢乐时光时段和深夜时段，"单座位每小时收入"要低得多（见附图 3）。

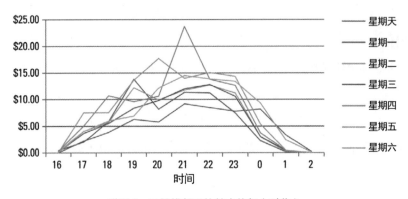

附图 3 风景线餐吧的单座位每小时收入

折扣

风景线餐吧所在的盛大酒店有许多折扣活动，包括盛大酒店自己的会员活动或者一些信用卡附带的折扣福利等。因此，包括风景线餐吧在内的酒店旗下的所有单位都参与了折扣活动。附表 2 显示了风景线餐吧使用折扣的人数占所有顾客的比例，以及平均的折扣金额。

附表 2 风景线餐吧的折扣

	使用折扣顾客的比例(%)	平均折扣率(%)
欢乐时光	11.3	29.6
傍晚	14.9	20.2
深夜	17.5	60.3

以上便是风景线餐吧经营状况的所有数据了。在浏览完之后，雪莉和山姆对视了一下，开始商量应该给她的老板提供哪些营收管理的建议。

研究与思考

请使用案例中的数据来评估当前风景线餐吧的经营状况，并提出你的建议，可以通过哪些具体方法来增加餐吧收入？请考虑一下问题：

1. 风景线餐吧目前的经营状况如何？你怎么判断的？请用数据来支持你的判断。

2. 考虑到不同员工的不同销售业绩，你会给雪莉提供什么建议？

3. 雪莉在分析材料过程中，发现靠窗位置的顾客有更长的用餐时间。这条信息给你什么样的启示？

4. 你怎么看餐吧现在提供的折扣？你的建议是什么？

银行服务智能自动化：客户能接受吗？

（作者：约亨·沃茨、斯蒂芬妮·帕鲁克、维尔纳·昆兹）

阿里昂银行（Aarion）的高管们正在加快向数字化和智能自动化的转型，其目标之一就是把与客户服务相关的所有日常交易、服务和问询活动全部转移到更先进、性价比更高的数字渠道，因此，银行引入了人工智能驱动的自助服务技术和机器人。负责客户服务的公司副总裁尼基塔·琼斯（Nikita Jones）却有点担心，不知道会不会有客户不适应机器人提供的服务呢？他们会如何反应？如何才能让员工和客户都做好准备并接受银行的这一战略转型？

"我们银行的数字化转型是不是推行得太快、范围太大了？"尼基塔·琼斯正在和客服副主管安东尼·李交谈。他们刚刚结束了一场董事会会议，首席执行官在会上宣布要积极推动各部门的快速数字化。董事会希望借助数字化转型降低运营成本、提高服务质量、提高合规性，并希望把这一套办法迅速扩展到各个部门。然而，琼斯此刻担心的却是他们的客户，特别是那些占据客户大多数的婴儿潮一代和X世代会如何反应。董事会结束后，银行首席执行官给员工们发送了一封充满激情的邮件。很明显，银行高层希望数字化转型越快实现越好。邮件中这样写道：

我们正在经历一场数字和技术革命，几乎所有公司都已经卷入其中，能否顺应这股潮流将决定一家公司能否继续生存。我相信服务业正处于生产力跃升和服务工业化的拐点，这与 18 世纪的那场制造业工业革命类似。科技正变得更好用、更智能、更小、更便宜，这非常适合银行业的许多顾客互动场景，可以用的技术包括人工智能、聊天机器人、机器分析、机器学习、移动技术、应用程序、地理标记、生物识别以及文本处理、语音处理、图像处理，等等。

如果把这些新技术和服务的创新结合起来，将有可能为客户体验和生产力带来明显的改善。而其中许多技术的增量成本几乎为零。比如，人工智能和虚拟服务机器人（如基于语音的聊天机器人），尽管其开发过程需要大量投资，但一旦开发完成，后续就可以大规模应用，服务更多客户，而几乎没有任何成本。

我附上了一个案例，是来自一家已经处于数字化和智能自动化高级阶段的银行，我希望大家看一看。我希望我们的银行也可以成为这样。还好这家银行跟我们没有竞争关系，不然我们肯定会败下阵来！（请查看本案例文末的案例）

我们必须比竞争对手更快进入和实现数字化，才有机会在市场上站稳脚跟！让我们行动起来，把数字化作为我们首要的战略方向。希望我们能成为世界上最好的数字银行之一，并充分利用智能自动化……当然，我们并不是要完全消除人与人之间的接触，而是要把人工服务放在需要的地方和能够真正增加价值的地方。

读完领导的邮件，琼斯摇了摇头，对安东尼说："我们怎样才能让客户接受数字化？是不是需要根据服务类型、客户特点和盈利能力来区别对待？还有什么是需要考虑的?"琼斯找到了一份针对银行客户的调查。她和安东尼一起查看了调查的报告和一些对客户进行的采访实录。客户们在采访中表达了对聊天机器人和服务机器人的态度。

对于有些问题，机器人是完全能够解决的。我喜欢机器人能够全天候服务这一点，而且更直接。（艾瓦，36 岁，护理）

在涉及金融服务时，有些不便还是很显然的。因为可能涉及机密、隐私或敏感的信息。我更愿意去找我的理财顾问，他为我服务多年，对我非常了解。（威廉，51岁，税务会计师）

我不介意用机器人服务或人工服务，重要的是反应迅速，并且服务周到。对我来说，重要的是我能否得到一笔贷款。（连姆，30岁，创业者）

作为银行的忠诚和优质客户，我当然希望获得更好的服务。在需要的时候能够随时随地联系银行，并且请求能够得到优先处理。我不想每次都必须跟机器人沟通。（托尼，60岁，经理）

对于复杂的投资决策，机器人可以更快更好地检索和分析相关数据，而人类会犯错误。因此，当问题变得复杂时，我更信任机器人而不是人工。但是，人工客服可以更好地解释复杂的金融产品，并且更好地对应我的个人情况。机器人和人工服务是不是可以两者兼得？（索菲亚，43岁，医生）

说到分析全球股市，我相信只有人工智能技术能得到更好的结果。我只能选择相信一个未知的系统，人类无法比机器做得更好，因为我们没有这个能力。（托马斯，48岁，IT专家）

从这些采访中琼斯看到，客户们面对服务机器人有着各种各样的看法。她决定尽快与客户服务团队召开会议，讨论如何实现机器人服务，更重要的是，要让那些持负面意见的人更容易接受这个变化。

● 案例：使用智能自动化技术防范信用卡欺诈

近年来，信用卡交易诈骗案件频发，每年造成约280亿美元的损失，让客户、银行和金融机构头疼不已。这种案件屡见不鲜，好多信用卡持有人都表示曾经遇到过这样的问题。作为客户，我们经常归咎于银行——银行不能及早发现风险并警告我们，就算银行愿意赔偿，处理过程也往往需要几个月的时间。客户要填写表格、提供证据和致电，手续烦琐麻烦（见附图4）。

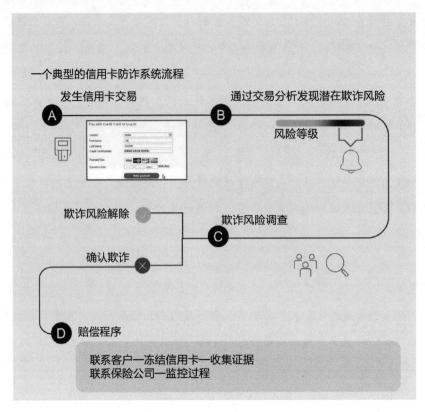

一个典型的信用卡防诈系统流程

发生信用卡交易　　　　通过交易分析发现潜在欺诈风险

风险等级

欺诈风险解除　　　　欺诈风险调查

确认欺诈

赔偿程序

联系客户—冻结信用卡—收集证据
联系保险公司—监控过程

附图 4　信用卡防诈系统流程

为了改善客户体验并减少信用卡诈骗给客户造成的损失，一家银行决定开发一个基于机器学习的程序来自动识别欺诈交易。在上线不到 4 个月的时间里，该程序解决的案件量比之前提高了 30%。但尽管如此，员工和客户的体验却不及从前的人工服务（见附表 3）。

附表 3　银行利用智能自动化技术防范信用卡欺诈

智能自动化转型的不同阶段	时间	关 键 活 动	信用卡欺诈调查团队的精神面貌	客户满意度（1～5分，5分表示非常满意）
第一阶段 完全依靠人工服务	2019 年 6 月以前	1. 抽样手动检查交易。 2. 调查：证据收集和信用卡冻结由人工完成。 3. 沟通：与客户和保险公司的沟通由人工完成	● 平庸 ● 整个调查过程依靠人工，大量重复性工作	3分

智能自动化转型的不同阶段	时间	关　键　活　动	信用卡欺诈调查团队的精神面貌	客户满意度（1～5分，5分表示非常满意）
第二阶段应用机器学习的新系统	2019 年 6—12 月	1. 检查所有交易(不再抽样)。该系统可以通过分析客户交易以及他们的行为和人口统计数据在几秒钟内识别潜在的欺诈交易。 2. 调查：证据收集和信用卡冻结仍由人工完成。 3. 沟通：与客户和保险公司的沟通由人工完成	• 低落 • 由于系统识别出更多的潜在的欺诈交易风险，团队的工作量大大增加。此外，员工抱怨工作变得更加乏味、重复和缺乏成就感了。因为在以前员工们利用其直觉、策略和分析来判断和调查欺诈行为，但这部分工作现在由系统承担。团队的工作主要集中于收集、追溯和归档欺诈的证据	2分 由于员工工作量加大，员工在接待客户时的响应变慢，团队用于加强客户关系的时间也少了
第三阶段利用智能自动化(包括机器学习)的新系统	2020 年 1 月至今	1. 使用相同的基于机器学习的系统。 2. 调查和证据收集使用智能自动化技术完成。信用卡冻结由系统自动化流程自动完成。 3. 所有由事件触发的沟通都是自动化完成。系统能主动为客户提供潜在欺诈风险的早期预警，使他们能够迅速、轻松地采取行动。客户和保险公司可以使用全天候的智能聊天机器人来回答他们的问题，并更新欺诈问题解决过程的动态	• 高昂 • 团队的工作量减少了，工作变得更加充实，因为大部分重复和乏味的活动都由系统完成。团队因此可以专注于更多更有价值的活动，比如与客户建立关系、管理异常情况(例如，调查最复杂的案例)，以及监控整个流程来做问题预测。此外，团队还能专注于不断改进系统，增强其准确性，并扩大工作范围，包括防范支票和银行转账等其他支付方式的欺诈行为	4分 顾客得到了潜在欺诈风险的及时提醒、全天候的支持、解决问题的时间大大缩短(从发现欺诈行为到保险报销)

为了解决这个问题，银行决定采取更全面的方法。它找来子公司的一个负责智能自动化的团队提供支持。该团队接手以后首先做的并不是关于欺诈交易识别的改进，而是把重点放在改善客户和员工端到端流程的体验（见附表3）。在第二阶段，机器学习仅实现了20％的流程自动化，但在第三阶段，该团队把自动化程度成功提高到了80％以上。

最终，客户和员工的体验得到了极大的提升。现在，大多数琐碎重复性的工作都由技术来完成。解决的案件量比之前提高了70％，每年为银行减少损失超过1亿美元。这个案例证明，银行能够利用智能自动化技术创建端到端的完全无人工介入的流程，并让客户和员工都感到满意。

研究与思考

1. 人工智能驱动的自助服务技术和服务机器人最适合哪些类型的服务，为什么？

2. 传统的自助服务技术、人工智能驱动的自助服务技术、服务机器人这三者之间有区别吗？传统的自助服务技术还有必要存在吗？

3. 如何吸引客户尝试并长期使用自动化的互动渠道？银行是否应该根据客户的能力和意愿对客户区别对待？是否还需要考虑到客户为银行带来的价值大小？

4. 在转型人工智能化的服务交付时，关系管理从中可以起到什么作用？

5. 与人工智能驱动的自助服务技术相比，一线人员还有哪些优势？银行应该提供哪些类型的人工服务？这些服务带来盈利的能力是否得到了发挥？是否还有其他一些重要因素需要考虑？

修代斯医院：一家专科医院的运营

（作者：詹姆斯·赫斯克特、罗杰·哈洛威尔）

修代斯医院（Shouldice Hospital）半暗的走廊上，两名患者正身着睡袍、穿着拖鞋悠然地散步。他们并没注意到这家医院的总经理阿兰·奥代尔正带着一名客人在这里参观。等这两名患者走远后，奥代尔对客人说："看这些患者的表现，你会觉得这些患者把自己看作这家医院的主人。他们可以完全按自己的行为方式行事。"奥代尔带着客人参观了几间手术室之后，他们再次看到了这两名患者。他们正在专注地讨论着他们在前一天上午完成的疝气手术。

● 修代斯医院的历史

医院最近印刷了一本小册子，尽管既没有日期也没有四处分发，但这本小册子很有意思。它介绍了修代斯医院的历史，特别是描述了该医院的创始人厄尔·修代斯（Earle Shouldice）医生，手册上写道：

1932 年，修代斯医生为一名 7 岁女孩做了阑尾切除手术，这名女孩在术后不愿意听医生的话乖乖躺在床上，她活泼好动，然而，她的活动并没有给她造成任何伤害。这段经历让修代斯医生想起了他做过手术的动物的术后行为，那些动物都自由活动，没有任何不良影响。由此，修代斯医生产生了对如何让患者在术后更早下地行走方面的研究兴趣。

到了 1940 年，修代斯医生对那些能帮助患者在手术后更早下地行走的因素有了更广泛的思考。比如，局部麻醉剂的使用、外科手术本身的程序、一些鼓励患者下地活动又不会造成任何不适的设施以及术后恢复方案等。综合这些考虑，他开始研究一种不同以往的疝气修补手术技术并获得了成功。于是，找他做手术的人越来越多。

修代斯医生的从业执照允许他在任何地方做手术，甚至在厨房的桌子上都行。但随着慕名而来找他的患者越来越多，修代斯医生觉得有必要建立一家医院来应对需求。他在多伦多的市郊购买了一块 130 英亩（约 0.526 平方千米）的土地，以及这块土地上的一幢 1 580 平方米的建筑，创建了一家新的医院。几年的发展之后，医院又增加了一个能容纳 89 张病床的翼楼。

修代斯医生于 1965 年去世，当时，他已经成立了一家公司，并在尼古拉斯·奥博内（Nicholas Obney）医生的指导下运营医院和临床设施。1999 年，国际公认的权威医生卡西姆·德加尼（Casim Degani）成为修代斯医院的首席外科医生。截至 2004 年，修代斯医院每年的手术量达到 7 600 次。

● 修代斯医院的方法

修代斯医院过去只做腹外疝（相对于腹内疝）的治疗。这是大多数初次患疝气的患者的类型，这种类型的治疗只需直接进行手术，过程仅需 45 分钟。而若病情相对复杂，涉及其他方面的治疗，或者当患者之前在其他地方治疗过的疝气复发时，其治疗往往需要 90 分钟或更长的时间。

修代斯医院的手术方法的最大特点是：完全使用人体自身组织而不采用补片的无补片修补术。如果把疝气比作衣服上的一个破洞，补片修补就是在洞上面用人工材料打一个补丁。而无补片修补则是通过缝合技术直接修补缺损，这显然需要更高超的技术。修代斯的医生把人的腹壁的肌肉分成 3 个不同的层，然后修复开口，一层一层地修复。医生会将肌肉边缘重叠到一起，就好像给上衣系扣子时，把衣服的一条襟会搭在另一条襟上。最终，医生用 6 排缝合线加固皮下腹壁的肌肉，再把先前用于固定的夹子拿掉（其他医院的方法不把肌肉分层，医生的缝合不会如此紧密细致，有时还会在皮下插入补片）。

通常，医生在做疝气手术时会使用术前镇静剂和镇痛药，在切口区域注射局部麻醉剂，这样能帮助患者在手术后即可下床并促进身体快速恢复。

● 患者的体验

大多数疝气患者知道修代斯医院完全是靠患者之间的口口相传。很多医院接收患者是通过医生的转诊，但修代斯医院很难得到转诊的患者，因为医生普遍觉得疝气这种手术过于简单。患者知道自己患有疝气往往是通过私人医生的诊断或者自己的诊断，确认了之后，他们会和修代斯医院直接联系。

患者在修代斯医院就医体验的好坏与患者距离医院的远近有直接关系。如果距离近，患者就可以直接来医院检查并获得诊断。仅有大约 10% 的患者是来自医院所在的安大略省以外的地区，大多数来自美国，还有 60% 的患者是居住在多伦多城市以外的，这些患者难以前来医院检查。修代斯医院的办法是给这些患者发送一个问卷，通过问卷上的回答来确定患者的疝气类型。此外，患者的身体状况也可能影响到他们是否能够接受手术（比如，患者的体重和心脏状况，患者之前的心脏病史或 6 个月至 1 年内的中风，或者是否可以接受麻醉等）。在确定患者得了疝气而且可以接受手术后，医院会告诉患者手术的日期，并给患者一份关于修代斯医院的治疗方法的说明。对有些患者，医院还会发送一份至手术前的减重方案。只有一小部分患者会被医院拒收，他们要么是过于肥胖，要么是根本没有疝气。

修代斯医院要求患者在手术前一天的下午 1:00 到 3:00 之间到达。然后，医院将患者引至候诊室和其他病人一起等待。修代斯医院拥有 6 个检查室，检查室里的手术师们当天手术工作早已完成，因此患者无须等待太久就可以进行身体检查。只要患者的情绪稳定，体检的时间不会超过 20 分钟（患者在手术完成之前，通常会有一些紧张）。在身体检查的阶段，医院可能会发现患者还没有将体重减到允许的范围，或者发现患者并没有疝气，这种情况下，医院会让患者回家。

大约 1 小时的时间，患者就完成了这些入院手续。接着，医院会给患者一条腕带，上面显示着房间号，医院把患者引导到房间休息。患者可以随身携带一些轻便的行李。

医院的病房是半隐私的，设有两张床。医院会根据患者从事的工作、背景或兴趣，把情况相似的患者安排在同一个房间。患者可以在房间内更换衣服、认识室友并为手术做准备。

下午 4:30，一名护士来到房间告诉这两名新来的患者一些手术注意事项。包括术后的锻炼和生活中需要注意的方面。奥代尔表示"半数患者会比较紧张，他们记不住太多护士的叮嘱"。然后，到了患者的晚餐时间。晚餐后是一些休闲活动，晚上 9:00，医院为患者准备了茶点。护士会告诉患者们第二天一定要准时去手术，因为他们有机会和当天做完手术的患者交流一下。

第二天早上 5:30，待手术的病人被叫醒并进行术前镇静。医院会尽量把同室两名患者的手术安排在同一时间。然后，患者被带到术前室，手术前 45 分钟，巡回护士给患者服用镇静剂杜冷丁。早上 7:30 的手术开始前几分钟，手术师给患者使用局部麻醉剂。这一过程与其他的大部分医院明显不同。在其他医院，患者往往是在被带往手术室之前在他们的房间内进行镇静。

很快，手术完成了。一些患者对手术过程完全了解，并且会变得很健谈。医生会建议患者尝试自己下手术台并伴随患者步行到术后室。医院的护士长这样描述：

99% 的患者会同意医生的建议并自己走到术后室。接下来，我们会用轮椅把他们送回自己的房间。从手术台到术后室这段步行有助于患者在术后的心理和生理（如血压、呼吸）恢复。而且患者们已经证明他们可以做到，他们可以立即开始一些重要的恢复训练。

接下来的一整天，护士和宿管都会鼓励患者进行身体恢复。到了晚上 9:00，所有的患者已经能够自己步行和上下楼梯到餐厅去喝茶和吃饼干了，这时他们可以去跟新来的患者分享经验了。到了第 4 天早上，患者就可以出院了。

医院鼓励患者在医院这段时间多走走看看，并结交新朋友。医院把患者的感受放在第一位。医院创始人厄尔·修代斯的儿子伯恩斯也在该医院担任手术师，并占有医院 50% 的股份。他这样评论：

患者有时还会要求多留一天。为什么？想想看，患者们带着问题前来，还伴有一定程度的紧张和焦虑。然而，在到达后的第二天早晨，他们就接受了手术，并从长期的困扰中解脱出来，马上可以四处走动。他们本来为了治疗请了更长时间的假，但没想到这么快就完成了。剩下的几天时间对他们来说就像一个假期，他们可以与其他患者分享经验，轻松交友，在医院里自由徜徉。手术没有任何后遗症，唯一可能的是在夏天被晒出印记。

● 护士的体验

在修代斯医院，每 24 小时内，总共会有 34 名全职护士轮班工作。但在非手术时间，只需要 6 名全职护士保持随时待命。在加拿大，急症护理医院的护士与患者的平均比例为 1:4。而在修代斯医院，这一比例是 1:15。在修代斯医院，护士们的大量时间并不是花费在照顾患者上，而是大量的咨询活动。正如一位护士主管所说："我们不用便盆，因为这里没有卧床不起的患者。"据医院一位经理介绍："很多护士希望到修代斯医院工作，他还有一份很长的护士候补名单。而多伦多的其他医院面临人手不足的状况，并且一直在招聘。"

● 医生的体验

修代斯医院总共有 10 名全职的手术师，8 名兼职的助理手术师。还有两名麻醉师。除非在进行患者全身麻醉时，麻醉师会在各个患者间流动。一个手术团队包括一名手术师、一名助理手术师、一名负责清洗的护士和一名巡游护士。医院每天要做 30 到 36 次不等的手术。每个手术师通常每天做 3 到 4 次手术。

手术师的一天从早上第一台手术的准备开始。第一步是清洁，然后在 7:30 开始第一台常规手术，手术通常在早上 8:15 之前完成。结束后，手术团队帮助病人走出病房，并召唤下一位患者，再次重复这个过程，手术师可以在 8:30 开始第二台手术。一般来说，医院会建议手术师在第二次或第三次手术后休息一下。但即便医生休息，仍然有充足的时间在下午 12:30 之前完成第三台常规手术和第四台非常规，即涉及疝气复发的手术。然后医生们去餐厅吃午饭。

午饭结束后，如果没有安排下午的手术，手术师们会去给新来的患者进行身体检查。手术师们的工作在下午 4:00 结束。此外，每 10 天中，手术师可能会需要一次工作日的夜班和周末的夜班待命。阿兰·奥代尔表示，这个职位对那些希望有更多时间陪伴孩子的医生很有吸引力。他们的工作时间很固定，即便要求待命，医生也很少会在夜晚被叫到医院。奥博内医生说：

在我面试手术师的申请者时，我会重视其经验和教育状况。我试图深入了解他们的家庭情况、个人兴趣、习惯，为什么要换工作单位，以及这个人是否愿意完全按照医院规定的流程进行手术。这里不需要自以为是的人。

修代斯医生补充说：

疝气手术通常被认为是比较简单的手术，往往由初级手术师完成，而且是他们进行的第一台手术。其实，这是完全错误的。由于人们的轻视，疝气手术的复发率一直居高不下。事实上，疝气手术涉及很棘手的解剖过程，对于那些每年很少做疝气手术的新手来说，手术有时会非常复杂。在修代斯医院，手术师们往往会花好几个月的时间来学习技术，学习什么时候要快，什么时候要慢，从而养成一种手术节奏和习惯。当手术师遇到意料之外的情况，需要立即向其他手术师咨询。医院鼓励医生之间互相学习和交流，而不是为了实现绝对的完美而冒险。

首席手术师德加尼医生有个工作习惯，每天中午前，他会把第二天要做手术的医生都召集到手术室，让所有医生了解他们即将面对的患者。手术师和助理手术师通常每隔几天会轮换一次。所有医生在一周中都会有几次机会来做一些非常规的手术（即涉及复发的手术）。如果遇到更复杂的病例，手术将由更资深和更有经验的手术师来完成。奥博内医生评论说：

> 如果出现棘手情况，我们希望确保我们有一位经验丰富的医生在现场。经验是最重要的。其他地方的医生每年可能只做 25 到 50 次疝气手术，但我们的医生每年可以做 750 次，甚至更多。

在修代斯医院，全职手术师的年薪在 40 万美元左右。薪水会包含医生的工作量、绩效和奖金。再加上其他的一些福利，一名全职手术师的总收入比安大略省的手术师平均收入要高大约 15%。

医生的技术培训在修代斯医院非常重要，因为医院不允许医生擅自改变手术流程。这个流程经过了多名资深手术师的集体设计，此外，通过手术团队的轮换和医生之间的密切交流，也让这套流程日益完善。当有患者出现复发情况时，医院会安排之前为该患者做手术的医生来再次处理，以便让该医生知道哪里犯了错误，并从中吸取教训。奥博内医生这样评论修代斯医院的医生们：

> 在从业几年后，一个医生必须决定是否要把疝气手术作为自己毕生的事业。这个和其他的医学专业一样，比如说放射科，当你选择了这个领域，就没什么精力再去接触其他领域。一般一个医生在一个领域内从业 5 年，如果没有离开，就不会再离开了。即便是年轻的医生，也很少有人选择离开。

● 医院设施

修代斯医院的大楼中包含了医院设施和所有的诊室。一楼是厨房和餐厅。二楼包含一个大型开放式休息区、入院办公室、一些病房，以及一个宽敞的环绕着玻璃的阳光房。三楼是另外一些病房和休闲区。在修代斯医院，你可以看到患者们出入彼此的房间，在走廊上散步，在阳光房里徜徉，打台球或使用健身车等轻型娱乐设施。医院经理阿兰·奥代尔还指出医院的一些其他特点：

我们的病房里面没有电话或电视机。如果患者需要打电话或看电视，他们必须走到专门的休闲区。我们楼梯的台阶的高度是经过特别设计的，这个高度让刚做完手术的患者可以上下走动但不会感到有什么不适。另外，医院的地面上都铺了地毯，这不光是为了防止患者跌倒带来损伤，更是从环境上让患者们感觉这不是一家医院，地毯的气味也能中和消毒水的气味。

修代斯医院是按照创始人厄尔·修代斯的儿子伯恩斯医生和女儿厄克特女士的想法设计的。这个设计方案经过了多年的讨论，甚至在第一次混凝土浇筑之前，人们还在讨论设计方案和未来的政策。比如，陪孩子来做手术的家长在医院的住宿是免费的。你可能想知道为什么我们能做到这些，因为这让医院节省了照顾患者的护理费用，这比一个人的食宿花费要更高。

在修代斯医院，患者和员工的餐食是在同一个厨房准备的。员工们在厨房正中央的自助餐厅排队领餐。这样所有人都能跟厨师们聊天，和医生们一起用餐。奥代尔表示，所有的食物都使用新鲜的食材，并且完全是在自己的厨房加工的，没有经过任何外部的处理。

医院客房部的负责人表示：

在整个医院，我们只有3名客房服务人员。客房服务人员如此之少的原因之一是我们不需要每天给患者更换床单。医生们不希望患者整天躺在床上，护士们也会鼓励患者多进行社交活动，交流彼此的情况，互相增强信心，互相鼓励，多活动以得到锻炼。当然，我们客房人员每天都在房间里整理房间，也因此有机会和患者聊聊天并鼓励他们锻炼。

医院共设有5间手术室，一间化验室，还有一间患者康复室。一间手术室的设备成本大约是3万美元，这比其他医院要少得多，因为其他医院会在手术室里配备麻醉设备。而在修代斯医院，麻醉设备是移动式的，只有在麻醉师需要时才会动用。此外，大楼里每层都有一个用于急救的推车，以防患者突发心脏病或中风。

● 医院的运营

医院经理阿兰·奥代尔向我们讲述了他的工作：

我们努力满足人们的需求，不断改善我们的工作环境，医院管理层非常关心员工，从没有人被解雇（这一点后来也被伯恩斯医生证实，他向我们讲述了曾经发生的两名员工偷东西的事情。这两名员工被允许寻求精神科的帮助，并留在了医院继续工作），因此，修代斯医院的员工流失率非常低。

我们的行政和后勤人员并没有参加工会，但这些员工的薪酬水平要高于工会指导的同类岗位的平均水平。行政和后勤人员享有一份专门的分红方案，去年，医院分红了 6 万美元。

人们在工作时，会为了完成同一个目标而互相帮助。我们让每个员工都接受充分的培训并了解其他人的工作内容，这样在遇到人手短缺的情况时，我们可以让员工迅速承担不同的职能。我们也没有组织架构，因为我们觉得那样会让人感觉层级和部门过于分明，让人在工作中受限。我每周会在医院住一晚，在医院用餐，和患者们聊聊天，来了解实际的情况。

修代斯医院 2004 年的医院设施和手术室的运营预算分别是 850 万美元和 350 万美元。

● 市场营销

疝气手术是男性常见手术之一。在 2000 年，美国大约进行了 100 万例疝气手术。修代斯医生表示：

当我们无法接受更多患者时，我们会估计一下大约有多少患者会转到其他医院进行治疗。每当我们扩大我们的治疗能力，会让积压的患者数量下降，但过不了多久，患者又再次变得多起来。现在我们有 2 400 名患者在排期治疗，这是最高水平，每 6 个月，排期等待的患者会增加 100 个。

医院的宣传完全依靠口碑。德保罗大学的学生们曾做过一项调查也证实了这个结果。阿兰·奥代尔表示，医院之所以获得了口碑，是因为医院并没有把顾客人群仅定位在富人群体。

患者们选择修代斯医院的原因之一是其公道的价格。疝气手术需要住院 4 天，每天的费用是 320 美元。对于最常见的原发性腹股沟疝气手术，费用为 650 美元。如果需要全身麻醉，则需再额外支付 300 美元（20％的手术需要全身麻醉）。在其他医院，疝气手术的平均费用为 5 240 美元。

从北美大陆各个主要城市到多伦多的往返票价从 200 美元到 600 美元不等。

修代斯医院服务的一个独到之处是每年的患者聚会，医院会在此时为曾经的患者们提供免费的年度体检。最近的一次聚会在多伦多市中心的一家高级酒店举行，医院安排了晚宴和节目。这次聚会有上千名前患者参加，其中许多人是来自加拿大以外的地区。

● 问题与方案

当被问及医院管理面临的主要问题时，修代斯医生表示，他们希望医院能增加服务产能，收治更多患者，但同时，又必须保持服务的高质量。此外，政府在未来的医院运营中所扮演的角色，以及一些竞争对手借修代斯医院的名气来宣传的问题，也是修代斯医生思考的。他表示：

我首先是一名医生，其次才是一名医院的经营者。我们也会面临一些矛盾的情况，比如，当有同行提出到我们这里学习时，我们完全可以拒绝。因为可能有人会剽窃我们的技术，甚至错误使用并导致治疗失败，这会让我们的信誉遭受影响。你可以看到，有的医院正在尝试效仿我们。但另一方面，我们是医生，我们有义务帮助其他外科医生学习。

这让我觉得我们必须增加服务能力，不管是在这里或是增加新服务场所。在这里，我们可以增加周六的运营，这将让我们的服务产能提高 20％。现在我们并没有在周六或周日安排任何的手术，这意味着，那些在一周的后面几天进行手术的患者必须在医院度过他们的周末。

如果增加新的服务场所，这大约需要投资 400 万美元，我们可以将床位数量增加 50％，并可以更密集地安排手术室。

但是，这将关系到政府的规划。我们是否被允许在多伦多扩大医院规模？还是说我们选择其他地方，比如美国，新建一家医院。我们同时还有机会来增加新的业务，比如提供眼科手术、静脉曲张，或诊断服务（如结肠镜检查），让业务更多元化。

目前，我们还在培养首席外科医生德加尼医生的继任者。尽管他现在刚刚 60 岁出头，但这仍将是我们在未来某一天必须解决的一个问题。还有一个问题是，有些我们沿用至今的一些流程是否需要改变，在这方面我和德加尼医生也有些不同的意见。比如，为了提高患者在手术过程中的舒适度，我们曾经改变给患者服用麻醉剂的时间。此外，德加尼医生不支持在周六提供手术，除非他周六也在医院，因为他认为这可能对手术质量和管理有影响。

阿兰·奥代尔补充了一些他的担忧。

我们应该如何营销我们的服务？现在我们并不面向患者做广告。因为担心患者量猛增，除非有患者特别要求，我们甚至不敢对外散发我们的宣传册。数据显示，我们的患者中有大约 1％是医生，这是一个很高的比例，我们应该如何利用这一点？此外，我也很关心是否在周六提供手术这个话题。现在我们的设施已经被充分使用了，如果进一步扩大服务，我担心员工的关系和态度会有变化。现在已经有员工在私下讨论这些事情，他们并不希望在周六提供服务。

医生们很关心是否在周六提供手术的问题。有 4 位年长的医生反对，大多数年轻的医生觉得无所谓或者支持。有些老员工担心这个问题会在医生之间产生观点的分歧，有人说："我不希望看到团队因为这个问题而分裂。"

研究与思考

1. 修代斯医院服务的市场是什么？你觉得它在这方面是否非常成功？

2. 请定义修代斯医院的服务模式，各个环节是如何为医院的成功做出贡献的？

3. 如果你是修代斯医生，你是否会采取任何行动？你是否会扩大医院的规模和产能？你会如何实施？

新加坡航空公司：通过人力资源管理实现"成本效益＋卓越服务"

（作者：约亨·沃茨、洛伊佐斯·赫拉克莱厄斯）

几十年来，新加坡航空公司（以下简称"新航"）重视人才并致力于人力资源管理，以此取得了长久的优势，在与其他航空公司的竞争中胜出。这个案例描述了新航是如何招聘、选择、培训、激励和留住员工的，以及人力资源管理在新航实现"成本效益＋卓越服务"这一目标过程中的作用。

归根结底，能把事情做到与众不同的是人，是和你我一样的员工们。

——帕特里克·希尔
高级培训师、新航培训部和机舱服务主管

精益求精是新加坡人的做事传统，新航也不例外。我们从小就从我们的亚洲传统中学到很多东西，比如孝顺、关心、好客。对于工作来说，当然最重要的是尽我所能来服务客户。当人们看到我们在飞机上有限的时间和空间里做到如此周到的服务，他们都想知道我们是如何做到的，其实，连我们自己都觉得这是一种神奇。

——Lim Suet Kwee
机组人员绩效管理助理经理、前高级乘务员

● 新航的人力资源管理和具有成本效益的卓越服务

在过去的 40 年，新航始终坚持为乘客提供高质量的服务，并在商务旅行领域占据领先地位，在竞争激烈的商务航空服务中取得乘客和业界的赞誉。多年来，新航一直是世界上获奖最多的航空公司。比如，新航曾 24 次获得著名的英国旅游杂志《康泰纳仕旅行家》的"世界最佳航空公司奖"提名并 23 次赢得该奖项。在过去 10 年中，它三度获得航空行业排名平台 Skytrax 的"年度航空公司奖"。这些奖项证明了客户对新航的认可。新航产品与服务高级副总裁陈培德（Tan Pee Teck）先生表示："我们不仅需要保持服务质量的稳定，而且还需要将整体服务标准提升到更高的水平，因为乘客的期望也在不断上升。"

新航在竞争中取得成功的一个关键因素是它能够巧妙地实现成本效益和卓越服务，而在很多公司看来，这两点是完全对立的。新航的运营成本比其他所有提供全服务类型的航空公司都低。按照航空业的单位服务产能的衡量标准，2001 年到 2009 年，新航的"单座位每千米"的成本仅为 4.6 美分。根据 2007 年国际航空公司运输协会的一项研究，欧洲同类航空公司的这项成本为 8 到 16 美分，美国航空公司的成本为 7 到 8 美分，亚洲航空公司为 5 到 7 美分。

公司在实施一项商业战略的过程中会面临诸多挑战，比如公司希望通过高水平运营、卓越服务和创新实现差异化，关键就要看公司的人力、营销、运营等职能部门能否理解公司的战略，并为公司的商业战略服务。我们现在讨论的新航这个案例的重点是人力资源的管理和实践。对于大多数服务业公司来说，人力资源管理都至关重要。它能够有力地支持公司的商业战略，这也是新航获得成功的重要原因。

新航的人力资源战略加上高层管理人员的领导力和榜样作用，是新航实现"成本效益＋卓越服务"这一商业策略的最关键的原因。其中，新航的人力资源战略包含相互关联和相互支持的 5 个要素（见附图 5），接下来，让我们好好看看这 5 个要素是如何发挥作用并相互补充的。

● 严格的选拔和招聘流程

公司实施人力资源的战略，招聘是第一步。新航的选拔流程非常严格，公司要找的是体贴乘客，同时具有开朗、友好和谦逊性格的空乘人员。为了招聘这样的员工，新航设计了多项标准，初步筛选以申请者的年龄、学历和身体素质为筛选条件。

随后的招聘面试总共 4 轮。在第一轮，以每 10 名申请者为一组参加面试。申请人需要

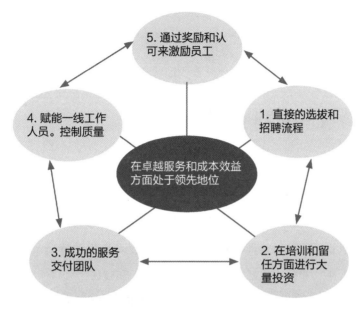

附图5　新加坡航空公司人力资源战略的5个核心要素

做自我介绍并回答面试官的问题。面试官会评估他们的英语水平、自信心和仪表。第二轮，每6名申请者进入面试。这时，申请者会被分成两组，并就一个话题进行辩论。这一轮评估的是申请者的团队合作能力，以及他们能否以合乎逻辑和令人信服的方式提出主张。在面试的后半部分，面试官会让申请者阅读文章以测试他们是否口齿清晰。第三轮，申请者要与管理层进行一对一的面试，来评估候选者的能力以及是否适合该职位。在这一轮，申请人还要穿上新航空乘人员的制服，即当地传统服装娘惹衫。管理层会评估候选者的姿势和仪态等。

新航每年收到18 000份职位申请，其中只有大约600到900人能够成功加入公司，来补充10%的人员流动率带来的缺口（包括自愿辞职、劝退、退休以及公司扩大导致的岗位增加等情况）。在经过了初步培训之后，新员工将有6个月的试用期，主管会观察新员工的表现并进行月度评估。通常75%的试用期员工能够留下，并签订一份为期5年的初始合同。大约20%的员工将延长试用期以继续观察，剩下的员工无法通过试用期。

新航公司的录用成功率仅为3%～4%，这一严格、精细的筛选过程确保了新航公司招到的人员是最可能符合公司需要的。尽管新航对员工的仪表和行为要求非常严格，但空乘人员受人尊敬的社会地位和职位的魅力促使许多受过良好教育的年轻人申请加入。新航的强大号召力、重视人才培养的美誉，让公司吸引到最好的人才。毕业生们视新航为理想的工作单位，在新航工作 10 年或更长时间的员工，即便离开，凭借其新航的经验也有更多机会找到更好的工作。

● 大力投资于员工培训和留任

新航对培训的重视是出了名的，这也是其人力资源战略的重点之一。新航人力资源发展的经理表示："新航在基础设施和技术方面投入不菲，但归根结底，这些技术和设施需要人来驱动。在新航，我们相信人的作为的重要性。因此，公司制定了全方位措施来开发人力资源。从本质上讲，新航的培训有两种类型，一种是职能性的培训，另一种是综合管理类的培训。新航几乎一半的支出都是用于对员工的培训和留任。"

许多服务业公司都强调培训的重要性，但新航是真的把对培训的重视落于实处的航空公司。比如，新航新入职的空乘人员需要参加 15 周的密集培训，这在业内是最长、最全面的。新航希望通过培训让员工在提供服务时体现出热情和友善，同时给乘客留下权威和自信的形象。新航的全面培训不仅涉及安全和功能，还包括美容护理、美食品鉴、葡萄酒鉴赏，以及谈话的艺术等。即便在经济衰退和危机期间，新航都保持着对培训一贯的重视。新加坡航空公司首席执行官吴俊鹏（Goh Choon Phong）先生表示："即使在最困难的时候，新航仍会大力投资于员工的培训和发展，帮助员工成长为最好的自己。"

随着新航的服务品质越来越受到人们的认可，乘客对它的期望也变得更高了。这给一线员工带来了更大的压力。新航的一位培训经理表示："新航的座右铭是'如果新航做不到，就没有哪家航空公司做得到'。因此，我们有更多的棘手情况需要帮员工处理，包括接受乘客的批评。这是很大的挑战，公司需要帮助员工应对情绪波动。既要满足甚至愉悦那些苛刻的乘客，又不能让员工觉得受人欺负。"新航前任首席执行官张松光（Cheong Choong Kong）博士也表示："培训是公司永远的工作，任何一个人，无论年轻还是年长，都需要不断学习。"

通过不断的员工培训和留存，员工得以保持开放的心态面对公司的改变和发展，以及配合公司一起提供新服务。新航集团设有 4 家内部培训学校，分别针对商务培训、空乘人员核心职能培训、飞行员操作和工程师技术培训。商务培训对应的培训学校是新航的"企业学习中心"（CLC），该中心提供人力资源范围内的一般管理培训，比如，为培养管理者和领导者而打造的执行力和领导力课程，该课程为所有员工提供。此外，该中心还开展客户服务培训和职能培训。

新航每年培训的员工人数达 12 000 人，其中 70% 的培训在室内进行。通常，培训是为了支持内部活动。比如"转型客户服务"（TCS）计划，该计划涉及 5 个关键运营领域的员工，包括空乘人员、工程部、地面服务、飞行操作和销售支持。据人力资源开发高级经理介绍："为了确保这项计划在全公司范围得到推广，该计划也被嵌入到了所有的管理培训中。该计划是为了帮助那些关键业务领域的员工建立团队精神，以便他们协同工作，从而为乘客提供一个愉快和无缝的旅程。人们必须意识到，不只是机票销售和乘务人员会与乘客发生接触，飞行员、站务经理，还有工程师都会以不同的形式接触到乘客。"她还补充道："'转型客户服务计划'不仅与人有关，该项目有一个 40：30：30 法则。对人、流程和产品都做了全面的规定。新航将 40% 的资源用于培训和激励员工，30% 用于检查流程，剩下的 30% 用于开发新产品和新服务上。"

每项培训计划的成功，离不开新航管理层的领导力以及领导与员工的关系。公司新服务开发部的项目经理说："我首先把自己看作一名教练，其次是团队中的一员。"新航的经理们通常不把自己看作上级，而是更多扮演导师和教练的角色来指导新员工。

新航还采用轮岗制，管理人员每两到三年就会轮换到其他部门，从而对公司的不同部门有了更深的理解。这种做法促进了管理人员的大局意识，减少了部门间的冲突，并且激发创新，因为人到一个新岗位就会带来新鲜的观点和方法。在新航，持续的轮岗是员工们学习和发展的核心。

● 建立高绩效的服务交付团队

在机舱这个狭小有限的空间内工作，要求乘务人员必须形成一个高效的团队才能提供更好的服务。实际上，高效的团队通常是实现卓越服务的一个必要条件。因此，新航有目的地培养员工的团队精神。公司把总共 7 700 名员工分成了很多小组，每个小组包含大约 180 名员工。每个小组有一名组长，担负着指导和培养团队成员的责任。组长会发布团队通知，组织见面会和活动，比如团建游戏、海外联谊等活动。

组长需要对员工的优势和弱点了如指掌，并且在组员需要帮助的时候提供建议。此外，在团队飞行期间，公司还会派出质量监督一起，负责观察员工的表现并提供反馈。培训部一名助理经理介绍："组长会负责指导员工和团队改进。组长评估机组人员，指导员工发展，评估员工绩效，接收反馈并监督员工表现。"

新航前高级副总裁沈家伟（Sim Kay Wee）先生表示："每个团队的内部都有紧密的联系，当组长评估员工时，你会发现，组长对员工的情况非常了解。尽管我们有 7 700 名空乘员工，但你会惊讶于组长对员工工作完整和细致的记录，我们可以准确指出任何一名员工的长处和短处。所以，通过这种方式，我们可以很好地管理人力，能够确保员工们实现我们对乘客的承诺。如果员工出现问题或犯错误，我们会让存在不足的员工接受再培训，那些表现优秀的员工则会得到晋升。"

此外，新航还组织活动让不同层级和部门的同事们都能参与。管理层常常与空乘员工在一起用餐，还邀请高级乘务员参加全天候的交流会。

新航乘务员甚至会参加一些看似与飞行服务无关的活动。比如，有表演才华的员工组成了表演团体，还在两年一度的空乘人员晚宴上为慈善事业筹集了超过 50 万美元。公司目前有 30 个不同的兴趣团体，涵盖艺术、运动、音乐、舞蹈和社区服务。这些团体让员工在工作之外也能相互交流。公司认为，这些活动使员工们更具爱心，对生活中美好的事物抱着欣赏的态度，增进友情，并进一步培养团队精神。

● 为一线授权以提供优质服务

随着工作经验的不断积累，空乘人员的软技能也得以不断磨炼，涌现出许多优秀的服务案例。这些案例不仅体现在服务如何交付，还体现在员工们无私的服务精神。有的员工能够力挽狂澜补救失败的服务，有的员工能帮客户避免重大损失。新航的一位高级经理给我们分享了这样一个故事：

在从新加坡飞往布里斯班的飞机上，新航迎来了一位特殊的乘客。这位乘客已经年逾80，由于身患严重的关节炎，她坐着轮椅。在飞行期间，这位乘客突发急病，因为腿部的剧痛，她大口喘气十分难受。为了减轻乘客的痛苦，一位乘务用她自己的热水瓶给老人热敷，并跪下来按摩老人的腿和脚，一直按了 45 分钟。那个时候，乘务发现老人的脚已经肿了，她为老人拿了一双飞机配发给自己的新的长袜，没有要求付钱。她基本上全程照顾老人，持续了七八个小时，直到飞机落地。到达布里斯班后，这位老人的家人打电话给空乘人员下榻的酒店，希望找到这位空姐并当面感谢她。之后，他又给我们写了一封感谢信。我不知道这样的服务是源于员工接受的培训，还是源自她的个人品质。但仅仅通过培训，是无法培养出能做到这样服务水平的员工的。我们需要找到合适的员工，给予他们恰当的支持，恰当的培训。这样，我们才能看到类似这样的案例出现。

这样的周到体贴的服务是新航文化的一部分，这位高级经理向我们表示，空乘员工们对于自己能成为新航的一员感到自豪，为新航有这样的服务文化感到自豪，为新航成为公认的提供优质服务的公司感到自豪。因此，员工们能够在工作中践行这种文化。

员工们需要感受到公司允许他们自行决定对某些特殊情况的处理。员工的这种需求是很合理的，因为他们经常需要与乘客单独打交道。如果主管始终监视下属的一举一动，这种做法不光不实际，而且是错误的。新航的管理层强调，员工必须对自己的权限范围有一个清晰的概念。管理层的责任则是向员工清晰地沟通和解释授权范围。比如，在需要服务补救和乘客遇到特殊情况时，管理层要让一线员工知道他们是有权自行判断和处理的。

● 通过奖励和认可来激励员工

毋庸置疑，奖励和认可是激励员工和塑造员工行为的重要手段之一。通过奖励和认可，员工可以更深地理解哪些行为是公司倡导的，哪些是不提倡的，以及哪些服务可以被视为卓越。新航对员工有多种奖励和认可形式，比如有趣和多样的工作内容、精神上的鼓励、基于绩效的股票期权。与业绩挂钩的薪酬，等等。新航的基本工资并不高，但奖金却非常丰厚，员工最高可以拿到相当于基本年薪 50% 的奖金。奖金计算规则是固定的，并取决于公司的盈利。此外，新航多年来所获的众多国际荣誉，比如"最佳航空公司""最佳空乘服务""亚洲最受尊敬的公司"等也让员工们倍感自豪并更加勤奋工作。

新航非常重视员工的集体感和参与感。公司常举行全公司的会议，或发布时事通讯，让员工了解公司最新动态，并传达出公司对员工知情的重视。正如一位助理经理所说："沟通到位是非常重要的，比如，如果公司为乘客值机提供了新服务，那我们必须在新服务实施之前、实施期间和实施后与相关人员沟通，讨论其重要性和价值，确保每个人都知道做什么和为什么这么做。这同样让员工为工作感到自豪。"

新航管理层重视表达对员工卓越服务的认可，特别是当员工付出了额外努力时。比如，新航设置的一年一度的"转型客户服务奖"就是专门用来鼓励加倍努力工作的员工。新航的一位前高级副总裁这样强调表达对员工认可的重要性："一次轻拍背部的鼓励、一次快乐的庆祝、公司新闻报道员工事迹并登载照片等形式的鼓励，可能比单纯的物质奖励更让人愉快。因此，我们在这方面做了许多努力，来确保'英雄员工'们的奉献一定会得到承认。"

让员工感受到激励和认可，找到合适的员工并创建以服务为导向的文化是关键。新航的一位高级经理表示："新航的特别之处是我们打造了一种无形的服务氛围，这是很多东西共同作用的结果。首先，公司必须保证找到了合适的人选。其次，培训是非常重要的。对员工的培训方式、监督方式、奖励方式都会潜移默化地影响员工的认知，即员工获得的认可并不一定靠金钱来表达。空乘人员的整体风气也是一个非常重要的因素，当他们真正为公司的服务传统感到自豪，这本身就能获得员工的认同。许多老员工为自己参与了公司的壮大而自豪，这份自豪也感染着新员工，并一直传承下去。"另一位高级经理补充说："新航根深蒂固的服务文化不是只在空乘人员中可以感受到，而是在整个公司传播。这种文化的建设在1970年代新航公司的成立之时就开始了。这是一种非常强大的服务文化，贯穿公司上下。我们的高层管理者有非常坚定的承诺，我们认真回复每一次反馈，认真对待每一个投诉，并从反馈中学习，这份承诺的履行是永无止境的。"

新航的员工奖励和评估系统高度反映了公司对员工行为的要求和期望。关键要素包括"舱内服务评估"，包括形象（整洁、制服、仪表）、服务导向（乘务人员与乘客的互动、为乘客解决问题的能力）、产品知识和工作技能、安保知识、对流程的遵循、人际关系（团队精神）等。对于乘务长，还要考察其员工管理技能、行前简报内容等。本案例末提供了有关如何评估乘务人员的内容。

新航提供的薪水仅仅满足新加坡当地平均工资的标准。如果按照全球标准来看是很低的。新航集团管理层与工会之间为此时有纠纷。2007年，由于新航飞行员协会不同意管理层提出的驾驶空客 A380 的飞行员工资标准，新航再次成为人们关注的焦点，此后该案交由行业仲裁法院解决。

● 不止于人力资源管理

经过 40 年的努力，新航实现了"成本效益＋卓越服务"以及稳定的高绩效这些其他航空公司难以企及的目标。新航的强大竞争力从何而来？理解这一点将对服务业有更重要的影响。对服务业来说，新航关键的启示之一是关于其战略的一致性。更具体地说，是其人力资源实践与公司竞争战略的一致性。

我们前文所述的新航的人力资源管理实践是为了提高公司在卓越服务、客户导向、适应性和成本意识方面的能力，而这些能力的加强反过来又帮助公司实现差异化的双重战略。

新航的经验告诉我们，通过员工培训，公司能够获得一批全面发展的员工队伍，这些员工能够有效支持公司的战略。因此，管理层需要知道，公司的奖励和评估系统应该有怎样的导向？鼓励员工怎样的行为和态度？这些行为和态度是否与公司战略一致？而培训是否能够达到这样的目的，帮助员工具备公司需要的能力？这种培训是否仅停留在技术层面，还是上升到态度和思维的层面？

任何公司都不能停滞不前，新航也面临着新的挑战。宏观层面包括全球的一些社会和经济危机。微观层面，阿联酋航空、艾提哈德航空、卡塔尔航空等中东地区航空公司，以及亚洲的一些经济型航空公司，如亚洲航空的服务质量、服务层次正在迎头赶上。这意味着新航不仅需要继续专注"成本效益＋卓越服务"，也要重新审视原有的成功秘方并开辟下一条成功之路。

研究与思考

1. 请阐述新航人力资源管理的 5 个要素有何特别的成功之处。

2. 请分别评估新航人力资源管理的每个要素，看看它们对新航实现"成本效益＋卓越服务"起到了什么作用。

3. 尽管有证据表明新航的人力资源管理方法有助于服务业公司更好地运营，但仍有许多公司不能有效地执行，你觉得症结出在哪里？

4. 为什么美国的航空公司往往让人感觉服务同质化而且质量低？为什么没有一家美国航空公司能够有不同的定位并提供高质量服务？

5. 在美国和欧洲，新航的一些人力资源管理手段可能会受到反对（比如，让乘务人员签订每5年续签的合同）。这是公平竞争吗（毕竟所有人都是在同样的条件下竞争）？还是因为这样的市场环境导致了员工之间"逐底竞争"而个人权利被牺牲的现象？

6. 如果一家公司对客户利益看得至高无上，却在内部不断削减成本。在这样的文化中工作，员工会有什么感受？

● 空乘人员绩效管理的相关问题

1. 新航的客舱乘务员工管理结构是如何设计的，这对员工绩效有什么影响？

乘务人员被分为了45个小组，每个小组由一名组长领导。每个小组包含大约180名员工，包括所有级别的舱员。组长主要负责监督乘务人员的表现、指导他们的职业发展、建立融洽和沟通，以及保证员工福利。比组长高一级的层级是小组管理总监，每个总监通常管理5个组长，此外，舱内服务监督员也在总监的管理之下。

2. 新航用什么管理工具/流程来监控乘务人员的表现？

在同飞机的乘务长通过"舱内服务评估"流程负责监控其他乘务人员的表现。"舱内服务评估"流程中评估的要素包括：

（1）形象——整洁、制服、仪表；

（2）服务导向——乘务人员与乘客的互动、为乘客解决问题的能力；

（3）产品知识和工作技能——乘务员在酒水和餐饮服务方面的表现，以及乘务员对流程/工作内容和产品知识的熟悉程度；

（4）安保知识——了解并遵守安全和安保程序；

（5）人际关系——评估乘务员的总体态度和团队精神；

（6）员工管理技能——监督和人员管理技能，促进低级别员工的发展，协调和安排各种服务的能力（本条仅适用于乘务长）。

3. 新航对乘务员的评估多长时间开展一次？

根据乘务员的级别有所不同，每个财年都将进行回顾。

（1）舱内服务监督员——每财年有两次评估；

（2）其他所有乘务人员——每财年有6次评估。

4. 对乘务员的评估是否反映了公司所追求的价值？

公司的核心价值体现在舱内服务评估的各个要素中，比如，服务导向和产品知识（追求卓越）、安全和保障（安全）、人际关系和员工管理（团队精神）。

5. 新航如何培训评估员？怎样培训来保证评估员标准的一致性？

所有晋升到主管级别的乘务员都必须参加为期一天的评估培训，在那里，他们将学习评估的基础知识，以及如何使用评估表格。此外，公司还有一个复查的流程，检查未正确完成的评估，查看那些总是给过高或过低分数的评估员，如果评估员的标准存疑，将由更高级别的领导来处理。

重新了解顾客：星巴克的顾客服务

（作者：扬米·穆恩、约翰·奎尔奇）

一份市场调查指出，星巴克现在的服务已经达不到顾客的期望。看起来，这家来自北美的世界知名咖啡馆品牌必须做点什么，来扭转这样的负面评价。为了提升顾客满意度，星巴克正在内部讨论着一个方案。其主要对策是增加店内的人手，理论上，这么做能提升服务速度。但同时，这也将给星巴克带来每年高达 4 000 万美元的成本。这个方案何去何从，前景仍不明朗。

2002 年夏天的一天，星巴克北美区高级行政副总裁克里斯汀·黛伊（Christine Day）正坐在西雅图总部 7 层的会议室，品尝着当天的第二杯太妃榛果拿铁，这是一种混合了太妃糖与榛果风味的香浓浓缩咖啡，覆以搅打奶油和太妃糖风味糖粒。自从 2002 年年初上市以来，这种咖啡已经成了黛伊每天下午的惯例。

在等待其他同事入会期间，黛伊回顾起公司近期的业绩。当时，许多商家在后 9·11 的经济衰退期里陷入困顿，然而，星巴克却取得了亮眼的业绩。公司已经连续 11 年取得不低于 5% 的店内销售额增长。公司创始人和主席霍华德·舒尔茨（Howard Schultz）宣称："星巴克表现出了一种能够抵抗衰退的神奇。"

然而，此时的黛伊却有一丝丝隐忧。最近的一份市场调查显示，星巴克并不是总能满足顾客的期望，并不总能让顾客满意。

出于对这份调查结果的担忧，黛伊和同事们一起商量出了一个方案。公司将投资 4 000 万美元用以提高服务速度，并提升顾客满意度。星巴克共有 4 500 家门店，这笔投资意味着每家店每周将获得 20 个小时的人力资源补充。

两天内，黛伊需要给舒尔茨和公司 CEO 奥林·史密斯（Orin Smith）报告她是否决定采用该方案。这笔投资意味着公司将从每股盈利中拿出 7 美分。在正式的汇报之前，黛伊向她的一位同事征询意见，她说："真正的问题是，我们是否应该相信顾客所说的他们认为的卓越服务，如果我们真的做到了那样的服务水平，我们的销售额和利润是否能够相应增加？"

● 星巴克的历史

创始人霍华德·舒尔茨把一间普通的小商铺变成一种高端文化现象已经成为一段商业传奇。这要从星巴克的前身说开来。1971 年，3 名咖啡爱好者杰拉德·鲍德温（Gerald Baldwin）、戈登·鲍克（Gordon Bowker）、泽夫·西格（Zev Siegl）在西雅图的派克市场一起开了一家小咖啡馆，主要售卖咖啡豆给小众咖啡爱好者。

1982 年，舒尔茨加入了星巴克的营销团队。在一次意大利之行中，他被米兰的咖啡文化深深吸引。在米兰城市的街头巷尾，人们很容易找到一家制作浓缩咖啡的咖啡馆，咖啡是人们日常社交生活的一部分。舒尔茨回来之后，说服了公司，在公司唯一在市里的一家咖啡馆的一个角落开设了一个小型浓缩咖啡吧台。这个小吧台成为日后星巴克咖啡连锁巨头的雏形。舒尔茨说：

当时，很多美国人的生活是工作和家两点一线。我的想法是打造一个连锁咖啡店，让这个咖啡店成为美国人在家庭和工作场所之外的"第三场所"，一个可以让人放松和社交的地方。不同的人对这间咖啡馆可以有不同的定义，可以做不同的事。

几年以后，星巴克的几位创始人决定把公司卖给舒尔茨。舒尔茨接手后，立即开了好几家咖啡馆。舒尔茨把目标对准那些年龄介于 25 到 44 岁的富裕且受过良好教育的白领阶层（更多偏向女性），向他们销售咖啡豆和高溢价的咖啡。到了 1992 年，星巴克已经在美国西北和芝加哥开出了 140 家分店，超过了 Gloria Jean's 和 Barnie's 等一些小规模的咖啡连锁品牌。

几年后，舒尔茨决定让星巴克上市。他后来回忆，当时的华尔街对星巴克的前景并不看好。很多人对我说："你要把咖啡装在纸杯里，以一杯一美元的价格卖咖啡？给你的品牌起一个没有人会念的意大利名字？在这个少有人喝咖啡的时代？而我们本来只花 50 美分，到附近的咖啡店或面包房就能买到咖啡。你是不是在逗我？"

舒尔茨没有理会这些质疑，星巴克成功上市并募集到 2 500 万美元，这让星巴克可以继续扩大它在全美的门店数量。到 2002 年中期，星巴克已成功占据北美咖啡品牌第一的地位，从上市以来的销售额复合年增长率达到 40％，净收益的年增长额达到 50％。星巴克现在在全球的店面数量已经超过 5 000 家，顾客数量超过两千万，并保持着每天平均 3 家新店的开店速度。

更加难能可贵的是，星巴克几乎没有在广告上做过任何投入。其营销宣传主要是靠店内的宣传活动和店面的宣传材料，这使它的营销费用远远低于行业平均水平（大部分快餐连锁的营销费用占到总支出的 3％～6％）。

2002 年，舒尔茨把日常的运营工作交给了新 CEO 奥林·史密斯。史密斯于 1967 年取得哈佛大学的 MBA 学位，于 1990 年加入星巴克。但星巴克公司仍由舒尔茨控制，他担任着董事会主席和公司的首席战略官。

● 星巴克的价值主张

星巴克创造了"生活咖啡"（live coffee）这个词，用来描述它的品牌理念。星巴克希望美国的咖啡文化能够更加生活化，这意味着把喝咖啡作为一种体验，融入人们每天的生活中。

这个实验性的品牌概念包含三点：第一点是咖啡本身，星巴克最引以为豪的就是提供世界上品质最好的咖啡。他们从非洲、中南美洲和亚太地区采购咖啡豆。为了严格保证咖啡标准，星巴克尽可能控制供应链。它和来自世界上不同产地的咖啡种植者合作，直接采购绿色咖啡豆，严格监控咖啡豆的烘焙和制作流程，以及在全球各门店的配送过程。

星巴克品牌战略的第二点是服务，或者被称为"顾客关系"。星巴克北美区高级零售副总裁吉姆·艾琳（Jim Allin）表示："我们的目标是打造一种独特的体验，让顾客一走进店里就感觉如沐春风。我们的忠实客户一个月光临能达到 18 次之多。因此我们和顾客非常熟悉，我们认识他们，知道他们要喝什么，知道他们喜欢什么方式来制作咖啡。就这么简单。"

第三点是氛围。黛伊表示："虽然人们来到咖啡馆购买的是咖啡，但店内的氛围才是让顾客留下来的原因。"大部分的星巴克门店都有舒适的座椅，布局设计也非常精心，为顾客提供了一个高雅舒适的环境。舒尔茨说："我们的咖啡馆对顾客很有吸引力，因为它触发了人们想要聚在一起的愿望和社交的需求。"

销售渠道

在选址方面，几乎所有的星巴克咖啡馆都设在闹市区，比如大型商场超市、写字楼和大学校园等人流密集的场所。除了销售全豆咖啡，这些门店还提供混合浓缩咖啡、意式浓缩咖啡、调制冰饮以及高级茶饮。产品类别根据门店的规模和地点有所不同，但大部分门店都提供一些糕点、汽水、果汁以及咖啡相关的周边产品和工具，此外还销售音乐专辑、游戏和小纪念品（有 500 家门店甚至销售三明治和沙拉）。

与 10 年前门店收入的一半来自全豆咖啡不同，现在在门店销售额中占比最大的是各种调制咖啡饮料，占比达 77%。

除了自营门店以外，星巴克还通过公司以外的零售渠道销售咖啡产品。这部分渠道产生的收入在净收入中占比 15%。比如，星巴克向酒店、航空公司和一些餐馆提供的全豆咖啡和调制咖啡，这部分收入可以占到非自营渠道收入的 27%，还有一个渠道是通过授权其他零售门店销售星巴克的咖啡产品，这部分收入可以占到非自营渠道收入的 18%。这部分占比不高，星巴克一般更倾向于自己开店，只有在无法获得理想的场地时（比如，在飞机场），星巴克才会考虑授权。

剩下在非自营渠道中占比 55% 的收入则来自更多不同的渠道，包括国际特许经营、超市、仓储批发（这部分市场的分销由卡夫食品公司来处理）、在线销售和邮政销售。此外，星巴克和百事可乐共同成立了一家公司，在北美销售瓶装的星冰乐饮料，还与冰淇淋厂商

Dryer's Grand 共同开发和销售高端冰激凌。

黛伊解释了星巴克的广泛分销战略：

我们的想法很直接，顾客在哪儿，我们就去哪儿。我们把店开在他们工作、旅行、购物、用餐的地方。为了实现这一点，我们也会和一些伙伴合作，这些伙伴和我们有共同的价值观和对品质的承诺。这让我们更容易接触到新顾客。对新顾客来说，比起一家从来没有去过的咖啡店，在超市这种随意的地方购买一杯咖啡，压力会小得多。事实上，我们的新顾客里大约有 40％是先在其他地方尝试过星巴克的产品之后，才走进星巴克咖啡店的。比如冰激凌，就好像是一件试用品，顾客在别的渠道品尝了之后，才开始到店里购买。

是员工也是伙伴

在星巴克，所有的员工都被称为"伙伴"。星巴克在全球总共有 6 万名伙伴，其中 5 万名在北美。星巴克咖啡店里的员工被称为咖啡师（barista），他们大部分都是小时工。艾琳表示："从一开始，舒尔茨就强调了他的观点——满意的员工才能带来满意的顾客。"舒尔茨对于这个观点坚定不移，所有员工现在也将它深植于心。

星巴克对待员工很慷慨，即使对最初级的员工也是如此。初级员工一般都很年轻，年龄在 17 岁到 23 岁之间，他们同样可以获得公司提供的健康保险和股票期权。这么做的结果是，星巴克的员工满意率一直在 80％～90％，比行业标准要高得多。在《财富》杂志评选的最佳工作场所排名中，星巴克位列第 47 位。对于一家拥有如此庞大数量的小时工的公司而言，这是个非常了不起的表现。

星巴克的员工流失率在全行业是最低的，只有 70％，而快餐行业平均的员工流失率高达 300％。如果只计算经理级别的员工流失率，星巴克的这一数字要更低。正如艾琳所说："公司一直在努力降低员工流失率。因为只有有经验的门店经理和咖啡师，才能最大可能保证咖啡店不出问题。因此，员工的稳定是至关重要的。稳定的团队不仅能够降低员工的流失率，还能让员工们更容易和那些常客熟悉起来，从而为他们提供个性化的服务。我们设立的目标是，让星巴克成为员工毕生的事业。"

星巴克鼓励内部提拔，让普通员工晋升为经理。据统计，大约 70％的咖啡店经理以前都是店内的咖啡师，大约 60％的大区经理以前都是咖啡店经理。高管也不例外，根据星巴克的规定，高管必须有咖啡师的经验，他们必须通过咖啡师培训，才能在公司总部任职。

● 服务的交付

星巴克会给新入职的员工提供两种类型的培训。第一种是工作所需的"硬技能"，比如，如何使用收银机、如何调制饮料。因为大多数星巴克的饮料都是手工调制的，员工必须遵守固定的调制流程，才能保证饮品符合要求。比如，调制一杯浓缩咖啡，需要7步流程。

第二种培训则是"软技能"。艾琳对此进一步解释：

在我们的培训手册里，我们会很清楚地告诉员工如何跟顾客交流。比如，热情的欢迎、眼神的交流、以及微笑。如果遇到熟客，还要尝试记住他们的姓名和常点的饮品。我们鼓励员工在与顾客沟通时，不问那种只需要顾客回答是和否的问题，而是让顾客开放性地表达。比如，"我看到你刚才在查看我们的菜单，你一般爱喝哪种饮料？"就是一个很好的问题。

星巴克还有一个"殷勤款待"（just say yes）原则，即要求员工要竭力满足顾客要求，即便要求超出了公司的规定。黛伊向我们举了两个例子："如果顾客打翻了饮料，要求重新续杯，那我们就给他续杯。或者顾客没有现金，想用支票支付，虽然星巴克不能接受支票，但会为他免费提供一杯饮料。我们极力避免的就是与顾客争吵，即便我们做得没有错，但争吵可能会让我们失去顾客。"

大部分的流失都是在员工加入后的前90天内发生的。如果员工在这段时间没有提出离职，他们很可能会在星巴克至少工作三年。艾琳表示，在星巴克的工作是一个自主选择的过程。并不是所有人都能满足星巴克对员工硬技能和软技能兼顾的要求。随着时间的推移，员工会越来越强地感受到这种挑战。艾琳表示：

以前我们主要销售咖啡豆。来到店里的顾客大多是咖啡的行家。我们的咖啡师可以一边帮他们包装产品，一边跟他们闲聊几句。但现在的情况已经完全不一样了。现在几乎每个顾客点的都是手工调制的饮品。由于人多，顾客的队伍都排到了门外。员工没有时间在准备咖啡的同时还和顾客交流。而且现在每个顾客对咖啡的要求都不一样，员工和顾客的沟通并不容易。

这些年来，咖啡师的工作也比以前要复杂得多。比如，现在调制一杯超大杯的Tazoberry奶昔须经过十道不同工序。黛伊表示："以前，一位咖啡师只需要半天时间就能调出全部饮品。而现在，由于我们的饮料种类已经增加到了几百种，就算3名员工每天各自8小时轮班，要调完所有的饮料也需要16天时间。"

不仅如此，现在有超过半数的顾客都喜欢按照自己的口味要求咖啡师调制饮料，这让咖啡师工作变得更加复杂了。这甚至导致了星巴克在饮料标准和顾客个体需求之间的矛盾。黛伊表示：

我们要求咖啡师按照培训的要求来调制咖啡，用统一的步骤和方法来制作，以保证我们饮料的质量合乎标准。然而，现在顾客的口味变得越来越独特。比如，有的顾客要求多加一点香草，特别是那些常客，他们往往会有更多的个性化需求。还有一点就是，当有太多个性化的需求需要满足，我们的服务速度就减慢了很多。这就让咖啡师面临两难的境地，他们本来按规定调制的饮料就已经非常复杂了，现在又增添了额外的压力。

一个简单的办法是增加人手，但考虑到近年来的经济形势，公司的门店又往往开在高工资的地区，员工成本已经是公司最大的支出项目，因此，星巴克并不愿意雇用更多的咖啡师。反之，星巴克希望能够更好地提高效率。比如，简化饮料的调制过程、减轻咖啡师工作强度，提高机器性能等等，来提高服务产能并克服瓶颈。

此外，星巴克也为北美地区的咖啡店安装了自动咖啡机。它不仅能减少调制浓缩咖啡的步骤，减少废料，还能让咖啡的品质更加均一。顾客和咖啡师对此反应都非常积极。

衡量服务水平

星巴克通过多种指标跟踪员工的服务表现，包括月度的汇报，以及员工的自查报告。值得一提的是星巴克实施的一个神秘顾客项目。公司会请人来充当顾客，在门店完全不知情的情况下造访门店。每家门店每个季度会被神秘顾客造访 3 次。神秘顾客每次会对门店的四项基本服务打分，包括：

服务态度：负责接待的员工是否向顾客致以礼貌的问候？咖啡师和收银员是否与顾客有眼神接触？他们是否对顾客说谢谢？

环境清洁：咖啡厅是否清洁？吧台、桌子以及厕所是否清洁？

饮品品质：制作的饮品是否和顾客点的一致？饮品的温度是否在合理范围内？给顾客提供饮品的方式是否恰当？

服务速度：顾客等了多久？

星巴克的目标是把服务时间限制在 3 分钟内，从接受点单到顾客取走饮品。把标准设定在 3 分钟是根据一项市场调查，顾客认为 3 分钟是一项出色的服务需要达到的标准。

除了满足基本的服务标准，公司还设计了"心动服务"标准，即"为顾客创造了难忘的体验，促使顾客重复消费并进行口碑传播的服务"。"心动服务"的评分标准包括：员工是否主动与顾客沟通、员工是否记得顾客的姓名和习惯的饮品，以及当出现服务失误时员工的反应与补救情况如何。

2002 年星巴克所有门店的基本服务得分取得了全面的提升。黛伊表示："尽管基本服务评价并不完美，但它能很好地衡量门店一个季度的服务表现趋势。如果想在评价中取得很好的分数，门店必须建立一套稳定的流程和成熟的运营模式来确保员工都在正确地工作。"

● 星巴克面临的竞争

在美国，与星巴克竞争的主要是来自各个地方市场上的小规模咖啡连锁店。每个品牌都希望能做到和星巴克的差异化。比如，来自明尼阿波利斯的 Caribou Coffee，这个品牌已经在美国 9 个州开了 200 多家分店。这家咖啡品牌的策略是营造差异化的店内环境。它不模仿欧洲的那种高档氛围，而是更多用原木的松木家具、火炉、松软的沙发来仿造阿拉斯加的小旅馆的温暖舒适感觉。还有一个例子是来自加利福尼亚州的咖啡品牌 Peet's Coffee&Tea，这家品牌在 5 个州开了近 70 家连锁店。这家品牌主要经营的是咖啡豆，这部分收入占到总收入的 60%。其策略是提供最新鲜的咖啡，并意图以此实现品牌的高端化。该品牌提供烘焙咖啡豆的快递上门，即在加州的工厂小批量烘焙咖啡，并在咖啡豆烘焙完成的 24 小时内送出。

此外，市场上还有数以千计的独立的精品咖啡厅和星巴克竞争。有些咖啡厅提供多种餐饮服务，比如啤酒、红酒和烈度酒，有些提供卫星电视，或者接入互联网的电脑。还有一些独立的咖啡馆不提供批量制作的咖啡，而是向顾客提供高度个性化的服务，以此来凸显自己的不同之处。

现在，很多烘焙店也加入了星巴克竞争对手的行列，这些烘焙店除了制作面包、蛋糕和饼干等点心之外，也提供咖啡。比如 Dunkin Donuts，该品牌已经在 38 个州开设了 3 700 家门店，它的一半销售是来自咖啡。它们还提供加入了特殊口味的咖啡以及非咖啡类饮品，比如 Dunkaccino（一种加入了多种调味品的咖啡和巧克力的混合饮品），以及 Vanilla Chai（一种混合了茶、香草和香料的饮品）。

● 星巴克的开拓创新

星巴克的愿景是：让星巴克成为"世界上最受认可、最受尊敬的品牌"。为此，公司实行了一个雄心勃勃的扩张计划。在 2002 年，驱动公司增长的两个最大的动力来自门店的扩张和产品的创新。

门店扩张

星巴克在全美已经拥有近 1/3 的咖啡店，比它后面 5 家品牌的咖啡店的总和还多（美国第二大咖啡连锁店品牌 Diedrich Coffee 有不到 400 家门店）。但星巴克的扩张还未停止，公司计划在 2003 年开 525 家直营新店，以及 225 家授权门店。舒尔茨相信，星巴克还处于扩张的开始，它在北美的门店数量至少将达到 1 万家。

公司对规模扩大的乐观估计是有数据支持的。首先，美国的咖啡消费量在经过多年的下滑之后，目前正处于上升期。约 1.09 亿美国人每天喝咖啡，大约占美国人口的一半，有 5 200 万人偶尔喝咖啡。最大市场潜力来自精品咖啡，这部分将有很大的成长空间。据估计，在美国 1/3 的咖啡消费是在家庭之外发生的，比如办公室、餐厅和咖啡厅。其次，还有 8 个州尚未开设星巴克直营门店。在全美约 300 个大中城市里，只有 150 个城市拥有星巴克的门店。最后，即使是开设了星巴克门店，很多现有城市的咖啡市场还远远没有达到饱和。比如，在美国东南部，平均每 11 万人拥有一家门店，而在西北地区，每 2 万人就拥有一家门店。只有 7 个州的星巴克门店数量超过 100 家。

星巴克的扩张战略是在开新店的同时把在已有市场上的门店尽量聚集在一起。尽管这样会导致门店间人员的相互借调。但星巴克相信，店面集中所带来的总销量的增长将弥补人员借调的问题。舒尔茨表示，星巴克每天要调整 1/3 的店面数量的人手。

在咖啡店的选址上，星巴克会考虑一个地区的用户特征、咖啡消费水平、竞争对手状况以及门店的地点是否有足够的人气等诸多因素。当做出了选址决定，星巴克可以在 16 个星期内完成门店的设计、经营许可、建设和开业。一家新店一般在第一年能达到 61 万美元的销售额，在前三年，新店的销售往往增长强劲，然后增长速度会变慢，以平均水平继续增长。

星巴克还雄心勃勃地开拓国际市场。星巴克在英国、澳大利亚、泰国开了 300 多家直营店。在亚洲、欧洲、中东、非洲和拉丁美洲开设了约 900 家授权店。星巴克最大的海外市场是日本，在那里公司开了 400 家店。公司希望在海外实现开店 15 000 家的目标。

产品创新

公司发展的第二大推动力来自产品的创新，星巴克将其视作最有效的提高销售额的手段。星巴克在很长一段时间以来没有提高饮品价格，这使得公司更加依赖新品的推出。比如，在每个假日季节，星巴克都会推出至少一种新品热饮。

一款新品的开发通常需要 12～18 个月。在此期间，星巴克的研发团队会调整饮品配方，做重点用户调查，然后在店内进行试销。除了要看新品是否被顾客接受，一款饮品能否最终上市还有一系列因素要考虑，比如，制作这款饮品是否适合店内的饮料制作流水线、是否和其他饮料制造流程冲突、手工调制饮品的速度等工效问题。最重要的是，咖啡师们是否能接受一款新品，这将是新品成败的关键。艾琳表示："不管一款饮品多好喝，如果得不到店内员工的认可，那是肯定卖不好的。"

近年来，公司最成功的产品创新是在 1995 年推出的含咖啡和不含咖啡的星冰乐饮品系列。这款饮品为星巴克在咖啡消费淡季带来了大量顾客，销售额取得了很大增长。

瓶装星冰乐（由百事公司分销）已经成为一款年销售额达 4 亿美元的饮品，占据了即饮咖啡类饮品 90％的市场，即使对于 20 岁左右不喝咖啡的年轻群体，这款饮品也很受欢迎。

服务创新

除了产品创新，星巴克还努力进行服务创新。2001 年 11 月，星巴克推出了储值卡，用户可以购买并通过刷卡在任意一家星巴克门店消费。舒尔茨称之为："继星冰乐之后的最重要的一项创新。"储值卡一经推出就受到了广泛欢迎。在不到一年的时间里，星巴克总共发行了 600 万张储值卡。顾客在卡里充值的资金达到了 1.6 亿美元。根据调查，持卡顾客更享受这种便捷的消费形式。他们到店消费的意愿更强，其到店频率大约是使用现金的顾客的两倍。

黛伊表示："我们看到很多人把我们的储值卡作为礼品送给朋友，而很多收到储值卡的人成了我们的新用户。而且，储值卡让我们掌握用户的交易数据变得更容易，尽管我们还没有开始利用这些数据。"

2002 年 8 月，公司还推出了 T‐Mobile 无线网络服务，这是一种高速的无线网络，在美国和欧洲的大约 2 000 家门店推出，费用为每月 49.99 美元。

● 星巴克面临的问题

尽管星巴克被认为是全球最会营销的公司，但其实它并没有一个专门的营销团队，公司甚至没有设首席营销官。在星巴克，营销的工作由 3 个独立的团队完成。一个负责收集和分析数据的市场调查组，一个负责开发新产品、管理菜单品类和产品利润的产品组，以及一个制定季度促销方案的市场组。

这样的部门结构要求星巴克的所有管理层人员都要对营销负责。黛伊表示："在星巴克，营销无处不在，尽管他们的部门不叫'营销'，但每个人都在参与营销的工作。"但这种无专人负责的模式也可能会导致顾客或市场的趋势有时被忽略。黛伊表示："我们在收集市场数据和调查测量方面做得不错，但在利用所收集到的数据驱动决策方面我们做得不够专业。"黛伊还特别说了这样一个例子：

从几年前开始我们就遇到这样一种情况。我们通过市场调查收集到的一些证据与我们对顾客的原有认知相左。尽管当时已经有很多证据不断向我们暗示这个问题，但由于没有专门的部门，公司没有人能站在全局的高度来处理。这使得我们花了很长时间才真正注意到问题的存在。

星巴克的品牌内涵

尽管星巴克的门店众多，顾客到店消费也很方便。但在喜欢喝精品咖啡的消费者看来，星巴克和其他的咖啡连锁品牌相比，品牌形象和饮品没什么区别（除了星巴克门店数量更多）。然而，如果把星巴克这种连锁门店与那些独立的精品咖啡馆放在一起比较，人们就觉得是完全不同的两种形象（见附表4）。

附表4 独立咖啡馆和星巴克的品牌内涵对比

独立咖啡馆	星巴克
• 更具社交属性和包容性 • 多元化并更富知性气息 • 文艺、时尚 • 更具自由精神 • 让人愿意逗留 • 对年轻的咖啡馆顾客尤其有吸引力 • 对主流的，年龄更大的咖啡馆顾客吸引力较差	• 无处不在，代表趋势 • 易于携带的好咖啡 • 短暂的见面和交谈 • 追求便捷，上班路上购买 • 易于造访，咖啡品质稳定

除此以外，市场调查团队还发现人们对星巴克品牌形象的负面看法有所增加。比如，在"星巴克只关心赚钱"这一项，表示强烈同意的受访者的比例从 2000 年的 53％增加到 2001 年的 61％。对于"星巴克只热衷开更多店"这一项，表示强烈同意的受访者的比例从 48％增加到 55％。黛伊表示："我们必须检讨自己，我们是否在正确的事情上全心投入？我们是否清楚地向顾客传达了我们的价值观，而不只是公司的商业计划？"（见附表 5）

附表5 顾客对星巴克品牌的 5 项最强属性的认知

• 以精品和高级咖啡而知名(54%受访者强烈同意)
• 广泛的存在(43%受访者强烈同意)
• 是一家企业(42%受访者强烈同意)
• 时尚的(41%受访者强烈同意)
• 在星巴克永远感觉自己是受欢迎的(39%受访者强烈同意)

变化的顾客群

市场调查团队还发现，星巴克的用户群正在发生变化。星巴克的新顾客更多是年轻人，与老客户相比，他们的教育水平稍低，收入更低，到店消费的频率也更低。而且，他们对星巴克品牌的认知也有很大的不同（见附表6）。

附表6　星巴克的顾客留存数据

新顾客在全部顾客中的占比	
上一年	27%
1～2年前	20%
2～5年前	30%
超过5年前	23%

老客户的群体构成也发生了变化。曾经，星巴克的主力消费群是大量受过良好教育、年龄在24～44岁的白领女性。现在，消费群体正在变得更多元。比如，在加利福尼亚州南部，大约一半的顾客是西语裔；而在佛罗里达，星巴克的顾客主要是古巴裔美国人。

顾客行为

根据调查，顾客的行为在不同的市场没有什么不同，不管是城市还是乡村，新市场还是老市场。调查开发现，一个超级忠实的顾客可以平均每个月到咖啡馆光顾18次，但是一般来说，大多数顾客平均每个月只会去5次。

衡量和提升顾客满意度

调查还发现，尽管星巴克在用户的一般印象中得分很高，但在顾客满意度方面却不尽如人意。而顾客满意度得分非常重要，因为它直接关系到顾客的忠诚度（请看附表7的顾客满意度数据）。

尽管顾客满意度受到很多不同因素的影响，但黛伊认为，星巴克在一些关键因素上没有达到顾客的预期是造成满意度失分的原因。星巴克对顾客的调查也印证了这一点——在星巴克问及"如何能让顾客感到受到重视"，大部分顾客的回答都是"改进服务"，而"提高服务速度"则是顾客们最关注的因素（见附表8）。

附表 7　不同顾客满意度下的顾客行为

项　　目	不满意顾客	满意顾客	高度满意顾客
每月造访星巴克次数	3.9	4.3	7.2
每次造访的平均消费金额	3.88 美元	4.06 美元	4.42 美元
平均顾客周期(年)	1.1	4.4	8.3

附表 8　让顾客感觉受到重视的因素

星巴克如何能让顾客感到受到重视	回　复　占　比
提升服务(总共)	**34%**
更友好、更贴心的员工	19%
服务速度更快、更高效	10%
个性化服务(能记住顾客的名字和常点的饮品)	4%
员工知识渊博	4%
更好的服务	2%
提供更便宜的价格或促销活动(总共)	**31%**
基于消费次数的免费咖啡	19%
降价	11%
特别促销活动	3%
其他(总共)	**21%**
饮品品质更好,种类更丰富	9%
环境氛围提升	8%
更多社区和公益活动	2%
开更多门店,位置更方便	2%
不清楚,或已经觉得很满意(总共)	**28%**

● 重新了解顾客

我们在上面介绍了星巴克所作的市场调查以及暴露出来的一些问题,管理层迫切需要尽快找出具体的对策，特别是关于如何提升星巴克的服务质量和顾客满意度。黛伊的桌子上放着这个备受争议的提案：建议公司放松对门店工时的限制，为每家门店每周增加 20 小时的人力资源补充，而公司需要为此付出每年 4 000 万美元的支出。毫无疑问，这个提案在公司内部遇到了强大的阻力。黛伊表示："财务方面对这个提案的担忧是可以理解的。因为每 600 万美元的利润分摊到每股是 1 美分的收益，实施提案意味着我们的股东利润大大降低。但我觉得，我们不应该仅仅把人工看作成本，而是要把它看作对顾客的投资，这个投资会给我们带来回报。"黛伊继续说道：

在每天星巴克营业的任何一个时段，我们必须把每杯饮品的服务时间降到 3 分钟的水平。做到这一点不仅能提高顾客满意度，还能让我们和顾客的关系更长久更紧密，并能带来更多的顾客。我们的目标是，通过这个投资，将每店每周的销售额提高到 2 万美元，我认为这份提案能够帮我们实现这一点。

两天后，黛伊即将向公司两位高管舒尔茨和史密斯提出她的建议，最终决定公司是否将通过这个耗资 4 000 万美元的服务改善计划。黛伊让艾琳帮助她最后把思路理清，想清楚这个计划将带来什么结果。黛伊表示：

我们一直觉得自己在顾客服务方面做得不错，但我们没有察觉，我们正在忽视顾客的需求。这种情况居然会发生在我们这样的公司，这实在是不应该。毕竟我们是世界上最优秀的消费品牌之一。当我们只关注建设品牌和开发新品时，我们几乎已经不再讨论顾客了。我们忽略了只有满足顾客才能获得业务增长这个最基本的原则。

艾琳的回答很简单："我们知道舒尔茨和史密斯最关注的就是满足顾客需求，所以，我们要做的是让他们相信这么做能够带来利润，我们怎么向他们证明这一点呢？"

研究与思考

1. 在 20 世纪 90 年代早期，是什么因素让星巴克取得了成功？为何星巴克的价值主张如此令人信服？在这段时期星巴克的品牌形象是怎样的？

2. 为什么星巴克的顾客满意度得分下降了？是因为服务质量下降了，还是因为测量满意度的方式不对？

3. 星巴克的发展历程中经过了哪些改变？

4. 请从盈利能力的角度出发，描述一下星巴克的理想客户群应该有哪些特点。如何才能保证这些顾客对服务感到非常满意？一个高度满意的顾客对星巴克来说价值大吗？

5. 星巴克是否应该通过这个耗资 4 000 万美元的人力投资计划？这个计划的目标是什么？对于一个超级品牌来说，它还能和顾客维持紧密的关系吗？

流媒体公司如何扩大市场份额？ HBO Max 的启示

（作者：亚历山大·布耶、卢克·威廉姆斯、

蒂莫西·凯宁汉姆、勒赞·阿克索伊）

2020 年 5 月，美国有线电视频道 HBO 推出了流媒体服务平台"HBO Max"。在推出之时，整个流媒体服务市场已经非常稳定，占据市场头部的是几家成熟的大型流媒体服务商（如 Netflix、Amazon prime、Disney＋和 Hulu 等）。尽管人们知道 HBO 有丰富的视频内容，而且当时由于新冠疫情的大流行使得整个流媒体市场增长迅速，但是由于整个市场竞争的格局已经确立，HBO Max 这个新平台的推出并没有引起太多人的关注。

一项针对流媒体服务商的调查显示，HBO Max 的净推荐值（Net Promoter Score）得分低于其两大竞争对手 Amazon prime 和 Netflix。这项数值是一项计算用户向他人口碑推荐某项服务的可能性的指数，间接反映人们对 HBO Max 的满意度不够高。这在很大程度上解释了人们没有对 HBO Max 的推出投入太多关注的原因。

尽管 HBO Max 的净推荐值低于对手，但据统计 HBO Max 当时的市场份额却有 38％，一个还不错的数字。这说明，净推荐值得分的高低对于市场份额的增加没有太多关联性。HBO Max 在推出后的一项重要任务就是提高它在流媒体市场中的份额。而在这方面，用户对一个品牌的绝对满意度并不能决定用户选择哪个商家的服务。

这时，通过钱包分配规则（Wallet Allocation Rule），能让我们更加看清问题的本质。用户对于 HBO Max 和其竞争者在品牌认知方面的比较，决定了一个品牌的市场份额。从这个角度分析后，公司也找到了症结，也更容易找到增加市场份额的最佳路径。

如今，视频网站提供的流媒体内容已经成了一种主流的娱乐服务，它的兴起大有替代传统的有线电视和广播的趋势。因此，传统的视频内容提供商也必须适应新的流媒体浪潮，以避免被淘汰。

现在，付费订阅的流媒体视频市场由少数几家公司主导。Netflix 和 Amazon Prime 一直是这个垂直领域公认的领导者，媒体巨头迪士尼虽然不是流媒体服务公司，但也通过旗下多个内容平台在这个领域竞争（如 Disney＋、Hulu 和提供体育专业内容的 ESPN）。2020 年 5 月，AT&T 集团下的华纳媒体整合了之前的 HBO Go 和 HBO Now，新推出了流媒体平台 HBO Max，成了这一市场的新参与者。本文即针对 HBO Max 平台的上线做了特别的研究。

在 HBO Max 推出流媒体服务时，其前身 HBO Go 和 HBO Now 的用户也直接转到了这个新平台。HBO Max 对外表示总共有大约 800 万订阅用户。若再算上 HBO 的有线电视和卫星电视频道的用户，其用户总量达到了 3 500 万。此时，Netflix 拥有 1.83 亿订阅用户，Amazon Prime 拥有 1.5 亿订阅用户，Disney＋有 5 000 万用户，Apple TV 有 3 300 万用户，Hulu 有 3 000 万用户。还有 Youtube，尽管它并不是一个需要订阅才能使用的平台，但也提供流媒体视频，在全球拥有超过 16 亿用户。Youtube 也提供付费订阅服务，这部分用户量据称有 2 000 万。此外还有 Dish Network 旗下的一家小型流媒体平台 Sling TV，在 2020 年 5 月时有 250 万用户。

预计 HBO Max 在推出后，HBO 的流媒体活跃用户数量将赶上主要的竞争对手。根据 AT&T 旗下华纳媒体的第三季度收益报告，HBO 和 HBO Max 在美国的订阅用户数量已经达到 3 800 万，超过了公司先前设定的到 2020 年底达到 3 700 万用户的目标。而在全球，其订阅用户数量达到了 5 700 万。不过，只有不到一半的订阅用户实际激活了流媒体服务。HBO 表示低激活率主要是由于一些技术问题，比如，HBO Max 的应用程序在 Roku 机顶盒和 Amazon fire TV 机顶盒等主要平台上不兼容等。在 2020 年 10 月我们开始这项研究时，尽管人们知道 HBO 有丰富的视频内容，而且当时由于新冠疫情的大流行使得整个流媒体市场增长迅速。但是 HBO Max 这个新平台的推出并没有引起太多反响。

● 理解用户对品牌的认知

为了了解用户的感受，调查组邀请用户参与了一项调查，以了解他们对 HBO Max 及其竞争对手的看法。这份调查囊括了不同的衡量指标。用户被问到自己向他人推荐某个视频平台的可能性有多大，其得分即"净推荐值"直接反映了用户对不同平台的满意度。除了计算净推荐值得分，这个问题还反映了用户的"钱包分配"状况，即不同视频平台的用户份额。

在评估各家平台的市场占有状况时，我们调查了以下指标：① 各家视频网站的渗透率；② 用户所使用的各个视频服务的份额（在用户总观看时间中的一个平台的占比）；③ 使用视频平台的平均数量；④ 客户使用流媒体服务的总时间。这些调查结果将分别在下面的图表中显示。

HBO Max 的净推荐值得分为－10％，是所有 8 家平台中倒数第二，这印证了 HBO Max 的上线没有引起人们关注的现象。相比之下，占据市场头部的 Netflix 的净推荐值得分为 37％，Amazon prime 的得分为 32％。

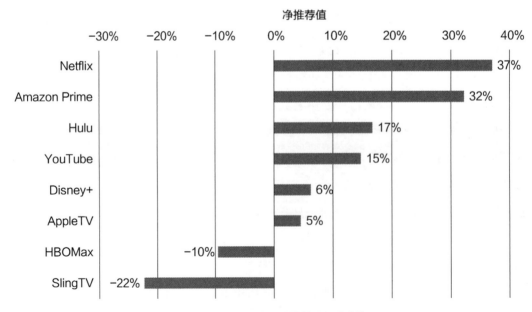

附图 6　流媒体平台的净推荐值得分比较

评估一个平台的活跃用户数量，最好的调查指标是渗透率，即每月至少使用一次服务的用户在所有用户中的占比。这一指标的调查结果和净推荐值的结果略有不同。其中58%的用户选择了Youtube，它的得分最高，但这主要是因为该平台是免费的，因此，它和其他的几家平台相比可能情况不太一样。再看一下需要付费订阅的几家平台，HBO Max的调查结果同样令人失望，只有18%的用户表示他们使用了其服务，而Amazon Prime的用户渗透率则超过了50%。

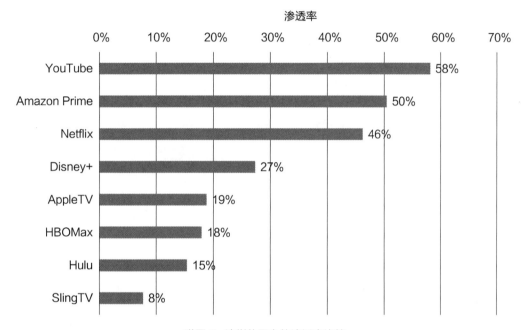

附图7　流媒体平台的渗透率比较

HBO Max在用户的"钱包分配规则"指标中的结果不错，在所有的参与平台中排名在前几名。

视频播放时间份额，即用户在一个平台上看视频所花费的时间与在所有平台上所花的时间之间的比例。Netflix以47%排名第一，Youtube和Amazon Prime分别以46%和44%排名其后。在推出5个月后，HBO Max在其客户中仅获得了34%的播放时间份额。

YouTube、Netflix和Amazon Prime的用户群一般会使用3个视频平台。HBO Max的用户群一般会安装和使用大约4个视频平台服务。Hulu和sling TV的用户倾向于使用5个视频平台服务。因此，HBO Max在用户心目中的定位介于"必备的视频平台"和"可以试试的视频平台"之间。

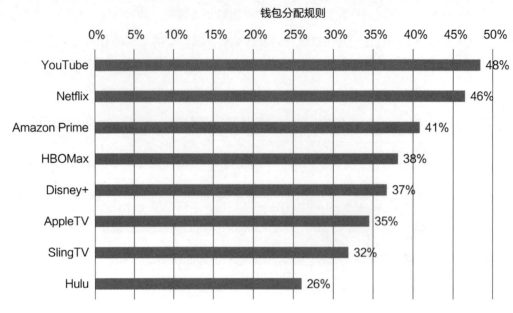

附图 8　流媒体平台的"钱包分配规则"得分

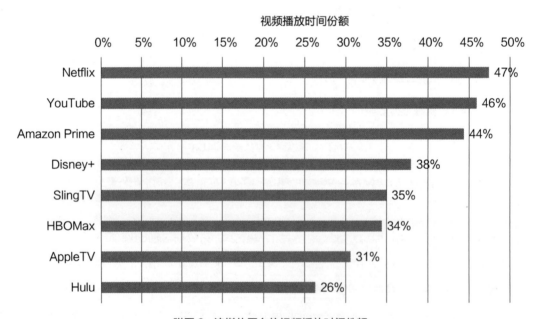

附图 9　流媒体平台的视频播放时间份额

　　与几个头部视频平台的用户相比，HBO Max 的用户看视频的时间更少。尤其是 Amazon Prime，其用户花在视频上的时间大约是 HBO Max 用户的两倍。在分析这一数据

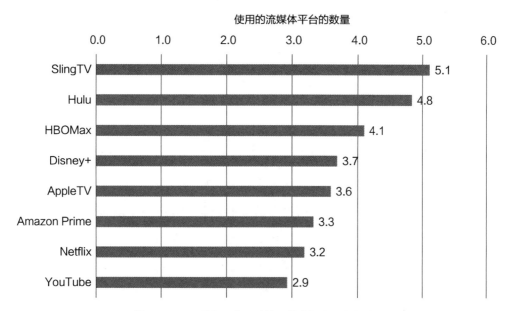

附图 10　不同平台用户同时使用的流媒体平台的数量

时，调查团队考虑到 HBO 的老用户往往更多使用传统的有线电视或卫星电视服务，这可能是 HBO Max 和其他平台在这项指标上存在差距的原因。

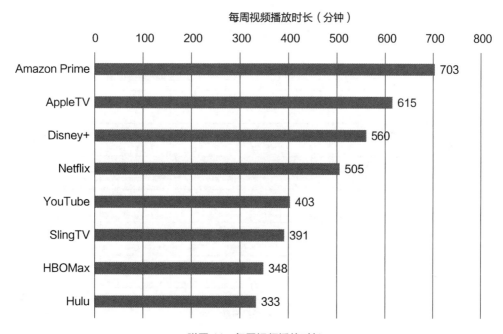

附图 11　每周视频播放时长

● 哪些关键指标关系到市场份额

商家在做用户满意度相关的调查时，会使用不同的指标来考察。比如，净推荐值、钱包分配份额，等等。但顾客对商家的绝对满意度并不一定转化为购买行为，因此，在衡量满意度时，我们需要找到那些直接影响顾客行为的关键表现指标。只有这样，当用户改变了对一个品牌的认知，才能带来与之相应的购买行为的变化，特别是在一个品牌众多而且用户倾向于同时使用多个品牌的行业。真正能体现用户忠诚度和决定购买行为的是对多个品牌之间的相对满意度排名，也就是"钱包份额"。那么，针对本文的流媒体服务行业，钱包份额就体现为用户在各家不同的视频网站上看视频的不同时长。

在各项指标中，钱包份额与流媒体平台的份额有很强的关联性（$r=0.92$，请看附图12）。从平台层面看，净推荐值对流媒体平台份额的影响则要小得多（$r=0.53$，请看附图13）。从个体用户的层面看，即当我们评估个体用户的行为时，这样的差异会更加明显。用户的钱包份额分配与流媒体平台的份额有很强的关联性（$r=0.80$，请看附图14）。与此相对，净推荐值代表着用户的推荐意愿，但对于平台的份额影响很小（$r=-0.04$，请看附图15）。

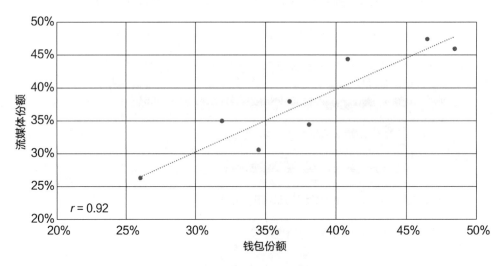

附图 12　钱包份额与流媒体平台市场份额的关联度

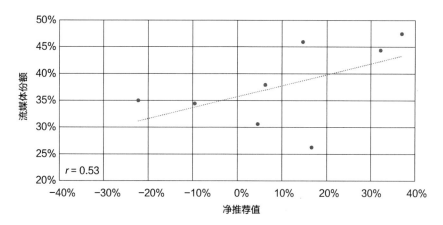

附图 13　净推荐值与流媒体平台市场份额的关联度

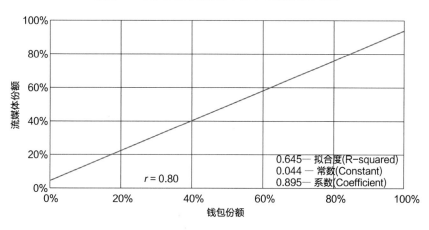

附图 14　用户的钱包份额分配与流媒体平台的份额的关联性

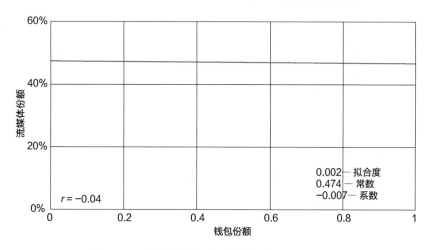

附图 15　用户的推荐意愿与流媒体平台的份额的关联性

值得注意的是，流媒体在用户身上所占的份额并不会直接影响这些平台服务的经营状况和收入，因为对于一个订阅用户来说，不管每月在一个平台上看 10 分钟视频或是 100 个小时，其订阅费是固定不变的。但是，这个份额（比如，一个平台上观看时间占所有平台观看时间的份额）对于平台来说，却是重要且不可或缺的指标。因为它将最终影响用户的活跃度和留存率。如果用户只是偶尔使用一下流媒体平台，或者付费订阅是只为了观看"一个节目"，那用户在使用完服务后就很可能不再续费，以后在需要时再重新付费。用户甚至还可以借用朋友的账号来登录等。然而，如果一个用户是一家平台的深度用户，就不太可能发生取消订阅等行为。正是出于这个原因，我们的测量指标应该要和用户"钱包份额"深度关联，才有改变用户行为的意义。

● 关键驱动因素

一个流媒体平台是否受用户欢迎，可以通过设计一系列问题让用户回答，从而找出用户认为的最重要的因素。在这项流媒体平台调查中，我们让用户从下面的几个描述中选择一个，来概括他们对一个平台的印象，包括：

- 价格公道
- 有很多电影资源
- 有很多电视节目资源
- 能制作出色的原创节目
- 有比较多的技术问题
- 有用户友好的界面
- 视频内容更新快

结果，根据调查，用户反映最多的是 HBO Max 有比较多的技术问题，有 43％的用户选择了这个负面的描述。

不过，也有相同比例的用户认为 HBO Max 能制作出色的原创节目。由于 HBO Max 刚上线时节目资源还比较少，调查者觉得很有可能是因为用户对 HBO 有线电视频道原有的精品原创节目印象深刻，比如 HBO 获得艾美奖的《黑道家族》和《权力的游戏》等原创剧集。于是，用户把这个印象"错安"在了 HBO Max 平台身上。与 HBO Max 相比，50％的用户认为 Netflix 平台的最大特点是"有很多电影资源"。44％的用户认为 Amazon Prime 的"价格公道"，50％的用户认为 YouTube"有用户友好的界面"。但是，需要注意，很少有用户认为 Netflix 或 Amazon Prime"有比较多的技术问题"，因此，这一项是 HBO Max 和领先的视频平台最大的一个差距。

● 关键竞争对手的特征

应用"钱包份额"方法的前提是用户们需要有足够的理由使用所有的品牌，而不是只选择一家。根据我们的调查，平均每个受访者会使用 2.4 个流媒体平台。只有少于 1/3 的用户（32.5％）是只使用一个平台。

只使用一个平台的用户主要都是 YouTube 的用户，因为它是个免费的平台。这意味着，参与我们调查的付费订阅用户中，使用单一平台的用户其实比显示的数字还要少。

因此，我们可以断定，流媒体平台的付费订阅用户会同时使用多个平台，而不是强烈排他的。其次，这个市场中也没有那种单一平台实力远远凌驾于其他平台，而且在所有方面都占据优势的现象。每个平台都有一些自己的独特的竞争力，以从其他的竞争对手中吸收一部分用户。

比如，如果说"能制作出色的原创节目"这一点是 HBO Max 区别于对手平台的最大差异，而很多用户认为 Netflix"有很多电影资源"，可是 HBO Max 完全不需要通过提供比 Netflix 更多的电影资源来和 Netflix 竞争，而是要保持自己的优势。视频平台的服务更多是关于如何创造用户习惯和打破习惯，它很像传统的营销，即邀请顾客上门，然后向他们进行追加销售或交叉销售。

● 结　论

这项调查的结果清楚地表明，HBO Max 急需解决的是其技术问题，消除影响用户体验的障碍。尽管净推荐值得分不佳，但 HBO Max 有不错的钱包份额分数。按照用户的反馈，HBO Max 在制作原创节目方面处于领先地位，但该服务存在技术问题。如果不是因为这些技术障碍，应该会有更多的观众使用 HBO Max 的服务。而在本次调查进行期间，我们看到 HBO Max 正在解决这个问题。2020 年 11 月中旬，HBO Max 在 Amazon fire TV 上推出了应用程序，后来又宣布 HBO Max 在 Roku 和 Sony 平台上的兼容。据帕克斯咨询公司的调查，Amazon 和 Roku 设备约占美国视频播放设备的 70%，如果应用程序不能登录这两个平台，就无法接触到大多数潜在用户。

同时，HBO Max 也在通过原创内容来发挥其优势。HBO Max 推出后，华纳媒体宣布，将在 HBO Max 发布科幻片《正义联盟》的剪辑版作为粉丝社交媒体上的宣传活动。该片导演扎克·斯奈德（Zack Snyder）表示，这部电影将于 2021 年 3 月登录 HBO Max。此外，华纳媒体在圣诞节当天还在 HBO Max 上首映了电影大片《神奇女侠 1984》。这些史无前例的举措都是为了增加 HBO Max 平台上的活跃用户。

与竞争对手相比，人们普遍会觉得 HBO Max 的价格相对昂贵。调查结果显示，只有 21% 的用户觉得 HBO Max 价格合适，而 30% 的用户认为 Netflix 价格合适，44% 的用户认为 Amazon Prime 价格合适。此外，只有 10% 的用户认为 HBO Max 的节目更新及时。相比之下，34% 的用户觉得 Amazon Prime 的更新及时，Netflix 的这项数据为 24%。因此，母公司华纳媒体直接把新片首映放在 HBO Max，希望改变用户的看法。在本节撰写时，尚不清楚这些计划是否会如期执行。但这些计划的预期效果，将可以通过"钱包份额"这一项指标的变化中得以体现。

研究与思考

1. 在顾客的满意度调查中，我们可以使用多项指标。但通过"钱包份额"的指标，我们能获得什么更深入的发现？而这些发现是其他的一些指标如"净推荐值""顾客满意度"无法带给我们的。

2. 为什么我们需要找到那些直接影响顾客行为的关键表现指标？

3. 流媒体平台上用户看视频的时间长短并不会直接影响平台的收入，那为什么流媒体份额依然很重要？